U0924168

王亚南全集

第四卷

厦门大学出版社
XIAMEN UNIVERSITY PRESS
国家一级出版社
全国百佳图书出版单位

图书在版编目(CIP)数据

王亚南全集.第四卷/《王亚南全集》编纂委员会编.—厦门：厦门大学出版社，2021.7

ISBN 978-7-5615-8039-4

Ⅰ.①王…　Ⅱ.①王…　Ⅲ.①王亚南(1901—1969)—全集　Ⅳ.①C52

中国版本图书馆 CIP 数据核字(2021)第 011639 号

出版人　郑文礼
出版策划　宋文艳
责任编辑　许红兵
责任校对　李芮男
装帧设计　李夏凌　蔡炜荣
技术编辑　朱　楷

出版发行　厦门大学出版社
社　　址　厦门市软件园二期望海路 39 号
邮政编码　361008
总　　机　0592-2181111　0592-2181406(传真)
营销中心　0592-2184458　0592-2181365
网　　址　http://www.xmupress.com
邮　　箱　xmup@xmupress.com
印　　刷　厦门集大印刷有限公司

开本　720 mm×1 000 mm　1/16
印张　35.5
插页　3
字数　551 千字
版次　2021 年 7 月第 1 版
印次　2021 年 7 月第 1 次印刷
定价　168.00 元

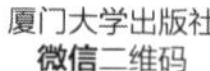
厦门大学出版社
微信二维码

厦门大学出版社
微博二维码

编纂体例

1.编校基本原则:尊重与保持原著面貌,同时兼顾现行学术规范和读者阅读习惯。

2.版式:原为竖排者均改为横排,繁体字均改为简体字。

3.古体字、异体字改动而于原意无损者,改为今体字和通用字,并按新版《现代汉语词典》规范。

4.对明显的文字排校差错,包括衍(多余)、脱(减少)、倒(倒置)、错(错讹)进行校改。添加的字用六角号及楷体标示,其他径行改正。漫漶不清、无法辨认的,用方框“□□”标示。

5.生僻或明显有碍于读者理解的旧词,改为常用或便于理解的新词。

6.标点符号原则上不作改动;个别影响阅读或容易引起歧义的,采用现行国家标准予以改正。

7.著作(译作)、文章原则上采用原有标题;个别无标题或标题有改动的,由编者酌加或修改,并用“*”号注明,加“编者注”说明。

8.原作中的夹注、篇后注、章后注等,原则上改为脚注,文献出版年份和页码统一为阿拉伯数字。

9.编者所加注释均注明“编者注”,并根据情况采用脚注或夹注形式。

10.引文均不复核,个别明显错引处径行代为改正。

11.原文中人名、地名、国名已成音译定例的,按定例予以改正和统一;未成音译定例者,仍循其旧。卷末根据需要附“人名译名对照表”等。

12.统计数字按现行规范统一。年代表述仍循原著写法。

13.内容涉及对外或民族、宗教政策的，亦保留原样，必要时加“编者注”说明。

14.早期原著中个别提法不合现行规定的，径行作省略处理。

《王亚南全集》编辑部

本卷编者说明

本卷收录王亚南20世纪30—40年代撰写的三部经济学和社会科学论著：一是《经济学史》(上卷)，上海民智书局1933年7月出版；二是《经济科学论丛》，赣州中华正气出版社1943年10月出版；三是《社会科学论纲》，永安东南出版社1945年6月出版。

《经济学史》(上卷)是王亚南在1931年于《读书杂志》连载的《世界经济名著讲座》的基础上编撰、出版的第一部学术著作。全书分别从体系、派属和各家学说核心问题三个维度，阐述了从古希腊经济思想到古典政治经济学的发展过程。全书共有三篇：第一篇绪论分析经济学史的性质及其任务，介绍经济学前史，包括古希腊、古罗马以及中世纪的经济思想；第二篇重农学派，介绍该学派的产生、发展、理论体系、经济政策和以魁奈、杜尔阁为代表的重农学者；第三篇正统学派，分析该学派与重商体系、重农体系的因缘关系，介绍亚当·斯密、李嘉图、马尔萨斯以及约翰·穆勒等的古典政治经济学理论。

王亚南的《经济学史》原计划分上、下两卷出版，下卷包括第四篇历史学派、第五篇马克思主义学派和第六篇限界效用学派(即奥地利学派)及附录“最近各国经济思想之概观”，被称为“体大思精，包罗缜密”。但是，由于种种原因，该书上卷出版后，下卷未能按原计划出版，[①]作者仅在“总目”中给我们留下了下卷各篇的标题。直至1949年7月，作者重新编撰的包括原计划全部内容的《政治经济学史大纲》一书才由中华书局正式出版(编入《王亚南全集》第五卷)。

---

① 参见王亚南《政治经济学史大纲》序言，中华书局1949年版。

值得注意的是，王亚南为《经济学史》(上卷)一书撰写的序言十分具有前瞻性。它不仅论述了资本主义和社会主义两大经济学体系对“丰富现代经济学的内容，增大经济学史的重要性”的作用，强调“无论就学理讲，抑就其影响讲，我们都没有理由忽视马克思学说在经济学史中的地位”①；而且提纲挈领，对近代以来各派经济学说进行了简明扼要的评述，使读者对经济学史的发展演变一目了然。同时，作者在序言中对自己和郭大力商定的翻译包括马克思《资本论》在内的世界经济学名著的“大佛寺计划”作了概要说明，为后人留下了一份极其珍贵的学术文献。

王亚南十分注重经济理论在实践中的应用，他说：“我之所谓经济学的‘应用’，便含有加以验证，批判，选择，最后并将其活用到我们经济实践中的意思。”②他于抗战烽火中出版的《经济科学论丛》一书，就是将经济学理论灵活运用于分析当时社会现实问题的范例。该书共收录王亚南在中山大学任教期间撰写的《政治经济学上的人》《政治经济学上的自然》《政治经济学上的法则》《政治经济学在中国》《中国经济学界的奥地利派经济学》等十篇论文，是王亚南的第一部经济理论文集。

在《经济科学论丛》中，王亚南遵循理论与实践相统一的原则，阐明了政治经济学的基本理论与方法，对经济学的实践性、经济学中人与自然的关系以及经济规律等进行了深刻的阐述，并运用它来分析第二次世界大战的性质和中国经济学界存在的种种问题。在《政治经济学在中国》一文中，他明确提出“我们应以中国人的资格来研究政治经济学”的主张，以扫清“妨阻我们理解世界经济乃至中国经济之特质”的障碍。事实证明，这是具有开创性的远见卓识，对解除人们的思想束缚、提高中国经济理论的研究水平大有裨益。

1945 年 6 月，在全面抗战胜利前夕，王亚南在地处福建战时省会永安的东南出版社出版了《社会科学论纲》一书。全书由 15 篇文章组成，分为四个部分：第一部分社会科学认识论，包括《研究社会科学应有的几个基本认识》、《社会科学与自然科学》和《论社会科学的应用》三篇文章；第二部分社会科学的文化论，包括《论文化与经济》和《论东西文化与东西经

---

① 王亚南《经济学史》(上卷)序言，上海民智书局 1933 年版。

② 王亚南《社会科学论纲》，东南出版社 1945 年版，第 57 页。

济》《再论东西文化与东西经济》《三论东西文化与东西经济》四篇文章；第三部分社会科学的战争论，包括《政治经济学对于现代战争的说明》《论战争与社会进步》《再论战争与社会进步》《三论战争与社会进步》四篇文章；第四部分社会科学的建设论，包括《建设上的两种科学》、《论中国战后农村工业化》、《关于一个有建设性的"稳定战时经济方案"》和《经济上建设在工业化、政治上建设在民主化》四篇文章。

作者在书中针对旧中国社会科学存在的"学与用的脱节"及"流俗化、常识化"等问题，阐述了关于社会科学本身的认识问题，进而联系当时论坛上最为引人关注的文化、战争、建设三种社会现象，应用社会科学的方法论加以认真研究和系统说明，以期深化人们对这些社会现象的认识，进一步推动我国社会科学研究的深入开展。

1946 年 12 月，作者对《社会科学论纲》一书进行了增订，并改名《社会科学新论》，由福州经济科学出版社出版。增订版第四部分抽去一篇文章，即《关于一个有建设性的"稳定战时经济方案"》；补充了《混合经济制度论批判》、《中国工业建设论》和《论技术在生产建设上的地位》三篇文章。同时增加了"新版序"和"新版跋——附答沈立人先生"，并把沈立人的书评《读〈社会科学论纲〉》作为全书附录。

鉴于增订版新补充的三篇文章已收入王亚南的《中国社会经济改造问题研究》和《中国经济论丛》等著作（参见《王亚南全集》第六卷），本卷不再重复收录，仅将《社会科学新论》的"新版序"和"新版跋——附答沈立人先生"作为附录。同时略去《社会科学论纲》中与《经济科学论丛》重复的《政治经济学对于现代战争的说明》一文。

此外，由于本卷收入的几本书涉及的外国人名多，且同一外国人名常有几个不同的中文译名，为了方便读者阅读和研究，我们在本卷末编排了"外国人名译名对照表"作为本卷附录。

目 录

经济学史

经济科学论丛

社会科学论纲

经济学史

社會科學叢書

經濟學史

王亞南著

上海民智書局發行

原书封面

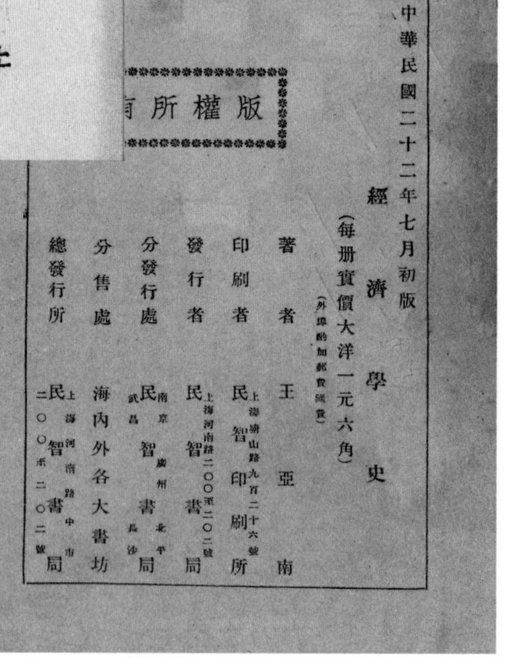

中華民國二十二年七月初版

經濟學史

(每册實價大洋一元六角)

(外埠酌加郵費匯費)

版權所有

著者 王亞南

印刷者 民智印刷所 上海唐山路九百二十六號

發行者 民智書局 上海河南路二〇〇至二〇二號

分發行處 民智書局 南京 廣州 北平 武昌 長沙

分售處 海內外各大書坊

總發行所 民智書局 上海河南路中市二〇〇至二〇二號

原书版权页

序 言

把经济学当作一门科学研究,那是始于18世纪中叶以后,所以,关于其历史的叙述,即关于经济学史这门学问的建立,还是比较晚近的事。

惟其如此,我们现今一提论到经济学史,特别是叙述到经济学史,就不得不注意以次诸点,即,第一,体系问题;第二,派属问题;第三,各家学说之焦点或核心问题。

就第一点而论,现代经济学的全领域,完全是由两个不同的,或者正相背离的学说所占据,其一是拥护资本主义的学说,其一是反对资本主义的学说,对于前者,我们称它为资本主义经济学体系;对于后者,我们称它为社会主义经济学体系,或马克思主义经济学体系。这两个体系的对立,复化了,或者说,丰富了现代经济学的内容,从而,增大了现代经济学史的重要性。

然而,在一般的经济学史中,大抵只论述到资本主义经济学体系,而把马克思主义经济学体系存而不论了,即或论到,亦不过断章取义,或轻描淡写的点缀而已。这有种种理由,其最要者莫若格于学统的成见,和规避研究的繁难,同时这两者又互相影响。因为,仅就马克思主义经济学的核心,即马克思那部洋洋大观咄咄逼人的《资本论》说,那一方面固颇费我们钻研,而他那全书中加诸异己者的无情批判与尖刻讥嘲,更令一般对于资本主义感染有素的学者,不能平心静气的研究了。但是,站在学问的立场上,特别是站在学史的立场上,我们不但要克复困难,我们尤且要克复成见。

无论就学理讲,抑就其影响讲,我们都没有理由忽视马克思学说在经济学史中的地位;像德国诺巴·里夫曼教授(Prof. Robert Liefmann)所说:“马克思主义之在今日,与其说它是可以阐明经济现象的学问体系,宁不如说它是一个信条，一种信仰。”[①]这位学者的议论，在我看，决不会丝毫贬屈其所论对象之声价，反之，实足以铸成学问研究的障碍，并曝露其缺欠学者公正的精神。

然而现在赞同里夫曼教授之意见的，依旧大有人在。

但在另一方面，我们又会听到另一种说法了。据罗沙·卢森堡(Rosa Luxemburg)所说：“经济学的任务与对象，如果是在说明资本家的生产样式之发生、发展、扩张的法则，则其不可避免的结论，就是经济学在结局上，不能不发现资本主义没落的法则。”[②]她又说：“法国英国的古典经济学者，是发现资本主义生存发展的法则，而马克思则是在半世纪后，恰从他们中止了的地方，开始其工作。”[③]开始“曝露资本家社会之经济运动法则”的工作，开始“发现资本主义没落法则”的工作，惟其如此，所以，“由马克思说明了的资本主义的无秩序，及其将来没落的法则，确是资产阶级学者创始的经济学的继续。但在终局的结果上，这继续却正是同资产阶级经济学相反的”[④]。把马克思主义经济学，解作是对于资产阶级经济学的继续，相反的继续，我觉得，这是既未贬屈前者，亦未高扬后者的公允之论，而且事实也确是如此。

不过，在学史叙述的程序上，我们是不是应当按照这两个相反的体系，分别加以介绍呢？申言之，是不是应当将资本主义经济体系解述过了之后，再次及于马克思主义经济学体系呢？关于这点，我以为不是应当与否的问题，而是可能或便利与否的问题，为了论述上的便当，我把它归属在以次的派属问题中解答。

关于经济学史上的派属问题，在所谓资产阶级的经济学者与马克思主义经济学者间，显有一个不同的认识，这，我们可以就他们各别的经济学史著述，而得悉一个梗概。大约近似资产阶级学者的这类著述，类皆先从重商主义或重农学派讲起，次及于正统学派、历史学派，最后为奥地利学派；而在一般马克思主义经济学者所撰述的资本主义经济学发达史中，大抵只论述到重农学派和正统学派，正统学派以下，他们是认为流俗支

---

① 见里氏所著《经济学原论》第六章第五节。

② 见日本佐野文夫所译《经济学入门》第118页。

③ 见日本佐野文夫所译《经济学入门》第124页。

④ 见日本佐野文夫所译《经济学入门》第125页。

离，无足齿数的。

现在，我们如其依从后面这种说法，那是很可按照前述两大对立体系，分别叙述的，因为正统学派的殿将约翰·穆勒，于一八四八年完成他的大著《经济学原论》，马克思与恩格斯亦于同年发刊其基本论著《共产党宣言》，即马克思的《资本论》第一卷，也是在此十余年后就刊行的。所以，单就叙述的便利讲，把资本主义经济学体系，叙述至正统学派止，接着讲到马克思主义经济学体系，那是非常之好的。但以经济学史的观点而论，我们之不宜弃置历史学派、奥地利学派，正如同我们之不宜弃置马克思主义派。于是这里就发生一个问题了，即，历史学派、奥地利学派，系形成于马克思学说问世的前后，而且，历史学派的后起者，乃至奥地利学派，它们都直接间接受了马克思学说不少的影响；如果按照体系的次第叙述，那就难免有顾此失彼的地方了。因为叙述一种学史，不能不相当顾及时间的顺序，否则那不独对于学史本身是一种缺陷，而在学说渊源的探究上，也会生出许多困难。因此，就两大对立体系分别论述的方法，我们是认为不十分圆满的；那么，所谓马克思主义经济学体系，就只好放在历史学派以后，而与其他学派相提并论的称为马克思主义学派了。

不过，这种叙述方法，亦不能算是十分妥当，特权其轻重利弊，姑作如此安排罢了。原来经济学史上的派属问题，是很难有妥善解决的。虽然前述诸种派别，大体上已为经济学者经济学史家所公认，但关于这各派所包属的经济学者，却就有许多大费斟酌了。比如，在重农学派中，顾尔奈(Gournay)，杜尔阁(Turgot)是否应当列入，学者间多有争论；法国萨伊(J. B. Say)归属在正统学派阵营中，原无不可，若德国屠能(Thünen)，美国加雷(H. C. Carey)之编入，那就稍涉牵强了。此外，所谓讲坛社会主义者之别称新历史学派，玛先尔教授(Prof. Marshall)辈之别称新正统派，均系因派属之限制拘牵，致不能不曲为比附，而像法国有名经济学者西斯孟底(Sismondi)之“立于经济学史上主要思潮之傍流，占有其独自的地步”[①]，遂不免为一般拘拘派属关系之经济学史家所摒弃了。英国因格拉姆(Ingram)教授所著《政治经济学史》采用国别分类法，也许是有见及此吧。但国别分类对于各国经济学者，虽不致有所遗脱，对于经济学史本

---

① 见李甯著《浪漫派经济学批判》序文。

身，却就不免有割裂破碎之嫌了。况且，经济学史与经济思想史不同，只要能把有名经济学者之主要诸学说，循其系统，究其根源，详加解述，则其余无关重要之断片思想，不但不妨存置，甚且应当割爱了。因此，关于经济学史的叙述，与其采用国别法，把大大小小的经济学者，比列起来，以乱混经济学系统，就宁不如明其派系，辨其重轻，把小经济学者归属在大经济学者底下叙述，把支派位置在主流底下叙述，那样得体多了。

最后，我要谈到各家学说之焦点或核心问题。这个问题，对于经济学史的叙述上非常重要，但非常不容易讨论。就经济学上主要各派的经济学大师讲，他们的学说，当然都有一个核心，我们在解述其学说时，如其不抓住那核心，那就真是不知道从何说起。比如，重农学派主导者魁奈氏的伟大作品，就是他那由五行线联结六个出发点与六个回归点构成的《经济表》，反之，正统学派主导者亚当·斯密的大著，却是他那牵涉极广，多所包容的七八十万言的《国富论》，后者固然是太繁难了，前者却又是太简单了，但我们如其把握住了他们整个学说的核心，繁难与简单都不成问题。

不过，一家学说之核心的认识，却又不是如我们偶然想像的那样容易，第一，那须具有辨认一家学说的充分学力，其次，还须剔除任意取舍的主观成见。兹仅就后一点来说吧。任凭哪家的学说，只要由两个观点不同的人，加以论述，那一定会得出彼此不同或全然相反的结果。同是魁奈的经济学说，亚当·斯密所注意的是自由贸易理论，马克思所注意的则是总再生产理论；同是亚当·斯密的经济学说，历史学派所批难的是方法论，奥地利学派所批难的则是价值论。每个经济学者都多少不免带有几分成见，从而，各家经济学说就似乎不只一个核心了。

但看官的眼睛无论是近视、远视，抑是乱视，事情终归是有其本色的。历史学派尽管重视亚当·斯密的方法论，奥地利学派尽管重视其价值论，而在亚当·斯密学说本身，究有其根本的核心，有其执一驭万的焦点。他那大著《国富论》，是广泛的涉及了各种经济原理、经济政策，但贯透于这各种原理政策中的，却是他的个人主义思想，以及企图实现那种思想的自由主义政策，他的中心主张确定了，然后就容易判别其分工论、货币论、价值论、地租论等等，在全学说中所占的地位，然后就容易批隙导窾的加以论列了。在亚当·斯密的学说是如此，对于其他经济学者的经济学说，亦自没有两样。

可是，论到这里，我们还须注意一点。即，关于各家学说的介绍，我们首先固当把握其中心思想，但这中心思想确定了，同时，其全学说中各种原理原则亦经抉别过了之后，我们更须就某派各家学说，做一番精审统筹乘除损益的工夫。比如，关于价值、地租、利润、工资等主要经济形态，那几乎是每个经济学者都要论到的，单就正统派诸经济学大师说，亚当・斯密、马尔萨斯、李嘉图、约翰・穆勒等，都颇努力于这诸般经济形态的分析，但我们介绍这各家的学说，却不宜一一刻板论列，而当权其轻重，计其精粗，使有伸缩增减的余地。例如，地租论在斯密学说中是较为疏懈的，我们不妨归属在李嘉图地租学说中连带介绍；价值论在马尔萨斯学说中是较为肤浅的，我们不妨归属在论述杰姆斯・穆勒与马克洛克的价值学说时连带介绍；至若约翰・穆勒关于价值、地租、利润诸端的努力钻研，我们认为他没有令人满意，甚至没有令他自己满意的新的发现，所以我们介绍他的学说，顶好是不要论及这些，而把有用的篇幅，去解述他那崭新的分配论与半截的社会主义思想。

对于各家各派的学说，能如上面这样权宜精审的安排介绍，那不独可以避免机械刻板之嫌，且能增进我们对于经济学史的理解，增加我们研究经济学史的兴趣。——然而想把这层做到恰到好处，那亦是谈何容易哩！

总上所述，我们第一知道了，经济学史领域内，确然存在有两个对立的体系：资本主义经济学体系与马克思主义经济学体系，虽然我们在叙述上，不便于显明各别的按照这两个体系来作纲领；第二知道了，经济学史的叙述，虽然只好采用既经为一般所采用的分派法，但我们应明了这种方法的缺点，并应随时尽可能的救治这缺点；第三知道了，对于各家学说的介绍，我们不但要以公平的学史的态度，把握住其根本的核心，同时还要以灵透的技术的手腕，去伸缩变动其配列的程序。

因此，我们与其说经济学史是既经建立了的一种学问，就宁不如说，那是尚待建造尚待努力的一种学问。这样看来，现在世界先进各国，尚不曾出现一部包罗的完整的缜密的经济学史，那就用不着责难，亦用不着奇怪了。

在文化落后，特别是对于经济学至近年始渐感兴趣的中国，关于经济学各方面的著述，当然是十分缺乏的，但现在确已感到了十分的需要。杨幼炯先生为民智书局主编社会科学丛书，及大学高中教本，要我担任《经济学史》的撰述，我几经惶悚之后，终于不揣固陋的把这项工作承担下来了。这工作由我来担任，当然是过于僭越，但当我承担这僭越工作时，我还觉得非常感伤哩！

在数年以前，由我的挚友郭大力君的提议，我们立定了一个译述世界经济名著的计划。预译的书，是亚当·斯密的《国富论》，李嘉图的《经济学及赋税之原理》，马尔萨斯的《人口论》，约翰·穆勒的《经济学原论》，及马克思的《资本论》，预定的年限，是六年乃至八年。我们定立这个计划，有几种动机：第一，经济学是一切社会科学的基本学问，在社会科学风靡一时，且变为时尚的中国，颇需要人来做这种切实的笨工；第二，把学问的研究与主义的宣传，混为一谈，那几乎是今日中国异常普遍的错误。就在研究者自身，他们亦是严立门户，比如，资本主义经济研究者，每视《资本论》一类著述为危险物；而马克思主义经济研究者，又视《国富论》一类著述为过时物，其实在学问本身是不能这样狭隘和猜忌的。我们之所以要由资本主义经济著述，译到马克思的著述的，一方面固然是因着研究的兴致，同时也期望能由此确立开明的研究精神；第三，在学无素养，而又置身在主义满前，意见庞杂的中国的我们，自觉埋头做这类译述工作，是再好没有的，因为这不但可以稳定我们学问的根基，且可以抑止我们偏见的发露。

记得自那个计划决定之后，我们还附带表示：前述五部大著顺序译成了，再合写一部《由亚当·斯密到马克思》，以后就开始我们国内各地的旅行。

这个计划是从民国十八年开始的，其间虽因彼此的生活费关系，闲还做了一点零碎的译作，但到去年年底，李嘉图的《经济学及赋税之原理》，及亚当·斯密的《国富论》，先后都在上海神州国光社出版了。这种不时髦的大部头书，该社肯特予迅速出版，并且肯预支若干版税，我们当然非常感谢该社主编者与出版者的友谊与雅量。

本来在《国富论》下卷的译稿交去付印后，我们即打算着手译述马尔萨斯的《人口论》第二版，但据同书社主编者王礼锡兄告知我，该社因营业关系，不克继续成就我们那“名山事业”，即不能继续给予我们的预支，此后，我们还向其他书局接洽过，仍无结果，于是因了肚皮不迁就意志的关系，我们不得不暂时中止这种工作，而另谋生路了。

就在这当中，有劳李石岑先生的介绍，我与杨幼炯先生成了莫逆的交游，在李、杨两先生多方鼓励与赞助之下，我勉强把撰述《经济学史》的工作担负下来了。这时，我当然异常感谢石岑先生，特别是幼炯先生的盛意，但每一念及我们既经计划的工作，实不胜其感慨系之了。

当我着手《经济学史》的撰述时，我同朋友大力同住在上海，这部书的大体轮廓，可以说是由我们共同决定的；以后，他迁往苏州了，我每写完一章，即把那章的大纲细目寄他纠正；上卷全书草成后，他又详细精审的为我校订一遍，这样，署名我著的《经济学史》问世了。不过，书中如有错误缺陷的地方，当然不能牵累我的朋友来替我负责。

本书所有的参考书目，皆详细附列在下卷末尾。关于各国最近的主要经济思想潮流，亦详为举述，作为本书的附录。

王亚南于上海

一九三二年九月二十日

经济学史总目

上　卷

下　卷

经济学史(上卷)

第一篇　绪　论

第一章　经济学史之本质及其任务

第一节　经济、经济学、经济学史

欲理解经济学史之根本性质，或经济学史何由构成，先不可不知道经济学的意义，更不可不知道经济的意义。

“经济”一语，在英文为Economy，法文为Économie，德文为Ökonomie，通由希腊语“窝依可斯”(Oikos)及“诺摩斯”(Vcuos)二语转出，“窝依可斯”为家之义；“诺摩斯”为法则之义，故经济之本来语义，为家之法则，或引申为治家之法，或一家之经营。与我们中国古代所谓“经国济民”之意，大相悬殊。

不过，今日经济一语之含义，却与上面两说全不相关。据普通的解释，我们为欲获得最大的纯收益，而节约的谨慎的使用财源，则谓之“经济”(Economy)；所以，凡在可能范围内，以最少的金钱、时间与努力，而达到目的的一切行为，均称为“经济的”(Economic)。

但是，从这种意义来解释经济，那不过说是，以特殊合理的手段，达到某种目的之方便法门罢了，仍未触到近代经济一语的真义。一般经济著述所论到的“经济”，即我们在这里所要阐明的“经济”，那是关涉于财富(Wealth)的一个语辞，要由财富取得其意义。所以，有关财富现象的事实,称为经济事实;有关财富之习惯与制度,称为经济习惯、经济制度;举凡有关人类创造财富、使用财富、蓄积财富的一切行为,皆称为经济行为。社会杂多的经济行为,各循一定轨则,继续于一定秩序之下,而进动不已,而成为一体时,我们称之为“经济”。

因之,“经济”是一切经济行为之总称,是一个包括的、集体的名辞,它具有统一的、秩序的、永久的性质。

惟其经济有这种统一性、秩序性、永久性,所以我们关于诸般经济现象,就能解明其性质,探究其并存的、连续的关系,从而认识其因果法则;把这种因果法则的认识,综合起来,系统起来,成为学问的体系,就是所谓经济学(Economics),或称政治经济学(Political economy)。

简言之,经济学或政治经济学,要不外关于诸经济现象之原理的一个总体。

特诸种经济现象,并非恒久不变,而是在不断或急或徐的变化的。经济现象变化,以这种现象为研究对象的学问,亦不得〔不〕顺应此推移而变更其内容。一时代一社会有其特定的经济现象,同时亦相应而有其特定的经济学说,经济学说的历史,就是我们所要研究的经济学史(History of economics),或政治经济学史(History of political economy)。

不过,我们在这里应知道:经济学说的变化推移,并非旧的学说,随新学说的兴起而完全消灭,而是新的学说,依旧学说的渊源而不断生长;一切特定的既成的学说,都是学说绵延发展的历史上的一个阶段。经济学说的发达史,就是以经济学说的这种性质为前提。如其我们把学说解作是绝对的,“推之百世而皆准”的东西;或者认定某种学说为真理,其他一切学说皆为谬误之堆积;或者以为新学说的兴起,即是旧学说全归消灭的意思,那不独对于每种经济学说之理解为不可能,即对于全般经济学史的叙述亦成为多事。然而,要解消这种成见,却又正有待于经济学史之叙述。经济学史是一切经济学说之公平裁判者。因此,这里就生出了经济学观与经济学史观之差别或矛盾的问题。

第二节　经济学的观点与经济学史的观点

无论对于哪种经济学说,经济学家有一种看法,经济学史家可以有另一种看法。即是说,经济学家大抵认为经济学的学说,具有普遍的妥当性,经济学史家却说那只具有限制的相对性。这种差别观,或者这种对立见解,可就我们后面要论述到几个的经济学派的相异观点,即它们对于经济学不同认识,而得到说明。

正统派的经济学者,大都认为他们的经济学说,不是属于某一国,某一地,或某一时期,而是具有永恒的普遍的适用性的,这个学派的创建者亚当·斯密,他在其大著《国富论》中,就惯用"一切时间一切地方"(All the times and all the peoples)的语辞。其后继者如西尼尔(Senior)等,他们更把先辈的学说的普遍妥当性,吹得过火。他们主张:工资、利润、地租,及其他诸经济现象,乃受支配于和地心引力法则相差不多的不变的法则。德·金萨(De Quincey)对李嘉图称扬说:"以前诸作家,已为事实,细目,例外所攻击所责难了。李嘉图先生却先天的,从悟性本身出发,演绎若干法则,那对于材料之黑暗的混沌,还是第一次放射透彻的光明,从而,在先不过是一种尝试的讨论集,现今却就成了一种真正的科学,第一次立在永恒的法则上。"①

与正统派经济学者同调的,还有此后属于限界效用学派的诸经济学者。杰芬斯(Jevons)对于其效用变动法则的考语说:"经济学的第一原理,是如此真确适用,所以我们正可以说,这种原理,与人性相关而言,乃是一般的真理。"又说:"这种科学的理论,乃由如此单纯,如此深深根据人身组织及外部世界的普遍法则所构成,所以,在我们所讨究的一切时代内,那都是同一不变的。"②

以上两派,都是要求经济学说,成为一种不论时间、不论地域的超绝真理。至若这种真理究在实际上,能适用到什么程度,能延续到什么时期,他们一些也不要考虑,因为,他们是根据先天的认识,根据人身组织及外部世界之普遍法则而立论的。这正是所谓理论之绝对主义。无疑的,他们都是取的经济学家的见地。

但是,与他们这种见地正相反对的,我们也可勉强举出两个经济学派,一是历史学派,一是马克思主义学派,这两派的学者们,虽不能都说是

① 《一个鸦片烟吃者的自白》1856 年版第 255 页。

② 参照克赖士(Keynes)著《经济学之方法与范围》,第九章之注释。

严格意义的经济学史家，但大体上，我们不妨称他们为经济学史家。如其过细区别，后者更值得这么称呼，因为就经济学批判来讲，他们是站在唯物史观立场上，运用辩证法，来指证观念形态随生产关系变动之历史的必然过程。若历史学派，他们是特别注意经济史的，至其后起的新历史学派的巨擘希莫勒(Schmoller)，他简直把经济学与经济史，混作一谈了，因此，严格的讲，我们如其呼他们为经济学史家，却又不如呼之为经济史家。试先略略解述他们对于经济学说的认识。

在他们看来，各民族各时代都各有其特殊的经济学。经济学说相对的观念，乃从经济生活表现一种连续有机发展的概念出发，而这种概念，又是历史研究的自然结果。因此，前面为德·金萨推崇备至的李嘉图的经济学说，他们只认为在特殊范围内有其妥当性。就空间上讲，李嘉图以个人所有权及竞争自由的假定为基础之地租法则，不能适用于东方的社会状况，因为在东方社会内，联合所有权是常规，而地租亦由习俗支配；就时间上讲，那法则决不能适用于中世的经济状况，因为在中世纪，土地有许多是公有的，地主与耕作者的关系，亦非受支配于自由竞争。[①] 然而对于这种意义，表现得最简明有力的，要算历史学派之建立者克尼斯(Knies)，他说："经济学之学说，无论形式若何，都和经济生活一样是历史发展的产物……经济学法则，应该成为历史的说明和真理之逐渐的表现；那只能代表一个时代的真理，在实质上形式上，都不能说是绝对完全的；学说的绝对主义，即会在历史发展的某一时期被人们确认，亦只能当作是时代的产物，不过代表了经济学史的发展的一个阶段"。[②]

认定经济学说，是"历史发展的产物"，是"经济学史的发展的一个阶段"，那与正统学派、限界效用学派的绝对主义独断主义，要进步多了。但是，经济学说为什么和经济生活同为历史发展的产物，经济生活变动了，经济学说为何随同改变，对于这点，他们都没有根本的说明。他们不过从形式上、表面上，知道任何经济学说，没有超时空的普遍适用性；露骨的讲来，就是他们要借此反对当时德国采用英国的自由主义学说罢了。所以他们算不得澈底的经济学史家。

---

① 参照克赖士(Keynes)著《经济学之方法与范围》，第九章之注释。

② 克尼斯著《历史观的经济学》1883 年第 24～25 页。

最后，我要讲到马克思主义学派的经济学史观了。这个学派的创建者卡尔·马克思，在他的《经济学批判》序文中说："物质的生活资料的生产样式，决定社会的政治的和精神的生活过程之一般性质。决定人类生存的，不是人类的意识，反之，人类社会的生存，决定他们的意识。"这是从唯物史观的见地，来说明人类各种意识形态之如何形成。又，在《哲学的贫困》中说："适应他们的物质的生产样式而构成社会关系的人们，同时又适应他们的社会的关系，而构成原则，观念，范畴。那么，这些观念，范畴，同他们所表现的关系，同样不是永久的。那些，都是历史的，一时的产物。"这是从唯物史观的见地，来说明人类各种意识形态之如何发展。

在上述这两个基本观念之下，一切视为不磨不朽的学说，一切所谓关于人性的、先天的法则，都有其历史的命运。而适应近代资本主义社会生产关系，构成的关于价值、货币、地租、工资、利润等经济形态的学理与法则，概言之，近代的经济学，必然的，是"历史的，一时的产物"。

可是，尊重这种唯物史观精神的忠实马克思主义者，他们并不辩护马克思学说，说它有超越时空的妥当性，反之，他们甚且指证那种学说必然要归于没落的命运。罗撒·卢森堡(Rosa Luxemburg)说："依马克思所说明的资本主义的无秩序，与其将来没落的法则，确是有产阶级学者所创始的经济学的继续，可是在最后结果，与有产阶级经济学的出发点，成为判然相反的继续。马克思的学说是有产阶级经济学的儿，并且是母亲以生命换来的儿。经济学是完成于马克思的理论中，但是同时经济学这门科学，也就告终了。"[①]为什么呢？因为"……经济学既是作为关于资本家的生产样式之特殊法则的一科学，其存在与职能，明明是与资本家的生产样式的存在相连结的，一旦那生产样式停止，它立刻就失去了基础"[②]。我们由此知道，马克思主义的经济学说，只适于说明"资本主义的无秩序，与其将来没落的法则"，只能在资本家的生产样式存续的限内，显其作用，换言之，它也是"历史的，一时的产物"。

资本家社会的生产关系，是否就一直崩溃没落下去；即使那种生产关系全归没落了，是否经济学照应新的环境，以一个新的形式呈现出来，那

① 参照陈译《新经济学》第 81 页。

② 参照陈译《新经济学》第 76 页。

现在还有许多经济学者在断断争辩。但是，对于这个问题，我在这里没有讨论的余裕，不过，我敢断言的是：社会的生产样式掉换了一个样子，不论是资本主义的经济学说，抑是马克思主义的经济学说，一定都要成为历史上的陈迹。然而，不根据唯物史观的见地，或者，不根据经济学史家的见地，就很容易囿于成见，看不出这种道理来。

总之，经济学的观点，是与经济学史的观点不同的。前者只偏看局部，后者则综观全体；前者把认识对象当作是凝固的，静的，后者则看作是迁流的，动的；前者是独断主义的，后者是批判主义的。因此，一个经济学史家，虽然同时是最好的经济学家，但每个经济学家，却不一定都有经济学史家的修养。论到这里，我们就不难看出经济学史的功能了。

第三节 经济学史之功能

这所谓经济学史的功能，就是说，经济学史对于我们有些什么帮助，或者，我们由研究经济学史可受到哪些益处。

本来，每部经济学史的内容，或其所暗示我们的意义，可因经济学史家或经济学史之叙述者的立场、态度与学力，而极不相同，例如，同是经济学史，由因格拉姆（Ingram）叙述的是一个样式，由昂肯（Oncken）叙述的是一个样式，由斯盘（Othmar Spann）叙述的亦是另一个样式。读过这三部经济学史的人，他一定有三种不同的观感；而且，一个独断主义的经济学者，他要歪曲的，矫揉的，随他自己的好恶取舍来着手一部经济学史的叙述，把过去乃至现在反乎他自己或自派的学说，都描写得一文不值，这亦大有可能。我们如其读到这样一部经济学史，那就不但不能受到益处，甚且会加深我们的成见，予我们以极坏的影响。这样，经济学史的功能云云，不就很可疑虑么？

然而，我所要论及的，是经济学史这门学问本身，是根本原则的问题，而不是特殊事实的问题；即就经济学史家来说，那亦是着重在精神，而不在形式，写一部经济学史的，不必就算得真正的经济学史家，反之，真正的经济学史家，也不必就要写出一部经济学史。问题是要看他对于经济学理的研究态度、研究方法如何。

经济学史的功能，我以为有几点值得注意。第一，经济学史是具有批判性质的，惟其如此，我们乃可因此化除成见，对于各种经济学说，予以公平的评价，和正确的理解；第二，经济学史是具有客观的性质的，即是说，学说之史的展开，与其认识对象之史实的发展过程，有紧密的关联，因此，经济学说之史的研究，可以帮助我们理解各学说所由发生的当时的经济环境；第三，经济学史是具有连续的性质的，在各种经济学说先后发生的次第上，我们不但可以由此窥见前一学说对于以后各学说的直接影响，我们还可由此得悉某种学说因在实际发生作用，而给予其他学说之间接影响。以次，我想就这三点，作一个简括的解述。

就第一点讲，经济学的观点与经济学史观点之不同，我在前节已经解述过了，但那还是置重在学者方面而言，其实在读者或研究者方面，亦很容易因此两者性质之不同，而受到相异的影响。试单就地租学说一项来说吧，如其我们对于这种学说没有相当的素养，同时，我们所研究的，又仅是某一家的地租学说，例如亚当·斯密的，李嘉图的，罗贝尔图(Rodbertus)的，或者马克思的；那么，我们无论研究哪一家的主张，一定容易以他的主张为主张，结果，便不期然而然的成了这种独断学说的信徒了。但，如果我们就经济学史来研究地租学说，即对于各种地租思想，加以史的考究，我们就知道：亚当·斯密的地租说固然缺陷甚多，即地租理论建立者李嘉图的主张，亦未能尽满人意，至若集地租学说之大成的马克思的理论，那不还是有人在断断争论是非么？经济学史（或地租学说史）把各家学说就其本来面目叙述出来，任何独断的理论，都要无形受到批判了。这样，我们才不致囿于一家之说，同时，我们还可由此认清每种学说在历史上的评价。

就第二点讲，任何时代的学说，都特别适于那个时代的实际情形，如其我们要理解那种学说，并适当评定它的妥当性，我们就不能不参照当时惹人注意，且熏染人们见解的实在景象。试仍以地租学说为例来说吧！地租学说建立者李嘉图的大著《经济学及赋税之原理》，出版于一八一七年，在这前两年，马尔萨斯、威斯特(West)及李嘉图都有关于地租学理的著作出版；研究地租之风其所以大盛，就是因为英国由一七九三年至一八一四年的20年间，谷价暴腾，其结果，劳动阶级益陷于贫乏深渊，同时地主阶级却获得了空前未有的所得，因之，社会各方面皆高叫地租所得之不当，于是乎有土地改革论者，有地主放逐论者。李嘉图、马尔萨斯等的地租学说，就是发生于这种经济环境中。我们要正当理解他们的学说，既有探究其所由发生的环境之必要，那么，全部经济学说史研究了的结果，我们对于那些学说之研究对象的发展过程，一定能够认知一个轮廓。况且，学说史的研究，往往可以使我们得一个新观点，来观察事实，得一个新枢纽，来完全了解事象之现实的过程。

就第三点讲，经济学说发展的连续性，那是十分显然的，诚如玛夏尔(Marshall)教授所说，诸种新学说，只是补充、敷衍，展开诸种旧学说，时或加以修正，或改换其要点，变化其音调，而很少把旧学说完全推翻了的。[①] 李嘉图、马尔萨斯的地租学说，直接受了亚当・斯密的影响，亚当・斯密又受了杜尔阁(Turgot)的影响；罗贝尔图的绝对地租说，主要系由批难李嘉图之对差地租说而产生。马克思之地租理论，又是综合前两说而加以修正。在这一列学说之史的发展上，我们可以见到每种学说的思想根源，我们又可由此探知每种学说在当时发生影响，因而间接影响后期学说之痕迹。

总之，经济学史的研究，可使我们从种种方面受到益处。上述三点，不过撮言其要者罢了。

第四节　经济史与经济学史

经济史，是关于经济事实之历史，经济学史，是关于经济事实之观念与学说的历史；前者在由客观方面，整理人类经济形态的事实，于其发展过程上加以研究；后者大抵在整理主观的材料和形态，于其成立及发展过程上加以研究。这两者的性质或职能虽然不同，但它们相互间有一个复杂的联锁关系。那种关系，可就两方面讲，一是看经济史对于经济学史有哪些作用，一是反过来，看经济学史对于经济史，又有哪些作用。在这里，我只想论到前一方面，就在这一方面，我更只想在叙述的便利上，涉及以次两点：一、经济史对于经济学史之决定性，二、经济史与经济学史之年龄问题，兹分述于次。

---

① 参见《经济学原理》第一版序言。

(一)经济史对于经济学史之决定性

经济史,虽不过是历史学的一个部门,但因其是关于人类经济生活之历史,所以竟成了一切历史之基本史,任何历史学,大体上皆随经济史的内容而异其内容,而在经济学史,则尤能显示经济史之根本的决定性。因为经济理论或经济学说的发展,不外就是经济事实发展的反映。

我们近代所谓经济学,严格的讲,就是资本主义的经济学。这门学问,为资本主义社会的附产物,应资本主义的要求而产生。在资本主义发展的过程上,经济事象,日有变迁,日趋复杂;从而,这应资本主义社会要求而产生的经济学,也就在不断改变其内容,不断增益其内容。

在资本主义社会开幕不久的当时,经济上的主要问题,是生产问题,即如何解除旧来生产上的束缚(因那时还残有同业组合,学徒条例等等妨害资本及劳动移动的许多法规),使生产效能扩大的问题,所以当时的经济学者,如亚当·斯密等,便以生产问题为中心,而展开其经济理论;往后,因着旧来种种束缚渐形解除了,而机械的不断发明,工厂经营法等的不断改进,于是生产上已无问题了,经济上不可终日的问题,乃是分配问题,即如何分配生产物的问题,亦即如何解决劳动者与资本家之利害冲突的问题,所以亚当·斯密以后的经济学者,如马尔萨斯,如李嘉图等,便以分配问题为中心,而展开其经济理论。这个问题,迄今犹未得到妥善的解决,因之,李嘉图以后之资本主义经济学者,都在为此烦心。大战前后,世界消纳资本主义之工业产品的殖民地市场,都被瓜分完了,而同时许多殖民地,又自己走上了工业的旅程。这一来,失业倒产的恐慌,就接二连三的光临到一切资本主义国家。而资本主义国家的经济学者们,遂又忙着讨论产业合理化的理论、周期恐慌的理论、景气循环的理论等等。这些理论,经济学的开山祖亚当·斯密,固不必说,就是后起的经济学大师,如马尔萨斯、李嘉图、西尼尔(Senior)等,他们也是一样茫无所知哩!

根据上面这诸般事实,我们知道:一个时期的经济理论,乃是受决定于当时社会所呈现的经济问题,或者受决定于当时的经济环境,经济学者不会研究过时的经济问题,亦不能讨论未来的经济问题;我们又知道:经济的理论,乃是与经济事实成平行的发展,某时期在经济史中成为问题的问题,亦就是同时期会在经济学史中呈现的问题,前者为张本,后者为考案;由是,我们更知道:对于经济史的演化迹象,没有明确的认知,对于经济学史的发展历程,亦不能有深澈的理解。

而且,经济学史,在内容上,固属为经济史实所决定,而在其年龄上,即在其开始成功为一种学史的次第上,亦不免是受着经济史实的限制!

(二)经济史与经济学史的年龄问题

经济学史虽如前面所说的,是与经济史成平行的发展,但有经济史,不必就有经济学史;经济学史,显明的是开始于经济学成立当时。而经济学的成立,则又是本之于经济事实之要求。归根一句话,经济史实限制了经济学的年龄,亦即限制了经济学史的年龄。

本来,关于经济学的年龄问题,学者们因立场不同,而有颇多相异之主张,如亚朵尔夫·布兰基(Adolphe Branqui)说:“政治的经济学,那是比大家所设想的要早得多的时代产物,希腊人罗马人都有他们经济学。”[①]他这种议论,并非全无根据,亚里士多德(Aristotle)不是有过《经济学》[②]的著作么?但是社会主义者恩格斯(Engels)却说:“至今日为止,举凡我们所有的经济学,几乎全都局限于资本主义生产方法之发生及其发展……”[③]两相对照起来,不是非常矛盾么?有的人为调和此两种不同主张起见,曾勉强称前者为广义经济学,后者为狭义经济学。其实,严格讲来,前者只能算是经济思想,而不能称为经济学。近代严格意义经济学之产生,那在一方面固然是应资本主义社会的种种要求,但是,不到资本主义社会,经济事实,经济关系,亦绝没有成为科学研究之必要。

在资本主义社会以前之封锁的自给自足经济状态下,人类经济生活简单。统治者与人民的经济关系,仅仅地租或赋税的收纳关系罢了。人民几乎全都是自耕而食,自织而衣;他们彼此除了单纯的物物交换关系、小买卖关系、借贷关系外,在经济上全都是自给自足的。迨后都市经济社

---

① 亚朵尔夫·布兰基著《经济发达史》第一章,首段。

② 署名为亚里士多德所著之《经济学》,其中第一篇系出〔自〕提奥佛剌斯塔(Theophrastus),或其他学者之手,而第二篇则是迟至纪元前二百五十年,乃至〔纪元前〕二百年,为逍遥派学者所写成。

③ 见恩格斯著《反杜林论》第二章。

会之经济事象，虽较为复杂，但除了很少数的城市手工业者及小商人，大部分人民仍是过着老式的自给自足生活。在当时那种社会，固然不要求经济学之产生，而这样简单的经济事象，这样贫乏的内容，又哪有构成经济学之可能与必要咧！

到了资本主义社会，情势就为之丕变了。在这种社会中，一切的人，几乎都为经济问题而总动员了，几乎都在随着经济重心的车轮而转动了。统治阶级不再像从前那样坐吃租税，他们要忙着为其支持者——制造业者、商人——决定经济政策，定立种种色色的经济法规条例，并且随时都要安排保障市场，争夺市场的军备。人民与人民的关系呢，那更不像从前那样简单而自由了。以前自由活动的手工业者、一部分农业劳动者，都变成了商品，出卖于他们的工厂主人，任主人鞭策摆布了；就是留在农村的农人，他们亦不像从前那样自耕而食，自织而衣，他们成了都市制造业者的原料食料供给人，同时又成了都市制造业者之商品的消费者。在这种种情形下，聪明的都市人，自然是日以欺诈剥削那些朴实的农人为事呵！在一般制造业者、商人呢，他们已经不是本来的人，而变成为“经济人”(Economic man)了，钩心斗角，惟利是图：如何大量生产哪，如何增加生产力哪，如何推销产品哪，如何竞胜其他同业者哪，如何缩减劳动工资、增加劳动时间哪，这一切，已够成为他们日常的繁难功课。况且，物价的变动，不一定决于市场的竞争，有时又直接蒙受金银价值的影响，金银价值又直接蒙受矿山丰歉及采掘难易的影响，无论就哪一件经济事实推阐下去，其变迁复杂，殆难于究诘。诚所谓经济的人生了。经济现象之复杂如此，经济关系之丛错如此，那有成为科学研究之可能，固不待言，且也确有成为科学研究之必要哩！

总之，经济事实之复杂性，虽非经济学成立之唯一的条件，但是必不可少的条件之一，否则，像中世纪那种简单的经济生活，如果一直延续下来，我们现在依旧只有一些零碎的经济思想，而决没有这整然成为一种社会科学的经济学。

第二章　经济学前史

第一节　概　论

无论哪种社会学说之成立，必须备有两个条件：第一，那种学说所研究的现象本身，要能够充分提供可资观察的资料，这层做到了，即是当时的观察对象已够复杂了，则第二，要观察者本身对于他所进行的工作，已有了相当的训练，已备有可资借镜的研究工具，换言之，就是要他关于那门学问，既经为前人阐发过的简单原理，以及为前人利用过的，一切可供利用的研究方法，都有相当的修养。经济学也是一种社会科学，它之成立，自然也不能缺少这两个条件。

可是，关于这两个条件之前一条件，我在前章第二节已经有了详细的说明；本章我把"经济学前史"做题目，这，一方面固然是借此说明后一条件，而主要目的，则在借着经济学前史的探述，一以究明经济思想、经济学说的渊源，一以提供后面经济学史叙述上的便利。

所谓经济学前史，概括的说，就是经济学成立以前之经济思想史；经济思想史与经济学史有别，后者在论述历史上有系统的经济学理，穷其根源，究其发达，而前者则不限于论述有系统的经济学理，凡属已具观念而没有系统的经济思想，皆在叙述之列。所以美国经济学者汉纳(Lewis H. Haney)认为：经济学史，为经济思想系统史；而经济思想史，则为广义的经济学史，后者可分为两个部分，一部分是叙述经济学未成为科学以前之经济观念的根源及其发展，一部分则是叙述经济学既成为科学以后之经济观念。[①] 我们所谓经济学前史的范围，当然是指着这前一部分。

但是，我们这里应该问到：这限制经济学前史范围的经济学成立期间，究是始于何时呢？换言之，经济学的创建者，究是重农学派诸子，抑是

① 见汉纳著《经济思想史》第一章。

亚当·斯密呢？这个问题我们无须多加讨论，因为，现在大家几乎一致同意了，重农学派主导者魁奈(Quesnay)的经济思想，早经构成了学问的体系，所以，经济学的创建者，虽不妨推亚当·斯密，经济学的先导者，或发端者，却不能不数魁奈。

经济学既是开端于重农主义，那么，经济学前史，就是终结于重商主义了。由重商主义的思想，上溯至中世神学者的经济思想，再上溯至古代希腊罗马哲学者法学者的经济思想，这就是我所要叙述的经济学前史的轮廓。本来，在希腊罗马的社会以前，在欧洲，尤其是在亚洲，还有不少可供参验证的经济思想；但就欧洲而言，那已是微乎其微了；亚洲如中国、印度、希伯来古代的经济思想，虽确有许多值得注意的地方，但我们后面所叙述的经济学史的范围，只限于欧美的经济学说，而古代亚洲诸国的经济思想，又于欧美经济学说没有何等直接的影响，[①]所以这里只好搁置不提了。

因此，关于经济学前史，我在本章只想就三个时期，分作四节来叙述：第一，古代希腊的经济思想，第二，古代罗马的经济思想，第三，中世的经济思想，第四，近世的重商主义。不过，如我们前面所讲的，叙述经济学前史，只是要借此采寻近代各种经济学说的渊源，增进我们对于这些学说的理解，所以叙述起来，不能过于详尽，只要遵循一定的线索，究明其大体的轮廓就行了。

---

① 日本最近有一位经济学者泷本诚一氏，著有一部《欧洲经济学史》，在这部书后面，他附有一篇题名为《重农学派之根本思想的探源》的附录。这篇附录的主旨，在反覆说明重农学派之思想的根源，完全出自我国古代的“四书”“五经”；他最后总结这篇翻案文章的大意说：“要之，构成魁奈学说的基础的根本思想，完全吻合于‘书经’及其他经典上所表现的中国太古的王制，及其学说的旨趣，不同的地方，丝毫没有。这种论断，我想不会不正当吧。但现在一般人，都认为近代的经济学，是发祥于法国或苏格兰，竟把其重要的母家中国完全置之于不顾，这实在是我们东洋人的一大憾事呵！”(他这篇文章，已由健伯君译登《读书杂志》第一卷第六期，读者可以参照。)泷本诚一氏的这种议论，确实非常新奇，但究竟真确到什么程度，却还有待于证实。

第二节　古代希腊的经济思想

(一)当时的社会背景

一提到古代希腊的经济思想,我们马上就要联想到孕育出那种思想的古代希腊社会。

古代的希腊社会,完全是建立在奴隶制度的基础上。恩格斯说过:"奴隶制度,使农业与工业间,有大规模的分工的可能;因了大规模的分工,古代社会乃有昌大之可能。没有奴隶制度,不能有希腊国家,不能有希腊的艺术与科学;没有奴隶制度,亦不能有罗马帝国。……"从此,我们知道,奴隶制度是古代希腊市民国家成立的前提条件,反过来,国家却又是用以稳定奴隶制度的手段。

在奴隶制度的社会中,一切生产业务,几全由奴隶执行,生产力愈增加,对于奴隶的需要愈紧迫,于是对外,乃有争夺奴隶的斗争,对内,因为奴隶人数愈加多,奴隶统治愈困难,因而一般不事生产的市民阶级,特别是当时的有识者,就要忙着考虑:看怎样团结一致,怎样增进国家权力,才好应付这对内对外的难关,这一来,他们的注意,遂完全倾注于政治上行政上的事项,而无暇顾及经济方面了。因格拉姆(Ingram)在他所著《政治经济学史》中叙述当时社会的一般倾向,指出了以次三点。

"一、当时认定:个人是隶属于国家的,只有靠着国家,个人的性能,才能发达,才能完成,所以对于国家的维持和服务,他不得不倾注其全力。一切政治思想的大目标,就在育成善良的市民。不论哪种社会问题,都得从伦理的,教育的见地去研究。市民不是看成财富的生产者,只是看成财富的所有者。财富之被重视,不是因其为财富,也不是因为有了它,便可得到享乐,而是因为它可以使用在更高尚之道德的和公共的目的上。

二、因此,国家乃要求行使其对于全般社会生活(包括有经济生活在内)之控驭的规制的权能,因而使个人的活动,符合于社会全体的福利。

三、伴随着这些根本观念而生的一种倾向,就是赋与种种制度及立法机关以无限的权能;一若社会有了充分的力量与持续性,便除了顺应外界的冲动外,没有何等自发的转变。"①

依着当时这种种社会状态、社会倾向,我们就可征知那时会发生哪样的经济思想,并且那些思想会具有怎样的性质。

希腊诸哲学者中,对于经济思想表述得最广泛的,要算柏拉图(Plato)和亚里士多德(Aristotle),但表述得最实在的,却要算色诺芬(Xenophon)。所以我想在下面分别简述他们的经济思想的梗概。

(二)柏拉图的经济思想

柏拉图的经济思想,散见于他所著《共和国》(Republic)及《法律论》(Laws)两书中。他是当时社会统治阶级的代言人,所以他的议论,完全是顺应着前述那种社会的倾向。他论道德,论教育,不是以经济为根据,反之,他的经济观,却是建立在道德的、教育的基础上。又,对于一切问题的讨论,他不是由个人的利害关系出发,而是由那增进国家福利的见地出发。他这种种经济观的特征,就决定了他的经济思想的内容的性质。现在,且就以次几点,来概述他的主要部分的经济思想。

1.论分工

柏拉图之着意分工,那并不是由于他的天才,而是由于他的环境。我在前面曾引述过恩格斯的话,他说,"奴隶制度,使农业与工业间,有大规模的分工之可能。因了大规模的分工,古代社会乃有昌大之可能。"柏拉图根据当时这种社会倾向,加以引申,以为构成社会的个人,各有其欲望观念。要满足其欲望,孤立是不行的,必得各个人就其所能,用在适当地方,协同生产,有无相通,然后乃能相互满足其欲望,他在《共和国》中说:"各人在适当的时候,从事于他最适宜的事,而以其他的事,委之于别人,这么做来,较之不是这么做的场合,会有更多量的,更容易的,而且更良质的生产。"②

分工既是基于各个人差异的性能,其结果,乃有多种多样的职业发生;不过,在一切职业中,柏拉图只看重农业,而以农业为真实的生产业,

---

① 见〔该〕书 1919 年重刊本,第 11 页。

② 见佐维特(Jowett)英译本第 50 页。

至若贸易业、小贩业，他是比较轻视的。这一点，正可证明他〔丝〕毫没有脱却当时社会看贱工商业务的风习。

至若分工的大利益，他认为是增进全般社会的福利的，而不是为个人，乃至为国家，增积过多之财富的，所以他主张一国分工规模之大小，当视其范围及文化程度而不同。个人过富，必损害个人，国家过富，亦必因流于奢侈，减低生产效率，而无由增进国家的福祉。

就全体看去，他的分工理论，当有许多矛盾的地方，但他基于个人性能的差异，而行分工之说，却不失为后来亚当·斯密之分工论的先导。

2.论共产主义

柏拉图因为过于重视国家全般的福利，所以凡属有碍那种福利的动因，他都主张除去。他以为，财富无限制的私有，实足以助长个人的私利心，使流于不正不义，使社会贫富的差异悬殊，致一国内时起纠纷，而妨害国家的发达。所以为防止这些弊害，并增进个人之义务与公益的观念，他主张财产国有。而且，为要澈底实行这种主张，即澈底杜绝个人之私利心，他更进一步主张妻子共有。

柏拉图的共产主义思想，我们切不要想到那是维新，那实在是对于原始共产体组织的一种变相的复古。而且，就动机上讲，就范围上讲，都与我们现在所谓共产主义迥不相同。他所主张的共产主义，其目的不在生产物之平均分配，而在防止支配者，为满足私欲，而流于专横，流于堕落。从而，他的财产共有①，甚且妻子共有②的范围，只限于少数的上流阶级。

3.论奴隶制度及其他

在柏拉图所处的那种社会中，一切生产劳作，都是委之于奴隶。上流社会中人，尤其是支配者阶级、辅助者阶级，他们没有奴隶维持其生存，撑持其场面，简直就无法生活下去。柏拉图虽然也承认当时存在的奴隶制度的弊害；并且认定在理想社会中，没有奴隶制度那样的制度存在，但在现实社会里面，他却认为那纵有弊害，仍不可缺少。因为从分工的见地来说，构成社会的分子，有的持有支配的职能，有的持有被支配的职能。市

---

① 柏拉图把市民分割为支配者、辅助者及农工三个阶级，他的共产主义，只适用于前二阶级，而这两阶级，又不过是占有市民的极小部分。

② 柏拉图于妻子共有，曾说："我们守护者(Guardians)的妻应共有，子女亦应共有；两亲不知其子女，子女亦不知其两亲。"(见佐维特英译本《共和国》第106页)

民阶级要忙于治理国家，捍御外侮，一切生产作业，就当然要奴隶去做。而且，奴隶做奴隶的事，市民做市民的事，正可分别发展其性能，完成其性能。总之，柏拉图之奴隶制度说，完全是基于阶级利害的偏见。

此外，关于人口，关于货币，他亦有主张与说明。他是一个国家权力万能论者，所有个人的行动，他都主张用国家的权力去统制干涉，就说对于人口吧，在他所著《法律论》中，他就力言国家应采用适当手段，防止人口过少或过多；如其过少，当设法使其增加；如其过多，则宜于使用禁止早婚，或设定殖民地的方法，加以限制。不过，他的人口理论，正如同他的共产理论，其论点不是根据经济的立场，而是立脚于政治的道德的见地。

至若关于货币的观念，那是他由分工论自然会推得的结果。有了分工，当然要引起交换，也当然要诱致货币的存立；他认定货币的职能，在作为交换的媒介物及价值的尺度。并且，为要买卖手工业者的制品，为要对于被雇者（不问是奴隶，抑是居留外人）支给工资，他以为通货是必要的，从而，不可不有铸币的供给。不过，在柏拉图看来，无论哪样的私人，决不得保有并使用金银；然则他所谓铸币究以何种材料铸造，在《共和国》中，在《法律论》中，他都没有明白提示我们。但是，我们把当时斯巴达的货币政策，和柏拉图的财富观比较观察起来，也就不难了然于他的货币政策的梗概。斯巴达是希腊各地产铁最富的地方。她没有越海建立殖民地。她国内的贵族阶级，拥有广大的土地，一味榨取那些附着于其土地的隶民的劳动；他们蔑视由铸币与商业所提供的利益，所以，为妨止富及权力集中计，为养成人民的质朴精神计，且为抑制贪欲心，避免道德颓废计，他们严厉拒绝新货币的诱入。因此，至纪元前四百年，斯巴达唯一的通货，就是重约一磅又四分之三的铁条。凡属可以妨止过富，以及由过富所生的弊害的方法，一定为柏拉图所乐闻。他想像上的新货币政策，也许就是斯巴达式的铁条政策。

要之，柏拉图对于各种经济现象所表示的意见，不是就经济观点来说，而是就道德的政治的观点来说；不是以个人的利益为前提，而是以个人构成的国家的利益为前提。

（三）亚里士多德的经济思想

亚里士多德所处的社会环境，与其老师柏拉图所处的社会环境，没有怎样的不同，所以他的经济观的特征，也与其老师的不相上下。不过，在经济思想的表现上，他要比较明透，比较精深，而且比较条理。无论从哪方面讲，我们都得推称他为希腊经济思潮的代表者。

他的经济思想，散见于其所著《政治学》(Politics)及《伦理学》(Ethics)两书中，就其要者而言，可得以次诸点。

1.论经济学与牟利学

关于人类的经济活动，亚里士多德大别为两种，一是属于经济学范围的，一是属于牟利学(Chrematistics)范围的：前者乃为满足人类欲望，而获得并消费外界自然物，属于这一部类的行为，就是狩猎、渔业、牲畜、农业等等，为人类生活上最必要的自然行为；若后者，则是交换生产物，并含有营利目的的经济行为。因此，所谓经济学，就在论充足欲望与财富消费之关系，以及充足欲望与财富生产之关系，而所谓牟利学，则在论财富之取得。

据亚里士多德设想，人类由自行生产、自行消费；进而借货币为媒介，以生产物与他人交换，这是当然的进化行程，说不上什么毒害。不过，交换的目的，如不在以自己消费不了的生产物，去换取别人的剩余生产物来消费，而在进行大规模的交换，以遂其营利目的，则甚为不当，而且弊害滋多。所以，同是交换，因目的不同，而性质大异，即，借交换而满足消费欲望，乃大可尊重的行为；借交换而满足营利贪心，乃大可鄙视的行为。至若消费欲望转化为营利贪心的过程，亚里士多德在他的《政治学》中，曾这样描述过：

> “于是，有人就似乎相信赚钱为家庭经济的目标，而他们全生涯的思想，仿佛就在无限制的增加金钱，或者至少不要丧失其金钱。人类这种倾向的原因，就是他们只想到生存，而没有想到如何善生。并且，因为他们的欲望无限制，他们似乎就相信满足欲望的方法，亦无限制。哪怕就是以善良生活为目标的人，他们亦在讲求享受肉体愉乐的手段。因其认定那些享受非财产莫办，他们遂把全幅精力倾注在赚钱术上。”①

日以赚钱为事的这种经济行为，在亚里士多德看来，是最可唾弃的最

① 见佐维特英译本第18页。

不自然的行为。因此,他非常嫌恶小卖商人,尤其嫌恶那些买卖中间人。有如柏拉图一样,他认为最真实的业务,就是农业。惟有农业一类业务上的生产消费关系,才是经济学研究的范围,而商业一类业务上的交易买卖关系,则是牟利学研究的范围,他的经济学的概念,与我们今日的经济学的概念,实在大相径庭。

2.论私有财产

亚里士多德对于私有财产的认识,和柏拉图不同,所以柏拉图主张的财产共有、妻子共有,为他所不能赞许。

柏拉图认定当时社会所表现的一切罪恶的根源,就在于财产制度,亚里士多德不承认此说,他以为,这些罪恶不是因为没有实行财产共有,而是由于人类的堕性。至若财产共有了,那些伴随私产而发生的罪恶,是否仍旧存在,他没有明白指示我们。他不过申说了财产共有的种种缺陷。就土地而论,他提出了财产共有的三种样态:

第一,土地私有,其出产则公共蓄积,以供公共消费。

第二,土地公有,共同耕作,其出产则分归各个人,以供其私用。

第三,土地公有,出产共用。

在这财产共有的三种样态中,亚里士多德认为前两者尚可参酌施行,若如第三样态,土地公有,而又出产共用,则其结果恐不免惹起许多纠葛和弊端。因为在这种状况下,多劳而少获者有之,少劳而多获者亦有之,前者致怨于后者,而大鸣不平,那是常有的事。况私有观念,早形成为人类的天性;人人皆对自己所有某物,发生愉快之感;而对于同辈友人示其亲切之念,亦非持有或种财产,不能表达出来。总之,某种程度的财产私有,那颇有助于人类同情心、宽大心,以及向上心的发展,若积有过多财产,其结果,致富者横暴,穷者困惫,那将于全社会福利,有极大危险,他曾痛说“贫困为革命与罪恶之母”。从这点看来,他并不绝对反对柏拉图的财产共有主张,他不过认为,有的财产应归公有,有的财产应归私有;在某种限度以外的财产应归公有,某种限度以内的财产,则应归私有罢了。像柏拉图所主张的绝对共产乃至共妻,实行起来,一定要使人民失去两种德性,一是处理财产的自由,一是对于妇女的制欲。(以上,参见佐维特英译《政治学》33 页以下)

其实柏拉图主张的共产主义,只适用于支配者阶级(哲学家及政治家)和辅助者阶级(武士及军人),而与下流的工贾无关,所谓一种贵族的共产主义(Aristocratic Communism)。亚里士多德对于这种主义所加的批评和修正,亦只是在为这两个阶级设想,因为可恶的下流工贾阶级的事,那是用不着烦心的。

3.论价值与货币

关于价值,柏拉图本也略为提过,不过他没有一种明确的观念,他只知道:财物依特定比率而行交换,其本身必持有可以计量的品质,但这品质如何,他没有明白指出。

亚里士多德之价值论之根本观念,亦颇不容易捉摸,但他曾主张:欲望为量定一切生产物的共通标准,由是,我们知道,他是着重主观价值说,而以物之效用为基础的。

把价值区别为交换价值和使用价值,普通都承认那是亚当·斯密的创说。但亚里士多德对于价值,早就有过类似的分类,他曾说:

> "我们所有的任何物件,都有两种使用法。其一为适当的使用法。又其一为不适当的或次等的使用法。例如鞋,它有时是为穿而使用,有时则是为交换而使用。穿也好,交换也好,通是使用。特鞋之所有者,把鞋用以交换货币或食物时,事实上虽然不能说不是使用,但那并非鞋之适当的或主要的目的。因为鞋之制成,原非为了物物交换。"(见佐维特英译《政治学》15 页)

他像这样把鞋的用途,分为穿的使用,和交换的使用,一见,就仿佛类似亚当·斯密所说使用价值和交换价值。不过,我们仔细分析起来,就知道他着重在物之使用,而并没有由此去解明物之价值。所以他认为:一个人以己之物,易他人之物,必两者相等而后交易始得其平;不过这所谓相等,非就两物之价值言,乃就两人之欲望言。换言之,决定物之交易的标准,不存于物之本身的价值,乃存于我们对于物之欲望。无怪乎他说"欲望实为连结一切交易之绊,且为结合社会之绊了"。

要之,亚里士多德之价值说,乃是一种纯粹主观的价值说。

以次,我们就要论到他的货币主张了。

据他所见,货币的起因,乃基于必要的交换的发达。在货币不存在的时代,一切交换,皆为物物交换。迨后商业逐渐发达的结果,物物交换日益困难,于是有人才计虑出了作为交换之共通媒介物的货币。但这便利交换的货币，后来竟被人用作营利殖财的手段。关于这点，柏拉图曾表示非常痛惜，而在亚里士多德，他亦颇持异论。至于以货币贷借他人，征取利息，那尤为他所唾弃。因为他只承认货币有用作交换媒介物的价值，而不承认其具有何等生产力；他否认货币能生出货币，他是一位货币不胎论者。

至若对于货币本身的价值问题，亚里士多德却有比较满意的说明。他以为货币也是一种物件，货币的价值，也自不免与其他物件，依同一法则而变动。不过，在比较上，货币的价值，要比其他物件的价值，安定得多，所以在实际上必要的限内，他承认货币很可作为共通的尺度。

要之，亚里士多德之论价值，论货币，乃至前面论私有财产，都比柏拉图来得明透而深入；不过，他根据自然观来拥护奴隶制度，说自然使某些人为支配者，同时使其他的人为奴隶，那种议论，却就未免过火，未免失去其中庸论者的本色了。

(四)色诺芬的经济政策观

色诺芬对于经济思想上的贡献，与其说是理论的，却毋宁说是实际的。因其注重实行，他的主张，就与尚空论的柏拉图和亚里士多德不同。

他著有两部关于经济的书，一是《雅典收入论》(Revenues of Athens)，一是《经济论》(Oeconomicus)。后者所以表述他的经济思想，前者则是表述他的经济政策。

因为他是一位注重实行的人，所以在经济理论方面，没有什么了不起的意见或主张，我们要在这里略略叙述的，只是他所提案的经济政策。

希腊雅典市民之不事生产作业，我在前面已经讲过了。市民既无所事事，遂习为偷惰，人人皆抱着国家收入要配分给他们，国家要扶养他们的思想。这一来，雅典政治家所烦心的财政问题，就不是怎样依人民的勤俭，以充裕国家度支，而是怎样去增加公家收入，以维持多数民众。色诺芬的《雅典收入论》，即所谓雅典收入增加政策，就是应此需要而产生的。

他那个增加收入政策的眼目，可以概括为两点：一是对于外国人之温情主义的榨取，一是奴隶劳动之国家的利用。在前一项敛财的方术下，他提议了种种施行的步骤。为对于外国居留民大广招徕起见，他主张给与居留民以各种的利益；如免其从军的业务哪，使其与雅典人同样参加并享有相当的特权哪，特为设置居留外国人之保护官吏哪，港口及商场之建设公共旅馆哪，凡足以便利外国人，诱致外国人的方法，都尽力推行，外国居留民愈增多，则由外人取得的赋税及其他的收入，亦愈增多。

在后一项敛财的方术下，他主张以国有六万奴隶，贷与市民采掘银矿，由市民提供国家以适当的收入，这样，不独国帑赖以充实，即国家对于维持人民的负担，亦将因以轻减。况银矿采掘起来，矿坑附近居民，一定大增，由是，国家由市场、国有房屋、镕矿炉及其他源泉，又可获取多额的所得。

由以上两种方术，雅典收入之增加，已大可观了。

此外，色诺芬又主张振兴雅典的农业，在他的《经济论》中，他曾力说农业为最可尊贵的而且必需的业务。农业繁盛，则其余一切职业皆充满了活气；一旦土地荒废，其余的业务，无论是海上的，抑是陆上的，都要归于停顿。因此，他认为，农业应为其他诸技术之母，且为其保姆。不过，他虽重视农业，却不像柏拉图及亚里士多德那样反对工商业，甚且进而提倡工商业。他曾主张，雅典在通商上享有的利益，不仅是其有利的地位，其宏壮而安全的要港，且还有铸币的优越。因为在他看来，雅典的铸币，较其他任何国的铸币为优良，若因贸易关系而用之于国外，则其价值，一定较同量之他国铸币为大。为求贸易之发达，他有两种值得注意的提案：第一，凡对于贸易之一切诉讼，能裁判最迅速而且最公平之商事裁判所之判事，将与以褒赏；第二，凡属为雅典招致多数船舶，多量货物，而有贡献于雅典之商人及船主，则赐以特殊名誉，并使其受市民之飨宴。

总观上述数点，我们就知道色诺芬是一位不尚空谈的实验主义者，是一位少有道学气的功利主义者，他所计划的、提案的、主张的，虽不一定都能见诸实行，但他确已见到了，要解决经济问题，不能不于尊重农业之外，并力求发展商工业。在这点上，他确实要胜过柏拉图，胜过亚里士多德。

第三节　古代罗马的经济思想

(一)当时的社会背景

由希腊的经济思想，叙述到罗马的经济思想，这是一个当然的程序，因为希腊在自然科学、社会科学方面颇有成就的当时，罗马人的种种思想还非常幼稚。而且他们后来在思想方面仅有的表现，大体上还是受了希腊思潮的影响。

罗马的历史颇长，我们在这里所要留意的，只是纪元前后数百年，有关于其经济思想发达的那个时期。

这时期的罗马社会，也还是建立在奴隶制度的基础上。罗马市民虽然也是坐吃奴隶劳动，但因罗马不断以民兵从事战役，致小农破产的结果；又因罗马不断战胜，致其上流阶级，由财宝、奴隶、土地的增加，而愈益富有，愈益流于骄奢淫逸的结果，罗马的社会相，遂比希腊来得复杂多了。

照理，注重实际，倾向功利的罗马人，处在这种比较复杂的经济状况下，他们对于经济思想，应有令人相当满意的表现；然而，就因为他们过于重视了功利，重视了实际，所以对于一切理论，都不能开展而深入，即在经济方面，亦是如此。

可是，就全般的影响说来，罗马人在经济发达的贡献上，亦正有其不可磨灭的功绩。他们因为注重实际功效的结果，对于法律制度方面，皆有极大的成就；而那些成就，又直接间接间有关于后来经济的发达。

因此，我们要探索罗马人的经济观念，由其法学者所得的，一定要比由其哲学者所得的为多。因为，后者大抵是以希腊哲学者（尤其是柏拉图与亚里士多德）的意见为意见，而前者则有其独创的见解。

从来研究罗马经济思想的人，大都是标举这些法学者、哲学者，乃至当时几位农学论者（Writers de re rustica）的经济见解，作为代表。现在先就哲学者的简单经济观念讲起，次及农业论者，而以比较重要的法学者的经济思想，留在最后解述。

（二）哲学者的经济思想

罗马当时的社会状况，我在前面已略略讲过了，战争胜利品及奴隶劳动增进了罗马社会的繁昌，同时也就造成了罗马上流阶级乃至一般市民的奢华、荒淫、颓废的风习，哲学者处在这种环境下，遂不期然而抱着两种反感，第一，是反对当时社会的罪恶，鄙弃财货，因以形成其特殊的财富观；第二，是憧憬过去社会的简朴，因以趋重农业经济。

当时罗马代表的哲学者为西赛禄（Cicero），色奈加（Seneca）及大小普林尼(Plinius the Elder and the Younger),他们都多少受了禁欲的、严肃的斯图亚主义(Stoicism)的影响,故益使其坚持上述那两种意见。

比如,就他们的财富观来说吧。他们认为:惟有贤者,才具有正当使用外物的力量,因此,惟有贤者,才配称为富人,并且,他们这种人,哪怕是乞丐,亦不失为富;哪怕是奴隶,亦不失为贵。反之,在那些卑劣之流,他们纵然最富有,而其实最贫穷。西赛禄有一句概括这个意思的金言说:"惟圣贤斯为富有。"

这句话怎么讲呢?因为,在他们看来,困难、贫乏、苦痛等事,那都不过是外表上的恶,全无妨碍。圣贤能脱出转变无常的命运的支配,能超越所谓烦劳,能由忧虑、恐怖及热情防护自己,使自己享有平静的福祉。

一般禁欲派的财富观是如此,而在主张不抑制感觉冲动,不禁止营富裕生活的伊壁鸠鲁(Epicurus),他却说:"我有了水与面包,我的幸福就不亚于神。"对于这些以水与面包自足;以贫乏、困苦自甘的哲学者,我们还能期望他们有什么差可人意的经济思想么?

至若他们重视农业,亦并非要极积发展农业,而是因为他们看不惯都市居民的奢侈淫逸生活,想在消极的意义上,把人拉向归真返朴的道路。西赛禄曾发了一篇议论,概括当时关于职业的意见,最后,他说:

> "在一切获利的职业中,比较农业更良好,更有利,更愉快,更适于自由民的职业,可说没有。"

要之,这般哲学者之鼓吹农业,并非有意改良农业,而是把农村生活当作逃脱现社会罪恶的一个出路。

(三)农学论者的经济思想

农学论者的主要代表人物,有加托(Cato)、斐罗(Varro),及科于麦拿(Columella)。他们都是受过斯图亚主义影响的哲学者、政治家;就动机上讲,他们之推重农业,亦与上述诸哲学者之推重农业同,他们很可归并在前面一起叙述。但因他们都有关于农事的论著,而所论又都是侧重在技术方面——如农产物之制造,米谷牧场之设备等等——所以特别把他们分开。

不但此也,因为当时农业状态,渐由小农破产,而形成所谓大土地所有(Latifundium),乃至酿成新式贵族之骄纵荒淫,他们遂反过来赞成小规模之农业，更依经济上的理由，反对奴隶制度。这一点，是颇值得注意的。

我们前面讲过，没有奴隶制度，即没有罗马帝国。奴隶制度之在当时，不独视为必要，而且视为当然。就在色奈加这样的哲学者，他亦只从道德方面立论，说购买奴隶，只能购买其身体，精神上依旧平等。所以他劝告奴隶所有者，应以己之所欲，施诸奴隶。① 若农学论者不然，他们是先由经济立场，看到使用奴隶的不利益，然后再进而指摘其伦理上的缺陷，斐罗曾就自由劳动优于奴隶劳动的理由，叫人不要使用奴隶。他说："就农事而言，则雇佣之制，远胜于奴隶之制，因役使奴隶不知节劳，且易引起时疫发生；虽在极清洁的地方，因农夫当收割时，最为忙碌，最为劳苦，所以更不宜于使用奴隶。"②斐罗之论如此，柯于麦拿在他所著《农业论》(De re rustica)中，更力言罗马农业之衰颓，强半由于使用奴隶所致。

(四)法学者的经济思想

罗马法学者的经济思想，皆表现于他们所制定的法律、制度，及关于工商业的条规中。他们都是当时的思想家，都受了斯图亚学派的影响。斯图亚派之严肃主义、个人主义、自然主义精神，他们都禀承过来，更益以罗马人所固有的实际性与旧来的私有财产观念，所以就有这种种的成就。

在他们所定立的法规制度中，我在下面只想就那比较直接有关经济的两项来说，(1)私有财产及契约，(2)利率之规定，此外还可据以征知他们经济思想的，就是(3)关于货币及价格的见解。

1.私有财产及自由契约

私有财产制度及自由契约制度两者，那是经济发达的前提条件，亦即近代资本主义的支柱。罗马法学者对于此两者之确定，实大有造于后代经济制度及经济思想之发展。

本来，罗马国家，是具有非常的强固性的，因着这种强固性，国家的权

---

① 参照色奈加关于奴隶之《利益论》(De los beneficios)二卷，第 20 页。

② 参照汉译汉纳著《经济思想史》第 77 页。

利，早就把国内的氏族种族的权利消灭了。[①] 然而在罗马人间，却永远剩有雅利安族关于财产之思考与习性。家长对于家族中人的权力虽非常之大，可是他所管理的财产，他不是以个人的资格来管理，而是以家族代表者的资格来管理[②]，换言之，就是财产被看为是属于家族中各个人的了。由此可知罗马人早就具有狭义的个人私有财产之观念。迨法学者们受有斯图亚派哲学及其自然主义精神之鼓舞，遂公然不以家族为社会单位，而以个人为社会单位，且进而规定个人的财产权利。个人财产权利既经确定，则个人处理其财产之权，亦必相伴而确定，这就是自由契约制度，所以随私有财产制度一同成立的原因。

2.关于利率之规定

货币利率的问题，在罗马是一个普遍而严重的问题。罗马在共和政体最盛时，适合于市民身份的业务，只有农业与军务，至若商业与工业，那是他们鄙不屑为的。但是自耕农一方面因不时参加战争，一方面又遭受那些利用占领土地及捕获奴隶而从事耕作的大农场主的竞争，于是生计日形困难，而着着促进贷金业者业务的发生，一般穷苦农民为购入种子，为取得生活费，有时甚至为缴纳赋税，而愈不得不向贷金业者借款，他们就愈加要屈服于苛酷的条件。农民一般的穷苦，高利贷乃成了一般的现象。

为救济高利的恶弊，纪元前四百五十年及四百五十一年，乃有以12铜标（Duodecim Tabulae）划定最高限度利率的办法。当时最高利率，定为10%或12%；后来更低减至5%，至纪元前三百四十三年，乃全然废止。

但利息在法律上虽然禁止，然苦难实行。而在实际，却反因法规的存在，致借款困难，利率因以提高。其后几经变革，至纪元后五百五十三年鸠斯提（Justinianus）之法典编成，制定利率，依支付利息之假定能力为基础，使新利率适合于阶级的区别：显要人物及农民4%，未从事企业之普

① 莫尔甘（Morgan）曾就罗马土地所有之转变，说及此点，他说："罗马诸部族，从其初次建立时候起，便有一种'罗马公用土地'（Ager Romanus）；此外，土地又有的为胞族所有，有的为民族所有，有的为各别的个人所有。自从这些社会的连合体消灭以后，为部族胞族氏族所共有的土地，渐次成为私有财产。"（见《古代社会》第四篇第二章第二节）

② 参照玛夏尔教授（Prof. Marshall）著《经济学原理》第八版第一附录第四节。

通人 6%，商人及企业者 8%。海上贷款的利息，虽从来没有何等限定，但禁止重利，最高不得过 12%。这种种规定，在实际虽不一定照样施行，但以前闹到不可终日的高利贷问题，总算由此得到了一个落着。

3.关于货币及价格的见解

在第三世纪初期，罗马有一位大名鼎鼎的法学者包卢斯(Julius Paulus)，曾叙述货币之起源及其职能说："买卖由交易而生。古时没有今日这样的货币，或者没有一方称为货物，他方称为价格的事实存在；可是当着一方有多量之甲物，他方有多量之乙物，他们遂惯于依其必要，各以其缺乏效用之物，交换于其有效之物。不过，我持着你所要之物，同时你亦持着我所要之物的这种事，不必常有，不必即时就可发生，于是乃选定一种评价永续的公定的物质，由其一定数量中价格的平等，以救济这交易的困难。这种物质，因系印刻有公用的样式，其有用性及有效性之表示，与其说是由于内在价值，倒毋宁说是由于数量，自是，称为货物的，只有一方面，而他方面则呼为价格。"(Paulus，Library 33，ad Edictum)

后之学者对于包卢斯这种意见，有许许多多的解释。比如，就他所谓"与其说是由于内在价值，倒毋宁说是由于数量"言，他似暗示有货币价值之外铄的命令说，就其所谓"评价永续的公定的物质"言，则又似暗示这物质有其本身的价值。而在他自己，他又尝主张价格有一般的效力，他引述皮底阿斯(Sextus Pedius)的话说："物之价格，有其一般的效力，非依感情或对于单独个人之效用而定。"然事实上，罗马之习惯的价格时代既过，而它又备有那以私有财产制度为基础，而承认契约自由原则之法律。其结果，价格全由买卖常事者任意决定之观念以生。当时哲学者西赛禄关于高价之铜像说："对于这种物品之评价的唯一限制，就是一切人对于它的欲望。我们如非对于欲望置有限界，则对于价格就难得加以限界。"他又说："一定物品的价格，是一时的。你虽大吹特吹你的商品，它仅只值得可以卖到的价格。"他这种说法，就恰是罗马当时的一般观念。

第四节 中世经济思想概观

(一)中世社会的及经济的环境

这所谓中世的始期,一般经济学者都承认是超于罗马帝国崩坏的四百七十六年,而对于其终期,则有两种不同的意见,如因格拉姆教授(Prof. Ingram)等,他们断言一千三百年为中世终期。如罗雪(Roscher)、柯沙(Cossa)、汉纳(Haney)等,则断言一千五百年为中世终期。前者的根据,是说中世到这时盛极而衰了,后者则谓这时以后,直到一千五百年,中世制度还未完全溃崩,近世制度亦未产生出来,所以中世不应止于一千三百年。

就实际情形而论,十五世纪下半期,实是结束旧社会,酝酿新势力的一个时期,一千四百五十三年的文艺复兴,一千四百九十二年的美洲发现,一千四百九十八年的印度航行成功,皆为历史上划时期的事件。但这些事件,虽然算是新社会的动因,但不能说有了这些事件,就算已具有新社会的机构。所以中世纪时期,应该包括罗马覆亡至美洲发现之间的这1000多年的长期岁月。

中世纪的前半期,因民族的移动、蛮人的侵略、帝王权力与教会权力之倾轧、封建诸侯的斗争,当时的经济生活,已陷于极度的颓废与紊乱。在这种状态下,经济思想之停顿,那是势所必然的。

然至十二世纪的时候,此种动摇混乱的社会状态,乃渐就安定,渐趋改良。而一般人民,乃开始向各方面展开其经济的活动。加之,十字军兴的结果,欧洲人民因与其他国民接触,其实际知识增进,其活动范围扩大,更益以运输交通之便,于是生产事业的进步,乃一日千里。随着工商业的发达,外国贸易的兴隆,都市骤然勃兴,市民阶级因而崛起。市民阶级的势力日益扩大,而从来的贵族诸侯,遂渐非这新兴阶级之正敌。就在这阶级势力之消长推移的过程中,从来封锁的孤立的经济生活,已早转向了都市经济生活。

都会的中心势力,既系商人阶级,商人们乃在一切方面采取独占的手段。为要排除竞争者,他们遂进行一种基尔特(Guild)的组织。就基尔特发生的目的言,那原是为了全体社会的利益,而非为了满足他们的营利心。即是说,那一方面是谋他们彼此相互保护的利益,另一方面则是想以公正的价格,贩卖良好物品于消费者,借谋生产与消费之调和。因此,基尔特的参加者,就在相互砥砺实业道德、磨练生产技术,同时并讨论贩卖或生产品物之分量、品质、工资、价格、劳动条件等。除商人基尔特外,都市手工业者亦组织有职工基尔特,这两种特殊组织,在开始时,都有好处,也都在经济发展上,有其相当的贡献,然到后来,因着排外的、严酷的限制,于是就不期然而转化为经济发展之梏桎了。——然而这是中世封建社会将要崩溃时的事。

说到这里,我们似乎已可论及这种经济环境所孕育的。反映的经济思想了。但在中世社会生活上,从而在经济思想上,有过极大影响的基督教和基督教会,我们是不能不在此特别谈到的。

不错,基督教及基督教会之许多消极的、禁戒的教义与规定,对于当时的经济活动,或不免有某种程度的妨阻,但同时在各种方面,亦正有其深厚的影响与良好的感化呢!这,可以就几点来说明:第一,基督教尊重劳动,树立劳动神圣之原则;寺院僧侣为遵守教义,实示模范,并亲自从事劳动。在教义上,在僧侣们眼目中,奖励劳动,虽非为了物质的增产,而是为了服事神,为了精神上的福祉,但由是一扫从来希腊罗马哲学者轻视劳动之谬见,因而助长从事劳动者之自尊心,其间接贡献生产,实非浅鲜。第二,基督教力说人类本来平等,以为一个人无论属何国籍,属何阶级,等由神造;在神之前,人人都是一样;这种主张,不独批驳了希腊罗马哲学家之差别的人性观,并连带反对了基于那种人性观之奴隶制度。奴隶制度之崩坏,主要固由于经济事实,然基督教的主张,确亦给予了不少的道德的冲动。此外,基督教根据人人平等原则,提倡财产共有;此种理想,虽与当时经济事实太相背驰,但我们一考察中世的经济思想,就知道这在当时亦生了不少的消极的影响。

中世经济思想的活跃,那是十三世纪时的事。那时社会秩序安定,智识探究之机运复兴。研究柏拉图,特别是亚里士多德著述之风盛行。当时知识界的指导人物,为教会法典学者,他们一方面研究希腊哲学,一方面表述他们自己关于当前紧要经济问题之见解;使自己的见解,融和于希腊哲学,更切当点说,就是使希腊哲学,迁就他们自己的见解,这样,遂形成了一个所谓经院学派(Scholastic school)。这派的创导人物,就是汤玛士·阿奎那(Thomas Aquinas)。阿奎那及同派学者的主要经济思想,可就以次各点,加以概括之叙述:1.利息论,2.正值论,3.商业论。

(二)利息论

利息应否授受的问题,那是中世关于经济事象论争中,最为重要,最为普遍的问题;依着这个问题之紧张与疏懈,我们可以测知僧界对于俗界之势力的消长。申言之,教会的势力愈伸张,对于废止利息的主张愈坚执,同时禁止利息适用的范围乃愈推广。

基督教教父们之非议利息,首先是援引《圣经》中的章句。《新约》《旧约》两书中视收取利息为不当的文字,举其切要者有以次几项:

> "假若你以货币贷与我们的贫苦人民,切不要像放债者那样,切不要取利。"(《出埃及记》第二十二章第二十五节)
>
> "你的兄弟零落而战栗的在你旁边,你当扶助他,使他像旅客或寄居者一样,与你共居,保其生命。……你,不要为取利而贷他以金,不要为获益而贷他以食物。"(《利未记》第二十五章第三十五节)
>
> "你不得由你的兄弟取得利息;金的利息,谷物的利息,乃至一切可生利息之物的利息,都不得取。"(《申命记》第二十三章第十九节)

此外在《路加传》第六章第三十五节,甚且还有不要收回元本的字句。但在最初的宗规,只禁止僧侣经营贷金业,而对于俗人,则是到纪元三百零五六年所开之维尔费伊拉地方法会议,才有所规定。那次会议决定的明文是:"无论怎样的僧侣,一察觉其有征利情事,即予以免职破门的惩处。若在俗人,纵令分明有贷金的不正行为,如其他立誓悔改,则可以宥恕;使续行非义,亦当予以破门惩处。"然在实际,不独俗人不受此规定拘束,就在僧侣,他们亦是阳奉阴违。以确然令命禁止僧侣征利,那是根据三百二十五年之尼额亚大法会议的条规。

此后基督教的势力渐在罗马帝国膨胀,教会乃益加发挥其关于征利问题的权威。七百八十九年僧会法规定:"一切的人,皆禁止贷物而征利。"八百十三年的法规更规定:"不但是基督教的僧侣,不得要求利息,即其他任何俗人,亦不得要利息。"

不过,禁止利息的范围,虽日益扩大,而关于征利的教理,直到十世纪十一世纪，尚没有何等进展。在这方面露出一点曙光，那是十二世纪以后的事。至十三世纪汤玛士·阿奎那出，他才由比较深刻的经济议论，把那禁止征利的独断意见合理化。他曾就征利是否罪恶的问题解答说：

> "对于贷与的货币而收取利息，其本身就是不正。因为这么做，即无异出卖没有存在的东西。这分明会助长不平等，不平等就反乎正义。为要明了此点，我们就不得不观察一件事，即某物的使用，乃存于它的消费。例如，我们把葡萄酒当作饮料而使用时，即是消费葡萄酒；把小麦当作食料而使用时，即是消费小麦。因此，在类似的场合，我们不得设想，物之使用，乃离开该物本身而独立。让渡物之使用，即是让渡其物本身。据此理由，凡属借出与此类似之物，则该物的所有权，亦同时转移了。所以，假若一个人想把葡萄酒离开其使用而出卖，那就无异一物出卖两度。一物出卖两度，或者出卖没有存在的东西，那显为不正，显为犯罪。同理，凡以葡萄酒或小麦贷人，而要求两重的偿还，即一方面要求原本，一方面又要求原本之使用的价格或利息，那也就是不正，就是犯罪。……据哲学者亚里士多德所说，货币之发明，主要是为了交换的目的。从而，货币之适当的主要的使用，就是由其消费或让渡而成就交换。对于贷与的货币之使用，而收得其称为利息的偿付，那就货币的本质讲是不法。有如获得其他不正的财货，负有返还的义务一样，当作利息征收的货币，亦负有返还的义务。"（参见 O'Brien, G. *An Essay on Mediaeval Economic Teaching* pp. 17～7178）

他这一大些论理，显明的，是根据亚里士多德之货币不胎论，和关于货币之起源与职能的意见。不过，他并非照样踏袭，在这种议论的引申上和说明上，实显露出了这位经院大师的敏锐的卓识。

经院派学者非议征利的其他论据，就是说利息的支付，就在对于时间的支付。单纯的债务偿还的迟滞，不得据以为增加偿还额的理由。因为，时间为万人共有的财产，时间在本质上不能为人所有，那与本身不能生子的金属同，时间亦不能独自生产什么，因此，对于这时间，自没有支付何物的理由。

不过，基督教教会的征利禁止意见，因着产业的发达及信用必要的增加，而渐感到实行的困难了。所以阿奎那以后的经院派学者，就改变了口吻,如大僧正安东尼努斯(Antoninus)说:"货币在它自身,谈不到有利,它自己也不会增殖。那是要由商人把它使用起来,才能见到它的利益。"又,圣伯讷尔德伊诺(Bernardino)说:"货币不但有货币的性质。它还有我们一般呼为资本的生产的性质。"货币既有生产的性质,借货币者就可依货币而受到利益,同时贷货币者亦就应当由贷出货币而分享其利益。由此推论起来,后期的经院派学者,已不再坚持禁止征利的意见了。

(三)正价论

前面讲过,十二世纪以后,社会秩序安定,交易及商业日益发达,就在这当中,关于买卖上的价格问题,遂惹起了当时经院派学者甚深的注意。为防止贱买贵卖的刁诈风习,他们主张由君主或地方当局或特定团体,公定价格;务使买者卖者两不相亏,这公定的价格,就是所谓公正价格或正价(Jnstum Pretium,Just Price)。至若关于价格公定的基础,他们大抵是根据或评释亚里士多德的价值论,而展开他们自己的理论。

这派学者之尚论正价基础,在创始者与后继者间,立论颇不一致。前者重在客观方面,后者则渐趋重主观方面。前者认定一切的货物,都有一种客观的,绝对的,由生产费之概算而决定的某种真价。他们都相信公正的交易,乃基于一物件的价值,对于其他物件价值之比例。因为,当时工业资本未立于重要地位,基尔特制度下的师傅们(Masters),使用自己的工具,在自己工作场中从事劳作,这样,对生产货品投下的劳动,极关重要,所以生产费就可以说明恰当的价格。

阿尔柏塔斯·马格努斯(Albertus Magnus)评注亚里士多德之《伦理学》,有以次的一段话:

> "劳动及费用(Labores et expansae)之同一的堆积,乃可相互交换。因为,寝床制造者,如没有对其寝床受到相当于其所投费的数量与品质,他将来就不能继续制造寝床,这一来,寝床制造业,就不免要归于灭绝。寝床制造业如此,其他职业亦莫不如此。"(*Ethica*,lib.V.tract.ii Cap.7)

根据这种意见,他认定"市民的存续,乃基于依比例而行报偿"。比例为报偿的基础。

然至其弟子汤玛士·阿奎那,他却不是就经济上的利害关系来论公正价格，而是从一般的正义观念来论公正价格。他说：

“关于欺诈以外的买卖的看法，有两个方面。第一，就买卖本身作想，因其是相互满足买卖当事者的要求，所以是为两当事者的共通利益而成立的。既为两当事者的共同利益，则任何一方不应感到有超过于他方的负担。从而一切的契约，须得遵照物与物之平等。又，适于人类使用的物之品质，乃依对于该物所与的价格而测定，于是乎有货币的发明。因此，如其价格超过了该物价值之分量，或者反过来，物之价值超过其价格，那都谈不到正义上的平等。所以，超过物之价值而卖出，低于物之价值而买入，其本身皆属不正而且不法。”（参照 O'Brien, G. *An Essay on Mediaeval Economic Teaching* pp. 103～104）

阿奎那虽是像这样从正义的观念，来主张由国家或公共团体制定正价或公正价格，但如他所说的“价值之分量”云云，仍未放弃乃师之纯粹客观生产费说。不过，他后来没有坚持这种说法，而连带涉及物之效用，需要与供给了。

至阿奎那以后的经院派学者，他们更变本加厉，渐渐把生产费说抛置脑后了。如大僧正安东尼努斯所说，则价值之构成，是明确的由于三个要素的相互作用。第一，财货对于欲望满足之一般的有用性，这有用性他认为是价值的原因；第二，财货的稀少性，这稀少性他认为是价值抬高的原因；第三，财货对于个人在种种程度上使其快适的性质，这性质他认为是特殊场合价格增加的原因。现实上，不悖良心，按照这个准则去支付，他以为，那种价格，就是公正价格。他这种说法，完全是以效用的见地立论，而没有把物之客观的生产条件放在心下。在圣伯讷德伊诺(Bernardino)，他虽不漠视生产费，但以为在影响物之价值的诸要素中，生产费不过是一个要素罢了。其他的要素，就是一般的效用，对于购买者的特殊效用，以及在利润上对于商人的特别效用。及至德意志最后的经院派学者比尔(Biel)，他更主张：“立法者须得观察人人需要的程度，物之丰富稀少的程度，以及生产上之困难，努力与危险。要把这一切过细的考察过了之后，他才可决定公正的价格。”[①]顺着经济事象的推移，同一学

---

① 见罗夏(Roscher)著《德国国民经济史》，1874 年版，第 6 页。

派,对于同一问题的认识,先后颇不相同。

(四)商业论

经院派学者对于商业的意见,与他们对于公正价格的意见,是紧切关联的。因为,价格是商业上的主要问题;经商者在当时之所以被人轻视,一大部分理由是由于他们的贱买贵卖,即由于他们在买卖上不肯依从公正价格。不过,他们不赞许商业,也还有其他的理由,而且,他们关于商业的见解,与我们次节叙述的重商主义,是一个很好的对照,所以特别要把它提出来说说。

经院派学者之论商业,一方面是准据教父哲学,一方面则是援引亚里士多德之交换理论。准据前者,则有如克利马斯汤姆斯(Crymas Thomas)就《马太传》第二十章第十二节说:"以利润为目的,买物进来,照原样贩卖出去,不加变更,这种人,就是应由神宫逐出的商人。"圣喜厄诺尼玛斯(Eusebius Hieronymus)警戒僧侣为商说:"由贫困而变成了富贵,由卑卑不足道者变成了高名者的僧侣,我们要避之如疠疫。"若准据后者,即依照亚里士多德的交换意见:物之交换,有两个样式。其一是自然的样式,即为满足生活上的需要而行交换。这种交换,与其说是属于商人,倒不如说是属于那为家族、为国家准备生活必需品的户主或官吏。至若第二种交换,那就不是为了生活上的必要,而是为了利得,前者在满足自然的要求,故值得推许,后者在满足无底止的利欲,故应当非难。

阿奎那调和上述两种主张,而有以次的说明。即,以利得为终局目的时,特别是对于照原样毫未变更之物,出卖较高价格时,那种交易,便是罪恶。假若某物经过了改良,而贩卖高价,则那种利得,即可视为劳动报酬。又,为了必要,或为了高尚的目的,即令图利,亦可行得。并且,一个人购入某物,不为贩卖,而为保有,往后因特种事故而出卖,而获有利润,那是因为该物之效用有增加,因其物价随时地之变更有增加,或者因其物搬动时,运费增加乃至有其他破损之虞,所以那种利润,不为非法。至若僧侣,不但是本来不善的事,应当回避,即看着不善的事,亦应当回避;在交易买卖上,因了俗世利得诱惑之故,因了商人难免口过之故,且因有陷于种种不善的顾虑之故,僧侣决不宜于经商。况且,勤于现世的俗务,即不免怠于灵界的修行,使徒"务为神之兵卒者,不得以世事自累"。

要之，阿奎那依着实际经济生活上之推移，对于教父哲学及亚里士多德之交换理论，皆有所调和、修正，不过在大体上，仍不能脱却鄙弃商业之成见。约翰·布利登（Jean Buridan）定诸种取财术之位次，以包括牧畜、农耕、狩猎之农业为第一位，以建筑术、营造术一类制造业为第二位，以行政的事务为第三位，最后，以商业为第四位。

可是，经院派学者无论怎〔样〕鄙夷商业，商业的范围，却在一天天的扩张，商人阶级的势力，却在一天天的抬头。这样，他们觉悟到徒徒作贱商业，亦毫无用处，于是改变口吻，一方面推重商人，一方面戒告商人，叫他们不要把商业范围，过于扩大。特利则米阿斯（Trithemius）说："不仅是不图暴利，在一切交易上，皆当由神及人之法律所指导；对于穷迫者，欣然解囊相助的诚实商人，与一切从事其他职业的人，同样值得尊敬。然而要在一切交易上，常常能够诚实而不图高利，那决不是容易的事。本来，在无论哪个社会，没有商业，是不能做通的，可是，过度的商业，养成人民对于利得及黄金的贪欲心，由快乐及奢侈的征逐，杀其国民元气，夺其国民精力，那就不免无利而有害。"①他这种议论，已较前述其他经院派学者的议论，和缓得多了。诚实商人既与从事其他职业的人，同样值得尊敬，可见他对于商业，已没有鄙视的念头，不过他言外还反对贪图高利。及至圣伯讷德伊诺，他简直把商人的利得合理化了。他以为影响物价的诸要素，除生产费外，就是一般的效用，对于购买者的特殊效用，以及在利润上对于商人的特别效用。关于这属于商人之效用的利润，他明白称说那是商人之勤勉、努力及才能的效果，所以不能说不正当。由他们轻视商业以至尊重商业这一串理论的推移，我们就知道当时的实际经济状况，已发展到了那个程度。那事实，我们将在次节论述重商主义时再来说明。

① 参见简系（Ljanssen）之《德国人民通史》（History of the German People）英译本第二卷第 97 页。［该书英译本全名是 History of the German People at the Close of the Middle Ages，作者 Johannes Janssen——编者注］

第五节　近世重商主义

(一)重商主义的时代背景

重商主义精神弥满于欧洲社会的时期,那是由十六世纪初头,至十八世纪末叶。在这个时期当中,欧洲的社会,起了根本的变革,换了新的局面。

一千四百九十二年的美洲发现,一千四百九十八年的印度航行成功,在货币上,在贸易上,对于这个新时代的经济发展,实有其决定的作用。由中世社会转向近世社会的基本事实,就是社会的经济重心,由土地上,转向货币上来。

美洲发现后,美洲的贵金属,乃通过西班牙而不断流注于欧洲社会,这一来,遂直接发生两种结果,第一,商品价格因货币的膨胀而暴腾,而益助长新式商品生产事业发展;第二,残存的庄园经济及都市经济因货币流通、贸易发达而破坏。由前一结果,因商业致富的资产阶级抬头;由后一结果,坐食地租,因身份家世取得社会地位的贵族领主阶级没落。贵族领主一向是轻侮商人阶级的,现在反而乞怜于商人阶级了。这种社会地位的倒置,于是连带着引起社会组织、政治制度、经济政策的变更。

在商业资本发展的过程上,自然会发生两种要求,对外,在贸易上要能够竞争乃至独占,对内,要社会安定,要能破除各地各自为政的障碍。这两种要求,只有一个统一的国家才能实现。这就是近代国家成立的前因。

在近代国家成立的条件下,充实国家实力的,不是从前那种采邑所属的骑士军,而是由国家征集的民兵(后渐采用常备军制);行使国家职权的,不是封建领主或自治国体,而是由国家给俸的官吏;而国家的军事、行政、信用及赋税制度,又都不是建立在自足的自然的经济基础上,而是建立在货币经济基础上。总之,商业要赖国家的实力才能发展,同时,国家亦要赖商人的财力才能维持。近代国家的本质如此,机能如此,我们由此就可窥知它所取的经济政策,并由此可以了解重商主义的意义。

不过,在这里,我们还得述及与近世经济思想有关的宗教势力。

中世罗马教会的大企图，就是要在基督教的原理下，统一人类社会的全生活，而对于这大企图之一部分的经济方面，则是发挥生活上之制欲精神，以成就其关于人类行为之理想的指导。当世经院派学者之禁止征利，主张正价，厌弃商业，要不外是那整个企图之局部的意识表现。在最大经院派哲学者圣汤玛士·阿奎那时代，中世基督教教会权威达于顶点，法王主宰灵俗两界的一切事物，基督教之包括的世界观，理想的统一，都得到了实现。然就在这伟大的第十三世纪终末，新的叛变、混乱、异端发生了。民族国家的争霸战，不断表演，神之和平的幻境，在人们不和的现实之前消失了；由古典研究而复活的异教精神，由美洲贵金属发现而诱起的贪婪欲念，连同作用起来，使人们渐渐抛弃其对于法王的忠顺，拒绝其励行基督教伦理的权威，社会的行为，越发没有遵循制欲的理想指导的准则，大家都是顺着功名心，利得欲的活动而行动着，就在这种思想转变的过程当中，基于商业资本主义要求的近代国家形成了。生活上的制欲精神，被人本主义、商业主义、国家主义所粉碎，经济思想，乃开始取一个新的形态。

(二)重商主义的根本意义

重商主义(Mercantilism)一语，有时或别称为重商体系(Mercantile system)，或商业制度(Commercial system)，或重商学说(Mercantile theory)，意大利政论家门果提(Mengotti)甚且呼之为柯尔柏主义(Colbertism)。名色繁歧若此，一方面虽表示这种思想或主张的内容，难于确切把握。但除柯尔柏主义一辞外，其余显明都是置重在商业方面。

把十六世纪至十八世纪重商主义者(Mercantilist)的理论与实际，包括的当作一个体系来研究，且在“经济学诸体系”的总标题下，称之为“重商体系”(Mercantile system)，这，是始于通称为经济学之父的亚当·斯密[①]，而所谓重商“学说”、“主义”云云，都是根于他这所谓“体系”之转称。

首先对于斯密这种称说表示反对的，为德之里斯特(List)。第一，就“重商”而论，他认为当时的那一般倾向，并不仅鼓励商业，同时且鼓励工业；其次，就“体系”而论，他认为当时那种注重工业商业的种种主张，并不

---

① 参照《国富论》第四篇。

是出于任何特定个人的思考，那在理论上，无特定的创建者，亦无特定的继承者，简直不能算是一种封锁的学说，换言之，不成为一个“体系”。

不过，我认为，“重商”的概念可以成立，“体系”的概念，亦可以成立。当时一般政论家，于鼓励商业之外，固曾同时鼓励工业，但我们要知道，在那般人眼光中，发展工业不过〔是〕发展商业的一个手段，工业是辅助商业，依属于商业的。况且，当时的资本主义的性质，是商业的，不是工业的，所以就其特征而概括的说，应当说是重商，不应当说是工商兼重。至若不能指定谁是创建者，谁是承继者的一串主张，本来谈不上是一个严密的体系，但就大体的趋势讲，就一般的意识讲，实在不妨当作一个体系来研究。切当的说吧，这全是为了研究的便利，而权为设定的一个“假设的体系”。

对于这个“假设的体系”，德国经济学者昂肯（Oncken）名之为“王侯致富政策的体系”，奥国社会学者斯盘（Othmar Spann）称为“有利于资产阶级及动的资本，但不利于贵族及领主之政治的专制主义的体系”，伦奇额尔称为“在政治上及国民经济上有其集中的指导原理的国民主义”。而在桑巴特（Sombart）则称之为“初期资本主义之国民经济学”。这一切的称谓，都是从他们各自的见地，假定有这么一种“体系”，有这么一种“主义”，有这么一种“学”，为了说明或研究的便利，都有其用处，而且在大体上，亦都有其是处。不过，就包括的，确切的程度说，那都不会比“重商主义”或“重商体系”，来得妥当。因为在商业资本统制的社会里面，国家的成立，政治的设施，都是为了发展商业，为了尊重并保护商人的利益。王侯或国家致富的前提条件，是商人致富，若把主从先后的命题倒置起来，我们就无从理解近世国家所由成立的意义。

总之，所谓重商主义，那是在十六、十七、十八世纪经济生活上，为各国政论家及事业家所共通具有的思想的总体。

（三）重商主义的中心思想

当时一般政论家及事业家所具的经济思想，虽可因国而不同，因时而不同，但我们概括在重商主义这个假设的体系之下来研究，自然只能论及其共通的中心的思想。

重商主义的中心思想，可就下列四个要点来叙述。

1.重视贵金属

2.实现有利贸易差额

3.奖励国内工业

4.规制国民经济活动

这四点,有一个必然的相互关联。要由外国输入金银,不能不多多输出制品,从而不能不发展工业,而规制国民经济活动,在当时又视为是发展工业的手段。

1.重视贵金属

重商主义时代一般人之重视贵金属,那是由于几种原因,第一,美洲金矿发现的刺激;第二,西班牙葡萄牙由美洲输入金银而致富;第三,日益扩张的商业贸易上,需要更多的货币流通;第四,为维持奢华的宫廷生活,以及为开支吃俸的官吏与领饷的兵士,皆非在国库中增积金银,无以加厚国家实力;因了这诸种原因的作用,热望金银,就几乎是当时一般人的共通心理了。不过,同是重视金银,因重视的程度不同,或者因诱致金银的方法不同,分有两个派别,一是所谓旧来的金银通货主义者(Bullionist),一是新起的商业主义者(Mercantilist)。前者着重在诱入金银,并直接注意国内金银的移动,即禁止金银输出,后者则是着重在由货物输出入的统制上,间接取得金银。在第十六世纪,金银通货主义者之禁止金银输出政策,尚犹通行,自此以后,则渐趋向于商业主义者即重商主义者的主张。

2.实现有利贸易差额

增加金银的途径有二:其一为采掘国内的金矿银矿,其一是以货物由外国换入。在没有金银矿山的国家,自然只好采取后一办法。不过,在我,虽企图以货物换入外国的金银,同时,外国亦不免以货物来换去我之金银,金银通货主义者有见于此,所以主张禁止外货输入,因以禁止金银输出。商业主义者不同,他们认为禁止金银输出,不独干涉监督过于烦琐,且大有碍于贸易的发展。在他们看来,金银不患其输出,问题在如何使其输入,使其有更多的输入。这即是他们所主张的有利贸易差额论(Balance of trade)。例如,甲国以百万元的货物输往乙国,乙国同时亦以50万元的货物输入甲国,其结果,甲乙两国的贸易差额为50万元,这50万元,是乙国必得以金块输送到甲国的,所以这种贸易,于甲国有利。甲国之利,是以乙国的不利为前提。

3.奖励国内工业

一国要想输出超过输入，那在一方面是抬高关税，防堵外货的流入；一方面是奖励国内工业，增加本国制品的输出。不过，依前一办法，甲国抬高关税，乙国亦必抬高关税，过高的关税封锁政策，简直无异杜绝交易，那于商业发展上必多障碍。于是各国就在奖励国内工业的前提上，妥为利用关税政策，即是，对于制造品，虽尽量使国内的多多输出，使外国的少量输入；而对于原料品，则采取相反的方策，限制国内原料的输出，诱致外国原料的输入，这一来，工业制品成本减低，价格低廉，在外国市场上，乃能与他国货物竞争，乃能使输出超过输入，而实现有利的贸易差额。

4.规制国民经济活动

各国既认定自国之利，即他国之不利，他国之利益，即自国之损失，于是对外纯取对敌的态度，而对内则尽量发挥国家的权力，使全国民的经济活动，向着竞胜外国的唯一目标做去。凡有利于这个目标的行动，多方奖励；不利于这个目标的行动，则严格禁制。所以当时国家的干涉，不仅行于产业活动，即一切国民经济生活上的琐事末节，皆有所规定。举其荦荦大者，如谷物条例、通航条例、奖农规条、崇俭法令、商事法规，及食物定价(Assize of bread and ale)等皆是。而法国柯尔柏(Colbert)所行之禁制政策(Restrictive policy)，尤为繁密严酷。那不独是以国家无限权力监督工业，举凡何人当劳动，何物当制造，当用何种原料，当取何种手续，皆有法律规定，不遵守法律，即毁其机器，焚其制品。诸如此类禁规，不一而足。所以重商主义，几与政府干涉成了同义的语辞，同时又可呼为产业的国家万能主义。

(四)各国重商实际之比较观察

重商主义的中心思想，前面已讲述其梗概了。现在我想进而比较观察各国重商实际的形态和设施。因了地理的关系，时代的关系，以及过去历史的关系，各国重商主义的根本形态，互有不同，但在大体上，仍不能反乎上述几个共通原则。

在英国，依着议会制度的结果，地主阶级的利益是不能漠视的。所以，除了奖励贸易及工业外，还要奖励农业。不过，就全般看去，英国重商主义的贸易政策，比较其他任何国家，都来得根本而实在。一六五一年由克林威尔（Cromwell）制定的《航海条例》，那是极度重商主义思想的表现。据那种条例的规定：（甲）外国船舶不得在英国沿岸取鱼运货。（乙）船主、船长、船员，至少没有 3/4 为英国臣民，则那种船舶，禁止与英领诸殖〔民〕地从事贸易，否则没收其船舶与积货。（丙）无论是外国商人，抑是本国商人，其所输入的外国商品，一律课以两倍之关税。上列三项，不过是就其著者而言。这种条例实施的结果，促成了荷兰国家的衰微，保证了英国航海的独占，从而，奠定了后来英国海上霸权的基础。

其在德国奥国，它们所取的途径，就与英国不同。一方面，它们忙着奖励人口，另一方面，又忙着配置那倾向封锁的贸易政策。因为，30 年战争的结果，它们失去一部分人口了，那于国内产业振兴上，为一个非图补救不可的缺陷；又，它们在着手奖励工商业之初，其他优秀大工业国的制品，已充斥其国内市场了。所以在对外贸易上，它们不能不采行比较封锁的关税政策，从而，限制奢侈，限制消费，也比较其他国家来得厉害了。

论到法国，我们就要由此窥知重商主义别称柯尔柏主义的究竟了。法国当路易十四柄政时，行政上财政上皆陷于极度紊乱，而其工业，不但较英国为劣，且部分的较德国为劣。柯尔柏适于是时充当财政大臣。为要谋行政财政上的整理，和工业的振兴，他于是首先依罗马教权，抑压专横放恣的僧侣阶级，没收寺院领地为国有。其次，更缩小贵族阶级的权力，而专于努力使资产阶级向上发展。依着许多内地关税的撤废，运河的建设，以及对于各国最优秀劳动者、技师等的招聘；依着特权、奖励金，及国家补助金的设置；依着有利的保护关税政策的运用；更依着技艺学校、工科大学的设立，法兰西的国民经济，乃迅速进于繁昌，在不久期间，几乎驾英国而上之。柯尔柏政策实施的成果，那是重商主义收到最大成功的一个试验。

（五）各国重商主义者之文献提要

比较有组织的说明重商主义的文献，首先当数到意大利经济学者安东尼阿·舍拉（Antonio Serra），于一千六百十三年出版的《略论无矿山国诱致丰富金银的诸原因》。他在这部书中提到了关于国民富裕的三个条件：（1）有产生过剩农产物的肥沃土地，（2）一国之地位，居于世界交通中枢，因而使其国外贸易兴盛，(3)工业，特别是技艺发达，在这种状况下，即令本国没有产出金银的矿山，亦不难诱致丰富的金银。

以次，我们可以数到英国关于重商主义的几种主要文献。

英国重商主义的代表者为汤玛士·曼(Thomas Mun)，他于一六一二年出版了一部《英印贸易论》，又于一六六四年出版了他的《英国由国外贸易致富论》(England's Treasure by Foreign Trade)。后者于重商主义，特别于贸易差额论，多所发挥。据他的见解，一国富裕之道，就在安排复杂的商业交易上，使特定时期之一切输入品的价值，少于一切输出品的价值。这个差额，就可招致现金，而成为增加统治者国库收入的源泉。当时金银通货主义者，主张禁止贵金属输出，他极端反对：以为，以贵金属去换得的输入商品，如在国内加工制造，可再作为更高价的商品，而输往他国，这一来，本国的金银，不独不会减少，且可因以增加。金银通货主义者不知此理，他曾借农夫播种收获之区别，加以揶揄的解明。他说："如其我们只看到农夫播种时，把一些好谷粒抛在地面，我们将不认为他是农夫，简直要把他看成疯子，但是，当我们考察其勤劳目的的收获时，我们乃知道其行为的价值和倍增的成果了。"这就是说，禁止金银输出，实无异反对农夫播种。

汤玛士·曼以后之英国重商主义者有柴尔德(Josiah Child)，诺司(Dudley North)及斯图亚特(Stuart)等。柴尔德于一六六八年出版了《关于贸易并利息之考察》，一六九〇年出版了《贸易论》。他在前一书中，大要是论荷兰在外国贸易上占有优势地位，其原因在于国内利息甚低，所以他极力主张低减利息，以期发展海外贸易。至若海外贸易之可贵，在于需要海运，因海运之所得，甚且要超过商品之所值，在《贸易论》序言中，他说："商船运输，非取运费不可，运费一项之收入，往往会超过商品之所得，故大利于国家。"一国对外贸易是否能达到有利差额的目的，那就要看贸易及海运的情形而定。他论贸易差额之意义说："贸易均衡之严格意义，乃一国输出之价值，足以抵其输入之价值。使输出超过输入，则于一国贸易有利。输出超过之差额，通常皆可输入金银；金银入口，国富必增，因金银为一国富力之标准。"

达德勒·诺司之《贸易论》(Discourse upon Trade)，出版于一六九一年。他在这部书中所讨论的，不单是贸易，同时并论到了利息问题及货币铸造问题。他反对金银通货主义者禁止金银出口的傻办法。他认为货币是要流通的，商业不振，并不一定是由于货币不足。商业不振的真原因，第一是，国内谷物及家畜过剩，致愁卖者多，想买者少；第二是，贸易不安全，或者如在战时，商品之必然的流出受到阻止；第三是，因贫困而消费减退。所以，要想农产物价格腾贵，必须从这三个原因，去求得补救。在这点上，他主张农产物自由输出，而成为农业主义者的先驱了。

关于货币价格，他认定那与普通商品同，乃随供给与需要的变动而变动。借手多于贷手，利率抬高，反之，则利率减低。所以在借贷关系上，应由当事者应当前情况自行决定，强制减低或完全禁止，那都是滥用国家权力，无益而有害。他说："从科学的见地说，利息废止，就无异一切贷借终灭。贷借终灭的结果，以某种关系而招致窘迫的大地主，遂不得不变卖其土地，且抵借无门，更不得不以低价变卖其土地。其在商人，无论他如何老练，没有资本，就只好空坐起来，要不然，就是赊买，赊买不过利息的别名罢了。贫困者仍然是贫困，我们将不免要沉沦于一千年以前的状态。"单就这点而论，诺司又算是自由主义者的先驱了。

以次，我们要讲到英国重商主义者的殿将斯图亚特了。他关于重商主义的著作，为《政治经济学原理之研究》(An Inquiry into the Principles of Political Economy)，一名《论自由国家之内国政策，特别着意人口，农业，贸易，工业，货币，铸币，利息，流通，银行，交换，公债及租税》，于一七六七年出版。这部书，是他流寓大陆，定居于法兰西、德意志、意大利、荷兰时，把见闻的材料，汇集而成的。材料虽然丰富，而内容则殊欠论理的组织，在他自己亦认为这"不过是原料的搜集"。

可是，这样一种未经洗练的著作，却仍能使他成为十八世纪经济思想上的一个特出人物。因为，当时一般的倾向，都在奖励制造业，并为增加关税收入而施行种种统制。就英国而论，一方面奖励美洲铣铁的输入，一方面禁止羊毛的输出。这，对于工业阶级虽有利，对于地主阶级则不利，而国策的重要目的，又是要使土地阶级与工业阶级交受其利。于是，为调和并均衡这两阶级的利益，我们必有一定的理想或模范，以期在现社会组织体制下，除去它们之间的利害冲突。斯图亚特在他这部书中，就是要努力构成这样一种理想。他之所谓"模范国"(Model State)，不外是要借此说明：在奖励商工业的前提下，同时须得重视农业上之剩余。不过，归根结底,他还是一个重商主义者;他主张需给关系上"二重的竞争",如其一方竞争,有搅扰经济平衡之虞,他以为,为要使供给与需要一致,却宁可施行种种统制,因之,他的经济政策纲领,仍旧是重商主义者流的经济政策纲领。他这部书出版后仅及九年,亚当·斯密的大著《国富论》出,于是这位著者,就几乎完全被人忘记了。

英国的重商主义文献,要详细介绍起来,我们还应当数到倍根(Francis Bacon)、霍布士(Hobbes)、倍第(Petty)、陆克(Locke)等学者的著述,但限于篇幅,从略了。

最后,我想提举几位德国重商主义者的文献,作为结束。

德国由十六世纪至十八世纪初叶,君主的财政与国家的财政,尚没有区别。为讲求管理君主财政,增进君主财政,特为设有一门学问,这就是所谓官房学(Kameralwissenschaft)。官房学总括有国民经济学、财政学及行政学;有时,包括有工业及矿山管理技术的土木工学,亦包含在内。以此等学问为研究对象的官房学者,他们怀抱有重商主义者的同一国家致富策,同样以贵金属的蓄积,为富国之唯一门径。所以德国的重商主义者,就是一般官房学者。我们在这里应该举述的,有柏赫尔(Becher)、霍尔林赤(Hornick)、约斯起(Justi)、松勒福尔斯(Sonnenfels)。

柏赫尔之《政治论》(Politischen Diskurs)刊行于一六六八年。在这部大著的卷头,他说,农民阶级,为第一的、最大的,而且最必要的阶级。为什么是第一的阶级呢?因为它提供商人所处理的原料。为什么是最大的阶级呢?因为百个农夫所提供的原料,一个手工业者就制作得来。为什么是最必要的阶级呢?因为没有农民的劳动,手工业者没有制造的对象物,这两阶级不存在,商业便无从进行了。不过,他之推重农业,是就农业对于商业的重要性而言的。在骨子里,他还是重视商业。他曾说:"我所视为社会有用之人,乃正当之商人,因为他能保存原料于国内,而供本国工人之所需,能阻止外国制品之输入及本国货币之流出,且能由发展外国贸易,以取得外国之财富。"

也如其他官房学者一样,他的经济思想,是以人口论开始。他主张,一国要商业繁盛,人口稠密,一方面固然要发展外国贸易,同时还得在国内废除独占、竞争等现象,因为独占使一个人占有其他多数人之生活品,而引起物价抬高及食养机会减少;竞争又使过多的人拥挤在某一职业上,致令有些人得不到食物。这两者,皆是促成经济生活上之恐慌,而减少一国人口的拥抱力。沿着这个理论线索下去,他后来的著述,遂带着非常浓厚的共产主义的色彩。

霍尔林赤之主著为《奥国至上论》(Osterraich über alles,wann es nur will)。这部书出版于一六八四年。在出版后的百年间,共重至15版。其影响德意志的经济思想之大,当可想见。就这部书的性质而论,政治的意味,要比经济的意味,来得浓厚;内国开发的意味,要比向外扩展的意味,来得浓厚。因为当时法兰西王正在恃其优越,侵掠邻封。霍尔林赤曾写有一个小单行本,非难法王,而他的这部经济著述,也就显露有同一思想。并且,他认为对抗法国,必须使自国自给自足,必得开发国内的富源,所以他对于国民经济提出的九个原则是:

(1)一国国民,当尽力开发其国之产物,以供国用。对于金银之取得,当不惜任何劳苦。

(2)奖励制造工业。

(3)奖励增加人口。

(4)流入之货币,当保留于国内,但不是死藏,而是要使其流通。

(5)使用国货,抵制外品。

(6)有输入外国品之必要,当以商品抵价,不能付与金银。

(7)输入品当为原料,由本国加工制造。

(8)过剩物当制成精制品,输往他国。

(9)国内有过剩物品,纵令外货较廉,在原则上亦不许其输入。

上列九点,就是由官房学与重商主义揉合而成的基本原则,后之论国民经济的,都多少受其影响。

德国后期官房学著述家之巨擘,当推约斯起(Justi),他关于经济的著述,有一七五五年出版的《国家经济》(Staatswirtschaft),有一七六六年出版的《财政制度体系》(System des Finanzwesens)。依着这两部书,他成了德国国家学与财政学的最初体系建设者。他主张一种普遍主义的国家观。而认定国家的权力超越一切;体现国家权力的,就是支配者,为了臣下的幸福,支配者可以为所欲为。他说:"王侯为国家之创造者。他关于国家发现了何等正当的方策,他就可匠心独运的做去。"总之,他在极力表明国家对于经济及社会的优越性。而他的理想,就是国家经济的自立。

为要达到这种目的,即使有牺牲外国贸易之必要,亦事在必行。

最后,我要述及松勒福尔斯的文献了。松勒福尔斯是德国后期官房学者间之最伟大的奥地利官房学者。他的主著为《警察商业及财政的原理》(Grundsätze der Polizey:Handlung und Finanzwissenschaft),是由一七六三年刊行起,至一七六七年才全部出齐的。在这部书中,他对于人口论,有一个体系的说明。内国经济的发展,外国贸易的利益,他都是从人口论的见地去看。他视人口为一切价值与财富的源泉。他说:“人口数愈大,对于外敌侵攻的抵抗力量愈大。……人口数愈大,则欲望愈多,内部食养之道亦愈多。人手愈多,则外国贸易的原料,即耕作与勤劳的成果,愈益丰饶,十个人,就有十个欲望。一个人的欲望,对于他的职业,是营利的手段,生活的手段。从而,十个人,就有十种营业。增加了十个人,同时就要增加十个欲望,增加十种营利之业。”这就是说,人口增加,国家政治权力增加,社会生产力增加。至若有利的贸易差额,他认为,那与其说是由货币流出流入的数量来判断,倒不如说是由于有多数人口使用在生产业上。他把生产问题看成了最重要的问题,而人口又是生产之必要的手段。

综观上述各国重商主义者的文献,我们发现了,在大体上,它们都没有违反前述重商主义的几个共通原则,或中心思想。而最能一致的,则是重视贵金属的那一项。若分别观察起来,大抵是英国重商主义者比较着重外国贸易的扩展,德奥重商主义者比较注意内国产业的开发。惟其如此,所以前者倾向拓地殖民,后者则鼓吹增加人口。至若在实现这种种主张的方法上,各国重商主义者似乎一致同意采行国家的统制,或国家的经济专制主义。其结果,遂酿起种种弊端,而产生了与之对抗的重农主义体系,以及自由主义—个人主义的体系。然而,单就这种关系来说,我们同时也应认知:重商政策的实施,那为近代资本主义立定了经济的基础;重商学说的出现,亦为近代经济学提供了相当的理论基础咧!

第二篇 重农学派

第一章 重农学派之产生

第一节 十八世纪法国的经济概况

重农学派是产生于法国十八世纪的中叶。在这个时期的法国经济状况,特别是农村经济状况,恰好是孕育这个学派的胎盘,所以,我们要探究重农学派之如何产生,势不能不解析当时的经济状况。

十七世纪以来的法国经济的枢纽,主要是系于重商主义政策。在欧洲诸国中,法国是实施重商政策最澈底的国家,同时也是受到重商政策最大恶害的国家。

重商主义一般遵守的原则,是重视贵金属,是实现有利的贸易差额,是奖励国内工业,是统制国民的经济活动,这诸点,我在前篇已经讲述过了。法国根据这诸般原则而实施重商政策的,是路易十四的执政大臣柯尔柏(Colbert)。柯尔柏是一位有干才兼有毅力的政治家。为救济法国当时财政的困难,他遂毅然利用国家权力,实行培植法国的商工业,期由外国获得充实国库的财源。他发展商业,奖励工业的方法与步骤,我在前篇亦述其梗概了,这里所要解说的,只是他那整个政策所酿成的弊害,即那整个政策所加于法国全国民经济上的不利影响。

我们首先就商工业本身说吧。重商主义制度的特质,就在以国家的权力,来限制国民的经济活动。所以有人称这种制度,为"限制的制度"(Restrictive system)。就商业上讲,如原料输出的限制哪,制造品输入的限制哪,不一而足,而在工业生产上,则其限制尤为严密烦琐。法国所奖励的工业，乃是关于罗沙、毛毡、丝、布、皮鞋一类制造品。柯尔柏在他执政的初年，即为罗沙等品物的制作，颁布了150个条例。而在一六七一年的一项命令中，就包括有317个条目，规定毛织物的颜色、花纹，并研究所使用的染料之药色和成分。并且，为要督促这些条规的执行，又特为手工工厂设有监察官，在工厂中，在市场中，都有人检查商品，违反或破坏条规的人，且定有种种严酷的惩罚。这诸般条规和设施，原在改良商品的质量，增进对外竞争的效能，而其结果，竟限制了制造业者的企业精神，阻碍了竞争，妨害了发明，以至大大的桎梏了技术的改良进步。特别是柯尔柏死后，其继起者对于工业生产所定的条规，更形复杂，更加严厉，这一来，法国制品在国外市场上的竞争效能，就更发减少了。重商政策之诸种条规的“作茧自缚”，那是这种政策实行至一定阶段的必然归趋，同时也就是它定规要失败的一个重要原因。

但是，重商政策在结局上，虽变成了商工业发展的桎梏，而在其实施之始，确实大有助于幼稚的商工业之发展，且为商工业奠定了初步的基础。至若它对于农业，那却始终没有一点好处，反之，在重商主义政策下，商工业的发展，恰好是以牺牲农业利益为前提。

重商政策之大不利于农业，那可从种种方面来说。

第一，实施重商政策之根本要求，就在多多输出本国制品，多多输入外国金银。要做到这层，顶稳妥的方法，当然是对殖民地贸易独占，其次就是要以品质良好，成本轻微的商品，去竞胜他国。单就后者而论，前述种种条规的制定，即系求品质的良好；至若低减成本之法，除了给予创业家以补助费，以制造的独占权，以无利息的借款，且免收其赋税外，更以最有效的方法，保证工业生产上，有贱价的劳动力和贱价的原料的供给，即禁止面包和原料输出。在这种输出限制上，商工业所受到的利益，恰好是农业上蒙到的损失。

第二，法国自柯尔柏厉行重商政策后，不但禁止面包输出，即对于国内的面包，在各城市间，有城市与乡村间，亦有低减面包价格的种种严格规定；例如市场以外，禁售面包；既入市场的面包，不准运回农村等等。这在一方面虽使面包商大感不便，而实际大吃其亏的，却依然是穷苦的农民。

第三，为发展海外贸易计，于是有开拓殖民地、独占殖民地的要求；而在实现这种要求上,又不得不扩充军备,从事战争。法国于柯尔柏当政时,在美洲及印度获有的殖民地与市场,至殖民地七年战争(由一七五六年至一七六三年)失败后,遂全为英国所占领了。殖民地和市场的失陷,那固然于对外贸易上,是一个致命的打击,但在维持此等殖民地,并为保障此等殖民地,以致出于战争的〔损〕失费,却全然加担在农民身上了。

不过,说到这里,我们应当检点一下法国当时国库收入的来源。法国在实施重商政策的当时,对于其所扶植的工业,显然的,那是一种负担,而不是一种财源。因为工厂工业不但蠲免赋税,且还给有补助金、奖励金,乃至无息贷金。这样看来,国家的主要收入,除了少额关税外,其余就是土地的赋税了。不幸,法国国土 2/3,都是为贵族及僧侣所占有,他们对于其所占有的土地,一向无须乎从怀中掏出半文直接赋税。因为“贵族是由血统报国,僧侣是由祈祷报国,只有庶民才是由输纳货币报国”的。这是当时尚占有势力的一般的思想,同时,也正是非常确凿的事实。不消说,那占有全国 1/3 的土地的贫苦农民,要提供奖励商工业的补助金,要提供保障市场的维持费,要提供对外作战的战费,此外,奢侈的宫廷生活,以及专制王权下的官僚与军队的薪俸与给养,在在皆须这些小民出卖其原料与食料来支持。而且,他们的原料与食料,又限定只许在国内廉价出卖,不准输往外国。贫苦农民的困状,已可见一斑了,然而尚不止此。

法国直到十八世纪的下半期,大部分农民还没有完全的土地私有权;他们领有的土地,须为贵族的封建法律所限制,每个采邑,都有最高的领主或贵族。当农民把他们领有的土地出卖,或在死后转给别人时,那土地的承继人,须得向其采邑领主缴纳相当额数的货币,而在平时,农民且得把他们的收获所得,向领主缴纳一定额数的谷纳地租。这地租视各地的习惯而定,有时为其总收获 1/10,有时为 1/3,有时且为 1/2。大部分农民由其收获中扣除这项地租额,其余就是充当国家的赋税,自己家属的生活费,及来年培植生产物的生产费。赋税随国帑空虚而益加繁重,固不待言,而征税的方法,又是弊窦丛生。例如,国家为要多得赋税,且为要速得赋税起见,例把赋税委之于征收包揽人,使他们用一定的金额,由上面承包下来,承包额以外的征收,则属于包征人的所得,因为这样,这般包征人就行使一些巧妙的方法,不独把下层农民来年栽培的生产费剥夺去了,就连他们最低的生活费亦剥夺去了。一七〇四年，一位马赛的主教说："我们乡村的人民，是处在可怜的困苦状态中。没有居室，也没有家具，大部分半年当中都是吃着大麦燕麦，这些东西成了他们唯一的食料，并且还要从自己和小孩子的口里，夺得一部分出来完纳赋税。"这般没有居室，没有家具的农民，对于他们耕锄的田地，当然没有下过肥料。他们所使用的，是瘦弱得可怜的牲畜，和破旧得难堪的木犁，他们往往连播种的种子也没有。农民生计困迫到这个地步，所以他们大都站不住脚，相率离开乡井，或则投入工业都市，或则迫而增补贫穷的队伍，以致在一七六〇年代，"好的耕地多半都是荒芜着，每走一步，皆可见到农民抛弃的田地。"

农村经济演成这种破产的景象，国家唯一收入的财源涸竭了。于是，宫廷中的奢侈生活，和专制王权赖以支持的阔大排场，都要抑给于外债。同时，国家惨淡经营的商工业，又因着美洲印度殖民地市场的失陷，因着农村购买力的杀减，以及因着其他种种原因，而无形陷入一种萎缩不振的状况中了。商工业与农业交互影响，结局，遂使全社会充满了朝不保夕的险象。朝廷的借债度日，商工都市的倒产歇业，农村的荒废，农民的饥饿流离，那都是直接间接由重商制度造成的恶果，同时我们亦就可以由此看得出法国十八世纪中叶之经济状况的轮廓。

第二节　启蒙思想运动与反重商主义

如我们前节所解述的，整个的法国社会，俨然是一座饥饿苦难的地狱，可是，在这地狱建筑的最上几层，却又是备极奢靡淫逸的享乐天堂。从那里发出专制王权的严威命令，从那里也发出王室贵族封建领主的快乐欢声；中层的商工资产阶级，他们全是过的抑郁愁闷的生活，他们知道在挨苦挨饿的农民层上面，树立不了自己未来的繁荣，他们亦知道在那些专务享乐，不知治国救民的专制王和贵族领主脚下，展拓不开一点希望的门径，但他们只是这样觉得，究不知怎样才能改换一个局面，可是，就在这上面传来淫荡的酣歌，下层发出饥苦的怪叫，使他们感到不安，然而无可如何的当中，他们得着觉醒者或代言人了，那就是作启蒙思想运动的一群哲学者与政论家，即所谓启蒙学派（The Enlightened School）。

法国启蒙学派的代表者，是卢梭（Jean-Jacques Rousseau）、孟德斯鸠

(Montesquieu)、福禄特尔(Voltaire)等,他们都是进步的城市资产阶级的思想家。他们受了英国霍布士(Hobbes),特别是陆克(Locke)的自由思想的影响,认定法国社会的腐败,人民的疾苦,产业状况的萎靡不振,都是由于专制君主统治酿成的恶果。所以,他们很严厉的批评专制统治;并指责专制贵族之无能、奢侈,与放荡,只能引导国家走向灭亡的道路,他们有的主张分权的君主立宪政治,如孟德斯鸠是,有的主张人民元首之德谟克拉西政治,如卢梭是。可是,他们的主张虽互有不同,大体上,都是要计划一种新的政治组织方案,并向资产阶级提示一种革命式的夺取政权的任务。因此,如克鲁泡特金(Kropotkin)所说:"法国资产阶级在走入一七八九年的革命时代,他们已很知道自己要些什么。……他们再不愿国王有独断的权力,他们拒绝受亲王和宫廷的统治,他们不承认贵族夺取政府中最好的位置,而不知治理国家,他们不愿贵族掠夺得巨量的财富,而不知使其变为价值。……他们倾向于思想自由,却不是无神主义者。他们并不憎恶天主教。他们所最憎恶的,是教堂,以及它的各层等级的主教,牧师等人,这些人都和亲王一致,是贵族的恭顺的工具。"

"一七八九年的资产阶级,明了当时的法国,是和 140 年以前的英国一样,到了第三阶级从王室手中取得政权的时候了,他们知道他们应该怎样使用这政权。"①

法国的大革命,是在一七八九年爆发的,这时的法国资产阶级,何以就知道他们要些什么,何以就知道怎样使用政权呢?很显明的,那是因为在革命爆发前好久,土地工厂所有者,或自由职业者,应如何统治国家,如何实行中央集权,如何把真正权力,授予资产阶级占优势的国会的一类思想,已经在许多书籍和小册子中讨论过了。即是说,已经由那些启蒙思想家指示给他们了。启蒙思想运动,确在法国革命史上,扮演了一种决定的、有力的作用。

但是,启蒙思想运动,是从政治的立场,来批判法国当时社会,并思所以改造当时社会的一种倾向或企图;而与这种思想运动,旨趣相同,途径各异的思潮,即是从经济的立场,来指证当时经济制度种种恶害的学说,或即所谓重农主义体系,那,我想留在次节解述,而在这里所要说及的,就

---

① 见刘译《法国大革命史》上卷第二章。

是与启蒙思想同样大有影响于重农学派之产生的反重商主义者的理论,或者说,重农学派之先觉者的理论。

法国重商政策之流弊,虽是到十八世纪中叶以后,才显然大白,但那种学说的谬误,及其遗害于农村的实际情形,却早就在十七世纪末叶,乃至十八世纪初头,已为有识者所注意到了。如布哇斯基伯(Pierre de Boisguilebert)在其一七〇二年出版的《现代法兰西论》中,即曾指摘农民的贫乏,乃由于柯尔柏禁止谷物出口的错误政策的结果;他向政府建议废止农产物输出税,与实行分配的平衡;而在他所著的《富之本质论》中,他并攻击重商主义者不能分辨国民经济上的财富,与贵金属的区别,从而,过于重视贵金属,忽略了农业生产的重要。他反对政府干涉个人的行动,他说:政府的干涉,只能得到有害的结果。然而他终被放逐了。

一七〇七年,马雪尔·德·佛班(Marshal de Vauban),曾发表同一的思想。他在匿名刊行的《王国什一税案》中,历述小民的悲惨状态,并提倡一切阶级的赋税必须平等,而且主张从一切农产物,征收1/10的直接税。这样,他触怒了贵族僧侣,在发表这种思想的当年,他被国王杀掉了。

在一般反重商主义者中,于重农学派最有影响的,要数阚梯龙(Richard Cantillon)。他死于一七三四年,他所著的《一般商业性质论》,是死后的一七五五年出版的。在他看来,所谓财富这东西,不一定是金钱,而是生活的必需品与便利品。因此,他非常注意土地。他说:“土地为财富的源泉,或财富的物质;人类劳动是创造财富的形态,财富自身,就是满足人类生存和快乐的物品。”因其像这样给土地以卓越的解释,所以他并企图进一步,把劳动者的劳动价值,归属于提供劳动者及其家属以养料的土地。他说:“每种物品的内部价值,可以用该物品生产所使用的土地数量,和投在土地上面的劳动量——仍是土地数量,这种土地数量的生产品,供给支费自己劳动的人——来测量。”我在这里不要批难他的颠倒错乱的价值理论,我所要注意的,是他这种土地评价论,颇有影响于重农学派的中心思想——纯生产说。又,因为他认定财富是生活的必需品与便利品,所以他主张不应偏重国外贸易,同时并当注意城市与乡村间的国内贸易。

阚梯龙曾充英国的银行家。他这部书是由英文写成,后来由他自己译为法文。他虽不能说完全脱离了重商主义的偏见,但在大体上,他那反重商主义的论调，已大可鼓舞法国的经济学者了。

其实，我们如作进一步的考察，重农学派之兴趣，并不但是受了法国启蒙学者、反重商主义者的鼓舞，而在当时欧洲其他各国，特别是英国的一切进步的自由的思想，都给予了他们不少的冲动，同时，且为他们的理论成就了一个相当的基础。

处在当时那种农村破产，全社会经济机能停顿的状况下，而同时又备有这种种思想渊源的法国经济学者，他们在反商重农的旗帜之下，能成就一个整然的学说体系，那并不是偶然的事呵！

第三节 重农学派的抬头

所谓"重农主义"或"重农学说"，乃是 Physiocratie 一语之意译。Physiocratie 的语源，系由希腊语 Φvois（自然）与 Kratos（主宰）二辞合成，含有"自然摄理"，"自然支配"或"自然力"的意味。引申其义，就是主张遵从自然则律，则可获得最高乐利。所以，勉强可以译作自然统摄主义。日本经济学者在对抗重商主义的意义上，把它译作重农主义，更把主张这种主义者，称为重农学派（Physiocratie School）。自是在中国亦照样沿称下来。Physiocratie 一语之使用，据重农学说之权威的研究者雪勒（G. Schelle）所称，那是始于杜邦・德・奈穆尔（DuPont de Nemours——即一七六七年所刊行的《重农主义》（Physiocratie），一名《人类最有利的政治组织》之著者），但依经济学史家昂肯（Oncken）的考证，杜邦・德・奈穆尔这部书出版的前六月，波多僧正（Abbe Baudeau）已在其发表于 Ephémértdes 杂志上之《诸政治原理》论文中使用过；并且，在更前数月，魁奈诸论文纂成的单行本第一卷及第二卷的合订本，就是以《重农主义》（Physiocratie）这个题名刊行的。可见 Physiocratie 这一术语，决非奈穆尔所特创。不过，我在这里引述这种考证的意旨，不是要分辨谁是这个语辞的始创者，而是要由此示证那是一般重农学者习用而共用的语辞。

在顾名思义上，把这样一个语辞译作"重农主义"，我觉得，那较之把 Mercantilism 译作重商主义，犹为确切。因为这不是名辞本身的问题，而是它表达的内容或意义的问题。由十六世纪至十八世纪，在理论上，或在实际上，重视贵金属，重视有利贸易差额，从而主张奖励并规制国内工业的一般倾向，概括称为重商主义或商业体系，那是始于亚当·斯密；另一方面，把反对这诸般倾向的理论或学说，概括称为重农体系或农业体系(Agricultural System)，那亦是始于亚当·斯密[①]。亚当·斯密对于这两者的概称，虽然同是为了便利起见，但在许多学者看来，以"商业体系"一语去包括那许多无关商业的诸般议论或方策，终有名不副实之感；而且，严格讲来，把一些彼此全无系属关联，而又意见相互参差的政论家事业家的片段主张，假设为一个体系，那极其限，不过是"假设的体系"罢了；谁是这个体系的建立者、继承者，即在亚当·斯密，他亦没有指明出来。

然在重农主义，就不是如何。它的主旨，显明的，是尊重农业。对于农业如何应当尊重，并如何尊重，这种主义的主张者，构成了一个一贯的整秩的理论体系。而且，亚当·斯密在《国富论》第四篇，"论政治经济学上诸体系"的序论中，虽然把重农主义与重商主义相提并论的说："不同时代不同国民的不同富裕程度，曾在政治经济学上引出两个不同的富民的主义，其一，可称为重商主义，其他，可称为重农主义。"但是，就学理方面讲，重农学说，究与重商主义大相径庭。斯密在同篇第九章论过重农学说之一般原理与其缺点后，他毕竟有这样一段另眼相觑的赞词："这学说虽有许多缺点，但在政治经济学这个题目下发表的那许多学说中，又要以这学说最近于真理了，即因此故，凡愿细心检讨此种极重要的科学的原理的，都得十分对它留意。"总之，就理论上讲，就科学的立场来讲，只有重农体系，才算是一个"如实的"(与"假设的"相对待而言)体系；亦只有重农学派，才是经济学上最初出现的一个学派。

重农学派的创设者，现在大家都公认是佛兰苏亚·魁奈。其实首先主张此说的，亦是亚当·斯密，他不但在同上第九章中称说"这学说之最聪明最深奥的创设者魁奈氏"云云，他并且描述农学派诸子，如何心服诚悦的信仰其主导者。他说："这个学派，有无数的著作，不仅讨论真正所谓政治经济学，即讨论国民之富的性质与原因，且讨论国内行政组织其他各部门。这无数著作，都默从的，无何等大修正的，追随魁奈氏的主义。……这整个学派，对于他们主师的称扬，殆不下于古代任何哲学派，

---

① 见《国富论》第四篇第二章。

对于各自学派建立者的称扬。”不过，集结在魁奈所代表的重农学派旗帜下的学者，普通曾就重农学说之广狭二义的解释，而加以区别。

所谓广义的重农学说，就是反抗柯尔柏主义（Colbertism），极力主张自由放任政策；若从狭义方面解释，则当顾及其尊重纯生产，与遵从自然秩序的信念。就前者而论，应归入重农学派范围的，一定要多；设就后者而论，即杜尔阁（Turgot），亦只能算是“半重农主义者”。但我们现在不论这些区别，只把一般称为重农学者，而以魁奈为中心的人物及其著述列举出来。

首先应提到的，是马古斯·德·米拉波（Marquis de Mirabeau 1715—1789）[①]。他的主著为《人类之友》（L' Ami des homes，1756）及《农业哲学》（La Philosophie Rurale，1763），前者是为注释阚梯龙所著《一般商业性质论》而作，他力说农业的重要性，并主张减轻农民的负担。他与魁奈是在一七五七年会见的。关于这部书的内容，他们会见时还有所争论。不过，自此次结为友情的师弟关系以来，他就成了重农学派的一个要角。

其次，我要数到利味拉（Mercier de la Riviere，1720—1767）了，他著有《政治的社会之自然的根本秩序》（L' Ordre Naturel et essentiel des soctétés Politiques，1767），关于这部书，亚当·斯密曾大为激赏，说这是重农学派之最明确而包括的著作。

再其次，就是前面讲过的杜邦·德·奈穆尔（1739—1817）。他的那部《重农主义》或《人类最有利的政治组织》（Physiocratie ou Constitution naturelle du gouvernement le plus avantageux au genre humain，1761）的著述，大体上，可以说是指示了这个学派的一定方针。

此外，波多僧正（1730—1794）的《经济哲学序论》，（Première introduction à la Philosophie Économique，1771），那可视为魁奈学说的解说著作。澈底的自由贸易论者顾尔奈（Gournay，1712—1759），他亦被视为重农学派的一个相当重要的角色，但他没有遗下何等著述。最后，我们当然要数到该派的压阵大将杜尔阁氏，可是，关于他的理论与著作，我想留在后面专章论述。

---

① 应为“德·米拉波侯爵”。——编者注

以上所说的，都是法国重农学派中，比较重要的人物。重农学派虽然产生在法国，他们的理论，却也在欧洲各国（英国为例外）得到了不少的遵奉者。就德国说吧。有名的政治学者经济学者希勒特外因（Johann August Schlettwein，1731—1802），他就是一位澈头澈尾的重农主义者，他曾帮助侯爵巴腾（Karl Friedrich von Patten），实地试行重农学派的赋税政策，结局虽然失败了，但那种影响却非常之大。希勒特外因以外，德国还有其他的重农主义者，例如《人类之发达》的著者以色林（Isaak Iselin，1728—1782），及所谓半法兰西人摩维伦（Jacob Mauvillon，1743—1794）等都是，后者且有关于重农主义之著述（如论多摩教授之重农主义的记述）。其在俄国，加塔里拿二世（Catherine Ⅱ）[①]及其他许多启蒙君主，都很尊奉重农学派的理论。在意大利，在波兰，在瑞典，乃至在其他欧洲诸国，我们亦都可找到重农学说的共鸣者、信奉者和实验者。虽然亚当·斯密说，据他所知，视土地生产物为各国收入及财富之唯一资源或主要资源的学说，从未为任何国所采用，但那，也许是他着手写他的大著《国富论》时，重农学说还不曾在上述各国发生相当的影响。

不过，重农学派是法国应时的产物，他们在实际发生的影响，或者说，在实际收到的功效，亦以法国为最大。这，亚当·斯密是知道得很清楚的。他说他们在法国出版界，发行刊物，把许多向来不曾有人好好研究过的题目，提到大众面前讨论，因此，颇惹人注意，并在相当程度上，使国家行政赞助农业。他们鼓吹的结果，一向法律限定不许变动的租期，竟由 9 年延长到 27 年了；国内各省间的谷物运输限制，至是已完全废除；就是谷物输往外国的自由，亦在王国普通法律中，得到了确认。他们对于法国农民乃至国家的贡献，可以说是不小了。后来重农主义的政策，虽因杜尔阁的塌台而受到了打击，以致重农派的学说，亦几乎许久许久为人所忘记，但经济学史上的重农学派，到百余年后的今日，却反而更为人所注意了。这原因，就是因为这派学说的价值，不在于它直接影响经济实际，而在其直接间接影响于经济学理，这就是说，它对于实际的大贡献，是间接的。曾有人说，欧洲曾有一个时代，是为拿破仑及亚当·斯密所支配，但亚当·斯密的主要

---

① 即俄国沙皇叶卡捷琳娜二世（1762—1796 年在位）。——编者注

诸学说,却就有一大部分可从重农学者的著作中,探得其渊源。关于这点,我们在下面把重农学派的全般理论解述过了,并顺序叙述到了斯密的学说时,即可得知其究竟。

第二章 重农学说之理论体系

第一节 序 说

所谓重农学说,归根结底一句话,就是以土地生产物,为各国收入及财富之唯一资源或主要资源的学说。重农学派的创设者魁奈氏及其信徒们,是怎样得到这个根本概念的呢? 换言之,他们对于这个根本概念,是怎样得到合理的说明的呢? 在解答这种疑问中,就可展开他们全般的理论体系。

不过,我们怎样去解述他们的理论体系是一件事,他们是怎样展开其理论体系为又一件事。比方,认土地生产物为各国收入及财富之主要的或唯一的资源这个概念,究是他们推理的前提,抑是他们推理的结论呢? 他们主张遵从自然法,不违反自然秩序;并认定:受到福利,就是遵从自然法、自然秩序的证明,受到恶害,即系违反自然法、自然秩序的证明。怎样才能受到福利而避免恶害呢? 那就是顺着自然所示的法则做去,好好尊重能给予人类更多利益的产业,即能提供纯收益的产业,这种产业,就是农业。农业能提供纯收益,能给予人类更多的福利,所以,“土地生产物,为各国收入及财富之唯一资源或主要资源。这就是重农学说全理论体系的轮廓。可是,说到这里,我们又要回头再问了。重农学派,特别是其主师魁奈,是先有了自然法观,然后再顺着论理的程序,结论到农业纯收益说的呢? 抑是他们先有了农业纯收益的前提概念,然后再假托所谓自然法、自然秩序,来达到其尊重农业的主张呢? 大概着重学说之思想渊源的人,倾向前一说法;着重时代环境影响的人,则倾向后一说法。而对于这思想渊源,或环境影响的议论,又各异其说。

据英国经济学者勒斯里(Leslie)在其《论文集》(第 30 页)中所说,重农学派的自然法观，是由那基于罗马神权的法理，经过法国法学家之手，而传到他们的；据因格拉姆教授（Prof. Ingram）在其《政治经济学史》（一九一五年版第59页）中所说，那是远由希腊的学说，经过《罗马法》的学者而传到他们的；据波纳尔德（Bonald）[①]在其《哲学与经济学》（第139页）中所说，那又是渊源于格洛秀士（Grotius）及陆克（Locke）的思想；而据最近日本经济学者泷本诚一在其所著《欧洲经济学史》之附录（《重农学派之根本思想的探源》）中，却博引旁征的，说魁奈之自然法思想，大部分是根源于中国往古的学说。在这里，我们无须，并也无从判定各家意见的正确程度，不过，一种学说的成立，它对于过去相类似或相反对的学说，一定要直接间接受到或深或浅的影响。魁奈的自然法观，如求其远的渊源，自不能不数到希腊罗马的哲学法学，乃至中国古代的玄学思想，但是，影响他最大的，或者促成他去研究希腊罗马之自然哲学自然法学，以及中国之"天意"，"天命"，"天叙"，"天罚"之"天"学，或"天则之学"的，我以为，那还是由于霍布士、陆克、卢梭等的思想。不错，霍布士的自然观，卢梭的自然状态说，都与魁奈的自然法、自然秩序，大相异趣，但是，他们不满意于现状，因而引论到反乎现状的境界，且思所以改革现状的用意，却似没有两样。而且，一种学说所受其他学说影响的深浅，与其就"相同"的成分来判断，倒毋宁从其相异的成分来判断。人们，特别是学者们，都愿意在他人意见里面，翻论出自己的创见。

至若魁奈之重视农业，亦有种种解说，他是农家子弟哪，他对重商政策，抱有反感哪，他怜惜当时农民的悲惨状况哪，他鉴于国家财政状况的支绌哪，这种种说法，我觉得没有什么谁对谁不对，一个敏感的思想家，当然会由各种方面受到刺激，我们无须机械的指证哪一点是引起他重视农业的唯一动机。我们所要问的，仍是前面问过的，重农学说之理论体系问题，即是他们全般理论如何展开的问题，亦即理论研究上之方法论的问题。

关于这点，我觉得，那是魁奈氏想借重自然法的说教，来拥护其农业纯收益说的主张，即是说，他研究的路线，不是由自然法，引论到纯收益理论等等，反之，却是因他有了重视农业，轻看商工业的主见，再推论出为什

① 由此处提及的《哲学与经济学》来看，应是指James Bonar（1852—1941）。——编者注

么尊重农业，要如何尊重农业的一些道理来。这，我们可从种种方面来说明。第一，外科医学者经济者魁奈，他对于形而上学式的自然法观，一定不大感兴趣，而且，在当时那种环境下，那样的思想潮流下，这位最聪明的学者，像决去埋头研究玄学；第二，他在一七五三年（后五年，其杰作《经济表》刊行）以前，只发表过医学的著作，一七五六年才发表《农夫论》，一七五七年发表《谷物论》，会不这样注重实际经济问题的人，乃把他的理论根据建筑在玄学上，这当然有他的苦衷，因为，他是由路易十五的侍医，因功列为贵族的，他要反对当时政府的种种设施，怎么不抬出“自然的”大帽子，借自掩护咧！所以，第三，当重农学说已在社会引起了时人注意，且为政府相当采用了的时候，即到杜尔阁的时候，他就可任意发表重农意见，而无须戴“大帽子”掩护了，因此，他的理论，遂完全除去了一切的玄想。总之，无论就哪方面说，重农学派的自然法观、自然权说，都是为要烘托尊重农业这个根本的前提观念，推阐出来的。

可是，事实上虽然如此，我们在下面叙述其理论体系时，仍不能〔不〕追随他们那个矫揉的理论线索。即是说，由其自然法的观念，论到农业纯收益的观念，更进而论到由这纯收益观念展开的诸般理论。

第二节　自然法与自然权

魁奈之自然法与其自然权的观念，在他所著《自然权论》（Le droit naturel）及《中国专制政治》（Despotisme de la Chine）两书中，解述颇详。他这两部书出版后，其信奉者如杜邦·德·奈穆尔等，亦于此种观念，有所发挥。他们这派重农学者的自然权的意义，是由其自然法观念引论而出的。所以我们先当解说其自然法。

不过，这所谓自然法，本来参杂有几分玄学意味。而魁奈在申论其自然法的意义时，又引入一些相类而又不尽同的语辞，比如，与自然法相对称的，有实定法；相当于实定法的，有所谓人为的秩序；相当于自然法的，有所谓自然的秩序，这诸种语辞的含义，又都有相同相似相异的关联，不把这些关联弄个明白，引述愈多，就愈足以增加自然法观念的暧昧。现在，先来解析其自然的秩序与人为的秩序。

所谓自然的秩序（Ordre naturel），即基于神意的秩序；这种秩序与人类社会的盛衰兴废无关，它是根本的、永恒的存在。至若人为的秩序(Ordre positif)，或人类社会的秩序，那却是一时的、暂局的，随实际社会状态而规制而成立的。正义与伦理，是前者的发露；法律则是后者的具体化。不过，人为的秩序，要以自然的秩序为基础，自然的秩序，又须由人为的秩序来体现。因此，正当的人为秩序，必得是把自然秩序做理想标准的秩序，必得是体现自然秩序的秩序。自然秩序虽不强制人类，束缚人类，使其遵从，但人们违反此自然秩序而活动，一定要视其违反的程度，而受到相当的恶果。反之，他们如其了解此自然秩序，并知道此种秩序可以增进社会的利益，给予人人以幸福，则在这种观念下组织的政府，一定是最完全的政府，在这最完全政府设施下的经济政策，一定是扩大年年财富之再生产的政策。但是，人民怎样会了解此自然的秩序呢？据魁奈所说，那就是由于睿智，亦即由于受有关于此类知识的教育。

然则自然法与自然的秩序的关系是怎样呢？在重农学派看来，那不过是有范围之广狭不同罢了。因为，自然的秩序，包括有物理的意味上之自然现象的秩序，而自然法，则只以规制人类相互关系者为限，常常与权利义务的观念相伴。它们两者的关系，正有类于大小两个同心的圆。即是说，自然法在自然的秩序中所占的部分，就是自然的秩序中，关于人类社会关系的那一部分。所以，解释自然法的意义，同时就算解释了自然的秩序之一部分的意义。

至若实定法(Lois Positives)与自然法(Lois Naturel)的关系，那亦如人为的秩序与自然的秩序相同，前者是一时的、局限的，后者是永久的、普遍的。前者以后者为理想的模范，后者则赖前者而体现。因此，真能体现自然法的实定法，同时，亦就算是体现了自然的秩序之人为的秩序。

自然法有两方面的意义，一是物理的，一是精神的。物理的自然法，就是指着自然世界中，最有利于人类之物理事象之秩序的则律；精神的自然法，就是指着那些适合于人类最有利的物理秩序之人类行为的规则，此两者结合起来，即形成吾人所谓自然法。“一切的人，以及一切人类的权力，都不能不服从这个像是由最高主宰者所树立的最高法。这种法，是不变的，不磨灭的，最完全的。所以是最完全的政治的基础，是一切实定法之根本原则。因为，实定法的作用，原来就在维持最有利于人类的‘自然的秩序'。[①]"

实定法既"在维持最有利于人类的'自然的秩序'",同时,实定法又是以自然法为根本原则,所以,自然法就是规制人类社会关系的,就"常常与权利义务的观念相伴"。这样,自然法就可说是关于人类之自然的主权的法则了,转言之,岂不是基于自然法而有的权利,就是所谓自然权(Le droit naturel)么?然则这样一种自然权,究将怎么解释呢?

据魁奈说:"如其要为自然权下个漠然的定义,那就是人类使用那些适于自己享乐之物的权利",不过,这"适于自己享受之物",在实际上,要是由他自己的劳动或其他努力所获得的,他才有使用的权利。因为,权利与义务是相对待的,各人有主张自己生存的权利,同时,亦有不侵害他人生存的义务。重农学派的标语是:"没有无义务的权利,亦没有无权利的义务。"因此,在重农学派看来,所谓自然的权利,即含有自然的义务的意思在里面。他们并不主张各取所需的天赋人权说,反之,他们甚且力说一切社会状况下的财产不平等。

据魁奈的意见,在国家社会状态下,固然不会除去财产上的不平等,就在原始社会状态下的自然权,亦不过是由劳动或其他努力获得生活资料的权利,而决非对于同量财物的权利。人类精神的肉体的能力,以及其他的手段有差异,其劳动或努力,亦不能不有差异,结果,在原始的状态下,人们对于其自然权的享受,也就不免要生出大大的不平等来。在他看来,这种不平等,正是各人维持其自己生存权利之成果,亦即是各人在不侵害自己及他人之条件下,自由行使其所赋与能力之成果。在这种关联上,魁奈及同派诸学者所主张的自然权,就不但含有维持物质生活的财产权,同时亦连带含有发展精神人格的自由权。因为,没有自由使用其所赋与的能力的权利,亦就无从取得获有生活资料的权利。所以,一方面承认财产权,他方面必然要承认自由权,自由权与财产权,是一个楯的两面,照利味拉(Mercier de la Rivière)所说:"财产为自由的标准,自由为财产的标准。"

因此,这派学者虽承认〔财产〕为自然的权利,但他们却并不承认所有的财产,都是正当,如像封建领主由剥削掠夺获有的财产,那不独非自然

---

① 魁奈在这里所说的"人类的'自然的秩序'",就是指着由人类社会所体现的"自然的秩序"的意思。

权所许可，且还是破坏自然权的结果，即侵害他人自然享有权利之结果。正当而合理的财产，是要由使用各人自然赋与的能力而取得，是要各人凭其能力，在自由竞争的状况下而取得。所以，他们一面主张保护私有财产，一面又标榜自由放任(Laissez faire，laissez passer)。

总之，重农学派所理想的一种社会，就是与他们当前社会正相反对的社会。在那种社会中，政府不干涉人民的经济利益活动，反之，努力除去那些足以防害人民经济利益活动的障碍，却正是政府的主要任务。政府果能不巧立法规，限制个人的活动，各个人自知趋向最有利益的生产事业。国民大部分都从事最有利的生产事业，结果，国富着着增加，社会幸福增进；像那样的社会秩序，才算是没有违反自然法，才算是体现了自然的秩序。

然则社会最有利的事业是什么，不消说，那就是他们所主张的提供纯生产物的农业，为国家收入之唯一资源或主要资源的农业。

第三节　纯收益理论

纯收益(Net product)说，或农业特别生产率说，那是重农学派的中心思想，亦即他们贱视商工业、尊重农业的前提概念。

农业上有纯收益，或有特别的生产率，那是与其他产业比较而言的。

所以要解说重农学派的这种纯收益理论，须就他们所分划的三个社会阶级来讲。

那三个阶级，大体上，正是他们按照能否产生纯收益的标准来区划的，第一，土地所有者阶级，包括有领主、什一税的收得者及地主；第二，农耕者阶级，包括农业家、农村劳动者；第三，商工阶级，包括有工匠、制造家、商人。第二阶级，被他们赠以生产阶级之称号，以示敬意；第三阶级则被他们赠以不生产阶级的称号，以示屈辱。至若第一阶级，他们不认为是不生产阶级，亦不全认为是生产阶级，所以，在他们看来，那只算是半生产阶级。

土地所有者是半生产阶级的理由，因为他们有时会把他们所收得的地租的一部分，投在土地改良上，投在建筑物、排水沟、围墙及其他诸种改良上——他们这种投资，有时是用以建筑，有时是用以修补。他们在土地上投下了这些建筑费、修补费之后，农耕者就能以同一的资本，生产较大量的生产物，从而，支付较大量的地租。这种追加的地租，可视为地主用费或投资改良其土地应得之利息或利润。他们称此费用为土地费用(Dépenses foncières)。土地所有者的这种土地费用，被尊称为生产的费用。因为，在良好状态下，此等土地费用，除了再生产它自身的价值全部，并能在若干时以后，引起一个纯收益的再生产。

农耕者阶级是生产阶级的理由，就是因为农耕者把他们先前投下来生产总生产物或全生产物所必要的一切费用，完完全全付清之后，尚残下有若干用以提供地租的纯生产物，这纯生产物，我称之为纯收益。农耕者耕作土地的一切费用，被他们称为本原费用(Depeness primitives)及年次费用(Depeness anuelles)。本原费用中，包含农业用具、家畜种子，及农业家家族、雇工和家畜，至少在耕作第一年度大部分时间，或在土地有若干收获以前所需的维持费。年次费用中，包含种子、农业用具的磨损、农业家的雇工、家畜及其家族(在家族中某一部分人员，得被视为农工的限内)，每年的维持费。这两种费用，除了补偿它们自身的价值，尚能引起前面所说的那个纯收益，所以亦被尊称为生产的费用。

土地所有者用以改良土地的那一部分土地费用，以及农耕者用以耕作土地的本原费用和年次费用，都是神圣不可侵犯的农耕的基金。假使土地费用的全部及其普通利润，未在土地的追加地租上，完完全全给土地所有者以前，即课以赋税，结果，必致沮害土地改良，从而，损及国王未来赋税之增加。假使农耕者的本原费用及年次费用，被地主不当的过酷地租所侵害了，则它们这两种费用，在补偿其自身价值后，所提供的纯收益，必因而减少，其结果，地主的地租、国家的赋税，乃至社会上种种产业部门、文化部门，都要受到或大或小的影响。米拉波在其所著《人类之友》中，极力主张减轻农业负担说："国家为树木，农业为根，人口为干，艺术及商业为叶。根由土地吸收滋养，与树木以生气。树木上最清新的叶，即是耐久力最弱的东西，一经暴风雨，就要残毁的。但在根的精力未竭的限内，它还能再繁茂起来。设根为害虫所侵，则叶枯而干萎，待阳光没有用处，待雨露亦没有用处，求其恢复，只有疗根，否则树木行将枯死。"米拉波这种议论，概括的讲，不过说是要好好维持农业生产费用罢了。

至若,工匠制造家乃至商人都包括在不生产阶级的,那种理由是如下面这样的,即,就工匠与制造家说,他们的劳动,只抵偿他们的资本及其普通利润。这所谓资本,即他们雇主垫付给他们的材料、工具,与工资,被决定用来雇用他们,维持他们的基金,其利润,即被决定用来维持他们雇主的基金。他们的雇主,垫付他们以他们工作所需的材料、工具及工资,亦同样垫他自身以维持他自身所需的费用。这种维持费,按照比例于他在出品价格上所可希冀的利润。倘若出品价格,不足偿还他所为自身而垫付的维持费,及为劳动者而垫付的材料、工具与工资,那所偿还的,就显然不是他投下的费用全部。所以,制造业资本的利润,并非像土地的地租一样,是还清全部费用(为求取得纯收益而投下的全部费用)以后留下的纯生产物或纯收益。农业家的资本,像制造业家的资本一样,可供资本所有者以利润,但农业家能供他们以地租,制造家却不能够。所以,用来雇用并维持工匠及制造业工人的费用,不过可以延续它自身价值的存在,并不能生产任何新的价值。所以,那种费用,全然是无生产或不生产的费用。反之,用来雇用农业家或农村劳动者的费用,却除了延续其本身价值的存在,还可以生产一个新价值,即纯收益,亦即地主的地租。所以,那种费用,就是生产的费用了。更就商人说吧,商业资本和制造业的资本,同样是无生产或不生产的。它只能延续它自身价值的存在,不能生产任何新价值,不能供给国家任何新财富。因为他们认为,在完全自由竞争的情形之下,一切特别的独占和限制废除了,商业就只能以一种自然生产品,交换另一种等价的生产品。"商业只是等价的物品之交换,在这种场合,是不生产的:当交换的时候,在任何情况下,双方都是有利益的。实际上,可以永远这样来假定,商业是双方都有利益的,因为双方都是保证自己的财富与享乐,这些财富能够取得,只有借交换的帮助。"如其一种价值的财富,对另一种价值的财富,行着等价的交换,那还能说是什么实际的价值的增加么?所以,在他们看来,商业的资本,也是无生产或不生产的。

不过,商业资本和制造业资本,虽然都不能产生新价值,但就全般的利益讲,或就分业的利益讲,这派学者却认定那都有助于新价值、新财富的产生。因为,以商人、工匠、制造业工人的勤劳为媒介,生产阶级的耕作者,乃至地主,始得以比较遥为小量(比较不得不在拙笨而不熟练的情状下，亲自输入或亲自制作的场合）的自身的劳动生产物，购得他们所需的外国货品及本国制造品。并且，以不生产阶级为媒介，耕作者得专心耕作土地，不致为其他事务分心。专心的结果，耕作者所得而生产的物品，更为优越了。所以，商人、工匠、制造业工人的勤劳，就其本身性质说，虽全然是不生产的，但可如此间接有助于土地生产物之增进。

上面这一大堆议论，是重农学派之全理论体系的核心。他们的生产与不生产的区别，就是以是否有纯生产物或纯收益来判定。农业资本于收回本身价值及资本普通利润以外，还有一部分生产物提供地租；商工业资本虽亦可收回其本身价值，并得到资本普通利润，但它没有残留下供地租的任何部分。两两比较起来，所以，后者就是不生产的了。他们这种生产的意义，或不生产的意义——与普通的解释是不同的。照普通的说法，能收还其本身价值，且可得到资本之普通利润的那种资本，决不能说是不生产的资本，至多，与其他于本身价值及利润外，尚可提供地租的资本比较，不过，生产较少罢了。然而魁奈及其后继者，偏要把农业称为生产的，把商工业称为不生产的，这原因，分明是他们因为当时过于看重商工业，过于看轻农业，于是矫枉过正，反过来，特别推重农业，特别贬屈商工业，而纯生产物或纯收益的发现，就恰好构成了他们尊重农业、轻视商工业之理论上的中心枢纽。

农业既为特别生产的，所以，在理想的社会中，即在那依照自然法、自然秩序而安排的社会中，农业当然应居于主位，至若商工业，那不过农业之副业或辅业罢了。这各阶级在理想社会中之经济的分配与流通，以及社会总资本之连续反覆，再生产行程的进动，魁奈曾以图表明示出来，那就是有名的、耐人探索的《经济表》。

魁奈在这《经济表》中提示的流通分配等大道理，当然是以纯生产物或纯收益理论为中心，而展开，而推阐出来的，从而，当然应该归属在他们之理论体系的这一章里面讨论，但因其特别重要，而且特别要费篇幅解述，所以，我勉强把它分列在次章，用一全章来阐明其究竟。

第三章　魁奈的《经济表》

第一节　《经济表》的说明

在说明魁奈的《经济表》(Tableau Économique)之前,我觉得应该顺便把他的生涯,作一个简括的介绍。他是一个农家子,一六九四年生于威尔沙爱[①]附近之麦那。他因8岁丧父,不能享受正规的学校教育,据说,至12岁时,尚目不识丁。但他意志坚决,刻苦自学,卒于一七一八年得到了外科医生的许可证,定居伦特。一七三二年,被选为外科医生会书记,迁往巴黎。一七四九年由坡姆巴特尔侯爵家聘为医师,乃赴威尔沙爱。此后,因为充当路易十五世的侍医,治愈了王子的疾病的功绩,遂列为贵族,永住在威尔沙爱宫殿中。一七七四年十二月殁于威尔沙爱。

魁奈在前虽有关于医学的著述发表,但至一七五三年以后,始专门从事经济学的研究,一七五六年,他以题作《农夫论》(Fermiers)及翌年题作《谷物论》(On Grains)的文稿,投寄迪罗德(Diderot)及阿勒贝(d'Alembert)所编纂的《百科辞典》(Encyclopédie)。至一七五八年,有名的《经济表》乃出现于世。此外,他于一七六五年九月,还在《农商业及财政杂志》(Journal de L' Agriculture du Commerce et des Finances)上,发表了一篇《自然权》的论文,次年在同〔杂〕志上发表《经济表解析》,此后又在(Éphémérides)刊物上,发表一篇长约100页的叙事体的《中国专制政治》论文。在这一些著作中,使魁奈在经济思想史上占有空前地位的,当然是他这由六个出发点,六个回归点联合五行线结成的《经济表》(参见后面修正的经济表略表)。

《经济表》的主旨,原在调解法国当时地主阶级、商工阶级及农民阶级之间的经济抗争,并企图以农民阶级为中心,而根本的改造国家社

---

① 即"凡尔赛"。——编者注

会。在这个图表中，他以数学的或几何的精密科学方法，处理其所理想的社会之财富分配和流通的关系。所以，那是一种纯理经济学的“假想图”。

《经济表》虽于一七五八年问世，但那次只是在威尔沙爱宫殿附属的印刷所印刷了四部，所以，流行于世的，不是那个原本，而是由魁奈的弟子米拉波及波多僧正所刊行的本子。一八九〇年，斯蒂芬·保维尔(Stephan Bauer)在米拉波遗稿中发现了初次原本的第二版，至一八九四年，由英国经济学会，把这第二版本重行印刷，以纪念魁奈200年的诞辰。此本行世最广，卡兰(Cannan)曾收录入其所作亚当·斯密之《国富论》的序文中。此外，还有一种为昂肯(Oncken)在米拉波遗稿中发现的魁奈亲笔草稿第一版，现由他复制出来，发表于其所著《经济学史》里面。因此，行世的《经济表》，共有三种，(一)昂肯复制的，(二)英国经济学会重印的，(三)米拉波及波多僧正刊行的。后面这一种表，载在米拉波的《农业哲学》中。即一般所知的魁奈《经济表》。

这三种表在数字上，以及在其他点上，虽互有差异之点，但大体都是所谓“经济秩序的基本表”，都不外抽出流通各过程上所发生的障碍，而表示一般流通的均衡状态。

除此《经济表》外，魁奈自己又制有一种“《经济表》范式”(Formule de Tableau Économique)，附在其所著《经济表解析》(Analyse de la formule arithmétique du Tableau Économique)中，故普通把前表称原表，这种“《经济表》范式”称略表。“略表”比较复杂的原表容易了解。不过，原表的侧重点，在于个人所得的关系，而略表所示，则为国民总收入支出或总生产消费的关系。

现在，先说明“原表”，次说明“略表”，最后，更就保维尔的“略表修正表”，一加说明。

(一)原表

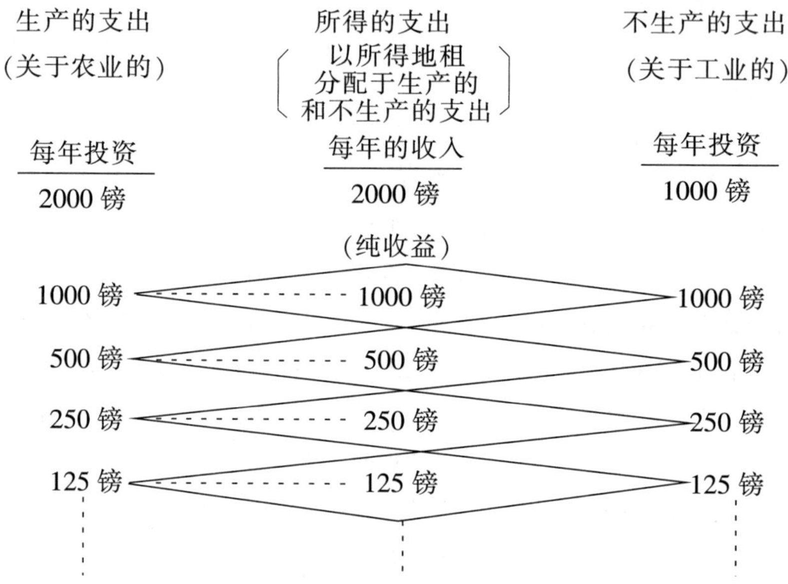

上述这个"原表",是昂肯由魁奈草稿复写而成的。依昂肯的说明,则中央 200 镑[①](原文为里佛尔,兹改称镑,后仿此),为地主一年的纯收入,即农业者在一年生产过程上所得的纯收益,地主把纯收入 2000 镑的一半,向生产的农业者购买食料品,另一半,则向不生产的工业者购买工业品(表中由中央移向两方)。

生产的农业者由地主支给的 1000 镑,用作生产的消费,由是生出 2000 镑的总生产物。他把总生产物的一半(1000 镑),即剩余或纯收益,再提供地主(移向中央,如点线所示)。残下之 1000 镑,则由自己消费一半(500 镑),以一半向工业者购买工业品(由左方经长斜线移向右方)。工业者用这 500 镑,作了不生产的支出,即不能生出何等纯收益的再生产。也就是说,500 镑依旧生产 500 镑的产品。他把这 500 镑,一半(250 镑)充当工业消费,一半为购买农产物支给农业者(由右方经长斜线移向左方)。农业者用他这 250 镑,再生产 500 镑总生产物,以一半(250 镑)提供地主(由点线移向中央)以其余半额之半(125 镑)自己消费,另一半

① 原文如此,应为 2000 镑。——编者注

(125镑),流入工业方面。工业方面又复以这125镑的一半,逆流入农业方面,如是循环往复,一直继续反覆到一文不存的最后行程。

工业者由地主支给的1000镑,是依着同一流通顺序,以500镑供工业上不生产的消费,以500镑向农业者购买原料品及食品,农业者又由此产出倍额(1000镑)的总收获,半供地主,其余额半之半(250镑)流入工业方面,工业方面又折半逆流入农业方面,一直继续下去。

结局,地主支付农业者工业者的2000镑,就由这样继续相互周流,而形成了一个整然的再生产行程的图表。

(二)"略表"

如前面所讲的,魁奈的"略表",是附载在他所著《经济表解述》里面。在那里面,他先假定一个农业极度发达,每年总再生产有50万亿镑[①]的大王国。关于其中流通分配的秩序,他曾概述如次:"原先分配于生产阶级及地主阶级间的50亿镑的总额,乃是依着一定的秩序,保证年年继续相等的再生产而消费的。不过,其中地主阶级由生产阶级提供的20亿,一半为购买食品支付了生产阶级,一半为购买工业品,支付了不生产阶级。生产阶级以其手中生产物出卖的30亿,把20亿提供了地主,10亿为购买工业品支给了不生产阶级。不生产阶级由这两方面得到的20亿,又因为要购入全阶级的生活资料和工作原料,依然支给了生产阶级。因之,生产阶级就算是为每年50亿的总再生产的费用或消费,而自己消费了值20亿的生产物。这就是生产阶级每年前支20亿,而再生产值50亿镑生产物之支出分配的秩序。"

魁奈更按表解释说:"现在,我把这支出分配之数学的表示,提示于读者之前。在表之左侧上方,为生产阶级为本年生产,而在前年度支出的预支额。其下,为他由其他阶级受取的额数。右方,则为不生产阶级受取的额数。

中央上方,为所得的额数(即地主阶级的收入)。这额数分配于左右二阶级。支用的分配,用点线表示,由中央地主阶级的收入出发,分途斜向左右两阶级。此两线终点,为地主以收入向各阶级购物费去的额数。左右两阶级相互交易的支出,亦以点线表示,由购买方面,向被购买方面

① 原文如此。由下文可知,应为"50亿镑"。——编者注

斜行，而各线之终点，则为一方向他方依交易取得的额数。最后，此计算以左右两阶级各各收入的总计终结。”（南按，下表中所谓固定资本利息，即固定资本或魁奈所谓“本原费用”每年损费之填补，这个填补额，占总生产额的1/5，即10亿镑。）

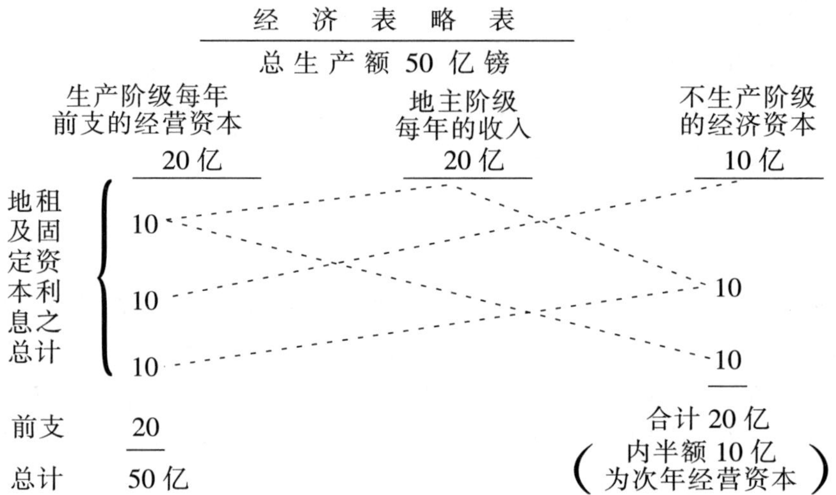

魁奈这个“略表”及其解释，仍不免有若干暧昧难明之点，至今犹为经济学者龂龂争讼，现在，更就保维尔修正的经济表略表，来说明一下。

（三）修正的经济表略表

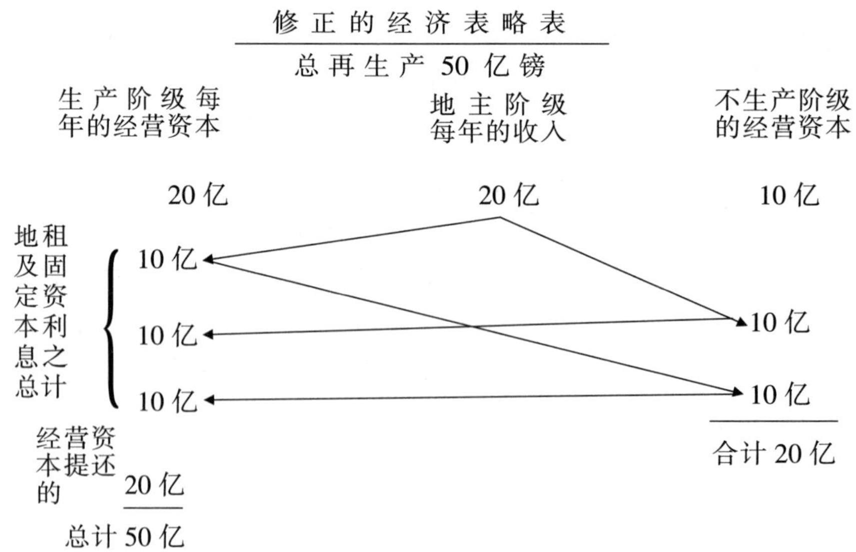

上面这个"表"的流通行程，是以生产阶级付纳地主的20亿的货币地租开始。

地主阶级把这宗货币，以10亿向生产阶级购买食料品，由是，这10亿货币，就复归了生产阶级，而总再生产额的1/5，入了消费界。

地主阶级残下的货币10亿，又用工业品的消费，支给不生产阶级，再用以向生产阶级购买食料品，由是生产阶级又间接收回了他付纳地主阶级的第二个10亿，同时，总再生产额，就有第二个1/5，移入了消费界；而不生产阶级总再生产额20亿中，有10亿变成了食料品。

生产阶级由这两方面收回的货币20亿，其中有10亿要为偿补前年度消费了的固定资本即机械等工业品，而支给不生产阶级，不生产阶级又以这项货币，转向生产阶级购买原料。于是生产阶级支出的10亿货币，又算收回了，同时，其总再生产额的第三个1/5，入了消费界，而不生产阶级残下的总再生产额10亿，就变换了原料。

结局，生产阶级乃有20亿的货币值10亿的工业品，再加值20亿的农产物，这值20亿的农产物，不入流通界，直接留作弥补垫支之用。同时，不生产阶级则存有值10亿的原料和值10亿的食品，以为来年再生产之手段。

第二节　《经济表》的意义

《经济表》的"原表"，"略表"及"修正的略表"，上面已分别说明其机构了，现在要进而探究其中所含的意义。

不过，如我在前面讲过的，魁奈的《经济表》，原是一种纯理经济学的"假想图"，我们要了解其含义，当然应该知道他所假定的几个前提条件。(1)他假定那个社会已普行着佃租制及大农业制；(2)社会三个主要阶级以外的下层阶级(Bas peuple)，他搁置不提了；(3)那个社会的买卖价格是划一的、固定的；(4)那是行着单纯的再生产，即按照从前范围的再生产；(5)关于财富的流通，他所着意到的，只是三大阶级之间的流通，而没有把各阶级内部的流通，加入考虑。在这种种前提条件之下构成的"假想图"，或"理想图案"，对于现实的社会，当然是枘凿不入；但这个"图表"的重要性，不在它是否能完全印证于实际社会，而在它本身所包含的或暗示的重大意义。这，我们可以就种种方面来考察。

第一，魁奈在这个“表”中，企图把资本的全生产过程，解作再生产过程，并把社会全部再生产过程、流通、分配，以及生产品的消费，表现成为一个整然的系列。这样，不但指明了全社会生产过程之不断定期重复的可能条件，且指明整个社会的经济生活，全是循环流通的生活，他的“表”，是从生产全社会生产品的收获期开始，收获期一经告终，生产品便由许多交换行为，介入这些交换行为构成的流通行程。

第二，在流通行程里面，在各阶级相互间，表示出了两种运动，一是生产品运动，一是货币的运动。原料、食料品由生产阶级流入不生产阶级，则不生产阶级手中的货币就流入生产阶级；生产阶级要购用工业品，他们手中的货币亦流入不生产阶级，这两个运动，恰好是正相反对的进行着。不过，就“修正的略表”来讲，50 亿镑的总再生产，有了 20 亿镑的货币，就够周转流通，这，不但否定了从来单把流通看作是货币流通的皮相观察，同时且表示货币的流通，不过是生产品流通的一个关节，前者仅供后者的鞭策奔走罢了，重商主义的整个货币理论，全在这种暗示的意义或真理上解消了，所以，在魁奈一派看来：“造币没有别的意义，只是帮助商品交换，它仅仅是在买者与卖者之间尽了一种媒介作用。”惟其如此，“所以国家之富强，不在货币的蓄积，而在财富的增长”，“真正的财富，是要不绝的需要和再生产”。

第三，魁奈又指示了，真正的财富的增加，就在于地主所得的增加，亦即在纯生产物或纯收益的增加。纯收益如何能增加呢？显明的，那是要增加生产阶级之生产总资本，即“修正的略表”上所说的经营资本与固定资本利息，或者如魁奈所说，年次费用及本原费用之填补。从上面解说的原表上，我们知道：农业者由地主支付的资金，他即可用以再生产倍额的总再生产物，这总再生产物，除以一半供自己消费外，还可以一半提供地主。每次都是如此。所以，“我们能获得大报酬，能使土地产出许多收入，不外就是依赖很大的预垫费(Avances)”。这所谓预垫费，即指着本原费用与年次费用，简言之，就是资本，资本的概念，我们今日虽然听得很熟，但在当时，却是一个大的发现。《经济学之建设者》(The Founders of Political Economy)的著者列温斯基(Levinski)说：“最为重农学派体系上独创的一部分，就是资本理论。把社会分为三个阶级的，虽然阚梯龙的《论集》中也看得出，虽然在他那初期的论著中，也有货币不是财富，单是交换媒介的说法，但是资本理论，却完全是重农学派的发见。

第四，社会的财富，社会的纯收益的增加，既有赖于生产资本的增加，那么，从反面看，生产资本减少，亦必然要生出相反的结果。如前面"原表"所示，农业者由地主支给的1000镑，虽可用以再生产倍额的总生产物2000镑，再以一半〔即〕1000镑提供地主，但同时工业者由地主支给的1000镑，却不过能生产出1000镑的价值，而不能获有何等纯收益。所以，地主阶级把他们由生产阶级取得的收入或地租，支给工业乃至商业方面的比例愈大，即因社会奢侈，宫廷浪费而支付城市不生产者的比例愈大，则支付生产农业者的比例必愈小，农业者的生产支费减少，其产出之纯收益，必按比额减少。这种反常状态继续下去，势必致耗尽生产费，使纯收益没有着落。结局，全社会的经济状态，将不免陷于颠危。所以，一国政府如预知国民经济的繁荣或枯竭，完全是靠农业生产资本之扩大与缩小为转移，则在立定国家大计上，就要设计去增加或扩大农业资本，在这里，亦就暗示出了重农学派所采的经济政策。那是我在次章要讲到的。

除上述几点外，《经济表》中把社会各阶级间的经济关系，就每个阶级全体出发来解明，那不独在当时为一种创见，且为一大胆而含有革命意义的创见。

含有这些重大意义，或重要真理的《经济表》，无怪其热心信从者马古斯·德·米拉波，有一段被亚当·斯密嫌其称扬过火了的赞辞。他说："从有世界以来，只有三个大发明，与其他许多仅是政治社会装饰润泽的发明无关，单独的，给政治社会以安定性。第一，是书写的发明，只有它可给人类本性以传达(毫无更动的传达)其法律，其契约，其历史及其发现之能力。第二，是货币的发明，那使诸文明社会的全部关系，得互相联络。第三，是《经济表》，那是其他二种发明的结果，但可完成它们二者的目标，从而使它们二者完成；那是我们这个时代的大发现，我们的子孙将永远收获其利益。"

然而，这样伟大的发明的《经济表》出版后，有许久许久没有多少人特别注意它，这一方面，虽如因格拉姆所说，因其形式枯燥而抽像，所以不大受到一般的欢迎，但同时重农主义因杜尔阁塌台而失势，因亚当·斯密学说风行而更失势，那却是《经济表》湮没不彰的主因。可是，历史车轮回转的结果，终究到达了一个重新估价一切学说的时期。在哲学领域内，数千年来振破了人们耳鼓的“亚里士多德的骚音，与柏拉图的法螺”，现在渐渐有人厌烦其嘈杂了，而同时一向被人们看作无足轻重的赫拉克里特士(Heraclitus)勃洛大哥拉斯(Protagoras)及德谟克利特士(Democritus)的三大体系，却反而成了希腊哲学史上之希世的清音。同样，在经济学领域内，英国正统派特别是亚当·斯密的学说，那比哲学界的亚里士多德与柏拉图还要有更实际，更大得多的权威，在他这一派学说支配欧洲(如其可以这么说)的全盛时期，《经济表》亦受到了希腊那三大哲学体系的寂无所闻的命运。然而，自经马克思根究亚当·斯密学说之渊源，并解明了《经济表》中所含之“谜”以后，《经济表》在历史上的评价，亦遂大改旧观了。马克思在其所著《资本论》,《剩余价值学说史》里面，都有关于《经济表》的赞词，而在《哲学之贫困》里面，他更说魁奈是“法国第一个经济学者”，说他“成功了一种科学的经济学。而这经济学，全概括在他的《经济表》中”。此后，亚当·斯密之经济学上的开山祖的地位，几乎受到动摇了。同时，大家都公认，最初经济学体系，不是以《国富论》为中轴的体系，而是以《经济表》为经纬的体系了。

在次章，我将根据《经济表》所暗示的原则，来考察重农学派的经济政策。

第四章　重农学派的经济政策

第一节　大农经济政策

如其说纯收益理论，是重农学派之一切理论的中心理论，则大农经济政策，就是重农学派之一切经济政策的中心政策。

由这政策，我们可以窥知重农学说之根本精神；由这政策，我们可以看出重农学派所要求的政治制度；由这政策，我们还可以推知其他经济政策之一般进向。

重农学说之尊重农业，那是我们在前面反复讲明过了的。但这种学说对于农业之差别观，我们却未提到。重农学派对于农业，只重大农，不重小农，只重富农，不重贫农，不但如此，他们甚且主张牺牲小农贫农，来成全大农富农。单就这点而论，所谓“重农主义”这语辞，就不免要减少几分妥当性，而当改称为“大农主义”或“富农主义”了。

重农学派之尊重大农，那有几种理由。第一，法国当时的农村状况，我们在前面已经讲述过了。以没有居室，没有家具的农民，在没有施过肥料的土地上，使用瘦弱的牲畜和破旧的木犁，那种收获所得，当然是有限极了；同时，第二，海峡对岸的英国，那里早就是行着大的富农经济和农村经济的合理化。其结果，英国社会富庶而繁荣，那与法国当时的贫乏和衰萎状态，恰好是一个对照；重农学者魁奈把这两国的实况比较观察起来，于是第三，归结到他的纯收益理论上面来了。在他看来，小农除了生存手段所必需之外，差不多得不到任何生产品或纯收入。有时，甚且难说定他们的收获，能够满足他们生存的需要。重农学派之尊重农业，那是因为农业能产生纯生产物或纯收益，小农既然除生产手段必需以外，得不到何等生产品或纯收入，那就同不生产的商人工匠没有区别了；如果有时竟至不能满足他们生存的需要，那更连商人工匠都不如，所以，他们主张以大的富农经济，来代替小农经济。

为什么大农经济就能产生纯收益呢？

依照魁奈及他这一派的意见，要提高农村经济的生产率，必须采取每年耕种制（按法国当时大抵为三年耕种制，即每三年休耕一年），改良牲畜的房舍，增进牲畜的营养，发展农耕技术，广施有效肥料：这种种，都非投下巨额的资本不可，换言之，都非富农不能办到。杜尔阁在其《富之形成及其分配之考察》中说：“人们就是以自己的手耕作土地，在收获之前，有播种的必要，到收获之后，又有生活之必要。土地的耕作，越是完全，而且越繁荣的时候，这房屋的费用就越发多。贮存家具、农具，并饲养家畜的生产物的房屋，也有建立的必要；因事业之规模，有支付工资于多数的人们，使他们的生活有维持到收获之必要。”所以，“我们能获得大的报酬，能由土地产出许多收入，不外是依赖很大的预垫费（Avances）。”这所谓“预垫费”，就是资本。在他们看来，土地上的生产物，是与投在土地上的资本为比例。支付愈小，人民和土地所提供国家的利益也愈小，即是说：投资总额愈小，则消耗在生产品单位里面的成本费总额愈大；所以，魁奈在其《农夫论》中说：“大的农企业与小的农企业比较时，大的农企业的成本费和修理费要少多了,支付更低,纯收益的数量也要比较更大。"

波多僧正在其《农业哲学》中,更从技术及其他的见地,来发挥这个道理。他以为,设有孤立的小农百人,各自独立经营农业,其所产出的农产物,只勉能维持 110 人的生活,即,极其限,能获有养活 10 人的剩余罢了。设同一面积,由大农制 50 人的劳动经营,则可生产养活 200 人的生产物。这原因,就因小农每日躬亲耕作,没有使其天赋理性活动的余地,没有工夫讲求技术改良;而在一人指导许多农业劳动者的大农经营的场合,指导者有专门讲究技术改良的余暇,并得以精巧机械来替代简单农具,两相比较起来,大农的生产力是要大多了。生产力增加,收获量亦按比增加,所以,由小农经营,虽不过生产养活 10 人的剩余或纯收益,由大农经营,却可生产养活 150 人的剩余或纯收益。

总之,要想土地产生多量纯收益,要采行大农的经营,换言之,就是要使土地资本化。所以,重农学派所谓"富国兼且富民的农业",那是指着资本主义的农业;所谓"富之唯一源泉的土地",那是指着资本化了的土地,而他们主张的这种大农经济政策,亦就是资本主义的农业政策了。

然则这种政策将怎样施展呢?很明白的,那是要大批的资本由都市移向农村。而资本肯向农村移动,那至少要做到以下几层,第一,在都市方面,要废除商工业的种种特权,否则,资本一定会贪图这些特权的保育,而不肯向农村移动;第二,即令都市特权废除了,如其农村方面残留一些封建的束缚,并且,土地又散布在一些小自耕农、半佃农、小佃农手里,那资本也一定无从移向农村,所以,在重农学派看来,这里一定要进行一种土地改良,一方面,使采邑领主的贡税,代以地主与佃户之间的自由契约,同时,使那些小自耕农、半佃农、小佃农,都无产阶级化,都变为无所有的农村雇工,这样,富农乃得向大地主租好巨块的土地,雇用那些农村雇工,而开始其大农业经营。然而,做到了上面这两层,还不够鼓舞富农向农村投下资本,此外,更当解除一向加在农业上的种种负担与束缚,且反过来,予富农以各种可能的方便,即保障他们的资本,使他们豁免个人的义务和土地税等等。

可是,这些大农政策的纲领,叫谁来执行呢?现在"付与工商阶级种种特权的无知政府",还在"对农业施行财政上的榨取,并且剥夺乡村中的财富",希望他们,那是显然没有用处的。当时法国启蒙学者主张的分权的君主立宪政治，或人民元首的德谟克拉西政治，在魁奈一派的经济学者看来，那都不能满足他们的要求。因为，当时尚未由都市资产阶级分化出来的富农或农村资产阶级，他们没有形成一个集体的势力，当然不能起来把握政权。那么，君主政权没落后，国家政权有两个前途，一是掌握在现在还有政治势力的贵族阶级手中，否则，就是掌握在都市的资产阶级手中。贵族阶级掌有政权，土地改良赋税改良都做不通；都市资产阶级掌握政权，取消商工特权，解除农业束缚，都做不通。所以，照他们的想法，还是拥护专制君主好。这专制君主，要开明，要不违反"自然的秩序"，要不任意颁布一些非"自然权"所许可的法律。显言之，他们所理想的君主，恰好与当前拥护封建势力和重商主义的国王相反，那是拥护农业主义的，是奖励农村资产阶级的。因为尊重农业利益，正是实现自然的秩序。

这样的君主，对于经济上的任务，在消极方面，就是不干涉个人的经济活动，并除去阻害个人经济活动的障碍；在积极方面，就是励行产生纯收入或纯收益的产业的产业政策，即所谓大农经济政策。如兴建公共工事（Travaux publics），如疏凿运河，如便利农产物运输，如贷借农业用资金等等，都是他们认为国家或君主直接奖励大农富农应行的事体。

至若重农学派所主张的自由贸易政策、单一赋税政策，那不过是由整个大农经济政策派生的政策，或者以大农经济政策为中心所形成的政策。因为，这两种政策的究局目的，皆不外使资本由都市向农村流动，使农村资产阶级有更大的发展农村经济的实力。不过，在重农学派的理论上与实际上，这两种政策都非常重要，并且，都大有影响于后世，所以我想在以次两节，分别与以说明。

第二节　自由贸易政策

重农学派的自由贸易政策，可以分两方面来讲，一是关于商工业的，一是关于农业的。在一般人看来，尊重农业、轻视商工业的重农主义，它的自由贸易政策，一定只限定行于农业上的农产物贸易，而对于工业制造品的贸易，必多所限制，但实际殊不如此。重农学派所标榜的"自由放任"，在贸易上是非常澈底的；对于农业，对于商工业，不论在国外市场，抑在国内市场，他们都主张听其自由竞争。不过，其间仅有的差别，就是他们主张的商工业上的自由贸易，那不是为了发展商工业，而仍是为了发展农业。即是说，他们认定商工业是农业的附属物，把商工业的发展，当作了农业发展的手段。

兹先述其关于商工业方面的自由贸易的主张。

前面讲过，重农学派虽斥工匠、制造业者、商人为不生产阶级，但却承认他们的劳动，间接有助于生产物的增进。所以，他们以为，无论就哪点说，限制或沮害商人、工匠及造业工人的产业，都不是地主及耕作者的利益。这不生产阶级越是自由，则他们间各种职业的竞争越是激烈，而其他二阶级所需的外国货品及本国制造品，就将越以低廉的价格，得到供给。

在一国内，商工阶级对生产阶级的关系如此，在国际间，商业国对农业国的关系亦是如此。主要由商人、工匠、制造业工人构成的商业国，不但对于其他各国居民有用，而且大大有用。因为，其他诸国的居民，本应在国内寻得商人、工匠及制造业工人，但因其国政策某种缺点，又不能寻得他们，这种极其重要的缺陷，乃得在某程度上，赖这种国家而得填补。

设以高率赋税，课加在此等商业的贸易或所供商品上，从而，沮害抑制此等商业国的产业，决不是农业国的利益。这种赋税，因可提供此等商品的价格，其结果，不过减落他们自己的剩余土地生产物——用以购买商业国商品的，就是这种物品或这种物品的价格——的真实价值。这种赋税的作用，不过是妨害此等剩余生产物的增加，从而，妨害他们自己的土地改良与耕作。

反之，如准许一切此等商业国的贸易享有最完全的自由，乃是提高这剩余生产物价值，奖励这剩余生产物增加，并从而奖励其国土地改良及耕作的最有效的方策。

不但如此，这种完全的贸易自由，又是在适当期间，供他们以国内所缺少的工匠、制造业工人，及商人，使他们在国内感到的那个最重要的缺陷，得在最适当最有利的情状上，得到补充的方策。

因为土地剩余生产物的增加，到了相当时期，所能创造的资本，必有剩余部分，不能以普通利润率，用来改良土地或耕作土地。剩余部分，自然会自行转过来，在国内，雇用工匠与制〔造〕业工人。国内制造业工人，因可在国内寻得他们工作的材料和他们生活资料的基金，即使技术熟练稍逊，亦得以那与商业国同样低廉的价格，作成他们的出品。而且，因技术和熟练增进的关系，又因商业国货物须由远道运往农业〔国〕的关系，不久，商业国的工匠与制造业工人，即将在农业国的市场上遇着竞争的人，再不久，就不得不贱卖，而被逐于这市场之外了。后来，技术与熟练的逐渐的改良的结果，此等农业国的制品，将在适当时期，推广其售卖至国内市场之外，即推销于许多国外市场；并照同样的方法，再在那里，逐渐把此等商业国的制造品，排挤出去不少。

总之，依照重农学派的主张，农业国能给一切其他国的工匠、制造业工人与商人以最完全的贸易自由，那不但可因以提高本国剩余生产物的价值，并可由此价值之继续增加，而培育本国的制造业和对外贸易。设所见不远，以高率关税或禁令压迫诸外国国民的贸易，那么，在结局上，就一定会妨害它本身的利益。妨害之途有二，其一，因可提高一切外国货品及各种制造品的价格，必致于减落本国剩余土地生产物——用以购买外国货品及制造品的，就是这种物品或这种物品的价格——的真实价值。其二，因将给本国商人、工匠、制造业工人以国内市场的独占，会提高工商业的利润率，使较高于农业的利润率，从而，把原已投在农业上的资本，或者，对于原要投在农业上的资本，拦阻其一部分，使不能投到农业上来。这两种妨害，都会逼着资本由农村移向都市，恰与前面所述的大农经济政策的期待相反。所以，为发展农村经济计，为使农村资本利润，超过工商业资本利润，至少，亦不得低于工商业资本利润计，重农学派主张对于商工业，树立完全的自由贸易政策。至若在当时横受束缚限制的农业本身，那对于这种政策的要求，就更为迫切，而且，农产物之自由贸易，正是他们整个自由贸易政策主张之骨干。

在本篇第一章讲过，法国农业因重商主义实施而直接受到的最大恶害，就是因要减低工业制造品的成本，而对面包，对原料所加的种种限制。谷物与面包，不但禁止出口，不但设定价格的限制，而在国内州与州间，城市与乡村间，都设有一些不合理的条例，其主旨则不外使这些食料乃至原料的价格减低，使商工业阶级得到低廉的农产物的供给。

农产物所受到的这些压迫和限制，那就是造成法国农村经济破产的最直接而且最主要的原因。

重农学派要使农业从这诸般梏桎解放出来，这当然是他们主张自由放任说之有力的冲动。因此，有人说，重农学派的自由贸易，其含义就是自由输送面包到外国去，自由输送原料到外国去。他们作这种主张，并非单纯的、意气的反抗现实状况，同时还拿出了他们理论的根据。

前面讲过，重农学派的中心理论，就是那种纯生产物或纯收益理论。一国之繁荣或衰败，一视此纯收益之增加或缩减为转移。纯收益增加，国家的财富及收入源泉充裕，纯收益减少，国家的财富及收入源泉涸竭。法国当时民穷财匮的实况，正是纯收益日益缩减的表征。纯收益缩减的途径有三，其一，浪费了生产的费用，即浪费了魁奈所说的本原费用、年次费用及土地费用；其二，增大了农产物的生产成本费，其三，削减了农产物应分受到的合理价格。如奢侈的宫廷生活、无意义的战费支出，那都是浪费生产的费用；如以高率关税压迫外国制品，使本国制品在国内享有独占，从而，高抬物价，加重一般消费者的负担，那即是增大农产物的成本；如禁止原料面包输出，并限制面包任意发卖、任意贩运，那都是削减农产物的价格。现在仅就最后第三点，来申述其对于纯收益的影响吧。

每件制品都少不了原料，每件制品的制造者贩卖者，都少不了食物，这就是说，农产物是用得最普遍而且最基本的。按照事物自然的顺序，农产物的价格，应当随商工业的发达，而愈益增加。现在，不但不任其增加，却反限定其低减，这种违反自然的矫揉限制，虽然暂时会收到减低制造品成本的益处，在相当期间内，一定要受到非常不利的恶果。因为，工业制造品的成本缩减，同时，这种缩减又是以牺牲农业利益为前提，那么，工商业的资本利润，一定要高过农业的利润，结果，唯利是图的资本，便会由农村向都市移动，即是说，由生产事业方面向不生产〔事〕业方面移动；这样的反常移动，势必引起一般生产行程的缩减，而社会的纯收益，则按照这一般生产行程缩减的程度而减落。纯收益减落的意思，即是社会全般财富减落的意思。那一来，直接蒙受其害的虽然是农业，而间接受其不利影响的，实不只于农业。法国当时的农业状况，固然是凋敝不堪，但法国当时的工业状况，不是萎靡不振么？

所以，在重农学派看来，社会全般产业颓废的根本救济，就在运用一种方策，使农业资本利润，超过工商资本利润，使资本由都市移向农村；换言之，就是要树立一种有利于农业的自由贸易政策。在这种政策下，所有关于原料，特别是关于面包的诸般限制，概行废除。这样，面包及其他原料品，乃能售得其应分售得的价格，农业资本乃能有较高的利润率结果；

集注于都市方面的资本，乃能流向农村；农村方面的富农大农增多，合理化的大农业经营增多，而社会总再生产的纯收益，亦因而增多。这一来，社会全般的财富，将大大的增加，而在这种富庶社会里面的商工业，当然是会非常发达的。

总之，救济社会全般经济的凋敝，就是要扶植农业，解除一向对于农业所加的种种束缚，这一点，不但是重农学派的自由贸易政策的真正要求，亦就是他们整个学说的中心主张。

不过，重农学派的自由贸易论，亦并不是绝对的。例如，对于谷物，他们虽极力申论自由输出的利益，但谷物的自由输入，他们却主张要在荒年才行，这样，他们的自由贸易论，就单是一种半截的输出自由论了。就理论上讲，这原是不澈底，可是，为了更有效的达到其所预期的目的，他们却不能不这样主张了。

第三节　单一税政策

重农学派的单一赋税政策，亦正如他们的自由贸易政策，归根结底，保育大农富农的经济政策罢了。他们这种政策的原则或理论根据，亦是由其主导者魁奈所建立。

魁奈的土地单一税的论旨，在其最初的经济著述，如《农夫论》、《谷物论》中，都没有明白表现出来。后来，他写有一篇《赋税论》(Impôt)的论文，准备投寄迪德罗及阿勒贝合编的《百科辞典》，但一七五七年以后，《百科辞典》因官宪的禁阻，中止发行，于是他这篇论文的原稿，就不知下落。

往后，这已失的原稿，幸而发现于霍特・维纳(Haute-Vienne)州的州立文库中了。杜尔阁曾在该州充当知事多年，他这稿中的空白处，还由杜尔阁附加了一些按语。后由雪勒(Schelle)将原稿披露于《经济及社会学说杂志》第一卷第二号。他的单一税的主张，大抵载在那篇论文里面。此外，在他与米拉波共著的《赋税理论》(Thàéorie de L′impôt，1760)中，亦曾述及此种论旨。

土地单一税的意思，就是说，把一切的赋税，都课加在土地纯收益，或土地地租上。这种主张的理论根据在哪里呢？照魁奈所说，一国每年的总再生产，可分作两个部分，其一是资本返还的部分，其他是剩余的部分。

这剩余的部分，就是纯收益，就是地租。地租当中，除了地主用以改良土地的那一部分，即所谓“土地费用”外，其余都是“自由的”资金。所以不妨分出一部分来，作为赋税。至若资本返还的部分，那是来年再生产的基本金，是神圣不可侵犯的；设对此加以侵蚀，不但地主的收入受影响，国家的收入受影响，即全社会的财富与福利，亦将比例于此基金的侵蚀限度，而蒙到恶害。所以，魁奈说：“在任何情形下，不应向开辟土地的富农课加赋税；国家应重视农业的神圣不可侵犯的基金，为了一切的公民，为了能取得赋税，收入和生存手段，都必须注意保护富农；否则，赋税变为掠夺的手段，国家很快的要遭受疲绝和破坏。”

赋税不应当加在农业基金上，特别是加在富农的农耕资本上，那是重农学派尊重农业，保育大农富农的一贯主张。但国家赋税的负担，为什么定规要课加于地租上面，而不令商工业分摊呢？

据魁奈的意见，工业及商业，均不能产出何等剩余。工业仅只变换物财的形态。其所作出的价值，等于其所消费的价值。至若商业，那不过变更财物存在的场所罢了。商业上行着等价物的交换，决没有产生纯收益的余地。由交换所生的利得，不外是在不自由的场面下，即在独占等场面下，因牺牲他人而取得的好处；从全社会的观点看来，那当然不是什么纯收益。设对于这实际上不能产生纯收益的商工业课税，即把赋税课加在工资或商品上，那税额虽像直接是由工商阶级拿出，而在实际，却仍要转嫁到农业资本上面。因为商业和工业既不能创造超过它们投入资本以上的任何新财富，赋税加到工资上，则工资按照赋税比例而提高；赋税加到商品上，商品价格亦按照赋税比例而提高。工资提高，即是生产成本增加，那与商品税同样会发生提高商品价格的结果，亦同样会发生增加商品消费者的负担的结果。商品的主要消费者，就是农耕者，所以，加在商工业的赋税，即无异加担在农业上的赋税。不但如此，商工阶级如不按照赋税的比例，而以较大的比例提高工资和商品〔价格〕，则农耕者阶级由商工业课税所受到的损害，比较他们直接课税所受到的损害，还大得多。魁奈一方面轻视商工业，一方面却不主张把赋税课加在商业上面的理由，就在此。同时，我们还可说，正惟其轻视商工业，所以就认定商工业不配担负赋税，在魁奈心目中，国家的收入及财富之主要资源，只有土地。

把赋税加在土地纯收益上，那是最直接、最经济的方法。据魁奈所说，普通课税的对象，可大别为六种，即土地、生产物、人口、劳动、商品，及为人服劳的动物。这种种，表面上虽得各各成为课税之对象，但仔细考察起来，除土地外，其他五种对象之所得的发生，结局殆莫不出于土地。例如，仅就为人服劳的动物牛马来说吧，牛马耕作土地，由土地产生纯收益，设对牛马课税，结局仍是由那种纯收益支出。所以，赋税不加在其他五种对象上，统一起来，仅加在土地上，那么，六种税，就变成了一种税，不但直截了当，而且征税费用，也只要 1/6 了。这就是魁奈所主张的土地单一税论的要旨。

关于赋税率与赋税的用途，魁奈及其后继者，亦有所论述。地主阶级由农民取得的纯收益或地租，魁奈认为要提取 2/7 作为赋税，付纳国家。他的这种税率标准，是根据法国的岁出总额及纯收益总额而决定。他在《经济表解析》中，曾假定法国全国的纯收益总额为 20 亿佛郎，以 2/7 计，则赋税收入为 57200 万佛郎，这个数目，与法国一七八一年的 61000 万佛郎的岁出额，亦相差不远。

至若赋税收入的用途，他以为不当虚糜浪费。在同《经济表解析》中，他说，对于不生产阶级的过分的支出，即是有害于国民之富与繁荣的奢侈的支出。凡于农业不利益的事体，于国民，于国家，皆不利益；于农业有利的事体，亦必有利于全国民，有利于国家。土地所有的安全，乃一国政治之自然秩序的本质的条件，所以地主必须支出赋税，所以地主支出的赋税，必须要为了他们财富的增进，和社会一般的公共福利。然则哪些事是有利于农业，并且是可以增进地主收入与一般公共福利的呢？这，可以就魁奈一派的国家观来说明。

据他们的意见，专制的国家干涉，虽当猛烈反对，但国家毕竟有其应行的任务。国家的任务有三：第一，防卫自然秩序之基础的私有财产；第二，促进人民赖以认识自然秩序的教育；第三，经营道路运河一类公共的事业。这三者，是国家应行的任务，亦就是国家赋税收入的正当用途。若问到：何以这些任务是应行的？何以这些用途是正当的？重农学派的简明答复，就说它们直接间接有利于农业，特别是有利于大农经济的发展。

第五章 “半重农学者”杜尔阁

第一节 杜尔阁与其《富之形成与分配之考察》

杜尔阁在重农学派中的地位，有些学者把他看得过于重要了，有些学者又把他看得过于不重要了。看得过于重要的原因，是就他异于魁奈主义的地方着眼，魁奈有许多不澈底的理论，由他得到了修正和补充；看得过于不重要的原因，是就他同于魁奈主义的地方着眼，所以以魁奈主义为中心而尚论重农学说，就没有特别提到他，把他看成其他重农学者，如米拉波，如杜邦·德·奈穆尔一流的人物了。

其实，杜尔阁的重要性，就在他尊奉魁奈主义，而不苟同于魁奈主义。这样，他才能从魁奈主义的整个理论中，探究出一些为魁奈所忽略了的、所认识不到的明确经济法则来。

由前面研究的结果，我们知道，所谓重农主义，就是一种农业资本主义学说体系。在这样一种体系下，当然不容易看出近代工业资本主义社会的许多经济法则。杜尔阁于一七六九年出版的大著《富之形成与分配之考察》，虽然与魁奈一七五八年出版的《经济表》，相去只有 11 年的光景，但因为下面几种原因，他却能注意到魁奈所理解不到的许多论点了。第一，魁奈的诸种经〔济〕著述，特别是《经济表》出世后，重农主义的理论体系，已经发展到无可进一步的发展了，所以如波多僧正之《经济哲学序论》一类著作，都不过是魁奈主义之流俗化的注疏。杜尔阁处在这种情形下，要想不完全重复魁奈的说教，当然会去体验考察魁奈所疏略的地方；加之，第二，魁奈制作他的《经济表》，是在威尔沙爱宫殿中，杜尔阁写他的《富之形成与分配之考察》，却是在他充当里摩约总督的任中。前者倾向思辨，后者趋重实际，那是势所必然的，所以，魁奈凭思辨演绎的许多理论，杜尔阁就依实际经验来限制其妥当性了；第三，《富之形成与分配之考察》的出版，虽仅后于《经济表》十余年，但这十余年间的实际经济状况的变化推移，却已够刺激杜尔阁，使他不要拘拘于魁奈的理论体系了。

不过，当时法国社会的封建势力，未经过大革命，是不许可工业资本主义势力抬头的。杜尔阁一方面虽知道农业资本主义学说体系，解释不了许多已露其端倪的，或将要形成的工业资本主义社会的经济法则，但同时他所处的环境，却又限制了他，使他不能脱却这个体系，而另有所树立。正惟其如此，他遂成功为一个“半重农主义者”了。

如其我们把重农学派和正统学派加以比较的研究，则杜尔阁在重农学派中所占的地位，正如同约翰·穆勒(John Stuart Mill)在正统学派中所占的地位。穆勒是正统学派的殿将，杜尔阁是重农学派的殿将。穆勒每每称亚当·斯密等为“旧派经济学者”(The political economy of the old school)，隐然以新经济学者自命，而他终于是徘徊在那旧的壁垒上；同样，杜尔阁亦往往表示他的理论，与魁奈所主张的不同，当杜邦·德·奈穆尔根据魁奈主义，对于其脱线理论加以修正时，他甚且宣称不欲属于重农学派，然而在究局上，他依旧没有脱却重农学说的窠臼。他们所同具的这种徘徊的半截的性质，原因就在他们所处的，都是一种过渡时代，杜尔阁恰当着封建社会向资本主义社会推移的转形期中，穆勒·约翰恰当着资本主义社会向社会主义社会推移的转形期中，时代造成他们的这种徘徊的不澈底的倾向，那并不足以减轻其重要性，反之，却正可以增加其重要性。因为他们的理论，他们的著作，恰好是他们各各时代的产物。

对于正统学派中的穆勒·约翰，我们不能把他的评价，估定太高，亦不能估定过低；对于重农学派中的杜尔阁，也是如此。造成约翰·穆勒的这种重要地位的，那是他的大著《经济学原论》，造成杜尔阁的这种重要地位的，不消说，那亦是他的主著《富之形成与分配之考察》。不过，关于后者，我们还得顾及他的实际方面，因为他是重农学派中，企图把他们的政纲见诸实行的唯一人物。他于一七六九年在里摩约总督任中公刊其主著《富之形成与分配之考察》后，至一七七四年，再三辞去总督，不久，又被任为海军大臣，参划路易十六的政治设施。但五周后，再转为财政大臣，担当紊乱达于极点的财政整理任务。就在这时候，他企图实现许多重要的改良。他恢复国内面包贸易的自由，颁布废止行会和工业自由的条例，变更那压在农民身上的过重的物纳赋税，而把那改作货币支付，加担于全地主阶级——其中包含有贵族——身上。他的这种种改良，惹起了宫臣贵族等的反对，结局，他被免职了，同时，重农主义政策实现的一线希望，消失了，而整个重农学说在法国的势力，亦就随着杜尔阁的塌台而沉没下去了。这样看来，杜尔阁对于重农学派的重要性，比较起约翰·穆勒对于正统学派的重要性，实在有过之而无不及了。

杜尔阁这部《富之形成与分配之考察》(Réflextions sur la formation et la distribution des richesses)，原为应两个中国留学法国的学生归国时，要请赠言而执笔的。全书共〔一〕百零一节，于一七六六年写成。他最先本不打算把它发表。后来因主编重农学派的机关杂志(Éphémérides du citoyen)的杜邦·德·奈穆尔再三要请，始于一七六九年在同志续刊登出来。

他在前提观念上，与魁奈表示不同的地方，就是他只重视人为的秩序，而不承认有什么基于神之摄理的自然秩序，关于这一点，我在前面已经讲过，那也许是由于杜尔阁所处的时代，以及他所处的地位，已无须要假托什么神摄的自然秩序、自然法理。因为，他写这部书时，由正面反对当时政治设施、经济设施的重农学说，已经成为一种很为人所注意的社会势力了；而且，他的地位，是里摩约地方的总督，与恩赐贵族、定居于威尔沙爱宫殿中的魁奈比较起来，当然更有自由发表言论的可能。因此，他在他的《富之形成与分配之考察》中，就不要言神，不要言神所摄理的自然秩序了。例如，在原书第十七节中，他有"确保地主(即最初土地所有者及其相续人)之土地所有的人类的契约与人人的法律"一句话，这句话中的人类的与人人的语辞，就表示他由神本的立场，移到人本的立场了。主编者杜邦·德·奈穆尔禀承魁奈主义，把他这种语辞删去了，并在同节中还插入一些附加的按语，那使他非常愤慨，他不但把原文另行印刷，甚且宣言要脱离重农学派了。

不过，杜尔阁这部名著的伟大和重要性，不仅是因为它脱去了种种思辨的玄想，同时还因为它备具有科学的内容。举凡魁奈略而不言，或语焉不详的种种经济上的观念形态，或经济法则，到了他手里，都有相当差可人意的说明，有时，那种说明，且非常合于严谨的科学则律。所以，柯沙(Cossa)在其《政治经济学导论》中(第 264 页)称赞他这部书说："社会经济学中合于科学的论著，当以此书为最早，故此书可视为社会经济学之经典。"又，芬谢尔(Von Schell)于亚当·斯密和重农学派的诸基本理论之间，窥出了各种关系之后，曾说："这个新的科学的发生，可说不是始于亚当·斯密的著作发表的时候,那基本的各种原理,已概见于杜尔阁所著《富之形成与分配之考察》中了。"然则哪些基本原理,已概见于他这部著作中了呢?我们在这里,顶好不要重复申论他那同于魁奈学说的地方,只把他那异于魁奈学说,或为魁奈所理解不到的基本原理,如地租论、工资论,以及资本与货币论等等,分别作一个概括的叙述。以次,我将从他全书的基本概念即地租法则论起。

第二节　论地租

魁奈主义的中心理论,就是纯收益理论,亦就是地租理论。这是我在前面不惮反覆讲过的。生产者阶级把他们每年总再生产中的纯收益,当作地租,提供地主。地主阶级的生活,就全靠这纯收益或地租维持。但是,生产阶级为什么要把他们的纯收益,提供地主呢?换言之,地租是怎样发生的呢?对于这点,魁奈没有深深考察。他不过想像:土地最初是由地主阶级导入耕作状态,农民是由地主那里租得土地,所以按照自然的秩序言,后者必得以地租提供前者。这种解释,当然没有触到边际。可是,魁奈残下的这个"地租发生"的问题,却由杜尔阁给予了一个明确的体系。

杜尔阁从土地所有制度发达的过程中,去寻求地租发生的原因。依他所见,在古代社会中,人人皆为农夫,没有土地所有者与农夫的区别。迨后社会进步,土地渐次私有财产化。土地所有者,遂雇佣农夫,从事耕作,于是所有权与农业劳动,判然各别了;于是土地所有上的不平等,不久就形成了地主阶级。杜尔阁在《富之形成与分配之考察》第二十节中,曾申述土地所有关系上,惹起不平等的原因有四:第一,勤勉而顾及将来的人,比之只顾目前的懒惰者,占有较多的土地;第二,拥有大家族的人,因为生活上的必要与劳动关系,占有较多的土地;第三,土地肥瘠不一,所收获的生产物,亦有多少的差异;第四,遗产分配的差等。因为这几种原因,所以有的人,就拥有自己能耕限度以上的土地。结局,这有了多余土地的人,就自然而然的会以土地给他人辛勤劳动,自己则安稳坐享其报酬;这报酬,就是所谓地租;而享有这报酬的,就是所谓地主阶级。所以,杜尔阁在同书第十节说:地主阶级的出现——同时,"土地的生产物,就分成了两个部分,其一,为农业者的生活资料及资本利润,即他们在必要条件上,对于从事耕作所得的报酬，又其一，为这条件以外，得自由处分的部分，这一部分，就是经营土地，于换回其前支资本及利润以外的自然赐物，也就是地主的所得或纯收入，靠了这纯收入，地主阶级便可不劳而生活，并且随其所欲而保有”。

要之，杜尔阁所主张的是：土地一经独占，其结果，便有不得自行利用土地的农民，便发生了所谓地租。地租是土地所有制度必然的产物。

原来地租当中，有所谓绝对地租即一般地租，和相对地租即对差地租的区别。杜尔阁所主张的是一般地租，抑是对差地租呢？不消说，他是主张前者的，因为他的地租说，全由魁奈继承下来，魁奈视地租为一般的所得，所以他也当然是主张一般地租的。不过，由他的说明中，我们也还可以见到关于对差地租见解的萌芽。在同书第十节里面，他说：“土地随人口增加，而渐次开垦。结局，一切最良土地，皆被占有。而对于那些最后的新垦殖者，就只残有前人所放弃的不毛之地。”他这种见解，与后来李嘉图的主张，颇相吻合。因为李嘉图的对差地租观，就是建立在最高丰度土地，先被占有，以次才渐及于劣等土地的这个过程上。而且，他在第十二节里面，还说：“一切土地，并非同样丰饶。两个农夫在同面积的土地上，使用同程度的劳动，其所得生产物，也许各不相同。”他这些议论，无疑都是解说对差地租很好的见解。但他在当时，是决不会意识到对差地租的。不过，就大体而论，杜尔阁对于地租发生的原因，总算有了一个合理的解释，而后之地租论者，曾在他这里得到不少的启示，那是毫无疑义的。

第三节 论工资

要了解杜尔阁的工资理论，须先知道他的社会阶级观。因为他是先肯定了社会各阶级本质上的区别，然后再来解明工资的意义的。

魁奈把社会全体人民，从经济的观点，区别为三个主要阶级，即地主阶级、生产阶级、不生产阶级。至若既无土地坐收地租，又无资本经营农业乃至商工业的下层阶级（Bas peuple），在他是视为无足轻重的。所以，他的《经济表》中，简直把这一阶级搁置不提了。

杜尔阁对于阶级的区划，大体上亦尚是踏袭魁奈的陈说，除地主阶级外，他也尊称农耕者为生产阶级，因为在他看来，农耕者依着自然的保障，他的生产，往往超过其欲望及劳动时间之契约价格以上。他既生产了这超过自己需要的部分，所以能够“购买社会其他成员的劳动”。他与手工劳动者以工作的材料，使其建筑房屋，制造方便品装饰品，更使一部分人为他贩运生产品，贩运方便品装饰品，而这两种人，即工人商人，则由他取得相当于生活费的工资。商人工人既是由农夫或生产阶级取得其生活费，所以杜尔阁就加他们以侮辱的名称，呼之为被佣者阶级（Stependiee）。由是，杜尔阁所区划的三阶级，就是地主阶级、生产者阶级，被佣者阶级。单从这点看来，他的社会阶级观，比之魁奈的阶级观，并没有什么了不起的改进。

不过，杜尔阁在社会阶级观上的最大贡献，或最大发现，是他指出了生产者阶级与被佣者阶级，实际上又各各分划出了两个不同的阶级或集团，即企业家和雇佣工人，他曾就前一阶级说：“为工业生产所特别准备的整个阶级，可以分作两个集团：第一个集团，是手工工厂的企业家和厂主，他们有大量的资本，这些资本，是他们征逐利润所需要的，同时也是用以偿付劳动的。第二个集团，是由简单的手工业者所组成，他们除了赤手空拳以外，什么东西都没有，他们由企业家那里取得自己每日劳动的报酬，他们创造出一切利润，然而归到他们的，只有工资。”对于后一阶级即生产阶级，他说，那也是分化为两种性质的人们：“能支付的农企业家或资本家，领受工资的简单工人。”无论在工业的领域，抑在农业的领域，把资本家与工资劳动者，明确的分划为两个集团，就我所知，这是始于杜尔阁。并且，从他这“他们创造出一切利润，然而归到他们的，只有工资”的辞句，玩味起来，他不但是明确的把资本家与劳动者，分划为两个集团，在言外，他还暗示了这两个集团是利害相反的，而且，前者还是剥削后者的劳动的。然则工业劳动者、农业劳动者，为什么“创造出了一切利润，而归到他们的，只有工资”，只有相当于生活费的工资呢？在这里，就提示出了他的工资理论。

据他所说，除了腕力与勤勉外，全没有一点什么的劳动者，他们如非出卖其勤苦（peine），就找不到任何生活的方法。他们原非不欲高抬其劳动价格，但决定这价格的，不单是他们自己，同时还须取得劳动购买者的许可，并须与劳动购买者订定契约。劳动者虽想高抬劳动价格，劳动购买者却想低减劳动价格。如其劳动者因过多而发生竞争，则后者一定要选择价格最低廉的。所以,他说:“劳动者的工资,将由劳动者间之竞争,而拘限于维持生活的限度,劳动者只能取得其生活费。”他又说:“劳动者相互竞争的结果,其价格自不得不趋于低下。因之,劳动者工资仅拘限于维持生活必要的限度,那就是当然会发生的事体了。”

他这种工资拘限于维持生活必要限度的理论,后来经过李嘉图的发挥,就成功为拉萨尔(Ferdinand Lassalle)的所谓“工资铁则”了。仅就这点说,我们亦不能不叹服这位学者的卓识。

第四节　论货币与资本

一国富裕的程度,恰与其保有的金银量为比例,这是重商主义的信条。但是重农学者反对此说。他们眼光中的国富,不是从外国运回的金银,而是由土地产出的纯收益。纯收益愈多,生产阶级借以再生产的资本额,亦愈大,而继续循回再生产出来的国富,必按比增加。若货币,那不过是资本流通行程中的一个关节。这种概念,魁奈在《经济表》中,已显示得非常明白。但货币的作用、货币与资本的关系、资本的功能、投资的形态等等问题,那却是到了杜尔阁才一一加以解说的。

据杜尔阁的意见,任何商品,皆得为货币,任何货币,亦还是商品。商品与货币间,并没有判然的区别。不过,与一切其他商品较,金银的性质,最适于为货币,由是货币的主要任务,就专由金银担当了。

货币一经使用,各个人乃得依交换的便利,而专心致力从事他选定的业务;并且,各个人乃开始打算怎样才能获得最多的货币。这样,社会进步途上,遂凭添了一个推动力。人人都知道把土地生产物的剩余或其他产业上所生的利润,蓄积起来,以为将来之用。蓄积的冲动,一方面可教人勤勉,另一方面更教人把勤勉得来的东西节约,于是,不论是地主,是劳动者,抑是企业家,他们所收入的地租、工资,或利润,就至少可于维持家计外,保有若干余剩。这余剩部分,以动产或其他形式蓄积起来,就是所谓资本。因之,货币的功用,就在促进资本的蓄积。

魁奈说:“你们试观察一下农庄和作坊,你们将看到这些贵重费用的基金何在。你们可以在那里找得着建筑,牲畜,种子,原料,材料,动产和各种生产工具。所有这一切,毫无疑义的,都是值钱的,这里没有一件东西是货币。”他说这些话的意思，就在表明资本不是货币自身，而是货币所买的生产手段。杜尔阁亦师承魁奈这意思，在他的《考察》最后一节中说：“不待说，货币是有很大的功用的，但企业家徒有点货币，能够成就些什么呢。货币虽然是节约的把柄，是资本形成的一个材料，但在资本总额中，它不过只占有最小的部分。”可是，承认货币在资本总额中，占有最小的部分，那已表示他对于货币有进一步的认识了。

不但此也，照魁奈的意见，只有资本生产资本，货币决不会生产货币，货币不过是帮助商品交换，在买与卖之间，尽一种媒介的作用。杜尔阁不赞成此说，他以为货币是有产生货币的功能的。关于这点，他在论各种投资形态中，有很好的说明。他把投资的形态，分为五种：第一，购买土地；第二，制造企业上的垫支；第三，农业上的垫支；第四，商业上的垫支；第五，行息的贷金。前四者无须解说，关于最后一项行息的贷金，杜尔阁非常注意。照他说，资本既为一切企业经营所不可少的要素，而同时货币又为蓄积之有用手段，所以，贷人以金，必取利息，从而贷金也算是一种投资形态。他并依此见地，驳斥当时禁止取利的烦琐神学者的思想。他以为，利率的高低，一决于需要供给关系，借金者多，利率必高；贷金者多，利率必高[①]；完全禁止，固为失当，妄加干涉，亦属多事。而且照自然的趋向，五种投资形态中，投资取息所得的利益，还要比投资购买土地所得的利益为多。因为后者最稳定、最确实，而前者则不免有多少危险。贷金的利益，如不较大于购买土地，人必不肯轻易以金贷人。至若其他商工业上投资的利益，亦皆视其确定性或危险性的大小而定。要之，杜尔阁这种投资理论，第一表明了，资本投在农业上土地上固有利益，资本投在商工业上，亦有其利益；其次表明了，货币不但可生产货币，货币且应生产货币。仅就这两种认识言，他已表示与盲从魁奈主义者，迥然各别了。

第五节　结　论

就以上诸点说来，杜尔阁确是修正了、增补了，甚且改变了魁奈主义的论旨，但我们如其从大的视野看去，就知道这位学者，实在没有跳出魁

① 原文如此。应是“贷金者多，利率必低”。——编者注

奈的掌心。例如，他论投资形态时，虽表示商工业上的投资，亦有利益，但在其所著《考察》末节中，却说："农工商各产业部门的总资本，归根结底，都是出于土地的创造，土地最初把利益提供耕作者。所有一切资本，都是人类由开始耕作土地，经过长期岁月，渐渐节约积蓄下来的。节约虽然不限定是土地所有者的收入，也同样生于一切勤劳阶级的产业利润，但结局，依旧不外土地所生产的价值之贮蓄。要之，土地收入以外，即无所谓纯收益。"他一方面承认投资商工业上的利益，并且又说："财富得由土地所有及耕作以外的方法构成……那种方法，就是成于所谓货币的所得，或贷金的利息。"但在这里，却硬要说，"土地收益以外，即无所谓纯收益"。这不是显明的矛盾么？

然而，我们从经济学史的观点来讲，这种矛盾，并不算是杜尔阁的缺陷，反之，却毋宁说是他的特色。他不能完全脱却魁奈主义的支配，那是当时客观环境使然，他不肯完全接受魁奈主义的传统，那亦是当时客观环境使然。当时客观环境正是当着由封建社会向资本主义社会推移的转形期中，所以他的理论就带有极其浓厚的过渡色彩。基得与利斯特(Gide et Rist)在其合著的《经济学说史》(Histoire des doctrines économiques)中，呼杜尔阁为"半重农学者"，我觉得那是非常允当的。

重农学派经济学到了杜尔阁不能不转换方向，亦犹如后来正统学派经济学到了约翰·穆勒不能不转换方向。诚然，他们两位都没有十分转换过来，都只算是一个半边左转，但既已转动了，那一方面是表示旧有的学说将要没落，另一方面则表示新的学说将要兴起。约翰·穆勒是正统学派〔与〕马克思主义学派之间的过渡人物，杜尔阁正可说是魁奈主义与亚当·斯密主义之间的过渡人物。

第三篇　正统学派

第一章　序　论

在开始论述正统学派经济学以前，我想从种种方面，即从其性质、范围、特点，乃至发展演化的过程诸方面，描出它全般的轮廓。本章所要努力说明的，即止于此。

如亚当·斯密所说：政治经济学上的诸体系，有重商主义体系、重农主义体系，这两个体系，虽然论旨正相反对，虽然在适用上，后者没有前者那样普遍而有力，而在理论上，前者又不若后者之完整，但它们都算是分途成就了时代所要求的任务。

把亚当·斯密创建的正统学派经济学，与上述两个体系比较论列起来，在一方面，那可说是那两个体系的综合、修正与光大，在另一方面，它亦有其独特的时代意义，即是说，这所谓正统学派经济学，乃是应工业资本主义社会的要求而产生，所以它是一个工业资本主义的学说体系。

在一切资本主义形态中，工业资本主义算是最高的最后的资本主义形态，从而，在一切资本主义经济学说体系中，工业资本主义学说体系，亦算是最完整最严密的学说体系。社会的体制，规制了决定了社会学说的性质与内容。

自工业资本主义学说体系，即正统派经济学出世以来，重商主义体系、重农主义体系，遂都不大为人所注意了。这一方面虽然是因为社会形态的转变推移，把那些学说的妥当性限制了，同时在那些学说本身，亦正存有其不能不让后来者居上的症结。

如我们前面讲过的，重商学说所注意所探讨的问题，都是一些个别的、零碎的、实际的问题，就在那些最有权威的重商学者，他们亦不大从社会全般的意义上,把诸种经济形态,作过综合的抽象的考察。所以,严格的讲,与其说重商主义〔是〕一种学说体系,却无宁说那是当时一般倾向的实际政策。这个体系所以被摈斥在经济学领域以外的,其原因就在此。

反之,重农学说是能够综合的抽象的来考究社会诸般经济形态的,但也许是受了社会环境的限制吧,即在重农学说的创导者魁奈氏,他也只算是描出了社会全般经济运动的轮廓,而不曾把各种主要经济形态,加以科学的分析。其后继者杜尔阁氏,虽然在其《富之形成与分配之考察》中,在魁奈没有注意到的这方面,下过一番研究工夫,但结果,仍只局部的粗略的提示了那些经济形态的初步概念。

为社会全般经济生活以及各种主要经济形态,如资本、利润、地租、工资、货币,价值等等,明确定立了普遍的抽象的法则的,那只有正统学派经济学。这种经济学所以能成就如此大业的理由,一方面虽然不能否认重商学说重农学说对于它所准备所提供的基础理论,另一方面却要归功于产生这种学说的英国社会环境。"英国根据许多原由,已经在世界市场上确立了它的支配权;它不惧怯任何竞争者,也无须要为了确保竞争者的胜利,而采取何等人为的立法的手段。……因之,英国资产阶级的理论家们,就无须为了英国资本主义的特异性,而特别烦心,他们虽然是代表英国资本家的利益,可是,他们却在纵论着经济发展的一般法则。"①关于英国正统学派讨论一般的抽象的法则的论据,威尔姆·罗夏(Wilhelm Roscher)亦有归因于英国社会环境的说明,不过,他是从另一个观点来解说的,他说:"这个学派(即指英国正统学派——南),是很有世界性的,……因为他们对于最普遍最抽象的理论,主张颇力。但同时,这个学派,亦是很有国民性的。他们那几位(指上文所说的休谟,亚当·斯密,李嘉图,马尔萨斯——南),都是澈头澈尾的英国人。他们的原理,他们的例证,都是根据自国国民的政策与历史,而其见闻,亦限于这个范围。……他们为自己的目的,巧于利用英国的文学,史地学,乃至自然科学,而收到了可惊的成功。"②总之,从社会发生的立场看去,正统学派经济学,是由历史及地域限制而发生的产物;从理论的立场看去,则是一般的世界主义的。我们

① 布哈林著《有闲阶级经济学》序论。

② 罗夏著《英国经济学史论》序论。

把上述两种观察综合的说：就是英国经济学者，因了英国产业的特殊性，并因了英国国民的特殊性，乃能把经济学当作一种科学来研究，乃能成就一般的科学的经济学。这一点，是正统学派经济学最大的特色，同时也是这派经济学最大的贡献。

英国这个学派，其所以被称为"正统学派"(Othodox school)的，据查理士·基得(Charles Gide)所说，那是因为他们这派学者，对于自己的主张，带有几分独断性，同时并极端蔑视异己者，所以反对他们的人，就讥诮他们，加他们以"正统学派"的这个称号。其实，每种学说，都不免带有几分独断性；每种学说的主张者，都不免轻视与自己意见不同的人。我以为，在近代资本主义制度下，就代表资本家的利益说，就阐明资本主义的生产法则说，就拥护资本主义的社会组织说，他们已算是规规矩矩的正统学派了。正统学派亦称古典学派。此外，就目标上说，他们主张自由放任，主张以个人利益，为经济活动前提，所以普通又称为"自由主义学派"、"个人主义学派"；就方法上说，他们对于学理的阐述，大都采用演绎法，所以又有"演绎学派"之称。

这个学派的经济学说的产生，本来与资本主义的产生，紧相关联。因之，在资本主义发展乃至没落的次第上，前者亦循序的保持着同一的步骤。即是说，资本主义大体上分有发生期、正盛期、没落期的三个阶段，而反映着这诸般实际经济变动状况的经济学，亦在那每个阶段，显示了同一的倾向。正统学派的经济学，恰好是与近代资本主义成平行线的发展着。

正统学派经济学的创建者为亚当·斯密，他所处的时代，正当着资本主义的黎明期或发生期；正统学派经济学的完成者为大卫·李嘉图，他所处的时代，正当着资本主义的正盛期。李嘉图以后，资本主义固登上了没落的道程，资本主义拥护者的经济学家，亦同样显得颓敝无力，迨至约翰·穆勒，他已察知资本主义制度非改弦更张不可了，所以他的理论，就颇带有革命的社会主义的情调。他是资本主义向社会主义推移的转形期中的过渡人物，他亦是正统学派在资本主义没落期的一位代表的经济学大师。

因此，论述正统学派经济学，就自然可以亚当·斯密，李嘉图，约翰·穆勒三位经济学大师的理论，作为纲领，这样，我们于理解这派经济学发展演化的过程外，同时且可征知资本主义变化推移的次第，并逆料到其将来的归宿。

不过，属于正统学派的经济学者，并不限定是英国人，在欧美各国，他们都找到了许多有力的拥护者、共鸣者。最著的，如法国的萨伊、巴斯夏；德国的屠能；美国的加雷、亨利·乔治等，他们一方面虽接受着英国经济学者的学理，另一方面还提示了英国学者未注意到的种种特见，即是说，他们不但是信从正统派经济学，他们甚且大有造于正统派经济学。关于这些学者的理论的介绍，我以为应分别归属在上述三个系统之下。因为我们所论述的，是整个正统学派的经济学，而非各国经济学家的经济思想。在这个前提下，我们是没有刻板的、机械的迁就其国籍之必要的。因格拉姆教授在其《政治经济学史》中，把这些学者按照国别的方法来叙述，那在一方面固不免混淆整个学说的系统，同时，把大的经济学者，与小的经济学者相提并论起来，结果，小的经济学者的价值是加大了，大的经济学者的重要性却减小了。这一来，我们不独难于理解整个学说，我们甚且不易评价各个经济学者。

总之，整个正统学派经济学，那是主要由英国乃至其他各国大大小小的许多经济学者，共同成就的业绩，要把所有这些学者全般的学说，包括无遗的，系属分明的，叙述出来，那本来是一件不大容易的事。但是，我们如按照这个学派全般发展的自然程序，提纲挈领，把小的经济学者，归属在大的经济学者系统下叙述，把派生的理论，归属在其本源的主要学说体系下叙述，那亦就不算是怎样了不起的困难事体了。

不过，我们在这里还应当注意一点，即，正统学派经济学，是一个牵涉颇广的学说体系。由斯密的大著《国富论》发表的一七七六年，至约翰·穆勒的大著《经济学原论》发表的一八四八年，其间经历有半世纪以上的岁月，其间几乎包括有资本主义由发生以至渐趋没落的三个阶段。在这个长期内，反映着那么复杂，那么变化的实际现象的学说体系，我们当然不能期望其内容能像重农学说那样单纯，我们更不能期望其后继者对于主导者，能像重农诸子(除“半重农学者”杜尔阁外)对于魁奈主义那样不加修正的容忍。况且，“发展”的意思，就是复杂化、变革化的意思。在“一致的”条件下，决无所谓“发展”。所以，我们下面所叙述的正统学派诸家学说，在若干根本的前提条件下，虽然彼此无大出入，但它们的置重点，乃至它们的理论，却就不独不能保持一致，甚且相互背离了。然而，这无害于这个学说体系的完整，反之，我们倒宁可由此示证这个体系的伟大。

第二章　亚当·斯密

第一节　斯密时代的经济背景

亚当·斯密所处的时代，正是英国产业革命将要发动的时代，亦正是英国工业资本主义渐露萌芽的时代。他的大著《国富论》，于一七六四年执笔，于一七七六年出版。就在这前后不久，种种重要的机械，都在英国发明了。一七六四年，北南克夏(North Lancashire)之布拉克榜(Blackburn)附近的斯坦德昔尔地方，有一个织工名杰姆斯· 哈格利夫(James Hargreaves)发明了多轴纺绩机，即所谓捷利纺绩机(Spinning Jenny)[①]，普通的手纺车只有一个纺锤，这种纺绩机，却有 16 个乃至 18 个纺锤。而且只需一个劳动者，便可使这全部机械活动起来。

一七六九年，北南克夏之布列斯登(Preston)地方的理发匠亚克莱特(Richard Arkwright)发明了水车纺绩机(Waterframe spinning machine)。这个机械，系用四对旋筒，借水力运转。所以在私人住宅设置不来，须另备工场。这可说是近代工场制度之滥觞。

一七七九年，北南克夏人克朗登(Samuel Crompton)把哈格利夫和亚克莱特两种机器的特点，连结起来，成功为著名的"骡机"(Mule Jenny)[②]。这个机器后来改良到每架可带 2000 个纺锤，而且只需一个人便可运转几架。

一七八五年，北南克夏肯特(Kent)地方的牧师嘉特莱特(Edmund Cartwright)，考究出了第一个水力织布机的原理。这种机器发明的结果，织布业也从农家移向工场中去了。

一七六九年，杰姆斯·瓦特(James Watt)发明了他的有名的蒸汽

① 现常译为"珍妮纺纱机"。——编者注

② 指"the spinning mule"。——编者注

机——矿山抽水机。这个机器,曾于一七〇五年顷,由留康门(Thomas Newcomem)推究出了旋轴及活塞的原理,且造成一个引擎(engine),实用于抽水筒上。瓦特充当格拉斯哥大学之理化职工时,乃改正其不完全之点,而成了他的新发明。此种发明,不久即被应用于曼切斯达[①]、格拉斯哥等处的纺织工场及铁工场方面,在产业革命的进程上,频添一个极其重要的推动力。

要之,上述诸种重要发明,都是出现在斯密《国富论》出版的前后。机械发明这件事,一方面,虽然表示那是产业革命开始,和工业资本主义抬头的征候,在另一方面,我们却又可由此见到英国社会要求产业革命,要求工业资本主义的一般倾向。因为,机械的发明,不是由于个人偶然的兴趣与机智,而是由于社会的需要逼着他,提醒他,使他有此兴趣,使他利用此机智。那成为近代产业革命之动力,并成为近代工业资本主义之机轴的诸种重要发明,不出现于欧洲大陆诸国,而偏出现于英国的原由,即可说明此点。

十八世纪英国的社会状况,无论就哪点说,都较大陆方面德法诸国为顺适。英国传统的议会政治,比较他国的专制政治开明,从而,束缚国民经济活动的政令,亦比较和缓;英国内地的关税,是早经废除了的,所以内地的商业,也比较大陆诸国自由;加之,英国的贵族地主,颇有修养节制,他们能住在农村,设法改进其农场,而在同时的法国贵族地主,却骄奢淫逸,迷醉于宫廷生活,对于自己的农地状况,全不措意,所以,同在重商主义影响下,英国的农业,就没有法国那样荒废了。因为这种种理由,英国社会可资利用的资本,就较为充裕,同时,市场的推广(以一七六〇年以后为最甚),又使英国货物的需要大增。所以,在一七五〇年以后,英国不但在农业方面,进行种种改革,在工商业方面,亦呈露着勃兴繁荣的趋势。前述种种,要非应这种经济状况下的需要,莫能产生;而同时,亚当·斯密的大著《国富论》,亦非应这种时代的要求,莫由出现。

不过,亚当·斯密的经济学,是负着两重使命产生的。一方面,他固然要阐明资本主义社会的生产法则,另一方面,他还要曝露封建社会的生产法则,即是说,他不但是极力鼓吹将要兴起的资本主义,他并且要极力

① 即"曼彻斯特",下同。——编者注

攻击将就崩溃的封建制度。借恩格斯的话说吧："那是以批判封建的生产形态及交换形态的遗骸开始；然后进而证明那种遗骸，应由资本主义代替的必然性；更论述资本主义之生产方法，及与此生产方法相应的交换形态诸法则之积极方面，即此诸法则促进一般社会目的的方面……"①

不错，英国由中世残留下的封建组织，是渐就崩溃了，而且与其他任何国家类似性质的组织比较，它的崩溃，还要来得迅速。然而我们一检阅斯密在《国富论》第十章"基因于欧洲政策的不平等"那一节中所论，我们就可征知英国当时尚残有不少限制资本限制劳动的规定。试就徒弟条例来说吧，斯密曾这样告诉我们：

"伊利沙伯②治世第五年，颁布徒弟条例。这条例，规定无论何人，未完了七年徒弟义务，即不许从事当时英格兰已有的一切职业手艺或技艺。因此，以前英格兰各地的特殊组合的规约，现在竟成了各通商都市一切职业上的公法。该条例的用语，极为广泛，显然包括英国全土。但在解释上，其通用范围，却只限于通商都市。……

再就条例的用语，加以严格解释，则其适用范围，又只限于伊利沙伯治世第五年以前，已在英格兰境内确立的职业，决没有扩大至以后新立的职业上去。这种限制，引起了几种无聊的区别。例如，依当时法令的裁判，马车制造人，不得自行制造车轮，亦不得自行雇人制造，他必须向车轮匠购买。因为车轮制造业，是伊利沙伯第五年以前英格兰已有的职业。但车轮匠纵令没有在马车制造家门下学过徒弟，却不妨制造马车，或雇人制造。因为马车制造业，是徒弟条例制定以后英格兰始有的职业，所以，不受该条例的限制。"（见郭王合译《国富论》上卷，第143～144页）

即此一端，已可概见英国残有封建组织及那种组织规定的弊害了。此外斯密还举述了其他妨害资本劳动移动的种种旧时法规。他说：

"同业组合法妨碍劳动的自由移动，我相信，那是欧洲各地的共通现象。但济贫法妨碍劳动的自由移动，据邦所知，却是英格兰独有

---

① 恩格斯著《反杜林论》第二章。（原书为"昂格斯"，现改为"恩格斯"，下同。——编者注）

② 指英国女王伊丽莎白一世（1533—1603）。——编者注

的现象。

自有济贫法以来，贫民除了在所属教区内，就不易找到住所，甚且不易找得工作的机会。济贫法的妨害，即包含在这两种事实中。同业组合法所妨害的，单是匠人和制造工人，使他们的劳动，不能自由移动。获得住所的困难，却不免妨害普通劳动的自由移动。英格兰漫无秩序的政策，恐以此为最大。”（同前第 161 页）

我们知道，资本的自由移动，就某点说，是以劳动的自由移动为前提。劳动自由移动，特别是普通劳动自由移动受到限制，那末，资本要想依着自然趋势，投在有利事业上，就全不可能了，所以拥护资本家利益的斯密，乃不得不申言“英格兰漫无秩序的政策，恐以此为最大”。

再，英国因为种种原因，其所受重商主义之毒害，还不若法国之甚，那是上面已经讲过的。但是，这种事实，只限于英国本国，在它的殖民地方面，特别是美洲殖民地方面，却是厉行着重商主义政策，而其扼要之点是：

第一，殖民地对于母国，须供给母国所不能生产的物品。

第二，殖民地不能援助为母国竞争者的其他商业国，殖民地全境内所有的工业，不能与母国的工业竞争。

第三，殖民地不可不负担母国的政治及海陆军的用费。

此外，根据克林威尔实施的航海条例，美国人除了英国的船舶之外，不能运送输出入的货物，并且，不能从英国以外的国家输入货物。美洲殖民地的各种产业，一方面受了这种种严酷的限制，同时并还要担负过为繁重的赋税。这一来，那里将待勃兴的农工商业，就横受这种重商主义政策的摧残了。斯密《国富论》出版的一七七六年，正是美洲发表独立宣言的那一年，重商主义在美洲酿成的种种弊害，以及那边不断由重商政策惹起的骚扰，斯密是完全知道的。他对于重商主义政策所加的犀利的批判，和无情的攻击，虽然与其所受重农学说的影响，大有关系，但主要原因，也许是他由美洲殖民地发觉了重商主义拘束产业发达政策失败的证据。

总之，斯密的经济学说，单就时代背景讲，亦是由于两方面的影响，一是当时产业渐趋发达的光明之面，一是当时产业尚受束缚限制的黑暗之面。仅有前者，他的《国富论》不会产生，仅有后者，他的《国富论》亦不会产生。《国富论》的伟大性，就在它一方面定立资本主义社会的生产法则，另一方面批难封建社会的生产法则，而这两者，又恰好是那光明之面与黑暗之面的反映。

然而，一个大思想家的学说之形成，除了归因于他的时代背景外，还须探究他的身世和他的思想渊源。

第二节 斯密的生涯及其思想渊源

亚当·斯密(Adam Smith)于一七二三年六月生于苏格兰[1]克尔克底(Kirkcaldy)地方一个小关税吏家中。在他出世之前二月，他的父亲老亚当·斯密就死去了。母为地主之女，极其贤明。她活有90岁的高龄，其死期仅先于斯密六载。斯密一生无兄弟姊妹，又从未结婚，所以母亲是他唯一的亲人。一位为他作传的朋友说："他的母亲，他的朋友，他的书籍——那就是他的三大享乐。"(His mother, his friends, his books—there were Smith's three great enjoys.)

斯密于一七三七年入格拉斯哥大学。一七〇四年[2]，因得有奖学资金的特典，转入牛津大学，学习数学、自然科学及文学等。一七四六年退归克尔克底乡村，在老母膝下继续研究。一七四八年至一七五一年，公开讲修词学及美文学于爱丁堡大学。

一七五一年为格拉斯哥大学论理学教授，自翌年起，始担任伦理学及哲学。[3] 他的讲稿分四部：第一部自然神学，第二部伦理学，第三部自然法学，第四部则是检讨以国家利益为究局目的之政治规制，并论究国家商业、财政、宗教及军事设备等。由这第四部讲稿发展完成的劳作，即此后

---

① 斯密出生地的苏格兰，我们不要以为那是处在僻远的地方，没有受到英国当时商工业日渐勃兴的影响，恰恰相反，那里不但在十八世纪上半期就开始培育工业资本主义，并且，那里大的手工工厂的数目，甚且比英国全国还多。五金工业在当时的苏格兰，尤其有更迅速的发展。

② 原文如此，应为"一七四〇年"。——编者注

③ 斯密在格拉斯哥大学讲学的这时候，当地的商工业，正在迅速的发展，例如，大的手工工厂的设立，银行的创办，航海条例的改良等等，都可表示此种勃兴的趋势。因为商工业如此发达，格拉斯哥的知识分子，乃把格拉斯哥当作全国最大的中心之一，他们由是颇注意这里的经济问题。在十八世纪四十年代，格拉斯哥已经成立了一个经济学会(Economic Society)。斯密为该学会会员之一，他常在那里与会。不过，未到巴黎以前，他虽自己承认是一个哲学者，但还未打算做一个经济学者。

出版的《国富论》。

一七五九年,他的《道德情操论》(The Theory of Moral Sentiments)出版。他由这部书得到了很好的评价,由是一跃而为第一流的学者。

至一七六四年,他已在格拉斯哥大学充当14年教授了。他辞去教授职,以巴克尔公爵(Duke of Buccleuch)私人教师的资格,伴同游历外国。

在他的外游生活中,多半是寄居在巴黎及租尔旨。因为巴克尔公爵的地位颇高,因为他自己是有名学者,又因其为休谟的好友,所以他得与法国当时哲学上、政治上、文学上有名的学者交游,他能结识杜尔阁、魁奈等,亦就是因为这个缘故。

据说,《国富论》开始着笔,就是在一七六四年的租尔旨旅行中。一七六七年,他归还英国,在伦敦住到翌年五月,再返克尔克底故乡,潜心于《国富论》的劳作。至一七七三年,因《国富论》草稿大体完成,复移居伦敦,努力推敲修正,卒于一七七六年刊行出来。

一七七七年,被任为苏格兰海关税务司长,定居爱丁堡。一七八七年,被推为格拉斯哥大学校长。一七八九年十一月解除校长职务,翌年七月十七日乃与世长辞。

现在,我要进而叙述他的思想渊源,或他所受当时思想的影响。在斯密全思想生活上与以最大影响的,首推格拉斯哥大学学生时代的教授哈其生(Hutcheson,1694—1741)[①],其次是他的挚友休谟(David Hume,1711—1776),再是重农学派诸子,而《蜜蜂寓言》(Fable of Bees)的作者曼德维(Bernard Mandeville,1670—1733),也与他的思想大有关系。

先述哈其生教授对于他的影响吧。就渊源上讲,哈其生为雪佛特伯尔(Shaftesbury,1671—1713)的门人,对于其师的伦理哲学,曾加以扩充组织而成为著名的伦理学者。雪佛特伯尔又是陆克(Locke,1632—1704)的门人,他曾把社会性的本能,看作人性之根本特质的倍根(Bacon,1461—1621)[②]及格洛秀士(Grotius,1583—1645)的思想综合起来,而论证道德意识,为人性中固有的东西,从而,受了哈其生感化的亚当·斯密,同时便通澈了倍根,格洛秀士及陆克等的思想。

---

① Francis Hutcheson 的生卒年应为 1694—1746。——编者注

② Francis Bacon 的生卒年应为 1561—1626。——编者注

哈其生标榜功利主义，所谓“最大多数的最大幸福”一语，就是由他所首创。他的一贯伦理学说，即以“功利”（Utility）为“德之标准”（Criterion of virtue）。在他所著《道德哲学体系》（System of Moral Philosophy）中，他曾宣称人各有追求自身目的，使用自身能力的自然权。而当他平时讲授道德哲学之一个部门的法学（Jurisprudence）时，亦往往论及经济上之问题，力说各个人都有为自己经济利益，而自由活动的权利。斯密之自由经济学说，盖胎源于此。又，哈其生于分工、价值、货币及赋税的纯理观念，皆颇有研究。所以卡南（Cannan）在《国富论》序文上说：“斯密关于经济问题的选定上，分明受了讲座传统的极大影响，哈其生体系的问题顺序，往往可以发现于斯密的讲义中。”这所谓讲义，就是斯密在格拉斯哥大学主讲伦理及哲学时编述的，其中一部分，即此后发展成为《国富论》的底本，斯密所受哈其生影响之大，盖可想见。

斯密之得与休谟结识，乃是由于哈其生的介绍。那时他还在格拉斯哥大学受业，年方 16 岁。可是，他们成为亲密的朋友，则是始于斯密充当格拉斯哥大学教授的时代（一七五二年）。休谟于一七四〇年，即他结识斯密的次年，出版其大著《人性论》（A Treatise of Human Nature）。在这部书中，他不仅发展了倍根、陆克的伦理哲学，且与以确定的基础，他并进一步照倍根所期望的，把伦理哲学应用到一切知识的领域。他主张道德性的根本，不在理性，应当求之于感情。他尤其重视同情。斯密关于他这部书，曾做过一篇“提要”，他所受休谟的影响，是不难想见的。一七五一年，即休谟与斯密交好弥笃的前一年，前者又出版其《道德原理之研究》（An Enquiry Concerning the Principles of Morals），在这部书里面，他说明了，道德之标准，当求之于行为之结果即功利（Utility），而功利，乃至吾人成德之动机，则皆当归之于快乐（Pleasure）。他这种功利主义的伦理说，亦大有影响于斯密，所以伦理学者的斯密，实是休谟之最大的后继者。他依着这种伦理观念，遂在其经济学说上，导出人各自利，斯可利他利社会的结论。

加之，休谟不但是有名的哲学家，同时还是一位相当出色的经济学者。他在《道德政治文学论文集》第三卷（Essays，Moral，Political and Literary—Works vol.Ⅲ）第二部中所收的论文，大半皆系关于经济方面的。他对于商业比重问题、货币问题，皆从批驳重商学说入手，而表示了他的明确意见。重商学派认为对外贸易的任务，是一国以商业去分占别一国的利润，在休谟，他却认为那是“土地，气候，特性”不同的各国家所产生的自然生产品之相互交换。“如果我们的邻国没有任何技术，任何文化，那末，他们一点也不能买我们的东西，因此不能给我们任何报偿。”所以他说，“任何国家财富与商业的增加，不独没有害处，甚且是一般的帮助它的一切邻国的财富与商业的发展”。他更说：“我虽为英国人，亦愿德意志，西班牙，甚至法兰西的商业日臻隆盛。”他这些议论，都是与重商学说针锋相对的。至关于货币问题，他亦在反对重商学说的立场上，提出了他有名的“货币数量论”。即是说，货币的价值（或购买力）受决定于货币的总数量。在他看来，“货币在实质上，只是劳动和商品的代表，且只是计算和估量商品的手段”，亦即“人们共同认为帮助商品交换的手段”。货币的功能如此，那末，在货币计量商品的场合，其本身数量的多寡，便会对于商品价格发生相对的影响。显言之，“一切物品的价格，是依存于商品与货币之间的比例，并且，商品数量或货币数量每有一次的大变动，总有其价格提高或降低的结果发生。如果商品数量增加，商品就贱；如果货币数量增加，商品就贵。”反之亦然。因此，一国货币数量增加，不过是依一定比例提高了商品的名义价格罢了。于国富于民生，都没有何等利益。由外国贸易吸收回过多的货币，“其唯一结果，就是使每个人为了衣服，器具和马车，支付更多数量的光亮的金属货币”，并在这人薄记上，多写一些阿拉伯的或罗马的数目字，弄出更多的数目符号。他这种“货币数量论”，亦大有影响于斯密的货币说。所以，一位经济学史家说，休谟在经济思想史上的地位，是在重农学派与亚当·斯密之间，他是亚当·斯密的直接前辈。①

至若重农学派对于斯密的影响，早为学者们所断断争论，有的学者把那影响说得太大了，有的学者又把那影响说得太小了。斯卡尔贞斯基博士（Dr. Witold von Skarżyński）说：“斯密未离开英国国境以前，他是受了哈其生及休谟影响的唯心主义者，自从接触了法国正盛的唯物主义三年之后，他遂变为唯物主义者而转回英国了。法国旅行前所著《道德情操

① 参照沈译《鲁滨经济思想史》第一篇第八章。（即沈译鲁滨著《经济思想史》。——编者注）

论》,与由法国归来后执笔的《国富论》之间所存的矛盾,就可由这极单纯的方法而征知。”[1]关于这两著差别的意见,亨利·巴克尔(Henry Thomas Buckle)亦表示同一的主张,说斯密在伦理学上,全然是以人类为基于仁爱心而活动,而在其经济学上,则又说人类是全然基于自利心而活动,在这两者间,他发现了斯密意见的突变,并探求这突变原因于斯密之法国旅行。[2] 此外,如罗斯(J. H. Rose)其人,他更力说斯密在《国富论》中体现的诸种观念,特别是自然秩序观、自由放任说等,乃由于斯密滞在法国,与法国当时有名经济学者魁奈、杜尔阁等接触的结果。[3] 但是,对于《道德情操论》与《国富论》之间存有根本矛盾之说,提出抗议的,有经济学史家昂肯(August Oncken),他根据斯密《道德情操论》第六版序言,说明此两著通为同一体系之一部,而没有对立的关系,从而,否认法国学者所与斯密的突变影响。至斯密之自由交易等观念,依其他许多学者考证,那在他未赴法国以前,即显露于其法学及政治学的讲义中了。但是,我们现在无须评判任一方面的考证的确凿程度,我们所可断言的,是斯密受了重农学派诸子的不少影响。单就自由贸易一点说吧,他在格拉斯哥大学教授时代,虽早有这种倾向,但有此倾向,并不能证明他未受重农学者的影响;反之,惟其早具有这倾向,他所受那种学说的影响乃更大。其他如自然秩序说等观念,均可作如是观。

最后,我要简略的说到《蜜蜂寓言》的作者曼德维了。曼德维原是一位荷兰的医生,后来移居英国,于一七一四年出版他那被柏克莱(Berkeley)斥为“空前未有的坏书”(The wickedest book that ever was)。《蜜蜂寓言》,这部书,又名《私的恶德即公的福利》(Private Vices Public Benefits)。在它的序文上,这位作者大胆的揭示了他全书的主旨:“如果把艺术教育放在一边,来考察人类的本性,那末,我们便可知道:使人类成为社会动物的,不是友情,不是善性,不是恻隐心,也不是装模作样的殷勤厚意,却是他的最卑贱,最可恶的品性,这品性,就是他适应最繁荣最幸福

---

① 见〔斯卡尔贞斯基〕博士著 Adam Smith als moralphilosoph und Schoepfer der Nationalökonomie,p.183。

② 参见巴克尔著《英国文明史》(History of Civilization in England vol. Ⅱ 1873)。

③ 参照罗斯著《威廉庇特与国民再生》(William Pitt and National Revival 1911),第 323 页。

社会的最必要的条件。”他这部书，是由诗、诗之注释及论文合组而成，在他的诗中，论文中，都毫无忌惮的表露了这种思想。原书第三版时，他附入了两篇论文，一即《慈善及慈善学论》，一为《社会性质论》，在后面这篇论文中，他说：“我们的欲求与情欲，于一切商工业的繁荣，有怎样的必要，全书已十分证明了。这等性情是属于人类的恶性，至少是造出恶性的东西，谁都不会否认。”他这所谓“恶性”，所谓“最卑贱，最可恶的品性”，一到斯密手里，便成了最动听的自爱心、自利心。据卡南所说，斯密这种自利利他的思想，一部分是受了曼德维的暗示。

上述种种，不过是斯密直接受其薰染的最大而且最近的思想潮流，其他如当时风靡全欧的法国启蒙学者，特别是孟德斯鸠、卢梭等的创意，乃至希腊罗马哲学者法学者的思想，当然亦于这位渊博学者，有其或深或浅的影响。

第三节　斯密之社会哲学及其科学的研究方法

在前述那样的环境下，同时又浸染在那样的思潮中的亚当·斯密，他的根本思想，或者表现于他全般学说中的他的社会哲学，就要被决定的采取一个新的理路了。

封建制度下的基尔特组织，那是限制社会各个人之经济活动的一种组织，被称为“限制主义”的重商主义制度，那亦算是限制社会各个人之经济活动的一种制度；前者是以各特定职业团体利益为本位，后者是以各特定国家利益为本位，是社会经济发展的特定阶级，它们都是演过相当重要的作用的。但时代推移的结果，由它们培育扶植起来的社会生产力，已经不能在它们那种生产关系下施展，即是说，那诸般生产关系，反过来梏桎其向所培植起来的生产力之发展了。于是这里就发生了一种变更，而要求一种以个人利益为本位的资本主义制度。

斯密时代的英国工业资本主义渐就勃兴，前面已经讲过了；上述两种体制在当时尚有其阻碍资本主义发展的作用，前面亦经讲过了。博识与敏感的斯密，处在这种时代，又加染受了一些功利主义者、自利主义者的思潮，自无怪其极力主张个人主义，而以个人主义为资本主义制度之核心。

个人主义之理论根据，就是说人类的本性，是追求自己的利益，人生来就是为自己的利益而活动，社会分工的进步，交易的形成，在在是基于这种自利的本性。斯密曾就后一点说：

> "……人类不能像动物那样独自生活，他不能不取得同胞的协助，所以，假使他仅仅依赖他人的恩惠，一定不行。他如果能刺激他们的自爱心，使有利于他，并告诉他们，替他作事，只为他们自己的利益，他要达目的，就更容易多了。不论是谁，如果他要与旁人作买卖，他首先就要这样提议，请给我以我所要的东西吧，同时，你也可以获得你所要的东西：这句话，是交易的通义。我们日常必要的东西，几乎全是依照这个方法，从他人手上取得。我们每天所需的食料饮料，不是出自屠户，酿酒家，烙面师的恩惠，那仅是出自他们自利的打算。我们不要对他们的爱他心说话，只对他们的自爱心说话。我们不要说自己必需，只说他们有利。"（见郭王合译《国富论》上卷第 16 页）

人们在这样露骨的自利的活动上，对于社会全般的福利，不是大有妨碍么？但斯密的解释，恰恰相反，照他说，社会各个人的活动，或者各个人的自利性向，虽然不会顾虑到全般的利益，可是，顺着他自利性向活动去的结果，社会全体亦将蒙其福利。斯密就各种资本用途，来解释这个道理说：

> "私人利润的打算，是决定资本用途的唯一动机。投在农业上呢，投在制造业上呢，投在批发商业上呢，抑是投在零售商业上呢？那须看什么用途的利润最大。至若什么用途所能推动的生产劳动量最大，什么用途所能附加的社会土地劳动年产物价值最多，他自来不会想到。在农业最有利润，耕作最易致富的国家，个人的资本，自然会投在农业上来，于是，于个人有利，于社会亦有利。"（同上第 419 页）

这就是说，"个人的私利害关系与情欲，自然会使他们投资于通常最有利于社会的用途"。关于这点，就可说是他的自利主义的或个人主义的社会哲学的神髓。

不过，单就投资这点而论吧，个人的私利害关系，虽然会使他努力去发现最有利益的用途，但是那种最有利益的用途被发现了，他如因为种种规约或法令的限制束缚，不能顺着意向去使用其资本，那末，他个人的利益,固然要受到侵害,同时,社会的资本,不能用在社会最有利的用途,一般的利益,亦不免要受到侵害。在资本使用或移动上是如此,在劳动的使用或移动上亦是如此。资本与劳动不得自由,资本主义制度就根本不会成立。所以斯密在这种关键上,又搬出了他的自由主义说,就这种意义来讲,他的自由主义说,就是达成他那个人主义主张的一种手段。他其所以极力攻击封建基尔特,极力攻击重商主义制度的,就是为了在那般制度下,个人没有经济活动的自由。关于此点,我在后面还要详加讨论。

斯密既把个人主义学说的理论基础,建立在人类利己的天性上,所以他在阐明这种道理的时候,每每好用"自然的"的字样。个人追求自己利益,是出于"自然的",个人会把他的资本或劳动,移向最有利于自己的用途,亦是出于"自然的",由是,资本或劳动在全社会各产业部门的配布,就有一个"自然的"比例,而资本劳动之成果在全社会各阶级间的分配,亦有一个"自然的"比例。他的《国富论》第一篇的标题,就是"论劳动生产力改良的原因,并论劳动生产物分配给各阶级人民的'自然的'顺序"。然则这"自然的比例"、"自然的顺序",将怎样使其保持呢,不待说,那是要采取一种自由制度,在这种意义上,他并把这制度亦自然化了,而称之为"'自然的'自由制度"(System of natural liberty)。因此,在斯密看来,或者从他的理论之论理上的结果看来,资本主义制度,资本主义社会的秩序,就是"自然的"了,而且,这制度,这秩序,既是以人类"自然的"本性为前提,那就自然可以推行到其他一切社会,于是斯密的主义,就被称为一种永恒的世界主义了。

现在,我不想在这里批评他这种学说在时空限制上的妥当性,我所要讲明的,只是他在《国富论》中所采取的科学的研究方法。因为一个思想家的学问研究方法,与他的根本思想,保持着非常密切的、不可分离的关联。

关于斯密所采取的研究方法,学者们论辩不一,有说他是纯粹采用演绎法的,有说他是偏重演绎法,而兼采归纳法的,有说他既不置重演绎法,亦不置重归纳法,而是两者并重的。主张前一说最力的,要算亨利·汤姆斯·巴克尔(Henry Thomas Buckle),主张后一说最力的,要算约翰·勒维尔·克赖士(John Neville Keynes),因格拉姆大抵是采取中间一说。

据巴克尔的意见，苏格兰的学者，一向是不知道归纳法的。亚当·斯密虽在青年时代定居过归纳法盛行的英国，并且涉猎了哲学上不少的文献，但他仍然采用苏格兰惯用的演绎法。以苏格兰重演绎法，就断定斯密纯粹是采用演绎法，这实在是过于皮相的解释。在斯密自己，他虽然没有明白宣示他的研究方法，但他阐明理论，建设系统的知识范畴，往往是运用广泛的实识考察，并参证于历史的事例。即此看来，我们当然不能说他绝未采用到归纳方法。

克赖士博士对于亚当·斯密的研究方法，曾作颇精辟的说明，他以为，研究经济之正当方法的问题，亚当·斯密并未把它当作问题讨论过。从而，我们要知道他对于研究方法的见解，就得从他讨论实际经济问题的途径上去推求。实在说来，演绎派与归纳派都支持他的权威。有人说，他是树立经济学，使成为一演绎科学的首倡者。但有人又视他为经济学之历史方法的建立者。关于这种矛盾的理由，索证并不在远。斯密一方面既不看重先验的(A priori)推理，他方面又不过分看重后天的(A posteriori)推理。凡能帮助他研究财富现象的一切方法，他都是兼容并蓄的。在讨论上，在叙述上，他有时觉得要仰赖人类本性之单原事实，他就仰助这类单原事实，有时觉得要仰助产业生活上之复杂事实，他就仰助这类复杂事实。他相信：事物有“自然的”秩序，那秩序，可由一般的思考，演绎而为“先验的”。但对于这信念，他又不断借历史之实际的进程，来限制其结果，他殚精竭虑的，由抽象研究到他所生活的经济世界之复杂的实在。所以，一方面，他把工资趋于平衡的原理，建树在演绎的推理上，同时，对于限制那种趋势的诸原因，他又是采取归纳的研究。一方面，他虽宣称富裕之“自然的”进步，同时，对于富裕之实际的进步，他却又是根据历史上的事实来说明。总之，在克赖士博士看来，斯密是演绎归纳两方法并重的。①

最后，我要论到因格拉姆的主张了。他认定斯密的方法论的立场，是受了两种影响的结果，一是倾向演绎的重农学派，一是注重归纳的孟德斯鸠，所以他说：“我们在斯密的大作里面，见得出这两种方法的合

① 参照王亚南译克赖士博士所著《经济学绪论》第7～8页。

并——一面是归纳的研究,他面是假定自然的演绎方法。"[①]就这点看,因格拉姆似乎与克赖士所主张的两法并用说相通,但在实际,他毕竟认定斯密是偏重演绎方法的。他说:"斯密大部分是采用演绎法,那是一定的。演绎所根据的前提,如都是关于人性和物理的已知普遍事实,那末,这个方法,就是十分合理的了。"[②]斯密的理论根据,乃是建立在人类自然追求自己利益,并"自然"知道改善自身状况的"人性和物理的已知普遍事实"上,所以他采取的研究方法,当然是演绎法。不过,从另一方面看,他又是一个注重实际的人;凡在抽象的阐述其理论的场合,他随时都没有忘记把他的理论,与实际事实相比照。因格拉姆说得好:"他的实事求是的天性,使他不落于极端。"即是说,他虽是采取演绎法,但在有些场合,他又兼用归纳法。

斯密的科学的研究方法,既如上述。在这里,我还想附带简略说到他这部大著《国富论》组织的轮廓。

这部书的全题名为 An Inquiry into the Nature and Causes of the Wealth of Nations,当译为《诸国民之富的性质及其原因之研究》,《国富论》是其简名 The Wealth of Nations 之简译。

关于这部书的内容组织,许多学者都訾其没有系统,说它全书的篇与篇间,章与章间,皆未十分显示出一定的系属和关联。在我们今日机械的弄惯了三分主义(即生产、分配、交换)、四分主义(即于上述三者外,加入消费一项)的学者们看来,斯密所取的篇别和章别,当然比较缺欠严整,但对于这大规模的一部著述,同时又几乎是经济学上最先出现的一部合于科学则律的著述,我们似乎不应过于苛求,而况他"全书都实在的,澈头澈尾的有一致的原则和同样的一种思想方式,并且全没有题旨不消化所生的矛盾"[③]呢。

他全书共分五篇,第一篇,"论劳动生产力改良的原因,并论劳动生产物分配给各阶级人民的自然顺序";第二篇,"论资财之性质,蓄积,与使用";第三篇,"论诸国民之富的进步";第四篇,"论政治经济学上的诸

---

① 《政治经济学史》1919 年版第 91 页。

② 《政治经济学史》1919 年版第 89 页。

③ 《政治经济学史》1919 年版第 91 页。

体系”；第五篇，“论君主或国家之收入”。就中，第一，第二篇，主要在论究经济理论，第三，第四篇，在论究经济政策，最后第五篇，则是讨论财政问题。

斯密整个经济学说中的独创部分，或者，他最能把握住近代工业资本主义之神髓的部分，就是他的分工论，他在《国富论》中由分工论开始，我现在亦从此论起。

第四节　分工论

斯密在他《国富论》“序论及全书设计”中，冒头就说：“一国国民每年的劳动，原本就是供给这国民每年消费一切生活必需品方便品的资源。”劳动既为提供生活必需品方便品的资源，所以一国劳动通常运用上的熟练、技巧和判断力的程度，以及生产劳动人数对不生产劳动人数所占比例的大小，就可决定这一国国民全体的贫富命运。特在这两种事实当中，取决于前一事实的，似乎较多，换言之，决定一国的贫富状态，与其说是生产劳动者人数的多寡，倒毋宁说是劳动生产力的大小。野蛮社会几乎人人从事劳作，犹不免穷困；文明社会几乎大多数人不事生产劳动，犹非常富庶，这原因，就是由于前者的劳动生产力没有改良增进。

然则劳动生产力改良的原因究在哪里呢？据斯密的意见，首在于分工。他在《国富论》第一篇第一章“分工论”中开头说：“劳动生产力上最大的改良，以及劳动运用劳动指导上的熟练，技巧，和判断力，大部分都不外是分工的结果。”他并且说：“凡能采用分工制的业务，一经采用分工制，其结果，总可按照比例，增加劳动生产力。”所以，他以为，“一国产业如果达到了最高程度，各种职业的分工，亦必达到最高程度，未开化社会一人独任的工作，在进步开化的社会里面，都会成为几个人分任的工作”。

从此看来，分工不但是决定一国贫富的要键，亦且是决定一国野蛮文明的指标。因为分工的结果，劳动者的技业，可因业专而日进；通常由一种工作转到他种工作浪费的时间，可以节省起来；加之，许多机械的发明，将使劳动更趋于简易。有此种种效用，所以，同数的劳动者，便能成就更多量的作业，生产更多量的财富，因而促进更高度的文明。

农业的性质[①]，是不能像工业那样严密分工的，从而，农业国的富裕程度、文明程度，也不能跟上工业国。

其实，分工不但在产业上有这大的效果，即对于学术上亦是如此。斯密在同章中说："随社会的进步，哲学与玄学，也像其他各种事务一样，成了特殊阶级人民的主要业务，专门工作。更进一步，这种业务或工作，又像各种业务一般，分成了许多部门，每个部门，又各自成了一种哲学家的行业。哲学上的这种分工，和实业上的分工一样，可以增进技巧，节省时间。各人专长各人的工作，可以增加全体的成就，从而大增进科学的内容。"[②]

然则分工是怎样发生的呢？斯密接着在第二章，就讲分工的理由。他在这章冒头说："引出上述那许多利益的分工，原本不是人类智慧的结果。分工虽是一般富裕的原因，但分工的原因，不是人类想求一般富裕的智慧。那对于人性中互通有无，物物交换，互相交易的倾向，可以说是必然的，但极缓慢极逐渐的成果。这种倾向，决不会顾到普遍的福利。"[③]如果我们要进一步追问：这交换的自然倾向，又是因何而形成的呢？据斯密说：那就是人类的自利心使然。人人发觉他仅仅从事一种业务，比较从事多种业务，能从他们换得更多的劳动生产物，所以他就自然的会专攻一艺。制弓矢者专制弓矢，造房屋者专造房屋，推而至于其他一切业务者，于是分工之局面成。

但是分工之起，既由于交换，分工的范围，就不得不受交换范围，即市场范围之限制。因为一个人如果在狭隘的市场中专务一业，他所生产出来的剩余生产物，就无从随意换得自己需要别人生产的物品。所以斯密接着在第三章，论分工受制于市场范围的情形。他以为，市场即令广阔，设商业在在受法规的限制，那分工依旧无从发达。市场的广阔，和商业自由之确立，盖为促进分工之两个外部的条件。此外部条件齐备了，更须集中资本，确立职业自由制度，否则分工亦难望发达；资本增殖和职业自由，

---

① 斯密在同篇同章中说："纺人织匠，通常尽管是各别的两个人，但锄耕，锹掘，播种，刈取，却由一人兼任。农业上种种劳动，随季节推移而巡回，要指定一个人只从事一种劳动，事实上，绝不可能。"（见郭王合译本上卷第 7 页）

② 见郭王合译本第 11 页。

③ 见郭王合译本第 15 页。

盖为促进分工之两个内部的条件。

总之,一国国民之富的源泉,在于劳动,劳动生产力之改进,在于分工,而分工之发达,则有赖于大市场之商业自由、职业自由。换言之,一国国富的增进,首在破除一切旧来人为法制之障碍,一任资本劳动自由竞争。这一点,可以说是对于他的自由主义竞争说,立下了一个坚实的理论基础。

第五节 论价值与价格

分工之局面既经确立,则社会中每个人一己的劳动生产物,就只能满足自身欲望的极小部分。他有大部分欲望,须用自己消费不了的剩余劳动生产物,交换自己所需要别人劳动所生产的剩余物品来满足。于是,一切人都依交换而生活,或者说,在相当限度内,一切人都成了商人,同时,社会本身亦就成了所谓商业社会。

社会发达到了这个阶段,于是在日常交换上,就有发生一种媒介的特殊商品之必要,这特殊商品,要能够交换其他一切生产物,并且要不会为任何人所拒绝。

在先,对于这媒介的特殊商品,有的社会用家畜,有的社会用盐,有的社会〔用〕砂糖,还有用烟草、干鱼等等的,但最后,据斯密所说,任何社会,皆因几种不可抵抗的理由,在一切商品中,选定金属来充当这个任务。因为,第一,金属不易磨损,第二,有强大的耐久性,第三,可以任意分割而无损失,第四,分割之后,又可再镕成原形。

特最初用作交换媒介物的金属,都是粗型的条块,后来因为秤量的麻烦,和品质试验的麻烦,乃次第铸造成一定的形态,附以刻印,而成功了所谓铸币。

斯密在这样讨究了货币发生之必然性及其效能以后,乃进而探求人们以货币交换货物,或以货物交换货物所遵循的诸种法则,即决定商品之相对价值或交换价值的法则,亦即所谓价值法则。

他说价值一辞,有两种不同的意义。它有时表示特定物的效用,有时又表示因占有其物而取得的对于他种货物之购买力。前者被他称为使用价值,后者称为交换价值。使用价值很大的东西,其交换价值往往极小,甚或绝无,例如水;交换价值很大的东西,其使用价值往往极小,甚或绝无,例如金钢钻。特斯密虽把价值分为这两种,他所讨论的,却只限于交换价值。

关于这点,我们首先要问到的是,交换价值由何决定呢? 即,什么是交换价值的尺度呢? 斯密在第一篇第五章解答这个问题说:"劳动是一切商品交换价值的尺度。"又说:"只有劳动本身的价值绝对不变动,只有劳动可以随时随地较量各种商品,只有劳动是真实的价值标准。"这样,他的价值说,就是以劳动为根据的一种劳动价值说了。

不过,斯密的这种劳动价值说,是很不澈底的,在他的说明上,很有些矛盾混淆之嫌。他一方面主张交换价值,决于生产时投下的劳动量,同时又说,价值的尺度,是交换时所可支配的劳动量。例如,他就前一点说:

> "无资本蓄积亦无土地私有制度的初期野蛮社会,获取各种物所必要的各种劳动量间的比例,就是这各种物品相互交换的唯一标准。例如,狩猎民族杀海狸一头,所需劳动,若二倍于杀野鹿一头所需,海狸一头,当然换野鹿二头。通例,二日劳动生产物的价值,当然二倍于一日劳动生产物;两点钟劳动生产物的价值,当然二倍于一点钟劳动生产物。"(郭王合译本,第 55 页)

很显明的,他是主张投在商品内的劳动量,支配着商品的价值;劳动量增加,商品价值增大;劳动量减少,商品价值低减。可是斯密虽如此确凿的决定交换价值的本源,如此断言价值的大小,须比例于生产时投下的劳动量,但同时却又树立别种价值标准尺度,说价值的大小,就看他能换得那种标准尺度物若干。他说:

> "一个人占有某物,但他不愿自己消费,而愿以之交换他物,这物究有多少价值呢? 那等于他所能购买所能交换的劳动量。"(同上第 35 页)

他更就财产引申其义说:

> "……财产对他直接提供的权力,是购买力,是对于当时市场上各种劳动各种劳动生产物的支配权。他的财产的大小,与这支配权的大小,恰成比例。换言之,财产愈大,他所能购买所能支配的他人的劳动量,或他人的劳动生产物量,亦按比例愈大。反之,亦必按比例愈小。一种商品的交换价值,等于这物对于其所有者所提供的劳

动支配权。"(同上第 36 页)

依他这种说法,一物价值的决定,就不是决于生产该物投下的劳动量,而是交换该物时所能支配的劳动量。所支配的劳动量增加,则价值加大;所支配的劳动量减少,则价值低减。与前两两对照起来,那不是很显明的矛盾么?

但在斯密,这不是无辩解的。交换价值由生产时投下的劳动量决定,那只限于原初社会,在那种社会中,劳动的全生产物,都属于劳动者,所以独立劳动者所生产的物品,得按照他们生产时所费的劳动交换。即这时"一种物品通常应可购换支配的劳动量如何,只取决于生产这物品一般所需的劳动量"。

但自资本蓄积,土地私有之局面既成,劳动生产物就不全是属于劳动者自身,从而,生产商品所费的劳动量,就不是规定该商品价值的唯一基准。因为

> "土地一旦成为私有财产,劳动者想由土地生产或采集物品,就不能不在所产物品中,以一定分额,分给地主,而称为地租。因之,曾使用土地的劳动生产物,就不得不第一次,扣下一部分来,作为地租。
>
> "一般农耕者,大都没有维持生活至收获终了的资料。他们的生活费,通例是由雇主(即使役他们的农业家)的资本项下垫支,这般雇主,如果对于劳动者生产物,不能享受一定分额,换言之,投下资本,假若得不到相当的利润,他们当然会不愿投资,不愿雇用劳动者。因之,曾使用土地的劳动生产物,又不得不第二次,扣下一部分来,作为利润。"(同上第 78 页)

惟其如此,所以他说:"文明国内,交换价值单由劳动①构成的商品极不常见。大部分商品,都含有多量的利润地租"(同上第 63 页)于是他就这样肯定的说:"工资,利润,地租,对于一切交换价值,可以说是三个根本源泉。"(同上第 61～62 页)然而在其他的地方,他的论调可又大不相同了。他说:

> "……地租与工资利润,同为商品价格的构成部分,但其构成的方法不同。工资及利润的高低,为价格高低的原因;地租的高低,则

---

① 这里所谓"劳动",即是指着工资。斯密往往这样混用。

为价格高低的结果。因为一件商品上市所必须支付的工资利润，有高有低，这商品的价格，亦有高有低。但这商品有时能提供高地租，有时只能提供低地租，有时全无地租，却是因为商品价格有高有低。换言之，因这商品价格，在支付工资及利润后，有时甚有余剩，有时略有余剩，有时全无余剩。”（同上，第 137 页）

这样一来，他又算把交换价值的根本，归之于工资利润两者了。

要之，不论他主张交换价值的根源，为工资、利润、地租三者，抑为工资、利润两者，终不免踏袭了流俗的谬见，把价值法则破坏无余了。商品价值既由生产时投下的劳动量决定，这所决定的价值，就断乎不是由工资利润地租所合成。且不但利润地租，就是工资，亦不能算是交换的根本源泉，因为决定价值的，只是劳动。由此，我们知道，斯密的价值说，在本质上是二元的。即，在原初社会，他采取劳动价值说；在文明社会，他却是采取生产费价值说，无怪他全书中关于阐明价值法则的地方，表现出了不少的矛盾和混乱。

论到这里，我要进而探述他以生产费价值说为中心，而阐明的价格理论了。

他说：每种商品，都有其自然价格及市场价格，这两种价格的形成，皆视其构成部分而定。价格的诸构成部分，如上所述，有工资、利润、地租。“各社会各邻近地域，各种用途的劳动工资和资本利润，都有一种普通率或平均率。……地租亦同样有一个普通率或平均率，”据他所说，“此等普通率或平均率，颇宜称为当地当时一般通行的自然工资率、自然利润率，或自然地租率。一种商品价格，对于这商品生产制造乃至上市所曾使用的土地劳动资本，如果不多不少，恰是依照此等自然率而支给地租工资利润，这商品便可说是以自然价格出售。”（同上译本，第 65 页）这价格就可说是自然价格。

至所谓市场价格，就是商品通常出卖的实际价格。这种价格因系实际受支配于这商品的供求比例，所以有时在其自然价格以上，有时在其自然价格以下，有时恰与自然价格一致。

在斯密看来，商品的市场价格，皆有倾向自然价格的趋势。因为上市商品量，超过了它的有效需要（即愿支付商品自然价格者的需要，那在价格诸构成部分中，就有某部分不得不降到自然率以下。地租下降了，地主会撤回一部分土地,工资或利润下降了,劳动者或资本主亦会为其劳动资本另觅用途,结果,市上商品量,就会减少到恰够供应有效需要限度。于是那种商品价格,便会趋向自然价格。

从反面来说,市上商品量不够有效需求,那在价格诸构成部分中,必有地租,或工资,或利润超过其利润率①以上,于是,从事某种生产物生产的土地或劳动或资本加多了,结果,市上商品量,乃增到恰够有效需要的限度,那种商品价格,又会趋向自然价格。

因之,这所谓自然价格,就成了一种不断吸引商品价格的中心价格。不过,商品价格归向自然价格的趋势,必以劳动、资本、土地能自由转动,彼此间能自由竞争为前提。设给某个人或商业公司以独占,或者设为类似独占的同业组合的排外特权,徒弟制度,以及限制特殊职业上竞争人数的各种法规,那末,这些独占者,或类似独占者,便会不断使市场存货缺乏,使有效需要永不能得到充分供给,因而,使他们的商品,常能以超过自然价格的市场价格出售。这种价格,就是斯密所谓独占价格。

独占价格原有两种,一是自然的,一是人为的。如土地处有特殊地位,或具有特殊品质(例如葡萄园),其所生产的生产物,就会出卖大价格,即自然的独占价格,至若上述的独占价格,则为人为的独占价格。

具有自然独占价格的物品,种类不多,故其影响极为有限;至若依那些人为独占,或类似独占的诸种特权、诸种法规而生产制造或贩卖的商品,其种类既多且广,其影响亦遂非同小可了。这种独占价格普行的结果,社会劳动生产物的生产,不独会因此大受限制,社会劳动生产物在各阶级间的分配,亦将因此乱其自然顺序。我们试看看次节待述及的斯密的自然分配观,便可得到此种原因的一个反证。

第六节 自然分配观

斯密《国富论》的性质,大体在论究经济上的生产问题,而未大注意经济上的分配问题。因为他的时代要求他阐明的,是怎样才得有利的生产,而不是怎样才得公平的分配。在他设想,只要生产能顺利进行,没有阻

① 原文如此。应为“自然率”。——编者注

碍，分配是不成问题的。他第一篇的标题为："论劳动生产力改良的原因，并论劳动生产物分配给各阶级人民的自然顺序"。由这标题的后半截看来，分配自然有一种顺序，只要不违反这顺序，分配自然公平。现在且就他第一篇最后各章附带论及的分配论，一观其究竟。

他的自然分配观，可从两方面观察。第一是各阶级全体相互间的自然分配，第二是每个阶级各成员间的自然分配。

先就第一点说明：

在原始社会中，劳动的全生产物，皆属于劳动者自身。迨资本蓄积起来土地成为私有，这生产物，或这生产物的价格，就要分配给三种人，劳动者从其中取去工资，雇主从其中取去利润，地主从其中取去地租。所以斯密说：

> "不论是谁，只要自己的收入，出自地主的源泉，他的收入，就一定是出自这三个源泉：劳动，资本，或土地。出自劳动的收入，称为工资；出自资本的收入，称为利润；……专由土地生出的收入，通常称为地租。"（同上，第 61 页）

一个劳动者，一个雇主，一个地主的收入源泉，分言之，是如此，就全国人民说，亦是如此。斯密阐述此种关系说：

> "分开来说，一件商品的价格或交换价值，既可分为三个部分，全体看去，构成一个劳动年产物全部的一切商品价格，也同样可以分为三个构成部分，那必须当作劳动工资，土地地租及资本利润，而配分给国内各居民。社会上，年年由劳动采集生产的全部商品，或者说，他们的全部价格，原本就是按照这个程序，配分于社会上各个人。"（同上，第 60 页）

他更就这构成价格的三个部分，把全国人民分成三个阶级的次第说：

> "一国每年土地劳动生产物的全价格，自然分为劳动工资，资本利润，土地地租这三个部分，对于三个不同阶级的人民——依地租为生，依利润为生及依工资为生的人民——构成各各不同的收入。"

不过，一国每年的劳动生产物，虽是如此配分给各阶级，但各级阶间配分的关系，怎样才得公平呢？据斯密所说，那是自然会趋于公平的。就雇主与劳动者缔结契约的关系言，雇主团结上，在法律保障上，虽立于有利地位，但劳动者的工资，决不能低到最低水准以下。况且，一国国富增加，对于劳动者的需要必加大，从而，其工资必会抬高。工资抬高到某种限度以下，又会因劳动者的竞争而低减。若利润的大小，那恰与工资立于相反地位，仍由供求律所限制，不会常常过大，也不会常常过小，而在特定土地劳动生产物的普通价格中，要有了超过相当劳动工资及资本利润的部分，才得成立地租，所以地主阶级的所得，更不会侵越其他依利润生活及依工资生活两阶级的利益。

总之，一国每年劳动生产给这三阶级，皆有自然的顺序，自然的节制，听其自然相竞互助，利益必跻于平。在各阶级全体间的分配是如此，然则每个阶级各成员间的分配又是怎样呢？

次就第二点说明。

关于这一点，斯密曾就劳动资本两者详加说明。同是劳作，报酬互有大小，同是投资，利益各有多寡，这不是显然的不均等么？但自斯密看来，这有两种解误，其一是：看似不均，实是均等，又其一是，由人为制度形成的不均等。前者可就职业本身的性质说明，后者可就欧洲各国限制资本劳动的政策说明。

职业本身的性质，有五种不同。

第一，职业有愉快有不愉快，

第二，职业学习有难有易，学费有多有寡，

第三，工作有安定有不安定，

第四，执业担负的责任有重有轻，

第五，营业成功希望有大有小。（同上，第 118 页）

职业性质上既有这种种不同，所以在一般想像上，某种职业的货币利得虽少，但有其他的好处足以相偿，另一种职业的货币利得虽多，但有其他的坏处足以相杀。货币利得的不均等，却正是自然调剂，使趋于平等的结果。所以斯密说："上述五种情形，虽可使劳动工资，资本利润发生颇大的不均等，但各种职业在实际上想像上的利与不利，都不能由上述五种情形，而发生大体上的利与不利。上述诸情形，乃所以使金钱利得少的职业，得到补偿，金钱利得多的职业，有所抵杀。"（同上，第 135 页）

可是，由人为政策所生的不均等，那可真是不均等了。欧洲促成这种不均等的政策，约有三个方式：

第一，限制某种职业上的竞争人数，使愿加入者不能加入。

第二，增进某种职业上的自由竞争，使超越自然的限度。

第三，妨害劳动及资本的自由活动，使不能由一职业转移到其他职业，由一场所转移到其他场所。（同上，第141页）

有了这样种种限制，劳动资本，就不能顺其自然趋势流转，不能顺其自然趋势竞争，从而，在各劳动者间的工资分配，在各资本家间的利润分配，就不能得其平了，就不是按照自然的分配了。斯密曾就资本用途作以次的说明：

“个人的私利关系与情欲，自然会使他们投资于通常最有利于社会的用途。但若由于这种自然的倾向，而致此等用途的资本过多，则其利润必降落，其他各用途的利润必提高，从而，立即使他改变这错误的分配。用不着法律干涉，个人的利害关系与情欲，已经会引导人们把社会的资本，尽可能，按照最适合于社会利害关系的比例，而配分放国内一切不同的用途。

“重商主义一切法规，却必致于多少紊乱这自然的最有利的资本分配法。”（同上译本下卷）

重商主义法规，乃至一切其他旧时残遗的封建束缚，在斯密当时，已在逐渐解消的过程中，这些不自然的障碍撤消了，分配自然不成问题。所以斯密对于分配这问题，是颇为乐观的。

第七节　论资财与资本

关于生产的资本，重农学派诸子，特别是魁奈和杜尔阁，已提示一个端倪了，但对于资本概念之科学的确定，那却是斯密的功绩。

《国富论》第二篇，即是“论资财之性质，蓄积与使用”。他之所谓“资财”(Stock)的意义，较“资本”(Capital)的意义为广。但不必有严密的区别。例如，一个人如积有可维持生活数月或数年之久的资本，他就只会留一部分充当消费，其余大部分用以获得收入。这用以获得收入的部分，就称为资本。如果他不作获得收入的打算，全留着充当消费，那这称为资本的部分，依旧是资财。总之，资本的范围，较资财为狭，资本是资财中用以获取利得的一部分。

依斯密所见，一个国家一个社会总资财，即居民全体的资财，可以分为三个部分,这三个部分,各有各的作用。

第一部分为支费,留供目前消费,其特性为不提供何项收入或利润。已为真正消费者购买,但尚未完全消费掉的食品、衣服、家具等物,属于这一类。国内仅供居住,不作租赁的房屋,亦属于这一部分。

第二部分为固定资本,其特性为不流通不更换主人,已可提供收入或利润,其中包含有四项:(1)职业上一切便利劳动缩减劳动的机械工具;(2)一切有利润可图的建筑物,如商场、堆栈、工场、农屋、厩舍、谷仓等;(3)为开垦、排水、围墙、施肥等投下,使土地最适于耕作的土地改良费;(4)社会上一切人民习得的有用才能。

第三部分为流动资本,其特性为易主而后生利润,流通而后生收入。亦包括四项:(1)货币,赖有货币,下述三项,始得周转而分配给真正消费者;(2)屠户、牧畜家、农业家、谷物商、酿酒家等人所有的食料,这些食料的出售,可以希图利润;(3)衣服、家具、房屋三者的材料,尚归耕作家、制造家、布匹商、木材商、木匠、瓦匠等人保有者;(4)已经造成,但仍在制造商人手中,未曾分配给消费者的物品。

就上面资财分划的这三个部分而言,固定资本流动资本两者的唯一目的,不外是求目前消费的支费,不致匮乏,且能增加。吾人日常衣食住三者,均仰给支费这部分资财。所以,人民的贫富,亦即取决这两个资本能提供的支费,究是丰饶,究是吝啬。

可是在这提供支费的两种资本中,固定资本,又系由流动资本变成;固定资本要继续持久,须得流动资本不断加以补充。流动资本又是何从得的呢? 于是这里发生了资本的蓄积和资本的用途的问题。

斯密在讨论这个问题之先,曾详细论究劳动的性质。他说劳动有两种:一种劳动附加在物上,能增加物的价值,另一种劳动,却不能增加价值。产业工人的劳动,属于前者,称为生产的;家仆的劳动,属于后者,称为不生产的。生产劳动者,不生产劳动者,不劳动者,均仰食于土地劳动生产物。用以维持不生产者的部分愈大,用以维持生产者的部分,必按比例愈小,从而,次年度的生产物,亦必按比例愈小,反之,次年度的生产物,必按比例愈大。因此,要生产物加多,要资本蓄积加多,当然是尽可能的多维持生产劳动。

特一切资本,虽皆用以维持生产劳动;但等量资本,因用途不同,其所推动的劳动量，极不相等，从而，对于土地劳动所附加的价值，亦极不相等。据斯密所说，资本的用途，有以次四种：

第一，用以获取社会上每年所须使用所须消费的原生产物，如渔业、矿业、农业。

第二，用以制造原生产物，使适于使用消费，如制造业。

第三，用以周转原生产物制造品，如有无相通，如批发商业。

第四，用以分散原生物制造品，使适于需要者临时的需要，如零售商业。（同上译本，卷上，第 403 页）

以上这四种资本用途，有相互密切的关系，少了一种，其他不能独存；即令独存，亦无从发达。

不过，在斯密看来，这四种用途中，以第一用途，即投在农业上者，为最有利益。因为，农业家资本所能推动的劳动量最大。他的劳役工人，固然是生产劳动者，他的代劳牲畜，亦是生产劳动者。在农业上，自然与人同劳动；自然的劳动，虽无需代价，它的生产物，却和最昂贵的工人的生产物一样，有它的价值。若在制造业上，自然没有作业，人作了一切。所以，和投在制造业上的等量资本比较，投在农业上的资本，不仅可以推动较大量的生产劳动，而且，按照比例于它所雇用的生产劳动量，它对于一国土地劳动年产物所附加的价值，既然更大得多，对于国内居民的实富与收入，所增加的价值，亦是更大得多。在各种资本用途中。农业投资，最有利于社会。除了农业，当推制造业，投在零售商业的资本，报酬最小，最不生产。

这样看来，斯密对于生产阶级不生产阶级的区别，虽然修正了改变了重农学派的主张，但关于农业之最优越最生产的认识，却又依然未脱重农学派的窠臼。

第八节　自由主义经济政策论

我在前面讲过，《国富论》第一、二篇大体是论究经济理论，第三、四篇则是论究经济政策，而且，他在论究学理时，亦在在没有忘记解述某种经济政策的合理。他是先有了某种经济政策的主张，才进而论究经济学理，抑是由学理推得的结果，才主张某种政策的呢？这，我们可以不问。我们只知道,他的时代,有阻害经济发展的种种规定种种法令存在。通商条例哪,谷物条例哪,保护关税哪,学徒制哪,同业组合哪,排他的独占权哪,奖励金哪,济贫法哪,凡此种种,皆足为产业发达的束缚,要打破这些束缚,由这些束缚解放出来,恰好是主张自由主义的经济政策。无论是农业,是工业,抑是商业,都得使其自由发展,曲加限制,固利少害多,多方奖励,亦属顾此失彼。欲利民便民,莫善于任民自养,听民自动。所以斯密说:

> “一切特惠的限制的制度,一经完全废除,最明白最单纯的自然的自由制度,将自然而然的,自己树立起来。每一个人,在他不违反正义的法律时,都应任其完全自由,在自己的方法下,追求他自己的利益,而以其勤劳及资本,加入对任何其他人或其他阶级竞争。”(同上译本,卷下,第九章,末段)

自然哪,斯密是拥护资本主义组织,代表产业资本家的利益的。表面看来,他似乎只会主张资本自由,而对于劳动则曲加限制。但在实际,至少在某种限度内,恰恰相反,正惟其拥护资本家利益,遂不得不要求一般劳动者也有自由。因为商业资本家的资本自由里面,原本就含有劳动者的劳动自由的意味。在奴隶经济制度下,有奴隶存在之必要,在自由资本主义经济制度下,亦有自由劳动者存在之必要。劳动者没有自由出卖其劳动的自由,资本家就无从取得竞相投资的自由。因为,“妨害劳动者自由流动的障碍物,也同样妨害资本的自由流动。”(同上译本,卷上,第160页)劳动者把自己的劳动力,当作商品出卖于资本家了,资本家的生产,才得施展,所以,斯密一方面极力主张:资本家应有从心所欲,经营产业的自由,应有随意变动其生产物价格的自由,应有自行处分其财产的自由,但同时,他并未忽略,劳动者亦应有自行处分其劳动的自由,他说:

> “劳动的所有权,是其他各种所有权的根本基础。所以,这种所有权,是神圣不可侵犯的。贫家所有的世袭财产,就是他们的体力与技巧。在他没有加害邻人,以正当方法从事劳作的限内,妨害他们体力技巧的使用,即是侵害他这最神圣的财产。而且,这不但明明侵害了这劳动者的正当自由,同时,还侵害了劳动雇用者的正当自由。妨害这个人使不能在自认为适当的用途上劳动,就是妨害别一个人使

不能雇用自认为适当的人。”

从这里，我们不但知道他主张劳动神圣的自由权，同时，还知道，就在这劳动自由权里面，也含有资本神圣的自由权的意味。

原来，在资本主义的社会组织下，各个人经济的生存，都得自己负责。自己有了这种经济上生存的责任，自不能不取得经济上活动的自由。但是，不要政府指导督责，人人都知道追求自己的利益么？人人都能勤勉努力么？关于前一点，斯密曾作这样的解答。

> “资本应使用在国内哪种事业上呢？哪种事业能生产最大价值呢？关于这个问题，各个人自己依当地情形来下判断，分明要比政治家或立法家代他判断的，高明得多。”(第四篇第五章)

立法当局要处理干涉私人的这类事，那不但是自讨烦恼，劳而无功，设或他们自己愚昧无能，而又乱作主张，那就不知道要闹出多少弊病和危险，至若各个人的勤惰问题，那更用不着立法者烦心。依斯密所见，社会上每个人，都有改良自身状况的希望。这希望虽然平淡，但他由出胎一直到死，不会一刻把它放弃。人由出生到死，对于自身地位，总有一种不满足的感觉，总想进步，总想改良。(同上译本，卷上，第 383 页)这样，只要是在自由竞争的状况下，谁都会为自己的利益，勤勉努力。若繁其法令，设奖励金去奖励，设济贫税去救济，又用种种法规去限制取缔，那在在只能得到相反的结果，不会有什么裨益。

总之，斯密的经济政策，澈头澈尾是自由主义的。他虽着眼在商工业方面，主张自由贸易、自由竞争，但对于束缚农业的法律，他亦是大声疾呼的主张废弃。他说：

> “禁止制造家兼营小卖业的法律，加紧了资本用途的这种分割。强迫农业家兼营谷物商人职业的法律，却显然侵犯了自然的自由，所以都是不正当的；因为不正当，所以都是愚策。为了任何社会的利益，这一类的事情，都是不应加紧，亦不应妨碍的。……法律应该以人民各自的利益，委托于人民自己。人民因处在当地，所以比较立法官，定然更能了解他们自身的利益。但在这二种法律中，最有害的，又是强迫农业家兼营谷物商人职业的法律。”(见第四篇第五章)

重农学派尊重农业，但他们同时并不忽视商工业上的自由，因为商工业受到阻害，其影响将涉及农业；在同样的意味上，斯密重视商工业，但他同时亦不忘怀于农业上的自由，他知道，农业不能自由发展，工商业的活动，就不免要大受限制。所以他主张一切产业自由。他的整个经济政策，为一种自由主义政策。

不过，斯密的自由主义，亦并不是全无限制的。我们试就他主张银行发行纸币，只可通行于商人彼此间的理由一加考察，便知分晓。他说：

“或谓，银行信用券无论微巨，只要私人愿受，就应在许可之列。政府从而禁止其领受，取缔其发行，实在是侵犯自然的自由，不是法律应有的，因为法律不应妨害自然的自由，只应扶助。从某观点说，这限制诚然是侵害自然的自由，但于少数人为自然的自由，而于全体社会为安全的危害，却要受而且应受法律的制裁的。这样绝对的自由，无异极端的专制。”（同上，卷上，第364～365页）

从这点看来，斯密主张的自由主义，就是相对的，就是要不违反社会公共利益公共安全的。单就这点而言，社会各个人的经济活动，已有不能不仰赖政府或立法者的地方了。况且，在一社会与其他社会对立，一国家与其他国家对立的限内，各个人要想任意自由活动，不受外侮的威胁和压迫，亦不能不仰赖政府，此外，还有私人举办不了的社会事业、公共设施，均非政府之力莫办。因之，斯密认定：按照自然的自由制度，则君主或政府应尽之义务，只有三点：

第一，保护社会，使不受其他独立社会的扰害侵犯。

第二，尽其所能，保护社会各个人，使不受社会上任何其他个人的虐待压迫，即设立正严的立法机关。

第三，建设并维持一定的公共土木事业及一定的公共设施。（见译本卷下，第四篇第九章末段）

君主或政府既为人民担当了这三种任务，人民就不得〔不〕为君主或政府提供费用，换言之，就不得不分担一国的国防费、司法费，和公共建设费。于是这里就发生了赋税问题，关于这个问题，我想在本节附带讲明一下。

重农学派视商工业阶级为不生产阶级，所以他们主张土地单一税；因为把赋税纯粹加在土地地租上，那不但可以减少许多征收费用，且可避免转嫁在生产阶级方面，致侵蚀社会总再生产的生产资本。但斯密所见不同，他认为社会上的商工阶级，同样是生产阶级。并且，一国从事经济活动的国民，同样叨国防的庇护，同样受法律的保障，同样享受公共事业的利益，自不得不同样分担国家的赋税。不过，政府在赋税的征收上，须得遵循一定准则，那就是斯密的有名的四大赋税原则，即：

> 第一，一国国民，各须在可能范围内，按照比例于各自的资力，即按照比例于各自在国家保护享得的收入，提供国赋，维持政府。
>
> 第二，各国民应当完纳的赋税，须是确定的，不得随意变更。
>
> 第三，各种赋税完纳的日期及完纳的方法，须予纳税者以最大的便利。
>
> 第四，一切赋税的征收，须设法使民之所出，尽可能的，等于国之所入。

上述四者之第一原则，后之学者称为公平原则，第二，称为确实原则，第三，称为便利原则，第四，称为经济原则。此四大原则，迄今犹为赋税学上不刊之定理。

第九节　结　论

斯密的整个经济学说，我在前面已经叙述一个梗概了，虽然在叙述上，难免不有许多缺欠匀整，缺欠谨严的地方。

他这学说对于实际的影响，可于普尔忒奈(Pulteney)所说的，“斯密说服现代并支配次代”一语尽之，普尔忒奈讲这句话，是在《国富论》出版后二十年即一七九六年，在百余年后的我们今日看来，他这句恭维话，实在并不过火。不过，斯密学说是怎影响于当时后世，往后还有说到的机会。我在这里所要述及的，只是他这学说在经济学史上的贡献。

“经济学”这名辞，是斯密以前就有了的，但“经济学”这名辞的正确意义，却是到了斯密才弄明白。在斯密以前，自命为“经济学者”的重农学派诸子，他们确曾对于经济学有了很大的贡献，而且近代意义的经济学，也确是由他们开其端绪。不过，他们讨论经济问题，大抵是为了政治上的目的，是研究为政者要怎样统制生产交易，才算便当，才有利益，这样一来，经济学就算是一种统治之术了。

至于斯密的议论，当然没有完全脱却术的范围，且带有浓厚的策士的意味，有人还说，他写《国富论》，正是对于政府当局的“献策”。可是，他的时代，他的主张，把他这种倾向矫正了，关于英国当时产业状况，促成他不为英国资本主义的特殊性烦心，而径行研究一般的经济法则的究竟，我在前面已经讲过了，现在要说的，只是他的主张影响于他的学说性质这一点。

斯密所主张的，是个人主义，是自由放任主义，即是，要求个人的经济活动，完全脱去一切政令干涉，因而，他的“献策”的意向，却反而是叫政府当局不要干涉经济活动。不从为政者的统治观点上，讨论经济学理，而站在所谓“经济人”(economic man)的求利观点上，讨论经济学理，所以他就能基于现存的事实和分析，把经济学当作一种科学来研究。结果，经济学已不是一种统治之术①而是人类社会学科的一部分了，斯密对于经济学的伟大贡献在此，他成为经济学建立者的原因，亦在此。

就前面解述过的诸点看来，他的劳动价值说，似乎过于混淆，他的自然分配说，亦是过于乐观，但是，他的伟大贡献，固然受了时代之赐，他所残下的缺陷，亦是时代使然。他心中刻不容缓的问题，是怎样破毁旧来一切人为的不合理的法规的障碍，怎样扶植将要勃兴起来的产业。换言之，就是怎样才得使新兴产业痛痛快快的大量生产。至若生产出来以后的分配问题，时代未要求他注意，所以他就看得格外乐观了。他的价值说之混淆，正与其自然分配说相关联，分配既是自然而然的会趋于公平，他就不必要探究资本家对于劳动者的榨取关系，从而就认不清资本主义社会的商品性质；结局，他的价值理论，就不得不彷徨于劳动价值说和生产费价值说之间了。

总之，时代造就了斯密之伟大，时代也同样铸成了他的若干缺陷。成全他这伟大，补正他这缺陷，则有待于他的后继者。

---

① 不过斯密自己，他并未意识科学或学与术的严格区别，如克赖士博士(Dr.Keynes)所说：“……亚当·斯密与其同时代的人，乃至近代的经济学者，对于科学一语的使用，通未关说到科学与上面述及的术的区别。他们意想上的科学，就是知识之系统的集体，那包含有理论的命题，也包含有行为上之实际的法规。可是，最近这国最优秀的权威学者，却能把这一辞用在比较窄狭的意义上。”(参见王译《经济学绪论》第二章第一节)

第三章 马尔萨斯

第一节 由十八世纪末叶至十九世纪初叶的英国社会经济状况

斯密的《国富论》是在一七七六年出版的；在这以后的英国社会经济状况，已逐渐登上了近代资本主义的旅程。十八世纪最后的二十年，以至十九世纪最初的二十年间，英国在产业上成就了两种革命，一是工业的革命，一是农业的革命。这两种重大的革命事实之展开，几乎是相互关联着，齐头并进的，为了说明上的便利，我先从工业革命讲起。

(一)工业革命

产业革命的主要的推动力，是各种机械的发明。英国各种重要机械的发明，我在前面已经说明那是呈现于一七七六年《国富论》出版的时期前后。因之，英国的工业革命，亦当然是从十八世纪七十年代八十年代就开始了的。

机械发明对于工业革命，乃至对于近代资本主义者如何的重要，曾经有两位著者这样的说了："机械的发明，就是以表出我们现今所住的世界，有熙熙攘攘的城市，有布满了复杂机器的大工场，有商业和绝大的资财，有职工组合和工党，有扰攘不息为多数人求幸福的各种计划。奇妙的纺纱机和飞快的键子，代替旧日的纺线竿；机关车和海洋汽船的发达，把地球上相距最远的地方连成一气；完美的印字机一点钟印十万张新闻纸，电报电话的神妙，种种故事，无不新奇——这个机器发明故事的重要和魔力，实在不亚于君主，国会，战争，条约和宪法的历史。"①不过，我们一方面虽然这样的承认机械发明，对于工业革命的决定性，但是，如非在英国

① 见鲁滨生、毕尔德(Robinson and Beard)合著的《近世欧洲发达史》第二卷第31页。参照李译《近世欧洲经济发达史》第143页。

那种社会里面，不仅这诸般重要机械莫由发明，即令发明了，亦不会迅速的利用在各种产业上去。关于诸种重要机械发明于英国社会的理由，我在前章已经讲述过了。这里，我只要说明那些帮助的机械达成工业革命的因素。

工业革命的简括意义，就是以工场工业来代替手工工业。要完成这种革命的转变，除了诸种机械的发明外，还须备有使工场工业广泛发展所必需的其他社会经济条件。即，在一方面，要破除旧时阻碍资本劳动移转的基尔特组织的残骸，另一方面，要有备置工场、机械、原料，乃至雇用工人的充分资本，且还要备有为那种资本所必需的各种各式的人材。当亚当·斯密时代，英国社会尚残存有种种封建组织，以及由重商制度所给予各种商业公司的特权，我在前面已经讲过了，但至十八世纪之末，因为实际经济状况的推移，又加上斯密学说所生之影响，于是这些梏桎资本主义发展的势力，乃相继崩溃。塔克尔(Tucker)表述当时这种趋势说："城市中的基尔特和商业公司所享有的特权，到现在已经没有大的力量了，它们再也不会有像从前那样伤害人们的可能"。资本主义向前推进的种种人为限制破除了，同时，英国因了政治方面，乃至商业方面的顺适境况，在商业资本时代，它在商人、财政家、工业家手里，已经有了巨大的资本的积累。而在另一方面，顺着工业发展路线所造成的农民失业，和手工业者家庭工业者的破产，工业资本所需求的劳动人材，又可取之无尽，而用之不竭。工厂工业的社会条件经济条件齐备了，所以在当时，"无论是谁，只要他有资本，即使很少，他都想把它投入到这种事业上面，——店主，房主，商品转运者，都变为厂主"。这些"新兴的工厂主，到处都建立他们的工厂，只要那里有可能；他们开始是把一些旧屋破舍加以修理，黑暗的地方，开以窗户，使之适合于织机的建筑"。从一七八八年到一八〇三年的那个时期，叫做棉织生产的"黄金世纪"，在这个时期中，棉织生产增加了三倍。

棉织工业而外，发展最速的，要算金属工业。一七八八年，英国的铁产量，虽已增至 6.8 万吨，到一七九六年一年间，其产量竟达 12.5 万吨。一八〇二年，英格兰、威尔士有 144 个炼铁厂，苏格兰有 24 个，这时铁已成为输出品了。一八〇六年铁产额达 25 万吨，至一八一五年，输出额亦增涨到 9.1 万吨。随着铁产增加，铁价低廉，又有企业家需要更好的机器，于是机器铸造业逐渐扩张起来。在一八〇〇年，英国规模较好的机器厂虽只二个，但此后则迅速增加。

工厂工业生产急剧增进的结果，英国的国民经济，乃起了非常大的变动。这时的经济重心，已由农村转向都市了。人口开始向都市迅速移动。在工业革命前夜的一七七〇年，英国配布在城市与乡村之间的人口，将近平均，迨至一八二一年，农村人口，却只占全国人口33%了。从一七六〇年至一八一六年，满切斯达[①]人口，由4000增加到14万，白明罕[②]由3000增加到9万，利物浦由3.5万增加到12万。人口的增加，工厂工业的发达，英国乃开始成为“世界的厂主”。这厂主的生产，全是为世界各国。在一七六〇年，英国输入为1000000英镑，至一八一五年，已达3000000英镑，至其输出，则由15000000英镑而增到95000000英镑。

工业革命在一方面虽然这样增进了英国的财富和繁荣，另一方面却也暴露它无可避免的缺陷。工厂制度成立，以前雇主与职工学徒共同生活、共同操作的温情关系破除了。在工厂制度下，资本主与劳动所有者间的区划，严格分明，资本主只出资本购置原料，设备机械工厂，并雇用劳动者，劳动者则仅由劳动作工挣取工资。于是贪图利润的资本家，与挣取工资的劳动者，利害正相反对。劳动者竞争的人数愈多，资本家就愈好延长工作时间，低减劳动价格，所以，当农业革命伴随工业革命发生，农村失业劳动者，像洪水般的向都市奔涌的时候，都市工厂劳动者的状况，就更加恶劣不堪了。况且，当时加入劳动者竞争队伍的，不仅是农村失业者、旧式手工业者，还有儿童和妇女，因为机器的使用，这些儿童和妇女，几乎能成就强壮男工同样业作，劳动者拥挤的结果，劳动者每天的工作时间，遂延长到15小时甚至18小时，7岁小孩在地穴下做12小时以上的工作，并不算稀罕的事。加之，当时的工厂，有的是旧房屋改造的，有的是设备不完全，且不卫生的；男子、儿童、妇女，连同挤在这地狱般的工厂里面，作长时间的劳作，其所得报酬是怎样呢？在解答这个问题时，我们首先要知道，当时一般的工资，都是货币工资。在十八世纪末叶，这货币工资是提高了，然而因为面包及其他食料品如牛肉鸡蛋等价格的飞涨，劳动者的真实工资，却减低了。据巴尔敦氏所说，劳动者在一七九〇年一个星期的工

① 即“曼彻斯特”。——编者注

② 即“伯明翰”。——编者注

资，可换购169品脱(Pint)面包，至一八〇〇年一个星期的工资，却只能换得83品脱面包，两相比较，面包减少一半，真实工资也减少一半了。劳动者处在这种惨酷状况下，他们总应该认清资本家是他们正面的敌人了吧，但在一八二〇年以前，他们不独不同资本家作正面的冲突，却反而与资产阶级联合起来，去对抗高抬面包价格乃至其他食料品价格的地主阶级了。说到这里，我要转而叙述一下英国当时的农业革命。

(二)农业革命

十八世纪上半期的英国，尚是一个小农业国家。就是到了中叶以后许久，耕田仍为劳力者之正业。当时的田地，多为小业主所有。耕种的方法，大部分仍是采行二耕制乃至三耕制。务农虽为农耕者的本业，但与家族工业保持有密切的关联。乡村居住的人家，通常是以耕田、纺织、制肥皂以及其他手工业来维持生活。

在这种状况下，农民的生活，并不十分恶劣，就他们本身说，他们并不要求革命，然而社会实际事务之推移，革命却自然的自动的发作了。

据奥格所说，英国的农业革命，是由各方面所促成的，而其中重要元素，则为(1)农业投资，(2)农业机器的创用及农业技术的改良，(3)圈地法之施行，(4)土地集中于大地产。这四种要素，实有其一贯的联属关系。

英国地主把巨额资本用之于改良土壤，试种新品，及改革耕作方法，那是发端于十八世纪开幕以后。至十八世纪中叶，手头宽裕点的制造家，忙着筹集款项，用之于建筑工厂，购置机器原料，而富足的地主，亦兴奋起来，用他们一部〔分〕资财来增购田产，设备新式农具，创办新而多费的耕作方法。而这时因商业工业繁兴，人口财富增加，以致农产物价日益高涨，其结果，农业资本利润，遂益能鼓舞有进取心的业主，他们为了出产更多，生产费更少，乃更从各种方面改进农业：采用适当的耕作方法哪，考究畜养牛羊的法术哪，购置大规模的农业机器哪，至一八〇〇年，新样的犁头、荷车，及其他农具，均相继出现了，然而当时采用的范围，尚不普遍；因为当时一般的田地，大部分尚是一再分析的敞地条地。条地过窄，不便于横耕或横耙，无数的田塍，通到各处，把可资利用的土地，都割裂了缩小了。这不但减少田地进项的实得，同时且大妨碍了科学方法之采用。所谓圈地法，就在这种情形下，应运而生了。

圈地(enclosure)作成的办法,有种种不同,照例,多半是按照圈地章程施行。圈地章程大抵由大地主与教区有权势者拟定,其中规定有测量地面、赔偿损失、划分地段等办法。圈地的主要时期,自一七六〇年延至一八四九年,但这个变动,以在一八〇〇年至一八一九年为达于最高限度。那时被圈之地,在300万英亩以上。圈地实行的结果,大地主乃得应用资本于农业方面,采取有效的科学的耕种方法,同时,无资本采行同样耕种的小农人,遂在农业上处于极不利益的地位。他们感到自己不能在小圈地里面生活下去,乃相继把这小圈地变卖于当时急欲由土地取得社会上政治上地位的一般新进实业家,而他们自己则以所售得的少额货币,或移住美洲,或参加城市工资劳动者的竞争,或者留居本地,流落为贫苦的短工。在这小农没落的过程上,土地都集中于大地产,频添了许多新式的大地主。由是如侃宁汉(Cuningham)所说的:"农业改良的进行,竟留了严划农村社会阶级的证候。"即是说,英国经过农业的革命,农村中发生了利害相反的三个阶级:地主阶级、农企业者阶级、农业劳动者阶级。地主是土地所有者,农企业家则由地主那里租借土地,雇用农业劳动者,使从事劳动。因此,经过工业革命,英国形成了典型的工业资本主义国家;经过农业革命,英国亦算是典型的农业资本主义国家了。

不过,我在这里主要的不是要知道英国工业革命、农业革命如何形成,而是要知道:在这两种革命形成中或形成后,资产阶级与地主阶级之间所演的斗争,并且由此斗争的性质上,去理解当时各种经济学说所由产生的究竟。

(三)地主阶级与资产阶级间的斗争

论到地主阶级与资产阶级之间的斗争,我们先得明了地主在英国当时社会上政治上的地位。

在十八世纪,甚至在十八世纪中叶以前,"英国尚以执掌田地为在社会上取得重要地位之唯一可靠方法。商人和制造家,无论多聪明,多富足,总以为不及大地主那样高贵,被人知道是一个工匠或一个商人,或者这种人的嫡派子孙,都是在社会上的玷辱"。[①] 迨后随着资本的社会势力

① 参见奥格著李译《近世欧洲经济史》第127页。

和政治势力的发展，资本家在社会上虽已挣到与地主相当的地位，但到十九世纪之初，富足的工场主人或铁厂主人，犹不能在政治上占到势力。直至一八三二年国会改革条例施行之后，下议院议员五分之四，仍属于地主阶级。

地主阶级既在社会上，特别是政治上占有这大的势力，所以在同阶级与资产阶级间的利害关系的立法上，前者就不免大占便利，后者就不免大吃其亏了。然而我现在所欲论到的，只是它们相互争持最烈的所谓面包法。

英国在工业革命开始的十八世纪七十年代，面包价格为每卡德 45 先令，至一七九〇年，还只 56 先令，至十九世纪最初十年，提高到 82 先令，由一八一〇年至一八一三年，却竟增涨到 106 先令了。面包价格这样迅速提高的原因，第一是，英国城市人民增多，从而增大了对于面包的需要；第二是，面包需要增大，而前此弃置不顾的荒芜土地，亦开始进于耕作，耕作这种不良土地的生产成本费提高，于是全般的面包价格亦因而提高；第三是，富农用货币形态缴纳地主的租金，迅速增高，由十八世纪七十年代，至十九世纪初年，货币地租平均增加了一倍，有的增加四倍，有的甚至增加五倍，可是上述这三种原因，虽皆足增高面包价格，但国外如能输入廉价面包，则英国城市增加的人口，就不患不能得到充分供给，那一来，多费的荒地，就不致进于耕作，而地主的货币地租，亦无从增加了。所以面包价格之提高，归根结底，还是由于普鲁士波斯等国的廉价面包输入，受了限制。拿破仑战争和拿破仑的大陆封锁，在当时虽直接给予了面包输入以妨阻，然而较永久的决定的障碍，究系由于英国政府为顾全贵族地主利益，在高度关税协力之下，完全排斥外国面包之输入。所以，简单的说，面包价格之提高，乃是由于地主凭借政治势力，利用了保护关税。

至若面包增价所给予城市工业资产阶级的不利影响，第一，就是他们不能购得廉价的工人劳动，即不能低减劳动者的货币价格；其次，劳动者、城市小资产阶级用在面包上的支费加多，对于制造品的购买力，一定会按比例减少。因之，一遇到面包价格过高的荒年，往往就不可避免的招致商业上的恐慌。

工业资产阶级既然受到高度面包价格这样的不利与威胁，所以在反面包征税运动中，这一阶级便做了先锋。在一八一五年，英国农业上还积极的维持了高度的面包保护税。一八二〇年，伦敦商人乃向国会请愿，要求采行自由贸易。一八二二年，满切斯特的商人，亦有同样的请愿，在他们的请愿书中说，“如不立即取消面包税，工厂工业定然要陷于倒闭；并且，惟有采行极自由的自由贸易制，才能保证工业未来的兴旺和全国的和平”，在他们这种反面包税的运动中，小资产阶级不必说，就是处在极度艰苦状况下的劳动者，他们亦暂时抛弃了他们正面的敌人——资本家阶级，且反而与资本家阶级，立在同一战线上，反抗贵族地主。这是当时阶级斗争的实际情形。这种实际情形，反映在两位大经济学者思想中，便成就了他们各各的经济学说。这两位大经济学者，就是汤姆斯·马尔萨斯和大卫·李嘉图，他们两位是很好的朋友，但前者是地主阶级的辩护人，后者则是资产阶级的拥护者。不过，单就马尔萨斯说，在资产阶级与地主阶级斗争的场合，他虽是为地主的利益辩护，在资产阶级与劳动阶级斗争的场合，他却又是为资本家的利益辩护。这，我们在以次各节可以得到说明。

第二节　马尔萨斯的生涯及其著述

汤姆斯·诺巴特·马尔萨斯(Thomas Robert Malthus)于一七七六年二月十四日，生于伦敦郊外之塞尔雷(Surrey)。他的父亲达尼尔·马尔萨斯(Daniel Malthus)，为一有相当资产，且于古典及哲学有相当研究的乡绅。马尔萨斯少时，在家庭受了父亲不少的薰陶(但他后来著《人口论》，却是由于辩驳其父亲之赞同高德文的主张)。稍长，即就学格拉佛斯(Graves)及威克斐尔德(Wakefield)，十九岁入建桥大学[①]，习哲学及神学。大学卒业后，安居父家，嗣后又往建桥继续研究。一七九八年，入英国教会僧籍，充当候补牧师。他的有名的大著《人口论》，就是这年匿名初版的。

翌年，为更详细探究此问题计，乃旅行德意志、瑞典、挪威、芬兰及俄罗斯等国。至一八〇三年，乃改正前此标题(详后)，变更内容，刊行再版。是书至一八二六年，已刊行至第六版。

一八〇四年，彼年三十九岁，始与赫里特·欧克雪尔(Harriet Ecker-

---

① 即“剑桥大学”。——编者注

shall)结婚。翌年，充当东印度公司所设立之东印度公司专门学校的历史及经济学教授。他继续这个位置，垂三十年之久。至一八三四年，始以六十九岁之高龄而死去。

马尔萨斯的著述，除《人口论》外，尚有一八一四年刊行的《关于谷物条例及谷价腾落所及于农业及国富上之影响》，一八一五年刊行的《地租之性质及其进步之研究》及《外国谷物输入限制之见解的根据》，一八〇二年刊行的《经济原论》等等。

马尔萨斯所处的时代，与亚当·斯密所处的时代，各不相同，从而，他们所着眼的经济问题，亦完全两样，在《国富论》出版的当时，一般人都忙于为致富打算，所以斯密的经济理论，就从生产问题出发，他的《国富论》，别题为《诸国民之富的性质及其原因之研究》；在《人口论》出版的当时，社会既已造出了大富，社会亦造出了大贫，在贫富不得平衡的当中，所以马尔萨斯的经济理论，就从分配问题出发，他的《人口论》殆可别题为"诸国民之贫的性质及其原因之研究"。

在理论的出发点上，马尔萨斯虽与亚当·斯密表示了这样的不同，但他们对于拥护资本主义制度，对于代表资产阶级的利益，却是后先辉映，站在同一立场上，所不同的，不过是时代要求各异，所以应时而起的理论，也不得不另辟一个途径罢了。

由农业革命造成了农村小农的普遍失业与流离，由工业革命造成了都市一般劳动者的贫困与罪恶，这些反映在一般人道主义者眼里，他们早已不能默然坐视，而要起来向资本主义的私有财产制度清算的。适会一七八九年法国革命的凶报，由大陆传播过来，这更给予人道主义者不少的鼓舞。一七九三年，高德文(William Godwin)的《政治正义论》(An Enquiry Concerning Political Justice, and Its Influence on General Virtue and Happiness)出版了。他以为，社会大多数的穷而无告，少数人却拥有大宗土地，大量财富，大享其乐。这种过于不平的现象，都由私有财产制度造成。私有财产制度，是罪过贫困之要因，是人类理性的翳障。把这种私有财产制度废除了，贫者富者的区别没有了，人各尽所能，取所需，涵养其理性力，以谋社会的发展，则一切贫困与罪恶，都可绝迹。虽人口增殖，难免不为理想社会实现的阻碍，但智能发达的人类，届时自知节制生殖，适可而止。高德文所著《政治正义论》的主旨如此。

《政治正义论》出版之翌年,法国康多塞之《人类精神发达的历史观察》(Esquisse d'un tableau historique des progrès de l'esprit humain)出版。该书的性质,与前者略同。出版后一年,即被译成英文。两者在当时苦闷阴沉的空气中,皆给予了时人以不少的兴奋,尤其是高德文的《政治正义论》,那简直在欧洲各国造出了一个恐怖的感情。

但是风靡一时的《政治正义论》出版后五年(即一七八九年),马尔萨斯批评上述两著的《人口论》公表了,他这书的附题是《由高德文康多塞及其他诸氏的研究论到社会将来改善的影响》(As it affects the future improvement of society with remarks on the speculations of Mr. Godwin, M. Condorcet, and other writers)。当时一般人被理想社会迷醉住了的心理,只须马尔萨斯捧出薄薄不满 300 页的《人口论》咒语,大家重又清醒过来了,重又安贫知命的,屈伏在他们的压迫者之前。他真不愧为资本主义的救星,资产阶级辩护者。

不过,我们论究马尔萨斯的经济思想,不能单就他的《人口论》来说,《人口论》只能代表他的思想的一方面,即拥护者资产阶级利益的一方面,在另一方面,他又是拥护地主阶级利益的,关于这点,他不但表示与亚当·斯密异趣,且与斯密以后的其他任何英国经济学者不同。所以他在正统学派中,占有一个特殊地位。同时也就是正统学派里面,最反动最保守的一位经济学大师。

在马尔萨斯那个时代,地主阶级不但为农村小农、农业劳动者,乃至农企业者所咒骂攻击,同时且为都市资产阶级、小资产阶级,以及工厂劳动者一般失业者所咒骂攻击。社会各方面把贫困、罪恶、产业状况、失业种种现象,都归因于谷价腾贵,归罪于贵族地主享有不当的过分的利益,所以土地改革的议论,地主放逐的议论,就与此前主张政治正义,主张废除私有财产的议论,同样高唱入云,且在实际掀起种种骚乱不稳的举动了。马尔萨斯临到这种关头,他不拥护资产阶级了。不但如此,他甚且转过来,去拥护那与资产阶级从事斗争的地主阶级。仅就这点说,这不是引起他理论上的矛盾么?可是在马尔萨斯自己,他却以为那正可显示他的保守主义的始终的一致。在他的心目中,社会大体上是由财产关系区划成了两种人,一是有产者,一是无产者。在劳动阶级与资产阶级斗争的场合,他固然拥护资产阶级,在无产大众以资产阶级为前锋来与地主阶级斗争的场合，他知道，这时如直接拥〔护〕资产阶级，即是间接拥护了无产大众，所以他干脆的站在地主阶级方面了。在前面举述的几种著作中，除了《人口论》，其余差不多都是表述他这种思想。因之，我们论究马尔萨斯的经济学说，一方面固要注意他的人口理论，同时亦要注意他的地租理论。我们甚至说，他的地租理论，比他的人口理论，更为重要亦无不可。然而使马尔萨斯闻名的，究是他的《人口论》。《人口论》几致与马尔萨斯的名字分离不开了，就这样，地租论者马尔萨斯，终乃为人口论者马尔萨斯所压倒，所隐蔽。

在下面，我想就这两点来讲述马尔萨斯的整个经济学说。并先从他的人口理论论起。

第三节　人口理论

马尔萨斯的人口理论，全载在他的《人口论》中。《人口论》在他生前重版了六版，每版皆有修正，尤以第二版对第一版的修正为最大。从此，我们亦就可以窥知他的理论变迁的趋向。

《人口论》是马尔萨斯为批难高德文及康多塞等的著述而执笔，我在前面已经讲过。高德文康多塞理论之要点，就在把人类社会的罪恶与贫困的原因，归之于私有财产制度。在他们看来，私有财产制度废除了，没有贫困、没有罪恶的理想社会，当然可以实现。马尔萨斯反对此说，他以为，社会的贫困罪恶，不是由于人为的私有财产制度，而是人口与食物关系上生出的必然结果。要确定他这个前提，所以他在原书第一章就关于人类天性，定立了以次两个基准法则：

第一，食物是人类生存所必要的。

第二，两性间的情欲是必要的，并且，大体上总会像现在这样。

他设想，这两个法则，自古至迄，当是关于我们人类天性的固定法则，今后如非宇宙组织有何等变化和改造，任谁都不能断言这两个法则上，将会发生什么变化。他在同章就情欲一点，反驳高德文说：

> “高德文推定两性间的情欲，将来也许有消灭的可能，但事实上向着消灭的情形，迄无所见。而且那件事，现在依旧与二千年前四千年前，同样有力的存在。”

要之，有了两性，就必定有两性间的情欲关系，也就必定要增殖人口。人口增加起来，随着就会发生食物问题。食物的增加，与人口的增加，究是哪一方来得有力呢？并且，他们两者间，又是保有怎样一种比例呢？在马尔萨斯，他是肯定人口增加，较之食物增加遥遥迅速的。他说：

> “人口任其增殖，不加妨阻时，是按几何级数的比例增加，若生活资料，那不过是按算术级数的比例增加。略有数学知识的人，大概都知道前者的增加力，远较后者为大。”（见第一章）

这所谓几何级数的比例，就是1,2,4,8,16,32,64的比例；所谓算术级数的比例，就是1,2,3,4,5,6,7的比例。两相对照，其速率之悬殊是不难想见的。

就生活资料丰富，人民风俗纯朴的美国而论，那里人口之增加，是远较欧洲各国迅速的。那里的人口，曾于二十五年间增加一倍。马尔萨斯据此推定：

> “人口若是没有妨阻其增殖的原因存在，每二十五年必加一倍，或以几何级数的比例增加。”（见第二章）

至于食物，他认为，在最初二丨五年，虽可因开拓土地，奖励农业种种方法，增加一倍。但到第二个二十五年，就不行了。尽地之利，穷人之力，能做到算术级数比例的增加，还算万幸。食物既为人类生存上所不可少，人口的增加，就势必要与食物的增加保持均衡，如果食物方面增之无可增，人口方面就无从尽量增殖了。换言之，人口增殖，就不能不受到限制。

据马尔萨斯说：由食物而生的限制有两种：一是预防的限制，如杀儿堕胎等等，一是积极的限制，如饥馑、战争、疫疠、贫困、过度劳动等等。有了这两种限制，人口增加，乃得与食物增加保持均衡。所以他在第七章末尾，揭出了人口原理的三个命题：

第一，人口增加，必然要受生活资料的限制。

第二，生活资料增加，人口也常随着增加。

第三，人口增加力的优势，常为贫困与罪恶所抑制，因之，现实的人口，得与生活资料保持均衡。

依着这三个命题，他反对高德文康多塞两氏所谓贫困罪恶生于私有财产制度之说。他以为，贫困罪恶是一种自然倾向，是调节人口食物的必然结果。人类性与食的两大自然要求、自然法则没有改变，人类社会的贫困罪恶，也就是一种自然现象，实无可如何，理想社会云云，那是决没有实现之可能的。他曾说：

“人口繁殖与土地生产力间的自然不均等，和人类天性又不绝要求其保持均衡的大法则，实为社会完成途上横着的困难，这种困难，我认为无法克服……此等支配着全生物的法则，我看人类没有摆脱的可能……因之，要想社会各个人，都安乐而幸福的过着比较闲暇的生活，对于他自身及其家族的生活资料供给，都不用焦心；像那种社会，到底是没有实现的希望的。（见第一章末段）

总而言之，人类的贫困罪恶，是人口与食物调节关系上的必然现象，人类食性要求没有变动，限制人口的贫困罪恶，就无法免避，从而，人人善良，人人康乐的社会，也就无从实现。这是他第一版《人口论》全书的论旨。

但至第二版，他的主张不是这样绝望了。他于限制人口增加的贫困与罪恶两者之外，又新提出了一个道德的限制。他之所谓道德限制，就是“一个人没有维持家族能力时，不许结婚；并且在那个时间，还须完全保持道德行为，不得有不正当的情欲满足”。这种限制，对于他原来的主张，可以说是一个大大的修正。人类既能依道德行为，即依他的理性，限制人口，那末，由贫困由罪恶限制的人口，便要逐渐减少，换言之，人类理性多增一分，人类的贫困与罪恶，便要多减少一分；以此推论下去，高德文主张由人类理性改良的理想社会，马尔萨斯不也承认其有实现之可能么？

但是，马尔萨斯一方面虽然这样缓和了修正了他原来的主张，同时，对于贫困和罪恶的根本原因，却依旧说是存于人口原理之自然的物理的法则上，不但此也，他甚且在这第二版中，把贫困的原因，说得与社会政府全无干系，应由贫困者自己负责。他说：

“他们贫民自己，就是他们自身贫困的原因。救济的手段，把握在他们自己手里，他们所在的社会，统治他们的政府，都没有救济他们的能力……他们的劳动工资，不够赡养家室……偏偏要从事结婚，那决不是对于社会履行义务，却是加重社会无用的负担，同时并使自身陷于贫困。”

依马尔萨斯的意见，政府社会不独无力救济贫困，并且不应救济贫困。贫困是对于贫困者自身的一种自然的惩罚，同时又是对于其他人的一种警告。贫困得了救济,那直无异奖励人任意结婚,也就是无形扩大社会贫困的范围,从而,扩大社会罪恶的范围。

有了他这一套理论,当时资产阶级对于社会贫困罪恶一切责任,总算是脱卸的干干净净了。贫困既是一种警告,一种自然惩罚,然而反面的私有财产呢?不待说,那当然是一种鼓舞,一种自然报酬。他曾说:

> "人们的状态,是不平等的,这件事,对于善行提供了一种自然报酬。一个社会如充满了向上的希望和失脚的恐惧空气,那无疑是最适于人类精神和才能的发展的,最适于人类德行之实现和改善的。"(第二版第三篇第三章)

惟其如此,他认为,"实行平等主义的社会,必因缺乏此种刺激,而陷于沉滞乃至灭亡。"一个社会实行平等主义,就不免于沉滞灭亡,可见私有财产制度,以及伴随这制度而生的贫困罪恶,不但不应消除,在敦促社会进步上,且有拥护保存之必要。以温良和善见称的马尔萨斯,居然由人口原理推出了这样残酷的结论。我们单就此点而论,第二版主张,或者第二版人口原理的推论,实在不比第一版和缓,甚且还要冷酷,还要固执,还要带些悲观的情调。

在亚当·斯密,他的时代要求他研究生产问题,研究富的原因,所以他侃侃而谈,很是乐观;反之,在马尔萨斯,他的时代却是要求他研究分配问题,研究贫的原因,所以他在议论当中,就不能不表露几分悲观了。不过,马尔萨斯的人口原理,是沿着斯密那个学说体系下来的,他们通是资产阶级的代言人、辩护者,所以,他们通是主张自由主义政策;富之原因研究者斯密,从生产观点上,解放资产阶级的束缚,叫资产阶级自由;贫之原因研究者马尔萨斯,从分配观点上,解除资产阶级的责任,叫资产阶级自由。这是他们彼此相同的地方。以次,我要论述到马尔萨斯对于正统学派的脱线主张。

第四节 地租理论

马尔萨斯关于地租理论的主要著述,是他的《地租之性质及其进步的研究》,其他如《外国谷物输入限制之见解的根据》,及《经济原论》等,亦皆有关于其地租理论之发挥。

在马尔萨斯的《地租之性质及其进步的研究》出版之一八一五年，同时佗伦斯（Torrens，1780—1864）亦刊行其《外国谷物贸易论》，威斯特（Edward West，1783—1808）[①]刊行其《土地投资论》，李嘉图刊行其《谷物低价对于资本利润的影响》。这在大体上，同是关于地租理论的四部著述的同时出版，我们就知道当时社会对于地租问题，该是如何的重视与注意。

佗伦斯与威斯特两氏的地租学说，我想留在次章论述李嘉图之地租论时，附带说及。所以这里略过不提。

马尔萨斯的《人口论》，是对于高德文等反对资产阶级，所提出的抗议；而他的地租论，则是对于布卡南（Buchanan）等反对地主阶级，所提出的抗议。

布卡南于马尔萨斯发表其《地租之性质及其进步的研究》前一年，即一八一四年，发刊《国富论》版本，于注释《国富论》外，并加入占有全部四卷的大附录，以表述他自己的地租见解。

据布卡南所见，地主所得的地租，是由于土地之自然的独占。因为，谷物价格的决定，与生产费无何等关系。在进步的国度里面，对于一切粗制生产物的需要甚大，而同时食物的供给，又为耕作地的分量所限制，所以通常谷物的价格，于支给工资及利润以外，还有一定的余剩。而当作地租贡献地主的，就是这种余剩。因此，布卡南说：所谓地租，就不外是由土地之自然的独占而生的利得，正如由人为的独占而生的利润一样。

地租既由土地之自然的独占而生，那地租这项收入，就不过是由一阶级的所得，转给他阶级，而并非重农学派所谓国家财富或赋税之唯一的主要的资源。课加于土地生产物上的赋税，预先就存在土地生产物购买者的手中；如其土地生产物的价格低廉，那末，成为地租的部分，就要残留在消费者方面。价格提高了，这一部分的价值，便会转移到地主方面。转在地主方面，可为国家赋税的资源，留在消费者方面，亦可为国家赋税的资源。

而且，土地生产物的价格提高了，地主虽因土地之自然的独占而取得了地租，而受到了利益，但同时在支给地租的一般消费者，他们就要蒙受不利。正如因人为独占，由消费者支出的利润同，地主由自然独占获有的

---

① 威斯特的卒年应为1828年。——编者注

地租，那究其实，不过是间接由土地生产物消费者荷包中掏出的罢了。马尔萨斯评述他这种意见说："在最近由爱丁堡的布卡南氏刊行的极可珍贵的《国富论》版本中，对于独占的观念，确有更进一步的发展。即从来著述家们虽设想地租由独占的法则所支配，但他们还以为，就土地方面说，独占是必要而且有利的。然而布卡南认为这是一种偏见，他甚且倡言：'地租是掠自消费者而给与地主的东西。'"①

布卡南这种见解，恰好是当时嚷着没收土地，放逐地主的那种空气中的产物。马尔萨斯反对此说，他认为，地租的直接原因，虽然是"基于原料生产物的市场价格，超过其生产费的那种事实上"，但那不是由于自然的独占，而是由于以次的三种原因：

第一，土地的性质，土地有赍与耕作者维持生活必要以上的生活资料之性质。

第二，生活资料的特性，生活资料能创造它自身的需要，即是说，需要者的人数，会依生产出来的生活资料之量的比例而增加。

第三，土地的稀少性，肥沃土地稀少。

对于上述三者，马尔萨斯自己比较著重第二原因。因为这一点，是他人口理论的骨干，亦是他地租理论的骨干。也可以说，他的人口原理，就是他的地租理论的前提。以他所见，人口增加，是耕作者产出了消费量以上的许多生活资料的结果。因之，人口增加多少，对于生活资料的需要，亦不得不以同一程度增加。即是说，生活资料的生产量无论大到若何程度，其价格总会有加无已，至若生活资料以外的普通商品，因其立于比较不关重要的地位，所以那种商品生产量增加过多，其价格即将低落。要想提高其价格，那唯一有效的方法，就是依独占限制其供给量。不过，独占在这些普通商品上，虽然可以收到提高价格的功效，在生活资料方面，却不能够。生活资料如果限制供给，接着，它的需要即人口，亦将受到限制。所以这种生产物的价格，就不会因此提高。

总之，自马尔萨斯看来，地租之发生，非由于独占，而是由于生活资料的特性及土地具有一种能够赋与耕作者的消费以上的生产物的性质，即

① 马尔萨斯著《地租之性质及其进步的研究》第16页。参照王译《地租思想史》第52页。

他之所谓“自然的恩惠”。一国人口到了某种密度，加之，一国的财富达到了某种程度，而发生地租，那是“与地心吸力定律为同样不变的定律”。

至于当前地租之所以腾贵，他认为那与地租发生，同为无可避免的倾向。他举出了以下四种原因。

第一，由资本蓄积，渐次利润低下。

第二，由人口增加，渐次工资低下。

第三，由农业改良，劳动生产力增进，结果，生产一定额数的劳动者的数目减少。

第四，由需要增加，而土地生产物的价格腾贵，更因土地生产物的价格腾贵，而生产物低落。

他提出的这四个原因的主要命题，就是地租是由土地生产物价格中，除去那包括有农业资本及其普通利润在内的一切生产费的残额。资本的普通利润率，是与存在的资本量的大小成反比例而上下；劳动的普通工资率，是与劳动者人数的多寡成反比例而上下；社会愈进步，资本愈多蓄积，人口愈有增加，则利润与工资下落，而地租提高。他如劳动生产力增进，土地生产物价格腾贵，皆足惹起地租的提高，因为后者是显而易见的，而在前者，生产力增加的意思，即是生产成本减少的意思，其作用与利润工资低减同。

照此说来，社会不进步则已，否则利润工资必然要减少，地租必然要增加，这种增加和减少，亦算是“与地心吸力定律为同样不变的定律”。他这种宿命的分配观，不独把地主坐食高度地租的罪过脱卸个干净，同时且叫资产阶级劳动阶级，毋徒作违反自然法则的空嚷。

不但此也，地租既是随社会进步，从而，资本增积，人口增加而提高，那末，地租的增涨，就显为国富增进的表征，且为文明进步的表征，所以，

> “实在说来，没有地租，就不仅没有都市，没有海陆军，即艺术，学问，制造工业品，舶来便利品或奢侈品，所有一切，都不会存在。更进，设若地租不存在，那就不但不能使人向上而且具有威仪，同时在大多数人民全体上发生有益影响的文雅而优良的社会，也不会存在。”（《地租之性质及其进步的研究》第 17 页。参照王译《地租思想史》第 56 页）

他这种议论，显明的，踏袭了重农学派的偏见，把地租与国富看成了

一个东西;并且,他又偏取了亚当·斯密的不澈底的主张,说地主阶级的利益与国家利益为一致。

然而,亚当·斯密主张撤废谷物输入限制,他却力说限制谷物输入有那些利益,那些理由;亚当·斯密及其他正统派学者,都主张加速的发展生产力和缩减不生产的消费,他却力说不生产消费之必要,并由此肯定贵族地主的必需存在。他以为,企业家与资本家生产的主要目的,就在贪图利润,积累资财。他们取得的利润,是出于他们商品的消费者,所以为了使这些工业资产阶级达成其生产目的计,那些消费生存手段,比之生产生存手段要多的许多阶级的存在,便是必需的了。在许多消费阶级中,又以地主阶级为首屈一指。根据这种推论的结果,他似乎是以拥护地主阶级,作为其拥护资产阶级的手段。

可是资产阶级之真正拥护者,却颇不同意他这似是而非的主张。李嘉图在其大著《经济学及赋税之原理》中,曾于最后一章,论到马尔萨斯的地租学说。他在这章的首段,把马尔萨斯的整个经济学说,作了一个概括的批评。他说:

> "本书前部,曾详论地租性质,这里,我又须指出一种错误的地租学说。提倡这种学说的,是现代伟大经济学家马尔萨斯。关于马尔萨斯的《人口论》,幸有机会表白赞同之意。反对者对于这部大著的攻讦,仅足证明它的伟大,我相信,它的正当名声,将随经济学发展而普及。这部伟著,确是经济学界的装饰啊。关于地租学说,马尔萨斯的说明,亦甚圆满。他指出了地租的腾落,按照比例于各种耕地的相对利益,而这所谓利益,又指其丰度位置言。关于地租问题,有许多难点,为昔人所完全不知或不大了解的,到他手上,都有了相当的理解。但在我看,亦不免有些错误。他是一个权威者,他的错误,更有指摘之必要。他特有性格上的淡泊,或不致怪我指摘吧。其中,有一个错误是:——认地租为纯粹赢利和新富的创造。"(见郭王合译本,第 315 页)

李嘉图对于马尔萨斯的敬佩,于这段话可以看得明白。但他这指出的错误,却要予马尔萨斯全地租说,以致命的打击。因为,"认地租为纯粹赢利和新富的创造",那是马尔萨斯拥护地主阶级,为地主阶级脱卸掠夺责任的唯一理论根据,这层否定了,地租就是"掠自消费者而给与地主的东西”。

所以李嘉图说他同意布卡南所谓地租不能增加社会资本，仅是由一阶级转移到他阶级的那种主张。此外，李嘉图关于马尔萨斯所指出的地租发生原因，和地租腾贵原因，皆有批难，那在后面还有提到的机会，不说了。

总之，人口论者马尔萨斯，虽尚保持他拥护资产阶级的立场，地租论者马尔萨斯，却已转到拥护地主阶级的立场了。他与其他正统派经济学者的内讧，完全反映出了十八世纪末叶至十九世纪初叶的地主贵族与资产阶级斗争的实景。

第四章　李嘉图

第一节　李嘉图的生涯及其根本思想

大卫·李嘉图(David Ricardo)，于一七七二年四月十九日生于伦敦。父名〔亚〕伯拉罕·李嘉图，为生于荷兰的犹太人，后移居伦敦，经营股票交易所。经济学者李嘉图，为他的第三个儿子，他受过几许商业教育后，亦于14岁时，在交易所里出入。后来因为归依基督教触怒其父，为父所驱逐。他既被驱逐在外，遂凭其前此经营股票的经验，独立从事股票投机事业。因其态度冷静，计算明确，且有预察货币价格运动的特殊天才，所以在数年之内，即积有巨大财产，而在伦敦博得了万贯家财的银行家的称誉。

李嘉图是有极大的求知欲望的。长久留在投机场里，当非其本意。所以当他25岁时，获有充分的资产之后，遂一转进路，而从事学问的研究。他开始是研究数学、化学、地质学。他并建立了自己的试验室，收集种种矿石。一七九九年，因与夫人旅行巴斯，偶然发现了亚当·斯密的《国富论》，便觉得颇有趣味。在深加研究以后，其注意遂倾向于全经济现象之探讨，最后始专心攻究经济学。

当时英国社会的一般情况，我在前章已经讲过了。若更借美国经济学者汉讷(Lewis Haney)所描述的，那就是：“物价为何而腾贵？地租为何而提高？应如何救济？如何决定劳动工资？劳动组织能生若何效果？

赋税应归何人负担？凡此诸问题在资本家利益上所生影响若何？都成为当时急待解决的问题。”[①]当时经济上急待解决的，既是这些问题，那就无怪李嘉图潜心研究经济学，而特别著重分配论了。

李嘉图是很谦恭很谨慎的，他继续研究经济问题十年了，还不敢相信他自己的力量。至一八〇九年，始公刊其题名为《金之价格》(The Price of Gold)的论文。这是他以经济学家出现于论坛的处女作。

由一八一〇年至一八一九年间，那是他的一个重要的著作时期，他的诸种主要著作，全是在这个时期出版的。在一八一六年以前，他大体上是论究货币问题、银行问题。可是他的经济学者的才能，早已见称于世，而他的交游范围，亦渐渐扩大了。他与杰姆士·穆勒相识，是开始于一八〇七年，后由穆勒的介绍，得与当世有名的功利主义者经济学者边沁交游，他与马尔萨斯结为友好的关系，亦系始于一八一六年以后。

一八一四年，他在格洛塞斯夏(Gloucestershire)购买广大的土地，一八一五年，移居于同州之格德柯姆(Cad comb)地方。

一八一七年，彼从友人杰姆士·穆勒的敦劝，出版其大著《经济学及赋税之原理》(On the Principles of Political Economy and Taxation)。这部书全部30余章中，虽只前面数章是关于理论性质的研究，但因他抓住了时代经济的重心，所以他使正统学派经济学达到了最高度的发展。而他的伟大的思维力和科学的真诚性，亦都在这寥寥数章里面表现出来。不错，他的性格是谦恭谨慎的，然而对于这部书，他却说英国能够了解的，不上25个人，由此，我们可以看得出这部书的艰深。

一八一九年，他由波特林墩(Portarlington)公选为下院议员，此后三四年间，是他以政论家活动于议会的时代。他平常虽不愿意登台讲演，但关于货币流通问题、议会改革问题，他一定要出台参加讨论。他不属于自由党，可是常和自由党一致投票。一八二三年，以重病故，辞去议员职，数月后，便与世长辞了。享年仅51岁。

李嘉图的著作，除前述主著《经济学及赋税之原理》外，还有下列各种：

一、《金块高价论》　一八一〇年

---

① 汉讷著《经济思想史》1920年版第254页。

二、《论金融问题答波桑葵君》　一八一一年

三、《谷物低价对于资本利润的影响》　一八一五年

四、《通货调剂与稳定》　一八一六年

五、《基金制度论》公表于一八二〇年出版之《大英百科全书》附录中

六、《威斯特思之金融意见》　一八二一年

七、《农业保护论》　一八二二年

八、《国家银行计划》,李嘉图死后〔于〕一八二四年出版。

九、《马尔萨斯经济原理之注释》,后单独出版。

李嘉图之专心研究经济学,是始于一八〇九年,距他死去的一八二三年,不过十二三年岁月,而且,在他开始研究经济学以前,他还是一个未受完全教育的商务人员。以一个于学问原无素养的人,在这样短的期间内,能有如此的成就,他的天才,和他对于研究学问的真诚态度,实在值得我们的崇敬。

经济学史上的李嘉图,系属于亚当·斯密学派。他大体上接受斯密的学说,且加以发展,并努力于其特殊部分之订正。不过,因为他所处的时代,与亚当·斯密的时代不同,从而,在他的根本思想上,在他的理论出发点上,都与斯密区划了一个分野。

斯密的全部思想,差不多都带有一种调和的情调。在骨子里,他虽是一个个人主义的经济学者,但他总注意到个人与社会之间的协调关系。重农学派心目中的个人,那是借以实现他们理想社会的工具,单就这点讲,那与重商学者把个人看成实现他们富强国家的工具,实在没有什么了不起的区别。亚当·斯密是把个人由那般拘限的关系解放出来了,可是他还抬出自然的大法则,借助"自然的妙手",把个人利益与社会利益调和起来。到了李嘉图,他就不是这样了。他认定除了个人,社会是没有多大意义的抽象。所谓社会利益,就是个人利益之体现,全体社会之福利,乃寓于各个人之福利中。他虽亦不时提示"个人利益之追求,与社会利益为一致",可是他不像斯密那样,把社会与个人放在平等地位上,在他看来,个人是超越社会的。

正惟其如此,正统学派经济学者著作中流行的一种重要观念,即所谓"经济人"(Economic man)的假设,在斯密的大著《国富论》中,虽亦显示了这种"人"的性质,但尚不是马夏尔教授(Professor Marshall)所说的

“全然不受伦理影响,细心的,拼命的,机械的,利己的,惟金钱利得是求的人”。[①] 可是到了李嘉图,这种“经济人”,就是如实的经济人了。他在社会中只有一种活动,即谋利的活动;只有一种要求,即生计的要求,只有一个目的,即成为富人的目的。他被假定为没有道德,没有真理,没有艺术。其理想不是善,不是真,不是美,只是富。[②] 这种纯粹经济人活动所在的社会,就完全成为一个露骨逐利的市场了。在李嘉图的大著中,我们找不到几个关于所谓精神文化的字样,因为在他假定的那种社会,那种市场里面,是用不着那些字样的。因之,这位以抽象见长的经济学大师,却不免为人玷称为不道德的唯物论者了。

最后,我要论到他的阶级观了。生产论者亚当·斯密,虽与分配论者李嘉图,同为资产阶级的代言人,同为资本主义组织的拥护者,但是我们要在《国富论》中发觉斯密对于工商资产阶级表同情的论调,那却是一件不容易的事。无论在何处,只要他把工商资产阶级,与其他劳动阶级地主阶级相提并论的时候,就他的论调判断,那与其说他是倾向前一阶级,倒毋宁说他是辩护后两阶级。[③] 这原因,就因为他那时代的工商资产阶级,只受到旧来种种封建残余组织的束缚,而尚没有与劳动阶级地主阶级引起正面的冲突,也就是说,后面这两阶级,尚不足为前一阶级利益发展的妨阻,所以这种场合,他也就用不着为工商资产阶级辩护了。加之,他是受了重农学说颇深影响的,同时,重商制度下包庇的商人阶级的跋扈与狡猾,这都是使他不满意这般人的一部分原由。

---

① 《经济学原理》第一版序。

② 参照郭王合译《经济学及赋税之原理》译序第13～14页。

③ 在这里,我且略举斯密不满意商工阶级的若干论调,例如,他说:“下层阶级生活状况的改善,究竟是社会的利益,抑是社会的不利呢? 一看,就知道这个问题的解决,极为明了。各种仆役,劳动者,职工,在任何大政治社会中,都占最大部分。社会最大部分境遇的改善,决不能视为社会全体的不利,居民有大部分陷于贫乏悲惨的状态,决不能说是繁荣幸福的社会。而且,供给社会全体以衣食住的人,在自身劳动生产物中,享有自身所需的衣食住的分额,决不能算是非分。”(见郭王合译《国富论》卷上第92～93页)

“议会的条令,只取缔为提高劳动价格而结合的团体,不取缔为低减劳动价格而结合的组织。”(同上第79页)

“我国商人制造家,对于高率工资之提高物价,从而减少国内外销路的恶果,当发不平之鸣。但对于高率利润的恶果,他们却三缄其口,关于因自己利得而生的恶果,他们保持沉默。关于因他人利得而生的恶果,他们却大鸣不平。”(同上,第115页)

到了李嘉图的时代，情形便大不相同了。那时旧来的势力，已渐归消泯，他早无须像斯密那样集中力量，去批判那些阻碍工业发达的封建残骸了。可是旧的障碍虽去，新的障碍复生，前此不足为商工资产阶级利益发展阻害的劳动阶级、地主阶级，现在都随着资本主义的发展，而抬起头来了。特别是地主阶级，它凭借政治势力，凭借谷物保护条例，作了商工资产阶级的死对头。如前面所讲过的，十九世纪初叶的英国社会史，就是资本家阶级与地主阶级的斗争史，这个斗争，到了明令废止谷物条例的一八四六年，才告结束。在这两阶级正面冲突的当时，为地主阶级辩护的，是前面讲过的马尔萨斯，而同时为资产阶级辩护的，则是他的亲密朋友李嘉图。从而，在正统学派的这几位经济学大师中，只有李嘉图才是十足的资产阶级利益的代言者，所以季尔德批难他，说他的学说，“只是货币资产阶级憎恶地主阶级的简单的记录”。

然而李嘉图学说的伟大性，究不是一两句刻毒话就可抹煞得了的。无疑的，他是有他的阶级的偏见，但这种偏见，乃为他的时代所造成。展布在他眼前的，是资本主义经济技术飞快的发展，全国到处的工业化。从他的著作中，我们几乎看不到手工业者、家庭工业者、小农民渐归消灭的残影。社会整个的舞台，全为资本家(包括富农)、工资劳动者和资本主义式的地主所占有。这时的资本主义形态，已经脱却了资本主义以前的经济残骸，而成为纯粹的独立的形态。在这种经济形态下，施行更严密的分工，运用更精巧的机械，行使更大规模的组织，所生产出来的空前的庞大的劳动产品，使他认识了，这种生产制度，是保证个人最大福利的最好手段，且是保证生产力高度发展的最好手段。

从这种认识，或这种确信上，他开始把资本主义经济，当作一个庞大的有机体，来进行他锐利的描述。他知道这个大有机体运动的底力，就是各个人追求利益的欲望，更恰切的说，就是各个资本所有者追求更大利润的倾向。所以，依着这种欲望，这种倾向的活动，如受到了某种限制，即无异妨害了保证个人利益，并保证生产力高度发展的最好手段。由是，他主张纯任个人自由活动的澈底的自由主义，他主张废除一切人为的立法的限制。在当时，最有这种妨害作用的人为限制，就是全社会闹得不可终日的谷物条例。于是，在他那部《经济学及赋税之原理》大著中，我们虽难得发现他怎样非难地主阶级的论调，但由他所研究的结果，或者由他理论的推断上，他竟成为反谷物条例，及地主阶级的急先锋了。

总之，单就经济阶级的立场说，亚当·斯密是比较包容，比较调和的，他虽是新兴资产阶级的拥护者，但同时，他并不忽视其他两阶级——劳动阶级、地主阶级——的利益；至于马尔萨斯，他是侧重地主阶级利益的，李嘉图，是代表资产阶级利益的。在经济阶级观上，这三位经济学大师，固保有这样的不同趋势，而在他们的经济方法论上，亦殆保有与此类似的不同趋势。亚当·斯密的研究方法，虽然比较是倾向演绎的，大体上，尚是演绎归纳综合运用。至其后继者，遂各趋一端了，即，马尔萨斯所取的是归纳法，李嘉图所取的是演绎法。经济学方法论上的马尔萨斯的地位，那是比较不甚重要的，所以我略过未提，至于为李嘉图所运用的演绎法，那却非常重要，我们如其对他的方法论的概念，没有明确的理解，我们就根本无从理解其经济学，而且我已讲过，正统学派经济学体系，是到李嘉图始达到最高度的发展的；同时，正统学派之被称为演绎学派，那与其说是由于亚当·斯密比较侧重演绎法，倒毋宁说是由于李嘉图专于驱使演绎法，尽可能的发挥了演绎法的功能。

第二节 李嘉图的演绎法与其大著《经济学及赋税之原理》

一个学说体系，愈达到圆满完善的境地，它的理论的各部分，就愈要为坚强的理论纽带所纲维，所结系，这所谓理论纽带，就是那种学说所由建立的方法。所以，要研究一种学说，批评一种学说，首先须把握住它的根底的方法。

可是，学者们，特别是经济学者们，对于其方法的选定，往往要为其观察，乃至他所研究的对象所局限。李嘉图所运用的演绎法，或者，他其所以运用演绎法，正可以说明此点。“李嘉图时代的资本主义的经济，是‘扫除了’资本主义以前的残余的，是所谓资本家占中心的‘纯’资本主义。李嘉图研究资本主义经济各倾向，是在‘纯粹的’‘孤立的’形态上来研究，他假定，资本主义的经济倾向，是有绝大的活动能力，且不致为相反的倾向所减弱的，这就是李嘉图引起他的反对者极力攻击的抽象方法（历史学派的经济学者特别攻击这一点）。……正是这种抽象的研究方法，才使李嘉图的理论思维能大大展开，才使他有力量去追究经济各倾向到底。”[①]从此，我们知道了，李嘉图其所以采用抽象法或演绎法的要因，我们还知道了，他的演绎法与其经济学的关系。

李嘉图的主要经济学说，皆载在其大著《经济学及赋税之原理》中。这部著作的透澈与精通，就因它运用了最严整、最光辉的演绎推理方法。“它往往被称为经济学上运用演绎法之典型的代表的实例。”[②]这种方法在李嘉图著作中有如此的重要性，“所以，无论是反对他的方法，抑是反对他的结论，都无异于反对演绎法”[③]。可是，李嘉图在演绎法的运用上，虽然收到了极大的成功，并使他享有抽象经济学之真正创设者的荣誉，但他所运用的方式和步骤，亦殊有不能令人十分满意的地方，因为，我们要借演绎推理，达出某种结论，须得对于任何推理所基的假说、应有明白而确定的说明。有时，除了细心解释那里推理所得结果，将适用于何种条件之外，更宜指示这些结果在条件变易会改变的方面。而讨论经济变动的结果，尤须标明时期之短长，把直接结果与究局结果区划明白。然而李嘉图对于他由抽象方法得来的结论，就往往要读者自己补充一些说明和限制，才得理解。并且，他在推理上，惯于不加解说，由一个假定，转到另一个假定。时间的要素，他是不大放在心下的。可是这种种缺点，就某一方面说，虽不免有损李嘉图经济学说的价值，而从其他方面说，却又正所成全其学说的价值。把亚当·斯密比较来说吧。斯密对于他的每种假说、每种结论，都是不厌求详的加以例解，然而他的理论究研过程，就动不动为丰富的例证和历史材料所中断了。李嘉图斩去一切枝节，一往无前的，集中力量去描述那展布在他眼前的经济有机体。他凭借着抽象方法或孤立方法，在复杂的社会现象中，抉发出经济现象之规律与倾向。诚然，他的观察，是没有斯密那样广远，或者说，只局限于他所经营过的股票交易所那种窄狭的范围。股票交易所的小天地里，在不断行着自由竞争，不断为需要供给的作用所支配，从而，他的全经济理论的展开，亦是基于一种全无拘束的自由竞争的假定。但是，这种偏狭的观察，不就是使他的理论更

① 参照沈译鲁滨著《经济思想史》第273页。

② 克赖士博士著《经济学之范围及其方法》1930年版第237页。

③ 克赖士博士著《经济学之范围及其方法》1930年版第237页。

能深入，更能精到的要因么？

至若说到他这部大著《经济学及赋税之原理》的体裁，那是受到许多人的非难的。我们一浏览他全书的章目，定然觉得那是乱七八糟的一个经济论文集，而不能算是整然成为体系的著作。克赖士博士说："李嘉图的主著，也没有满足一种完全的演绎体系的要求。一种科学愈是演绎的，它各部分理论上的排列，以及某部分对于其他部分之相当的隶属关系，就愈要加以研究。然而李嘉图对于他的原理间之正确关系，乃至它们彼此相互依存的样式，却从未充分的弄明白。"①可是，形式上的体裁问题，就一种著述的本身说，虽然非常重要，但李嘉图的精辟理论，究不致因此大损其价值；而且，我们如进一步把他留下这个缺陷的原由一一加以解述，那就更当为这位著者原谅了。

前面讲过，李嘉图的性格，是颇为谦谨的。他是否立意要为经济科学成就一个完全有系统的叙述，我们把他一八一五年给友人信中的一段话看了，就非常明了。他说："我研究经济学，除了这门科学能使我快乐外，我是说不出别的动机的。因为我的观点无论怎样正确，我永远不会有这种幸福——我的书能给我以光荣。"他写这封信后，不到两年，他的《经济学及赋税之原理》就出版了。由此，我们应当可以相信以次的推测，即，他这部主著的写成，原非为了刊行问世，只不过是把他自己对于各种经济问题的意见，写述出来，供他的熟识朋友们的参阅。后来经杰姆士·穆勒的赞扬与敦劝，他才勉强出版的。照这种说法，他那部书的系列，以及其中由严格理论观点看出的许多不完全之点，就大体得到说明了。因为，一个人为熟识其一般态度的人而写作，且为对于经济学理有相当素养的人而写作，他自然会省去其假定与限制的详细说明。

然而如波纳尔博士（Dr. Bonar）所说，"生在李嘉图以后两世代，'兼有其祖先一切的，乃至较多些知慧'的人，他是不难在李嘉图所著《经济学及赋税之原理》中，指出许多不适当的假定，许多暧昧的言辞，甚至许多反覆不定的语调"②。至若百余年后的我们，那就更有"知慧"更有理由来指摘这位资产阶级的经济学大师了。可是，李嘉图持着这部大著，在经济学

① 克赖士博士著《经济学之范围及其方法》1930年版第238页。

② 原书此处注释缺失。——编者注

史上取得的光荣尊严地位，我们依旧动弹不得。

我在前面一再说明了，李嘉图的整个经济学说，不外就是分配的学说。他的这部大著，就很可题称为“分配论”。在第一版文上，他说：

“劳动，机械，资本，联合使用在土地上面，所生产的一切土地生产物，分归社会上三个阶级，即地主，资本家与劳动者……

“全土地生产物，在地租，利润，工资的名义下，分归各阶级……

“这种分配，受支配于一定法则。确定这种法则，是经济学上的主要问题。”

读到他序文上的这几句话，我们就不难推知他全书是论说的什么了。

第三节　价值论

注重分配论的李嘉图，在他理论研究的过程上，是不能不探究价值问题的。因为价值论是分配论的根底：我们一言分配，或者，一言土地劳动生产物，究依怎样的方法，配分于地主、资本家及劳动者，首先就要牵涉到价值问题，所以李嘉图的大著第一章，就是价值论。

他的价值学说，大体上虽是追踪亚当·斯密、但增补修正的结果，他另树一个旗帜了。

说到这里，我又想回味到亚当·斯密、马尔萨斯及李嘉图这三位大经济学者关于价值论的关联了。斯密的价值学说，徘徊于生产时所投下的劳动量，和交换时所支配的劳动量这两说之间，前者是所谓劳动价值说，后者则是生产费价值说，然而至其两位主要的后继者，又是分道扬镳，各执一端了。据马尔萨斯的意见，商品的价值，是由需要与供给来调节，不过在经常的条件下，则系取决于其生产成本费——即工资利润（和地租），显明的，他是主张生产费价值说。李嘉图在阶级观上，在方法论上，都与马尔萨斯表示不同，或正相反对，而他的价值学说，亦是取的另一个途径。他认定，斯密主张价值决于生产时投下的劳动量，那是对的，斯密的错误，就在他同时又主张价值决于交换时所支配的劳动量。因此，他努力纠正斯密这矛盾，并由是树立了他的劳动价值说。

他依据斯密所说，首先区别价值为使用价值与交换价值。也如斯密一样，他所论究的，只是交换价值。

凡属发生交换价值的物品，皆是对于我们有若干效用，能满足我们某种欲望的物品。

在一切有用商品中，“有些商品的价值。单由稀少而定。劳动既不能增加它的数量，它的价值，亦不能由供给增加而减低”。稀有的雕像、图画、书籍、古钱，皆属于此类。但据李嘉图所说，在市场上，此类商品极其有限。人类所欲得的最大部分货品，都是由劳动而生。所以，当讨论商品、商品的交换价值，和商品相对价格时，他所指的商品，是“既可由人力增加总量，又允许生产上自由竞争”的商品。（以上，见郭王合译《经济学及赋税之原理》，第2页）

商品的性质和范围确定了，他于是始论到商品的交换价值。他说：

“如果把不能由人类劳力增加的物品除外，则交换价值的基础，确乎是人类的劳动。”（同上译本第3页）

“在原始社会，这类商品的交换价值，全受支配于各自费去的比较劳动量。”（第2页）

他这种论调，完全是根据亚当·斯密所说的。投在商品内的劳动量，支配商品的交换价值：劳动量增加，商品价值加大；劳动量减少，商品价值低减。但斯密主张此说，仅就原始社会立论，原始社会的劳动生产物，全属于劳动者自身，没有地主分肥，也没有资本家坐享。故“狩猎民族捕杀海狸一头，所费若二倍于捕杀野鹿一头，海狸一头，即可交换野鹿二头……二日劳动生产物的价值，当然二倍于一日劳动生产物……”[①]迨社会进步，土地私有了，资本蓄积起来了，于是有土地有资本的地主资本家，就不让劳动者独有其生产物，要求劳动者对于使用了的他们的土地和资本，分别与以报酬；由是，商品的交换价值，就不单是由生产时所投下的劳动量决定，从而，交换价值的大小，就是取决于它交换时所支配的劳动量。

李嘉图对于斯密这后半截的主张，大加非难。他以为，不论在何时代，何社会，商品的交换价值，是一样取决于其生产时所投下的劳动量。他说：

“在原始社会，猎人捕杀野兽，已需若干资本，不过这种资本，可由猎人自己蓄积而得。没有武器，海狸野鹿都不得而捕杀。”（郭王合

---

① 见郭王合译《国富论》卷上第55页。

译《经济学及赋税之原理》，第10页）

“捕杀野鹿所必要的一切器具，属于一个阶级，捕杀所必要的劳动，可属于别一阶级。但海狸与野鹿的比较价格，仍与投入的实际劳动（制造武器与捕杀野兽的总劳动量）成比例……

“假设社会的投资范围扩大，供给木舟绳索以捕鱼者有人，供给种子农具以耕作者有人，上述那个原理——商品的交换价值，与其生产时投下的劳动量为比例——依然正确……

“在商工业繁盛的进步社会又是怎样呢？在进步社会状况下，诸商品的价值变更，亦须依这个原理。”（同上译本，第11页）

总之，无论是在原始社会、农业社会，抑在工业社会，商品的交换价值，通通是受支配于其生产时所投下的劳动（直接投在商品内的劳动，和间接投在工具建筑物内的劳动总量）。劳动量没有增减，商品的交换价值亦不会有高低。一件商品对别一件商品的交换价值有了变动，那就是因为这两种商品，或两者之一的生产劳动量增加了，或减少了，与利润的腾落，工资的涨跌无关。因为工资利润的变动，会平均影响各种商品，所以对这两商品的相对价值，不能有所增减。

这样看来，李嘉图的价值学说，就要比亚当·斯密的价值学说，进步多了，完整多了。不过，他一方面虽克服了斯密价值理论的矛盾，同时却又造出了他自己价值理论的两道难关。

第一道难关，是由劳动品质不同上生出来的：劳动既为价值的一切基础，相对劳动量，既然单独决定商品的交换价值，那末，劳动品质上的差异这件事，不是全无关涉么？李嘉图是注意到了这一点的，但他的解释，不能令我们满意。他说：

“其实，要参照劳动者的比较的熟练与强度，评定劳动的品质，在市场上，决不是难事。为实际目的，市场上的评价，亦够正确。这种评价表一经定立，即不易变动。宝石匠的一日劳动，在昔较贵于普通劳动者一日的劳动，今仍较贵。在评价表上，它们各有适当的位置。”（第8页）

各时代的劳动在评价表上，既各有其适当位置，那我们比较不同时代的同一商品的价值时，就无庸顾虑劳动之比较上的熟练与强度了。因为，劳动品质虽有不齐，各时代的劳动作用则等。即令不等，其变异颇为有

限,对诸商品相对价值的影响必甚微。况且,他说:

> "我愿读者诸君注意的,仅是关于商品相对价值的变动,而不是关于其绝对价值的变动,所以这里无须考察劳动品质的比较表。"(第9页)

这个大难关,他就这样应付过去了。

第二个难关,是由资本性质不同上生出来的。李嘉图认定资本为劳动的累积,劳动的结果,所以,资本虽为一生产要素,商品的交换价值,依旧是受支配于其生产时投下的劳动量。不过,资本有固定资本和流动资本之别,同一固定资本,其耐久力,从而,其循环速力,又各不相同。社会上各种职业所使用的工具、房屋、机械的耐久力,可极不相等,维持劳动的资本,和投在房屋、工具、机械内的资本,又可按不同的比例结合。因为这二种资本的结合比例不同,因为固定资本的耐久力不等,所以,李嘉图说,在这场合,除了生产商品所必要的劳动量,尚有一个原因,可以惹起商品相对价值的变动。这原因,就是劳动价值的腾落。(第15页)为什么呢?因为二资本量虽相等,其结合的比例不等:如果固定资本大于维持劳动的资本,其交换价值所受劳动价值腾落的影响必小,反之,则其影响必大;又,因为固定资本的耐久力不等,那耐久力愈小的固定资本,即愈近于流动资本,耐久力强的固定资本占有重要地位的制造业,其生产物价值,定会因工资腾贵而相对跌落;耐久力弱的固定资本占有重要地位的制造业,其生产物价值,定会因工资腾贵而相对提高。他曾说:

> "太古社会,不常用机械与耐久资本,由等量资本生产的商品,亦几乎有相等价值。商品相对价值要发生变动,只有增减它们的必要劳动。但自有昂贵耐久的工具以来,即使投下等量资本,其产品价值,已极不相等。它们虽仍按照生产时必要劳动量的增减,而发生相对价值上的变动,但工资与利润的涨跌,亦可影响它们的相对价值——虽则影响微小。卖5000镑的货物,和卖10000镑的货物,既为等量资本的生产物,其利润必相等。但若货物价格不随利润涨跌而涨跌,利润就不能相等。"(第24~25页)

惟其如此,他在第一章"价值论"第四节的标题,就是"生产商品的劳动量,支配商品的交换价值。但因采用机械及固定耐久资本,这个原则的运用,遂大受修正"(The Principle that the quantity of labour bestowed on the production of commodities regulates their relative value considerably modified by the employment of machinery and other fixed and durable capital);并且第五节的标题是:“价值不因工资腾落而变动。但因资本耐久力及循环速度不等,这个原则,亦受修正”(principle that value does not vary with the rise or fall of wage modified also by the unequal durability of capital,and by the unequal rapidity with which it is returned to its employer)。

经过这两大修正,李嘉图的劳动价值说,亦就曝露了无可弥缝的缺陷。在前面,他以为,工资利润的变动,会平均影响各种用途,所以对于商品的相对价值,不能有所增减;现在,他又发现了,工资的腾落,利润的昂跌,不一定是平均影响各种职业上的等量资本。由这所生的必然的结论,就是承认工资利润亦参加价值的构成。

要之,李嘉图的价值理论,较之亚当·斯密进步的地方,就是他想建立一个完整的一贯的劳动价值说,虽然他亦承认有种种难关,同时并承认要“大受修正”(Considerably modifies),但究不像斯密那样公然采用价值二元说。至若他的理论的精辟透澈,那就更非其先觉所能企及了。

李嘉图以这种价值论为根底,而树立其分配论。在他分配论中占有特殊地位的,就是他的地租论。据他的意见,地租决非自然价格(他同时亦称交换价值)之一般的构成要素,地租之存在,与上述价值法则的变化,毫不相干。

第四节　地租论

地租论是李嘉图分配论中,最有创建特色的一部分,而他自己亦承认地租学说最关重要。他在前书序文上说“亚当·斯密和上述数名家——南按:指杜尔阁、斯图亚特、萨伊、西斯曼底等——因不曾了解正确的地租原理,所以,在我看,都忽视了许多重要的真理。在地租问题尚未看透以前,要想发现这种种真理,殆不可能”。他这里所说“许多重要的真理”,就是“关于利润法则,工资法则,和赋税作用的意见”。惟其他把地租原理看得这样重要,所以原书第二章,他就论地租。在这章的首段,他把研究地租的目的标举出了。他说:

“我现在待考察的，是土地的占有与地租的发生，能不能单独惹起商品相对价值的变动。为求问题这一部分的理解，我们必须研究地租的性质和地租腾落的法则。”(见郭王合译本，第33页)

前面讲过，李嘉图的时代，谷价极度昂贵，一般人的生活，皆陷于非常的困迫中。但是，谷价腾贵，在一方面虽使一般劳动大众堕入贫困的深渊，同时地主阶级却获得了空前未有的高额所得。因之，社会各方面皆高呼地租所得的不当。即在商工资产阶级，他们亦因生产成本的加高，和一般购买力的缩减，而憎恶地主阶级，而成为反地主阶级的先锋。李嘉图是资产阶级的拥护者，他对此该取怎样的态度呢？他已表明：研究地租的目的，是要问地租之发生，能不能单独惹起商品相对价值的变动，申言之，就是要问地主取得了高额地租，能不能单独惹起谷物价格的抬高。照理，他的回答应该是肯定的，然而，他的全部讨论，几乎都在逼着达出一个“否定”的结论，这，很容易使我们把他看为一个地主阶级的拥护者①。但归根结底，毕竟叫我们知道他的欲抑先扬的高妙手腕了。

现在，先看他对于地租所下的定义吧。他说：

“使用了原有不可灭的土壤力，必须给地主一部分生产物，这即所谓地租。”(同上)

他之所谓“原有不可灭的土壤力”，就是与投资改良土地，围砌垣篱，建筑贮藏所等人为力，相对待而言的。对于这人为力的报酬，只能说是利息利润，唯有对于原有土壤力的报酬，才是地租。二者不能相混。

关于地租的发生原因，李嘉图固然不同意马尔萨斯的主张，他并也不同意亚当·斯密的主张。依斯密所见，地租乃由具有特殊需要功能的食物特性而成立，哪怕丰度至低，位置至不便利的土地，只要它在从事食物(谷物、蔬菜、肉类)生产的限内，必然会生产地租。为什么呢？因为食物常有强大的需要，所以任何劣等地的产出量，必能售得一种抵偿投下资本及劳动工资以外，尚有若干余剩的价格。反之，在其他土地的生产物，就不必定有产生地租的那种需要，所以它们的剩余利润之有无，系取决于当

① 在我去年介绍李嘉图的《经济学及赋税之原理》时(见神州国光社出版《读书杂志》第一卷第三期拙作《世界经济名著讲座》第三讲)，我就弄出了这样的错误，把他当作地主阶级的拥护者，根据最近的研究，我才把这个错误改正过来。

前的情形。因为如此，所以食物以外的土地生产物，有时或发生地租，有时或不发生地租。

李嘉图否认斯密这种说法，他以为食物与其他土地生产物间，不宜设定任何区别，并且，谷物也好，其他土地生产物也好，都可随需要的增加，而增投生产资本，增辟较劣等土地，所以都无独占价格可言。

然则地租究是怎样发生的呢？据他说，地租的发生，须有两个前提条件：

第一是，土地之量有限，而其质又不均一；

第二是，土地收获递减法则的作用。

就前者而言，一国在最初殖民时，地广人稀，人皆可选择优良地耕作，故使用土地，无须支付代价。迨人口日繁，最优良土地又复有限，于是品质较劣地位较差土地，亦须取而耕作。这第二等地取而耕作，第一等最优地的地租，立即开始。地租额，取决于这两种土地生产力之差。人口更增加，第三等地取而耕作，第二等地的地租，又立即开始，地租额亦由二者生产力之差而定，这时，第一等地的地租，将要抬高。以同量资本劳动，投在第一等地和第二等地，所获常有一个差额，第一等地的地租，即按照这个差额，而更多于第二等地的地租。

例如，投下同量资本劳动，第一等地之纯收获为谷物 100 卡德，第二等地为 90 卡德，第三等地为 80 卡德。那末，最后第三等地不纳地租，第二等地的地租为 10 卡德，第一等地的地租为 20 卡德。结局，同量的劳动资本，始得为同多的报酬。设人口增加更甚，降而耕作第四等地，其谷物纯收获为 70 卡德，那末，第三等地亦发生 10 卡德的地租，同时，第一等地第二等地的地租，又各腾高 10 卡德，即，第一等地的地租为 30 卡德，第二等地的地租为 20 卡德。它们同量的劳动资本，所得依旧为同多的报酬。总之，地租的发生，是因土地之量有限，而其质又各异，致人口增加，不得不耕作劣等地的结果。

但是，人口虽日增，设优等地所产食物已足维持人口增殖而有余，或者，投在旧地上的资本累加，又可不递减收获，地租便不能腾贵；地租发生的又一原因，是投下追加劳动量，收获必按比例递减。土地收获如其不递减，人皆乐于在旧地上累投资本，劣等地无人过问，那一来，地租既不会发生，更自无从腾贵。

要之,李嘉图主张地租是起于土地的丰度,或投下资本的对差性。在他所假定的经济阶段,地租必然是对差地租,他之所以被称为地租理论之整统者、建立者,就因他阐发了这种对差性,并开始对于对差地租有了科学的系统的说明,他的地租学说之特色,是他认定从耕作限界的土地上,及最不利的土地投资上,不得提供地租的一点。但是,作这种主张,还得以两件事实为前提,其一是丰度最低的土地,尚得自由占有,则此种土地的利用,不会形成谷物的独占价格;其次是,纵令一切土地皆被占有,在同一土地上追加新的资本,仍可获得上算的收获。

如其到了占有劣等地成〔为〕不可能,追投资本获得上算收获亦成为不可能的时候,事实上的土地独占性就要表露出来,而土地的生产物,乃得享受独占价格。因而,在这时候的任何土地,都会发生当作独占所得的地租。由是,我们知道,李嘉图并不是如一般人所说的,否认任何情形下的绝对地租之成立,他不过认定那非最近将来的事,而且,就是在那种情形下的地租的大小,仍旧是与收获的差异为比例。他曾说:

> "一国的谷物及原生产物,是暂时能够以独占价格而发卖的。但这种现象,只有在资本已经不能有利的投在土地上,从而生产物不会增加的情形下,才得永久继续下去。而且在那种情形下,从事耕作的土地的各部分,以及在土地上投下资本的各部分,一律都提供地租;不过那种地租,是与收获的差异为比例的。"

李嘉图既认定一切土地成为独占所有物,最劣等土地亦得发生地租,于是又进而申述此种情形下的地租,亦存有对差的特性。即,最低丰度土地的地租额,一定等于此等土地生产物的交换价值,除去生产资本普通利润及劳动普通工资的残额。更优良土地的地租,常超过最劣等土地的地租。因此,李嘉图主张:地租在任何情形下,皆具有对差的特性。

地租的性质知道了,地租发生的原因亦知道了,现在再来论到地租与谷价的关系。

依他所见,物品的交换价值,乃受支配于其生产时所投下的劳动量,或劳动生产费。假若对于同一物品,投下了不同的劳动生产费,则由其中最大的劳动生产费决定,即是说,在这种场合,物品的交换价值,不决于最有利的生产条件所投下的劳动生产费,而是决于最不利的生产条件下所投下的劳动生产费。

就前例来说明吧。以同量资本劳动，耕作第一等地，获谷物 100 卡德，耕第二等地，获 90 卡德，耕第三等地，获 80 卡德。所获收获愈少，即其所费愈大。第三等地的耕作者，不取得普通利润，又不会从事耕作，所以市场上决定谷物价格的，只是第三等地的劳动生产费，第一等地第二等地，则各各以其超过第三等地普通利润的部分，提供地租。设当时情形需要耕作产生谷物 70 卡德的第四等地，则决定谷物的价格的，为第四等地的劳动生产费。第四等地的劳动生产费，较第三等地劳动生产费加大了，谷价也就要按比例加高。这时，第三等地发生地租，第一第二等地，又各依其对四等地的生产差额，提供地租。地租加多了，谷物价格加大了，地主无疑是受到了两重利益。但这两重利益，都是人口增加，相因而必须耕作更劣等地的必然结果。单就这种场合说，地租之增加，咎不在地主作祟，谷价的腾贵，更不因支付地租。地租不是谷价腾贵的原因，倒反而是谷价腾贵的结果。所以，李嘉图说：

> "支配谷物价值的，是投在不纳租土地上生产谷物所必要的劳动量，或者说是凭借不纳租资本部分生产谷物所必要的劳动量。谷物腾贵的原因，不是支付地租；反之，支付地租的原因，是谷物腾贵。地主放弃全盘地租，谷物价格亦不会低落下来。"（同上第 39 页）

照此说来，谷价腾贵也好，地租增加也好，地主总是可告无罪于天下的，商工资产阶级拥护者李嘉图，在这种推论上，不是恰好做了地主阶级的代言人么？但是对于地租问题的讨论，他没有至此终结。他一方面虽然这样论证谷价腾贵地租增加之必然性，可是他认定这种必然性，是在特殊情形之下发生的。

英国奖励谷物输出，禁止谷物输入的谷物法，谷物条例，实际上，就是造成这种特殊情形的主要原因。不错，社会进步，人口增加，势不能不惹起谷物需要的增加，不能不招致谷价的腾贵，从而，不能不促成地租的加多，但是，英国如不奖励谷物输出，那种需要一定要缓和许多，设更允许外国廉价谷物的输入，那国内有效的谷物需要，就恐怕大部分能够得到充分的供给，结果，更劣等更多费的土地，既不致进于耕作，谷物至少是不会像当时那样腾贵，地租亦至少不会像当时那样加多。

根据这种理由，所以李嘉图极力反对谷物贸易限制政策。他认为，谷物自由输入，与农业技术改良，有同一的效果，所以阻止谷物输入，就无异阻止农业技术改良。因为农业上的改良，与廉价谷物的输入，同样会招致谷价下落与地租减少的结果。设使农业技术改良，在国民经济发达上是值得欢迎的事体，那末，外国谷物的输入，就没有理由去禁止了。

固然，外国廉价谷物输入了，势将不免阻止英国更劣等土地的进于耕作，但在李嘉图看来，这种趋势，不值得顾虑，那极其限，不过是国民中极少数的地主阶级受到损失；而且，一国如能把劳动投在工业方面，由工业制造品换得他国多量的谷物，那国民的财富，一定会大大增加。由此看来，地主阶级的利益，是与全国其他国民的利益相反的。所以他说：

> “除了地主，一切阶级都不利于谷物腾贵。地主和社会上各阶级的关系，不类似于贸易上的关系。贸易上的关系，于买者卖者双方有利；但地主与社会各阶级的关系，却是一方面全然损失，一方面全然得利。在外国谷物低廉时，禁止谷物输入，于一方面的损失，且远甚于别一方面的利得。”(同前译本第 261～262 页)

他这种研究的结果，恰恰是当时社会各阶级——资产阶级、小资产阶级、劳动阶级——联合反对谷物条例的事实的反映；同时也恰好达成了他那站在资产阶级利益立场上，反对地主阶级的原来企图。

第五节 论工资与利润

李嘉图在他那部大著中，关于工资及利润，虽是分作两章讨论，但他随时都在注意它们之间的密切关联。在他看来，工资及利润两者，永远是在相互对立的关系上，保持增减消长的作用。因为，根据他价值论地租论研究的结果，构成商品价值的，只是工资与利润。工资加多，则利润减少，工资减少，则利润加多。他曾说：

> “不纳租土地的耕作者，各种货品的制作家，都无须牺牲一部分生产物，来支付地租。他们商品的全部价值，仅分成两个部分，一为资本利润，一为劳动工资。”(同前译本第 71 页)

至若这两个部分是怎样变动，那就要看他下面所阐述的工资法则、利润法则。

这里先从工资法则论起。

工资是对于劳动的报酬。这报酬的大小，是怎样规定出来的呢？据李嘉图说，那要受支配于一定的工资法则，申言之，那要看劳动的需要供给状况若何。

在他看来，一切可以买卖可以增减数量的物品，都有自然价格与市场价格之别。劳动力是可以买卖，亦可以增减数量的，所以，它也有其自然价格与市场价格。“劳动的自然价格，是维持劳动者自身及其族类所必要的价格。”劳动的市场价格，是“依供求比例的自然作用，实际付给劳动者的价格”。（参照第 58 页）

至若劳动工资、劳动市场价格，是在自然价格以上，在自然价格以下，抑与自然价格一致，那要看劳动人数，是超过需要，是不够需要，抑是恰够需要。因此，劳动者要想改善现状，增加工资，只有两种方法，一是增加其需要，即增加生产资本；一是减少其供给，即减少劳动者人数。然而，在实际上，这两者又是相互乘除的。

生产资本加多，劳动需要加大，劳动市价即将超过自然价格；劳动者的景况，就繁荣而幸福，他有力在生活必需品享乐品上，支配一个较大比例，有力供养一个健全的大家庭。但高率的工资，必然要成为人口增加的奖励。人口加多，劳动者人数加多，工资又将降止于自然价格，有时，由于一种反动，甚且会低落在自然价格以下。

劳动市场价格低在自然价格以下了，劳动者的景况，就非常困迫而难堪。而习惯上的诸种享乐品，势将因贫困而被剥夺。到了这种情形下，劳动者人数，将逐渐迫而减少，劳动的需要，又昂提起来，结局，劳动市场价格，复回到自然价格的限度。

不过，这所谓自然价格，即“维持劳动者自身及其族类所必要的价格”，并没有十分确定的标准，那要看各国民的文化程度如何。李嘉图亦解述过：

> “劳动的自然价格，非绝对不变的。国相同，可因时而不同；国不同，差异就更大了。国民的习惯与风尚，关系至大。英国工人工资，若仅能购买马铃薯，居住泥壁小屋，他会说工资太低了，在自然工资率以下了，不够赡养家庭了。但在‘人间生活低廉’国，亦就以此满足。他的欲望，很容易满足。今日英国农民在小屋中享受的那许多享乐品，在我们前代人看来，也许是奢侈品吧。”（同上第 60 页）

就在亚当·斯密，他关于这种意见，亦有所说明。他曾说：“劳动需要状态，不论是进步的，停止的或退步的，劳动者仍可按照那状态所要求的程度，购得他应有的一定量必需品，在必需品中，我的解释，不但包括那些按照自然要求成为最低阶级人民所必需的物品，且包括那些按照礼节上之规律，亦成为同一阶级人民所必需的物品。”[①]他这对于必需品的解释，后人引申而为经济学上关于工资的两种学说：仅按照自然要求所必需，那就是所谓“生理的最低限度说”，兼按照礼节上之规律所必需，那就是所谓“文化的最低限度说”。两相比较，后者的标准和范围，当然高多了，广多了。就李嘉图所说的“劳动自然价格，乃取决于劳动者维持一身维系一家所必要的食品必需品习惯享乐品的价格”[②]一语而论，他无疑是主张“文化最低限度说”的，但在理论上的阐述，他却又是倾向“生理的最低限度说”。

而且，自他看来，就一般进步的社会说，“由供求比例支配的工资，常不免有低落倾向”，为什么呢？在答复这个问题时，他显明的搬出了马尔萨斯的人口理论及他自己的地租理论。他说：

> “情形顺适，人口二十五年增加一倍，一国资本总额，也许不要二十五年，就可增加一倍，在这场合，劳动需要的增加，较速于劳动供给的增加，工资常有腾贵趋势。
>
> “以文化先进国的技术知识，输入新殖民地，其地资本的增加，往往会较速于人口的增加。若不能由人口稠密国移入劳动者，劳动价格将大涨。此后，人口愈稠密，劣等土地愈有耕作必要，资本增加的趋势，亦愈减退。现人口的欲望满足以后，社会上究能有若干剩余的生产物，那须看生产的便利程度如何，生产上所须雇用的人数，究曾减到什么程度。这时，景况若佳，生产力或仍可较大于生殖力。但可惜这种情形，不能长继续下去。土地量既有限，质又不等，把资本逐次加投下去，生产率亦必递减下去。人口增殖力，却不易变动。”（同上译本，第 61～62 页）

他这段话开始所说的“情形顺适”，就是指着“新殖民地”的情形，亦即是指着美国初辟时的情形。因为马尔萨斯主张人口每二十五年增加一

---

① 郭王合译《国富论》下卷第　页。（原书此处缺页码。——编者注）

② 郭王合译《经济学及赋税之原理》第 57 页。

倍，生活资料第一个二十五年亦增加一倍，通是就美国开始输入文化先进国之技术知识时期而言的。李嘉图略变此说，以为第一个二十五年，人口虽增加一倍，生活资料却不到二十五年就可以增加一倍，所以劳动需要大于供给，工资常有腾贵趋势。但他以为“可惜这种情形，不能长继续下去”，其理由，就是他前面标举的地租发生的原由，即，土地之量有限，质又不等，同时，逐次增投资本之收获，又复递减。在这点上，他又算为马尔萨斯主张第二个二十五年，生活资料不能再增加一倍的见解，加了一个注脚。而他之所谓“人口增殖力，却不易变动”云云，这又不是暗示，到了第二个二十五年，尚可增加一倍么？无怪他肯定：“由供求比例支配的工资，常不免有低落倾向。”

不但此也，在他原书第三版所插入的“机械论”一章中，他更提出了劳动需要逐渐减少，劳动工资逐渐低落的另一论据。那就是：

> “跟着资本与人口的增加，食物亦将因生产困难而一般的腾贵。食物腾贵，结果是工资腾贵。工资腾贵的结果，制造家愿以大部分的资本蓄积，投在机械上。机械与劳动，常在竞争中，劳动未腾贵以前，机械往往无人采用。
>
> “……资本增加一次，投在机械上的资本亦增加一次，劳动的需要虽因资本增加而继续增加，但增加的比率不同。劳动需要的增加率，是递减的。”（同上译本，第 312 页）
>
> “无论何业采用机械，结果都会减少对劳动的需要。”（同上第 308 页）

所以他得出了这样的结论：

> “现今我相信，以机械代替人类劳动的结果，常常有害于劳动阶级。”（同上，第 306 页）

劳动的工资，是由上述的诸种法则所支配。这些法则死死的束缚劳动阶级，劳动阶级的生活，是难改良的。

> “人道爱护者，希望世界各国劳动阶级的生活，都安适愉快，并愿以各种法律手段，鼓励他们去获得这种生活。然而，这毕竟是一种希望罢了。”（同上第 62 页）

他这里所说的“各种法律手段”，就是指着救贫法一类人为的反乎自由竞争的法律限制。他认为，想用这种方法改善贫民状况，其结果，虽不能使贫者富有，却将使富者贫困。

可是，这位冷酷的学者，亦并不是绝对不主张用法律，也并不是说劳动阶级的生活，绝对没有一点改善的余地，看他以下的提案吧。

> “欲长保贫民安乐福利，不能不在贫民方面立法方面着想，以限制他们人数的增加，减少他们不谨慎的早婚。救贫法的作用，恰与此相反，它忘记了抑制人口方法的必要。反而，扣取慎重勤勉者方面应有的工资，以招致不慎重。
>
> 弊害的性质，指示了救济的方法，只是逐渐缩小救贫法的范围，同时，开导人民，使知自立价值，教导贫民，使能自给；告诉他们，慎重远虑，乃是必要的有利的德行。这样，才能逐渐达到比较健全的状况。”（同上，第68～69页）

就这点而论，他又算是踏袭了马尔萨斯的成说。减少不谨慎的早婚哪，讲求抑制人口方法的必要哪，通通是马尔萨斯旧文章的重抄。

要之，李嘉图的工资论，主要是利用马尔萨斯人口原理写成的。他的工资论的特色或其创意主张，就在肯定工资因财富与人口的增减作用，而不断倾向于他之所谓劳动自然价格。他这种主张，一方面固然减轻了资产阶级的剥削责任，同时亦就十分曝露了资本主义制度的弱点，因为一种必然使社会大多数人陷于贫苦深渊的制度，那是应该要遭到有识者的攻击的。无怪他这主张到了拉赛尔手里，就锻炼成了一种攻击资本主义之武器的“工资铁则”。

现在，我要论述到与劳动工资相因而变动的资本利润。

在土地生产物中，既以一部分付给了地主和劳动者，余额必归农业家作为资本利润。

在某种场合，利润完全是与工资相待而变动。工资提高，利润低落，利润提高，工资低落，李嘉图曾反覆说明此理：

> “谷物与制造品的售价若不变，利润之高或低，即按照比例于工资之高或低……倘若工资不变，制造家的利润，亦可不变。”（同上第71页）
>
> “劳动者领得工资，用一部分购买食物，一部分购买别种必需品。这类必需品价格的腾贵，可同样影响于利润。购买这类必需品，既须增加支出，劳动者自然会要求增加工资。工资增加，必致减低利

润……。”(同上,第 80 页)

“……我们的学说是,利润高低由工资高低而定,工资高低由必需品价格腾落而定,必需品价格腾落,又主要由食物价格腾落而定。”(第 81 页)

由上面这几段话,利润与工资,从而,资本家与劳动者的对立关系,已表示得十分明白了。在前,亚当·斯密本也主张劳动[1]两方的利害,全不一致,他并说:“劳动盼望多得,雇主盼望少给,劳动者为提高工资而团结,雇主为低减工资而联合”[2]。不过,他这种说法,是按照普通习惯而言的,从科学的分析,来论证劳动家与资本家的对立,那却是始于李嘉图,李嘉图的利润论的特色,亦就在此。

利润之高或低,既按照比例于工资之低或高,那吗,限制劳动工资,使常降止于其自然价格的自然法则,同时就成了保证资本利润,使常维持其普通利润率的法则。

前面讲过,“社会进步,由供求比例支配的工资,常不免有低落倾向”;因为,机械的采用以及其他土地资本生产上的种种关系,劳动需要的增加率将低减,而劳动供给的增加率却依旧。然而社会进步,利润的自然趋势,又是怎样呢?据李嘉图说,那也不免有低落的倾向。因为财富增进,获取必要的追加食物量,须费追加劳动。劳动量加大了,谷物的自然价格提高,从而,工资腾贵,乃必然的结果。不过,工资低落的倾向,虽只有造成贫困,缩减人口(劳动者人数),才是暂时的转机;而利润的低落倾向,却随时可以得到补救。李嘉图说:

“……利润的自然趋势,乃是下降……幸而,生产必需品的机械,常有改良,农事科学,常有发现,利润的这种趋势,方才屡次遏住;这种改良与发现,使我们能缩减一部分必要劳动,低减劳动者必需品价格。”(见郭王合译《经济学及赋税之原理》第 82 页)

并且,在他看来,利润不独不会低落,事实上,也不宜过于低落。因为:

“低得太过的利润率,已足停止一切蓄积。……”(同上译本,第

① 原文如此。疑为“劳资”。——编者注

② 郭王合译《国富论》上卷第 79 页。

82页）

“劳动者没有工资，不能生活，农业家制造家没有利润，亦不能生活。他们蓄积的动机，将随利润减少而减少。利润低落，若不能抵偿投资的困难与危险，他们蓄积的动机，便会全然消灭。”（第84页）

资本的增殖，为社会经济发展之必备条件，亦为劳动需要增加之唯一要图，蓄积的动机减少了，停止了，资本的增殖，亦必相应而减少，而停止。其结果，社会全体福利，固会蒙到致命的打击，而在劳动阶级自身，又难保不陷于更悲惨的境地吗？

要之，李嘉图对于劳资两阶级间的利害冲突，可以说是剖析得非常详尽。他捧出工资利润的自然法则，全不见有何全袒资产阶级的情事，但依他所研究的结果，他不期然的成了资产阶级的拥护者。他力说资本家的利润所得的正当；对于工资劳动者，他认为不希图增进幸福，而以维持自身生命及种族为满足，那亦是正当的、合理的，过此以求，即为非分妄想。

可是，李嘉图一方面虽这样辩解缓和各阶级的利益冲突（即就地租说，他亦并不直接否认地主过分所得之不当，他不过由反对谷物条例，而间接有不利于地主阶级的种种表示罢了）。另一方面却又肯定它们之间的必然冲突。就他缓和各阶级的利益冲突言，他成就了完成资本主义经济学的最大使用；就他肯定各阶级间的利益冲突言，他又为后来社会主义思想散播了不少的种子。他是最有影响于近代各种经济学说的一位经济学大师。

第五章 李嘉图的继承者及修正者

第一节 英国社会各阶级势力之消长

在十九世纪上半期，英国社会各阶级间发生了显明的斗争。在先，是资产阶级联合一切其他阶级，与地主阶级斗争；往后，地主阶级的敌人阵营内，又发生内讧，即，劳动阶级起而与资产阶级斗争；大体上，直到四十年代五十年代，前一斗争的胜负算判明了，新兴资产阶级领导的队伍，战胜了地主阶级;亦就是在这个时代,劳动阶级开始成了资产阶级的唯一的正面的敌人。

前章讲过,资产阶级其所以联合劳动阶级小资产阶级,向地主阶级挑战的,主因就是为了地主阶级,利用谷物保护法律,抬高地租,抬高谷价,予社会其他各阶级以极大的不利。但是地主阶级其所以能够利用谷物保护法律的,又是因为他们在选举上占有许多特权,从而,在政治上占有特殊势力。因此,聪明的资产阶级知道,要反对地主阶级,要取消谷物条例,首先就得改革选举法,取得政治上的地位;他们又知道,单凭自己羽翼未丰的力量,亦难动摇地主贵族们根深蒂固的势力,于是便鼓动、诱惑,并拉拢劳动阶级。

原来在十九世纪初年,劳动阶级的团结①,是有严厉法律禁止的。自后多方运动,始于一九二四年②达到了撤废团结禁止法律的目的。劳动阶级能够团结,他们的势力,就不可轻侮了。正惟其如此,所以资产阶级在选举法改革的政治运动中,就想暂时利用他们。这时,劳动阶级中的理论家们,亦曾力说与资产阶级提携的危险,但结局,终竟与资产阶级提携了。

在选举法改革运动中,劳动阶级实在大卖了气力。一八三一年,奥文及其信奉者,曾组成"全国劳动者阶级同盟"(National Union of Working Class)。这个同盟揭举了以次的目标:

> "一、劳动者为确保其劳动的全价值,且确保其劳动生产物之自由处分,得利用社会进步上的一切机会,
>
> 二、在情形许可的限内,得用一切手段,保护劳动者,使不受雇主及制造家的横暴压迫,
>
> 三、为全国国民计,务使必促成英国下院有效的改革,如议会每年开会,一切成年男子皆得有选举权,撤废秘密投票方法,特别是撤废那对于议员财产上的资格限制。"

上面列举的第三项,就是劳动阶级为了与资产阶级合同进行选举改革运动,所提出的纲领。资产阶级得到全国劳动者的协助,所以在一八三

① 此处"团结"应指"结社"。——编者注

② 原文如此,应是"一八二四年"。——编者注

二年，就达到了选举法改正的期望：地主在选举上的特权废止了，议员被选的权利，扩张到工业都市去了。

然而这次运动的成功，并于撤废谷物条例，没有怎样了不起的帮助。工商资产阶级在政治上的势力，不过是在下议院添了几名议席，下议院4/5的议员，还是出自地主阶级。所以，商工资产阶级一再请愿撤废对于谷物输入的高率关税，总没有一点差可人意的答复。一八三八年，自由党内阁的首相梅尔本(Lord Melbourne)还说："要使全国农业团体毫无保护，我当着上帝宣言，我以为这是人类从来未有的幻想中最疯最野的政策。"总之，按当时的情势，要想在国会通过撤废谷物条例，那显然是不可能的。于是反谷物条例运动，仍只好在国会之外进行。一八三八年，满切斯特组成了一个"反谷物条例同盟会"(Anti-Corn Law League)，这个会在全国各地成立了许多分会。全会在理论及实际上的指导人物，是满切斯特的一位著名的政治家兼文章家柯柏登(Cobden)，他的才识足以统辖同盟会全局，他终身亦是为这个运动而奋斗。宣传鼓吹的结果，对人民不肯让步的自由党的梅尔本内阁，于一八四一年的全国选举上失败了，接着，以皮尔(Sir Robert Peer)为首相的保守党内阁成立。就政党性质而论，保守党较其政敌自由党更要坚持保护政策，然则英国当时的大势，已不许可其坚持了。所以皮尔登台后，即努力修正税则，减轻并缓和一向的苛刻条例。一八四四年、一八四五年，全国相继荒歉，延至一八四六年，爱尔兰又饥馑大作，于是在"同盟会"的宣传之下，全国都视为这是一个不可终日的问题。因此，几历半世纪的反谷物条例运动，竟在同年得到成功了。这是资产阶级对地主阶级的一个决定的胜利。

如前所说，资产阶级的选举改革运动、反谷物条例运动，都得到了劳动阶级不少的帮助。一八三二年选举改革运动的成功，那不过是资产阶级要求的成功，而非劳动阶级要求的成功。因为，前者只期望把被选举权扩张到工业城市，而后者则期望普及到全国。所以，资产阶级参加了政治支配权之后，虽然为了酬劳劳动阶级，于一八三三年勉强促成了劳动"大宪章”即《工厂条例》(The Factory Act)[①]之实现,但劳动阶级仍大感失望。他们中间一部分转向奥文一流的空想的社会主义的思想和行动,一部分则采取产业革命主义(Syndicalism)。两派都宣言与政治运动绝缘,并于一八三四年共同组成“全国合同劳动组合”(Grand and National Considerated Trades Union)。至一八三六年,奥文派的洛斐特等(Lovett),又组织“伦敦劳动者同盟”(London Working Men's Association),即所谓“普选运动”(Chartism)的母胎,他们宣言不依赖“卑劣的”保守党,也不依赖“暴虐的”自由党,只依赖自身的力量。他们提出了“普通选举”,“撤废被选权之财产限制”等六项要求,即所谓“人民宪章”(People's Charter)。他们对于进行这个运动,分有两种主张,其一是主张和平的请愿,其一是主张政治的罢业。一八三九年和平请愿失败了,随即在全国各地卷起了骚扰。警官、军队与民众到处发生冲突。后来虽经高压政策镇定下去了,一八四二年普选运动又重新活跃起来。普选运动者决行全国总同盟罢工,以要求其所提出的“人民宪章”之实现。适会连年荒歉,谷价腾贵,于是这种罢工势焰,遂愈益不可遏止了。可是,这次搅起全国不安的运动,并非与资产阶级有正面冲突,反之,聪明的资产阶级,却利用这机会,把社会扰乱的责任,全都加在坐享高地租高谷价的地主阶级身上,而于一八四六年达到其撤废谷物条例的目的。地主阶级失败之余,乃于翌年在议会通过劳动十时法案,以报复资产阶级,这是一种微妙而有趣的事势的推移。

要之,十九世纪三十年代四十年代五十年代,那是英国社会各阶级斗争最热烈的时代。就在这个时代,被资产阶级所攻击的地主阶级失势了,同时,劳动阶级又开始抬起头来。可是,讲到这里,我们应注意一点:劳动阶级虽是到了这个时代,才开始与资产阶级作正面的冲突,但它们两者的对立性,却是与资本主义制度有生俱来的。资本主义在发生之始,其本身即伴有反资本主义因素。当资本主义发展到最高度的阶段时,那种反资本

① 这个条例规定:9 岁以上的儿童,禁止雇用(蚕丝工厂除外),13 岁以下儿童的最大工作时间,为每日 9 小时(1.5 小时的用餐时间在内),18 岁以下青年的最大工作时,为每日 12 小时(1.5 小时的用餐时间在内);并且,晚 8 时半以后,早 5 时半以前,任何工厂,不得让 18 岁以下的青年儿童作业。此外,劳动儿童每日平均须有 2 小时入学,每年应有 2 天全日假和 8 天半日假。

主义因素,亦平行的,同速度的,发展到非常的高度。这所谓资本主义因素,就是促成资本大量蓄积的劳动阶级之贫困的加深与扩大。资本家的利润,与劳动者的工资,是两个相反的对立的经济形态。少数的资本家的财富的无限量的增加,乃是以最大多数劳动者阶级的贫困为前提,这种情形,在李嘉图时代,已经显示得非常明白,所以在李嘉图大著出版(一八一七年)的前后,有识者早已见透了资本主义制度的缺陷,从而发生了两大反资本主义学说,即空想的社会主义学说和浪漫主义经济学说,这两种学说,都大有影响于李嘉图以后的经济学者,所以我要放在这里加以解说。

第二节　两大反资本主义学说的出现

(一)空想的社会主义学说

空想的社会主义的发生,无疑的,是为了大多数民众的贫穷、困惫,与饥饿,但在本质上,那一团空想的社会主义者,他们不是要为无产阶级的利益辩护。他们所要求的,不是解放某一特殊阶级,而是同时解放全体人类。

由产业革命导出的资本主义经济组织,那是一切恶害所由产生的胎盘。所以,他们认为,要改善社会全般的生活,须得打破现存社会组织,而创造一个新的社会组织。他们都过于看重人类的完全性,他们的前提,就是建立在人类性善说的基础上。在他们看来,神是善的,由善神所创造的人间与世界,也定是善的。因之,人类在本性上,不但对于自己,就是对于其同类的一切人,亦皆具有同情与善意。现有社会其所以充满了痛苦、困惫与冲突的,那就是由于人类误解了神的意志,矫造了一种错误的制度与组织。他们的企图,就是想借理性与明智,创建一种能发挥人类善性,并实现全体福利的新社会秩序,去替代现存的错误的制度与组织。圣西门、奥文、富利叶,这三位人道的社会主义者,都是为这种空想所支配着。

圣西门(Saint Simon)于一七六〇年生于法国一大贵的家门。他具有远大的眼光与明敏的观察力,在产业革命勃兴的当时,他颇想在产业界有所树立,然而他的计划,被法国的革命所毁弃了。他曾因投机事业投入狱中，一年间的牢狱生活，予他以沉思默察的机会。出狱后，遂大规模的研究科学。他网罗当世有名的哲学者、物理学者、医学者于自邸，由他们听受各种科学之精义，后因巨大资产耗尽，乃不得不以写文为生，他的许多著作，就是这个时期写成的，一八〇二年，其处女作《日内瓦人通讯》发表，翌年发表《产业论》，一八一七年发表《政治论》，一八一九年发表《产业体系论》，一八二〇年发表《产业问答》，最后一八二三年发表《新基督教》。他这许多著作，大都是关于产业问题的，他想以产业主义社会，来代替现成社会，他把社会中人分为两大阶级，一是生产劳动者，一是非生产的享乐者，或者榨取者与被榨取者，产业阶级与非产业阶级。他在他那二元论的立脚点上，一方面虽把当时社会混乱原因，归之于基督教权威的失坠，另一方面，则又根据经济史观，说那是由于产业阶级在政治上，是立于被支配的地位。他认为："产业阶级，必得为社会第一阶级。为什么呢？因为他们是一切阶级中最重要的阶级。没有这个阶级，其他阶级不得存在。"因之，在政治上，这个阶级应居于支配的地位。把更大的荣誉与权力，给予无所事事者、懒惰者。"使有能有用的勤勉人，成为从属者，当作工具而使用。无能者则以指导者资格，立于有能者之上。"所以这一种社会，被他呼为"反常的社会"。而代替这"反常社会"组织的，就是以产业为中心的产业主义社会。在这种社会中，自由主义的组织应当排斥，因为自圣西门看来，自由主义虽是对于封建社会批判的武器，但非未来社会建设的原理。他所理想的社会，是要严密的统制组织，是要基于"平等"的原则，使人各尽所能。他说："产业的组织，建立于完全平等之上，而反对门阀权利，以及其他一切特权。"然则产业阶级如何才得把握政权，而进行一种理想的产业组织呢？他以为，那无须诉之于暴力的革命，只用和平的手段就行了，因为当时的产业阶级，占有全国民中的24/25，就物理的势力说，就财政的势力说，就知识上说，都占有绝对的优势，要进行产业组织，那是轻而易举的，所以和平做去就行，不必使用暴力。

在圣西门的全理论中，我们尚看不出劳资阶级斗争的显著痕迹，他所反对的特权，乃是法国当时的封建贵族特权，而他所尊重的生产劳动者，并不是严格意义的劳动者，企业家、产业资本家皆包括在里面。不过就反对自由主义的资本制度一点说，他是与其他空想社会主义者相同的。

诺巴特·奥文(Robert Owen)于一七七一年生于北威尔士之纽达温

地方。他没有受到完全的教育。小学卒业后，即为伦敦一商店小伙计。后来独立经营绵丝业，因其经营才能与诚意，业务日益兴旺，其制品已在满切斯特博得好评。一八〇〇年，他充当苏格兰最大纺绩工厂，即其岳父所建立的纽·兰拿克（New Lanark）工厂之总经理人。这时，他虽已取得了事业家的大名，但对于劳动贫民的同情心，使他在经营事业当中，并努力于其工厂劳动者之物质上精神上的种种设备。由是，他不但是一个事业家，同时且为举世钦崇的合理主义的教育家、博爱主义者。但是从这个时期起，他由实行上得到许多启示，使他为英国全体劳动者，乃至全世界无产者的幸福与安宁设想，他设计一种根本改造从来社会组织的根本计划。一八一三年，他的关于《社会的新见解》（A New View of Soceity of Essays on the Formation of the Human Chracter）①第一部出版了。在这当中，他主张，人类社会生活的目的，在能使社会一切人得到最大的幸福。而这种目的的成就，首先有进行以次三项设施之必要：

> 第一，各个人从幼年时期起，就要施以适当的训练与教育，而发挥其肉体的及精神的能力。
>
> 第二，各个人必须常有充分取得人生必要而且最为有益的一切物资的可能。
>
> 第三，各个人共同联合起来，组织一种社会，由这社会中，他们各应享有其最大利益。（以上，参照原书第 20 页）

他由此反观资本主义社会组织，他以为那距离社会生活的目的太远。那种组织的必然的有害结果，就在使少数人获得过大的权力与过多的财富，同时使大多数人陷于奴隶的贫苦的境涯。一八一六年末，资本主义社会第一次经验到的商业恐慌，在英国降临了。其结果，工厂倒闭，失业者贫困者突增，这种事象，更使奥文感到有根本改造现社会，而建设一种新社会组织之必要。一八二四年，他为实现其理想，往美洲购置广大土地，率同志 800 人，建立一理想的共产村，即所谓“新协和的平等村”（New Harmony Community of Equality）。在开始一两年间，这个新社会的人，

---

① 该文献的全名应为“A New View of Society，or Essays on the Principle of the Formation of the Human Character，and the Application of the Principle to Practice”。——编者注

都是快乐而幸福的。儿童受有良好教育,人人在物质上皆有充分供给,并且大家都乐于为全社会福利而从事劳动。所以奥文当他莅临一八二六年七月四日美国独立五十周年纪念时,曾大胆的、乐观的,宣言其理想的现实化。然而此后不久,这新的理想社会里面,即因宗教上及经济上的冲突,发生内讧。后虽屡经变更规定,以图补救,结局,终不能不放弃原来共产组织计划,奥文失败了。

在广大的资本主义社会的一个小角里,暂时建立了一种社会主义组织,那原无损于整个资本主义的毫末。但是奥文的努力,奥文的热忱,奥文的新奇计划,却亦够惹动全世界人士的观听。所以,那在实行上的收效虽甚微,而在思想上的影响则至大。不错,奥文是把人性看得过于乐观了,因其把人性看得过于乐观,他遂不期然而忽视了社会进化的法理,但就他能指证近代资本主义组织之本质的缺陷言,就他能理解将要勃兴起来的社会主义之根本的理想言,他是应当在当时后世发生极大影响的。

最后,我要论述到富利叶(Charles Fourier)了。富利叶生于一七七二年,卒于一八三七年,他与奥文为同时代人。他是法国一个中产商人的儿子。按照他的家世说,他是要继承父业的。但他在学习为商的当中,他深深体验到工商业的反社会性,他发誓不作这种活动了,当他 27 岁时的一七九八年,法国饥馑盛行,贫民无所得食;而奸商则积米抬价,不肯发卖,后致大量食粮,全归腐烂。富利叶目击此种事实,遂痛切感到现存经济组织之缺陷,而慨然以创建新社会秩序自矢。此后数年间,即热心研究改造社会之计划。他著有关于改造社会的理论书籍数种。就中以一八二七年出版的《产业的及社会的新世界》(Le Nonveau Monde Industriel et Sociétaire)一书,最关重要。他在一方面是一个透澈的批评家,同时又是一个不着边际的空想家,所以有人称他是天才与狂人的合体。他的理论中最放光彩的部分,就是对于所谓文明社会加以痛烈批评的部分。他首先批评当时的自由主义思想。他以为,高谈阔论政治上的自由,那全无益处;对于最低生活没有保证的自由,与面包不相关联的自由,那在大部分民众看来,不过是饿死的自由罢了。他更就人民主权论加以下面这样的尖刻的批判:“没有面包,也没衣服的主权者,究是怎样的一种主权者呢?那是难于想像的。”他认为:当时个人主义的社会秩序的恶弊,在商业上算达于顶点。他对于商业抱有异常的反感。他骂商人为社会之富的掠夺者，为一团欺骗的无赖汉，为吸吮社会之血而生活的寄生虫。他说："从生产者的立场言，商人是要求赎身金的海贼。从消费者的立场言，他们是张网捕吸蝇血的蜘蛛。从历史上言，他们又是强夺劫掠的子孙；古代希腊的海商，同时就是海贼。"至其论工资劳动者的社会地位，那却是充满了同情的。他以为，工资劳动者因为没有面包，他们的命运，就俨如"每日为一佛朗出卖其生命，把颈锁着，拖向绞首台"。他们从事劳作的工场，就是一座牢狱，那里机械的骚音，混溷的空气，乃至引不起一点兴味的单调而机械的劳动，是充分具有杀人的效果的。

以上是富利叶关于当时社会一般的批判。他这批判的根底，就存于"最低生活"之"保证"的意思。被称为文明的社会制度，不能使大多数人得到"最低生活"的"保证"，所以他认为这种社会是要根本改造过来，而代以一种协同的共产的理想社会。

他书中所谓"佛伦基"(Phalange)，就是他的理想社会的一个单位，为一种共产体或协同组合。全国分为若干"佛伦基"，每个"佛伦基"，占有一定的地域，建有一定的房屋，其组合人员为 800 人或其倍数。他们的标语是："共同的生活，共同的家计，共同的住宅。"富利叶说："佛伦基是一个除友爱以外，没有何等纽结的自生的联合体。"这个联合体的第一目的，是要保证各个人的最低生活，其次是使各个人的劳动，艺术化、游戏化，每两点钟，调换一次工作。由这种劳动作业所生产出来的物品，首先按最低生活的标准，配分于各个人，有余，则又按劳动、资本、才能三者分配，其比率是劳动 5/12，资本 4/12，才能 3/12。

富利叶也与圣西门、奥文一样，对于当前社会的经济组织的缺陷，虽持有适当的理解，但可惜在实行方面，过于架空，过于唯心了，所以他的实际运动，也同样归于失败，正惟其如此，他们同被贬为空想的社会主义者了。

(二)浪漫主义经济学说

关于西斯曼底(J. C. L. Sismondi)的学说，许多经济学史家都把它放在正统学派里面介绍，但显明的，他是最初站在经济学立场上来反对正统学派的一位经济学者。列宁在其所著《浪漫派经济学批判》序文上说："西斯曼底，是立于经济学史上主要思潮的旁流，占有独自的地步。并且，他是小生产的热心主张者，他反抗大生产的拥护者及其思想家。”从这段话里，我们可以看得出他的主张，亦可以看得出他与正统学派的关系。为了学问的体系，且为了论述的便利起见，我特为放在这里介绍。

西斯曼底于一七七三年生于瑞士之日内瓦。其先世为意大利之名族。他曾充当瑞士立法院议员。后渡英小住，得悉英国当时的经济组织，所及于贫弱者之悲惨影响。他原为亚当·斯密之信奉者，后乃一变其说，肆力攻击自由放任主义。他的大著《新经济学原理》或《论国民所得中之富》(Nouveaux principes d'économie politique，ou De la richesse dans ses rapports avec la population)，就可视为直接向正统学派经济学抗议的第一部抗议书。这部书于一八一九年出版。在八年后的第二版序文上，他描述其对于英国资本主义的印象说："我看清了这个令人惊惨的国度，它是一个伟大的试验，它对于一切落后的国家，恰好是种教训，它表现出了生产数量的增加和幸福数量的减少。这里的国民群众和思想家，忘记了财富的增加不是政治经济的目的，而只是给全民幸福的手段。我想在一切阶级社会里面找出幸福来，然而我不知道在哪里才可找得着它。"[①]物质进步的结果，英国社会是产出了大量的财富。但是"这蓄积的莫大的富之果实是什么呢？那除了把忧患，缺乏，危险和完全没落传向一切阶级外，还有其他的作用么?"举凡资本主义的一切缺陷，如小经营的破产，农村人口的减少，中间阶级的无产阶级化，劳动者的贫困化，机械之驱逐劳动者，失业，信用制度的危险，社会阶级的对立，生存的不安、恐慌，无政府状态等等，他都曾加以痛烈的抨击。然而，他的学说的中心点，是恐慌理论，而其归着点，则是小生产者拥护论。他是恐慌学说的始祖，他亦是小资产阶级的浪漫主义学说的先导。

特西斯曼底的恐慌理论，一方面虽是英国社会的实际情形的反映，同时却又是由他对于正统派学者，特别是萨伊(J. B. Say)之贩路论与机械补偿论的反驳。所以在论述他的恐慌理论之前，须把萨伊的学说解说一个大概。

萨伊的学说，大体皆载在他一八〇三年出版的《经济学——富之形成分配及消费的形态略说》(Traité d'économie politique, ou simple

① 参照沈译鲁滨著《经济思想史》第379页。

exposition de la manière dont se forment, se distribuent et se consomment les richesses)。李嘉图关于这部著作的评语说:"对于萨伊的著作,亦当同样声明。在欧洲大陆诸作家中,赏识斯密学说,应用斯密学说,介绍斯密学说于欧洲诸国,他是首先一个。经过他的手,这种学问的系统,是更合理更有意义了。他曾以新奇切实的研究,增加这种学问的内容……"[①]对于这所谓"新奇切实的研究",李嘉图附了一个注释,说:"特别是十五章第一节贩路论,其中,包含有几种极重要的原理,我相信,首先解释这几种原理的,就是这位卓越的学者。"

其实,不仅是李嘉图,就在萨伊自己,他亦认定贩路论(Des théorie des débonchés)是他的最大发现。他尝极力称说贩路理论之重要。他以为:"把全自然置于人类支配之下的,是热和杠杆和斜面的理论,而足使世界政策变动的,是交换及贩路的理论。"然则这变更世界政策的贩路理论是怎样一种理论呢?据他所说:资本愈蓄积,产业即愈扩张,产业愈扩张,即愈不会有一般生产过剩的危险。因为购买甲生产物的,必得是乙生产物的价值,货币不过居间的媒介罢了。甲生产物一经完全,马上便会举其全价值,为其他生产物开拓贩路,推而至于乙生产物、丙生产物,莫不如此。所以,他认为:对于生产物开拓贩路的,就是生产。各种生产事业间,皆有联带的利害关系。一部门繁荣,其他部门亦将趋于繁荣。如其某种生产发生堆积过剩的现象,其原因就在其他生产物的不足,换言之,就在各生产物交换流转上发生了障碍,所以产业自由放任,乃全世界同趋于繁荣之关键:一人之繁荣,乃一切其他人之繁荣所助成;城市的繁荣,乃乡村的繁荣所助成;一国的繁荣,乃一切其他邻国的繁荣所助成。外国品的输入,正可以助成本国品的输出,如其禁止外国品输入,那就无异禁止本国品的输出,从而,断绝本国品的贩路。他由这种观察,归纳而得以下四种重要理论:

第一,在一切社会,生产者数愈多,或者他们的生产物愈多,则对于这些生产物的市场,将愈益活跃,繁多而广大。

第二,各个人对于一般的繁荣,皆有利害关系;一部分产业的成功,可以助成其他一切产业的成功。

---

① 参见郭王合译《经济学及赋税之原理》原序第3页。

第三,由外国输入货物,于国内产业无何等不利。即是说,无论何物,除了以自国产品购换外,便无法由外人手中输入,所以在这种对外交易上,正可找得自国产品的销路。

第四,纯然的消费,即不能唤起新生产物的消费,于贩路扩大上无何等贡献。

以上是萨伊贩路论的概略,现在更把他的机械论,略予说明。

当某种机械使用在某一产业部门的时候,这一部门的劳动者,就有一部分,或一大部分,甚或全部要被驱逐,关于这点,萨伊也承认。他以为,不但新的机械,就是何等比较迅速的作业方法,一经采用,则原来从事那种作业的劳动者,就要"一时"陷于无职状态。可是,在他看来,这种弊害,仅是"一时的"。因为,机械的制造,非有大量的劳动不可,为机械所驱逐的劳动者,不久即可由制造机械而得到职业。然则造机械所需的劳动,与由机械使用所节省下的劳动,究成怎样的比例呢?被机械所驱逐的劳动者,是否在不久以后,即可被雇用去制造机械呢?萨伊没有加以解说。

在下面,我要述及西斯曼底的恐慌理论,他的恐慌理论,就是由他批难萨伊的贩路论和机械论而展开的。

萨伊主张社会的生产者愈多,或其生产物愈多,则对于这些生产物的市场,将愈益活跃,繁多而广大;换言之,就是他认为生产本身能开拓生产物的贩路,也就是说,消费的限界,专由生产决定。但西斯曼底认为这是一种谬误主张。他力说消费不是由生产决定,而是由收入所限制。生产的尺度,应当从国民收入中去寻得,即是说:生产范围,受制于消费范围,消费范围,又受制于社会收入总额。就个人言,他的消费应该与他的收入一致,就社会言,亦是如此。社会各阶级今年的总收入为100万镑,他们来年的生产品需要总额,亦不能超过100万镑,所以社会来年的生产范围,乃是由今年的收入总额所限制,同时,今年的收入总额,又是预定用以供来年的消费。国民每年的生产,应与每年的收入,保持均衡。如果收入只100万镑,生产却提高到150万镑,那就有50万镑的生产品找不到顾客,其结果,恐慌现象因而发生。

然而实际的情形,又使社会的生产,不易与社会的消费、社会的收入保持均衡。这有几种原因:第一是市场的复杂化,第二是市场相对的缩小。就前一点而论,要使生产与消费成为一致,生产者必须具有市场的知识，即知道市场需要的限度，可是决定市场需要的，为消费者人数，其嗜好，其消费大小，其收入多寡，而这四者又各各有其独立的作用，使市场需要不断发生动摇，从而，要确定生产的供给，恰好不超过市场需要，那就非常困难了。而且，生产者就令有确知市场需要限度的特殊本领，对于市场的适应，亦颇不易做通。如亚当·斯密、李嘉图所说：社会的劳动工资与资本利润，可因劳动资本的自由移动，而使各种用途上的需求关系调匀，并使工资利润平均化。但西斯曼底反对此说，他以为，劳动与资本不易自由移动，那不是社会的，而是本质的。某种企业上的劳动者，经过长期且费过高价学习得的熟练与精巧，就算是他的财产的一部分，设转向其他企业部门，他这财产就要失掉了。所以，社会对于某企业部门的生产物的需要，即令减退，这一部门的劳动者，将甘心接受更恶劣的条件，而不欲或无从移动。在劳动是如此，在资本亦具有不易移动的性质。特别是固定资本，设一个企业家在某种企业上投下了大宗固定资本，如备置机械，建筑工厂等，一旦该企业上之生产物的需要减退，或生产过剩，他照理应该停机闭厂，另行从事其他生产不足或需要增加的生产物的生产，可是，这一来，他为机厂投下的固定资本愈多，他的损失就愈大，为他自己打算，他只好勉强维持下去；即令最后仍非闭厂不可，他投在这方面的资本，亦无法向他方面移动。资本与劳动既不能任意移动，想社会的供给与需要，或者生产与消费保持均衡，那亦就非常困难了。

更就后一点，即市场相对缩小一点而论罢。在资本自由竞争，从而，在资本主、制造业者竞拉顾客的场面下，大家必力求其产品的廉卖而且多卖。要做到这层，首先就要注意如何节省劳动，即尽量采用新式机械，比如以前使用十个劳动者，现在也许一个劳动者就行；以前使用五个成年劳动者，现在也许一个童工就行，于是劳动者就要大批解雇了。但据西斯曼底所说，资本主、制造业者，是最贪得无厌的，他为要夺尽其他竞争者的顾客，他将把现有的劳动者维持下来，而从事更多的生产。同时，其他一切参加竞争的资本主、制造业者，亦采行同一办法，结果，劳动者终不免要为机械所驱逐。失业劳动者的激增，就等于说是社会购买力的激减，这样，生产就益发过剩，于是一般的恐慌危机降临了。——西斯曼底的机械论，又算与萨伊的机械论，达出了一个不同的结论。

不错，在国内市场生出的生产过剩现象，原可由国外市场得到补救，或者恢复生产与消费的均衡，但在西斯曼底看来，这也是一条绝路。国外市场需要的限界，比国内市场还要不易测知。况且，一国因生产过剩而向国外寻求出路，或者因有外国市场而作过度生产，同时，其他各国遵循此一途径，其结果，恐慌的范围，将扩大至全世界，世界一般的恐慌，势必反而加重任何一国的商业上的危机。

然则资本主义生产的这种宿命的恐慌，怎样才能得到挽救呢？西斯曼底论到这里，就归结出了他的根本主张，即，借国家的权力，抑制生产力的发展。机械的发明与采用，皆局限于一定限度；抑制大工厂制的工业，并限定生产者的人数，在这种前提下，他赞美基尔特的工业，和独立的小农。他“希望工业和农业一样，应该分为无数的独立的老板，而不该集中在管理成百成千劳动者的一个企业家手中，并且，希望工业资本应该分配在许多中等的资本家之间，而不应该集中在掌有千百万资本的一个人手中”。总之，西斯曼底所理想的社会，是由富裕农民、独立工业者以及小商人所组成的社会。当时瑞士的实际情形，恰是如此。他的整个经济思想，就可说是英国社会及瑞士社会的反映。

站在小资产阶级立场的浪漫主义者西斯曼底，他与站在全人类利益立场的空想社会主义者圣西门、奥文、富利叶，是显然表示不同的，不过，他们有一个相同之点，也许就是一个相同之点，即，肯定资本主义制度的弊害，和抉发资本主义组织的根本缺陷。就理论上讲，西斯曼底要比驱使热情的空想社会主义者完密多了，而且他的恐慌学说，至现今更为一般人所推重，可是论到根本主张，他那开倒车的办法，就比那几位建空中楼阁的社会主义者，更有逊色。至若对于当时后世的影响，西斯曼底后来虽被尊称为讲坛社会主义者的先导，但空想社会主义的伟大人格和躬行实践的精神，在感情的刺激上，实在给予了被压迫者或同情于被压迫者不少的兴奋。而对于我们在本章要论及的李嘉图以后的经济学者，无论是共鸣也好，抑是反感也好，都是有不少影响的。

第三节　李嘉图以后的经济学界

我屡屡讲过，资本主义经济，到了李嘉图时代，已有迅速的最高度的发展，反映着，资本主义经济学体系，亦是到了李嘉图，始有登峰造极的发展。可是一种学说发展到无可发展了，往后定会趋于流俗化，或者转向另一个途径。马克思曾说："英国正统学派经济学，乃是阶级斗争尚未发达的时代的产物。然而它那最终的伟大的代表者李嘉图，却竟素朴的，把阶级利害的对立，工资与利润，利润与地租的对立，看为自然法则，并在意识上，以此为其研究的出发点。可是，资产阶级经济学，至是已达到了难于超越的限界。它在李嘉图生前，即已受到了反对李嘉图的西斯曼底的批判。"①李嘉图的大著《经济学及赋税之原理》，是于一八一七年出版的，所以，马克思继续前文说："由一八二〇年至一八三〇年，那是英国在经济学领域内，以科学活动为其特征的时期，那是李嘉图学说俗化和普及的时期，亦是李嘉图学说对于旧派抗争的时期。"

李嘉图学说之流于俗化、普及化，那一方面固然是"资产阶级经济学，至是已达到了难于超越的限界"。同时，李嘉图以后的时势推移，亦要求他这种学说的俗化和普及化。因为，如我在本章第一节讲过的，成为十九世纪上半期资本主义发达障碍的谷物条例，是挨到了一八四六年才明令撤废的，而在这个时期老早以前，劳动阶级又在或明或暗的向着商工资产阶级施行攻击，不但此也，一般同情劳动者的社会主义者经济学家，又从旁鼓吹怂恿，以助长劳动阶级的势焰。资产阶级的经济学者们，要在这种情势下，为资产阶级辩护，再好莫过于把李嘉图的学说，加以疏解，或者加以修正和变通，因为站在拥护资本家利益的立场上，李嘉图学说算是降服地主阶级，且降服劳动阶级的最有力的武器。

但是，李嘉图学说究是具有两面性的，我的朋友郭大力君说得好："读李嘉图的经济学，有一事最令我们纳罕。他书中一字一句，都为资本主义辩护，但他书中一字一句，又可转用作反资本主义的武器。这种现象，在别个大经济学家的著作上，绝对没有。李嘉图经济学之所〔以〕有价值，这或许是一个小小的原因吧，但李嘉图经济学所以有这大的影响，这就是最主要的原因了。"后来为资本主义辩护的马克洛克、西尼尔、约翰·穆勒等的意见，大体上固属以李嘉图学说为根据，而在另一方面，马克思最有名的阶级斗争说，亦已在潜隐状态上，表现于李嘉图的学说中了。关于李嘉图与科学的社会主义者马克思的渊源，后面第五篇还有论到的机会，在这

① 马克思著《资本论》第二版序文。

里，我只想论及以次的几位经济学者。

李嘉图的价值说问世以后，首先表示反对的，就是他的亲密朋友马尔萨斯。马尔萨斯所主张的，是需要供给说、生产费说。因此，以李嘉图的直接继承者自命的杰姆斯·穆勒和马克洛克，就起来反抗马尔萨斯，拥护李嘉图的劳动价值说，然在结局上，李嘉图的价值说，被他们破坏无余了。

差不多就在这同一个期间，还有从另一观点、另一立场来拥护李嘉图的劳动价值说，那就是所谓李嘉图派的社会主义者，他们的代表人物，是威廉·汤姆生和汤玛士·浩斯金。由他们研究的结果，劳动生产物，是应该全归劳动者所有的。地租不必说，就是利润亦是出于榨取。

李嘉图派社会主义者的这种推论，就引起了资本主义拥护者西尼尔氏露骨的反对，他于是妙想天开的，想出了"利润节欲说"，想为资本家脱卸或减轻责任。往后，大陆方面有一位德国学者屠能，他更以较为调和的态度，推演出了他的自然工资说。

在这各执一端的情势下，终竟出了两位和事佬，一是美国的加雷，一是法国的巴斯夏，据他们的主张，社会各阶级的利益，全是一致的，无须乎争执和冲突。然而实际的情形，却一天天的证示他们的理论，过于乐观了，且过于矫造了。资产阶级经济学者，已十分曝露了自己的无力。最后，聪明的约翰·穆勒登台了，他完全意识到，实际事象的推移，决不是敷衍弥缝可以了事的。他很想由此转变一个方向，但也许是他对于正统学派的习染太深，终竟转到半截又折回了，他恰好成了资本主义向社会主义转化期间的一个过渡人物。

以上所述，为李嘉图以后经济学发展的一般趋势。除约翰·穆勒关系重要，将在次章解说外，其余诸学者，我想分途在下面加以概括的叙述。

第四节　杰姆士·穆勒与马克洛克

李嘉图的主要经济学说，是他的分配论，而其分配论的根底，则是价值论。所以，对李嘉图学说表示反对，表示赞同，或曲加修正的经济学者，都是就他的价值论出发。李嘉图建立的劳动价值说，他自己亦认定在有些场合，不能绝对适用。例如，在他的大著《原理》第一章价值论中，他那第四节的标题就是："生产商品的劳动量，支配商品的相对价值。但因采用机械及固定耐久资本，这个原则的运用，遂大受修正”。他其所以认定这点要修正的，就是他没有把劳动价值法则与平均利润率法则，弄成一致；从而，关于以次的问题，他就不能答复了，即，资本通为劳动的蓄积，但是，如果一种资本里面所含固定成分较大，从而循环速率较慢，另一种资本里面所含固定成分较小，从而循环速率较快，那么，这两种资本所体现的纵为同量劳动，其所生产的生产品价值不等。为什么呢？李嘉图想破了脑子，亦求不出圆满的解释，结局，就不得不承认他的价值说，要大受修正。这是李嘉图价值理论的一个痛处，他的论敌马尔萨斯、杜伦斯（Torrens）等，就抓住这个痛处，肆力攻击。特别是马尔萨斯，他以为，李嘉图承认这个修正，就无异把他那商品价值，取决于生产时所投下的劳动量的法则，破坏无余了。他断定：李嘉图那种价值法则，在500次中，很难有一次可以适用。因为文明进步与技术发展的结果，势必要增大固定资本量，增大流通资本不同的时期，使生产品不能按其生产时所投下的劳动量决定价值。他这样推翻李嘉图的劳动价值之后，乃提出他的商品价值大小，乃取决于其供求比例的法则。由是，固守李嘉图价值论立场，而反对马尔萨斯说的杰姆斯·穆勒和马克洛克兴起了，他们都被称为李嘉图的直系，但李嘉图学说经他们拥护之后，不仅没有使那缺陷得到弥缝，却反使那缺陷更加显露了。现在，先述杰姆士·穆勒的见解。

杰姆士·穆勒（James Mill）生于一七七三年，卒于一八三六年，约与李嘉图为同一时代。他是当世有名的功利主义者边沁（Bentham）的友人，亦是边沁最大的弟子。李嘉图之认识边沁，乃由于穆勒的介绍。在这个关联的络脉上，边沁的功利主义思想，全都被吸收在穆勒和李嘉图的学说中了，所以波拉尔说：“依着穆勒与李嘉图，经济学不但与功利主义视为一致，且与边沁式的功利主义视为一致。”[①]在边沁自己，他亦曾很不客气的说：“我为穆勒精神上之父，穆勒为李嘉图精神上之父，所以，李嘉图便是我的精神上之孙。”可是，单就穆勒与李嘉图说，哲学者穆勒虽为李嘉图之师，经济学者穆勒，却又是李嘉图的弟子。

穆勒的主要经济著述，为《经济学要义》（Elements of Political Econ-

① 见拍尔格拉夫《政治经济学辞典》（Palgrave's Dictionary of Political Economy）第一卷第132页。

omy)于一八二一年出版。他这部书的写成，是由于李嘉图的《经济学及赋税之原理》，艰深难解，不便初学，故特于携子约翰・穆勒散步时，择讲李嘉图书中精义，令其笔记，后将此笔记底本整理润色，成为此书。所以他这部书的主要部分，不过是把李嘉图的艰深理论，加以平易简明的解说而已。可是，就内容讲，这部书虽没有创新的意见，就体裁上讲，那却被认为是正统学派经济学的典型著述，经济学上的所谓“四分主义”，就是以他这部书为滥觞。他的全书分四章，第一章，生产（Production），第二章，分配（Distribution），第三章，交易（Interchange），第四章，消费（Consumption）。而在第二章分配项下，又别分地租、工资、利润三节。这个整然的体系，迄今尚为一般经济学者所宗法，虽然后来马克思在其《经济学批判》绪言中，斥其机械的分类之不当，但那究不失为一种有力的主张。

穆勒《经济学要义》中的主要理论，既是以李嘉图的学说为根据，所以，我在这里只想论到他关于价值说的理论，因为，他的价值说，是企图对于李嘉图价值说的缺陷地方，加以满意的弥缝。

如前所述，李嘉图为他自己的价值学说造出的难关，他自己是一再声明无法解决的。他以为，哪怕是以等量劳动生产的二商品，如其一种商品由生产到上市所需时间较长，则这种商品的交换价值，就一定较大，这较大的价值，就是对于它经历了较长时间的报偿即利润。把利润算作决定价值的要素，所以自己认为这是他的劳动价值说的一种“修正”。

穆勒不满意李嘉图的这个“修正”。他以为，商品的价值，全由劳动量决定；也与李嘉图一样，他认资本为蓄藏的劳动（hoarded labour）。价值虽或依存于需要与供给的关系，但在终局上，则是取决于生产费。他之所谓生产费，乃是由资本及劳动结合而成的费用。资本既是蓄藏的劳动，或者说，既可还元为劳动，所以归根结底，一定的劳动量，即可决定商品之交换价值。

不过，他主张，商品的交换价值，有时亦受时间的影响。因为，资本非有利润不可，某种物品的生产，如较其他物品的生产，需要较多的时间，则对于前一物品，就不得不增加相当的利润额。例如，一桶葡萄酒与二十袋麦粉，如在同一时期，以同一劳动量产出，那末，两者在产出后，即可相互交换。但葡萄酒所有者，如把他这产出的葡萄酒，贮藏起来，延至两年后，始行变卖，则他那一桶葡萄酒的交换价值，就要比那即时出售了的二十袋麦粉的价值较大。因为资本在这两年内，要产出利润，所以不得不添加一个相当的价值额。他这种主张，依旧是李嘉图的主张，即是说，依旧破坏了劳动价值的法则。

不过，他对于利润，有另一种解释。在他看来，利润是劳动量的真正尺度。一件当作固定资本的机械，如果是在同一时间内，以生产一捆丝织物同量劳动生产出来，这两者当然可以相互交换，从而，其价值当然是由劳动量决定。但机械所有者，如以机械能提供利润，而留着使用，则其机械的成本，便不克即时收回，而分期由利润或年金逐渐收回，是十年收回，二十年收回，可以不问，总之，机械的本源价值，要分期收回就是了。每年的年金或利润，对其本源价值，为 1/10 或 1/2，同时又是对于生产此机械的劳动量的 1/10 或 1/20。由是，利润就单是对于劳动的报酬，也可以称为工资。不过，他所说的这种劳动，不是直接使用在商品上的劳动，而是间接由生产工具所使用的劳动。

总之，就穆勒所说，所谓利润，就是资本即蓄藏劳动每年消耗部分的价值，换言之，即体现于资本中的劳动之一部分。果其如此，机械所有者，即时把机械出卖后得的报酬，就同他使用机械若干年所得的报酬，没有两样，这一来，资本的蓄积，固完全成为不可能，而机械所有者，不即时把机械售掉，而必留着机械使用，这亦成了全不可解的疑团了。

以次，再看与它同调的马克洛克是怎样解说。

马克洛克(John Ramsay McCulloch，1789—1864)与穆勒是亲密的朋友。我们如其说穆勒是李嘉图学说之通俗解说者，马克洛克就是穆勒学说之通俗解说者，他对于斯密的《国富论》，李嘉图的《经济学及赋税之原理》，曾分别附加传记及注释出版过。他的主要经济著述，是一八二五年出版的《经济学原理》(Principles of Political Economy)。从他与李嘉图往来的书信看来，他与李嘉图亦是有相当感情的朋友。可是，李嘉图的劳动价值说，经过他的修正，就更陷于破碎支离了。

李嘉图是一位谦恭谨慎的学者，他对于自己价值学说中难于自信的地方，往往出以稳和的、存疑的论调。但马克洛克不然，他以为，承认有“例外”，承认要“修正”，那就无异根本破坏价值法则，而予论敌以攻击的资料，所以他主张，商品的价值，纯由其生产时投下的劳动量决定，在一切场合，皆无例外。因此，李嘉图在一八二二年三月十九日给他的信中说：

“足下以物品价值，决于其生产时投下的劳动量之主张，较余犹进一步，余常承认物品之相对价值的某种变化，得求诸生产必要劳动量以外的原因，而足下似不容许任何例外，任何限制。”

然而他对于李嘉图所容认的例外或限制，究作何解释呢？比如，李嘉图在一八二三年八月八日给他的信中说：“三四年间在地窖中保藏的葡萄酒，或者就劳动而论，所费不及二先令，而竟值百镑的槲树，这都是无从解决的事件。”可是李嘉图认为难决的事件，马克洛克却很容易的就把它解决了。他以为，其先辈对于这种问题难得解答的，根本就是由于他把劳动的定义，限得过于严格。在他看来，劳动并不限定是人类劳动力，举凡下等动物、机械，或自然的作用，都可包括在劳动范围内。就这种新定义来解释窖中保存的葡萄酒吧；假令一桶值 50 镑的新葡萄酒，藏置一年后，值 55 镑，这 5 镑附加的价值，是怎样生出来的呢，在他《经济学原理》中(一八二五年版第 313 页)，他曾作以次的说明：“如果我们要保存某种物品，例如保存一桶葡萄酒罢，这葡萄酒在当时还不是已经成熟，因它里面还要生出相当的变化或作用来，因此，这物品保存一年，便应取得一年的价值，又，如果我们保存一种已经成熟了的葡萄酒或其他物品，在这类物品上，不会生出任何效用性或有希望的变化，那么，慢说保存一年，就是保存一百年，一千年，都是不会增加一点价值的。”显言之，贮藏一年的葡萄酒所增加的 5 镑附加价值，乃是由于那葡萄酒在贮藏期内，发生一种为我们所期望的自然的作用。自然作用既是一种劳动，所以结局，本源的价值也好，附加的价值也好，都不外取决于其生产必要的劳动量。

这样，马克洛克对于李嘉图的疑难之点，算是给予了一种轻快的解决，但把机械与自然作用包含在劳动里面，而承认那是价值的源泉，那对于劳动价值的根本法则，已算破坏无余了，这种歪曲的解释和愚妄的武断，实在在价值论上留下了一个大的笑柄。他们的论敌马尔萨斯嘲弄的说：“在这种新的定义帮助之下，任凭什么，都可拿来证明，例如最容〔易〕证明的是：如果你把石子看为是葡萄干，你可把石子与面粉，牛奶，脂肪一起做成布丁。”

总之，杰姆士·穆勒和马克洛克，虽然自许是李嘉图的承继者，但李嘉图之劳动价值说的缺陷，却被他们加深加大了，他们简直破坏了由李嘉图所建立的价值学说。不过，就拥护资产阶级的利益讲，他们仍不失为李嘉图的嫡系。李嘉图的分配学说，即有利于资产阶级的分配学说，乃是以他的价值论为根底。他们为要支持其分配论，于是乃进而弥缝其价值论。他们的企图虽然没有达到，他们以李嘉图主义为主义的成心，都是昭然若揭的。

第五节　汤姆生与浩斯金

威廉·汤姆生(William Thompson，1785—1833)与汤玛斯·浩斯金(Thomas Hodgskin，1783—1869)是属于李嘉图派的社会主义者，他们在大体上，与其说是拥护李嘉图的劳动价值说，倒毋宁说是利用李嘉图的劳动价值说。他们由李嘉图的劳动价值说出发，而达出了与李嘉图恰恰相反的结论。所以，他们的理论，与前述杰姆士·穆勒和马克洛克的理论，是完全异趣的。利用资本主义经济学者的理论，来反对资本主义经济学，他们是首屈一指。所以有人称他们为李嘉图学派的社会主义者。现在，且分别略述其学说之梗概。

威廉·汤姆生的主著《为最有益于人类幸福的富之分配原理之研究，及其对于富之任意平等的新提制度之应用》(Inquiry into the principles of the distribution of wealth，most constructive to human happiness; applied to the newly proposed system of voluntary equality of wealth)。这部书，于一八二四年出版。就他这个标题来分析，我们知道：他之所谓"富之分配原理"，乃最有益于人类幸福的分配原理，亦即对于生产财富的社会，能提供最大可能幸福的一般分配规律的诸原理，把这种分配原理应用到任意平等的新提制度上，那就是他这部书的主要目标。

就最大可能幸福一点言，他是受了功利主义者边沁的影响，就任意平等的新提制度言，他又是直接受了前述奥文的"新协和的平等村"的暗示，所以从社会主义者的立场而论，他被归属于奥文的那个系统。

他的全书的大部分，都是论分配的原理，他称他的分配原理为"自然的"；他对"自然的"语辞的解释，不含有亚当·斯密、李嘉图一流所谓"必然的"、"无可避免的"意味，而是"应当的"意味。而他这"应当的"分配原理，在结局上，虽与李嘉图〔学〕说达到了相反的结论，在前提上，却是根源于李嘉图的劳动价值理论。

依他所见，一切的财富，都由劳动产生出来。从而，富之唯一的一般的尺度，就是劳动。一个社会由劳动产生的财富，不是为了少数人的幸福，而是为了最大多数人的最大可能的幸福。富是达到幸福的手段。可是，要使财富增进，首先就得使那提供财富之生产的劳动，受到强有力的刺激，受到十分可靠的保证。他主张："劳动生产物的生产者，须有能完全使用其生产物的保证(Security)。"从这里，就达出了他的劳动成果全归劳动者的结论，即所谓劳动成果全收论，亦即他之所谓"分配之自然的原理"。

他以为，在资本主义社会中，劳动生产物的最大部分、最良部分，都为资本家所占有了，资本家所得的，俨然是"狮子的分额"(按即最大部分，或几及全部之意)。把劳动生产物，强制的由劳动者那里窃取过来，那不独违反了功利主义，兼且背离了自然分配原理。

不过，汤姆生一方面虽主张劳动成果全收论，同时他并不十分坚决反对予资本以相当的报酬，特他之尚论资本报酬，仍是采取利润榨取说，他断定"利润的根源，不外就是由那具有熟练与技巧劳动，附加在未制原料上的价值；材料，建筑物，工具，乃至工资，都不会在其自身价值上，附加一点什么"。换言之，利润全是取自劳动，可是，他认为，在资本主义社会中，由劳动生产物，割裂出一个利润分额，那是无可避免的事。单就这点说，他又回归到李嘉图的理论立场了，但他与李嘉图不同的，就是他觉得，资本家由劳动生产物取得的部分，未免太大了，资本家所得利润，至少有一半是攫取自生产劳动者。这样，因为违反了"自然的"应当的分配原理，当然没有实现最大多数人之最大可能幸福的期望。

总上所述，汤姆生之分配上的自然的原理，乃是建立在一种薄弱的理论根据上。他论资本家所得的过分，他并论资本利润系出于榨取，但都是语焉不详，没有把问题的焦点抓住。可是关于这点，我们可由他同时代的浩斯金的解述，得到补充的说明。

浩斯金虽同〔为〕李嘉图派的社会主义者，但他的无政府主义色彩非常浓厚。他反对一切强权，他亦是劳动成果全收论者。可是他的理论，较汤姆生为透辟。他于一八二五年公刊其主著《由反对资本要求而拥护劳动》，或者《由各职工间现行的团结论证资本的不生产性》(Labour Defended against the Claims of Capital or the Unproductiveness of

Capital Proved with Reference to the Present Combinations amongst Journeymen)。本书的写成，恰当劳动者要求自由团结[①]的时期，所以他宣称他写这部书的动机说：我国全土，通在演着资本与劳动间的重大的斗争，差不多一切产业的职工，皆为了提高工资而团结。他们的雇主，向立法当局请求保护。但这种斗争，不仅是物理的耐久力的问题，即不仅是任一方面能支持较久的问题，而实是理论与理性的问题。劳动者强制雇主，屈服雇主，是有可能的，不过，他们须得使公众确认他们的要求的正当。这个小著的发行，就是要向大众提出有利于劳动但不利于资本的若干理论的暗示。

他主张，“劳动的全生产物，须得归属于劳动者”，因为由他们的手，由他们的身体所生产出的生产物，是应当属于他们的，可是这个命题的成立，首先须论证资本的不生产性，要资本之不生产性质确定了，劳动者才能有全收劳动成果的理由。

他根据以前诸经济学者的说法，把资本分为流动资本和固定资本。就前一点而论，他以为，雇用劳动者的资本家，他所保存的，并非劳动者的生活资料，他不过有了“货币”，有了对其他资本家的“信用”，且有了“对于奴隶后裔即劳动者的支配权”罢了。他仅以货币工资，付给劳动者，劳动者则由其他劳动者，即他之所谓共存劳动者，取得生活资料。要之，在关于劳动者的生活资料，即衣食资料的限内，任何种类的劳动者，都不是依赖预为准备的蓄财，各种劳动者所依赖的，常为“其他劳动者的共存劳动”，从而，协助劳动者生产的，不是当作蓄积商品的流动资本，而是“共存劳动”，资本家之得以雇用并供给劳动者的，不是因为他有贮积的商品，而是因为他有对于旁人的支配权。

至若对于固定资本，他亦有其独特理论。在他看来，所谓固定资本，不外就是由劳动者所使用的工具、机械，乃至建筑物等。这种种，同为蓄积劳动的产物；因系“节约乃至贮积的东西，所以有要求利润的权利”。但这见解，他认为是非常谬误的。工具与机械一经作成，就得使用，机械的制造者，决不是为了贮藏；机械制成后，非由劳动者使用，即制造费亦将无着，更何能生产“利润”；所以他说：“提供资本家以利润的，不是存于那些

---

① 此处“团结”指“结社”。——编者注

东西是既经形成的制造物那种事实上，我们就那些东西贮藏起来，将减损其价值一点考察，即可明白。”总之，“固定资本的效用之源，不是存于过去蓄积的劳动，而是存于现存的劳动。对于固定资本所有者所提供的利润，不是因为他的贮蓄，而是因为他获得有对于劳动的支配权”。

浩斯金如上面这样否定资本的生产性之后，乃进而主张劳动成果全收论。不过，在分工之局大成的社会中，他亦并不忽视任何生产物，皆不外结合劳动的生产物的事实。他曾宣称，“需要技术及熟练的生产物，皆属结合劳动(joint and combined labour)之结果”。在这种意义上，他把“劳动”的概念扩大了。他以为，“劳动”的概念，并不限定于“手的作业”，“头脑上的技巧，或者，指导劳动的样式”，同样可视为劳动。这里，计划乃至配置生产作业的知识和技巧，均得视作劳动，而老板式的制造家(master manufacturer)，就算是劳动者了。他尊重这类制造家，因为他虽是资本主，同时亦是劳动者。至若纯粹无所事事的资本家或其代理人，他们就与老板式的制造家不同，他们仅是依其他劳动为生的一般劳动者的寄生虫或压迫者，他非常憎恶他们，他力说资本之不生产性，他高呼劳动成果全收，完全是对于这般人所施的攻击。

上述两位社会主义者的理论，特别是汤姆生的理论，虽然没有十分科学上的价值，但对于后来社会主义经济学，确亦具有非常的影响。况且，在资本主义盛极一时的十九世纪三十年代的英国社会中，居然放出这样坚决而沉重的反资本家，从而反资本主义的怒炮，这在一般拥护资本主义的经济学者看来，当然是一种过于刺耳的骚音，因此，十九世纪三十年代、四十年代，乃至五十年代的正统派经济学者，都是多少对于他们这新奇学说，抱有反感的。

第六节　西尼尔

资本的生产性被否定了，从而，资本利润被否定了，于是代表资本家利益的经济学者，遂在愤愤不平之下，提出了他们的主张。就中，西尼尔(N. W. Senior)算是一个典型的代表人物。他的节欲利润说，迄今犹博得一般资产阶级学者的喝采。

在阐述西尼尔这种学说之前，我想顺便论到杜伦斯(Torrens)的资本价值说,及他对于利润的意见。他于一八二一年发表其《富之生产论》(An Essay on the Production of Wealth),在修正李嘉图之价值法则中,而展开其资本价值学说。他以为,劳动价值法则,只可适用于前资本家的社会,即只适用于资本家阶级和劳动者阶级未经分裂,各个人各自劳动的时代。迨资本蓄积,劳动者为一种人,不事劳动生产作业,专以生活资料及原料供给他人,使其劳动的为又一种人。这种劳资分裂局面既成,于是决定商品交换价值的,就不是直接的劳动总量,而是"在生产上使用的资本或蓄积的劳动量"。所以,在利润竞争趋于平均化的场面下,诸种资本互等,其生产物价值亦等,直接所投劳动量的大小,不生关系;设诸种资本不等,其生产物价值亦不等,直接所投劳动量即令相同,亦不生关系。总之,资本家社会的商品价值,乃决定于其生产资本量或蓄积劳动量。

商品价值既取决于资本量,若照杰姆士·穆勒所说,商品即资本,那么,杜伦斯这主张,就只能得出一种循环的结论。

至关于资本利润,他亦有其异乎一般的说法。他以为,利润不包含在生产费里面。因为农家以 300 卡德的预支费,生产 400 卡德的收获,这多余的 100 卡德,就是利润。在这场合,如把 100 卡德利润,也算作是生产费,他以为那是过于滑稽了。利润既非生产费的一部分,从而,非商品之自然价格的一部分,那么,利润的必然性,将从何处探求呢?在杜伦斯看来,商品的自然价格中,虽不包含有利润要素,商品的市场价格中,却非包含有利润要素不可。然而依照他的这种见解,商品的市场价格,就时常要超过其自然价格,否则资本的利润,就显然没有着落。

要之,就重视资本一点而论,杜伦斯的理论,虽大可为资本家的经济学者张目,但他的利润说,毕竟过于肤浅了。以次,我将探论到西尼尔氏关于利润之理论的创意的说明。

西尼尔被认为是李嘉图以后的一位杰出的学者,他不但对于经济学上的主要诸经济形态,有了详确的说明,他并且还论到经济学本身的性质。当时经济学者认定的经济学对象,或对于经济学所下的定义,在他看来,有的侵入了一般立法者或从政者活动的领域,有的简直把社会普通的文化道德问题,都包括进去了。像这种研究,不独大大逾越了经济的范围,实际上,亦远非个人能力所及。所以,他以为,一切主义式的说教,一切社会改良的提案,一切受支配于道德的,或意识的关系,都当排除净尽,使经济学成为一“抽象的演绎的科学”。依照他的定义,经济学就是论究富之本质,生产及分配的科学。也如其他科学一样,经济学是一种学而非术;其结论,是事实的定义,而非悬有何种目标的教义。这种科学实际的应用,也正如其他科学一样,有搜集考察种种方面之事实的必要。不过,他说,成为斯学之一般基础原理的事实,实在只要〔几〕句话,就可叙出来,那即他之所谓经济学所由建立的四个基本命题。

> 第一,以最少牺牲,期得最大财富,为人类之普遍欲求。
>
> 第二,世界人口,只有依道德的或肉体的罪恶,加以限制;或者说,全靠各阶级人民,惧其日常生活必需品的缺乏而自行限制。
>
> 第三,由劳动力及其他诸器械力所产生的物品,仍可用作未来之生产手段,故此等劳动力器械力,可以无限增加。
>
> 第四,农业技术不变,在一定面积土地上追加的劳动,其收益比例,必较以前为小,换言之,每追投一次劳动,虽可增加若干总收获额,但增加的收获,不能与增投的劳动量为比例。

以上这四个命题,就中,第三命题,系根据马尔萨斯的人口原理,第四命题,系根据李嘉图的收入递减法则,而其余两命题,则系根据普通经验。对于经济学,他虽然加过这样包整的说明,但他的四个基本命题的提出,却反而使经济学失却了抽象的演绎的性质。然而,经济学上的西尼尔的重要地位,不是因为他把经济学作为对象来论述,而是因为他关于资本利润,有了创意的主张。

他的主要经济著述,为《经济学纲要》(An Outline of Political Economy),初为《京都百科全书》(Encyclopaedia Metropolitana)的一部分,于一八三六年出版。前述关于经济学的见解,载在原书前半部中。我在这里要特别论到的,就是他的利润说。不过,在阐述其利润说以前,须得略略涉及他那关联于利润说的价值理论。

他是反对劳动价值说的,他以为,我们散步海岸,漫然拾得的真珠,亦有莫大价值,如依据劳动价值说,这种事实,就无从说明。由是,他主张,商品的价值,有三种根源,一是可让性,一是效用性,一是供给上的限制。没有可以让渡性的物品,不会有交换价值,那是明明白白的。关于效用性,他不仅以价值的大小,与效用性的大小相关联,并指明“效用乃依存于货物的数量”。特在价值的三种根源中,他所着重的,是供给上的限制,所以他说,“供给上的限制,为价值之主要构成要素”。他这所谓供给上的限制,就是指着“节欲与劳动”的有限性,而这构成供给限制的“节欲与劳动”,亦就是他所特定的“生产费”。他的节欲利润说,正是由此推阐出来。

依他所见,生产之本原的要素,可分为劳动及自然动因两者。前者即以生产为目的之肉体的或精神的活动,后者即非人力之自然的动因。但是,此两者没有第三要素之协助,则不能成就何等完全的效率。这第三生产要素,即他之所谓“节欲”(abstinence)。

节欲是什么意思呢?他说:“我把那解作生产工具的‘资本’一辞,易以节欲这个名辞。”这个名辞,“可以表示两种行为:其一,节省不生产的使用,又其一,为求得将来的生产物,而牺牲目前的享乐”。(见前述《经济学纲要》第58页)缓其即时享乐,和节其不生产使用,同为资本家之节欲行为。此种行为,与劳动者之劳力同。工资为对于劳力的报酬,利润则为对于节欲的报酬。在西尼尔氏看来,劳动者由劳力取得工资,不为过分,资本家由节欲取得利润,也就很合理了。总之一句话,所谓节欲说,不外就是使资本家的利润合理化。

节欲说的发端者,为霍布士(Hobbes),他曾以节欲为生产之一要素,不过语焉不详,此后,法之加尼尔(Garnier),德之拿本尼乌斯(Nèbenius),更于此说有所发挥。但直接影响西尼尔的,当推英人斯克洛蒲(Scrope)。斯克洛蒲曾先于西尼尔三年,宣称利润为资本家暂时停止其财产一部分消费之节欲行为的报偿。若是,倡导此说者,固不始于西尼尔,不过西尼尔详加推阐解析,且使其成为彼之利润说的中心主张罢了。

找出这种学说来拥护资本家的利润,亦可见资产阶级经济学者的智穷技极,并且心劳日拙了。社会主义者马克思曾称此为“俗流经济学上‘发现’的无比的标本”!说是那“徒以阿谀者的辞句,来改换经济学上的范畴——此外一无所有了”①。

论到这里,我仍想引述马克思对于西尼尔之节欲利润说,所加的尖刻批判,他说:“在资本主义生产开始的初期……致富冲动与贪欲,为两个最力的欲求。但随着资本主义生产进步,不仅造出了一个享乐的新世界,并在还在投机及信用制度上,开发了许许多多突如致富的源泉。当社会已

① 见英译《资本论》,1906年版,第一卷,第654页。

经达到了一定发展阶段时，一向为显示富有，从而，借以获取信用的时派骄奢，而今竟成了'不幸的'资本家营业上的必要排场了。奢华已在资本家的代表费用中，占有一个部分。不但此也，在富之获得上，资本家与守财奴两样：守财奴致富，正与其自身的劳动，和自身节约下来的消费为比例；资本家致富，却宁可说是与吸取他人的劳动力，并强制劳动者，使其节省一切生活享乐的程度为比例。因此，资本家的骄奢，就决不像慷慨的封建君主那样，具有一种天真烂漫的性质。在他们的背后，常隐伏有最卑劣的贪欲，和最焦心的盘算。然而，他们的耗费虽增大了，他们蓄的积，也在一同增大——耗费自耗费，蓄积自蓄积……"①

由此，我们知道了，资本家的致富，不是与他们自身的节约消费为比例，而是与他们吸取他人的劳动，从而，强制劳动者，使他们节省日常的必要消费为比例，所以，他们一方面尽管不断消费，同时却能不断蓄积。这样，要说资本家的利润，就无异报酬他们"节欲"的"工资"，那不是太滑稽了么？然而，在否定资本的生产性，因而否定利润的议论流行的十九世纪三四十年代，资产阶级经济学者，却又是必然的要来这一下无力的反击。

第七节　屠　能

由亚当·斯密建立的英国学派或正统学派，在大陆方面曾得到了不少的拥护者，就其著者而言，我们可以举称法国的萨伊和德国的屠能(Johann Heinrich von Thünen，1783—1850)。

法国的产业是较英国落后的，德国的产业，又是较法国落后的。这种实际状况反映在意识形态上，于是大陆方面的这两位正统学者，遂各呈现着不同的情调，而注意着不同的问题。

亚当·斯密的大著《国富论》，出版于一七七六年，萨伊的《经济学》，出版于一八〇三年，屠能的《孤立国》(第一卷)出版于一八二六年，以时势考之，萨伊著作发刊的当时，英国资本主义正迈步向前发展，从而英国亚当·斯密的学识，亦如日之方中，于是萨伊就主张把斯密学说普行于法国，而他遂成功为"赏识斯密学说，应用斯密学说，介绍斯密学说"的唯一

---

① 见英译《资本论》，1906年版，第一卷，第651页。

人物了，他的主著《经济学》，俨为《国富论》之注疏本，而其特有创意的贩路理论亦不过是在不违反斯密主旨的前提下，加以增补罢了。

至若屠能《孤立国》发刊的十九世纪三十年代（其第二卷上篇发刊于五十年代）情形却就两样了。那时资本主义已发生了深刻的恶害，劳资阶级亦起了尖锐的冲突，反资本主义的学说，已在同拥护资本主义的学说，杂然并行。于是，屠能提出了缓和劳资冲突的自然工资说，可是使他著名的，却是他的位置地租论。

屠能曾从当时有名之农政学者台尔（Thaer），研究农业经济问题；又曾亲自购买土地，经营农业，依深邃的理论，辅以实际经验，遂成就其大著《孤立国》。特《孤立国》，是由原文简译的。照原文全译，应为《关于农业经济及国民经济的孤立国》（Der isolierte Staat in Beziehung auf Landwirtschaft und Nationalökonomie）。言"农业经济"，固显然知道那是偏重在农业方面的研究，言"国民经济"，却大有耐人寻味的意义了。亚当·斯密所研究之富，是就一切国家一切国民立论。换言之，是一般的泛论世界各国之富的性质及其原因，即所谓世界经济学，屠能在孤立国上面，冠以"国民经济"的形容辞，那已表示他与斯密所见不尽相同，且反而对于后来反对正统学派之历史学派经济学者辈，有所提示了，但大体上，他终不失为正统学派的拥护者。

《孤立国》共分三卷，第一卷于一八二六年出版，第二卷上半部于一八五〇年出版，第二卷下半部及第三卷，则是于他既死之后，刊行于一八六三年。全书精华在第一卷及第二卷上半部，其所假定之孤立国中的农业配置研究，即为第一卷之主题，第二卷上半部，则是研究其所主张的特殊工资理论。为论究上的便利，姑就此两点解说，即（一）位置地租学说，（二）自然工资论。

（一）位置地租学说

屠能当确定地租概念时，首先把土地本身产生的收益，与农地的收入，严加区别。一般农地，于土地以外，皆备有许多有价值的对象物，如建筑物及垣篱等等。因而，由农地所得收入，并非全为土地生产力的赐物，其中有若干部分，实系此诸种价值对象物之固定资本报偿。从农地收入中，除去土地以外一切资本之报偿部分，其余下来的，就是屠能之所谓地租，或一般地租。

屠能反对斯密的地租学说。他以为，斯密因为把土地报酬及资本利润混为一谈，所以不得不陷于以次三种谬误，即认定：(1)用作食物生产的土地，通常皆生产地租，(2)比之工业劳动，农业劳动更有利，更能生产，(3)自然力只能益助农业，而无补于制造工业。关于这三者，他曾顺次一一反驳：第一，假若我们不把工场等建设物价值的利息除去，则农业亦会生出土地的报酬；第二，设不除去此种利息，则工业生产物中，于偿却普通工资，企业家之辛勤，及对于建设物以外资本之普通利润外，还有余剩，换言之，劳动不拘在工业场合，抑在农业场合，是同样生产的；第三，工业与农业同，没有自然力的协助，决不能继续生产。

在上面这样反驳之后，屠能以为斯密之所以误解地租的，其根本原因，只有说是受了重农学派的影响。不错，斯密对于重农学派所标榜的“农耕劳动，为唯一生产劳动”的命题，曾加以调和订正，但他终不能离开这个命题，从而，就难得理解地租的本质。

不过，屠能虽不客气的驳斥斯密的地租概念，他究是非常尊重斯密的，他曾自谓信仰斯密与台尔，并说，斯密是深湛的思想家，在其《国富论》里面，给与了我们无尽藏的教训。他之所以驳斥斯密，也许正是李嘉图所说的：为了学问的缘故，必得有这种自由吧。

屠能在起草《孤立国》第一卷时，他还不知道李嘉图的地租学说，而他之驳斥斯密的地租理论，乃至他所提出的对答地租观，大体上竟与李嘉图一致了，不过，他们彼此相异的是：李嘉图主张农地收益的差异，乃基于土地的丰度，屠能则以为那是基于土地的位置。《孤立国》中之种种假定，即是为要达到他的位置地租观而展开的。

他所假定的孤立国，是四周围绕着未开辟的原野，且与其他文明国家没有何等关联的假想国。在这个国中，文明及土地的丰度，全国一律，没有差异，平野中央之一大都会，为国内之唯一市场。所有制造工业，皆在都会经营，就是采矿制盐，亦行于都会附近，全国没有可通船舶的河流或运河，一切搬运，皆使用车辆。各地道路或交通机关的发达程度相同，居民假定皆有同一的技术，皆受同一的教育。

屠能在孤立国里面假定的这种种条件之下，探究距离中央市场之远近，于农业上有何种关系。在这些条件下，重量大，容积大，由远处搬运，对于价值比例不大上算的生产物，势必在市场附近产出。容易腐烂，或须输鲜服用如牛乳蔬菜之类，也自会生产在都会的周围。由是，以都会中心的生产物之环状线，乃自行成立。

在这第一环状线上，土地为最重要之要素，劳动则比较为次要的。牛乳的价格，会腾贵到那一种限度，那就是供牛乳生产之土地，恰好作这种用途，而不用以生产其他物品之最有利的限度。在这种情形下，牛乳价格的腾贵，决没有增投劳动量的意味。第一环状线以外，依同理推演，还有数层环状线。各环状线之生产物价格及生产出费，各各不同，从而，在这位置的差异上，就可看出对差地租的关系。

试以谷物为例。孤立国中之土地，既假定为同一的丰度，那么，在位置不同的土地上，投下同一劳动，其收益为何不等呢？换言之，在此情形下，谷价系依何而决的呢？假定孤立国都会中石麦价格，每布奚[①]由一元半低到一元。在离都会三十一哩半的农地上，每布奚之生产费为四角七分。搬往都会所需运费为一元零三分。在此假定下，因为距离都会三十一哩半的农地，因不够抵偿生产费及搬运费，石麦的运输，定会中止。且不限于三十一哩半之农地，凡属每布奚之生产费及搬运费在一元以上之诸地方，皆不得不停止运输。现在假定离都会二十三哩半的一切地方，以一元价格运输石麦为不可能，在人口及消费不变的限内，二十三哩半以内的农地生产额，不够供给农地之有效需要，那么，石麦的价格，必会腾贵起来。即是说，在此情形下，石麦每布奚之价一元，定难办到。

由是，我们知道，都会的谷物价格，是以供给都会需要所不可少的最远农地之谷物生产费及搬运费所决定。都会谷物需要，大到必得取给于距都会三十一哩半农地之石麦的程度，石麦每布奚的中间价格（由屠能所指称之自然价格），必为一元半，同时，其市场价格，亦不能低到此限以下。

在谷物需要永续变化的情形下，谷价亦不免永续变化。例如，都会的需要退减到二十三哩半以内农地生产物足够供给的程度，则此种农地石麦每布奚一元之价，便可抵偿生产费及搬运费。由是，石麦的中间价格，必为一元。反之，假若人口及消费增加，旧耕农地不够供应都会需要，则谷价腾贵。离都会更远地方之农地，乃进于耕作。

---

① “布奚”现常译为“蒲式耳”(bushel)，为容量单位。——编者注

要之，屠能不惮力说的，是谷物价格，由最远距离农地产出谷物之生产费及搬运费所决定。最远地方产出的石麦，需一元五角的总费用（生产费及搬运费），则较近农地产出之石麦，不能不卖一元五角。较近距离农地所产谷物之总费用，不能决定谷物价格。自购买者看来，不拘谷物是产自近地，抑是产自远地，皆有同一价值。由是，近距离农地产出之谷物，乃有超过总费用以上之价格，乃年复一年的产生了纯粹的所得。依屠能所见，地租就不外此纯粹的所得，即是说，某农地的地租，是由该农地对于需要上必得生产之较远土地所具的优越性而产生。距都会愈近的农地，此优越性即愈大，而其纯粹所得，从而，其地租乃愈多。若最远之农地，则全无地租。所得地租之多少有无，一视谷物需要之大小如何。谷物需要加大，耕地当向离都会更远的地方推广，于是旧来不生产地租之限界农地，亦生地租，而既生地租的诸农地，则各各依其优越性之大小比例，增加地租，设谷物需要减少，耕地当缩小范围，于是旧来产生地租之农地，乃立于不生产地租之限界地位，而尚生地租之诸农地，则各各相应减少。

在屠能看来，由位置差异，发生对差地租的这种过程，并不限定见于孤立国，在其他一切情形下，皆得实现，不过在孤立国那种种假定下，更为确切不移罢了。

李嘉图认定：立于耕作限界的最劣等土地，不纳地租，屠能亦同样认定：立于耕作限界最远土地，不纳地租。前者由土地的丰度立论，后者由土地的位置立论，出发点不同，而所达到的结论，乃至达到结论前所取的推论程序，几全为一样，屠能写本书第一卷时，果真未见到李嘉图的地租学说，那就令人感到纳罕了。但无论如何，屠能之位置地租学说出，地租学说之内容，乃益充实丰富了。

（二）自然工资论

前面讲过：在十九世纪三十年代、四十年代特别是五十年代，劳资两阶级的冲突，不独在英国闹得很凶，就在大陆方面，亦渐视为不可终日的问题了。这个问题没有妥善的解决，对于正统派的经济学说，当然不免要投下几分暗影，所以拥护正统派的经济学者，就不得不孜孜于这个问题的探讨了。

前述西尼尔所提出之节欲利润说，虽极力表明资本家所得利润之合理,从而,极力称说劳动者喧闹之失当,但屠能知道这样是无补于问题之解决的。所以他另有主张,他叫资本家多给劳动者一点,或者给与劳动者应得的报酬,而提出他之劳动自然工资论。

他的自然工资论,外表上,虽与亚当·斯密、李嘉图之劳动自然价格相当,但其内容甚有差异,因为,前者系由劳动者之生活必要费所决定,而后者则承认工资超过生活必要费以上。他的自然工资的公式是$\sqrt{ap}$,a为劳动者及其家族生活的必要费用,p为劳动及资本之共同产物。在解析这个公式以前,我们应当知道他关于工资及利润关系所由决定的法则。他从四个观点来论究此点:

第一,以资本为劳动的结果;

第二,视劳动为资本的代用;

第三,资本之限界生产力;

第四,劳动之限界生产力。

就第一、二点而论,对一定资本所给的利润,是由该资本生产所必要的劳动量决定,即是说,资本之利润率,就是等于劳动者作为资本生产上之结果而获得的追加所得之工资率,所以,在资本之生产率变化的情形下,工资及利润亦当然发生变化,关于第三、第四观点,他通以收获递减法则为前提,即,追投资本或劳动单位,只能较以前投下之单位,获得少额之收获。若单就资本之限界生产力而言,则继起加入之资本单位,其收获递减。换言之,追加资本,比之以前的部分,会使国民劳动生产率之增大率低落。但因既经利用之资本全部报酬,是由最后利用之资本报酬所决定,所以,最后利用以外之一切资本,便发生一种余剩。这余剩,即屠能所主张的劳动报酬。

最后,屠能更就第四观点,主张工资是由劳动限界生产力所决定。他设想,在一定马铃薯干田里面追投劳动时,其结果将显示收获递减的轮廓。根据此点,最后的劳动者,会获得那由他们自身追加收获的全部,并且,他们还可决定其他具有同等熟练与能力之一切劳动者的工资。

要之,屠能依$\sqrt{ap}$公式所主张之自然工资论,可以这样概括如次,即,当劳动及资本继续投下时,除最后的单位外,其余皆存有一定余剩。这余剩的分配,首先对于劳动者,必与以随劳资二要素共同所产之平方根而变动的分额。这分额即自然工资,是超过生活资料以上,而不断增加的。对于劳动者能予以自然工资，则劳资两阶级之致命冲突可以避免，因之，给予劳动者以自然工资，那是绝对必要的。

历来的劳动工资论者，不说工资与劳动者的生活资料为比例，便说工资随劳动之需给程度而决定。屠能于此两者外，创为新说，其说之足恃与否，虽尚为学者间龂龂置辩之问题，然崭然不落窠臼，与其位置地租学说，俱不失为有价值的创见。

第八节　加雷与巴斯夏

经济上诸阶级利害的矛盾冲突，至李嘉图时代，已成了无庸讳饰的事实，亦至李嘉图手中，始有透辟的系统的说明。所以，自李嘉图肯定阶级利害冲突以后，其继起诸学者，都从此观点，或则拥护资产阶级，或则拥护地主阶级，或则拥护劳动阶级。但无论拥护资产阶级也好，拥护地主阶级也好，或者拥护劳动阶级也好，其前提观念，都不外认定各阶级利益的不调和，所以，这一联学者的主张，被称为不调和的体系（System of inharmony）。

资本主义经济利益的不调和，那在资本主义本身是一个决定的致命的缺陷，然而，这不调和却又是一件无可隐讳的事实，在十九世纪三十、四十、五十年代，地主阶级与资产阶级间卷起的斗争风浪，虽然渐就平静下去了，但劳动阶级与资产阶级间的尖锐斗争，却就从这时期始严重起来。资本主义经济学者颇担心这个斗争，可是同时却又无法解决这个斗争。节欲利润说哪，自然工资论哪，都不过是想缓和这冲突与斗争，然而事实正与他们的期待相反，资本主义经济学者的计穷技极了，最后，别开生面的学问体系出现了，这个体系就是干脆的否认诸阶级利害冲突的所谓"调和的体系"（System of harmony）。美国的加雷，法国的巴斯夏，就是这个体系的中坚人物。

亨利·查理士·加雷（Henry Charles Carey）是"美国学派"经济学的建立者。在他以前，美国虽还有本吉明·佛兰克林（Benjamin Franklin），哈密尔顿（Alexander Hamilton）及雷孟德（Daniel Raymond）诸学者，发表过关于经济的著述，但对于经济作系统的精密的解述，那却是始于加雷。加雷平生著作甚富，举其著者，如由一八三七年至一八四〇年发刊有

《经济学原理》三卷(Principles of Political Economy 3 vol.),一八四〇年发刊有《过去现在及将来》(The Past,the Present,the Future),一八五一年发刊有《农业,工业及商业上之诸利益的调和》(The Harmony of Interest,Agricultural,Manufacturing and Commercial),此外,由一八五〇年至一八六〇年,还刊行有《社会科学原理》三卷(Principles of Social Science 3 vol.)。他的调和理论,于其所著《经济学原理》中,已露其端倪,而大成于其《农业,工业及商业上之诸利益的调和》。他作这种主张,那与其所处的时代环境,有密切的关联。

当欧洲各国特别是英国法国正闹着经济恐慌的时候,海洋彼岸的美国,才开始走上资本主义的旅程。那里存有广阔的未开垦的土地,那里正有待于大量开发资源的资本,那里社会各经济阶级间的利害冲突,尚未显然表示出来,在这种情形下,加雷带着十分乐观的思想,而达出了他的社会利益调和论。

因为他主张社会各阶级利益的调和,所以他拼命反对李嘉图的阶级利益对抗说。他最讨厌李嘉图,他说"李嘉图的书籍,是一般煽动家用农业法,战争与掠夺来推翻政权的真正指导者"。马克思在他致恩格斯的信中说:"加雷是阶级利益一致论的信徒,他起初想证明劳动者与资本家之间,没有矛盾存在,其次,他想证明地主与资本家间之利益的一致。"现在,我要进而论述他是怎样从事这两种证明。

加雷的调和理论的中心,就是他的价值论。他是主张再生产费价值说的。他首先把价值与效用加以区别,他说,"效用是人类对于自然之支配力的尺度,价值是自然对于人类之支配力的尺度",随着人类生产力的发达,支配自然之力的增大,"效用"即富之数量虽次第增大,而富之"价值"则次第缩小。他这种价值概念,乃依其价值由再生产费(Cost of Reproduction)所决定之命题而引出。即,据他所说,在原初社会中,简单之石斧作成,则以前的生产的房屋、船舶及燃料,将直接变化其价值,因为这些物件,现在得以较少的劳动而"再生产"出来。设石斧的发明,燃料较前只需一半劳动,那么,在鱼之价值不受石斧影响的限内,等量之鱼,可以换得以前一倍之燃料。由此看来,生产费已经不是价值的尺度,决定价值的,是再生产费,再生产用具费因劳动的改良而下落。劳动用具徐徐改良,则财产价值与劳动价值,皆较为稳定,设那种改良非常迅速,则蓄积力亦迅速增加,其结果，与劳动比较，财产的价值，将急趋低落。换言之，随着劳动生产力的发达，货物的价值，将渐就下落，劳动的价值，将逐渐上腾。

他依着这种价值理论，来调和劳资阶级间的利害冲突。他以为，资本的报酬与劳动的报酬之间，并没有存着李嘉图所说的那种背离关系。社会进步，资本报酬虽绝对的增加，而相对的则减少，而同时劳动的报酬，则绝对的相对的均将增大。因为人类借以支配自然力的“资本”即工具，系过去之肉体的及精神的劳动之产物，这种资本，因随劳动生产力之发展，而减少其再生产费，故其价值亦次第低落。例如，仅有石斧当作“资本”存在的场合，纵令石斧制成，所需劳动甚少，然一个人使用石斧于一日间所获取的木材量，如同其徒凭赤手于一月间所获取的木材量相等，则借用石斧者，固须支付高的价格，而使用石斧者之工资，亦将非常腾高。推而至于使用铜斧，使用铁斧，乃至使用铜铁斧，生产力每经一度改进，再生产费，从而，那种资本的价值，将因而减少，不过，在这种场合，生产所需劳动虽然在减少，而劳动的价值，从而劳动的报酬，或者说，劳动在全生产物中所取得的分额，不独不因以减少，却会因以增大。这，可就下表得到解释。

种别	总收益	劳动者的分额	资本家的分额
石斧	4	1	3
铜斧	8	2.66	5.33
铁斧	16	8	8
铜铁斧	32	19.20	18.80

就上表观察，劳动者的分额，是在不绝增加，而同时资本家的分额，却在比较的减少，不过，这种减少，是比率上的减少，而在数量上，则仍在显著的增加。所以，就大体看来，社会进步，劳资两阶级将交受其利。他说：“因为有了改良，资本家与劳动者都取得了很大的利益，改良趋向每进一步，接着便生出这样的结果：劳动生产力增加，更增加了劳动者分额，而减少了资本家分额；此外，生产品的数量逐渐增加，便要加速各种社会成分收入的平均趋向。”他得出了这样的结论之后，遂傲然自诩的这样说了：

"调节劳动生产品的分配,那是有其伟大的规律的;并且,这一切规律,都是由科学中推论出来,极其美满,因为它使各种社会的阶级的真实利益完全一致。"

加雷如上面这样调和资本家与劳动者的利益之后,更进而调和地主与其他各阶级的利益。李嘉图主张,社会愈进步,人口愈增加,则愈需要耕作更劣等地,从而,地主的地租,将愈益增加,地主的利益,将使社会其他各阶级蒙到不利。简言之,李嘉图以先耕最良地而次及于劣等地的前提出发,而达到其地主利益,与其他各阶级利益背离的结论。加雷反对他这种结论,由是乃首先反对其前提。

他以为:根据以往的经验,凡属瘠地,都是轻松而干燥的高地,在前生产技术幼稚,为耕作容易故,人们皆先占领这类土地,迨人口及人智增加,资本进于蓄积,生产技术逐渐进步,于是乃由枯竭的瘠地,而向河畔觅取丰沃的良田。在良田为地主所领有的限内,借用的农民,自不能不付纳地租,这地租,即是对于土地所有者或其先人事前在土地上所费资本及劳动之报偿;土地与其他生产机械一样,同是劳动生产品,土地的地租,等于资本的利息。从而,地主与资本家,是站在同一立场;而且,也与资本家一样,地主的利益,因耕作技术进步,其对于生产物之相对的分额虽减少,而绝对的分额则增大。同时,在农业劳动者方面,其分额不但是绝对的增大,且会相对的增大,因此,地主的利益,不独不与资本家冲突,更不致与劳动者冲突。这样,就成就了他的阶级利益调和论。

加雷依着他这种推论,他不但反对李嘉图,兼且反对了李嘉图的论敌马尔萨斯。他以为,在自然界及人间界,由神预定了一种秩序的调和,在这种秩序的调和下,人口是不会过剩的。在他看来,人口愈多愈好,因为,人口增加,从而,结合力的发达,人类对于自然的支配增进,其结果,财富愈益丰盈。所以,马尔萨斯的悲观论,他以为那不过是违反事实的无病呻吟罢了。

就加雷所处的时代环境而论,他那种乐观的主张,实在不是出于偶然,可是与加雷作同一主张的巴斯夏,他却就过于矫饰了。

佛列德利克·巴斯夏(Frederic Bastiat,1801—1850),他是法国当时的一位有名的经济学者和政论家。他从事经济的著述,只限于最后最短的几年岁月,他是主张自由贸易的。一八四四年,他在法国《经济学杂志》

(Journal des Économistes)上，发表了《英法两国关税对于两国国民未来之影响》(De L'influence des Tarifs Français et Anglais sur L'avenir des deux peuples)的一篇论文，由这篇论文，他取得了非常好的时誉。此后，他曾遨游英国，与英国当时反谷物条例同盟诸子相周旋，因而于一八四五年，发刊《柯柏登与同盟会》(Cobden et la Ligue ou L'agitation Anglaise pour la Liberté des Échanges)，此文专为表扬同盟运动之业绩，继是，他还在前述杂志上，刊登了不少同一性质的论文，集而成书，于一八四五年刊行第一辑，于一八四八年刊行第二辑，题名为《经济叙论》(Sophismes Économique)。这样，他成了保护政策的强敌。

一八四八年的二月革命战后，他被推为选举会委员，往后，又被选为立法议员；由这时起，他因受过革命的强烈印象，他开始反对共产主义与社会主义了。为反对社会主义者勃朗(Jean Joseph Louis Blanc)建立国民工场之主张，他写有《财产与法律》(Propriété et Loi)，为反对孔斯特兰(Consderant)所遵奉之富利叶的学说，他写有《财产与掠夺》(Propriet et Ipoliation)，为反对圣西门派社会主义者勒鲁(Pierre Leronx)之平等论，他写有《正义与友爱》(Justice et Fraternité)，为反对蒲鲁东(Proudhon)之无利贷借，他写有《资本与利息》(Capital et Rente)。他驳论保护论者，驳论社会主义者，都满怀得意的自夸胜利了。然而上述种种小著，都不过是消极的批判，而非积极的建设，至一八五〇年，亦即他的生命最后的一年，他表现自己经济学说之《经济调和论》(Les Harmonies Économiques)第一卷出版了，这虽是一部未完全的著作，但已明白表示出了他的主要思想。他曾说："本书的主要思想，是利益一致的见解。"

关于他这种见解，学者间多有疑其系剽窃加雷之陈说，加雷自己亦与巴斯夏之友人如杜林(Dühring)兰格(Lange)等争辩此事，加雷的阶级利益一致论，虽大成于一八五一年，即巴斯夏主著《经济调和论》出版后一年所出版之《农业，工业及商业上诸利益之调和》中，但在其由一八三七年至一八四〇年出版之《经济学原理》，及一八四〇年出版之《过去现在将来》两书中，早已表明了这种思想。然而巴斯夏在他的书中，不曾引述到加雷的学说，这在许多学者看来，却就成了他掩饰剽窃的一个反证。

也如加雷一样，巴斯夏的利益一致论，乃建立在他的价值论上。不过，加雷主张的是再生产费价值说，巴斯夏则是主张勤劳价值说。依他所见，所谓价值，不外就是“两个进行交换的勤劳间之比率”。只有人类双方的勤劳，才有价值，才要求报偿，至若自然在人类生产上所予的援助，那全是恩惠的，决不会列入价格之中，因此，价值的观念，要在交换的社会，才能取得；要在比较的场合，才能显示。一个人在孤独的状态下，对于某物所费勤劳即令再多，因无从交换，无从比较，从而，根本就谈不到什么价值。根据此点，他反对李嘉图一派的所谓劳动价值说，他以为，某物的价值，不是取决于一个人在生产中所用出的勤劳，而是取决于一个人在交换中所取得的勤劳。交换是价值的本原要素，生产物的交换，即是勤劳的交换，亦即是人类相互服务的表征。

这种价值规律，支配了人类的一切社会关系，而在资本主义社会中，尤能显示出此种趋向。资本家与劳动者，地主与佃户，债权者与债务者，都是在互相服务，互相交换其勤劳。所以，“用不着什么粗浅的正义思想和理智的判断，人们都有服务和相互服务的权利，而且这种权利，都是为自由和愿意的原则来规定的”。这样，劳动者固有由资本家取得其勤劳之报酬的权利，同时，资本家亦有由劳动者所生产的生产物中，取得其由勤劳蓄积的资本之报酬的权利。资本家与劳动者之相互的权利关系是如此，地主与佃户，债权者与债务者，亦莫不如此。

上述这种种人的权利既是相互的协作的，那末，于某一方面有利益的事体，于其他方面亦必有利，试就资本家与劳动者说吧，他变调的袭取加雷之说，以为生产技术进步，则所生产的财富愈益加多，由是资本的利率，就要相对的减下。不过，生产总生产物中属于资本之相对的部分虽然低减，而其绝对的部分，却仍会增加。而同时“属于劳动之相对的部分固然增加，而其绝对的部分，更要增加”。不但此也，劳动者一方面是生产者，另一方面又是消费者，劳动生产力增加，定会引起货物价格的低廉，劳动者又将由此享到一种利益。总之，劳动者的利益，是与资本家的利益密切相关，而且协和一致的。他由此得出了安慰劳动者的两个结论：

“第一，劳动者的地位，必渐增高，以致与资本家及雇主相等。

第二，劳动者的工资必渐增加。”

根据这两个结论，劳资两方宜可以和衷共济，相安无事的。然而这位大经济学者出版其大著《经济调和论》的一八五〇年，却正是法国一八四八年革命的后两年，各阶级利害冲突所演的惨剧，应该历历在他心目中，而他竟这样歪曲事实，视若无睹，在一方面固然表证他是过于忠顺资本家了，另一方面也可由此推知资产阶级的经济学者的本领，每况愈下，一个更比一个无力了。

第六章　约翰·穆勒

第一节　约翰所受教育与其时代思潮之抵触

约翰·穆勒(John Stuart Mill)生于一八〇六年，卒于一八七三年。在他的生存期中，他目击了英国资本主义的兴盛，同时，他亦目击了英国资本主义的没落。不如这样说吧，在他的青年时代，资本主义尚在迅速的发展，但临到他的壮年期，尤其是他的晚年期，那盛极一时的资本主义经济，已渐转向没落的旅程了。同时，至李嘉图发挥尽致，由西尼尔作过矫揉的补充的经济学，已照应着资本主义制度之恶害的加深与加大，而分外表示无力，一天天的进于空疏化、流俗化、诡辩化了。所以约翰·穆勒在他早期生活中，虽思岸然保持正统学派的故垒，一加挣扎，但后来见势不佳，已觉非投降或叛变不可了。顺着他的性向或意境做去，他很可斩钉截铁的揭起叛旗，与其他正统派经济学者，立于正相对立的地位，但也许是习染太深了的缘故吧，他竟不能完全由这派拔脱出来。虽然时代紧迫的要求，和其他方面的观摩感染，使他不甘于抱残守缺(他曾说，“斯密的《国富论》，就许多部分说是陈腐的，就全体说是不完全的”——见他的大著《经济学原论》序文)；虽然他动辄称亚当·斯密等为“旧派经济学者”(The political economists of the old school)，隐然以“新经济学者”自命，但他终于是徘徊在那旧的壁垒上，想从古旧的树干，抽出新的枝条来，所以，结局，他遂成了英国正统学派经济学收场的一位大师，同时也就是资本主义经济学转形期间的唯一过渡人物。

不过，我们在解述他的经济学之前，须得略为详细的述及他所受的特殊教育，以及这种教育与时代思潮背离冲突的情形。

约翰·穆勒一生的唯一教师，就是他的父亲杰姆士·穆勒。我们已经知道，杰姆士·穆勒为当世有名之历史学家、哲学家及经济学家。他是李嘉图及功利主义者边沁之挚友，同时又是李嘉图学说及边沁主义的崇拜者。约翰·穆勒十三岁时，即开始从父研究李嘉图所著《经济学及赋税之原理》，以次，更研究亚当·斯密之《国富论》及马尔萨斯之《人口论》等著，尽得正统学派之薪传。十四岁赴法国，寓大经济学者萨伊之家，与大陆方面同情自由主义个人主义之经济学家过从甚密，由是对于亚当·斯密等之学说，益坚信不疑。十五岁返英格兰，研究罗马法与英法，父命其读杜蒙(Dumont)所著之《立法论》，因得知边沁之法学原理，彼曾在其《自传》中述其读此书后的感想说：

> "……既读罢《立法论》末卷，我之前后殆判若两人；《立法论》中所谓功利原理，即边沁学说之主旨，我以前散漫的知识和不统一的信仰，至是始得联贯统一。而今而后，我乃有一种意见，一种信仰，一种学说，一种哲学，更有最善之意味上的一种宗教。……"(见《自传》第66～67页)

总之，在这时候，他是十足的边沁主义者了。他此后常与边沁同居，因益能得其学说之神髓。

约翰·穆勒所受特殊教育虽如上述，但他所处的社会环境怎样呢？从而，一般社会思想的潮流怎样呢？一句话，那是与他所受的特殊教育，大不相容的。当时所谓个人主义、自由主义、功利主义这个思想体系，几乎支配了英国全政界。凡属自由党的政治家、经济学者，不论是议会议员或非议员，殆莫不以自由放任主义相标榜。但是，实际上，这种极端自由放任的恶害，却在一天加大一天；资本家为其个人利益，往往任意延长劳动时间，并利用廉价的少年男女，从事劳动；这一来，他们的利益，无疑是加多了，无奈一般劳动者的境况，愈益陷于悲惨。从自利利他的经济原理出发的资本家的经济活动，结局竟是损人利己，所以一般同情劳动者的人，乃至一般不单纯是由同情劳动者的人，遂由嫉恶资本家的行动，而反对自由主义的经济学说。他们主张，要劳资两方交受其利，只有由国家行使保护干涉政策才行，在当时，这已成了一般共同的意见，但使这种意见具体化的，却是英国的保守党。保守党主张由国家制定工场法，限制劳动时间，限制少年男女的使用。制定工场法运动约在一八三〇年已开始，此后虽经过了二十年岁月，至一八五〇年才通过《十时劳动法案》(Ten

Hours Bill)，但自由主义、个人主义经济学说之不见信于人，却是在一般劳动者，特别是少年劳动者的惨状曝露时，就早经开始了的。在英国当时的情形是如此，在大陆方面如法德各国，虽受到个人主义经济学说的利弊影响，各有不同，可是我们一考察法国十九世纪初年圣西门主义之出现，一八一九年西斯孟底之《新经济学原理》的发刊，以及此后产业落后之德国历史学派与社会主义思潮的兴起，我们就知道盛极一时的正统派经济学说，已经到处发现挑战者反抗者了。

约翰·穆勒以他所受的那种特殊教育，或者说，以他由家学渊源所形成的那种特殊信念，来应付他当前这么的时代潮流，如其他是顽固者、冷酷无情者，他也未始不可行所无事的坚持下去，无奈他当时的年纪还最轻，学问上的受容性最大，而其心情又最慈善热烈，所以他就极度感到思想上的矛盾冲突的痛苦了，他《自传》中第五章所描述的"精神发达上的危机"，就是说明此点。他那时还只二十岁，由一八二六年至一八二七年，是他极度悲痛的期间，此后算渐渐恢复过来了，他对于个人主义、自由主义及功利主义体系的怀疑，对于圣西门主义特别感到兴趣，通是思想危机经过后不久的事。一八三〇年法国七月革命发生，他当即驰赴巴黎，结识了许多革命志士，归来后，即执笔从事社会问题、政治问题的论争。至一八四五年始着手写他的大著《经济学原论》。一八四八年即行出版。

特约翰·穆勒的主要著述，除《经济学原论》外，还有一八三一年出版的《经济学上的未决诸问题》(Essays on Some Unsettled Questions of Political Economy)，一八四三年出版的《论理学体系》(System of Logic)，一八五九年出版的《自由论》(On Liberty)，由一八五九年至一八七五年出版的《论文集》(Dissertations and Discussions)，一八六一年出版的《功利主义论》(Utilitarianism)，一八六五年出版的《孔德与实证论》(Auguste Comte and Positivism)，一八六九年出版的《妇人隶属论》(On the Subjection of Women)，以及，一八七三年出版的《自传》(Autobiograph)。

从上面这些著作看来，我们知道约翰·穆勒之思想活动，是多方面的，他不但是经济学者，且是哲学家政治学家。然而经济学者约翰，是比哲学家政治学家的约翰，更为出名的，这原因，就因为他的大著《经济学原论》，较之其他著述，更有力量，更有时代性。

我们研述经济学史上的约翰·穆勒，当然要根据他的《经济学原论》，这部书，在内容上，在其题名上，全般的结构上，乃至各版的差异上，均可显示出作者的根本思想。所以，为了便利解述起见，先得就他的《经济学原论》本身，加以说明。

第二节 《经济学原论》

本书题为《经济学原论》，盖取简括之意译。其全译名当为《经济学原理与其在社会哲学上之应用》，因原名系 The Principles of Political Economy with Some of Their Applications to Social Philosophy 故也，单就他所标举的这个原名，我们亦不难窥知其一般性质。

约翰·穆勒是曾在法国会过圣西门，且受过圣西门不少影响的。有名的实证哲学者孔德(Auguste Comte)，是圣西门的友人，后来亦是圣西门的朋友。他所受孔德的影响，比较还要大。这就是他的《经济学原论》，其所以要附加一个“与其在社会哲学上之应用”的子句的原因。

他曾写信给孔德说：“我曾用一种真正求知的热情，一读再读足下之《讲义》(Course)——南按：即《实证哲学讲义》——……虽然我自己已有不少与足下思想相类似的地方，但许多极重要的事理，我还是从足下学来，我希望，我有机会渐渐向足下表示：我是实实在在学过它们的。……”在他所著《论理学体系》中，他已表示他从孔德学来的事理了，他说：“……那是一定的，如其丢开了一切智的，道德的，政治的分析，社会上经济的产业的分析，就不能确实成就了；像这种不合理的分离，将会十足表示那种原理之形而上学的性质。”(见原书第六篇第六章第10页)

他写《论理学体系》是在一八四八年与一八四三年之间，后二年即着手写《经济学原论》，他在这部书里面，更十足表示他所受孔德的影响了。在序文的第三段，他说：“本书的设计，是不同于亚当·斯密《国富论》以后之一切经济学论著的。斯密那部著作最特殊的性质，即最不同于其他专以一般经济原理见长之著述的地方，就是它从未忘记原理与其实际应用的关联。并且，她本身包罗的范围和题材，比普通视为抽象理论之一个分科的经济学所包括的，要广得多，多得多了。在实际的目的上，经济学与社会哲学其他许多部门，在不可分离的纽结着。……著者本书的目的及一般概念，与斯密那部著作相仿佛，不过依现在经济学上的要求，其知识范围较广，而其观念亦有所增进罢了。”

从上面这段话，我们知道：第一，他认定经济学是社会哲学的一个部门，与其他部门有不可分离的关系；第二，经济学原理须与其应用保持联络，否则空洞无物，将无以得事理之真相。依着孔德提供的意见，斯密暗示的榜样，所以他这部书，“就不仅是抽象科学的书，且是应用的书；不是把经济学本身做对象来讨论，而是把它视为更大全体中的一个部分来讨论……”（见《自传》第236页）。至此，我们才知道著者对于书名的用意，及本书所具的性质。

不过，就讨论的范围及目的说，约翰·穆勒虽赞成斯密之主张，但全书之体裁或系列，却是强半取法于其父杰姆斯所著之《经济学要义》及法国萨伊所著之《经济学》，全书共分五篇，第一篇生产论，第二篇分配论，第三篇交换论，第四篇社会进步对于生产及分配之影响，第五篇对于政府之影响。各篇所论，大体皆纂集、调和、综合他之所谓旧派诸经济学家（按即指亚当·斯密、马尔萨斯、李嘉图、西尼尔等）之学说，附加说明，并推论到实际应用上，此外实无何等特殊发现，要说有，那不过后面待解说之怀疑的过渡思想罢了。

他在生前，他的《经济学原论》重版过七次。第一版以后之各版，皆有补充订正，尤以一八四九年之第二版及一八五二年之第三版，变动最大。在第一版，他原是反对社会主义理论的，到了第三版，他简直反过来赞成那种理论了。他曾说：

> “《经济学原论》中的这些意见，在第一版说得不大明白而且不大充分，第二版比较明白充分一点，第三版就全然没有暧昧的地方了。那种表现的不同，一部分是由于时代的变迁：第一版是一八四八年法国革命以前付印的。其后社会心理渐被新思想所展开，以前视为新奇耸听的学说，现在也觉得稳健了。在第一版，我力言社会主义的困难，因而大抵总不免带点反对的调子，此后一两年间，因研究大陆一流社会主义学说，及关于社会主义论争中所含全般问题之思索和论究，结果，遂削去了第一版对该问题讨论的大部分，而代以比较进步的意见和考察。”（见《自传》第234～235页）

此外，他寄给《经济学原论》德译本之译者索特柏尔（Dr. Adolph

Saetbeer)的书中有云：

“……译文，好极了，不过我觉得惭愧的是：足下的时间与苦心，没有费在我现今印刷的版本——南按，指第三版——上。这次的改版，不但全体统行订正了一过，并且重要的许多章，简直是改作的。就中关于‘财产’及‘劳动之将来’那最重要的两章，特别是如此……。”（见他的《书简集》第二集第167页）

由上面两段话，我们很可看出著者对于学问的开明态度，及其受容精神，而同时他这部大著的过渡性质，也就表现得十足了。

第三节 过渡思想之表现

约翰·穆勒的过渡思想，可分两点来说明：第一，社会主义与个人主义间的徘徊；第二，自然的生产论与历史的分配论。兹分别论述如次。

一、社会主义与个人主义间的徘徊

《经济学原论》每重版一次，其对于社会主义思想，即有进一步的认识，这，我们就前面所引的《自传》一般文字，便可征知了。不过依著者所说，他逐渐同情社会主义学说的原因，一部分虽由于时代变迁，乃至研究大陆方面这类思想的结果，但其所受泰勒尔夫人——初为泰勒尔氏夫人，泰勒尔死，乃与约翰·穆勒结婚——的影响则颇大。他说：

“……在我的著作中，特别是在《经济学原论》中，举凡为社会主义者所主张，为一般经济学所否认的问题，即在将来有实行可能性的部分，如非泰勒尔夫人，我就怕完全不会写下来，即不然，因了胆怯的缘故，一定是不敢畅所欲言的。”（见《自传》第248页）

他对于社会主义学说表示赞同，以及他自己提示的社会主义主张，散见于《自传》及其《书简集》中者，不一而足，因限于篇幅，不能多事旁引，故仅就《经济学原论》中所述，略举一二。在原书第二篇第一章第三节，他论过了私有财产制度所生的恶害以后，接着说：

“所以，如果把伴着一切理想的共产主义，和伴着一切痛苦与不正的现在（一八五二年）社会状态一加比较；如果把私有财产制度必然会产生的恶害，即是，如我们现在所看见的，几乎把劳动生产物按照劳动的反比例分配——全不劳动的，得最大部分；名义上说是劳动的，得次多部分；愈困难愈不愉快的劳动，则得最小部分的报酬，致使一般精疲力竭的劳动者，连生活必需品亦难到手——的这种情形，同共产主义一加比较；然后再叫我们于这两者中任选其一，那后者会遇到的一切大小的困难，就算不得一回什么了。"[见原书亚希勒(Ashley)版本第 208 页]

这就是说，要实行社会主义，是少不了困难的。但为了要摆脱这充满了罪恶与痛苦的现状，受点困难也值不得什么。可是在他看来，社会主义的实行，或者说，私有财产制度的根本废弃，那并不是一蹴可几的。要做到这层，至少：

"我们还得假定有两个条件要实现。否则共产主义也好，其他任何法律制度也好，想由堕落与悲惨，救出人类大众，那是万难做到的。这两个条件之一，是教育的普及，又其一，是对于社会人口加以适当的限制。"(同上，第 209 页)

就他这实现社会主义的两个前提条件而论，普及教育，言外是说社会各阶级的人，都有知识，都能警省，资产阶级当然不会过于剥削劳动大众，其结果，财产上将显出一种均平现象来；可是，财富增加是有限的，设人口繁殖过多，那大家只有穷可共，无财可共，依然无救于贫穷，所以他的第二个条件，就是要适当限制人口。——前者为奥文、圣西门一流的空想，后者则是马尔萨斯冷酷的人口铁则。这一来，不但表示他的社会主义说之不澈底，一反掌间，又要投到个人主义资本制的怀中了。所以他继续前面那段话说：

"这两个条件齐备了，哪怕在现在的社会制度下，也不会有贫困现象发生；而且，既然有这种条件的假定，那如社会主义者一般所述说的社会主义问题，就不是一些使今日人类堕落的诸弊害，逃往唯一避难所去的问题，而单是一种比较便利的问题，这问题，是后世之人所必须决定的。个人主动(individual agency)之最善的成就为一种形态，社会主义之最善的成就为又一种形态；这两者，究以哪种为人类社会之究局的形态，我们是太无知了，没有资格决定。"

从上面这段话看来，谁也难得断定他是主张社会主义，抑是拥护个人主义。现代社会制度之待改革，正因其生出了不平现象，换言之，即富者太富，贫者太贫，既然把那两个条件做到了，“在现代社会制度下，也不会有贫困现象发生”。那现代社会制度的改革企图，即社会主义学说，便成为多事了。赞成社会主义的约翰·穆勒，竟推出了拥护个人主义的结论，其原因就是由于他在这两者间彷徨。

他上文之“个人主动”云云，也许说特有所指，或者至少，不同于“个人主义”这个观念形态，那末，让我再引述一段来看看罢。原书第二篇第一章(论财产)的末尾，他一方面主张：社会主义者们，都不妨在不危险他人范围内，尝试其学说，在另一方面，他却说：

> “同时，我们可以……断言：在未来的相当长时期内，经济学者的主要任务，仍将是计虑私有财产私人竞争社会之存在与进步的情形；而在人类进化现阶段所企图达到的主要目的，不是个人财产制度的推翻，而是这种制度的改进，使社会一切人都得分享社会的利益。”(同上第217页)

经济学者“在相当长时期内”，还得为私有财产私人竞争社会的存在问题、进步问题烦心，可见这种社会的根本改革，实遥遥无期，所以他直截了当的揭出他的个人主义拥护论，说：“在人类进化现阶段所企图达到的主要目的，不是个人财产制度的推翻，而是这种制度的改进。”

二、自然的生产论与历史的分配论

经济学是一种研究富之性质，及富之生产法则及分配法则的科学。以前经济学者皆如此说，约翰·穆勒在《经济学原论》之开场白里面，亦有同样的主张。可是，他对于生产法则及分配法则的认识，却与从来的经济学者不同。在从来这般经济学者设想，资本主义制度，是一种有永久性的制度，从而，这种制度下的生产法则和分配法则，也就会一成不变。如前面所讲过的，约翰虽不主张马上有推翻资本主义制度之可能，但那种制度之暂时的历史的性质，他是看清楚了的，从而，他对于这两种法则，就另是一种看法。他以为，生产的性质，与分配的性质，根本不同，前者有几分是依据自然之物理的数理的法则，而后者则是依据社会之法律的习惯的关系，谓前者永久不变，尚犹可说，谓后者永久不变，则绝对不可，因此，他与其他旧派经济学者表示不同的，就只是分配法则了，对于生产法则仍是一鼻孔出气，他的生产论是自然的，他的分配论是历史的，他就是在这两极间徘徊着，充分表现其过渡的性质。

他一八四四年写给孔德的信中有云："……我将特别费点气力，把那必然通用于一切产业社会一般生产法则，和那必然要先行假定一个特定社会状态之富的分配与交换的原理，加以区别……"

当一八四五年着手写《经济学原论》时，他是实行了他这种愿望的。在这部书中，他判然区分了生产法则与分配法则之不同的性质。

现在先考察其生产论。

他对于生产法则之永久性的意见，在第一篇生产论中，未显明的说及，而是讲到第二篇分配论时，才连带论到的。在这篇的冒头，他说：

> "本书最初部分所述的诸原理，和我现在要进而考察的诸原理，在某几点上，当严加区别。关于富之生产的法则与条件，带有物理上之真理的性质，不是任意的，随便的。人类无论生产什么，总得依一定方法，在一定条件下进行，这方法，这条件，就是由外界之物的性质，和人类自身肉体上精神上之固定性质所形成的。人类的生产，总不免为其从来之蓄积的分量所限制，从而，总得与其精力，熟练，机械的完全性，乃至利用结合劳动之利益的妥当性为比例。如非耕作方法上有若干改良，在同一土地上，两倍劳动量，总不会产出两倍食物量；而且，不生产的消费好多，社会就要穷好多，生产的消费好多，社会就要富好多，凡此种种，都是不能由我们人类的好恶所左右的，固然，我们关于自然法则的知识，将来更有扩张，因而有一天在产业上想出一种空前未有的新秩序，能在某种范围内，变更生产方法，或增加劳动力，那也是难得逆睹的。不过，在事物之性质限定了的限界内，我们虽有更多游刃的余地，但其中总是不免有所界限的。不论是物也好，是心也好，其穷极的性质，决无从变更，我们极其限，不过于成就那些与我们有利害关系的事件上，多少能有效的利用这诸般性质罢了。"（见亚希勒版本第 199～200 页）

所谓"物理上之真理的性质"，所谓"其穷极性质，决无从变更"，所谓"不随我们人类的好恶所左右"，通是表明生产法则之永久不变性。现在且看他的分配论吧。他继续前面那段话说：

> "关于富之分配，就不同了，那单是关乎人为的制度的事情。既有某物存在那块，人类就能各别的或合同的，随其所欲，加以处理。

不论以什么条件，他们把物交给谁，就交给谁。不特此也，在一定社会状态下，即在非完全孤立的一切社会状态下，生产物的处理，任凭怎样，总不能不得社会的同意，或者说，不能不得那为产出此生产物，费过了气力者的同意……所以富之分配，是受支配于社会之法律与习惯，而决定分配的规则，则是存于社会支配者之意见与感情；时代不同，地方不同，此规则亦因而大异。设人类愿意，其相异程度也许要更甚。"

然则基于人类意见及感情所发生的法则，是怎样呢？在约翰看来，那是关于人类一般进步理论的一部分，而不是他在本文要讨论的问题，所以无取乎进一步探究。总之，分配法则，是一种社会法则，可因时因地因人而不同。若生产法则，那却是一种自然法则，不得因时因地因人而有异。两者的性质，恰相反对。根据这种观察，他对于从来把这两者混为一谈的经济学者，遂多所非难。他说：

"……普通经济学者(The common run of political economists)——南按：约翰所谓"普通经济学者"，所谓"旧派经济学者"，通是指亚当·斯密李嘉图等——把这生产法则和分配法则，混同括在经济法则的名称下，以为都是不能由人力破坏或改变的；那就无异认定那受支配于人类在地上生存所不可变的诸条件之事物，和那只是特定社会制度必然的结果，从而，与特定制度共存亡的事物，有同一的必然性。固然，在某种社会制度与习惯之下，工资，利润，地租，是由一定的原因所决定。可是，他们这班经济学者，竟弃去了那不可缺少的前提假定，而硬说当分配生产物时，这所谓一定的原因，将依其非人为方法所能回避的内在的必然性，去决定劳动者，资本家及地主各各的分额。"(见《自传》第236页)

劳动者、资本家及地主各各的分额，既不是由那"非人为方法所能回避的内在的必然性去决定"，所以，"某物存在那块，人类就能各别的或合同的，随其所欲，加以处理"？于是，他对于分配的主要各形态，如工资、利润及地租，就有各别的不同的主张。例如，就工资说，他是袭取乃父杰姆斯·穆勒及马克洛克的工资基金论，就利润说，他是偏取西尼尔氏的节欲利润论，而对于地租，则是站在李嘉图之对差地租说的立场，而主张地租国有化。此后美国经济学者亨利·乔治(Henry George)所提倡之单税论，盖直接受了他这地租国有化之理论的影响。

要之，约翰之生产论是自然的，其分配论是历史的，但从社会政策方面来观察他的分配的诸形态，其工资论利润论是自然的，其地租论才是历史的；所有这些矛盾的理解，只有以次一点就可加以说明，即，他是生在自由主义与社会主义的过渡时代，他在这两者之间徘徊。

第四节　结　论

亚当·斯密以后的经济学者，就著名的说，有马尔萨斯、李嘉图、西尼尔等，马尔萨斯以人口原理见知于世，李嘉图以地租论见知于世，就在西尼尔，他的节欲利润说，也还能引起一部分人的共鸣。然则约翰·穆勒在经济学上，究有什么值得我们称许的独创的发现呢？这一问，恐怕在他自己也不好怎么回答。

可是，不论是谁，只要他提到英国正统派经济学者，他总不会忘记约翰·穆勒。这不是偶然的，因为他成就了时代所赋予他的任务。

在十九世纪四十年代前后，自由主义、个人主义的经济学说，已算在英国盛极一时了。不论是学术界、工商界，抑是政界，处处都充满了自由主义的空气。自由主义这种学说体系，不能有更进一步的发展，那是我们早讲过的，而在当时那种情形下，实在也不要求它有所发展；所以生当其时的经济学者，不独在那种学说体系上，无独创理论之可能，且也感不到有独创理论之必要，约翰·穆勒所以不能在这方面与马尔萨斯李嘉图等抗衡的，其原因就在于此。

但是，一时代毕竟是有一时代的要求的。资本主义经济学说，一方面虽在英国大行其道，同时它所造出的恶害，却也一天天的曝露出来了。由某种学说铸成的大错，不能由同一学说纠正，那是十分明白的；一种学说行碰了壁，须有另一种学说起而代之，那也是十分明白的。资本主义铸成了大错，行碰了壁，那就表示它的厄运已经降临了，几时响其丧钟，虽说不定，但当时确有另一种学说或反资本主义学说之出现的要求，这要求，在一般劳动大众的悲惨境况上，在许多人道主义的悲惨呼号中，是历历可见可闻的，约翰·穆勒起而因应此时代要求，所以就成功了时代的代表人物。他能与马尔萨斯李嘉图等相提并论的，其原因也就在于此。

是的，他是在社会主义与个人主义之间彷徨，是在自然的生产论与历史的分配论之间，显示其不澈底的游离的态度，但是我们要知道，他是从十足的自由主义、个人主义，乃至功利主义环境中教育出来的人，而且，他还是英国开始转向的第一位经济学者咧！

对于英国旧来一切的经济学说，他是知道得太多了，感染得太深了，他竟毅然思所以转换方向，那除了时代的要求外，其得力就在他那极易感染的受容性，和极其热烈的仁慈心。然而同是这两种性格，却又不免成为他转换方向障碍，因为，我们知道：革命者的心情，是要一往直前的，是要冷酷一点的，受容性太大，则不免左顾右盼以至屡进屡退；心地太仁慈，则不免以可怜被压迫者的心情，同样去爱惜压迫者，约翰思想之半转弯，这当然不无关系。

况且，英国人是怎样一种人呢，英国社会是怎样一种社会呢。他们遇事要凭经验，脚踏实地的做去，法国人那种平地飞跃的精神，俄国人那种专走极端的办法，他们颇不愿领教，无论在哲学上、政治上、宗教上，以及其他方面，你能在英国找到一个澈底的革命者来么？经济学上的约翰，怎能叫他例外咧！

总之，上面所说的这一切，通是使约翰成为过渡人物的原因。他不但是自由主义与社会主义之间的枢纽，同时还是正统学派经济学与历史学派经济学之间的路碑。

经济科学论丛

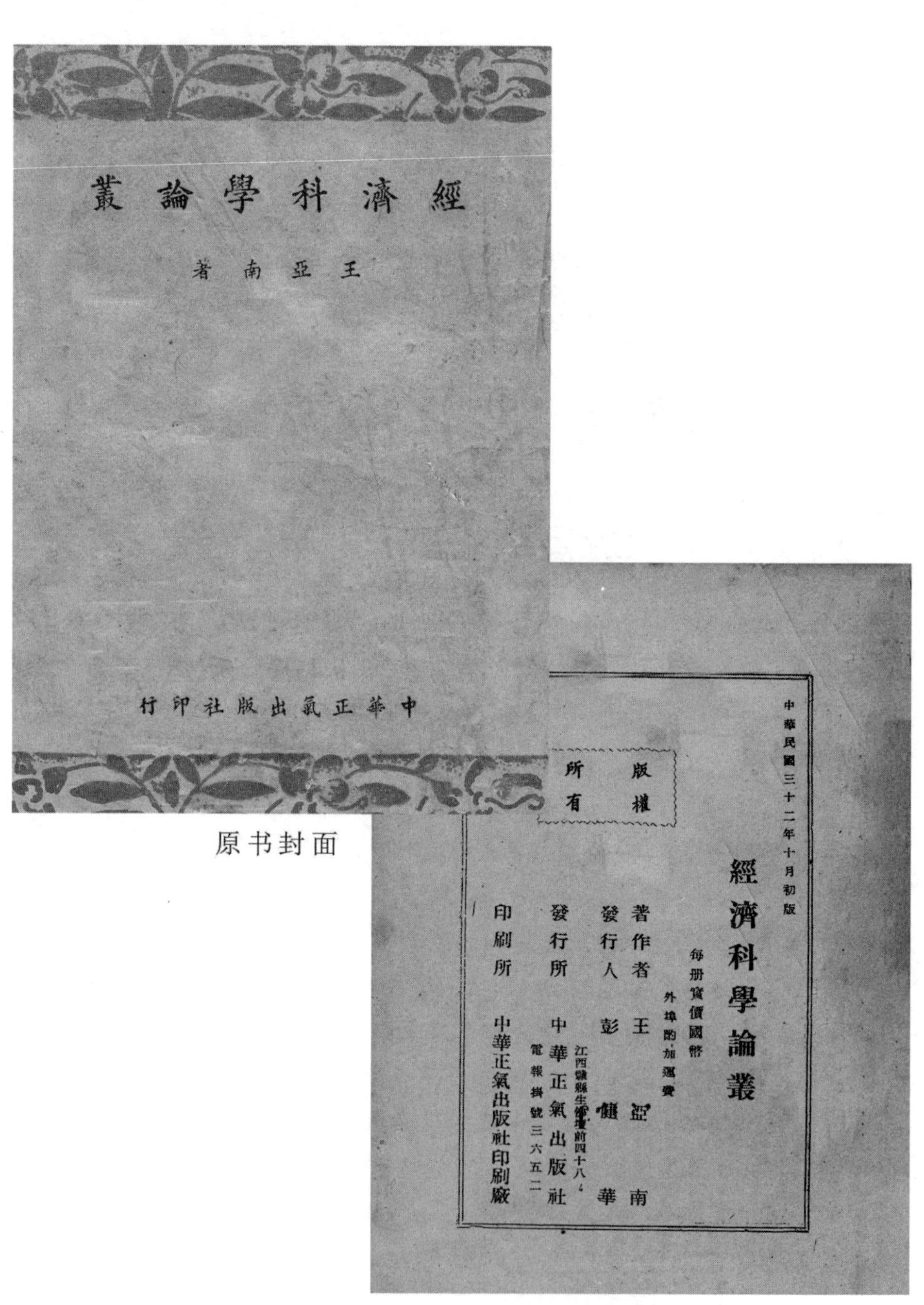

經濟科學論叢

王亞南著

中華正氣出版社印行

原书封面

中華民國三十二年十月初版

經濟科學論叢

每册實價國幣

外埠酌加運費

版權所有

著作者　王亞南

發行人　彭健華

發行所　中華正氣出版社
江西贛縣生佛壇前四十八
電報掛號三六五二

印刷所　中華正氣出版社印刷廠

原书版权页

序 言

这里所集印的十篇经济理论的论文，其中，《经济科学论》、《政治经济学上的人》，曾刊载于国立中山大学出版的《经济科学》，《政治经济学上的法则》曾刊载于桂林的《文化杂志》，《经济学与哲学》曾刊载于《时代中国》，《政治经济学及其应用》、《政治经济学对于现代战争的说明》，及《政治经济学在中国》，曾刊载于第七战区编委会出版的《新建设》，而《政治经济学之历史发展的迹象》，原题为《现代经济思想演变的迹象》，曾刊载于国立中山大学出版的《中山学报》，只有《政治经济学上的自然》，尚不曾发表，而最后一篇《中国经济学界的奥地利派经济学》，则已在中山文化教育馆出版的《中山文化季刊》排印中。

这十篇论文虽然是分别独立的，但作者在写作第一篇时，即曾计划到全部待写的题目，所以通体看去，还不难发现其连成一气的脉络和系统。作者对于经济学的基本认识，在《经济科学论》中表现得非常明白。“人”与“自然”两个因素，是经济学研究者在经济之科学研究上，最难于理解的，因此，乃有《政治经济学上的人》和《政治经济学上的自然》的写作。对经济学研究对象中的“人的因素”和“自然的因素”，有了明确的概念，然后始能正确把握经济法则，而法则本身又是关系哲学的问题，所以，在书中排列的程序上，紧接着《政治经济学上的法则》就是《经济学与哲学》。这几篇，对经济学的理论，其方法论，其认识论，已算有一个梗概的说明了。接着，再把《政治经济学及其应用》问题的提出来，表明上述的经济理论与经济法则，并不是从我们头脑子里抽象出来的，而是由现实经济演变过程中，由实践的要求中，逐渐去发现的，去形成的。为了证示这种历程，《政治经济学之历史发展的迹象》，为我们作了历史的补充。而《政治经济学对于现代战争的说明》，则可在这里提供“应用”的旁证。最后两篇，《政治经济学在中国》、《中国经济学界的奥地利派经济学》，是我在头一篇《经济科学论》中所提出的研究经济学的基本要求的“实践”。《政治经济学在中国》，是一般的批论中国人研究经济学的作风，而《中国经济学界的奥地利派经济学》，则是更具体的说明中国经济学界的“昏迷”状态，并由是指出那种状态对于中国经济改造，有何等不利的影响。

自然，从我之所谓中国人研究经济学之实践意义来说，这个“论丛”除了尚论经济学的一般性质外，其余只不过涉及了中国人研究经济学之“毛病”的消极方面；我们究应怎样研究，研究什么，作者个人意想所及的，将由最近即将付印的《中国经济原论》一书予以解答。

作者在立论行文上，原已尽可能避免艰涩，但因为间尝希望设法提高中国有关经济科学研究的水准，故各论文中之词意，或不免有使一般经济学入门研究者，不易完全通释的地方。

此外，这部书中有许多见解，迄今尚不曾脱却“个人私见”的性质。任何一个有研究态度的人，一方面尽管希望他的“私见”，能成为大家共同的意见；同时却也欢迎大家很坦白的用他们各别的“私见”来评量他的见解。

一九三四年①六月二十三日于坪石野马轩

① 原文如此，应为一九四三年。——编者注

经济科学论

一、讨论的范围

经济科学是经济学或政治经济学之较为严格较为郑重的表现。

把经济科学作为对象来研究,可能要涉及它的许多方面。它具有如何的性质,它被构成为一门科学的各种法则,究有如何的妥当性,它那各种法则,是从现实经济关系中被发现出来,抑是我们为了认识的便利,或为了实现某种预悬的经济理想,依据实际经验,予以观念的构成的结果。所有这些方面的探问,都似在逼着解答一个问题,即经济学是否已成功为一种科学——一种与自然科学有同一规律性同一妥当性的科学。

这是一个千百次被提出来,千百次被解答过了的问题,我不想在这里比论各家各派的解答,并品衡它们各别合理程度的限界。我只想把我自己关于经济科学的认识描述出来,不论我所描述的,究是它的正体,抑是它的某一个侧面。

我认为:经济科学是一门实践的科学,是在实践的应用的过程上形成的科学,是要在实践的应用的意义和要求上才能正确有效的去研究去理解的科学。

这三点,是我要在下面展开的说明。

二、经济学是一门实践的科学

一般把经济学头上,冠以“理论”二字,表示与所谓实用经济学相区别。在说明的方便上,我并不反对把经济学中,某些有关技术性或技术性较大的部门或方面,包括在实用经济学这个名词下面来叙述。但我在这里所强调的实践的应用的科学,却是另一种概念。“实用”,是就技术上立场,而我所要说明的“实践的”“或应用”的云云,却主要是从社会方面立论。在这种理解上,说经济学是一种实践科学,那实在寓有纠正一般常习与故智的用意。经济学是适应资本主义经济要求，照应资本主义经济现实而产生的一门科学。在其发生的意义上讲，它的实践性是非常明白的。但当它大体具有科学的内容，而成功为一门科学的研究之后，大约因了下面这种事实，它的实践性就渐渐不大明朗了。那事实就是，资本主义经济本身，既由它的向上发展阶段，转到向下发展阶段了，它的光明面就渐渐被其阴暗面所笼罩，它不需要正视现实，曝露现实，或经济之科学的研究，却反而需要掩饰现实，脱离现实，或经济之玄学的研究了。约在十九世纪初期，古典学派的经济学，就由英国的大卫·李嘉图(David Ricardo)，法国的西斯孟第(Sismondi)宣告结束。以后，经济学愈来就愈被戴上“理论的王冠”，而把它的实践性逐渐抹煞。西斯孟第的大著《经济学新原理》(一八一九年)、李嘉图的大著《经济学及赋税之原理》(一八一七年)出版后不到十余年的光景，西尼尔教授(Prof. Senior)就大声疾呼要把经济学放置在几个基本命题的基础之上，改造成为“演绎的抽象的科学”。他的《经济学基本纲要》(一八三四年)，就是准备作为这种科学的标本。他极力主张一切主义式的说教，一切社会改良的提案，一切受支配的道德的或意识的关系，都当排除净尽。然而，他在孟彻斯特的纺织资本家招宴之余，就有了延长劳动时间的新发现(说利润是十二小时劳动日最后一小时无给劳动的产物)——言外是表示劳动者不工作到十二小时，资本家的利润便无着落。资本家为什么要得利润呢？他有另一种新发现来说明，即“把生产工具的资本一辞，改作节欲”，“利润是节欲的报酬”。他这些大发现，似乎都是某种“意识关系”不曾排除净尽的结果。从此，我们可以约略知道：任何把经济学玄学化或“纯理化”的企图，不过是在消极意义上从反面来行使实践。经济学的实践性愈大，需要把经济学纯理化的要求也愈大。为了避免强暴的污害，愈是美丽的女子，就愈要涂饰得丑恶。西尼尔教授以后，由英国杰芬斯(Jevons)发其端绪的经济纯理研究，就由奥地利派诸经济学者“光大发挥”，以致使经济学完全脱离实践，一直到晚近，经济学上的讨论，更加与经济现实背道而驰了。资本家社会最关心的经济恐慌问题，经济学者很巧妙的行使“精神治疗”的手术，把恐慌的研究，歪解为“景气”的研究，结局，就连英国资本家代言者的新闻社论，也发出这样的怨声：“我们关于电子运动的速度，较之关于货币运动的速度，知道得更多。我们关于宇宙体系中地球绕日的循环，较之关于产业的循环，知道得更多。我们能够预言不可见的及不能达到的遥远的天体运动,较之我们能够预言恐慌的终结,是无比的正确。”①经济学家真难做了,一方面希望他们讲谎话,一方面又希望他们说真理。假使预言资本家社会的溃灭,和预言地球和木星相碰有同样的自由,则资本主义的终结,就是恐慌终结的预言,恐怕比世界末日的预言,还要正确。

但我们可以把话说回来,从上述这件事实的正反两面来说:经济学的实践性,经济学是一门实践科学,却并不因为经济学者们具有某种“意识的关系”的歪曲,而更形暧昧。

三、经济学是在实践过程中形成

惟其经济学是一门实践科学,他的形成,就显然是不绝通过实践,不绝应用的结果。从这里,又表现了经济科学之历史的性格。现代资本主义经济在它的各发展阶段,都有其不同的经济现实。从而,是受着不同的经济法则的支配。把各别经济发展阶段的经济法则发现出来,就是经济学的任务。所以,经济学在以整个资本主义时代经济为研究对象的限内,它无疑是在适应这各发展阶段的实践要求。亚当·斯密的经济理论,表现为初期资本主义向封建残余及重商体制争取自由大量生产的思想武器;李嘉图、马尔萨斯(Malthus)的经济理论,表现为盛期资本主义,对新起的无产者阶级及其卫护者,同时又是其(资产阶级)内部互讧的思想斗争的实话;奥地利派经济学及马克思主义经济学,则分别表现为后期资本主义内部展开的两大对立阶级(资本家阶级及无产者阶级)之思想斗争的实话。从不同实践要求所体现的经济理论,在其发展过程上,由于经济现实一方面逐渐排除非资本主义成分,而益发成为“纯”资本主义的属性,益发适于科学的研究,同时,又逐渐在“纯”资本主义的基础上,益加繁复其资本主义成分的内容,益加需要科学的研究;此外,经济思想在其自身发展演变的过程上,又日益由“累积”与“深化”,而增加其科学研究的可能,于是,经济学的形成,就表现为“由实践的到理论的”外观,使那些需要从反面来把握经济学之实践性的经济学者,特别是奥地利派经济学者,振振

① 见张译里昂捷也夫《政治经济学教程》。

有词的把经济理论，当作与经济现实变动无关的“纯理”来处理来研究了。

这样，经济科学在其形成过程上，就不曾须臾离开实践，虽然对于它的历史的实践，须得从它的正反两面来加以解释。

四、经济学要在实践的意义与要求上去正确理解

经济科学既然是实践的，既然是连续通过历史实践过程而形成的，我们对于这门科学的研究，就显然不能像研究数学或物理学一样，忽视它的社会性质。事实上，我们如其不能把握其现实的社会性质，就无法研究，而且也用不着研究了。一般社会科学的理论，都不能离开它所体现的社会现实而得到理解。不明了亚当·斯密的时代要求，他的自由主义个人主义的说教，均将成为没有意义的呓语。如中国某名经济学者，把中国人民的无组织，“一盘散沙”解释为“太自由主义”了，从而结论“中国不需要自由主义”[①]，那真是在玩弄“概念的魔术”。不理解现代经济上的自由主义的真精神，根本就是由于不理解斯密时代的经济实践要求。这同另一位名经济学者(大概是李权时博士罢)把王莽新政中的六筦五均，解释为晚近资本主义社会实行的统制主义经济的滥觞，是同样“望文生义”的胡说。如其他们如此这般的理解，单是为了“自我满足”的研究兴趣，当然有他们的“自由”，但他们在“主张”了；以不顾实践性的研究成果，拿来适应实践的要求，这就不仅说明了中国的“经济学的贫困”，同时也还照映了中国经济的贫困。

事实告诉我们：资本主义各经济发展阶段的理论，就在资本主义社会，也只认定它们在各经济发展阶段是合理的，是可以作为现实经济活动之指南来运用的。前一经济发展阶段的理论，往往不但不能帮助后一经济阶段的发展，且还不免变为其发展的障碍。一般的理论，在特别阶段之妥当性的限界，特定经济阶段的理论，在表象类同而本质相异的社会的妥当性的限界，都说明经济学研究者，不能太素朴了，太大意了，太把研究看得轻易了。“求知”原不难，难在“明变”。以中国人的地位来研究经济学，至少应知道：中国社会是在哪个经济发展阶段，在全世界经济系列中，是处在怎样

---

① 见马寅初《中国经济改造》。

的地位；哪些经济理论，会给我们哪种经济地位之改善以妨碍，哪些经济理论，可能给予我们哪种经济束缚之解放与改造以帮助。这是我们不单为了兴趣，不单为了个人“文化消遣”而研究经济学的人们，所应特别关心的问题。我曾把以次几点意见，作为现阶段中国经济学界共勉的要求：

第一，我们要由经济学的研究，正确认识现代资本主义经济所由产生、发展及其衰落的原因，看那是由哪些基本运动法则的作用。它的必然趋势，由此得到把握了；它在当前所表露的破绽、矛盾、冲突，以及拼命由战争方式来挣扎的诸般现象，乃可得到合理的说明。

第二，我们要由经济学的研究，确实认明资本主义对于落后的中国经济，发生过何等影响，是有害的还是有利的，是妨碍的还是促进的。资本主义在它的各发展阶段（初期、盛期、后期、晚近的没落期），对于各殖民地乃至次殖民地，必然会采行一些“因时制宜”的不同的侵略政策，把握了它们的侵略政策的演变动态，一定大有造于中国经济解放斗争上之战略的确立与实行。

第三，我们要由经济学的研究，扫除一切有碍于中国经济改造的观念上的尘雾，那些尘雾，不仅是关于经济本身方面的，同样是关于经济学以外的一切社会科学乃至自然科学方面的，因为经济学是最有现实性和最有基本性的科学，能够在经济学上把握住正确理论的核心，则帝国主义历来在中国有意无意直接间接散播的文化侵略种子，乃可因以廓清。

第四，我们应由经济学的研究，明确知道中国社会经济改造发展所必须与最可能遵行的途径，由此认知，现阶段的中国经济，何以定要澈底实行民生主义经济政策的原因。

我们研究经济学如能有这几种基本认识，那就算是把经济科学看为实践的科学。反之，经济学的实践性，也只能经由这样的研究，而表现出来。我以上述四点意见，致希望于中国经济学界，同时更以此勖勉自己。

政治经济学上的人

一、科学研究法上的常识问题

把人作为对象,可从种种观点来予以考察。事实上,人确曾在各种科学领域或各种学问体系上,被研究到,被考察到了。在人类学上,在生理学心理学上,在各种社会科学上,乃至在哲学及神学上,人曾被分别的显示出不同的特质、不同的品格、不同的姿态。但不论哪门科学或学问体系,它关于人的研究或考察,都只涉及他的全体生活的一个断面;而且,愈有科学性的研究,便愈只能把握他的一个生活的断面来描述。我们如果在人类生理组织的研究上,把政治的、伦理的,乃至神学的关于人的诸般概念,混凑在一起,那就根本无法探究出人类生理组织的有机作用及其特征,从而,根本无法形成现代生理学这门学问。对于其他各种科学的研究,亦是如此。

这已经是科学研究的方法论上的普通常识。然而在事实上,这普通的基本常识,却并不常为许多自命为科学家的研究者所重视。在经济学研究的领域内,就常常发生这个常识问题。

二、表现在经济活动上的人性

现代经济学在某些基本法则(例如价值法)上,虽是启端于英国的威廉·培第(William Petty),但一般的说,却是以亚当·斯密(Adam Smith)为创立者。斯密的整个经济学说,是把经济上个人的自私自利本性,作为其研究的出发点。他以为:"人类不能像动物那样的独自生活,他不能不取得同胞的协助,所以,假使他仅仅依赖他人的恩惠,一定不行。他如果能刺激他们的自爱心,使有利于他并告诉他们,替他作事,是为他们自己的利益,他要达到目的,就更容易多了。不论是谁,如果他要与旁人作买卖,他首先就要这样提议,请给我以我所要的东西吧,同时,你也可获得你所要的东西,这句话,是交易的定义。我们日常必要的东西,全是依这个方法,从他人手上取得。我们每人所需的食料饮料,不是出自屠户、酿酒家、烙面包师的恩惠,那仅是出自他们的自利打算。我们不要对他们的爱他心说话,只对他们的自爱心说话。我们不要说自己必需,只说他们有利。”[①]这段话,是斯密的个人主义哲学,亦是他的社会哲学。但要探溯他这种自利的功利的哲学的来源,却不难发现那是一部“旷古未有的坏书”(The wickedest book that ever was)中的下面这一段话的翻版,那是说:“如果把艺术教育放在一边,来考察人类的本性,我们便知道:使人类成为社会动物的,不是友情,不是善性,不是恻隐心,也不是装模作样的殷勤厚意,却是他的最卑贱,最可恶的品性,这品性,就是他适应最繁荣最幸福社会的必要条件。”[②]曼德维尔所理解的最繁荣最幸福的社会,就是经济发展的社会,在这个经济的社会中活动的人,只有“最卑贱最可恶的品性”才最能适应。而这“最卑贱最可恶的品性”就是亚当·斯密所强调的人类的自利本性。曼德维尔把自私自利看作卑贱而可恶的品性,可见他还是“蓬心未革”;但因为他把艺术教育放在一边了,把一般所称为道德的“友情”、“善性”、“恻隐心”、“殷勤厚意”,都排除在经济活动的打算以外了,他就被视为“有丧风化”的恶人,而他的书,就被诅咒为“旷古未有的坏书”了。

然而,由经济发展所逐渐实现了的“最繁荣的社会”,愈到后来,便愈只有看见所谓“最可恶的品性”或“自利本性”在那里活动了,而把这“自利本性”所展开经济事象,作为其研究对象的经济学,愈要发挥其科学的性能,就愈需要把艺术、教育、道德,及其他社会意识放在一边,使从事经济活动的人,变成马夏尔(Alfred Marshall)教授所说的“全然不受伦理影响的、细心的、拼命的、利己的、惟金钱利得是求的人”[③]。李嘉图(David Ricardo)的经济学说,是古典经济学的最高峰,但亦就因为这个原因,“经济人”(Economic man)的概念,始在李嘉图的著述(特别是《经济学及赋税之原理》)中,显出了最鲜明的轮廓。那种经济人在社会中似乎只有一种

---

① 见郭大力王亚南译《国富论》上卷第16页。

② 见曼德维尔(Mandeville)著《蜜蜂寓言》序文。

③ 见马夏尔《经济学原理》第一版序。

活动,即谋利的活动;只有一种要求,即生计的要求;只有一个目的,即成为富人的目的。他被假定为没有道德,没有真理,没有艺术;其理想不是善,不是真,不是美,只是富。而这种纯粹经济人活动所在的社会,就完全成为一个逐利的市场了。就因此故,在李嘉图的大著中,就不易找到几个关于所谓“精神文化”的字样,事实上,他所描述的社会,他所考察的逐利的市场,也根本用不着那些字样。但也就因此之故,他就被一般关心世道的人,玷称为不道德的唯物论者了。

其实,为了研究的利便,或者,为了科学的研究的需要,在经济学上舍象去人在经济生活以外的一切社会的精神的性质,那和在生理学上不涉及人的一切社会的精神的性质一样,丝毫用不着稀罕。不希望接近科学的道德家或精神万能主义者,他们是有瞎眼乱说的“自由”的,但经济学者亦“堕落”到连这点科学常识都辨认不清楚,那就非常值得纳罕了。

三、“经济人”被历史学派杀害了

企图把人的经济生活以外的一切社会生活,都包括在经济学中研究,那是德国经济学上的浪漫主义者的幻想。但因为他们根本认定“有政治的所在和有经济的所在,决没有道德可言”(Schlegel 语),他们的理论,也就根本是浪漫的,不值得去重视。然而,他们这种浪漫主义思想的传统,却被新旧历史学派经济学者,变相的承袭下来。他们都相信:由经济的事实所形成的研究对象中,除了现实要素之外,还包含着非物质的、感觉上不能把握的人格的要素,即人的精神活动。在他们设想,只要人类有自由意志,则经济行为在结局上,就必呈现出由这个自由意志导引出颇丰富的不规则的变化无常的现象。所以“在经济生活现象的领域内,除了自然法则诸历程的因果关系外,还有依存于伦理的人及自由目的之因果关系”(Knies 语)。对于旧历史学派的这种认识,新历史学派毫无保留的接受了,而不曾加上一点新的因素。比如像新历史学派经济学的领导者希莫娄(Schmoller),就郑重表示“历史的方法,原是要使经济学的研究,和道德、法律、国家及文化发展的一般原因,发生正确的关系。即指示出:由个人及利己心发出的结论之外,复教人们研究集团现象;并且,于分析之外,复教人们把正确的综合作为问题”。惟其他不肯承认“经济人”的存在,于是在他看来，所谓国民经济学，在一方面，是处在应用的自然科学、工学、机械学、森林学、人类学、土俗学、气象学、一般及特殊植物学、动物地理学之中间；在他方面，又是处在最重要的精神科学、心理学、伦理学、国家学、社会学之中间。因为照他所设想：国民经济不但是一个人间的自然构成物，同时又是一个继续由感觉、思维、行动所形成的社会文化的构成物。简言之，经济学是一种"天人之际"的学问，是心理的科学，同时又是伦理的科学。

在研究经济学的时候，采取这样的思维方法，他们如其论到心理学，论到伦理学，又必定有理由把经济的要素，或经济意识的要素，混杂进去，而达出心理学或伦理学，同时是经济的科学的结论。这一来，一切的科学，都得彼此相关的彼此相含的混杂起来，而没有独立的科学可以成立。

"经济人"在历史学派眼光中是不存在的，经济学在他们眼光中，也应是不存在的，然而，他们都像煞有介事的建立起了一个经济学派。首先对他们提出抗议的，是被称为奥地利学派的经济学者们。现在我们且看他们这一派是怎样释明经济学上的人的问题。

四、古典学派及奥地利学派之"经济人"的社会基础问题

在经济学的方法论上，奥地利学派大体缵承了英国古典学派的丕绪。由李嘉图辈所假定为其研究出发点的"经济人"，刚好被历史学派的伦理大师们逐出了经济学的"道场"，但重又由嘉尔·门格(Korl Menger)辈把他召唤回来了。嘉尔·门格曾强调一种所谓"严密的"(exakt)经济学，他对这种经济学所下的定义，总是用严密的方法，去追求，去理解那从事经济活动的人，在欲望满足的努力上所显现出来的人类利己心之表现。

他这种说法，在历史学派的克尼士(Knies)一流人物看来，是颇不释然的。因为人从事经济活动的时候，他的那种活动，是在全部人格影响下进行的，而不是单为其经济动机所支配的。这就是说，人类在追求经济目的的时候，同时并没有忘记他的人生目的。但门格是这样反驳这种似是而非的议论的：经济生活诚然是全体人类生活的一部分，但这个事实，并不能阻止或否定经济学把经济生活抽象出来，孤立起来，以便发现其法则

的研究方法之合理。严密的研究方法，须探求实在的简单的要素，在这场合，用不着顾虑这个要素是否独立存在的现象，是否和完全的现实一致，他认为，在理论经济学上成为问题的现象形态，如像绝对的只追求经济的目的的那种人，在我们的观念里，只是部分的存在。我们不是在人类生活全体性上研究人类生活，而是在部分性上，研究其特定生活，而况，无论在哪种社会，满足经济欲望的努力，或者所谓经济的动机，始终是最普遍最重要的。把这种经济动机与努力所形成的经济生活，孤立起来加以考察，当然有其可能与必要。①

门格的抽象方法，是整个奥地利派经济学者所采用的研究方法。由他们这一派所描述的"经济人"，是李嘉图的"经济人"的"再版"。不过，无论是在英国古典学派心目中，抑是在奥地利学派的心目中，"经济人"尽管已由伦理的政治的以及其他社会生活方面的影响分离开，或者说，"经济人"已是经济生活以外的一切社会生活现象全被舍象去了的结果，但依据他们的全部理论，"经济人"这个抽象，却像是超历史的存在着，而不曾被理解为特定社会，或现代资本主义社会的产物。这一来，"经济人"就不但舍象去了经济生活以外的一切社会生活，同时还像把他的一定经济生活的内容也舍象去了。结局，最具象最简单的"经济人"，就变成了失去了社会基础的"幽灵"。自然哪，古典学派奥地利学派所研究的经济现象，通是资本主义经济现象，他们所假定的"经济人"当然是活动或作用在那种经济现象中的人，当然是以资本主义为其社会基础的人。但因为他们把资本主义的"经济人"，看成了永生的，看成了此后一切时代一切地方(All the times and all the places)都存在的，于是，"经济人"的永生，便被结论出资本主义社会的永生。在这场合，不是资本主义社会的经济运动把"经济人"奥伏赫变②了，就是"经济人"自身失去了社会基础。

事实上，对于所谓"经济人"，我们至少应当把握其以次的几种性格。

第一，"经济人"对于全体性上的人类生活，虽然是一个抽象，一个在研究便利上被孤立化的单纯形态，但他却具备有最现实的内容。他不是鲁滨孙，而是如实的体现着特定社会阶级利害关系的体化物。

---

① 参照波多野鼎著彭迪先译《现代经济学论》第一章。

② "奥伏赫变"应为德语 aufheben 的音译，意为"扬弃"。——编者注

第二,他是经济活动的主体,但这并不是说,他是现实经济的支配者。恰恰相反,现实经济一直在支配着他,使他的经济活动,力求接近现实,力求与现实相适应。惟其如此。

第三,他在现实经济中扮演的角色,便在不绝随现实经济的变动,而异其机能,而异其地位。这表明,他不是一个固定的形态,固定的现象,而且,实际上他还被物化为现实经济本身。他是要在变动不居的现实经济的转化上去理解的。

为了明确指证以上的说明,并给市民经济学之"经济人"的认识以批判,我们是需要对经济学上之人的概念,加以具体的分析的。

五、资本主义社会最典型的人

在经济学是以资本主义经济为其研究对象的限内,经济学上的人,显然是指着资本主义社会最典型的人。如其说,封建社会最典型的人物,是封建领主和农奴,那末,资本社会最典型的人物,就是资本家与工资劳动者了。"资本主义生产方法的全部性质,最取决于资本与工资劳动的关系,而那种生产方法的主要当事人,资本家与工资劳动者,在这程度内,也不过是资本与工资劳动的体化和人格化。他们是一定的社会性质,由社会生产过程,捺印在诸个人身上的。换言之,他们是这种确定的社会关系之产物。"①

但在资本行使统治的社会,资本家的经济动机及其努力,当然更容易被注意到。事实上,前述马夏尔教授所谓"全然不受伦理影响的、细心的、拼命的、利己的、惟金钱利得是求的人",大体系指着资本家,资本家是资本社会的主人,甚至有的经济学者,把他们看为是资本主义的创造者。据桑巴特(Werner Sombart)所说:"资本主义为单个卓绝的人的事业。……它是企业的形态上来到世界上的,即在人类精神合理的、思索的、高瞻远眺的组织形态中来到世界上的。在当初,这单个的创造事业,是一个'冒险的'、'进取的'人的创造事业,他抱着决心,要离开向来经济行为的轨道,另辟一条新路……资本主义的企业家,挟着他的活动,涉及

① 见郭王合译《资本论》第三卷第755页。

好些整个的国家，并使好些整个人口，脱离他们的生存方法……他们替千万人创造新的经济方法。他的目光远射，要以自己的意志操纵许多人的意志……这样的标新立异者、这样的改革者、这样的破坏者、这样的创造者，总是单个的人，并且总只是少数的人——即使历史没有对我们证明这一点，然对人性本质的考察也会达到这种结论。”①

在一部战争史上，多的是“一将成功万骨枯”的故事，在现代资本主义发展史上，也许同样多的是这种“血腥的故事”。英雄同资本家无疑都是“要以自己的意志操纵许多人的意志”，但他们自己的意志，就是不受外力或他力限制的么？由“少数的人”，创造资本主义，确实“历史没有对我们证明这一点”，事实上，就从资本家的“人性本质的考察”，也不会达到这个结论。

首先，我们来谈资本家的意志。英国经济学者麦克洛克(McCulloch)说：“难消的利润热情，可咒诅的黄金欲念，常常决定资本家的意志。”如果说这句话欠明了，最好这样来加以补充：“货币所有者，当作资本运动的有意识的担当者，便成为资本家。他的人身，或者不如说，他的钱袋，是货币的出发点与复归点，流通之客观的内容——价值的增殖——是他的主观的目的；他，以资本家的资格，或当作有意识有意志的资本之人格化，是以抽象财富之递增的占有，为唯一促进活动的动机。”②

“财富的递增”、“价值的增殖”，都是不能从流通上得到的，由是，资本家的“人性”，资本家的“生命”，就需要加以更深入的考察：“当作资本家，他本来是人格化的资本。他的心，便是资本的心。资本的生命冲动，是增殖价值，创造剩余价值。即用不变资本部分，用生产手段，吸收最多可能的剩余劳动。资本是死的劳动，它像一只吸血鬼，必须吸收活的劳动，才能有生命，所吸收的血愈大，其生命也愈活跃。”③

资本家的心，既变成了“资本的心”，资本自身的扩大要求，不绝增殖价值的冲动，在企业上扩大规模，改进生产组织，拓展市场，以及与这种种相关联的规制条件的变革，便益益采取自然法则的形态，益益采取与生产

---

① 见季子译《现代资本主义》第一卷第二分册第695～697页。

② 见《资本论》第一卷第105页。

③ 马克思《资本论》第一卷第174页。

当事人相独立而不能由人统制的形态，而且，这资本主义生产方法之内在的法则，还会进一步，“当作外部的强制法则，支配着每一个资本家”。

在这场合，在资本家被看为是人格化的资本的限内，他的对于价值增殖的狂热要求，便被表现为社会生产力发展的动力，表现为较高级社会形态之实在基础的物质条件的促成者。在这种限度内，资本家的历史价值，资本家值得尊重的地方，才被充分显现出来。同时，资本在其扩大过程中，把动物界为争取自身生存而行的残酷斗争的自然状态，移到人类社会的可咒诅的事实，也就不能由特定资本家个人负责了。“在此，一切个人，都被视为经济范畴之人格化，被视为特殊阶级关系与利益之代表。经济社会形态的发展，从我的立场看，乃是自然史上的一个过程。无论个人在主观方面可以怎样超出周围的种种事情，他在社会方面总归是周围种种事情的产物。从我的立场看，他对于这种事情的发生，是和别人一样不负责任的。”①

我们由上面的说明，资本家就不但表现了桑巴特所说的“创造”世界的“业绩”，且还可不负这世界上一切罪恶，一切弊害的责任。但应注意一点，资本家如不看作是资本的人格化，而被恭维成为“高瞻远眺”的有“决心”的组织者，那就不但不能显出他的历史价值与“业绩”，并且也无法为他脱却制造罪恶的责任。

维护资本家，就不能维护资本家所由存在的资本制度，要把资本家描摹为有自由意志的世界创造者，就不能为他们开脱制造罪恶的责任；一般经济学者在这里感到踌躕，甚且感到狼狈了。然而，使他们感到最不释然的，却还是资本主义社会中的另一个集群，即劳动者阶级；他们一般虽把这种人放在“经济人”的范畴以外，但在政治经济学上，都是无法忽视他们的存在的。

六、劳动的人化与劳动者的物化

作为现代经济之标帜的资本主义的商品生产，是以劳动者将其劳动力当作商品出卖为特征，或者说，是以工资劳动为基础。劳动力的出卖者

① 马克思《资本论》第一卷原著者初版序。

或工资劳动的当事人，虽为劳动者，但购买他的劳动力的资本家所属意的，却不是劳动者自身，宁是他那能够造出较大于其本身价值的劳动。这正如把油料当作使用价值来购买的人，他们属意的不是卖油者，而是油的本身。油商把油贩卖出去了，油的使用，属于购买者；劳动者把劳动力贩卖出去了，劳动力的使用，亦属于资本家。但油与劳动力的同点，到此为止。在使用过程中，油与其贩卖者是毫无关涉的，而在劳动力，它却是其贩卖者之精力与体力的直接支出；在这种联系上，属意于工资劳动的资本家，有时不能不连带注意到工资劳动者。不过，在他们心目中，工资劳动与工资劳动者的地位颠倒了：工资劳动人格化，劳动者却被物化了。他们的经济学，很显明的反映出了这种事实。

在近代初期，资本与劳动的活动，尚被拘束囚禁于封建遗规及重商体系的诸般限制中。为资本家请命的亚当·斯密，除了强调资本的自由外，更大声疾呼劳动的自由。他认为："劳动的所有权，是其他各种所有权的根本基础。所以，这种所有权，是神圣不可侵犯的。贫家所有的世袭财产，就是他们的体力与技巧……。妨害他们体力技巧的使用，即是侵害他这最神圣的财产。"①他主张劳动的神圣自由权，很显然是他知道资本的神圣自由权，是以劳动的神圣自由权作为"根本基础"，但他其所以强调劳动的自由，而不强调劳动者的自由（虽然在《国富论》中，也不时述及），就因为在这种场合讲劳动者的自由，不过是作为劳动的自由之附带条件。劳动被人格化，劳动者却被物化了。

这种情形，我们如向生产过程、价值增殖过程，或者劳动力的使用与消费过程的内部看去，那更会发生深刻的印象。在生产过程中，资本取得了对于劳动（实现的劳动力）的支配权。体现着资本的生产手段，充分表现为吸取他人劳动的手段。在这种限度内，已经不是劳动者使用生产手段，而是生产手段使用劳动者了。劳动者对于生产手段，不是把它当作生产活动的物质要素，来供他消费，却反而是把他自身当作一种特殊的生产手段，来让物质的生产手段去消耗。一位自动机工厂的抒情诗人乌尔博士曾说：工厂是一座大的自动机，由各种机械的和意识的器官构成，那些器官全隶属在一个自动的动力之下，并在不断的协力中，为生产一个共同

① 见郭王合译《国富论》上卷第160页。

的对象而动作。在他设想:发动的中心机械,在事实上,并不单是自动机(Automat),而是一位专制者(Autokrat),在它自己的周围,“招集着无数的臣下”,供它指挥①。而且,它所指挥的,还不仅是服侍它的劳动者,即资本家亦在按照它的性能,依从它的性能所指示的定则,从事活动。不过,资本家在表现着资本之无限制的盲目的冲动的限内,在表现着资本对于剩余劳动之狼样的贪欲的限内,劳动者就表现为没有人性,其健康、其寿命都毋庸关心的劳动力;为了增加剩余价值,为了使各种机械一分钟也不停止它的活动机能,被看作劳动力的劳动者的全部时间,都成了使资本增殖价值的劳动时间。他们的人格教育时间,精神发达的时间,社交的时间,生理活力与精神活力的自由表现时间,甚至星期日的安息时间,全被剥夺去。结果,产业愈发展,愈加机械化,劳动者便愈表现得与知识的精神生活相对立。据一位社会学者所说:“无智是迷信之母,也是产业之母。思虑与想像是易于错误的。手足的活动习惯,既与思虑无关,也与想像无关。所以,制造业最繁荣的地方,即是人类最无思索的地方。在那里,工作场所,可以看作是一座机械,所以人为其构成部分。”②

人成了机械的一个构成部分,于是,在工资形态上,以食物给予他们,也就像以煤炭添入汽炉,以油脂注入机器一样。劳动者在现实上被剥夺了人性,而一般市民经济学,也就站在这种现实上,把劳动者的生命,劳动者的健康,劳动者延续其种嗣的要求,看为不值得注意的问题,甚且是多余的问题。比如,马尔萨斯的《人口论》,就是要证明劳动者阶级依据自然的人口法则,不能不在必要的场合,取消他们满足人的欲望的权利,或者说,取消他们当作人来生存的权利。

但从经济上另一个视野来看,劳动者的人的性质或人的欲望,却又被注意到了。劳动者对于资本家的社会,是从两个方面来报效。一方面,他是商品的生产者,另一方面,他又是他所生产出来的商品的消费者。他是生产者,虽然只注意他的劳动力;他是消费者,却不能不注意他的购买力了。事实上,尽管资本家社会对于消费的劳动者,只留意到他的购买力,正犹之乎对于生产的劳动者,只留意到他的劳动力一样,但要使他们有较

---

① 参照《资本论》第一卷第339页。

② 见福开森《市民社会史》——参照《资本论》第一卷第290页。

大的购买力，就等于说是提高了他们的消费，在这种意味上，就像是可能高扬劳动者之人的性能和人的生活，注意到这一点的市民经济学者，提出了许多带有浓厚的浪漫蒂克性的改良方法，以为在分配上，能使劳动者得到较大的分额，结局，终归是可以更有益于资本家的荷包的。巴斯夏(Bastiat)的"乐观分配论"，屠能(Thünen)的"自然工资论"，约翰·穆勒J.S.Mill)的"工资基本说"，都是想把那在生产过程中被剥夺了的劳动者的人性，使它在消费方面回复过来。但在事实上，劳动者之人性的忽视或否定，并不单是由于他在生产过程上变成了被机械支配的工具，同时也由于他在消费方面，被剥夺去了人的生活或人的享受。

七、人类的合理关系不能在政治经济学上得到实现

典型的资本主义社会，是以资本家及劳动者为其典型人物。资本主义的生产方法，使他们两者的关系，不表现为人与人的关系，却表现为物与物的关系。经济学能把他们这种变常的(就资本主义社会讲，也许是正常的)关系如实表现出来，不是冷酷，也不是什么煞风景的事，却正是道出了真理。要把这变常的人类关系改变过来，那不是经济学的事。奴隶的生活方法，使奴隶所有者与奴隶彼此没有人的关系；封建的生产方法，使领主与农奴之间，也没有人的关系，资本主义生产方法是更进一步了，也像更具有自由平等的外观了，但人与人的关系，有的地方也许表现得更好，有的地方却表现得更坏。在资本社会里面，劳动者与资本家，固然是对立着，仇视着；其实在竞争的场合，资本家与资本家之间，甚至劳动者与劳动者之间，亦并不怎样和协。当大资本家摧毁小资本家的时候，他眼光中所见的，并不是小资本家，而宁是他那宗小资本，而在大资本家自身，他亦是不自觉的受着资本之无限贪欲的支配。至劳动者的互相排挤，亦是由于他们被位置在生存竞争的境地。这一切，都有一定的社会经济法则纲维着。因此，也只有在经济学上能得到合理的说明，一旦人与人的关系，由物与物关系被解脱出来，经济学也就终止了它的历史任务。在这种理解上，似乎表明我们之所以有经济学，正因为我们还存在着不合理的人的关系，亦就因此之故，不能显示出不合理的人的关系的经济学，甚或把那种关系故意涂饰得失其本来

面目的经济学，就俨然是多余的存在了。

“现实世界之宗教的反映，必须等待日常生活关系，在人面前，表现为极明白极合理的人与人的关系，和人与自然的关系之后，才会消灭”；社会经济生活上的变常现象，必须等到人与人的结合，是采取真正的自由形态，而不是采取何等不平等的强制形态或不自然的买卖形态，然后始能消除。

然而这不是想到就可做到的事，一定的社会物质基础没有形成，这个不合理的历史便得继续，我们就得通过经济学，去正误人类的不合理的经济关系。

民国三十一年二月十七日

政治经济学上的自然

一、自然与社会

政治经济学是一种社会科学。它所研究的对象，是社会而不是自然，是社会现象而不是自然现象。在这种认识上，“政治经济学上的自然”这个题目，就像没有提出来之可能与必要了。然而全部现代经济学，甚且是最优秀的市民经济学的代表者的理论里面，始终不曾认清“自然”，不曾在他们经济理论上，把那些由“自然”所引起的论点，予以明确的清理。

不错，政治经济学是研究社会，研究社会中之经济现象的。但我们一提论到社会，定然要分析到社会构成之现实前提。社会科学者告诉我们，那种现实前提计有三项：一是人类——这人类不是幻想的、孤立的、固定的，而是现实的、活动着的，是依着他的活动，与自然发生联系的，同时，是依着他的活动，与其他的人类发生联系的；一是人类的行为——他活动着，与自然与其他人类发生联系的最初的历史行为，就在生产那些为了维持他这种“活动体”所必需的现实生活条件，其中包括着饮食、衣服、居住以及其他事项；一是物质生活条件——其中包括有既存条件与人类的生产物，前者是指着广义的自然条件即人口人种等人类的自然与外界的自然（狭义的自然条件），后者所指，则为生产手段的范围，劳动力，劳动者熟练的程度，科学上及技术上的实用性的发展程度，生产过程之社会的组织等等。①

当作一门重要社会科学看的经济学，它所研究的对象，虽然是社会现象，但其中却织入了上述的许多自然条件和因素。对于这些自然因素，有的经济学者，把它的作用扩大来看；有的经济学者，又把它们的作用缩小来看，无论采取哪一方面的看法，都不曾在他们的理论上，对自然与社会的关系，予以适当的处理。对于自然认识的不够，同时就是对于社会认识

① 参见王渔邨著《中国社会经济史纲》。

的不够。我们很可以从这一个考察的角度,把现代经济学说史的发展,看成经济学者们对于自然认识概念的发展。

不过,这种认识的发展,并不是直线的。照应着资本主义现实经济发展在它衰落期所遭遇的波折和其不可克复的障碍,市民经济学在这方面也反映出了后退的自然主义化的倾向。

一般说来,人类对于自然愈能表现它的拘束控制力,即自然力愈能为社会生产力所支配,我们也就比较能相应的看清自然在社会现象中的作用。一旦社会生产力的发展,受到其内在的不可克服的困难的阻碍,就连社会的现象——社会劳动生产力,也表现为完全脱离人类意志而独立活动的不可理喻的自然力了。在这种场合,人类或作为社会经济现象之说明者的经济学家,要想恢复其理性,恢复其对于自然力的认识,至少应当在主观上,把社会劳动生产力位置在可能更高度发展的意境上,始不致为他当前所呈现的反常现象所困惑。

在下面,我想用较具体的史实,来论证我在这里所提论到的抽象的说明。

二、对于自然认识之经济学史的发展

当农业还对工业,当土地还对资本,表现为压倒重要性的近代初期,就是卓越的经济学者,如重农诸子乃至亚当·斯密(Adam Smith),都很自然的分别把自然秩序,当作了他研究的出发点。作为重农主义之中心思想的纯收入论,就是认定社会上依赖自然最多的产业,有最大的生产性。自然以它对于人类经济活动上赐予的丰啬程度,指示出人类经济活动所应当遵循的途径。吾人接受自然的此种启示,将其经济活动重心支置在自然赐予最丰的农业上,则由此实现的形式的社会秩序,就是自然秩序。

亚当·斯密用他的比较进一步的自然观,去代替重农学派的自然观。经济上展开的视野,在亚当·斯密的英国,是比重农学派的法国,广阔得多,有希望得多的。当时英国工业发展所具备的条件,已使斯密能把他的观点,从农业上移到工业上,斯密所理想的“自然而自由的制度”,尽管没有把农业除外,他甚至还明白指示依存于土地上的诸般规制,该是如何妨碍一般社会传统规则的解除。但，他的重要论点，他所谓“社会劳动生产物”“分配于各阶层的自然顺序”，以及他所强调的“自然价格”、“自然财产”等等，通是就工业范围之论。

事实上，不论倾重于农业的重农学派也好，抑是倾重于工业的亚当·斯密也好，所谓“自然的”概念，都应理解为“合理的”概念，理解为反对过去种种封建体制与规定的“现代化的”概念。这是启蒙时代一切启蒙学者一致的作风。所以，当资本主义经济形态，已经取得了优势的社会存在的时候，即资本已代替土地而取得了社会优势的时候，作为经济学研究对象的经济现实当中，自然条件或因素，固已逐渐减少了它的重要性，同时，借自然社会哲学来支撑资本主义经济的要求，逐渐平淡化了。

然而，就在经济学对于这种比较素朴的自然社会哲学，已逐渐减少其依赖程度的过程中，它对于其严密处理“自然性质问题”的要求，才开始认真起来。最能表现科学性质的英国李嘉图(David Ricardo)的经济学，已经把所谓自然观的社会哲学的说教，丢在一边了。作为经济学之核心与基石的价值理论，虽然从斯密起，就认定经济学所研究的，只是交换价值，而不是属于自然性质的使用价值，到了李嘉图，这种论点，却更加发挥和确定了。他一开始论究商品价值时，就把劳动价值学说应用的商品，限定在“可由人力增加总量，又允许生产自由竞争”的那些生产物方面。其他如古书古画之类的东西，他认定是由稀少性决定其价值。此外，若珍贵的葡萄酒，乃因其葡萄产地，具有特殊品质的土壤，属于自然性质，亦不在讨论之列。[①] 他这种研究方法，自然极合乎科学的逻辑，但反对者却把他们所设定的例外，夸大起来，以为商品的二元论，至少把劳动价值学说否定一半了。他的论敌马尔萨斯(Malthus)就是从他的价值学说的这种孔隙中，给予他无法招架的攻击，但为了弥缝这种缺陷，李嘉图的庸俗拥护者麦克洛克(McCulloch)就把李嘉图认为要当作例外来处理的属于自然性质的葡萄酒的价值问题，加以极富有滑稽意味的“人工的”解决。在麦克洛克看来，所谓劳动，并不限定是人类劳动力的支出，所有畜力、机械乃至自然的作用，都可包括在劳动的范畴中。依这个劳动的定义，贮藏的葡萄酒，依贮藏时间的延续所增加的价值，乃因那种葡萄酒在贮藏期内，发生

① 参见郭王合译《经济学及赋税之原理》。

了一种为我们所期望的自然作用，这自然作用既然是一种劳动，所以，劳动价值学说，并不会因此自然性质的因素，而受到破坏。他这种近似愚妄的劳动价值弥缝说，随即就引起马尔萨斯这样的嘲弄。他（指马尔萨斯——编者注）说："在这种新的定义帮助之下，任凭什么，都可拿来证明，例如最容易证明的是：如果你把石子看为是葡萄干，你可把石子与面粉、牛奶、脂肪一起做起布丁。"①

李嘉图及其后继者在价值论上留下的这个漏洞，变成了以后一切反劳动价值学说的最习用的口实，历史学派的大师卡尔·克尼士（Karl Knies）就曾这样设问："当一卡德小麦可以和一科德木材作等价交换的时候，在人造林中，由人类劳动作生产的木材，和在原始森林中野生的木材，有没有区别？"这疑问由奥地利学派者"赞承"下来，进一步追询："未经人力经营的处女矿山，为什么可供买卖？""未开垦的土地，为什么可供买卖？"尽管这是极其流俗的疑难，他们却认为不仅可持此戳到古典学派劳动价值论的痛处，在古典学派及其后继者把劳动价值学说作为其全部理论核心的限内，抓住了他们这个痛处，似乎可以使他们整个经济学说全崩溃下来。

然而，价值论上的自然因素问题，是在对于资本主义的地租理论的建立，或在地租问题的解决当中，就被解决了的。庸俗经济学者及奥地利学派，似乎把这点大意的或故意的忘却了。

三、由劳动价值论上的自然因素问题到土地地租论上的自然因素问题

资本主义经济的发展程序，大体是开始于工业方面，而次及于农业方面。而资本主义经济研究的展开，亦大概是按照这个次第。

不错，作为现代经济学之开端的重农学派的理论，一般是从忽视工业和强调农业入手的，但这个学派所主张的大农经济，虽然已把当时英国农业之资本主义式经营作为前景，而他们昌言的土地自然生产力，都显然是把资本放在次位，也显然是资本尚未对土地取得优势社会地位之落后经

① 参见拙著《经济学史》上卷。

济意识的表现。

对于土地地租问题之资本主义的理解，一定落在其他有关工业上的诸般经济问题之后的。但现代市民经济学的完成，却非等待土地地租问题已有了理论的解决途径不可，就因此故，现代市民经济学由李嘉图的研究，达到了极峰，而科学的地租理论，亦是由他立下基础的。

我们知道：在工业的领域内，自然的作用，是随着工业的发展，而愈益减少其重要性的。在工业生产的诸要素中，只有工厂建立所需的土地，发生自然性质的问题。（自然也还有利用水力等自然条件的工厂，但这点我们下面还有论到的机会）而且，工厂厂址这种自然要素，还有以次的事实，把它在人们的意识上的重要性减低了：第一，工厂厂址所费，在对土地可以集中利用的全工业生产费用中，只占一个极不足道的比例；第二，用作厂址的土地，已经不是利用它的自然力，而宁是利用它的社会地位。因此，主要把工业资本主义经济作为研究对象的经济学者，就很自然的对自然因素不予注意。资本主义在它的发展过程中，在它由工业领域逐渐展拓到农业领域的过程中，必然要引起地主阶级与资本家阶级的斗争，从而必然要引起对于地租问题的狂热研究。在现代市民经济学最发达的英国，亚当·斯密在资本主义初期还不易看出这个问题的严重性，他很素朴的把这个问题处理了，以为地租的发生，是由于土地生产物对其他生产物，有更大的不可减缩的需要。其后继者但却是地主阶级的代言人的马尔萨斯，却对于当时主张“地租是掠自消费者而给予地主的东西”的意见，提出了以次这种自然观的反驳，他以为地租的直接原因，虽然是“基于原料生产物的市场价格，超过其生产费的那种事实上”，但那不是由于独占，而是由于：（一）土地有赍与耕作者维持生活必须以上的生活资料之性质；（二）生活资料有创造它自身需要的特质；（三）土地的稀少性，肥沃土地稀少。他认为，在这些自然原因的连同作用下，土地生产物乃能获有超过其生产费的市场价格。简言之，即地租是得自自然。

李嘉图是与马尔萨斯站在相反的立场的。他根据劳动价值法则来说明他独创的差等地租的形成的过程。土地之量的限制与质的不等，以及所谓土地收入递减法则，是他的差等地租论构成的前提。他已经把自然是作用在社会条件下的事实指明了，但对于有关自然问题在理论上的处理，仍留下了一些不能令人满意的解释。他把地租定义为利用了土地自然土壤力所给予地主的报酬，一开始就会给人以地租是直接产自土地自然力的印象。其实地租的产生，地租额的大小，并不能直接以土地自然力，此自然力的大小，即土地的丰度来说明，却应以土地自然力，及按照土地自然力的大小，加大了社会劳动生产力的事实来说明。能用这种方法考察问题，劳动价值法则始不难通过自然条件在价值增殖过程中所生作用的难关。

其实，任何一种生产经营或社会生产物，都不免多少依赖自然。但无论其依赖自然到若何程度，都不能妨碍经济学上最基本的劳动价值法则的建立。先就工业上讲，然后再就工农业上比较来讲吧。

一切资本家的经营，都期待在收回成本以外，至少获得普通利润或平均利润。此平均利润的高低，是取决于社会平均劳动生产力的大小，而此平均劳动生产力，则受规制于社会平均生产条件。假如某个工厂的生产条件，超在一般社会平均水准以上，从而，它所能期待的利润，亦相应超在平均利润以上。不过，它这超在平均水准以上的生产条件，可以是由于有专利或有秘密性的发明，亦可以是由于特殊的自然便利，如自然水力瀑布之利用之类。基于特殊的发明，其超额利润当属于资本家；基于特殊的自然水力，无论此自然水力是属于资本家自己，抑是属于其他土地所有者，其超额利润将会转型为地租。

与工业比较，农业一般的是更依赖自然，当作农业之主要生产条件的土地，是一个大自然力，这个大自然力的作用，并不参加其生产物之价值的形成与增殖。“当作生产因素不须成本便可加入生产的自然因素，无论在生产上能够尽怎样的职能，都不是当作资本的构成部分，加入生产内的，它是资本的无偿的自然力，它是劳动的无偿的自然生产力。”[①]这种自然力的作用，不参加价值，正如同农工业上所需依赖的其他自然力如水如空气的作用，没有什么不同。其唯一的差别，也许就在前者因为面积量的限制，须在地租名义下，对独占者提供地租罢了。

但农业上的资本，同样会依资本主义社会的生产方法，与工业资本要求平均利润，因之，农业上所提供的地租，就一定不是由此平均利润分出，不是由此平均利润以上的超额利润形成。农业上的自然作用，既不在生

---

① 见郭王译《资本论》第三卷第635～636页。

产物的价值上发生影响，然而一般对工业能造出超额利润之根据的较大剩余价值，究将作何解释呢？在这种解释上，如其我们还不忘情于自然的作用，那就是因为农业生产物，在其生产过程上，更需要依赖自然，更需要迁就自然的有机的成长程序，它的技术的诸条件的改良，就不允许其同工业采取一样迅速的步骤；同时，这种发生于自然性质的限制，又因为一般农业经济发展所必然遭遇的较大社会障碍，而益加强其作用。结局，农业资本的有机构成，一般皆落在工业之后，而较低资本构成所包含的较多可变资本，即其生产物中所体现的较大劳动量，就形成了农业劳动剩余价值超过工业劳动剩余价值的根源——即农业上一般能由其超额利润转化为地租的根源。

> “自然力不是剩余利润的源泉，而只是剩余利润的自然基础，因为这种自然基础，允许劳动生产力有异常的增加。这好比，使用价值为交换价值的担当者，而非其原因。”①

说到这里，自然因素在价值论上，从而在政治经济学上，使人感到困惑的问题，理应可以释然了，一切拿自然因素的作用的大小，来诘难劳动价值论，由是根本否认政治经济学上的法则的议论，理应可以罢休了。原始森林和人造林的树木，同样需要采伐与搬运的劳动，前者即使无须栽培劳动，即使无须更多的采伐与搬运的劳动（根据经验理应是更多的），那不过表明它依据此“自然”基础，能提供其经营者以剩余利润或较后者更多的利润而已。不费劳动的处女矿山可以买卖，其买卖价格，并不是体现什么价值，只不过像自然瀑布所有者，由瀑布场所的独占，要求地租一样；空气如其在量上有限制，如竟能为人独占，它对于需要者，也会索价租卖的。

这都是一些不足较论的常识上的问题。然而许多庸俗经济学者，竟想用自己理解不过来的常识，去代换科学的真理。

四、自然性质问题是经济学研究的试金石

试一浏览现代经济思想发展的历史，似乎可以让我们得出这样的结论：一个经济学者的科学修养，很可由他克服经济上之自然性质问题的程

---

① 郭王译《资本论》第三卷第543页。

度来加以判断；同时，还可由他对于经济问题的理解，是采取社会观点，抑是采取自然观点来判断。自然性质问题，是当作社会科学之经济学的试金石。

前述麦克洛克把自然作用当作劳动来理解的笑话，原是在马尔萨斯认定劳动价值学说不能解释自然作用的诘难下引出来的。在马尔萨斯自己，他却因为无力分释自然与社会的作用范围的“权界”，早就把他名噪一时的《人口论》，干脆建立在自然基础上，以为人类有食与性的自然需求，在食的满足，能够刺激性的作用的前提下，人口的增加，会超过生活资料所能供应的限度，于是贫困罪恶自然发生。这种纯自然的认识，不但把财富分配攸关的社会生产关系，完全抽象了，即使当时为李嘉图所强调的社会生产力不绝发展的事实，亦被忽视了。

古典学派殿后的经济学者约翰·穆勒(John Stuart Mill)，尽管以新经济学者自命，而富有社会主义的热忱，但他结局仍只能彷徨于个人主义与社会主义之间的最重要的原因之一，也许就是由于他在分配论上解放了，在生产论上却太受了自然的约束。他认为“关于富之生产的法则与条件，带有物理上之真理的性质，不是任意的，随便的，人类无论生产什么，总得依一定方法，在一定条件下进行。这方法，这条件，就是由外界之物的性质，和人类自身肉体上精神上之固定性质所形成的人类之生产，总不免为其从来之蓄积的分量所限制，从而总得与其精力、熟练、机械的完全性，乃至利用结合劳动之利益的妥当性为比例。如非耕作方法上有若干改良，在同一土地上，两倍劳动量，总不会生产出两倍食物量来。凡此种种，都是不能由我们人类的好恶所左右的……”[①]他这段话向我们解明了几点意思：第一，他把生产法则与生产条件混同了，把劳动过程上所需具备的诸劳动条件，一视同仁的予以处理，以为这些条件在任何社会从事生产，皆需具备，因而作用于这些条件中的生产法则，也就在任何社会，皆有其妥当性。虽然，他紧接着上述议论，表示“我们关于自然法则的知识，将来更有扩展，因而有一天在产业上想出空前未有的新秩序，能在某种范围内，变更生产方法或增加劳动生产力，那也是难得逆睹的”。这种正确的理论闪光，随即又被歪折为“不论是物也好，是心也好，其穷极的性质，决

---

① 见穆勒著《经济学原理》亚希勒版本第 199 页。

无法变更”的空谈。

由约翰·穆勒结束了的古典经济学，到了美国学派的建立者加雷(Carey)的手中，翻出了许多花样。关于自然性质与社会性质之分野的问题，他像调和古典派所暴露出的各阶级利益以及调和农工商各业的利益一样，一开始，就把它们等同起来。在其所著《社会科学原理》中，他认定“个人与个人间的社会组织，乃自然秩序的一部分”。他力图扩张人类行为规则成为自然科学，想给予经济法则以普遍适用的真理，并努力使世人相信，支配社会与自然实体的世界诸法则的完全一致。为了证实这点，他提供了我们这样有趣的例证，表示“人‘总是’由山边移向下面的草原同树木丰茂的川谷，财富有了增长，劳动力同他的生产物，‘总是’渐渐的昂贵，而工业制造的货物，总是总是渐渐的低廉”。从这种极其表象的“貌似”情形，来说明自然法则与社会法则的一致，想由是从经济学上抹煞去有关自然性质的问题，这是百分之百的天真无邪的乐观态度。

责难古典学派应用自然科学的方法来研究社会科学的历史学派，他们自始就不像美国经济学者那样，把问题看得过于简单，他们认定“要在经济现象中建立起可以看出的可以认识的法则，经济学者必须饱尝一番烦恼”(Hildebrand 语)，因为在他们看来，经济学在把两种性质不同的东西，即“物的因素与人的因素”作为研究对象。惟其经济学所研究的国民经济，同时附有自然条件与文化条件的特质，“经济现象在事实上的出现，就为人类的能力，乃表现在关联于外部的自然的对象物、生产物、构成物上这种事实所限制，的确，它的发生，它的运动，皆必须受自然法则所规律，人间的能力，决不能变动它，只不过能把它处理或领导。气候及土地的生产力，流动的动力，蒸气的爆发力等，他们各依自然法则以表现，如此，人类所能为力的地方，无非是依照自然所决定了的性质去做罢了。”这是历史学派经济学完成者克尼士的议论，这个议论，倒很像后来奥地利学派经济学完成者庞巴卫克(Böhm-Bawerk)的说教。庞氏表示：经济学的法则，应建立在与自然科学及心理学不相冲突的基础上，他们同样把人类经济活动所依据的基础，拿来混乱那种活动所表现的规律，但虽是如此，他们却都认经济法则，毕竟与自然科学不同。奥地利学派把经济学理解为半自然科学，而历史学派则认定国民经济学一方面是处在应用的诸自然科学之间；同时又处在重要的诸精神科学之间(Schmoller 语)。

本来历史学派研究国民经济，是采取“包容的”方法，即有关经济活动的一切社会的自然的因素，都一视同仁的加以考虑，他们重视经验而不注意抽象的分析，对于经济上的自然性质问题，始终不肯接受他们所坚决反对的古典学派研究的结果，他们彷徨颠倒在所谓自然条件与文化条件之间。“不知所以裁之”，那是颇不足异的。而在经济学方法论上，自诩是缵承古典学派传统的奥地利派诸学者，却因为他们适应现实的需要，把古典学派的客观主义，变为十足的主观主义，这一来，他们虽然不绝强调着抽象的分析方法，但却舍象去社会的经济现实，从人类最原始的消费欲望观点，来推断一切经济行为，结局他所研究的全部经济，都被自然化成毫无现实意义的东西。经济学上一向不容易分析的自然因素，他们就很自然的看得不成问题了。

由上面简单的叙述，我们已不难明了：现代经济学是在对于经济上的自然因素，逐渐予以科学处理的过程中，慢慢的建立起来的，同时，又是在对于现实经济上的自然性质问题，或则无力鉴别，或加以无差等的混同，终至全面自然化的研究过程中，被庸俗化被支离化了的。

五、经济学教我们如何缩减通过“自然发展阶段”的痛苦

事实上，经济学上对于处理自然性质问题所“演出”这诸般现象，需要从现实经济之客观的发展变动中，去得到理解。如其说经济学之科学的研究，乃在解决其研究对象中之自然因素对于理论上所引起的困难问题，同时那种困难问题，又须视现实经济发展所成育起来之客观条件的具备程度，而决定其解决的限界。则拘囚在资本主义狭隘视野中的经济学者，实无怪其在李嘉图以后，对于这个问题，不但不能有所成就，甚且把已有的成就“折杀”了。因为他们的客观现实，早已无需或不能让他们对经济现象作科学的分析。

不仅此也，现代经济学所论究的对象，为资本主义经济；从全体来看，整个资本主义经济运动，已经是表现为不受人类意志支配的盲目的客观存在，表现为一种自然现象。而从资本主义所由产出，以及资本主义将会转化的历史的社会的连续运动，亦被表现为“自然发展阶段”。在这种过

程中，人与物的关系，被颠倒的转变为物像在自作主宰，人反而受其支配的“反常”现象了。这个事实被反映在一般经济学者眼光中，当然会增加他们认识经济现象中之自然作用的混乱。他们常由此把经济上的人对人的社会关系，放在一边，而仅着意于人对于自然的技术关系。

由是，我们知道，要在经济理论上，正确辩解资本主义经济中的自然作用，固须资本主义发展到一定阶段始有可能；要正确把握整个资本主义的自然性格，即其〔脱〕离人类意志而独立活动的性格，则须资本主义已经完成其转型的发展，在以次的状态下始有可能：“社会化的人，协作的生产者，合理的调节他们和自然的物资代谢机能，把自然放在他们共同管理之下，不让他当作一种盲目的力量来支配自己，却以小量的力的支出，在最与人类相照应相适合的条件下，实行这种机能。”

人类是要到了真能控制自然并合理运用自然的时候，才真能理解自然。在所谓“自由的王国”里面，自然是人类的奴隶，在客观存在还从外部强制着人类去迁就它的所谓“必然的王国”里面，自然实际是做着人类的主人。这个关键，只有对自然作用能作科学处理的政治经济学，才能为我们指明出来。我们处在各别社会经济发展阶段的人，也只有理解并运用这种经济学，才知道经历哪些表现为自然的发展阶段的如何不能避免，缩减哪些经验的痛苦的如何始有可能。

中国经济理论研究的落后，是与中国经济的落后相照应的。就因此故，我们从事经济学研究的人，更须对所谓自然，作一番“格物致知”的工夫。

政治经济学上的法则

一、关于经济法则问题的提起

近几年来，因为我有机会同一些研究经济学的青年朋友们接触，得知在他们脑子里，时常浮荡着下面这一列问题：

（一）经济学实际就是一列经济法则的综合，而经济学的法则性问题，又是一个哲学问题，或是哲学在经济学上的表现。究竟研究经济学，是否必须研究哲学？或者，不对哲学有相当修养，就真的不配谈经济学么？

（二）人类社会自始即有经济生活，自始即应有经济事象变动的规律存在，为什么直到现代，始有经济学出现？尤其是，为什么在现代经济学出现以前，就连有关过去经济之任一局部形态的法则，亦不曾明确的被发现出来？

（三）被经济学所反映出来的经济现实，究在何种限度有其真实性？即经济学的法则，在它的客观妥当性上，究和自然科学的诸般法则，有多大的距离？

（四）同是表识着资本家意向的经济学，为什么在资本主义社会初期，特别是在它的正盛期，能够说明真理？而到末期，则不能够？

（五）说某种经济学说错误，是不是说它的全体，都没有一点是处？反之，说某派经济学理正确，是否可以认定它中间也有不尽符事实的地方？

（六）一个学说所代表着的客观环境过去了，是否那个学说全部都成了问题，都要随着成为过去？

（七）不同社会的自然条件和历史条件不同，以特定社会的经济为基础而形成的经济学，要把它的结论，适用到其他社会，套现成的公式行么？

（八）经济学到了晚近，似已走到了它的终点，或已近似完成了它的历史任务，我们是否还有增益其法则，或发现其尚未被发现的法则之可能？

上面这一列问题，我想是每一个想对经济学作较深入研究的人，所要求解答的。仔细把这些问题加以分析，就知道，那都会直接间接关联到法则问题上去。设把有关经济法则的诸般问题分别予以解述，则对于上面所列诸问题的疑问，也许大体可以释然。

二、法则是什么？

法则这个用语，普通是用来表示诸事象在特定情形下所显现出的相互因果关联。一种事象对其他诸事象，或者，其他诸事象对某一事象，在一定条件下，发生某种作用，在它们之间，表现出了一定的变动，表现出了有关数量的质量的一定事态，则在同一条件、同一作用下，那同一变动或同一事态，一定会重复的被表现出来。这即是说，法则本身存在着一种规律性。

某一组或某一些事象，相互间在特定情形或特定条件下，表现出一定的因果规律；在不同的情形、不同的条件下，却会表现不同的，或非前一规律所能范围的变动现象。在纷然杂陈的诸事象，和纷然错综的诸作用、诸因果关联之间，或者，在连续继起的诸事象诸作用之间，有一个总的法则，把它们综合联贯起来，使各别的法则，从矛盾上显出统一，从绝对上显出相对，从一般上显出特殊，使它们各别的法则，各别的因果关联，在总的大法则之下，表现出一种条理秩序。相成的、相续的，固不必说，即使是相反的、相克的，若从其最高的境界、最高级的发展形态看去，它们亦是有相统率的或存在于诸规律之间的规律性。这即是说，法则本身存在着一种系统性。

这种系统性和上述的规律性，不只说明了法则这个概念的内涵，同时还意味着它的本质。法则尽管是一个抽象；它所体现出的对象，尽管不一定能完全，不一定能无遗漏，但它本身，却与客观现实分离不得。它是现实在主观上最集中的、最有概括作用的、最真实的体现。这就是法则的实在性。

法则不能离开它这三种属性——规律性、系统性、实在性——而得到理解。它们分别是哲学上认识论、方法论、实在论的研究对象。被自然科学和社会科学研讨着的任一法则，都须具备这三种属性。不同种类、不同性质的科学，其法则所体现的这三种属性，尽管在程度上不尽能一致，但对于这三种属性本身，都是缺一不可的。例如，没有实在性的理论体系，即使也能，或者更能表现出一个规律系统的外观，但结局无非是一个没有生命、没有内容的观念构成罢了。

因此，我们研究经济学，如有了哲学的修养，当大有助于经济学的理解。但经济学本身，已经是把哲学作为它的理论构成的骨干。一个大经济学者，例如英国古典经济学最高峰的研究者李嘉图(David Ricardo)，他就是最没有哲学修养的人，但他的研究，却显出了光辉的哲学的色调。一般人都称说他是市民经济学的最高造诣者。却不大有人把他看作是市民哲学的最高造诣者。其实，人或市民，在他心目中，作了最有哲学意义的经济的抽象；由是，他所定立的法则，就最能破除一切阻碍科学演绎的理论上的以及其他社会上的障碍，而表现了最实在的和最有规律系统的贯澈作用。

要之，法则的所在，就是哲学的所在；当作"科学中之科学"来看的哲学，尽管像是站在科学以外或以上，尽着领导的范围一切的功能。但我们经济科学研究者，切不要只着意于经济学以外的哲学的研究，而忽视了经济学本身的哲学的研究。

三、经济法则是什么？

理解了"法则是什么"的问题，对于"经济法则是什么"的问题，似乎就可不大费思索而得出一个答案。

不过，前面关于"法则是什么"的说明，是就法则本身之最高的综合性而言，换言之，那是同时把有关自然现象的法则，和有关社会现象的法则，加以抽象，而得出其共通的属性。在这场合，有关社会现象的法则，对于自然法则表示的诸特殊地方，就被舍象了。

在经济现象被括入社会现象而加以考察的限内，要讨论经济法则，就似乎特别要把那些在前一场合被舍弃了的特殊地方，加进我们论究的范围来。换言之，就是经济法则除了应具有一般法则的规律性、系统性、实在性而外，还得添上它由社会的本质所导来的历史性。

一切有关社会现象的法则，因为是社会的，所以都是历史的。

当然，从一个更高更远的境界来看，自然界的诸种事象，亦并不是固定着的，没有它们的历史演进的迹象。比如，把自然界作为对象来研究的自然科学,“到了十九世纪,它就本质的是研究过程及事物之起源与发达的科学,把自然事件总括到一个大全体的关联的科学。研究动植物有机体的过程的生理学,研究个个有机体组从萌芽到成熟的发展的发生学,研究地壳之渐次构成的地质学”①等等,说明了自然界的诸事象,都不免受历史法则的支配,甚至一般认为最有定着性的天体运动,自从一七五五年康德的《一般自然史与天体论》问世以后,亦被曝露出了它的历史性质。不过,自然界的变动,经历时间过于长久,把它作为对象来研究的人类,实在大有“蟪蛄不识春秋”之感;亦就因此之故,自然现象比较起社会现象来,就不免要显得千篇一律的定型化了。而且,我们在这里所要阐明的历史性,是由社会本质关系导来的历史性,是由人类特定社会之利害关系,以及由此关系所产生的意识作用或反作用于其间的诸社会现象,所连续表现出来的发生、发展,乃至其完结的历史性。若自然界的历史变动,完全〔脱〕离人类意识而独立。即使人类的社会活动,对于自然也发生过一些反作用,但“在自然中相互作用的,仍是纯无意识的盲目的力素;在这些力素交互作用中支配着一般的法则”②。

把上面这种意见分释清楚了,我们始可较明确的辨认社会科学诸法则之历史性的内涵。从而,也就可以更容易了解“经济法则是什么”或经济法则有什么特质的课题了。

在一般社会科学中,经济法则的特别确实性,是被一般经济学者,特别是奥地利学派的经济学者们所激赏了。在他们设想,经济学所研究的对象,包括有极多的自然因素。比如照门格(Karl Menger)所说,经济之最简单而又最原始的要素,是(1)欲望,(2)自然直接提供人类的财货——自然物,(3)想在可能范围内,满足欲望的种种努力。“欲望”在他眼目中,是最自然不过的东西;自然物不必说:仅有满足欲望的种种努力,才是社会的。结局,把这些要素作为研究对象的经济学,或者,由这些要素相互作用而表现出的“类型的关系”(Typische Relation)或一般所称之法则,就有半自然的性质。由是,在他看来,经济学就较之一般社会科学,即他所理解之法律学、国家学、社会学等,有更严密的,可应用严密方法研究的

---

① 见彭嘉生《费尔巴哈论》第93页。

② 见彭嘉生《费尔巴哈论》第96页。

特质，可以说是介乎自然科学与社会科学之间的一种科学。另一位奥地利学派的巨子庞巴卫克（Böhm-Bawerk），也是非常强调经济法则的自然性质。他在他的大著《资本肯定论》中，就主张该书所要讨论的问题，在性质上，特别需要建立于健全的自然科学原则之上。认定政治经济学的法则，绝对不能和自然科学或心理学发生冲突。此外，其他奥地利派学者如威沙（Wuscr）辈，都依据同一出发点，夸大经济法则的自然性质；威沙所著的《自然价值论》中，简直把价值法则看为诸自然因素作用的结果。在这里，人被还原为没有社会意识的自然人，经济活动被视为这种自然人之自然欲望所造成的行为。在科学的分析上，对于一种经济法则的建立，当然需要把一切有碍那种法则表现其作用的其他社会因素舍象去。但我们这样做，并不是要否定那所谓"自然人"、"自然欲望"的特定社会性，反之，却正是要由此更明确更科学的显出其特定社会性。把经济法则自然化，其用意也许就是在使经济法则永恒化，换言之，就是要抹去它的历史的特质。

然而，经济法则是社会的，它必然是历史的。

不但此也，与其说，经济法则与其他社会的法则，有什么不同的特点，那就不但不是由于它的自然性质，却反而是由于它的更基本的，对现实更直接的社会性质。任何一种法则，在本质上，尽管是某一些客观事象之间的因果关系的体现，但对于客观的现实毕竟是再生产的、第二次的东西。由于法则所体现的客观现实，有的是属于最基层的社会事象，有的是属于较上层的社会事象；于是，在一般社会意识中，如像哲学、宗教等等，就因其离最基层的社会事象最远，被称为最高级的意识形态；如像政治学、法律学乃至社会学等等就因其离最基层的社会事象较近，被称为次级的意识形态；而在经济学，因为它是直接的把物质的社会关系作为其诸般法则所体现的对象，所以是最基本的或最有社会性，或最不能避免社会物质利害关系的作用的意识形态。

因此，在一般的社会的法则中，要说经济法则有它的特点，也许勉强可以说，它的特点就在此。

四、经济法则被发现的顺序

经济法则大体上包括两个范畴，一是关于经济的法则，一是关于经济发展或经济史的法则。

这两个范畴的经济法则，尽管其体现的对象，早就客观的存在着，但其被发现，却是现代的事。这原因，就是由于科学法则的发现，大体是按依照以次的顺序：

（一）由自然法则到社会法则。

（二）由较完成的对象形态的法则，到较不完成的对象形态的法则。

（三）由总体的法则到部分形态的法则。

（四）由个别形态横断的法则，到其纵的发展的法则。

比如，就第一点而论，一切社会法则，大抵都是在自然法则发现以后，才被发现的。因为人类在最初，根本就不能从广大的视野，认识到他们社会本身秩序。他们当时的社会，被文化交通等等拘限在极狭的范围内。但是，即使在那极狭的范围内，他们却已直观的体察到了自然的秩序；最有规则的天体运动，最初被他们发现了。天体运动既有轨则可循，接着物体运动的轨则被发现了；往后，由无生物间的运动秩序，逐渐启发到生物界的运动秩序；最后，始观察体验到了人类社会本身的运动法则。由天文学到物理学，到生物学，最后到社会科学的这种科学建立的顺序，法儒孔德（Comte）把它指证出来了。当作社会科学之一分枝的经济学，即使再基本些，亦不能违反这种科学发展的定律，而提早被建立。虽然有些经济史学者，认定政治经济学比我们所想像的早得多，且认为希腊罗马亦有其经济学（Branqui 著：《经济发展史》第一章）。但是，在希腊，尽管有冒名亚里士多德所著的经济学问世，究与我们这里所论及的经济学或经济学的法则，是不同种类不同性质的东西。科学上的经济法则，决不能反乎历史定则，而在现代社会以前被发现出来。而且，

就第二点而论，科学法则的发现，并不是，且不能，从没有完成的或较不发达的对象形态始，而是从比较完成的较发达的对象形态始。研究社会科学，不仅要在知识上有所贮备，不仅要客观情势有所要求；而且要被研究的对象本身，已经够提供充分的考察材料，即是已经发达到了可供科

学的专门的研究的程度。就经济法则所体现着的现实而论,尽管商品价值、利润、工资等经济形态,是早就客观的存在着的,但在现代以前,它们只是零碎的,偶然的,不规则的;在量上受到了整个社会经济发展条件的限制,遂使其性质和现代在同一名称下所表识的各种经济形态,有极大的分野。此外,再进一步;

就第三点而论,个别经济形态的发展,是在其总体形态全面发展下进行的。而在考察过程中,表面上,好像就各个别经济形态开始,较易入手;但是,体现着各个别经济形态运动之诸法则,虽然综合起来,就是经济学本身,可是,那种综合,并不是机械的凑合,而是依一定的系统所构成的体系。总的概念、总的体系没有明白,构成那种总体系的个别经济形态的运动法则,一定无法得到正确的理解。人类生理组织的研究,是先于构成那种生理组织之细胞的研究的。自然,在经济学总体系建立以前,事实上,是有了其各别经济形态之研究存在的,并且,后者局部的研究,可能有所益助于整个经济学体系的确立。比如,由重商主义和重农主义所提示出了的有关价值价格及利润等的不成熟的概念,对于亚当·斯密(Adam Smith)的关于这些方面的较成熟的概念,一定有了不少的益助。但我们在这里的说明,不是要问及经济学成立以前的各种零碎的不曾系统化的经济思想,是否有助于经济之科学的研究,而是要分辨,各种经济形态之系统的研究,或各别经济法则的确立,是不能不在总的经济法则确立过程中去进行的。更具体的说,当作经济学之总锁钥的价值法则如没有建立起来,像工资、利润、地租等法则,是不能希望有所成就的。最后,

就第四点而论,一切经济形态,不管是地租、劳动、货币,抑是商品,都不是到现代才有的;就地租说,由劳动地租,到实物地租,再到货币地租;就劳动说,由奴隶劳动,到徭役劳动,再到雇佣劳动;货币和商品,亦均有它们各别演变的历史;并且,在它们各别演变过程中,都早就客观的存在着各别的变动法则。但在研究的程序上,根据我们在上面第二点中所讲的,既然要由较发达的较完全的对象形态开始,即是就地租言,要由货币地租开始;就劳动言,要由雇佣劳动开始,故包括各种经济形态之经济历史法则的发现,一般是经济学建立以后的事。因为不能横断的理解个别经济形态的法则,则对其相续的发展法则,是没有方法可以进行研究的。这是现代经济史学其所以要在现代经济学成立以后,才被提出研究的基

本原因之一。

五、经济法则被研究被发现的历程

我们已经知道，现代经济之所以被提到科学研究的领域，那是经济本身允许并要求把它作科学的研究。但由开始研究，到研究确有成果，其间曾经过了一个长的历程。而在这当中，一切经济的发现，大体显出了以次两大迹象：

（一）由现象的进到本质的

（二）由不完全的进到完全的

先就前一点来说。

“经济学，当作一种真正的科学，是在制造业时代最初出现的。”[①]而“这个时期，大体是从十六世纪中叶至十八世纪末叶为止”[②]，就在这个时期中，除了极少数的卓越经济理论家，如英国的威廉·配第（William Petty），法国的魁奈（Quesnay）等，凭天才的卓识，不完全的乃至近似素朴的触到了经济的本质而外，当作当时支配的学说体系的重商主义，差不多全是从表面的因果现象出发。他们其所以这样做，就因为商业资本运动，是采取“货币——商品——货币”公式，终点货币对始点货币的较大额，是产自流通过程；利润就是买卖之间的货币差额；这货币差额，是增殖的财富，亦是增殖的价值。对于这种表象的肤浅认识，货币，价值，财富，成了同义语。当时经济的表象，只允许他们作外观的把握；而当时商人资产者们的志望，亦只要求他们作外观的把握。

“真正的现代的经济科学，是在对于由流通过程移到生产过程的理论考察上才开始的。”[③]

在重商主义由理论到实际，都表现出了崩溃的征候的十八世纪末叶，由重农诸子发其端绪的本质的研究，到了英国古典学派，始逐渐被提到了最高峰。不过，经济学上的诸基本法则，虽然到了亚当·斯密手里，已经

---

① 见郭王译《资本论》第一卷第 293 页。

② 见郭王译《资本论》第一卷第 268 页。

③ 见郭王译《资本论》第三卷第 264 页。

系统的被发现,被构成一个相当广泛的体系,但斯密时代的经济现实,还不免使他"未能免俗"的杂舍了一些极其表面的现象。比如,关于最基本的价值法则,他硬把最常识的工资、利润、地租三者,当作了价值构成的要素,连重农诸子已经体认到了的原垫资本(固定资本)与年垫资本(流动资本)加地租(纯收入——或剩余价值),构成价值的素朴理解,也被退步了。惟其他对价值的法则不能更本质的建立起来,利润地租等法则,遂都相应的失之表面化。这事实,正好说明了斯密时代的客观经济现实,还残杂了一些掩蔽他明确把握本质的因素。

再过四十年后的李嘉图时代,资本主义的经济事象,日益复杂化、纯粹化、高度化、成熟化。惟其复杂化,乃更能提供我们以充分考察的对象,更能显示我们以有机的因果密切关联;惟其纯粹化,即是说,惟其没有包含前一社会经济体制的残余,经济学就愈能对当前经济事象,作科学的分析。李嘉图面对着这种成熟的纯粹的资本主义经济,所以,他才能发挥其抽象研究方法,把各种经济形态,很透澈的追究到底。亦就因此之故,价值、工资、利润、地租诸法则,在李嘉图手中前进一大步了。

按照这种程序推演下去,似乎经济法则到了李嘉图的后继者们,可能研究到完成的境界。然而经济科学的历史性——由社会本质导来的历史性,不允许我们作这样的推论了。

我们且把论旨转到前述第二点。

李嘉图的经济学说,或者,李嘉图所定立的经济法则,除了极少数有特别成见的经济学者,如加雷(Carey)之流外,一般都承认他的研究,已经到达了极峰。但这所谓研究到达了极峰,是不是说,他所定立的诸经济法则,已经达到了完满的十分成熟的境界呢?我们的答复是否定的。

作为李氏全部经济理论之基石的劳动价值法则,尽管在深入及表现的方法上,踏进了过去一切经济学者所望尘莫及的地步,但因为他未理解到劳动与劳动力的区别,未明确把握住不变资本对固定资本、可变资本对流通资本的区别,以致始终不易使利润的本质的来源寻觅出来;结局,他对他自己的价值法则,就不能不提出近似根本推翻的两大修正。价值法则立基不固,利润、工资、地租诸法则,都受到了莫大的影响。

在李嘉图以后,不论是他的正统的后继者,如杰姆斯·穆勒(James Mill)、麦克洛克(McCulloch)等,抑是他的所谓社会主义的后继者,如汤姆生(Thompson)、浩斯金(Hodgskin)等,都不能对他的缺点有所弥补,却反而杂拾一些俗流的意见,把李嘉图研究的成果俗化了。降及以"新经济学家"自命的约翰·穆勒(John Staurt Mill),他在基本的价值法则上,只补缀了一些无关宏旨的似是而非的见解。此后则是经济学"蒙尘"的阶段。德国历史学派诸子,始终不曾触到经济法则本身,他们全部的努力,都是费在推翻古典学派所认定的一般的永恒的经济法则上。再回过头来强调经济学之科学法则的奥地利学派,他们由主观价值学说出发所定立的利息利润诸法则,完全不曾触到社会的本质。这原因,就是由于限界效用价值法则本身,根本就是由一堆社会心理常识拼凑起来的,由观念构成的空洞的抽象。

经济学在李嘉图以后所蒙到的坎坷,是同资本主义经济,在这以后所不绝遭受的恐慌,有了极密切的本质的联系。资本主义经济发展,他本身所包含的矛盾,即由商品生产方式造出的广大运动社会群,对于资本主义本身的威胁,亦在以同一程度发展。在资本主义感到生存威胁,须得采取防卫的保守的立场的限内,经济学必然会带上辩护的性质。结局,要把李嘉图所定立起来,但不曾予以完成的诸经济法则,即是揭露资本主义生产之秘密的法则,再向前加以发展,势必有待于站在批判立场的经济学者。所以,在这种理解上,批判经济学是对于古典经济学的继续;也就是说,未经完成的古典经济诸法则,是到了批判经济学才予以完成的。

六、经济法则的妥当性的限界

经过上述研究历程所确立起来的经济法则,即以劳动价值法则为中心而展开的有关资本主义各经济形态的运动法则,即使是已经完成了的,再没有漏洞可寻的"完全物",但它或它们对于其所体现的经济现实,究具有怎样的妥当性呢?换言之,是不是"天衣无缝"似的,有无限的包括无遗的妥当性呢?

这个问题是需要予以分释的。

首先,在经济法则是体现着资本主义各种经济形态之运动倾向的限内,它在本身,已经受到了资本主义的社会的限制。尽管前述奥地利学派诸子，想把他们研究的成果，范围一切人类社会的经济活动；把原始猎人渔人打猎捕渔的工具资本化；用原始人打猎捕渔的动机，来揣测资本家生产的动机；用孤立的沙漠上的旅游者的饥渴心情，来解释他们的限界效用价值学说，但他们由这种研究方法所定立的法则，不但不能体现出任何一个历史时代的经济现实，且也不曾体现出资本主义社会的经济现实。愈是有科学性的法则，就愈不能是“万应丹”；“推之百世而皆准”的圣人之言，以言其妥当性，不过表示这“百世”的社会，还是同一性质的社会而已。总之一句话，资本主义社会的经济法则，本质上不能不把它的妥当性局限在资本主义社会。这是十分容易明白的。

其次，纯粹的资本主义社会，即一切都照着资本主义经济法则而作用的社会，在客观上是不存在的。资本主义经济到了它的最末一瞬间，仍不免伴存着一些非资本主义的乃至反资本主义的经济因素；这些因素，无论是属于过去的，抑是属于未来的，总都非资本主义的经济法则所可范围。要把这个论点扭转来，就是，纯粹的资本主义社会虽然是一个抽象，一个假定，但由各种经济法则所体现的经济现实，确是由资本主义的因素、资本主义的生产方法，在行着全面的统治。就在这种理解上，我们乃不妨说，现代经济学上的诸法则，至少可以在大体上，表识着资本主义的现代经济。

此外，同是一个资本主义社会，它的社会有机构成，可因其所禀赋的自然条件与历史条件而不尽相同。当作资本主义后进者的德国，它的经济组织，就与最典型的资本主义国家即大英帝国，表示了相当距离的分野。自然，德国资本主义经济，与英国资本主义经济，相互显示的特点，我们不能据以判断资本主义本身，有多少不同本质的形态。只能理解为：德国资本主义经济中，较之英国包含了更多的前资本主义的成分。亦就因此之故，政治经济学上的一般经济法则，其体现德国经济现实，就相应的没有它体现英国经济现实，那样包括，那样充实。

所有上面这几项说明，显然为我们达出了这样一个宝贵的结论，就是，经济法则的妥当性是有它的限界的。经济现实要比经济法则丰富得多。

七、经济法则的绝对性、一般性、永恒性的问题

我们前面已指明经济法则包括了两个范畴，即有关经济的法则，和有关经济发展的或其历史的法则。稍加分析，就知道两者间保有对立和统一的关系。横断的经济法则如其有了永久的性质，经济发展的法则，根本就不容易建立起来。所以，在这场合，经济学家的立场，和经济史学家的立场，表现了相反的相对立的倾向。但在另一方面，有关特定社会的经济法则本身，已经是全经济史发展过程中的某一社会阶段的经济法则，离开了各别特定社会的特定经济法则，经济的历史的法则，也无由建立起来。我们明白了这种关键，就可进而讨论到经济法则的绝对性、一般性和永恒性了。

在发展的观点上，经济法则是不能具有绝对性的。强调它的绝对性，只限于在下一场合，就是它在特定社会，如我们在这里所论及的，在资本主义社会，它在体现着资本主义诸经济形态之运动倾向的限内，它是绝对的，就是说，只有它，比如就价值法则而论，只有劳动价值法则，才真能表现出资本主义商品运动的本质。如像所谓需要供给价值法则，特别是限界效用价值法则，根本就不能取得社会的存在，即使它们存在着，且还有一部分经济学者予以传扬和拥护，那亦不过像“附赘悬梳”，甚至如癣疥和结核菌之存在于人身一样，决不能由它们表现出一个正常的健全的人身的本体。这即是说，不谈资本主义社会的价值形态则已，要把它加入考虑，劳动价值法则就占有排他的绝对正确的地位；同样的，不谈资本主义社会的利润形态则已，要把它作为考察的对象，平均利润法则、利润率递减法则，亦占有排他的绝对的正确的地位。

这就是经济法则的绝对性。但经济法则的这种绝对性，是就它所体现着的特定社会的经济现实而言。那种社会失其存在了，或者离开了那种社会，这绝对性马上就变成了相对性。资本主义社会的经济法则，不但对于较高级社会无所见短长，即对于较低社会，亦失去了现实的价值。但我们这种结论，不会遭到事实逻辑上的反对么？被称为实行社会主义的苏联，不还在应用着研究着资本主义的经济法则么？然而，仔细分析起来，这与其说是社会主义社会还要应用资本主义经济法则，就毋宁说是由

于那种社会还保留着相当成分的资本主义经济。

至若经济法则之一般性的问题，那与前述的绝对性保有密切的联系。当作一种社会科学的经济学，其基本法则的建立，必得遵循以次两个途径之一，才可能具有一般的妥当性：即是说，它那些法则，要就是把诸特定社会经济事象，加以独立化、抽象化的结果，否则就是它那些法则所据以定立的社会经济结构，是一种世界的范畴，是诸特定社会在某一历史阶段或历史时代共有的范畴。因此，由这任一途径所形成的经济法则，当它对同一历史阶段诸特定社会保持适用的妥当性的限内，它是一般的；当它对不同历史阶段的任一社会显出不适用的特异性的限内，它又是特殊的。

在这里，我们对于经济法则之一般性与特殊性的理解，还当有所释明。从经济法则所适用到的，或者所体现着的社会经济形态来说，当它被序列在人类社会发展的大动境中，它显然具有一般的共同的特征，而这也正是经济法则本身之一般性的对照；但不同的自然条件与历史条件，却又使它在诸特定社会的经济结构上，在其规模上，其纯粹程度上，其支配范围上，乃至其延续期间上，都显得极不一样。不过，这种种特殊，虽然是法则之一般抽象所由构成的基础，但却不是法则之特殊性的基础。因为太强调了这些特殊关系，真会导出每个国家、每个社会的各别经济法则，这样一来，一般的经济法则就无由建立了。

最后，我还要把经济法则的永恒性的问题提出来。在现代说明的经济理论体系（包括正统学派、历史学派、奥地利学派，乃至晚近的数理学派制度学派等等的经济学说）内，除新旧历史学派及制度学派而外，差不多都一致的认定他们所研究的法则是有永恒价值的。甚至就是历史学派诸子，他们尽管强调过去的、被他们所反对的学说的暂时性，但他们的历史观，好像到了资本主义社会就中止了。资本主义经济须得永生，社会经济发展法则，也就似乎不会再向前延续。他们的社会利害关系的成见，把他们的历史观破产了。作为古典学派之殿将的约翰·穆勒，虽然大胆的提出了革命的分配论的号召，认定“财富之分配，是受支配于社会之法律与习惯，而决定分配的规则，则是存于社会支配者之意见与感情，时代不同，地方不同，此规则亦因而大异”[①]。这是说，分配法则，不是历久不变的。

① 见《经济学原理》亚希勒版本第199～200页。

但主张革命分配论的这位大经济学家，同时却这样把他的生产永恒化了。他以为，“关于财富生产之法则与条件，带有物理上之真理的性质，不是任意的，随便的……”①。他对于他的永恒性生产法则，还讲了许多话，不多征引了。这里也不便深入批论生产法则和分配法则之间的不可背离的联系。总之，他把生产法则和生产条件，混为同一范畴的东西，事实上，“诚然有一些东西，只属于两三种社会形态，其他一些东西，则为一切社会形态所共通。这些在一切社会形态都存在着的规定，就是少不得，少了它，无论什么生产不出来的东西”②。申言之，劳动过程是一切社会所少不得的，在劳动过程中，由人的活动，用劳动手段，在劳动对象上，引起预先企图的变化。“它使自然物适于满足人类欲望，是人与自然间物质代谢的一般条件，是人类生活的永久的自然的条件，故与人类生活形态无关，得在人类生活的各种社会形态上共通适用”③。显然的，在这劳动过程上已协同作用着的劳动力、劳动手段、劳动对象，都只算是生产条件，而不是什么生产法则。

而且，就是为一切过去社会所共通的经济法则，也并不是永恒的不变的真理，在广义经济学的范畴里，某一种社会过渡到或突变到另一种不同性质的社会，都是由于新增的生产力，对于原有生产关系感到束缚，因而促成其崩溃的结果。这个经济大法则，尽管是人类过去一切社会形态所共通体验过来的最本质的关系，但对于未来的社会，却不一定适用。

可是，我们在这里提论到的经济法则的永恒性的问题，与其说是要在积极方面说明某些法则有如何的永恒，不如说是要在消极方面说明资本主义社会的诸特定经济法则，决没有永恒性。

八、经济法则的应用

关于经济法则，我们已在上面，从多个视野加以考察了。但理解了经济法则，并不一定就能应用经济法则；而且，对于经济法则之真正的明确

---

① 见《经济学原理》亚希勒版本第 199～200 页。

② 见河上肇著《经济学大纲》序言。

③ 马克思《资本论》第一卷第 133 页。

的理解，还差不多是需要通过应用过程来实现的。我们很不容易在实践的圈外来对一种理论作“致知”的工夫。

但我们一把经济法则移到应用的领域，上述的有关经济法则之绝对的与相对的问题，一般的与特殊的问题，以及永恒的与暂时的问题，都将加入考虑中。

首先，经济法则之一般性，既然是对同一历史阶段之各特殊社会经济现象，加以抽象的结果，则愈是有一般性的法则，愈是有高度综合性的法则，它对各特定社会经济，就愈只能体现其最有代表性最有特征性的部分。这在一方面不免妨碍着法则本身的作用；同时也妨碍着特定社会对于它自身法则的认识。

经济法则在其作用着的进程中，不但要受着它自身所由建立的经济事象以外的经济关系的影响，同时还要受着经济关系以外其他一切经验情形，如自然条件、政治倾向等等的影响。亦就因此之故，经济法则表现出的作用，并不是直线的，叫人一见就明了，不假思索就能判断的。比如，“在资本主义生产的全体下，一般的法则，往往依各种极错综而近似的方法，在不绝的变动中，当作一个不能确定的平均，或当作一个支配的倾向，来贯澈”①。法则的作用既是在不绝变动中，通过一个支配的倾向而贯澈；有些惧怕法则的学者，就借此反对社会事象有什么法则；还有一些经济常识专家，又借此否定太需要抽象力、太费头脑的法则。不但此也，经济法则的作用，是需要充分的时间，和相当广阔的环境，才能表现出来的。尤其是贯澈一个社会变革过程的较有延展性和延续性的法则，那对于一般性急的短视的研究者，更显示为一种不可耐的麻烦业作。

经济法则在它作用过程表现出的这种迂缓性和不明快性，立即就影响到特定社会，尤其是在转型过渡阶段的社会，对于它本身的经济法则的认识，一个过渡的社会，照例有几种，至少有两种不同性质的经济形态，从而，有两种不同性质的经济法则在作用着。正惟其如此，表识着这种社会的不同立场的人们，就有根据把这种社会理解为与他们现实利益相符合的那一面，而否定其另一面，结局，这个社会本身的法则的认识，就被暧昧起来了。诚然，“一个社会就会把它自身的运动法则发现，也不能跳过，或

---

① 马克思《资本论》第三卷第113页。

以法令废止自然的发展阶段，它只能把生育时的痛苦减短和缓和”[①]。甚且，我们还可由此引论说：一个社会不论它怎样坚执的不承认自身的运动法则，也不能永久停驻，或以法令维系在其当前的发展阶段，它极其限，只能不幸的把崩毁时的痛苦延长或加大。然而，学术的研究，或者经济法则的明确把握，或一个社会对于它自身的运动法则的发现，在实践的意义上讲，也不外是希望在变革过程上，得到一些便利，减少一些苦痛和灾厄而已。

至关于经济法则在中国社会的应用，我曾在去年第二卷第三期的《新建设》上，发表过一篇政治经济学及其应用的长文章，那是特别为中国社会着眼来写的，所以这里只论到一般，而把经济法则在中国社会应如何应用的意见从略了。

一九四二年十二月二十七日

---

① 马克思《资本论》第一卷原著者初版序。

经济学与哲学

一、经济学与哲学的分野

过去的人，很少把哲学和经济学连系起来讨论，波拿(Bonar)曾写过一本《哲学与经济学》，德国缪勒所著《国家学纲要》把哲学、神学、经济学三者连同作形而上学和形而下学之综合研究，得出许多奇特的结论，被称为浪漫主义哲学者和浪漫主义经济学家。此外，在大经济学者中，特别强调经济学与哲学之联系的，要算穆勒了。他的经济名著就标题为《经济学原理及其在社会哲学上的应用》，他认为："经济学与社会哲学其他部门，在不可分离地纽结着。"

对于哲学与经济学之各别的及其关联的认识，其发展过程，随时代不同，而有不同的认识；将两者各别的认识，依史的发展，相关起来理解，就是经济学与哲学之关联性的认识发展过程。在分门研究极形发达的今日，一方面，这两者似乎是越发"田野分明"了；但同时，它们却是更加密切的连系着。为了说明的便利，先把一般人所强调的两者的分野，加以简略的叙述。

最庸俗的学者们，仅仅在形式上将两者分别开来：

以哲学为：形而上的——观念的——精神的——用中国的话来说为"道"的学；

以经济学为：形而下的——实践的——物质的——用中国的话来说为"器"的学。

但哲学本身不是形而上的(是实践的最高级和最统一的意识形态)，把它当作形而上之学来理解，实因只对它作形而上地来研究所致。经济学诚为实践的"物质之学"(是实践的最低级和最现实的意识形态)，但说它是"器"的或是"术"的形而下之学，亦因只把它(过份)作为形而下地来理解的结果。把哲学当做与物质及日常生活的经济分离开的观念的和形而上的学问，是不通的说法。

其次，一般最似是而非的说法，以为两者（因对客观世界现象）所研究的范围不同：

以哲学为：关于世界总体诸现象的认识和说明——是综合的；

以经济学为：关于世界部分的（经济）现象的认识和说明——是部分的。

这种说法，仍然是一种表面的、机械的和笼统的划分，说它们一是综合的和一是部分的，只有在许多前提的严格限制下，才可成立。不然，只是片面地将经济学和哲学分开，把它嵌进哲学中去研究。

德国国家社会主义者的新历史学派大师桑巴特，又以为人类对事物“认识方式”的不同，可以分为：

（1）形而上的——属于绝对事物的境界——哲学；

（2）条整的或记述的——属于自然的境界——自然科学；

（3）理解的——属于人的境界——社会科学。

桑巴特的“认识方式”的分类，目的仍在区分哲学与自然、社会科学。由上面的划分法，足见他对于哲学、自然科学、社会科学分野的认识，不仅是三者本身境界的分野，同时是人类对客观认识（思维）的方式之分野。所以说：我们固不能以前者——形而上的认识方式——处理后二者——自然科学或社会科学——的各别问题，也不能以后二者——记述的或理解的认识方式——来研究前者——哲学。如果不去分别各别的认识方式，竟未交错运用，那就是“方法上的帝国主义”！像他这样三分法，不仅客观和主观互不相涉，且是绝对的隔离。

但在现实当中，哲学和经济学，并不如一般形式论者所想像中的那么“疏远”！

二、哲学与经济学的共通性与关联性

先讲哲学与经济学的共通性。我们可从两方面来考察：

第一，两者同是特定的社会意识形态。这就是说：两者同是某一特定社会历史阶段的物质（经济）基础的反映，是特定历史阶段的社会意识，但因对于所反映的社会物质基础距离的不同，而显出两者的差别性：

（1）哲学是最高级的和最统一的意识形态，它距离物质基础最远，受社会物质基础的束缚最少。

(2)经济学是最低级的意识形态,它距离物质基础最近,受社会物质基础的束缚最大。

我这样说法,是因为社会意识的发展,虽相应于社会的发展过程,但意识自身有它发展的规律。这种规律表现在高级的意识里,较在低级的意识里更可能。即是说,高级的意识,相对的更离开客体的最初反映,它比低级的意识距离物质基础为远,且经过相当复杂的中介的过程,容易表现出自己的规律性;同时,又或近或远地反映着客体(社会)的法则性。所以,社会意识的运动与社会法则的运动,保有一定平行的关系,但非绝对的平行。社会意识有时超越在社会(物质机构)的前面,有时又远落在它的后面。

哲学是最高级的社会意识形态,它自己发展的规律,相对地要比经济学为大;更须通过更多级复杂的中介表象,来反映社会的法则。换句话说:社会物质基础对于社会意识的束缚力,表现在哲学者小,表现在经济学者大,说哲学是最高级的意识形态,即是说,经济学相对地为最低级的社会意识形态(因为它直接反映某一社会的经济生活)。

倘以英、法、德三国为例,那末,经济学较发达于英国,社会学较发达于法国,哲学较发达于德国。英国十八世纪的经济发展,较法国为前进,德国相对地最为落后;但德国哲学,仍能吸收英法的精英,而发展为较高级的形态。这里就说明了哲学对于社会物质基础的伸缩性为大,而在经济学却是较小的。

第二,两者同是实践之学、历史之学。哲学是不玄之又玄的东西,正如经济学一样,是实践之学;惟其是实践的,也必然是历史之学。我们追溯哲学之历史的演变,更可看出它们的真相来:

(1)在希腊哲学的第一期,以赫拉克里图为代表的素朴的自然哲学,正反映着希腊由原始共同体的崩溃,进入奴隶社会的转化,而表现为“变”的哲学。到第二期柏拉图、亚里士多德为代表的哲人政治哲学及贵族社会主义的伦理观,完全反映着奴隶统治的剧烈要求。及至第三期从希腊灭亡起,伊壁鸠鲁等的快乐主义、怀疑主义,更反映着奴隶统治崩溃过程中的各种纪实。

(2)其次,中世的经院哲学,向被称为“神学的奴婢”、“封君的精神生产者”;由前此演变而来的玄学的哲学,证明了精神的存在,恰从反面来领导实践。愈是观念的哲学,从反面所显示出的实践反而更大。譬如,印度人民的生活,陷于极度的贫穷,但印度的庙宇建筑,却金碧辉煌,这正反映着英国统治者,以最观念的神的信仰的提倡,来达成它最现实的统治实践。

(3)到了现代的启蒙哲学,称为“科学的助产婆”,或“市民阶级的教谕”,也只是一种社会实践的要求与反映。

在哲学如此,在经济学尤是如此。事实上,在近代社会以前,经济思想根本就是混同在哲学中研究的。关于这点,后面还要论到。

再讲哲学与经济学的关联性。

我们分析了哲学与经济的共通点之后,就可知道:两者的共通点,正是两者统一认识的基础;在这一基础上,哲学把整个人类的知识,在总的观察上,运用一个原理,一个方法,在完整的世界观上统一起来。经济学放在这一意义上理解,是被统一于一般世界观的理解中,因为经济学的特殊法则被抽象了,又被吸收而内涵入这一总的法则中。哲学的法则,成为经济学的方法论;经济学的法则,又成为这一总的法则之一特殊侧面具体化。

从而,我们站在经济学方面来看,它又是最现实的社会意识形态,它的形成过程反映着各个社会阶段实现的积累,正是哲学在经济学这一侧面的形成过程。经济学由不断的实践,而得正确的结论,对于正确的哲学世界观之形成,是一个极大的贡献。在这一意义下,我们可以说:科学的经济学建立的时候,正是科学的哲学体系在经济学这一范畴的完成和树立的时候。

哲学与经济学的关联性,就这样由同而不同,由一般而特殊,但特殊的法则,又是一般法则的特殊化。二者在统一的理解上,由不同的而为具有相同的规律性或法则性。

三、经济学由哲学分离的过程

最初,经济学是混在哲学领域中研究的。我们先看两者成立的历史:自有希腊哲学以来,至今约二千五百年,而经济学的成立,自威廉·配第至今约二百五十年；自亚当·斯密起，则只有一百七十年光景。我们这样把哲学和经济学的成立，当做两门各别的学术比较，则哲学成立的历史，竟较经济学要长十倍乃至十余倍，但我们又从这一等列的比较中，反映出两者历史发展的混合过程。经济学决非凭空建立起来。在经济学还没有体系化以前，我们称它为经济思想；这种经济思想的发展过程，我们又称它为经济学前史。在经济学前史期，所有经济思想，只有到哲学中去寻找；它是片断的或琐碎地包含在各种哲学思想中。就是在经济学成立以后，许多哲学家，也同时多是经济思想家。例如在古代柏拉图、亚里士多德等为哲学家，但其价值论与分工论又为经济思想，所以又可称为经济思想家。此外色诺芬(Xenophon)更为著名的经济政策家，中世经院哲学纷传一时的“正价论”、“商业论”、“利息论”的哲学思想，也是显例。近代哲学者如德之费希特、黑格尔，英之休谟、洛克，法之孟德斯鸠、魁奈等又都为经济思想家。

这里，带来了一个问题。即：哲学家何以又是经济思想家呢？换言之哲学家何以要兼重经济现象的研究呢？

从研究的立场论，无论任何社会，经济生活总为人类生活的基础。所以经济现象是意识形态中最易反映，而且是最重要的部份，也是哲学者所不能不涉及的部分。从实践的立场来看。无论国家或私人间的利害关系，向以经济的利害为主；使哲学者不能不解答国家或人民的许多经济上的实际问题。如中世经济哲学，证明神的存在，给予神的信仰以哲学的解释。因此，对于日常所遇的经济问题，自可根据这种哲学，作为神的指示，而给与解答。

哲学既要兼收经济现象的研究，但是经济学又何以从哲学中分离而独立呢？

自哲学方面说：从希腊的自然哲学，至中世纪经院哲学的演变史，凡一千五百年，哲学是愈变愈玄奥了；中世神的哲学流布一时，哲学为神学的奴婢，神学为科学的哲学建立的桎梏；难怪有人说：自希腊至中世，为科学与神学的斗争史。在这一时期，是神的哲学，充分显露其对科学的束缚力；但当社会史完成了科学的历史前提以后，科学必然是以否定有神论的姿态出现；因而渐次脱逸了神学的哲学的束缚和压制，而相率独立了。经济学是诸科学中之一，其建立和完成，自也不能例外。

从经济学方面讲，上面所提到的社会史的前提，是科学脱离的哲学而独立的前提，自然也是经济学建立和完成的前提。经济学正如其他任何科学一样，它所研究的对象，是事物的因果法则；而研究诸现象间因果和法则，自一方面言，正需要一个具有最复杂的关系和现象的环境；反之，正因日常生活的关系和现象，愈益复杂化，也就愈益导向事物因果法则研究的要求与兴趣。自古代至中世初期，人类生活简单朴质，即中世庄园经济，也仍在孤立的自给自足状态之下，人类日常简单的经济生活上诸问题，不能刺激经济思想有剧速的发达，也不能提供诸科学研究的前提。至庄园经济开始崩溃的末期，自然经济渐向交换经济转化，人类经济生活的方式，开始扩大起来了；日常生活的现象和关系日渐复杂化，经济生活上提出了更多的新问题，也强烈的引起重新解释的自然兴趣。就这样，社会史替诸科学建立，也替昏庸的神的哲学之否定，完成了客观的前提。人类于是运用着日常生活的经验，和知识上历史丰厚的遗产，不仅消极的开始批判现实，并且积极的寻找各个领域内的因果法则。而且更互相利用着诸科学的成果，以研究它种科学（如利用自然科学的法则，来研究经济学的法则），诸科学相率的脱离了古旧而玄奥的哲学而独立了；哲学也用诸科学上的成果，开始脱去神学的外衣，而进入新的境界了。

经济学由古旧的哲学中独立了，但新的哲学的发展，又使经济学走上更高级的前途。

四、在现代市民哲学感染下所形成的经济学

近代各种哲学的勃起，澈底的突破了中世基督教义的世界观；随着工商业的发达，和社会阶级利益的新转变，而引起市民阶级的需要，哲学也由死寂的停滞的基督教义中解放出来，而调换了它的顾主；由僧侣、地主的代言人，一变而〔为〕新兴工商业市民阶级利益的实践者；由神的制欲的意识形态，发展为追求理性和财富的强烈要求。

实际上，近代英、法、德三国哲学思想是交流与混一的：

近代（自十五世纪以后）西洋哲学，约可分为三派：

(1)英国经验哲学如培根、休谟、洛克，他们强调自由，所谓“自由王国”；

(2)法国启蒙哲学如卢骚、孟德斯鸠、福禄贝尔,他们强调自然,所谓“自然秩序”;

(3)德国古典哲学如康德、黑格尔、费希特,他们强调理性,所谓“理性王国”。

我们为理解便利起见,姑先这样分类,并不是说三者绝不相涉,不过用来指出各派的强调点而已。如主张自由的,必求理性;主张理性的,必求自由;主张自由的,又必要求合理的、自然秩序。而所谓自由、自然或理性,都不外反中世昏庸的基督教义和封建意识的产物,为代表市民阶级的意识形态;而且这三国的哲学,都互相影响,又显出三者的交流与混一来。

同时,经济思想的发达,又在新兴市民哲学的影响下,成为市民的哲学在经济思想上的反映;如重农主义者魁奈的《经济表》,描画一个理想王国,在这王国里,根据自然秩序而为社会秩序;这种自然秩序,是天定或天治的,在人格上表现为个人的自然权,在经济生活上表现为个人财产权,个人对财产有绝对的自由。亚当·斯密的《国富论》第一篇就是论劳动生产物分配给各个阶级间的自然顺序。主“人性”论,以个人主义相标榜;反抗不合理的制度,以为要如此,始能产生自由自然的秩序。这些,都是市民的哲学的经济学的构成和体系化的过程。

当重农主义者和亚当·斯密将资本主义社会,描画成理性的自由的王国时,正是资本主义向前发展的时期,资本主义的光明面,衬托出它们天真乐命的幻想。但这一光明面自然的世界,不过经短短的数十年(1776—1817)后,就显得益形阴暗和不自然了;在理性和自由的王国里,不合理和不自然的呼声(威廉高特温、圣西门、欧文等的反抗),到处可闻;悲观和抑郁的气氛(缪拉、李嘉图等的理论),弥漫一时,改良和革命的口号,也先后被提出来了(西斯蒙第、圣西门、高特温等),经济学开始向两个方向转化。

第一,向形而上学转化:

资本主义向着阴暗面转化,它的学者们,对先人堂皇壮烈的词句,已成为不能兑现的支票;前人所夸耀着的光明面,虽曾表现着,但当前的黑暗面,却也不可否认地存在着。在资本主义面对着光明时,经济学所表现的是优势,是力,是热情,但当黑暗面被暴露无遗时,抑郁与苦闷,只有转化为对现制度掩饰了;不敢再面对现实的问题,只玩弄着观念的“纯理论”。十九世纪以后,特别是古典经济学的集大成者李嘉图以后,一切替资产阶级说话的经济学,都有一个主要的特征,就是把当前特定社会的社会经济现象,定型化为自然现象,为永久不变的现象,这到了以心理、数理、技术等等为研究主题的奥地利学派而集其大成,而形而上化到了顶点了。

第二,由批判的到再批判的理论之展开:

初期的古典经济学者们,以两重使命出现在历史舞台上,批判封建的生产和交换方式的遗物,同时,定立资本主义的一般经济法则;并把后者强调为天经地义的永恒的真理。到了十九世纪初,这两重任务,差不多都告完成了。可是资本主义经济的发展,一面是浩荡的清除了封建生产的残余,一面却带来了“贫穷和罪恶”;现实揭开了“自然法则”的不自然,现实将“理性王国”和“自由契约”撕得粉碎,“自然的顺序”显得支离不堪了。由古典主义者定立起来,而由流俗学者所庸俗化乃至形而上化的经济理论,变成了被批判的对象,批判者再被批判了。“贫穷和罪恶”的逐渐扩大和加深,迫使着人类由“节制生育”,而“捣毁机器”,一步步逼近了“自由王国”的宝座,新的经济问题,重新引起了新的兴趣;科学的哲学和经济学统一的理论,在罪恶的气氛中被迫着对“边沁”和“自然法则”作一次再解剖、再认识、再评价,而建立起来了。

五、经济学在哲学方面的成就

在论到经济学对于哲学的成就以前,先要说明经济学的两个范畴:

经济学研究的顺序,是开始于现代社会经济问题的分析,到现社会发展法则的发现;即由现代经济法则的把握,进而发现前者及后者的社会,也各受其一定发展法则的支配。经济学在这仅以现代经济法则的研究为对象的限内,称为“狭义的经济学”。以整个社会各历史阶级的经济发展法则,全般的作为研究对象的限内,称为“广义的经济学”。

狭义经济学指示我们:资本主义社会的一切经济现象,都有其法则性与因果性;这些法则,根据资本主义的物质基础而发展和运动。其本身虽不明白指示我们利害的途径,我们却能在法则发展的因果关系中,明辨利害的前途。其次,狭义经济学,更指示我们,在今日极端复杂的经济现象中，一个法则的发展，必然连带到其他法则的作用。而且，资本主义社会各种法则相互作用的结果，致使各个社会阶段，具有不同的经济结构，受支配于不同的经济法则。

广义经济学不仅指示我们，各个社会都有其各别的法则；各个社会的转移（消灭与再消灭），也受支配于一定法则，而且更指示出，某一定社会已发现其自身所由支配的法则时，也不能运用法令或政策，使其急燥的突跃过一定的自然发展阶段；至多，只能依照经济学所暗示的可能而有利的途径，以缩短其转移的期间与痛苦。

现在，我们进一步要问：经济学对哲学成就了些什么呢？

现代哲学最大的特征和最大的成就，是建立起一种完整的发展的世界观。尤反形而上（定型化）的倾向，由实践中形成，而又为实践之学的认识的前提。但哲学体系的完成，又须依靠自然科学与社会科学分别完成其历史的发展的研究；这种发展的认识，是由自然科学首先完成的。自然科学自十四—十八世纪，所运用的方法，是搜集的和叙述的，即将自然的现象，当做完成的事物，加以搜集和叙述；十九世纪，则成为整理的科学，由叙述式的，转化为对象形成和发展过程的研究；孔德的“星云说”，达尔文的“进化论”，以及研究动植有机体形成过程的生物学发生学，研究地壳逐渐构成的地质学等等，已将自然界变动和发展的认识，揭开了序幕。

但是人类社会发展演变的事象，比自然界的现象明显而易见，何以社会科学的建立，却落在自然科学之后呢？在研究的程序上讲，自然界诸具体化的事物之发展法则，是比社会现象的抽象化之法则，首先被人注意和发现。同时，在实践的意义上讲，此自然的发展法则，最初是被人当做学术上的成果理解，而被忽视了它的实践性；但社会发展法则之被发现，往往最初是激起强烈的社会实践的要求，而与现实社会的利害相抵触。社会科学就在这样的双重的制约下，后于自然科学而发展形成的。

经济学是社会科学中最基本的科学，它既在上述的这种环境下，发展完成其体系，完整的将现实社会的发展转化的法则性，指示出来，则其他的社会科学，也必然的以经济学的成果，而渐次完成其体系。反过来讲，诸社会科学体系的完成，同时也就完成了统一的完整的科学的哲学世界观。

六、结　论

哲学与经济学不但有逻辑上的联系，它们还具有共同的历史范畴，关于它们的相生相成，可有下列三个结论。

第一，哲学和经济学的完成，一方面是互相排拒，互相制约着的，他方面又互相关联、携手并进的，在认识和方法论上，完成统一的发展的世界观。

第二，两者的完成，同以批判始，也同以批判终；古典哲学和古典经济学，同以批判前者的哲学和经济思想，而尽其历史的使命；二者携手并进，甚至是以哲学者而兼经济思想家，在统一的立场上达其任务。但两者分别达其完成时，却又因更新的社会问题的发生，它们又变成了被批判的对象了，而批判它们的哲学和经济学，也同样是相关相联的，携手并进的。

第三，我们知道两者是实践的学问，同时是历史的学问，所以我们无论是研究哲学也好，研究经济学也好，都不要忘记哲学与经济学在现阶段中国的实践的与历史的任务。

政治经济学及其应用

一、问题的展开——论经济学的应用，寓有测验，批判，选择，和运用一般经济理论的意图

照一般所说，政治经济学，也如其他社会科学乃至自然科学一样，可以用两个不同的目的来研究它。把注意集中在它所由构成一门科学的本质，其规律性，及其一般法则的探究上，那是为了实现“纯理论”的目的；把注意集中在如何使一般经济规律运用到特定社会，以期达成特定社会之现实要求的探究上，那是为了实现应用的目的。但这种说法，即使是为了说明的便利，也须注意其机械割裂所生的危险。在经济学是一种实践科学的限内，离开应用，根本就无从理解。离开现实的“纯理论”研究，那比向着竹子作格物致知工夫，还要渺茫，还要没有结果。

经济学是一种最有现实性的科学，对于它的一般法则和规律性的把握，诚然需要我们运用抽象力，舍弃一切是以妨碍其认识的特定社会现实的要求，有如“物理学必得在自然过程表现得最充实，且最不受他物影响的地方，视察自然过程”一样。但这种研究方法的采取，却显然不是为了把理论与现实隔离，恰好相反，那正是为了撇开乱人视听观感的，由特定社会的种种现象，好把事物还原到他本身来的面目上去讨论。惟有最严密的经济科学，始能显出现实经济的本质，最能体现出现实经济运动的秩序、规律性及其必然归趋的法则。不理解现实，根本无法分辨这些法则的正确性，反过来说，这些法则的正确性，又是要通过现实，运用到现实上，才能得到证验的。

引论到这里，似乎在说明的程序上，会逼着我们达出以次几种认识：

第一，经济学上的法则或规律，如其能适用于特定社会，必然是由于它具有普遍的或一般的妥当性，必然是由于它那些法则所由构成的社会经济形态，与该特定社会的经济事象，有了某种程度的符合。

第二，当作一种社会科学的经济学，其基本法则或原理的建立，必得

遵循以次两个途径之一，才可能具有一般的妥当性，而适用于特定社会；即是说，它那些法则，要就是把诸特定社会经济事象，加以独立化抽象化的结果；否则，就是它那些法则所据以定立的社会经济结构，是一种世界的范畴，是诸特殊社会在某一历史阶段或历史时代共有的范畴。

第三，从经济学本身方面来讲，当它对诸特定社会保持适用的妥当性的限内，虽然是一般的，但当它适用到个别特定社会的限内，却又是特殊的。同时，从经济法则所适用到的社会经济形态来说，当它被序列在人类社会发展的大动境中，显然具有一般的共有的特质，但不同的自然条件与历史条件，却又使它在诸特定社会所显示的经济结构，在其规模上，其纯粹程度上，其支配范围上，乃至其延续期间上，都显得极不一样。

在发展的观点上，经济学诸法则，是一般的同时又是特殊的，这种事实，以后经济学所据以形成的社会经济形态，得因各特定社会之历史条件自然条件不同，而显出种种差别，种种变态的事实，一方面使我们对于经济理论的研究，发生一些难于克服的困难，同时，对于经济理论的正确运用，就更加不易了。

比如，从广义上讲，各历史时代的社会经济，都有其特定的法则，前资本主义社会与资本主义社会，当然是由不同的经济法则所支配；但这里且撇开前资本主义社会的情形不讲，在资本主义体制之下，其经济秩序，其生产力发程度，并非始终一致。哪怕同一经济现象，“也因各种有机体的全部构造不同，因它们的个别器官不同，因这各种器官作用的条件不同等等，而受支配于完全不同的法则”。我们所研究的经济学，无疑是以现代资本主义经济为它研究的对象，现代资本主义在它发生、成长、衰落、崩溃的各阶段，显然具有各别不同的经济结构，从而，表现了各别不同的经济运动法则。我们研究经济理论，首先得把经济理论或经济法则的这种一般的与特殊的妥当限界区别明白；对于这点有了把握，然后始可权衡了某一特定社会的历史的自然的条件，而把它“应用”起来。

因此，我们这里所谓“应用”，比它在字面上所显示的意义，要广泛深远得多。首先，它应该在“应验”或“测验”的意义上予以理解。经济学上的正确的理论法则，在实践，应当具有“以铁的必然性发生澈底作用的趋势”，它说明较不进步的社会或国家，是较为进步的国家的前身；反过来，“产业更发达的国家，不过对产业更不发达的国家，预示了它们将来的形相”。在这种认识下,任何一个社会形态,或者,一个国家,无论它的产业状态,是处在前资本主义时期,抑是在资本主义时期的任一历史发展阶段,皆可从两个方面,进行应用上的证验。那在一方面,可由其产业的趋势,证验我们所研究的经济法则本身,是否真的具有“铁的必然性的澈底作用”,即是否正确,是否如一句古话所说:“推之百世而皆准”。同时也可证验,环绕着我们的社会经济状态,究能在何种范围,何种程度,能适用那种法则。也就是说,看我们所考察的社会经济,究具有何等性质。这两方面的证验或测验,当然是互为作用的。

其次,“应用”云云,应当在批判的意义上予以理解。事实上,前述的证验或测验,就已经是一种批判,一种比较性的批判,至少,是一种初步的批判。因为在那种证验中,我们已知道从“繁然杂出”的诸般理论中,辨认出何者最能说明特定社会经济的变动趋势。可是,再正确的理论,亦不允许我们套现成的公式。任何特定社会经济现象,都不是把他的本质明显的曝露在我们眼前,都不能不因为它特有的自然条件与历史条件的拘束,而难于使它的发展过程,百分之百的去牵就何等划一的标准化的格式或理论。把这种现实对理论的“偏差”指证出来,就特定社会或国家所略有的自然社会条件,加以剖析;并由是推断有同某一社会经济形态的理论,是否有在某种限度加以“补充”之必要,这是我们研究经济学在应用上应当留意的批判工作。

又其次,“应用”应当在选择的意义上予以理解。如其说,一般经济理论,所阐明的是一些“是什么”的问题,是如何始能有效的表现现实经济运动趋势,及其因果关联的问题,那我们现在所讨论到的经济学的应用,就不免要越出“是什么”的限界,而涉及“应怎么”的问题。无疑的,我们的研究,虽不能在这两方面得出何等难越的鸿沟,但愈是在“是什么”上着眼,就愈带有科学性;愈是在“应怎么”上着眼,就愈带有技术性或政策性。某种社会或国家,在保持或巩固它现有经济结构的要求下,当然有理由选择能满足它那种要求的经济理论;另一种社会或国家,在改革或打破它现存社会经济状态的要求下,也应当有理由选择能满足它那种要求的经济理论。我们甚且可以说,我们的选择,不仅应依照有利还是有碍于我们要求的准则;还当依照何者较有利何者最有利于我们要求的准则。这就是说,就一般而论,某种经济理论体系,尽管全有其妥当性,但为了实现特定社会的特定要求，我们仍当在那整个理论体系当中，知所抉择。

最后，“应用”应在运用的意义上加以理解。在我们上述的假定程序上，要到了把经济理论妥为运用的阶段，才算是曲尽了“应用”的能事。经济是一切政治社会现象的基础；相应的，经济理论也成了一切政治的社会意识之基本的认识。“人类适应他们的物质生产样式，而构成社会关系，同时又适应他们的社会关系，而构成原则，观念，范畴。”这种论断，虽还不能为一般人所共认，然而即使是对此论断表示异议的人，也有许多不自觉或半自觉的在实践上来接受这种认识。特定社会经济结构的拥护者，乃至企图打破现状的变革者，都不大自觉的或被动的把经济理论作为防守或进攻的最有力的武器。近代的资产阶级，在资本主义发展的任一阶段，都没有忘记使用这一武器；同时，每一个经济落后的国家，当它奋然走资本主义旅途的时候，也都不曾放下这一武器。那些从进化舞台退消了的国家，那些还蹰踯在落后旅途的民族，他们的失败，当然有许多各别不同的原因，但其中有一个不可忽视的共同的原因，也许就是不善于，不知道，甚至误用了这一经济理论的武器。本来是一个求解放革新的国家，却把要保持现状，要掩饰现实的那一套理论，拿来当作教义宣传，结局，不但先自解除了自己攻略乃至防卫的理论武装，甚至授人以柄，引颈就戮了。不仅此也，即使某种国家已发现了何种经济理论，确实可以作为它满足此经济要求的指导真理，但为其把这真理强调到了妥当的限度以上，把这真理拘执到了需要限度以上，致不能与一般的实践要求相配合，那也同样得不到预期的结果，甚且只有相反的结果。

由上面的说明，可以结论出以次几种认识：

第一，论经济学的应用，论经济学在特定社会或国家的应用，不但不否定一般经济理论，而且是在肯定一般经济理论经济法则的前提下，对它们作更有效的探究。

第二，经济理论及它的应用，虽然在着眼点上，可以勉强来分开，但其实经济理论，是在应用过程上形成和展开的。适应特定社会现实要求而发生的经济理论，同时可以是对于一般理论之内容的充实或补充。而由此过程形成或展开的理论，又反过来成为应用的准则。经济学或经济理论和它的应用，是相互推演相辅而行的。

第三，从应用上讲，从特定实践要求上讲，经济学在它是一种现代科学的限内，在它是从各特定国家的经济体制中，取得其依据的限内，它显然具有异常深厚的国民的或国家的性质，虽然我们同时也确认一切民族或国家，还有一个共同的社会性质，作为一般经济法则所由构成的张本。

在下面，我将由民族或国家的立场，来说明经济学曾是怎样通过一列“应用”的过程，而成功它现在这种完成了的姿态的体系。

二、英国学者把经济政策混同在经济学中研究，德国学者把经济政策当作经济学研究

为了说明经济学完全是一种实践科学，我想就英德两国经济学者研究经济的态度与着眼点，来加以引申的说明。

一般把经济学当作纯粹理论的科学来考察，他们的论据之一，就是说，经济学不是经济政策，经济政策是一定政治组织，为了实现某种经济目的，而采行的经济措施。所以它是一个通过现实政治要求而实现的实践上的范畴。它与经济学的关系，就在它依据经济学研究所指出的现实经济变动趋势，而决定某实施方针。在这种范围内，说经济学是理论的范畴，说经济政策是实践的范畴，常识当然不允许我们发生疑问。但不允许我们发生疑问的，仍只是常识而已。一把政治经济学形成过程加以研究，经济学同经济政策就不会“彼疆此理”的严格分别开。

研究现代经济学体系的学者，有的把经济哲学、经济科学、经济技术学三者，总括在经济综合学(Gesamtlehre von der Wirtschaft)一词中①。就中，经济科学被解释为一般经济学，而经济技术学或经济术学，则主要是指经济政策，这样一种安排和配列，不但没有把经济学与经济政策的密切关系显示出来，却反叫它们各立门户，互相疏隔起来。至少，这于我们这里所要解明的问题，不能有所帮助。

如其仍照常识所说，我们是先有了经济理论，然后再依照理论定下政策。但揆诸实际，许多重要的理论，却反于是在受着政策的引导，或者是政策推行中的产物，是实践的产物，其中的前因后果的关键，最好是用事实来说明。

① 见 Werner Sombart 所著《三种经济学》——参照王毓瑚译《经济学解》。

(一)英国经济学者是怎样形成他们的经济理论呢?

这里所说的英国经济学者,当然是就古典学派诸学者而言。从而,他们的经济理论,就主要是指着自由主义经济思想,以及与那种经济思想相表里的个人主义经济思想。亚当·斯密是他们的先导者,他对于这两种思想,是用这一段话来加以限制确定:"一切特惠的限制的制度,一经完全废除,最明白最单纯的自然的自由制度,将自然而然的,自己树立起来。每一个人,在他不违反正义的法律时,都应听其完全自由在自己的方法下,追求他自己的利益,而以其勤劳及资本,加入对任何其他人或其他阶级的竞争。"①这一段话,他不但是把它当作其全部经济理论的出发点,且还把它当作已经实现的,或定要实现的事实,而展开其经济理论。他的分工论、价值价格论、分配论,都贯澈了自由主义个人主义的要望,同时,又像是把自由主义个人主义经济现实,作为其诸般经济理论的基础。理想与现实,理论与实践,学与术或者政策,都被混同了。他对于重商主义重农主义的批论,亦同样把它看作是学说,同时又看作是政策,克赖士博士(Dr.Keynes)说得好:"……亚当·斯密与其同时代的人,乃至近代的经济学者,对于科学一语的使用,通未关说到科学与上面述及的术的区别。他们意想上的科学,就是知识之系统的集体。那包含有理论的命题,也包含有行为上之实际的法规。"②这所谓"行为上之实际的法规",就不外是政策的变相说法。政策或实践关系,完全混同在理论研究中了。这种表现方式,不是会妨碍理论的展开么?

关于这点,我曾经这样去分释它:"……斯密的议论,当然没有完全脱却术的范围,且带有浓厚的策士的意味。有人还说,他写《国富论》,正是对于政府当局的'献策',可是他的主张,他的时代,把他这种倾向矫正了。……斯密所主张的,是个人主义,是自由放任主义,即是要求个人的经济活动,完全脱去一切政令干涉,因而,他的'献策'的意向,却反而是叫政府当局不要干涉经济活动。不从为政者的统治观点上讨论经济学理,而站在所谓'经济人'(Economic Man)的求利观点上讨论经济学理。所

① 见郭大力、王亚南译《国富论》下卷第九章。

② 见王亚南译《经济学绪论》第二章第一节。

以，他就能基于现存的事实和分析，把经济学当作一种科学来研究，结果，经济学已不是一种统治之术，而是人类社会科学的一部分了。”①

但他的主张，是基于他的时代和社会，所以归根结底，要看他及他的后继者，是怎样把政策包括在理论中研究，不但不妨害其理论的发展，且反而大有造于其理论的发展。据一位德国历史派学者所说："这个学派（指英国古典学派——南）是很有世界性的……因为他们对于最普遍最抽象的理论，主张颇力。但同时，这个学派，亦是很有国民性的。他们那几位（按指上文所说的休谟、亚当·斯密、李嘉图、马尔萨斯——南），都是澈头澈尾的英国人。他们的原理、他们的例证，都是根据自国国民的政策与历史，而其见闻，亦限于这个范围。……”②其根据，其见闻，都限于“自国国民的政策与历史”，何以能“对于最普遍最抽象的理论，主张颇力”呢？对于这个疑问，可用布哈林的一段话来予以释明："英国根据许多理由，已经在世界市场上确立了他的支配权；它不惧怯任何竞争者，也无须要为了确保竞争者的胜利，而采取何等人为的立法的手段。……因之，英国资产阶级的理论家们，就无须为了英国资本主义的特异性，而特别烦心。他们虽然是代表英国资本家阶级的利益，可是，他们却在纵论着经济发展的一切法则。”③

英国既根据许多理由，对内对外都采行自由主义的立场，都要求实施自由主义经济政策，他们的经济学者，就在学理的探究上，得到了很大的便利。愈是要适应实践的要求，愈是主张把国家对于经济的干涉限制权力，缩小到最小的程度，他们的理论，就愈加不致遭受人为的立法的关系的妨阻，而使他们“有力量去追究经济各倾向到底”，在复杂社会现象中，抉发出经济现象之规律与法则了。这是他们受到社会的与时代的“惠泽”使然；所以，差不多是英国诸大经济学者之“专利品”的自由主义，可以从理论上去理解，亦当从实践上去理解，是理论，是科学，同时又是政策，他们把经济政策统合在经济学中去研究了。

---

① 见拙著《经济学史》上卷。

② 见 Roscher 著《英国经济史论》绪论。

③ 布哈林《有闲阶级经济学》序论。

(二)德国经济学者是怎样形成他们的经济理论呢?

德国的国情,与英国两样:德国资本主义经济的发展,将近要迟一个世纪。这一件事实,就不但决定了德国学者对于经济理论研究的出发点,且也决定了他们经济理论展开的历程。但在我们所要阐明的论点——经济学是通过应用的实践要求于形成的论点上,这事实,却就更加便利我们的说明了。英国经济学者把经济的实践或政策,混同在经济学中,德国经济学者更进一步,简直就把经济政策当作经济学来研究了。

这原因,一方面是由于"德意志社会的特殊历史发展,使德意志在资产阶级经济学上,不能有独创的造就",于是,当作完成品,由其先进的英法二国输入的经济学,即英法二国"现实之理论的表现,在他们手上,成了教义的集成"①。从十八世纪末到十九世纪中叶,是英法两国经济理论在德国最风行的时期,亚当·斯密的《国富论》,萨伊(Say)的《经济学》,在德国的宣扬传播,甚至比在他们的"出产国"还要热闹。如其我们肯相信英法两国经济理论在德国的风行,是以这两国的工业制品在德国市场上格外泛滥,作为其存在的依据,那我们同时也得相信:就在外国经济思想最称时髦的当时,德国在它落后的经济状况下,一定要出现其相适应的,同时是对抗外来思想的经济理论。就出发点上讲,英国对内拒绝立法干涉,对外无需国家保护的经济场面之自然是自由主义思想孕育的温床。个人主义与世界主义,则在这里分别作为其原动力和展望而表现出来,但在各邦分立,正苦于外国政治的经济的优势压迫的德国,它的实践上的要求,必然促使它的经济学者,在个人与世界之间,去发现国家,强调国家。所以,国家在德国人,是一个含有莫大诱惑性与绝对性的名辞。德国的政治家不必说,就是哲学者、教育学者,乃至文学者,都喜欢把"国家"作为论题。在经济学的理解上,他们是把经济学作为"国家科学"(Stoatwissenschaft)的一个重要部门。德国的官房学(Kameralwissenschaft)原是当作德国重商主义而出现的。这个学派简直把经济学与行政学,甚至把经济学与警察学混在一起,他们认为国家经济政策的至上原理,便是国家政治警察的权力利害关系,便是由上而下的经济生活之严密的统制。这种

① 见郭王合译《资本论》第一卷。

思想，在英法两国早随其经济的发展，市民阶级对政策权力的伸张，而化为思想史上的陈迹，但在德国，却因适应其落后经济状况，而成为其此后经济理论之有力的传统，费希特(J. G. Fichte)在一八〇〇年出版他的《封锁的商业国家》(Der Geschlossene Handelsstaat)，以他哲学的便于构思的理想力，主张国家是一切经济设施的与经济活动决定者。"国家不仅规定一般工业阶级之数，尤必须规定任一特定部门之人数，而使其从事于最紧急的东西之生产。"国家为了确保国内人民经济生活的安定，"应禁止国民和诸外国交通"。但这里有一个前提，就是"国家必须具有生产上消费上的独立性"，有了这种独立性的国家，才够得上说是一个国家。到了亚丹·缪勒(Adam Müller)，更在他一八〇九年出版的《国家要义》(Elemente der Staatskunst)中，尽量发挥其浪漫性的构思，认为国民"各个的生产力，只在国家依着高度的生产力而生产的时候，才能够生产"，如其国家停止其自身的生产，一切小生产也自行停止其生产。

哲学者、浪漫主义经济学者的经济理论，当然不免包含一些与现实脱节的观念，但他们却一致的传述着德国传统的国家经济学理。到了历史学派的前导者李士特(F. List)，他更把过去渐要沉淀下去的"国家至上论"，很具体很实际的应用到经济学方面，虽然他那过去于着重经验的实践力法，破坏了他所强调的自然经济发展阶段法则，使他这样的被品衡着："与其说他是理论经济学者，不如说他是政策家"。但他由历史方法反对英国经济学者之普遍主义演绎主义，所达出的结论——即德国经济未发展到足与英国抗衡的程度，不能采取自由贸易政策，而必须采行保护政策的结论，都为其后继者装饰在经济史料和学说史之"博学的美装"里面，以一个经济学派的姿态呈现出来。罗雪尔(Roscher)的《历史方法观的国家经济学》(Grundriss Zu Vorlesungen über Staatswissenschaft Nach Geschichtliche Methode，1813)被称为这派之最初的科学叙述，他把经济学描摹成这样一副姿容："国家经济学，不仅是一个致富术，还是一个政治科学，其重要的问题，是判断和支配国民。我们的目的，在记述诸国民经济上思考些什么，意欲些什么；为何努力，努力成果如何等问题。这种记述，只有同国民生活其他诸科学，尤其是法制史政治史及文化史极密切结合着，才有可能。"他照着这种认识去从事搜集史料的工夫，虽然愈来愈同他所要接近的目标——证示落后国家不能效颦先进国家采行自由贸易政策的目标——隔远了，反而给予他的研究，以“学”的外观，但国家经济学，毕竟被他加了“致富术”和“政治科学”的头衔，使尚论者总不会忘记他是在研究经济政治学或政策学史。罗雪尔以后，所谓旧历史学派中人物，还有喜尔德布兰德(Hildebrand)及克尼士(Knies)两位，前者特别强调经济阶段论，后者却更重视经济学之政治的伦理的性质，以为“站在历史立的视察经济学，经济学便要成功为伦理的经济学及政治的科学”。

就在旧历史派经济理论向前演变的过程中，德国的经济，已渐由对内关税同盟的采行，和对外保护贸易政策之实现，而踏上了资本主义的旅程，至普法战争结束，统一国家出现了，李士特辈所梦想的英国优势经济，已在德国逐渐展开。就照这派经济学者的理论，国家对于经济的干涉，应该大可收敛起来，经济学的研究，也应该少受经济实践的拘束。然而，德国经济学者，这时又被负担了一个新的使命。在德国资本主义迅速发展过程中，迅速增大起来的无产者阶级，甫一抬起头来，就获有英法诸国无产者阶级很长的斗争的经验。同时，以英国乃至法国资本主义发展倾向为对象而展开的批判的社会主义学说，又从英法方面传播过来，和德国境内已经滋长起来的反资本主义的理论交织着，给无产者大众以意识的武装，造成德国资产阶级莫大的威胁。这一来，德国卫道的经济学者，又不能安心于“纯理”的究研了。加之，随德国资本主义经济发展，而从另一方面抬起头来的自由主义思想，又由所谓孟撤斯特学派(Manchester—schule)的形成，“德国经济学者会议”(Kongressdeutscher Volkswirte)的组织，渐使历史学派感到有些难耐了，于是，他们汇合一班有德国经济思想传统的学者，把渐要失去实践意义，且无法对抗社会主义和自由主义思想的旧理论，加以新的“装璜”，在提倡“新经济学”的号召下，“合组”了一个“社会政策协会”(Verein für Socialpolitik)，其领导人物为希莫娄(Schmoller)，希莫娄在一八七三年第一次会议中的开会讲辞，被视为他们这一伙“讲坛社会主义”(Der kathedersozialismus)派人物的共同宣言，同时也是他们的“新经济学”的积极内容。那是说：“我们不但否定财产和所谓分配的极端不平等，否定深刻的激烈的阶级斗争，还否定自由政治制度”；“我们虽然不满意现社会的诸关系，痛感着有改良的必要，但我们不能说变革一切科学，打破一切现存的关系，我们反对一切社会主义的实验”。然则怎么办呢？他们“一致信奉一个国家观”，认为国家的使命，国家的权力，应随文化状态而变化，在德国现状下，他们愿意那种“行公正的法律和行政，保护弱者，使下层阶级向上起来的国家权力”。为要证明他们这种主张的正确，他们分途向浩瀚的经济史料的“宝库”出发了，结局当然是“满载而归”，并且也构成了他们的“新经济理论体系”。他们（特别是希莫娄）极力强调经济学是一种伦理的科学。但归根结底，顶多不过是一种社会政策学的说教而已。

在所论为资产阶级经济的限内，德国经济在未发展时期，不能有科学的研究；在它既发展的时期，又不许公平的科学的研究，于是他们的理论，只好更素朴，更具体的反映实践要求，把经济学看成经济警察学，政治科学，伦理科学，他们无非是把一般经济政策，作为经济学来研究了吧。

三、当作民族生存斗争武器的经济学与当作社会之生存斗争武器的经济学

由上面英德两国关于经济学研究的实况，我们已可大体明了，任何经济理论的形成，都是形成于应用的实践的过程，而非由于任何特殊经济理论家之乱逞思辨。然而这还只是说明了经济学实践性的一个侧面。我们还可从其他方面或其他视野，来加以补充的考察。

在实践的应用的观点上来考察经济学，经济学大体是带着两重或两个历史使命而显现出来，那两个使命，就是作为民族生存斗争之理论的武器，和作为社会生存斗争之理论的武器。由于这两种生存斗争方式，愈到现代，或者说，愈到晚近，愈形剧烈，愈把经济实践要求，作为其原动力而展开，经济学的研究和有意识的加以利用，就更加成为必要了。在近代“斗争不限于个别的地方生产者之间。地方的斗争，发展为民族间的斗争，为十七世纪及十八世纪的商业战争。最后，大工业及世界市场的产生，使斗争成为普遍化的斗争，同时采取了空前未有的剧烈性。不仅各个资本家的，而且整个生产部门的，甚至整个国家的生存问题，都由是否怀有自然的或人工造成的生产有利条件来决定。败者无情的被人排除，这正是达尔文的争取自身生存的斗争。这一斗争，由自然界移于社会，而且更为剧烈了。在我们目前，动物的自然状态，变为人类发展的焦点。社会化与资本家占有二者之间的矛盾，表现为个别工厂中生产组织化与全社

会中生产无政府状态中间的对立”[①]这是半世纪前，表现民族的社会的生存斗争的经济实话。到了我们今日，情形当然更加凄惨和复杂了。社会的生存斗争，有时必须转化为所谓民族的生存斗争，如当前各法西主义国家，为了解决国内的社会矛盾，而向外发动战争是；同样的，民族的生存斗争，也可能或必然转化为社会的生存斗争，如上次世界大战中的要角俄国，竟在战争过程中，把整个社会变质了，这种眩惑人的变化，在其演化重心在经济领域的限内，经济学理的研究和应用，就更加大意不得，而成为民族或社会生存攸关的问题了。兹且分别说明经济学在这两方面的应用上，究竟表现了那些值得注意的征候。

（一）表现为民族生存斗争武器的经济理论

这里所谓民族，差不多具有国家同一涵义。我们已经把经济学限定为以现代经济为研究对象的经济学。现代经济虽然以个人利己观出发，而演成世界的规模，但却始终在把国家作为其活动的政治的界限。而这“国家”，为要团结内部，加强对外斗争力量的场合，又被混同的代以“民族”这个名称。

经济理论在民族生存斗争上的应用，是采取两个形态，其一是侵略的意识形态，其一是求解放的意识形态。大体上，当一个国家或一个民族，对外处于劣势的时候，求解放的经济理论便被强调着。反之，当它处于优势的时候，又必然要采用另一套理论。还是把英国德国作为例证来说罢。

在英国的自由主义经济思想，配合其各种制造品，向德国“大量”注入的十九世纪初期，德国经济学者李士特，就大声急呼的叫德国注意英国的文化侵略——经济理论侵略的阴谋。他说：“政治经济学之著作或教授，无不醉心于世界主义学派，而视一切保护税为“学理上之疵”(Theoretical Abomination)。彼辈有英国之利益以助之，有德国各埠及各城市之英货贩卖者之利益以助之，故无往而不胜利。尤可痛者，英国内阁善利用‘金钱势力’，钳制海外舆论。苟于其商业有济，则挥金如土，从未有所吝惜。大队通讯员，领袖著作家……漫游各地，专从事于攻击德国工业家要求实施保护税之“无理的愿望”……时流学说与德国学者之意见，既皆倾向于

① 参照吴理屏译恩格斯《由空想的到科学的社会主义》。

彼辈，以故为英国利益辩护者之工作，尤易易也”[1]这段话深刻的表明，英德两国学者及政府，在怎样把经济理论作为其经济利益保护的武器。李士特及其后继者的保护主义学说，在科学的评价上，尽管远不如自由主义经济思想之系统而深入，但在作为战斗武器的实践意义上，却显然是自由主义思想之致命的死对头。

自然，英国自由思想在形成过程上，作为对内争取生存与利益的作用，或比较作为对外争取生存的利益的作用为大，这是英国经济较先发展的情势使然。但德国经济发展的不利条件，却使它的经济理论，一方面表现出求解放的自卫的意识，另一方面却又配合其后进资本主义的打破现状的冒险急进要求，而表露出极其浓厚的侵略意识。前述那位哲学的经济思想家费希特，曾在其《封锁的商业国家》中表示：凡是一个国家，自必有其出产的“自然境界”，没有依赖外国供给国民生活上所必需的一切生产品之必要。国家必须具有生产上并消费上的独立性。此种境界，可以依着和平的战斗的手段而获得之。政府在夺取自然的国境后，必须从快发出宣言，声明此种战斗的目的，并非是什么合并。这一段出自爱国主义的哲学家之口，对于此后德国乃至其他帝国主义国家之侵略理论，提供了一个非常有力的泉源。为德国学者“专利发明”的“生存空间”(Lebensraum)的理论，不外是费希特扩大“自然境界”的再版。而在帝国主义侵略斗争过程中被宣扬着的“世界再分割论”、布洛克经济论，把资本社会特有的相对人口过剩解释为绝对人口过剩的人口论，以及作为其副产而出现的种族优劣论，世界工业农业分工论，乃至敌国特制的东亚共存共荣论，中国社会循环演变论等等，都是作为侵略的经济理论，而产生出来。拆穿西洋镜，许多新奇好听的新学说，均会显出其狰狞的原形。然而，这些看是完全为了对外推行经济侵略政策的理论，事实上，用到国境以内，又很可作为维护特定社会集团之权益的法宝。

(二)表现为社会生存斗争武器的经济理论

这里所说的社会，是指着现代社会中相互对立的各种利害相关休戚相关的社会集团。一国经济发展，在特定的社会关系之下，当然会促使各

---

① 参照王用化译李士特著《国家经济学》。

社会阶层间的利害,互不相同,于是从各别社会阶层利害关系所反映出的经济思想,不能不相应的表现出不同的分野。在近代初期,各国的重商主义理论,从社会的立场去看,都是所谓第二阶级(君主)对第一阶级(封建贵族僧侣)行使经济斗争的思想表现。国王或者君主联合第三阶级(商工市民)在财富上及其他有关经济方面的措施,均在限制或剥夺僧侣贵族的特权。德国官房学者有的直截了当的把其经济论著题名为《德意志王侯国》(Der deutsche Fürstenstaat—Von Seckendorff),或君主义务论(Abhandlung von den Pflichten der Regenten—J. D. Asmuth)这些论著,当然以包括在罗雪尔所讽刺的"腓力·威廉的经济学"的意识形态中,昂肯(Oncken)把重商主义称呼为"王侯致富政策体系",斯班(Spann)则称之为"有利于资产阶级及活动资本,但不利于贵族领主政治专制主义体系",姑无论其妥当性如何,但却无疑显示了当时经济理论之社会阶级利害关系的"内情"。

当亚当·斯密用他的理论,道出英国资产阶级的要求,而得到满意的成果以后,英国经济就"一帆风顺"的成就了极大的发展。产业革命成功了,与产业革命相配合的农业革命(即是使农业生产者由其生产手段分离,而造出产业预备军的"圈地运动")也成功了,僧侣、贵族乃至王侯的权益,都相继遭受剥夺与限制,第三社会阶级或资产阶级变成了天之骄子。经济学不是"到此止步"了么?但就在这当中,经济学者要为他们的新的实践要求烦心了。随着资本主义的发展,以前原不足为资本阶级利益发展阻害的劳动阶级,地主阶级,现在都抬起头来。特别是新兴的地主阶级,它凭借政治势力,凭借谷物保护条例,作了商工资产阶级的死对头。它们以谷物保护条例为中心而展开的白热论争,倒使劳动阶级从意识上从实利上得到了小小的便益。"在一方面,论证谷物条例对现实生产者没有何等保护效用,那是资产阶级煽动者的利益;在另一方面,土地贵族对工厂状态所加的非难……以及他们对于工厂立法所表示的'外交的热忱',都为工业方面的资产阶级所深恶痛嫉。英谚有云:两贼相争,善良者从中获利。在实际,支配阶层的这两派都在极无耻的榨取劳动者,他们彼此由于榨取问题的喧哗论争,双方都成为真理的产婆"①。当时论争两方

① 见郭王合译《资本论》第一卷第571页。

的主帅，是马尔萨斯和李嘉图，代表地主利益的马尔萨斯，虽然用激越的辞句，说明地租的增涨，显示为国富增进的表征。以为“没有地租，就不仅没有都市，没有海陆军，即艺术，学问，制造工业品，舶来便利品或奢侈品，所有一切，都不会存在”[①]。但李嘉图却很心平气和的证明“除了地主，一切阶段都不利于谷物腾贵……地主与社会各阶级的关系，是一方面全然损失，一方面全然得利”[②]。他用种种精神的研究，达出地租是“掠自消费者而给予地主的东西”。马尔萨斯被驳倒了，贵族地主阶级的利益，到了一八四六年的谷物条例的撤废，就失却保障了。但李嘉图的学说，虽被人批难为“只见货币资产阶级憎恶地主阶级的简单的记忆”，可见马尔萨斯在拥护地主利益的场合，尽管和李嘉图相对立，当他拥护资产阶级的场合，即在反对劳动阶级的场合，却又是李嘉图一伙的战友，他的大著《人口论》，不是当作反对劳动阶级拥护者高德文（Godwin）和康多塞（Condocert）而发表出来的么？

但在李嘉图和马尔萨斯的当时，劳动阶级的力量，还不够威胁资产阶级的生存，故这些问题的理论，还能保持科学的冷静。李嘉图还“素朴的认定阶级利害的对立关系，是社会的自然法则，并还意识的以这种对立为研究的出发点”。但资产阶级经济学者至此已达到了难于再向前进的限界。“从此以往，无论从实际方面说，抑从理论方面说，阶级斗争都要采取公开的威胁的形态。……从此以往，成为问题的，不是真理与非真理的问题，只是从资本有益抑有害，便利抑不便利，违背警章抑不违背警章的问题。超利害的研究没有了……真正的科学考察没有了……”[③]

在以资本主义经济为研究对象的限内，从相反的立场，来继续英国古典学派经济学，或说明的经济学体系的，是所谓批判的经济学体系，或马克思主义经济学体系。这个体系的研究，是从古典学派终止了的地方开始的。但他们的研究，他们的各种经济理论，同样的或更显然的是当作特定社会阶级的生存斗争武器而表现出来。他们毫不讳饰的表示“这种批判如果可以代表一个阶级，那么，它只能代表无产者阶级”[④]。

---

① 参照王亚南译《地租思想史》第 56 页。

② 见郭王合译《经济学及赋税之原理》第二章。

③ 见郭王合译《资本论》第一卷原著者第二版跋。

④ 见郭王合译《资本论》第一卷原著者第二版跋。

总之，经济学由它产生以至发展，不是表现为特定社会集团争取利益，维护生存的斗争武器，就是表现为特定民族国家从事侵略或力图解放的斗争武器，在这种限度内，经济学是实践的科学，由不绝应用而形成的科学，就更加显得分明了。

四、几个显明的提示

由上面的说明，似乎可以综括的给予我们这几种提示：

第一，无论从哪个角度或哪个视野来看，经济学的形成，都是由实践要求和应用的结果。

第二，说经济学的应用，似乎应当理解为：有了一种完成了的或定型化了的经济学，摆在那里，让我们来对它加以研究、证论、批判和运用。但尽管我们为了解说的便利，不妨如此想法，可是经济学在其形成与演变的过程上，并不能机械的把它当作一个固定的形态来把握，而应当把它当作一个发展的形态来把握。经济理论是在不断的应用，不断的发展。它的发展的限界，就是产生它应用它的社会存在的限界。

第三，到今日为止，因为资本主义经济已临近了“花开蒂落”的阶段，经济学不妨相应的理解为已经成熟了的或不能更有何等发展的科学。但我们在实践的应用的意义上的研究，却由此得到了不少的便利。我们可以把握资本主义全历史时期的经济运动法则，以究明其社会经济发展的一般倾向，可是“一个社会就会已经把自动的运动法则发现，也不能跳过，或以法令废止自然的发展阶段，它只能把生育时的痛苦减短或缓和”。由是。

第四，一个国家或民族，如其它的经济是落后的，如果它需要把它通过自然发展阶段所遭遇的痛苦时期减短或缓和，它就得照应自己所处的经济发展阶段，证验、批判、选择、运用一切有利于其经济发展的经济理论，作为其争取生存，求得解放的思想斗争武器。反之，如其它不辨黑白利害的把妨碍其经济发展的诸般经济理论，当作教义来宣传，无批判无选择的一律予以被动的接受，它通过自然发展阶段的痛苦时期，就不可避免的要延长起来。

如其我们不否认经济理论之正确的把握与运用，大有助于一国经济改造与发展的前途，则中国经济现代化历程之艰困与延缓，就至少要使中国经济学界的昏迷状态和中国经济学研究者之缺乏内省的批判的实践的精神，来负一个相当大的责任——然而这是我在后要具体说明的问题。

民国三十一年一月十日

政治经济学之历史发展的迹象

一、从现代经济思想本身说起

一般所谓政治经济学是指着狭义的现代的经济学。所以，这里所要讨论的，差不多是在说明现代经济思想演变的迹象。

把“现代经济思想演变之迹象”当作一个问题来研究，那显然是要说明：现代经济思想，是怎样演变过来；在其演变过程中，留下了哪些可以让我们去探索追寻的痕迹，有哪些是可以供我们穷源竟委的标记。所以，在这个问题上要讨论的，不是什么现代经济思想演变的法则，虽然我们有时也不免涉及法则，不免要把历史的法则，拿来范围演变的过程；同时也不是要来叙述一部现代经济思想简史，虽然其间也不能不在某种限度利用经济思想史料，来作为说明的素材。

讲现代经济思想的演变，首先当然要对现代经济思想本身，作一个本质的考察，然后始能把握其演变的究竟。

一提到现代经济思想，我们很容易联想到以次几个问题，那就是第一，现代经济思想，究与过去的经济思想，表现了怎样的分野；第二，经济思想，究与其他社会意识或社会法律政治宗教哲学思想，有怎样的不同；第三，经济思想与经济现实，究有怎样密切的关系，这三个问题，很可以把现代经济思想的本质、特征及其形成的基础显示出来，所以这里且就这三点分别予以解释。

（一）现代经济思想对过去经济思想显示的分野

在经济思想上冠以“现代”二字，那就立即，使它同过去的经济思想，在质上在量上，都显出了极大的区别。在现代社会以前，一切有关经济的观念，都是出于直感或肤浅的观察；各部族间，或者一国各领邑间的相互隔离的孤立状态，自然无法把当时各地分别表现的单纯而支离的经济观念，有效的交流汇合乃至累积起来，而宗教规律的权威，更加妨碍了经济思想的展拓。但一到现代，一切孤立的状态，逐渐解消了。日益复杂的经济事象，不但提供了科学研究的充分资料，且还提起了科学研究的实际要求，于是，现代经济思想，就包含有系统的经济学说的意义，或者，应理解为现代的经济学或经济科学。惟其如此，这所谓现代经济思想的演变，和以前不相交流汇合，且不易累积的零碎支离的经济思想的演变，就具有完全不同的实质了。

(二)经济思想对其他社会意识显示的特征

在一般社会意识中，包含有政治、经济、法律、宗教、艺术、哲学等等方面的思想。设把这种种思想，对它们所反映的现实社会的物质关系的接近程度，加以比较的考察，立即会使我们达出这样的结论：宗教哲学思想为最高级的意识形态，法律政治思想次之，经济思想则最为具体直接。如其允许我们使用不十分贴切的成语，那经济思想与其他的社会意识比较起来，实带有最明显的“形而下学”的特征。如其把哲学上的思维与存在问题，社会学上的斗争与互助问题，和经济学上的生产与分配问题，拿来作一较量，我们也不难发现经济思想的那种较为具体的性质。我们知道：过去的经济问题，多半没有成为研究对象的必要；未来的经济问题，也多半没有成为研究对象的可能。一般所讨论的经济问题，大体是它的解决条件业已形成，且还继续存在着的那些问题。这原因，就是由于经济思想的性质，比较更不容易离开它的现实基础，从这里，我们也能得到一些有关现代经济思想演变的认识了。

(三)经济思想对现实经济保持的关联

关于这个问题，需要我们把论点扩展一点来考察。

首先，我们要问：经济是否决定一切？

提论到这里，我们很容记起一段古典：“人们适应他们的生产方式，而构成社会关系，又适应他们的社会关系，而构成原则，观念，范畴。”这段话，曾被人误解为经济关系决定一切思维，决定一切社会意识的依据，最有具体性的经济思想，自然是受决定于其所直接反映的经济现实。但我们如其过细体察这段话的意旨，却并不曾硬化到没有伸缩的余地。即使是“社会存在决定社会意识”的命题，也应在作者立论的用意和其整段文字的联系上去理解；断章取义，乃至超过妥当性以上的强调，都不免失之歪曲，因此，对于“经济决定论”的妥当性，我想就它对于经济思想的关系，曲加以次的限界：

1.对于一切社会思想或社会意识，经济并没有完全的绝对的决定作用，对于经济思想，亦是如此。

2.每种经济思想，都不免蒙受当时经济以外的其他一切社会事象及其思想的影响。

3.经济利害关系，确为左右我们一般社会意识，特别是经济意识的有力因素和重心，此在现代社会尤属如此。

把经济是否决定一切的问题解答了，接着，我们就可很便利的很不费力的解答下面这个问题了，那就是：经济思想的演变，是否完全与现实经济演变相平行。

对于这个问题，我们在下面机会还多，这里暂且作这样的说明：经济既不能决定一切，经济思想既不完全是当前经济事象的机械反映，那就说明了，经济思想的发展，可能对经济的发展，表示或大或小的偏差。我们在承认一部经济思想史和一部经济史大体保持着平行关系的前提下，应当不要忘记：对经济思想演变发生相当影响的，除了各种社会制度社会意识外，还有它自身的渊源，还有同时代相并存在的各种经济思想的相互联系。引论到这里，似乎就要逼着我们来答复下面这问题了。

二、经济思想有没有它自己发展的规律？

关于这个问题，我的解答是肯定的，但须附加两点限制性的说明：

第一，承认经济思想有它自己发展的规律，就不能不注意到它那种规律发生作用的前提条件。即思想本身的内容，要相当复杂；其散播范围，要相当广阔；其相互交流关系，要相当密切。过于简单，过于窄狭，过于隔绝，根本就只是各别时代各别地域的经济事象的观念反映，而谈不到甚么发展的规律。这就是说，经济思想是愈到现代。才愈能表现它发展的规律性的。

第二，承认经济思想有它自己发展的规律，并不是说，它可以完全脱离经济发展的轨道，而自由自在的发展；事实上，现实的经济，随时随地都在把经济思想拉向它的轨道，叫它不要远离了它所提示的路标。而且，照我们前面说明了的经济思想的特征来说，其他社会意识发展和社会存在发展，尽管有较大较多偏差的可能，但在经济思想的发展上，那种可能性，是更受限制的。

为了说明的便利起见，我们且指出经济思想形成过程上表现的几种倾向，借以窥知经济思想自己发展规律的一般轮廓。

(一)适应的倾向

以现代经济思想而论，它的适应的倾向，由它所表现的社会性与民族性两方面看得非常清楚。现实经济的变动或发展，对于社会各集团各阶层间的利害关系，是颇不一致的。对于同一经济问题，以各别利害关系出发的人们的看法说法，自有不同；凡属有利于自己立场的意见，不管是过去的，或者是同时代的，他尽可利用或据以构成自己的思想系统，但他由此构成的经济思想，却显然表现了适应现实经济的倾向。不过，这还是就社会的观点来说，而经济思想的民族性或国民性，亦可说明此点：各国间的经济发展，因自然条件与历史条件不同，在时间上互有先后，在程度上互有参差，由是各国的经济思想，就比照着各国相互间的利害关系，分别构成其不同经济思想体系，英国有便利自国经济利益的自由主义思想体系，德国亦有便利自国经济利益的保护主义思想体系。然而，从世界的观点来看，这两个不同的经济思想体系，无非是从不同的立场，来说明整个现实经济的不同方面。也可以说，是以不同的理解，对现实经济作分途的适应。

(二)保守的倾向

人们尽管是以现实社会的或民族的经济利害为重心，而构成其经济思想，但某种经济思想一经取得了社会的确认，一经成为社会的经济思想，它很快就会硬化或定型化起来。特别是某种应时产生的有力的经济主张或经济思想，由普遍化乃至主立法制度化，它在人们心目中，便愈加执拗化，视为神圣不可侵犯的典则。甚至，那种思想所由取得合理存在的经济环境改变了，它原来对于某种经济制度有利的，已经变为不利了，在客观事实上，对于拥护保守者的经济利益，亦成为不利了，依旧可能被人们视为不可逾越的教义或圭臬。自然哪，这被执拗保守的经济思想，与特定社会集团或某些的人的现实利益，至少主观上是相调和的。大约一种经济思想在现实经济制度上，作用的范围愈广，持续的时间愈长，它的这种硬化的定型化的倾向，也就愈为显著，单就这一点来说，经济思想的发展，有时就不免要落在现实经济发展的后面。

（三）反拨的倾向

当某种经济思想由合理化、定型化以至顽执化的过程中，往往会引起与它正相反对的另一种经济思想。在每个时代，我们总不难发现两个正相对立的或互相排斥的两个经济思想潮流的存在。在这里，似乎经济思想自己发展的规律，有了更大的作用。但一考察实际，就知道当这两种经济思想，以保守的和进步的对象姿态表现着的时候，这所谓进步的经济思想，已早在现实经济发展中，取得了存在的依据，这时在经济思想对经济思想批判的里面，早有经济现实在实行着批判的任务。因此，反对的经济思想的发生，在某种限度内，我们虽然无法否认思想本身的反拨作用，但我们同时也不能否认反拨的经济思想，正是把逐渐转化和发展的经济现实，作为它立论的张本。不过，在它对传统思想争取领导的场合，它可能而且必要把现实经济发展上还不曾显露或实现的某种经济理想，作为其宣传的目标。单就这一点说，经济思想的发展，又往往不免要走在现实经济发展的前面。

（四）综合的倾向

经济思想既然有时不免落在现实经济发展的后面，有时又不免走在现实经济发展的前面，同时，在两种对立思想争取倾导上，又总不免各别过分强调，各走极端，以致加大其离开现实的偏差程度，于是，在此种场合，往往发现一种带有综合性的第三经济思想体系出现。但这第三者的综合，并不是对于其先行的“过犹不及”的两种思想的调合，而是对照现实，批判前两者，舍去其不合实际部分，抽出其合理部分，而达出的更高级性的，更有包容性，或现实性的思想体系。举一个非常显明的例吧，在现代初期，由重商主义思想体系，重农主义思想体系的对立，终至引出了亚当·斯密一派的经济思想体系，这个体系，当然不单是把重商重农两理论，加以调合就完事的。虽然我们不否认斯密学说中的重商主义重农主义因素，但他都曾依据当时现实经济要求，分别予以批判，予以选择，然后再综合己见，构成一个更高级的思想系统。

总之，经济思想的发展，在它对现实经济的发展，表示或前或后，或大或小的偏差的场合，在它不完全是与现实经济的变动，采取同一步调的场合，我们无疑可以看出它自己发展的规律；但在这规律作用着的过程中，我们却又发现现实的经济的演变，随时都在把经济思想拉着一同前进。所以，在归根结底上，经济思想的发展，大体仍能与现实经济的发展，保持平行的关系。

三、现代经济思想的演变，在其一般程序上，似由具体的实践的知识，转化为抽象的一般的理论体系，但这种认识的妥当性，有一个限界

关于经济思想的一般演变程序，我们很可以把一位德国经济学者的话，拿来作一个导引。那位学者就是亚孟（Aefred Amon），他在其所著《理论经济学之对象及基本概念》中说："任何科学，皆开始于有关特殊的具体的和有实际意义的知识之研讨。及至此知识获得，吾人乃进一步将其一般化。而使其由具体以进至抽象。最后，吾人更将以此获得的抽象知识总体，使组成为一个在理论上彼此关联的全体，而使其形成一个体系。任何科学，在最初都是一种应用的或实践的科学，到以后才渐渐变成一个纯粹的或理论的科学。"[①]这段话，是关于一般科学思想的，著者以经济学者的资格来说明经济学的对象与基本概念，当然是认定那在经济思想的演变上，有同一的或更大的妥当性。

任何一个有相当科学修养的人，都不能不承认这种说法，不但合乎理论的逻辑，且还合乎事实的逻辑。

试把现代初期的经济思想，拿来同晚近的经济思想一加比照，就显然有得出初期经济思想，该是如何素朴的表现着实践的要求。早期重商主义者干脆的把货币，把金银当作财富，就依据他们这种观点，作出一个铿铿有声，和光彩夺目的黄金白银思想体系，到了反重商主义者和重农主义者的学说出现，重商主义的"金银说教"，便当作没有成熟的理论，当作发财致富的肤浅经济知识，被抛出现代系统的经济学说范畴以外了。亚

① 参见刘絜敖著《经济方法论》。

当·斯密的国富论大著，还满含着“发财致富”的重商主义的气味；他讨论经济问题，大抵是为了政治上的目的，是研究为政者要怎样安排生产、交易，才算便当，才有利益。他的全部理论，实带有浓厚的“策士”意味。然而，和重商主义乃至和重农学说比较，有的地方，确实前进得太多了。现代经济思想之科学的基础，是经过了他才奠定下来的。到了他的继起者马尔萨斯，特别是李嘉图，经济思想就真像是“变成了一个纯粹的或理论的科学。”李嘉图的经济思想，“被称为经济学上运用演绎法之典型的代表的实例”（Keynes 语）；被称为“资产阶级经济学，至是已达到了难于超越的限界”（K.Marx 语）；被称为“第一次立在永恒法则上真正的科学”（De Quincey 语）。但亚孟所说的：“最初都是一个应用的或实践的科学，到以后才渐渐变成一个纯粹的理论的科学”；这句话的真理，把它应用到经济思想的演变上，似乎也达到了“至此止步”的限界。为甚么？因为在李嘉图以后，经济思想是不是一直在一步一步向着“更纯粹更理论的”前程迈进呢？是不是一达到了“纯粹的理论的”阶段，就再不要管“应用”，再不要管“实践”呢？对于后一问题，英国西尼尔（Senior）教授曾发挥过一些伟论，表示一切主义式的说教，一切社会改良的提案，一切受支配于道德的或政治的关系，都当排除净尽，使经济学成为一个“抽象的演绎的科学”。但他这种“好意”，遭到了此后历史学派澈底的攻击。他们硬要把英国经济学者“惨淡经营”的被人看为“纯粹的理论的”经济学，拉回到“实践的应用的”领域。在结局，经济学这个“绣球”，甫经新旧历史派学者从纯粹理论境界投出来，又被奥地利派诸学者再由实践领域抛过去了。他们的说教，是要把经济学说，变成不论时间不论地域的超绝真理，变成“依据人身组织及外部世界法则所构成”的普遍真理（Jevons 语）。若照前述亚孟所说，我们实在不知道经济思想变成“纯粹的理论的科学”，是到李嘉图才完成，抑是到奥地利学派才完成；如其说，那是到奥地利学派始完成这种演变，与奥地利学派同时或先后参杂出现的历史学派的经济理论，将如何说明；在李嘉图的理论经济学以后，又出现专讲实用，讲保护主义，讲社会政策的历史学派经济学，反将如何说明。如其说，理论经济学，到了李嘉图已达到了相当完满的境界，以后的各种学说体系。都可归属在“旁趋斜出”的支流里面，那倒是较能免俗的说法，可惜亚孟不能接受这种意见。

概括的说来，他这种说明，至少会有以次几种流弊：

第一，说科学，说经济思想，是先由应用的实践的，逐渐变为纯粹的或理论的，那当作“思维术”的程序看，似无不可；若当作思想演变的准则看，却就未免有“定型化”的危险。又若当作科学研究方法看，亦似有可斟酌余地，因为对于社会科学的研究，愈来愈要借助抽象的方法，但若竟把它当作科学本体本质演变的途径看，却就未免有许多说不通的地方。就经济学说，似乎一达到了理论的经济学的阶段，便一直是停在那里，变成定性的，不再前进了。而且

第二，显然易见的缺陷，是这样一种说法，立即会使我们感到：科学的发展，愈来愈远于实践；一达到了理论的科学的境地，它就不复是应用的实践的了。“实践的”与“理论的”之间，被掘起一道俨然不可逾越的鸿沟。

第三，一切社会科学，都必然是说明社会发展现象的历史科学。经济学或者经济思想亦系如此。在我们所说定的“现代”的时间限界内，所谓现代经济思想，它必然是由十七八世纪以来，直到我们当前这个时代的全般经济思想，它必然是对于这数百年间不断发展，不断变化其内容之现实经济的赓续不断的说明再说明。如其说，经济思想这门学问，是由应用的渐渐变成理论的，那不是我们这种认识要为经济史实所否认，就是经济史实被我们这种认识所否认。

引论到这里，我们似可把科学，把我们所论及的经济学或经济思想，由应用的渐变到理论的这个命题，这样来作一结束。在常识上，在某种限度之事实的乃至辩论的逻辑上，它无疑是妥当的，至少，亦具有妥当的外观。但仔细加以研究，就知道这个命题的有限妥当性，亦是要加以补充和更深透得多的解释，才能确定的。社会经济事象，在日益复杂化、纯粹化和高度化或成熟化。惟其复杂化，乃更能提供我们以充分考察对象，更能显示我们以有机的因果的密切关联；惟其纯粹化，即是说，惟其没有包含前一社会经济体制的残余，经济学者就愈能就当前的经济事象，进行科学的分析。还是把李嘉图作为适例来说罢。“李嘉图时代的资本主义经济，是‘扫除了’资本主义时代以前的残余的，是所谓资本家占中心的‘纯’资本主义。他研究资本主义经济倾向，是在纯粹孤立的形态上来研究……这种抽象的研究方法，才使李嘉图思想能大

大展开，才使他有力量去追究各种经济形态到底。”[①]再者，惟其经济高度化或成熟化，它就能给予研究者以全般和全发展形态的理解，使他们能看出它的必然的归趋。

这是就经济事象本身来说。

在另一方面，照应着经济事象的发展，经济思想也在不断向前演进，不断累积，使研究者能利用或增益或批难其先辈的经济理论，而对当前的经济事象的理解，可能引入更拓展更深入的境界。

由这两方面的考察，我们就明了，经济思想在它演变过程上，虽然显示出了由应用的实践的到纯粹的理论的外观，实不过是因为后来的应用知识实践知识，愈来愈有深化的可能与必要；经济每前进一步，对于它的说明，一方面非前进一步，即不能满足现实要求，对现实问题的解决，有何等益助；同时，现实经济亦像“不肯苦人所难的”把它的实质和内容，更纯化，更高度化，给予其理解者、说明者、批判者，以更大的方便。由是，我们可以达出这样的结论了：

（一）经济思想的演变，并不能完全拿一个定型化的公式——由应用到纯粹的理论的公式来说明，即使我们有时为了解说便利，不妨附加限制，附加条件，而承认其妥当性。

（二）任何社会科学思想，特别是经济思想，都是在不绝应用上形成，即大体对照着现实，对其先在的思想或学说，予以测验、批判、选择、运用的结果。

（三）现实经济愈进步愈发展，其应用的实践的知识，都一步一步趋于深化，一步一步显得理论化；所以，从理论一方面来说，前述那个公式，应是从较肤浅的较不成熟的理论，到较深入的较成熟的理论。而从应用一方面来说，应是由较肤浅较为现象的应用知识，到较为高深的较为本质的应用知识。

（四）经济思想的演变，是无论达到那个阶段，都不能脱离实践的。不断应用，斯不断展开。

我还想借下一节的说明，作为这一节更具体的补充。

---

① 参照沈译鲁滨著《经济思想史》。

四、现代经济思想的演变，在其注意重心上，似先由流通问题，次及于生产问题，再次及于分配问题，最后临到消费问题，但这种认识，不仅只是指着现代经济思想的一个断面，而且这一断面，还是言其演变迹象，并未意味着何等历史定则

现代的经济思想，是以重商主义作为它的起点；是以重商主义的不成熟的理论，来与过去零碎片断经济观念相区别。重商主义者所处的时代，正是一个新经济生活开始展开的时代。在此新时代中，最有活力，最有生气，最迷人眼而能给人以希望与利益的，是商业资本的活动，是买与卖，是交换。故照应着当时经济现实而从事考察的重商主义者，都必须要从流通过程出发，而且因为以次的诸般理由，他们还只能由流通过程的表面现象出发，并以流通现象作为其考察的唯一对象。

首先，作为生产过程之基础，同时又成为生产之一因素，成为生产之一经过阶段的流通，是到了资本主义生产下才形成的。而在重商主义的当时，特别是在近代最初期间，流通过程是采取独立化的姿态，它只是活动在企图相互交换的两生产部门之间，作为其联系的桥梁，而并不曾完全控制着生产，同时生产过程也不曾把它吸进去，作为其一生产要素。这种流通运动的特征，由当时最普遍最大规模的贩运业格外表现得明白。贩运业曾经在威尼斯荷兰等地盛极一时。那种商业活动的主要利益，不是由于本国生产物的输出，而是由于在落后的两生产地带，尽着媒介的作用，使它们得相互交换其生产物，而从中榨取双方。“最先独立化的大规模发展的商业都市和商业民族的商业，是当作纯粹的贩运贸易，立足在诸生产民族的野蛮状态上，他们就在这诸生产民族之间，充作媒介”，榨取它们。以这种经济活动为考察对象的重商主义者，当然只能把握着流通过程的诸表面现象，而且，他们因为事实上的限制，活动也不许可作进一步的分析。因为

第二，榨取诸落后民族所获得的商业利润，是由流通过程内进行的行为，即买与卖的行为而得到，而实现的。在流通过程离开生产过程而独立

化的限内，更显示出了贱买贵卖的，非等价物交换的商业法则的作用，在商业上的价值概念，仅因为相累诸商品皆是价值，皆是社会劳动的表现。那时，生产物是由商业变成商品的，是商业使生产物发展成为商品的。生产物作为商品而相互交换的量的比例，尚是完全出于偶然，自然不能意味着相等的价值量的交换。而且，借助于强暴的劫掠，借助于征服，借助于种种方式的欺诈，都可使贱买贵卖的商业法则，得到更有力的发挥，这在一方面，使重商主义者的考察，只能限于流通过程，同时又使他们不得不集注到流通过程。因为

第三，流通过程包含着两个运动，一是由货币到商品的运动，一是由商品到货币的运动。当时那种商业形态——以贩运为其特征的商业形态，显然是以商品运动，作为成就货币运动的机能。货币运动是把始点货币量与终点货币量的差额，或终点货币大于始点货币的量差，作为其运动的目标。“投出货币，是为了获得更多的货币”。在近代初期，借助于政治暴力和欺诈（落后生产民族的愚昧无知，对于欺诈的商业，提供了不少的便利）所保证的超额商业利润，或莫大的有利货币差额，已够吸引当时经济思想家们的注意了。而由新大陆发现所激起的贵金属崇拜热，新政治机构下为吃俸官吏与领饷士兵所增大的开支，以及为了推行各种商工业新设施和周转商业，所引起的货币新需要，在在皆足以加强人们对于货币的爱好，从而，使人们把重视货币的心理，表现在获取货币的流通上面，这就是重商主义者为什么特别看重流通问题，把流通现象作为其考察对象的最实际的原因了。

但以贩运商业为特征的流通过程的独立化运动，到了一定限度，便必然会完结它的发展。贩运商业在各民族间的活动，乃至在一国内各都市间的活动，均是以它所贩运，所买所卖的生产物之生产者，其生产部门或生产地域之落后的状态，为其存在与发展的基础。但贩运业所造出的时尚、嗜好和需要，即把不同地域的生产物，交互流通所形成的新市场，一定会促进一般经济的发展。亚当·斯密说过：“当这种嗜好普及并引起大量需要时，商人为节省运费计，就开始在本国创立类似的制造业了。”这一来，纯商业民族就相因丧失其优势，丧失其经济榨取的基础。而在其他的民族，其贩运业的独占权，虽然消灭了，但因其制造业发展，随着贩运业消灭而丧失其独立姿态的流通过程，便改变了它和生产的地位，它不复是站

在生产圈外来活动的独立部门了。它和生产打成了一片，变为生产的一个因素了。就从这时起，生产的活动变成为支配的经济活动了。一切经济上待解决的问题，可由流通过程移到生产过程上去解决；而且，在当时最成为问题的，已经不是如何去交换去流通的问题，而是如何去生产的问题，即如何始得大量生产的问题。

起初在欧洲感到这个问题的重要的，是制造业发展的英国。由是，在十八世纪中叶以后，就有以生产经济学姿态出现的亚当·斯密的自由主义经济学说。自由主义经济学说的核心，就是从消极方面，论证一切阻碍资本与劳动自由的过去封建遗制和重商主义制度的不合理，同时则在积极方面，建树一种允许一切人，在正义法律保障下，以自己的方法，追求自己利益，而"以其劳动及资本，参加对于任何人任何阶级竞争"的自然的自由制度。这种自由经济学说的实践要求，显然在使生产从一切人为的干涉，得到解放，但正因为如此，作为现代科学的经济学的研究与考察，就不能再拘限在独立化的流通过程，而必须从独立化的流通过程，移到那把流通作为其一个发展阶段，一个因素的生产过程了。

事实上，单从流通过程来考察，对于流通过程本身，也只能把握一个外观，而无法探究到它的本质。所以，科学性的流通理论，实际并不是由重商主义者创立起来。那是要生产理论确立了，打定基础了，才能有所成就的。亚当·斯密把他的全幅精力，集注在生产问题方面，集注在资本的基本形态，即产业资本方面，对于当作资本再生产过程之一个阶段的流通资本(包括货币资本与商品资本)，大体是放在一边。因为，他由考察产业资本所获得的关于价值形成，关于利润、工资、地租等等的原则，不能直接适用到有关流通的资本方面。这不仅是因为他对于商业利润，商业工资劳动者的工资，没有能力去说明其真正性质，同时也因为当时占据他全部注意的，只是有关产业资本的诸基本问题，只是关联到产业资本自由发展的生产问题，所以，他认定，只要生产物能自由的大量的生产出来，以后生产物当作商品，在社会各阶级间使行交换流通，固然不成问题，即当作收入来源，在社会各阶级间的分配，亦都有自然的顺序。

不过，就在斯密的时代，分配的问题，亦并不是完全没有露出暗影。他曾说：我国商人制造家，对于高率工资之提高物价，从而减少国内外销路的恶果，常发不平之鸣。但对于高率利润的恶果，他们却三缄其口。关于因自己利得而生的恶果,他们保持沉默,关于因他人利得而生的恶果,他们却大鸣不平。劳资两阶级利害相反的事实,他已直感到了,但他相信“自然的妙手”,会把各阶级的利益调和起来。例如,一国国富增加,对于劳动者的需要必加大,从而,其工资必会提高。工资抬高到某种限度以下,又会因劳动者的竞争而减低。若利润的大小,恰与工资立于相反地位,仍由供求律所限制,不会常常过大,也不会常常过小,而在特定的土地劳动生产物的普通价格中,要有了超过相当劳动工资及资本利润的部分,才得成立地租,所以地主阶级的所得,更不会侵越其他依利润生活及依工资生活的两阶级的利益。

然而,由斯密预想的这一幅协和的理想分配图画,在他《国富论》出版(一七七六年)后不到半世纪间,就由其后继者马尔萨斯及李嘉图发现了极大的破绽。马尔萨斯的人口论,李嘉图的价值地租论乃至工资铁则说,都是建立在分配不能公平不能协调的事实上,都是建立在地主阶级、劳动者阶级、资本家阶级的经济利害冲突的事实上。以谷物条例为中心而展开的经济理论斗争,直到了谷物条例撤废的十九世纪中叶,才得到一个结束。在那种斗争当中,地主利益的拥护论者(如马尔萨斯等)和资本家利益的拥护论者(如李嘉图等),各就其社会的立场,把经济理论发展到了那种社会立场所允许的顶点。过此以往,和资本家阶级对立的,已经不是地主阶级,而是在资本主义经济制度母胎内必然发育成长起来的劳动者阶级了。劳动者阶级的势力,愈以威胁资本主义经济制度的姿态表现出来,站在资本家阶级方面的经济学者,就愈加无法维持其科学的研究精神了。正所谓从此以往,成为问题的,不是真理与非真理的问题,只是于资本有益抑有害,便利抑不便利,违背警章不违背警章的问题。超利害的研究没有了。真正的科学考察没有了,代替的东西,是曲尽掩饰歪曲能事的辩护。

所以,依据价值学说的分析,而展开的古典经济学者的分配论,到了约翰·穆勒(John Stuart Mill)算告了一个结束,他认定了“富之分配,是受支配于社会之法律与习惯,而决定分配之规则,则是存于社会支配者之意见与感情,时代不同,地方不同,此规则亦因而大异。设人类愿意,其相异程度也许要更甚”。小穆勒的这段议论,无异否定资本主义的自然分配秩序,也无异否定资本主义的永恒法则的存在。

然而分配论的研究，至此止步了。在十九世纪下半世纪中，资产阶级经济学者把研究的重心，转移到消费的方面了。他们其所以把视线转到这个方面，大体可以说是适应着两个实践的要求。其一是，资本主义经济发展到了金融支配的阶段，大资本家们都相率离开了产业的生产领域，而以“遥领”、“遥临”的方式，站在生产领域以外，借投机及信用制度，来增大财源。他们是生活在享乐的世界中。而且，享乐与阔绰的消费，有时且成为获得信用与增进财富的必要的排场。这种明如观火的事实，被反映到经济学者的头脑中，当然会吸使他们的注意；至若他们将如何把这一事实表现出来，那就要涉及他们所须适应的另一种实践要求。那就是，他们不能也不许赞承古典经济学的成果，在古典经济学所阐述的生产论与分配论上，作进一步的分析。为了回避现实，最好是抬出消费论来，来与金利生活者的资本家们的利益与兴趣相配合。

他们极一般的，或者说，极其技术的，避开其当前特定社会的一切现实经济上待决的问题，而提出一些超历史的见解。对于最基本的价值论，他们否定了古典学派的劳动价值法则，而代以主观的限界效用学说。照此说法，商品的价值，不是产自生产过程，而是产自满足欲望的消费方面。一切财货生产出来，都是为了满足人类的欲望，都是为了消费。他们谈得有声有色的价值论，欲望论，结局无非是在阐述他们自以为新发现的消费论。生产物品出来，是为了满足欲望，充当某种消费，那是自明的道理，最常识不过的平凡俗见。他们虽把这“俗见”装璜在科学的框架里面，但对于其当前的现实经济问题，根本无所说明，谁都知道，资本主义的生产，并不顾及它所生产出来物品，是为了满足谁的欲望，是拿去供谁的消费，是具有何等使用价值，它的唯一目的，是为了交换，为了实现更大更多的交换价值。一旦流通过程发生梗滞现象，商品价格不克实现资本的平均利润，资本家就宁愿停止生产活动，有时，他们为了降低市场供给数量，以便提高价格，致不惜用种种方式，把既经生产出来的货品，加以破坏消毁。这种种不合理的但却并非罕见的现象，奥地利的消费论者们，是不能给予解释的。

自然，我们在这里，并不想深入的批判奥地利学派的整个经济学说，而只是要表明，他们的中心论点，是放置在消费方面，他们把消费论作为其研究的重心，那与其说是为了要解明当前的现实经济问题，却毋宁说是为了要回避当前的现实经济问题。

这是现代经济思想到了资本主义“向下发展”阶段所必然发生的现象。

五、现代经济思想的演变，在其一般动态上，是以批判而开始，又以批判而终结

关于现代经济思想演变的重心，我们虽然按照一定顺序，把流通论、生产论、分配论，消费论分别提举出来，但这只是为了说明的便利，而且，这种种理论，还只能表识现代经济思想的一个方面。为了补救这个缺憾，这里又进而提论到它的一般演变动态。

所谓现代经济思想，其实就是指着现代经济学。现代经济学在它形成的全过程上所表现的最值得注意的动态，就是以批判始，以批判终。

关于这点，恩格斯曾有一段简明的叙述，那是说：“至今日为止，我们所有的政治经济学，差不多只是专门研究资本主义生产方法的发源和发展。它开始批判封建时代的生产方式及交换方式的残余，证明这些残余，一定要为资本主义的形式所代替；往后，它从正面阐发资本主义生产方式及交换形式的法则（交换形式，是与生产方式相适应的）；这所谓正面，就是说，这些形式，还能适合整个社会的目的；最后，它以社会主义观点，批判资本主义的生产方式，就是从反面说明它的法则，证明这种生产方式，因自身发展的结果，将迅速达到使自身不能再存在下去的境地。”①这段话，是现代经济思想发展的最扼要的最有分寸的素描。

亚当·斯密的全部经济学说，虽然粗枝大叶的为资产阶级经济学定下了相当的基础，但他在消极方面的功绩，却是在对于封建时代的生产方式及交换形态的残余，作了全面的批判。马尔萨斯、李嘉图、萨伊、约翰·穆勒乃至其他古典学者，显然是从正面阐述资本主义生产方式与交换形态的法则。但由他们所阐明的法则，有一个共同的缺点，就是把资本主义的社会秩序，当作绝对的永恒的秩序，当作永远不会没落的自然的秩序。他们虽都认定社会劳动生产力日益向前发展，但社会生产关系，则被定型

① 参见吴理屏译《反杜林论》。

化为自然现象。结局，在资本主义的生产关系，尚有允许其劳动生产力发展余地的限内，他们的理论，大体还持有相当的妥当性，一到生产力的发展，不但不能由生产关系得到保育护持，且反而受其压制拘束的时候，他们的经济理论的狭隘性和偏颇性，就充分曝露出来。此后历史学派，奥地利学派，乃至晚近新正统学派的经济学者，虽然对于这些古典学者的学说，从正面从反面做了一点订正、疏解、补充的功夫，但由于他们所处的时代，比其先辈学者更没有科学的研究的自由，于是，他们最大的成就，也许就是把经济的研究，引到非现实的境地，引到掩饰现实的境地。这说明，现实经济运动法则的发现，只有期之于站在批判资本，批判资本主义立场的经济学者。

自然，在资本主义经济发展最迅速最高扬的十九世纪初期，浪漫主义经济学者西斯孟第及空想的社会主义经济学者圣西门、欧文、富立叶辈，也曾对资本主义经济作过无情的批判，但他们的热情，他们的天才，突不破时代的现实的限制。当时的历史情况，支配了这些社会主义的创造者。不成熟的理论，正和不成熟的资本主义生产状况，不明朗的阶级状况相适应。解决社会问题的方法。既然在不发达的经济关系中隐藏着，所以他们就不得不从脑子里造出方法来。

但是到了十九世纪下半世纪中，资本主义已发展到了它的光明面的尽头；阶级对立的关系，已表现得非常明朗；解决社会问题的方法，亦相应显然的表露出来。结局，把整个资本主义发生、成长、衰落各阶段的经济发展运动，作为研究对象的经济学，就必然要把资本家阶级的全部经济理论，拿来作一个全面的清算。

自然，现代经济思想之始点的批判与终点的批判，不但表示了本质的不同，同时也显出了研究内容与研究范围的极大差异。封建社会的生产方式及其相应的交换形态，是非常简单，非常素朴的，但资本主义末期的经济现象，都是异常复杂，异常不容易透过诸般现象，去把握其本质。生产过程及流通过程，以及包摄这两者的总再生产过程，是资本主义社会全部经济脉络循环周转和新陈代谢的经纬。用一个基本法则，把这全部的环节贯通系统起来，而构成一个批判的经济理论体系，那在一方面表示是一种伟大的天才的作业，同时却也说明现实经济发展的完成了的“花开蒂落”的成熟形态，提供了充分可供新经济理论展开的素材。至若前此所有经济思想家经济学者连续形成的经济理论，对于一个新经济理论体系，都直接间接或从正面或从反面的曲尽了“孕育”的功能。新的批判体系，是古典经济理论体系的儿——母亲以生命换来的儿。

总上所说，现代经济思想演变的一般动态，似可以四个阶段来加以概括，那就是：

（一）初期的批判阶段——以封建遗制及重商主义为批判对象。亚当·斯密为其理论代表者。

（二）实证的说明的阶段——从正面阐明定立资本主义的各种基本法则。李嘉图为其理论代表者。

（三）保守的辩护的阶段——对现实经济所显示的缺陷与弊害，加以弥缝、掩饰、曲解——流俗的调和学派（如加雷、巴斯夏等）及奥地利学派为其理论的代表者。

（四）后期的再批判的阶段——对以前一切经济理论，在发展的观点上，加以历史的清算，卡尔及恩格斯为其理论的代表者。

六、研究现代经济思想发展的几个基本认识

第一，现代经济思想，是不绝在应用过程上演变过来。经济现实每前进一步，与其相适应的特定经济思想的应用，就必然会有批判，选择的实践趋向发生，在这场合，原来的经济思想，就部份的增益了新的内容，或者全面的采取了新的形态。

第二，经济思想有的对特定社会有妥当性，有的只对特定社会的某一发展阶段有妥当性。而这对特定社会，特定发展阶段有一般妥当性的经济思想，还须对自然条件历史条件不同的社会国家，在应用过程上，权衡损益，斟酌修正。

第三，在同一国家，前一社会发展阶段的经济思想，每成为其后一阶段经济发展的障碍；在不同国家，先进国的经济思想，也可能成为或时常成为后进国经济发展的障碍。

第四，中国今日经济学界，特别是大学讲坛上流行的经济思想，正是先进国在它们现阶段所要求的经济理论——歪曲掩饰现实经济的理论——这些理论，大部份是障害中国经济发展的。

第五，我们不但在吃外国资本主义经济发展的亏，我们还在吃外国资本主义经济理论发展的亏，为了中国经济的解放与改造，我们每个研究现代经济思想的人，都不要忽略一个任务，就是如何去批判，选择，构成中国现实经济发展上所要求的经济理论，这种理论，我们也可勉强的，但却是郑重的称为“中国经济学”。

（本文系在本校研究院演讲稿）

政治经济学对于现代战争的说明*

一、历史、法则、预言

中国的历史家，曾说二十四史是一部相砍史。设把这段话扩而充之，说人类整个历史，是一部相砍史，是一部各部落各民族相互杀来杀去的血腥历史，也许没有什么说不通。但生存斗争论者的达尔文的世界观，一定不能叫生存互助论者的克鲁泡特金①主义者感到心服。事实上，无论从中国史看去也好，从世界史看去也好，和平与战争是相间发生的。

不过，就是这和平与战争相间发生的同一事实，依旧有两种绝对相反的看法。乐观者可以说：和平了多少年，才有一次战争，战争是和平时代疏忽了战备的结果，所谓“国家承平日久，武备不修”，致启争端，从这种观点，和平是常，战争是变；但悲观者可以说：战争了多少年，才有一次和平，和平是对于前一次战争的休息，同时是对于次一度战争的准备，从这种观点，战争是常，和平是变。和平与战争的这种演化关系，有如经济上的繁荣与恐慌的交替关系一样，远的过去不讲，在近代社会，许许多多的经济学者曾指示我们：每隔十年，或者每隔十年左右，就有一次经济恐慌出现，恐慌过去，慢慢又恢复繁荣，就在繁荣的场面当中，又渐呈露出恐慌的暗影。于是乐观者尽管把恐慌解作是经济的变态，而悲观者却“振振有词”的说恐慌是“司空见惯”而且必然无可避免的常事。经济上的这种繁荣与恐慌相间发生的现象，和政治上的和平与战争相间发生的现象，本来具有极密切的相互关联。恐慌可以理解为战争的信号，但我想暂时不忙对此

---

* 本文曾以《世界战争与世界经济》为题，首刊于《新建设》1942 年第 3 卷第 7～8 期，并于 1942 年 9 月由新建设出版社作为“时事小丛书”之一出版单行本（见《王亚南全集》第七卷）。本文收入《经济科学论丛》时，篇名及第六大点标题有更改，个别标题及文中文字也略有修改。——编者注

① 克鲁泡特金，1842—1921 年，俄国著名地理学家和无政府运动的精神领袖，主张人类进化主要因素是合作而不是竞争。——编者注

作深入的说明。在这里应当解说明白的，就是和平与战争的循环现象，或者，每隔多少年就像照例要发生的战争现象，虽然一切历史时代都存在着，但那并不是什么自然现象，而是一种社会现象。不同的社会，有不同的社会生活，有不同的社会对立与矛盾，从而，当作那种社会对立之爆发点，与当作那种矛盾之解决方式的战争，也相应的具有不同的本质，不同的形态，不同的内容。

在这里，我们没有详细比论各历史时代之特质的余裕，但我们可以从一部血腥的战争史中，看到战争演变的一般趋向，而由是达出以次三个结论性的认识：

第一，愈到近代，战争的经济性，愈大于其政治性。在过去，开疆拓土的政治野望，掩蔽了经济动机，而现代夺取原料供给地与商品及资本市场的经济贪欲，则涵盖了政治动机。

第二，愈到近代，战争的必然性，愈大于其偶然性。这是经济的决定性愈来愈大的结果，同时亦是战争条件限制的结果。

第三，愈到近代，战争的客观强制因素，愈大于其主观决定因素。这又是战争之经济性愈来愈大，其必然性愈来愈大的结果。

因为战争是经济的，是必然的，是客观强制的，战争就会依着它的这诸般特质，而显出其因果关系的法则来。以一般社会现象为研究对象的社会科学，是延到现代才成立的；以社会现象之一的战争现象为研究对象的战争科学，亦是延到现代才成立的。

战争有了科学的研究，在战争的发生与发展上，找到了科学的因果法则，于是，在第一次世界大战甫告结束的时候，尽管有些和平主义者人道主义者，特别是战胜国的国际政论家们，从四方八面呼出“战争永远离开人类”的乐观论调，但许多有远见有社会科学修养的人，却已大体把次一度战争的必然性，其姿态，其规模，其延续期间，像很有把握似的预言出来。到今日，预言已似大体无误的兑现了，已不幸而言中了。

惨酷的战争，已经剧烈的表现在我们眼前。我们不忍也暂不用作第三次世界大战的预约。但我们如其不敢正视当前战争的本质，并设法在战争的过程改变它，恐怕第二次大战的收场，就是第三次大战准备的开始。

依照科学的预言而发生的战争，是须得依照科学的根据，予以解释的。这里且从现代战争的基础说起。

二、在世界经济基础上进行的世界战争

战争是社会生活现象之一。战争的进行，当然受着社会物质的生活条件之拘束。世界规模的战争，首先必须世界规模的经济已经完成。因为世界各部分的经济，如未结成有机的联系，各部分之间的社会经济冲突，也就无从发生，同时，各不相联属的部分要进行战争，根本就非常困难了。世界的战争，是以世界经济作为它展开的基础。这可从下面五点来扼要加以说明。

（一）交通

我们也承认：交通在许多场合，是用战争去开拓的，落后地域的战争，简直被视为一种交通形态。许多在平时不易突破的天然的障碍，往往是用战争去克复。但一般的讲，特别在我们现代的社会，却更显得是由商业，由经济上的必要，才把世界各地域各孤立人群联系起来。而那种联系，首先就须借助于交通。德国一位经济学者曾说："横渡大西洋的轮船，南北美洲及印度的诸铁道，把特殊的诸地域，促进到能在欧洲谷类市场里竞争的地位。在一方面，北美的大草原，阿根廷、南美的大草原，俄国的荒原，也加入竞争……在另一方面，俄国及印度诸共同体所有的土地，也加入竞争……"这段简单的文句，对我们作了这样的提示：各孤立地域由经济结成的密切关系，是取决于交通工具发达的程度；交通工具愈发达，经济关系乃愈形密切，而由经济利害的矛盾冲突所引起的战争，才愈有可能。现代一切海陆空方面的新式交通工具，无疑受到了战备或战争紧迫要求的促进，但主要的，基本的，还是为了拓展经济利益而发展起来。交通工具是经济生活的条件，同时亦是战斗的条件，战斗条件与生活条件一致的事实，在交通上格外显得明白。

（二）技术

现代备战与实际从事战斗的紧迫要求，在军事技术方面引起了莫大的改进。但这种事实，并不能理解为：军事技术的发达，是由于军事上的

不绝的新发现，是一个自己独立运动的过程。其实，军事技术是复杂的社会技术的一个构成部分，或者可以说，是把社会的特别工业上的最有效率的技术部分，被应用在军事方面的结果。离开了现代社会的生产方法与生产关系，现代的武器与应用武器的一切技能，都将成为不可想像。只有社会生产方法改进了，社会的一般生产技术改进了，军事技术才有变革的可能。自然，我们在另一方面，也不能抹煞军事技术督促社会生产改进的事实。我们甚且可以强调的说：各国相互之间的竞相改良生产技术水准，虽然是企图以更优良更低廉的制品，去竞胜对方，但在许多场合，却也是为了以更精良更优越的武器，去击败对方。现代各资本主义国家经济之相互对立的发展，以及当作其副产之武备的相互竞存的发展，乃使世界型的战争所需要的技术得以完成。

(三)财力

一种世界规模的战争，不论在备战过程中，抑在战斗过程中，参加的国家，第一，必须其国富发达到相当程度。第二，必需其社会生产力发达到相当的程度始够资格。就前一点而论，现代战争动员的庞大人数及其所应用所调度的繁杂而多费的武器，显然要求一国国民经济能提供出与其相适应的物质的资源，和其国民能担当起如此浩大的战费。前次世界大战的总耗费，单就交战各国的直接损失说，这 180000000000 美元。就中，平均每日用在战争上的费用，前三年为 123000000 美元，一九一八年为 244000000 美元。这样庞大的损耗数字，在二十世纪以前的各国国富程度，决计无法担当。换言之，各交战国在前次大战中的耗费的物资，都是它们的国富在十九世纪末二十世纪初迅速积累增加的结果，而且，由于现代战争的全面化与机动化，单靠了过去的蓄积，单靠了死的堆积着的资源，是依旧无济于事的。大量耗费的补充，适应机动战斗环境或随时在变更着的战争形态，而要求的武器，运输工具的扩增与革新，皆直接依存于社会生产力的变革与发展。而此变革的发展的社会生产力，又得依存于全般的国民经济发展的状态。

(四)人力

关于现代战争上的人力问题，不论从量上讲，抑从质上讲，都须在经济上确立其基础。从量的方面来论，军队的动员，会由两个方面受到经济发达程度的限制，首先，一般国民之变成军队，是把一定的军需品，一定的装备，作为它的前提。而且，愈到现代，一个兵士所需要的物质装备，远较过去为费，远较过去为多。这多而且费的装备，已经够使动员的人数受到莫大的限制了。同时，维持大规模的战斗，又非有一部分人继续从事生产劳动不行。大约一国社会劳动力愈低，它维持前线作战所需从事生产劳动的人愈多，换言之，即可能动员到前线的人愈少。不过，这里有一个相互乘除的事实存在，即生产不发达的国家的军队，其装备是比较简单的，从而，维持其比较简单装备的生产劳动，也是比较不多的。但军队的装备与社会劳动生产力，一般说来，终不免有限制动员人数的两大妨碍。所以，在以前小农经济体制下，一国能动员其全国民的5%或者6%，已算难能可贵了。到了产业资本主义时代，直接参加战斗的人数，还不过占全国民的10%。帝国主义时代的情形不同了，在第一次世界大战中，各交战国动员到战争过程的人数，竟达到了全国民的15%乃至20%。

以上是就量的方面说。以质言，从事现代战争的人，都须是从现代性的经济机构里面抽集出来的人。没有现代产业上的技术训练，根本就无法运用或把握现代的武器和运输工具。“在从前，占军队中大多数的，最好的要素，虽是荒昧无知的，文盲的，对于作为枪炮之饵食的自己的任务，没有单独思考能力的农村居民，但是在现代，客观上最有价值的要素，已是都是居民——特别是产业的普罗列塔利亚[①]。因为只他们保有运用机械的必要的知识，能以工厂劳动的规律性和组织性，移植于军队之中。因之，他们有于短期中习得军事技术，和更完善的适应于现代战争之复杂环境的能力。”

(五)统制力

现代的政治，在战争过程中，乃至在备战过程中，特别显得是现代经济的集中的表现。作为战争之最重要措施的国家总动员，是把经济机构之高度有机化与高度集中化，作为他的前提。事实上，全民族性的战争，

---

① 普罗列塔利亚：法文 prolétariat，英文 proletariat 的音译，源出拉丁文 proletarius，原指古罗马的最下等级，今指无产阶级。——编者注

就是意味着被经济纽带结成一体的一个民族与同性质的另一个民族的搏斗。分散的落后的农业经济体制，决不易表现强有力的统制力。而一国在战斗过程中运用统制力的最高统帅部或司令部，其所属全体干部的量与质，均与其产业发达的程度，保有极密切的联系。不能把产业上的规律与组织移植到军队方面，对于现代化的军队的统率，已经是极不容易。若进而把一国乃至多个国家的人力、财力、交通、技术，统合的加以编配、调整、运用，那更加困难了。愈到现代，“军队的灵活的指挥，早成为极端重要的要求。在这个要求之中，应放在第一位的重大事体之一，就是关于握在国家指挥者之手的物质资源的基本知识”。对于军事技术方面的进步不加以精密的剖解，根本就不得到有关现代战争之必需品的明确观念；同时，对于有关现代战争之必需品没有充分的理解，也就根本无法得到现代战争上的必需人材的明确观念。技术的、物的、人的基本概念的缺如，要成立一个能发挥统制力的最高司令部，一定不能有所成就。

总之，我们无论从上面列举的五项因素中的哪一项来说，现代战争的进行，都得以现代的经济技术与组织，作为它的基础。而且，上述五项战争的因素，彼此都在经济的地盘上，密切的依存着，联系着。然而，我们在这里所急于要知道的，也许不是世界战争如何在世界经济基础上进行，而宁是世界战争如何在世界经济机构中产出。

三、在世界经济机构里酿成的世界战争

这里所指称的现代经济，大体还是资本主义生产方法支配的经济，要理解这经济的内容，先得直截了当的去理解资本主义的内容。对于资本主义，一百个经济学者也许能定出一百个不同的概念。我们在这里没有替资本主义下定义之必要。最有效的办法，当然是指出它的具体内容，当作一种综合的社会经济体制来看的资本主义，它包括有三个制度：

（一）私有财产制——这是资本蓄积、资本增殖的必要前提。有了它，作为资本主义社会之支配者的资本家，乃能独占生产手段。但单是生产手段，是不能给予资本家一些什么的，换言之，生产手段并不能凭白的叫资本蓄积增殖起来。包括着原料、辅助材料及劳动工具的生产手段，要有了劳动，才能发生增殖价值、增殖资本的机能，所以，在资本主义体制下，

一定要镶配起一种可以买卖劳动力的工资劳动制度。

（二）工资劳动制——凑巧得很，近代私有财产制成立的瞬间，也就是工资劳动制成立的瞬间。因为生产手段被一部分人独占了，以前的独立手工业者、自耕农民，就相率被迫与生产手段分离，而不能不变成被雇者，由是使工资劳动制必然相伴而产生出来。但有了工资劳动来推动生产手段，还不够且不能使资本变为更多的资本，使价值变为更大的价值。于是，在私有财产制及工资劳动制成立的过程中，又相伴产生了一种成就一切好事的商品生产制度。

（三）商品生产制——资本家利用其独占的生产手段，雇佣劳动者从事生产，其目的在依照营利主义，把所生产出来的产品，贩卖出去，获取利润，而被雇者生活所资，全从购买得来，这又不啻为资本家的商品，提供了市场。同时，劳动者获取生活资料，全靠出卖其劳动力，劳动力也成了商品。由是，资本家用以从事生产的，都是当作商品购买进来；资本家所生产出来的，都得当作商品贩卖出去。商品生产制是这样完成的。

商品生产制的完成，也就是整个资本主义体制的完成。由是，私有财产制，工资劳动制，商品生产制，便成了资本主义的“三位一体”、“金瓯无缺”的具体内容。所谓现代经济，是以此三者为核心，为实体，为本质。但为要接近我们这里所要讨论的问题，单提出它的这种内容还是不够的，我们须得进一步去理解它那适应或配合这种内容所结成的社会经济关系。那究是一些什么关系呢？我们在这里也可从三个方面来说明：

（一）资本家与劳动者所结成的生产关系——这像是很容易明白的，因为上述的工资劳动制，就已经把这种关系体现出来了。但我们这里所着意的，并不是它的形式，即是它的实质；不是资本家与劳动者是否结成关系，而是看他们结成了怎样的关系。从表面看，他们相互间是平等自由的，是互相依存的，是休戚相关的。因为劳动者是以劳动力的所有者的资格，与资本所有者的资本家立于对等的地位。他照着自己的意志，把劳动力卖给资本家；同时，资本家则照着他自己的打算，把他利用劳动力所生产的商品，卖给劳动者；一旦，资本家不买劳动力者的商品，劳动者也就不买资本家的商品，他们显然是“有无相通”，“各得所需”，平等自由而且他助互助了。但这是过于表面的看法，资本家卖给劳动者的，是劳动者替他生产的商品，即劳动者卖给资本家的，却是他自己的血肉精力所构成的劳动力，这已经是先天的不能等量齐观的买卖。而且，资本家买进商品又卖出商品，一转手之间所得到的剩余或利润，据科学的分析，那种剩余或利润，并不是由变把戏、要花枪得来，而是由于劳动者作了他所得报酬以上的工作。但有人会问，他是自由的，他为什么要忍受资本家的剥削呢？那很简单，因为他离开了生产手段，如再离开资本家，他就只有饿死。因此，他们的自由，便被形容为饿死的自由。农奴是被封建法制束缚在土地上，现代的工资劳动者却是被一种美名为自由的法制所拘束着。然而我们在这里用不着对此加以深入的说明。我们所应注意的，却毋宁是劳动者在资本主义的社会，具备有两重的“服务”资格。他是商品的生产者，他亦是商品的消费者，他以生产者的资格多被剥削一分，他就会以消费者的资格，少被榨取一分。而况资本主义的大量化与机械化的生产法则，必然要引起生产愈来愈多，消费愈来愈赶不上的危险。资本家或其代言者，早经意识到他们与劳动者所结成的这种关系，是不能保证其商品生产活动的圆滑进行的。他们把贪欲的眼光，移向海外落后的地带了。

（二）整个资本主义国家与殖民地次殖民地带结成的关系——事实上，近代国家一开始捺上资本主义的印记，就已经同落后的地域发生了密切的关系。殖民政策是催生资本主义的一个有力的因素。不过，资本主义每向前发展一步，它对殖民地或准殖民地的要求，就不可避免的要加紧一步。资本主义的商品生产的特质，第一，要求它制作那些能适应能接近一切预想的或可能的市场的商品，由是，它对于制造那些商品的各色各样的原料，就感到迫切的需要了。原料原是落后的农业地域供给的。资本主义生产愈向前发展，它由国内取得原料的可能性，就愈加相应的减少。换言之，对于国外落后地域的要求，就愈加相应的增大了。第二，商品生产的特质，既不是为了直接生产者乃至资本家自己消费，而是为了把它生产的商品，贩卖出去，以挣求利润，于是，扩大市场，和确保市场，就成了商品生产的非常重要课题，在各资本主义国家相并存立，且相互竞夺市场更相伴着相互竞求原料供给地的情形下，单靠买卖关系来维持或确保商品市场与原料供给地，是颇无把握的。由是，通过政治关系来使落后地域独占化或殖民地化，就成了商品生产必然要采取的步骤。到了资本输出的时代，这步骤就益发加大它的重要性和紧迫性了。

（三）资本主义各国相互结成的关系——以商品生产为前提的各资本

主义国家的相并存在，在它们之间，自然也保有相互补充，相互调节的余地。各国因为自然条件与社会条件的限制，其所生产的商品，并不一律，其所需要的原料，也不一致，它们相互“通有于无”的可能限度，确不算小。如其政治的风波，不惊动它们的经济往来，那种可能，也许更大得多。但现实是比我们的预想参差复杂许多的。正因为各资本主义国家的自然条件与历史条件不同，它们就不是以同一步调踏上资本主义旅程，其各别所具的资本主义的先天秉赋，往往会决定其资本主义的后天特点，它们的发展的参差与不平衡，就使他们无法保持合理的正当关系。

这三种社会经济关系，构成了资本主义生产方式的外壳。它们三者不但相互密切的关联着，并且在上述资本主义“三位一体”的财产私有制，工资劳动制，商品生产制的发展演变过程中，即在资本主义经济发展的各阶段中，演着极其错综的作用。此外，不论就各国相互间讲，抑在是某一特定国家讲，资本主义的生产发展，是无法平衡的。“企业，托拉斯，工业部门，以及个别国家的发展的不平衡的进行，并不是依照已经规定好了的秩序，也不是一个托拉斯，一个工业部门或一个国家，时常走在前面，而别个托拉斯或国家，经常依次的跟在后面；而是跳跃的，在一个国家的发展中带着间断，而在别个国家的发展中则跳跃的前进。”所谓“经济和政治发展的不平衡性，是资本主义的绝对法则”。现代的战争，就是在这个绝对法则的作用下，表演出来的。这关键，我们把产业资本主义时代和帝国主义时代的资本主义经济内在发展的趋势，加以比较的考察，就了如指掌了。

首先就产业资本主义时代的情形来说。

所谓产业资本主义时代，一般是指着由十八世纪七十年代到十九世纪八十年代乃至九十年代这一百多年间。在这当中，世界主要诸现代国家，虽都先后成就了产业革命的任务，但正因为它们成就产业革命的任务，是先后发生的，而且，这个时期，大体是尚属于产业革命第一期，而以轻工业对重工业保持了相当优势地位为其特征，各国社会资本的有机构成，一般的尚不甚高，这就说明了当时战争的经济的形态，限制了规模和范围，使战争不能不局限于一定的地域，同时并使大家在经济活动上，还觉“行有余力”，还觉得不妨“和平相处”（虽然其间某些国家，为了完成现代化过程，也发生了相当规模的战争，如中国鸦片战役，普法战争，中日战

争等),以维持自由竞争的场面。这事实,仍可由上述三种社会经济关系的现实,来予以注释:

第一,就劳动者与资本家的对立关系来说,因为当时尚是轻工业占有优势,因为社会资本的有机构成尚不甚高,因为以机械化代替或驱逐劳动的要求尚不十分急迫,尚未大规模的进行,由劳动者大批失业,产业预备军大量存在所造成的社会问题,尚未达到怎样严重的程度,所以各国为要“安内”而以“攘外”形态出之的要求,也就比较不很急迫了。

第二,就宗主国与殖民地的关系说,因为当时尚是在分割落后地域的过程中;各国一拿到了或分得了某个地域,为了好好利用或消化,马上就采行开发和开化的方策,用自己的形像,去冶造殖民地;殖民地完全是处在被动的或不自觉的地位,这样,各资本主义国家与殖民地的关系,就比较单纯,比较不是怎样尖锐了。

第三,就各资本主义国家相互间的关系说,因为它们各别国内的劳资纠纷尚未严重化,因为它们对落后地域的占有,尚未达到完全绝望的田地;同时又因为有些开始踏上资本主义旅程的国家,还需要巩固自己的根基,它们在获取原料供给地和商品市场上,一方面虽感到先进国既成势力的压迫,另一方面也觉有依赖先进国,或与先进国妥洽之必要,这样,它们就是在争取殖民的斗争下,也还能采行“相忍”“相协作”的形式,而相安于一时了。

到了次一阶段的帝国主义时代,情势丕变了。

后进国家在对先进国竞存的场面下,以一切可能的方式,促进社会生产力的发展,结局,许多国家都以最高速度,扩增其生产规模,以致商品市场和原料供给地的要求,突然紧迫起来。

而且,由商品生产增加,由资本蓄积增加,所造出的大量剩余价值,大量可转化为机能资本的资金,在国内找不到有利出路,遂相率向落后地带输出。但资本输出,较之商品,更需要保障或保护,需要独占,需要把落后地带殖民地化。

不幸,在十九世纪末期前后,世界一切落后地域差不多都分割净尽了。在这场合,先进的,已获有充分殖民地的国家,就相对的占着优势,使那些新兴的后进的资本主义国家,只有采行两个带有危险性的竞争方式;那第一,是力求生产的改进,企图以较低较精美的商品,去竞夺市场,但结局，招致了国内劳动失业人口的增加，招致了国内消费市场的缩小，由是加重了经济的危机；由于这个竞争方式立即会引起恐慌，另一个方式，就被认为是必要而且无可避免了，那方式，就是以战争来打破现状，来求落后的殖民的地带的再分割。

然而这样一种说法，一定会结论出，战争责任全由后进的国家来担当的危险。事实上，像英国那样的先进国家，它对于战争，并不全是被动的，第一次世界大战主要是在英德两大帝国主义强国导演下形成的。德国作战的原因，诚为上述，而英国作战的原因，则是因为德国工业实力的水准，赶上了它；德国凭借着优势技术的，组织的和商业的力量，击溃了它，打破了它在世界上的统治，由是它感到，除了依靠武器来维护它的世界霸权外，再没有其他的路可走了。

所谓帝国主义的战争，就是在这铁一般的必然的倾向下产生的。

四、第一次大战与世界经济问题

第一次世界大战，依着经济的必然，依着资本主义法则而产生之后，对于世界经济问题，对于帝国主义的基本矛盾，究有怎样的影响呢？这可以从三个方面来说明：

(一)战争解决了问题

1.殖民地或保护国势力圈的争夺，被表现为战争所由发动的中心问题，德国战败了，它的全部殖民地，乃至它在欧洲领土的八分之一，都被交由战胜的协约诸国处置。为了要求再分割殖民地及落后地域而战争，战争确实达成了再分割的任务。而且，

2.殖民地问题所以被尖锐化，所以成为战争的主要课题，无非是为了日益扩大的日益改进的生产机构，经常需要与它适应的商品市场和原料供给地；又加日益累积的庞大的资本，经常需要能作为其出口的落后的地带；但各交战国“你死我活”的拼斗下来，不仅把它们的生产机构破坏了，同时还把它们多年蓄积的大量资本消毁了，这就是说，一度战争的结果，几乎连战争存在的根由也予以铲除。然而这还只是就战争之物的因素方面去论。

3.促使交战国不得不挺而走险的主要原因之一，我们在前面已经讲过，是由于各资本主义国家的庞大的产业预备军的存在；由产业预备军存在所引起严重社会问题，使各交战国当局，半自觉的或者有计划的用对外的刺激，来缓和国内的斗争。第一次世界大战的可惊的伤亡数字，对于带有威胁性的庞大产业预备军的铲除，一定有了莫大的帮助。

在这几个方面，战争像是解决了不少的问题。

(二)战争残留下来的问题

1.战争无疑的把战胜国与战败国之间的矛盾解决了，但这种解决方式，即一方以强力压迫另一方勉强就范的方式，根本就留下了问题更加恶化的祸根。而同时战胜诸国间由分赃不匀，由过去占有殖民地在质上量上的差异，以及由发展不平衡所引起的矛盾与纠葛，却就不但使他们彼此之间，无法和平相处，且还会由它们一伙的钩心斗角，更使战败国得有卷土重来的报复的机会。

2.战争诚然破坏了或毁灭了促使战争爆发的物的因素(如庞大的生产机构和资本蓄积)和人的因素(如广大的产业预备军)，但资本主义制度本身还存在着，那些物的因素和人的因素，一定会再生产出来；一定利用战时的经验，而很快的再生产出来。

总之，当前的表面化的问题是解决了，而根本的问题，却还存留着。

(三)战争造出来的问题

1.在世界规模的战斗中，因了种种关系，并不是各个参战国家，都同等的平均的分受战争的负担。有些国家，如像美国同日本，或因参战时间较晚，或因距离主要战场较远，它们不但不曾损伤元气，不但不曾摧毁其上面所述的物的因素和人的因素，且反而利用战争的机会，利用其他交战国由世界落后地带暂时退出的机会，猛烈的、迅速的、过渡的，扩大其生产的和交换的机构，这就不但在它们彼此之间，在它们与其他战胜的协约诸国之间，也造出了新的不平衡和新的矛盾。战后在各资本主义国家间闹得不可终日的赔款、战债、军缩等问题，不过是作为那种不平衡与矛盾的露骨表现罢了。

2.当列强正在欧洲战场上拼命厮杀的时候，它们对于世界殖民地的束缚，已经大见松懈了。不但如此，它们在兵员方面，在军需品方面，还对殖民地有所请求，在这种有利的条件下，各殖民地，各落后地带，不仅在经济上加速的前进了，工业化了，并且在政治上，也多少获得了一些自由，这就是说，它们和宗主国以外的国家，也可能有某种限度的经济的与政治的往还了。殖民地的这种离心倾向，把战后各资本主义国家的相互关系，弄得更加错综复杂了。

3.苏联在那次世界大战过程中的出现，那对于整个资本主义世界，是一个非同小可的损害。六分之一的地球上的广大面积的"沦陷"，已经够严重了，但由于这个反资本主义的"王国"的存立、发展，对于资本主义列强国内的劳资对立问题，对于列强和其属领间的对立问题，乃至对于列强间的对立问题，都增加了莫大的复杂性；从那些问题的解决意义上讲，简直是增加了无法计量的破坏性了。

在战争所造出的诸般问题中，这很可以说是最麻烦的一个。

五、从德日两国社会经济组织中发出的战争信号

战争与经济的一般关系，我们已经明了了：第一次世界大战，并不是某个国家或某些少数国家，单方需要战，就战起来！这事实，我们亦经指明了。我们在这里把德日两国特别提出来，除了使我们把握的命题，即经济观的战争的命题，更具体的得到说明外，同时还想就大家必然感到而且确曾感到的以次疑问加以补充的解释：即无论就上次的战争说，抑就此次的战争说，在一切交战国中，虽然大家彼此都准备打，但毕竟有些国家更需要打，而事实上，更需要打的国家，确曾由它或它们最先动手来证实了。第一次大战是德国或德奥做了先发动者的丑角，第二次大战，德国更无忌惮，更露骨的做了主凶，不过，日本这个小丑，却在德国大动干戈之前，就已经偷偷摸摸的发动了对中国的侵略战了。假使他日有机会审判这次战争的责任问题，德国也许更有理由向它伙伴身上推诿的。

我将就以次几个论点，来展开的说明。

（一）德日两国社会经济组织的特点——任谁把德日两国社会经济组织加以比较的分察，一定会发现下面这几个类似点或同点。

1.相同的落后性——以统一的现代姿态的国家而出现，在日本是始

于一八六八年的“大政奉还”或“明治维新”的开端，而在德国，则是始于一八七〇年的普法战争，在普法战争后，德意志南部诸邦，始脱离法国的羁绊，而统合于以普鲁士为盟主为中心的德意志国家了。把它们以现代国家资格出现的时期，与英国的“光荣革命”（一六五〇年）时期相较，自然是落后得可观了，就是同法国的“大革命”（一七八九年）、美国“独立战争”（一七七六年）的时期相较，亦将近迟滞了半个世纪以上，如其说现代经济，在其发轫之始，受到了统一的现代国家的不少的保育，日本和德国产业的落后性，是非常明显的。一切落后的国家，或者那种国家的产业，在其发展的或现代化的过程上，必然会表现出两种作为其落后标帜的倾向：即其变革，其维新，其现代化的努力，第一，外铄的影响，似大于内发；第二，由上而下的强制，似大于由下而上的推动。这两种倾向，都说明变革的无法澈底，把领主改装为地主；把藩国的骑士武士，新饰为常备官兵；把中世的基尔特，编组为产业组合。一部使旧势力合理化合法化的宪法，把大大小小的贵族们，将军们，都在旧的基础上，取得了新的存在。一言以蔽之，封建成份的大量的保留，形成了德日两国社会经济组织的第一个特点。

2.相同的脆弱性——它们的经济上或产业上的脆弱性，有一半是从它们的落后性导来的。落后了，不能很快的走上资本主义的旅程，它们就不但对于殖民地的要求，不能不表示钝感，同时，它们自身，且还要被当作落后的殖民地来为人所盘算。美国的“黑船”向日本探掠的时候（一八五三年），日本是同非洲、澳洲等量齐观的。而在这以前不远的期间（一八四八年），德国国家主义经济政论家李斯特（F. List），已把德国描述为英国兰开夏曼彻斯特商工业者的殖民地了。等到日本同德国立意要由殖民地登上现代国家的舞台，世界落后的地带，大体已被宰割净尽了，日本无疑从中国强夺去了朝鲜、台湾、琉球，德国也还在非洲，在太平洋，找到了立脚的基地，但比起其他先进国来，它们的资本主义的这一方面的脆弱性，就已经表现得非常显然了。但还不止此。日本在美国黑船到达以前，原本是一个封锁的、与外国无何等交往的国家，惟其如此，它作为一个资本主义国家而出现的“资本”，就完全只靠国内的，由封建王侯将军们胡乱消费剩下的一点点原始蓄积。德国原和日本不同，在新大陆和远东尚未同欧洲直接发生商业联系以前，德国曾由所谓“汉撒同盟”，垄断过欧洲北部的商业，但海洋大道对于英、法、西、荷诸国的大大成就，同时却把德国变成了一个同外界截断了商业关系，而只是它在欧洲，让宗教的、政治的、经济的，乃至国内农民的战争，来消耗它的国力的、破碎支离的国度了。它是由法国得到一大宗赔款和能弥补其先天贫弱症的煤铁产地阿尔萨斯、洛林，才起家的。但虽然如此，它的脆弱性，它的先天不足，并不下于日本。

3.相同的侵略性——社会的经济的组织，何以在落后性与脆弱性之外，又表现着侵略性呢？这有一大部份正是由它的落后性和脆弱性所招来的，日本和德国的产业，自始就带有几分“杀气”，带有几分横冲直闯的战斗性的因素。这可以从两个方面来说明：产业军事化，是德日社会组织下最值得注意之点。我们已讲过，落后国家要对先进国迎头赶上，首先就需要备有相当程度的武装，军国主义在这里是最好活动的温床；而由外而内、由上而下的社会改装，更方便把产业的基础，安置在军需工业上。就日本说，对华战争、对俄战争的胜利，对于那个军事化的产业，不啻一次一次的给予了鼓励，给予了加强扩大的机会，而日本军人在宪法上取得的特权，更无异给予了那种产业以有效的保障。日本在这许多方面，无疑是把德国作为它的“自我冶造”的标本。日本的宪法是从德国抄去的，日本的军阀主义是由德国输入的，日本的产业是按照德国样本来装备的。德国的军事化产业，也无疑受了普丹、普奥、普法战争的胜利的鼓舞。但尤其是得到了具有浓厚封建性的军事势力系统的支持。德国的皇帝不但是国防军的统帅，同时还是全国产业组合上的最后支配者。然而，除了这种军事化的特点外，它们全般的产业，还有一种以和平竞争方式去夺取市场的战斗性能。一个先天薄弱而又落后的国家，要使它的制品，在人家已经把握并部署好了的市场上去获得销路，它就不能不在生产过程上，下一番“剪裁”的工夫。德日两国从不同的作法上，得到了同一的结果，就是德国多方使农业技术化组织化，用优良的技术和组织去战胜敌人，日本在这里是采取不同的战略，它利用本国低廉的劳动力，利用一般顾客好奇取巧的心理去扩增销路，但它们的作风尽管不同，他们由此形成的产业的战斗性或侵略性，却是一致的。

（二）德日社会经济组织与第一次世界大战——德日两国的社会经济组织，或者它们的资本主义，既具有上述的诸般特性，特别是具有直接与战争相关联的战斗性或侵略性,那末,当我们肯定这种说明的时候,一定会引出这样的反驳,即,在第一次世界大战中,为什么德国做了战争的元凶,而日本反而很安恬,很逍遥自在的,站在一傍,来享受快哉的“神风”,而成为最多收获的“战时利得者”呢?自然,我们很有理由从主要战斗局限在欧洲来解释,从英德是战争的两大主角,日本当时不过是做着帮忙的配角来解释。但,战争为什么局限在欧洲,日本为什么不同德国一样演着主角的任务呢?归根结底,还只有从它们各自的社会经济条件,去得到说明。

先就日本说吧。在第一次世界大战爆发的当时,日本的经济发展,虽然已经感到了市场狭窄的痛苦,但因了以次几个理由,终把它在产业上“天禀”的那种凶焰,那种“杀气”,那种侵略性格收敛起来了!那些理由之一,是日本社会特殊的“禀赋”,还允许它用各种新的方式,在农村中从事原始蓄积;它的劳动大众,尚没有现代的组织的战斗的经验,允许它的资本主义,施行前资本主义的榨取,事实上,日本对外推销的制品,就已经是在利用或“享受”它这个优点,它像从这里发挥了它“伸缩自如”的弹性。然而单靠这个条件是不行的。它的自然环境靠近所谓地大物博的中国,靠近这个列强眈眈虎视,而又不曾全部宰割,不曾明确的划定势力范围,不曾爽切的变成谁的保护国的中国,自然会增添它不少的幻想,所谓“大陆政策”,就是它那种幻想的具体表现,它因为在处心积虑的图谋这块肥肉,所以,只要列强不积极侵蚀到这里,侵蚀到它的“卧榻之傍”,它是乐得故示镇定,乐得看人家厮杀的。此外,我们还得指明一点,就是,第一次世界大战,可以理解为英德的争霸战。日本在日俄战争以后,它的国际地位,它的实力,确曾增加不少,但同当时的德国比较起来,它还不够成为英国对世界统治的威胁。就因此故,英国虽然已把德国当作老虎来打,对于日本,它却不妨把它当作警犬,与它结成盟国,使它担任防守其远东利益的任务了。这就是说,日本在第一次世界大战时一方面固然是持有“袖手傍观”的自然的和社会的条件,同时也由于它还不曾在实力方面,具备一个作为大战主角而行动的资格。

德国是不同的。在接近德国本土的周围,都由英国或在英国主导下,布置了产业的乃至军事政治的天罗地网。德国每从产业,从政治方面一有所扩展,马上就碰到英国给予它的障碍。而不幸,我们前面已经讲过,德国产业的发展，又是以超速度而前进着，这又不仅刺激英国的戒备，且还使德国抱着非突破英国封锁无以图存的决心。在这一现实前面，并还显示出了另一个加深它们之间的政治危机的事实。那就是，德国产业上对于发展受到的妨阻，不但不能像日本那样，向本国劳动大众方面得到补偿，且还必然要由此加大劳资对立的关系。即德国产业工人一开始，就具备了几个较之日本产业工人难于驾驭得多的条件：第一，德国产业的发展是相当集中化的。集中化的产业，要比不集中化的产业，更便于产业工人的组织化；第二，德国产业工人在他们形成组织之始，就具备有战斗的经验，这经验，是其近邻法国特别是英国产业劳动者，经过去多年，许多次斗争所获得的，所传扬给它们的；第三，作为劳动者争取阶级利益的指导的学说，在德国甫一踏上资本主义的旅程，就已经在当作各国产业劳动大众的共同的福音而传布着，这些学说，又主要是以德意志文字写下的。拉塞尔(Lassale)、洛贝尔图(Rodbertus)、马克思(K. M.)、恩格斯(F. E.)的理论，当然能给予德国劳动大众更多的影响。就因为这些理由，在十九世纪最后三数十年间，德国劳动者阶级的活动，已经变为德国资本主义的一个痛苦的重压了。德国资本家为了突破这难关，都依照资本主义法则所指示的有利途径，加紧使他们各别的产业机械化，用机械这种“哑人”，去对付“桀骜不驯”的劳动者。结局，机械驱逐劳动了，结局，个别资本家像是在这一方面得到了避免劳动者的麻烦的便利；但就全资本家阶级讲，就他们都需要商品消费者讲，马上就发生了一个大漏洞；由被机械所代替了，所驱逐了的产业预备军的增大，把社会的危机，社会的威胁加大了。为要克服这种危机和困难，德国资产阶级愈感到他们唯有对外打破包围，把国内产业劳动大众的注意，集注到对外关系上，始能得救。

就这样，德国作了第一次世界大战的元凶。那次战争的发难责任由德国来负担，那总该可以说是一种“不自然的必然”罢。

(三)第二次世界大战前夜的日德两国经济概况——第二次大战的发动，有两个说法，一是起于一九三七年七月七日日本在中国卢沟桥的侵略，一是起于一九三九年九月一日德国向英法的宣战。事实上，日本向中国的进攻，已经不是始于一九三七年，而是始于一九三一年的“九一八”事变，而在德国，它对法宣战以前，早经对奥、对捷、对波以及对欧洲其他弱小国家，甚至法国，有过一长列的侵略行动。德国为什么做了第一次大战的元凶，又要做第二次大战的元凶呢？这不能从“尚武”“好战”一类“考语”中，得到何等解释；至若狡猾的日本，它这一次为什么不等待“神风”吹来，坐享其成呢？德日发动侵略战前夜的经济现实，可给我们合理的说明。

1.日本在此次战争前夜的经济现实——由一九二四年到一九二九年，是第一次世界大战以后的经济复兴期。这个复兴期，在首当战争之冲的各国，如德、如英、如法等国家，虽由此把生产机构恢复过来，但它们对生产机构的恢复，就意味着，它们对过去殖民地市场的要求，又炽烈起来。它们对殖民地市场要求的炽烈，也就意味着，另一些在战争过程中，呼吸了“神风”，同前述那些国家的殖民地，发生过密切的经济往来关系的国家，如美国同日本，就立刻感到它们前此的生产机构，扩张得过大了；一九二九年由美国首先爆发的大金融恐慌，同年即在美国恐慌浪潮下，也从日本经济神经中枢的全国银行业上表现了破产停业情形。这里，我们且丢开美国不说，日本在这以后，就完全被“不景气”的危机所侵袭着。

不幸，与这经济危机相伴的，还有一些根源于这危机，却又反过来加大了这危机的社会政治的危险关系的存在。

首先，随着生产机构在战争过程中的不绝扩大，日本产业劳动者有了迅速的增加，但他们不仅在量上有了增加，在质上也变得非常厉害了。世界劳动大众的觉醒运动，日本劳动阶级也渐感觉到了，他们不再“锢蔽”在“困着让人踢”的全无反抗的地步了。在一九二九年顷，日本组织的、当作斗争团体而出现的都市劳动者群，已达到了90万人之多。劳资争议变得频繁了，在都市产业劳动者运动的影响之下，农村劳动者也不肯落后了，与城市罢工运动相并表演的，有各地农民的有组织的、半有组织的拒纳地租的运动。这在日本资产阶级看为是突兀的带是威吓性的“不稳”行为，由于苏联以工农为主体的国家的出现，更加在日本都市乃至农村的劳工运动上，发生了“火上添油”的影响。——这事实，表照在第一次世界大战前，日本对内可以任意榨取的那种资本主义的特质或特别有利条件，到此次战争的前夜，虽未完全失去，却已大体改观了。

自然，对内榨取受到妨阻，大可利用它对外的有利条件去得到补偿的。这所谓对外的有利条件，就是接近中国这个尚待开发、尚可施展侵略的广大市场。但事不凑巧，当日本利用第一次战争更加发育繁昌起来的时候,中国的民族资本或现代性的国民经济,也多少受到了那次战争的“润泽”;民族资本的抬头,必然伴着昂扬的民族意识,由是,反帝运动,特别是排日抗日运动,在整个中国迅速的展开来。就连日本一向视同“囊中物”的东北三省,亦郁勃着,蔓延着,“打倒日本帝国主义”的或隐或显的各种方式的计划或行动。——这事实,又表明日本在第一次世界大战前,尚持有莫大野望与确实把握的中国这个可以“生杀予夺”的大市场和大的原料供给地,也发生了不易“任意”利用的困难了。

不仅此也,日本的肘腋下的殖民地,台湾和朝鲜,也发生了所谓“不轨和徒然”的独立运动,使它需要在边僻地带,驻扎皇军,帮同警察维持治安了。特别是“不逞鲜人”[①]台湾人,勾结“内地”的不稳份子,相互影响,把“昭和圣代”的“非常”性,格外显示得严重了。

此外,战后日本的国际关系,尤其陷入了重重难关。从一九二一年华盛顿会议,直到一九三〇年的伦敦海军条约的签订,日本随在都感到英美,特别是美国,在用一切可能的压力,使日本国力的发展受到限制。而在所谓“空前屈辱”的海军条约签订以前不久,日本还因恐慌——赤字的威压,把常备陆军也削减了四个师团之多。这举动,在政治上的意义,虽是想借此缓和国际的不利关系,同时却在国内引起了重大的政治危机,“以重大决意”“突破英美包围”的右翼运动乘机抬头了。负缩军及签订伦敦海军条约之责的滨口雄幸首相,被刺殒命了。

“山雨欲来风满楼”,一九三一年的“九一八”事变,就是在日本这种经济的——政治的危机前面表演出来的。

但日本这种对中国侵略的军事冒险,在英美,特别是在英国的绥靖政策下,不但不曾受到“惩膺”,反而受到鼓励了。资本主义的贪欲,配合着军国主义的“发扬国威”的要求,一直在向着抵抗力最弱的侧面前进。一九三七年的“七七”事变,无疑是一列有联贯性的侵略行动中的一个环节,但在“七七”事变前夜的日本,显然增加了一些敦促它、鼓励它的经济——政治的因素:世界大恐慌一直没有真正缓和的征候,资本主义列强拼命扩展军备,中国抗日排日的全面化与组织化,英美对日关系的恶化及资本主义列强与苏联关系的错综矛盾,德意与日本的勾结。所有这些因素,都有

---

① 日本统治者对不服从自己的朝鲜人叫“不逞鲜人”。——编者注

助于“七七”事变发自日本方面的理解。但探本穷源，则不能不认定所有这些因素，都是通过日本的社会经济组织，或以日本社会经济组织为基础，而作用着的。

2.德国在此次战争前夜的经济现实——战败后的德国，无疑是由战争以及战争结束条件受到了破毁与支解的打击。但我们在肯定它的这种打击之余，却不能忽视它在另一方面也得到了一些便于它的经济恢复或改造的便利：首先，由战争的失败，威廉第二奔逃所引起的霍亨索伦王朝的瓦解，使德国前此未完成的资产阶级的革命，有了一个较澈底的清算。依韦玛宪法所产生出来的较开明的、较前进的政治组织，对于团结国内一切力量，以克服内外一切困难，实有决定的影响。其次，德国以被宰割者的资格，退出了国际政治斗争的舞台，它不但可以暂时埋头对内的恢复工作，而且还有帮助它的恢复工作进行的条约关系的存在，那就是，被解除了武装，且不许继续武装的德国，它因为没有或仅只极小额的军备费用的支出，它的全部经济力量，就可以集中使用到经济恢复工作上来，再者，战后资本主义列强或战胜诸国间的矛盾，以及它们与苏联间的矛盾，它都可利用来作为取得国际援助的“把柄”，事实上，它确曾由此得到了美国英国的援助了。还有，被残酷课加于德国的大量赔款，在辩证意义的理解上，也尽了促进德国恢复工作的功能。因为要德国按期支付出大量的赔款，就没有理由不设法使它的经济，得到相当的安定。“道斯计划”以及“杨格计划”，在另一方面，是不妨把它们解作有助于德国战后经济之复兴的，最后还有最重要的一点，就是德国的殖民地市场没有了，它对外的贸易，且还受着许多条约的限制，结局它要在不但无保护，且还有障碍的诸般国际关系下，发展其对外贸易，它唯一可能的努力，就是使它的产业组织，更合理化，更机械化，更集中化，更具有优越技术的性能。

然而这是问题的一个方面。德国生产机构的合理化，其本身就预伏着机械驱逐劳动的更深刻的危机。这危机在世界大恐慌尚未发生之前，还可由其优越技术所保证的对外贸易，得到相当程度的和缓，但自一九二九年的世界性恐慌由美国揭幕后，德国就开始受到几重的打击，美国为了收不回对外借款，并为了调剂国内金融，对国外信用采取了紧缩政策，这在缺乏资金周转的德国，无异是当头一棒；此外，恐慌侵袭到的各国，都开始对本国，对殖民地，采行了极富于侵略，防守性的关税政策，这益使德国产业走头无路，失业，破产，以及由此引起的社会——政治的危机，在一九三一年“九一八”事变的当时，已经有迫使德国采行“日本路线”的必要，然而，它那时的军备，是不能作这种冒险的。

德国在社会危机中所昂扬起来的国际主义运动，苏联第一次五年计划成功，第二次五年计划开始，所给予资本主义世界之物质的精神的打击和刺激，法苏互助公约的签订，使英国立即感到有让德国右翼的反国际主义的反法兰西的势力抬起头来，并在它希望的限度下，武装起来之必要。希特勒[①]在一九三三年登台了，希特勒通过所谓“精神抄袭”的四年计划，挽救德国社会经济危机的最有效办法，就是重整国防，扩大军备。把国内的怨忿，有计划的、很技巧的转向外国。“以大炮代替牛油”的口号，曲成了国内榨取的能事了。而由莱因驻军，萨尔收回，奥国合并，捷征服所给予德国法西主义势力的一系列鼓励，当然大有造于德国法西主义的统治和军阀主义的猖獗呢，然而所有这些成就，却并不能阻止德国更大规模的军事冒险。德国已利用它的军事的产业基础，集中的经济机械，和超越一切国家的技术优势，把全国变成了一座兵工厂或兵营。但就因此故，它在金融政策，劳动政策乃至一切其他社会经济政策方面，所玩弄的戏法，已经达到了智穷技极的境地；同时，不生产的消费的无限扩增，看看已是难乎为继了，人民消费的限界，也无法更进一步的压缩。此外，英国显然在运用忍无可忍的绥靖政策，作为其加速增大军备和部署新包围阵势的拖延手段。希特勒是最知道德国的经济现实及其国际环境的。他鉴于第一次大战的经验，认定不能再事迟疑了。

总了，日德两国是此次世界大战的发动者。它们对于世界规模的战争的演出，都是把它们各别的社会经济组织作为依据。客观的经济的强制要求，使它们把战争祸首的责任，当作建设或实现它们所理想的世界新秩序的大使命来履行。从它们或它们的代表者法西斯党徒或军国主义者的意识上，是看不出战争的规律性和法则的；而由那种意识所反映出的它们的社会经济组织本身，却预示着战争的必然。

---

① 原文为希特拉，按现通行翻译改动，下同。——编者注

六、经济运动法则与战争性质的可能转化

当作战争已是现代社会生活之一经常现象，当作现代社会生活之矛盾的尖锐暴露和强力解决，而正在表演着的时候，我们对于战争的演变及其前途，自然不能不很“实际的”依据战争发生当时交战国的客观社会经济条件，及战争已发生之后的它们的客观社会经济条件，而加以正确的理解。各参战国各战斗立场的主观意识，其战斗意志，其信心，无疑都有助于自己所希望的战争要求的实现，但那主观意识、战斗意志及必胜信心，如果不是把彼此客观社会经济条件之明确认识作为依据或基础，也一定空泛而不具体，浮动而不坚定。愈是想把战争发展的客观必然，导向自己希望的有利的方向，就愈加要知道发挥自己的客观的有利条件，弥补自己的客观的不利条件。在轰轰烈烈的战斗场合，理论像是多余的。但战斗正是理论的实践。

我们是需要正视战争的现实，使它向着我们最希望的场合转换的。

（一）战争的现实与德日优势的究竟

此次战争，从中国于一九三七年“七七”抗战起，已超过了五年，而从欧洲英德宣战的一九三九年九月一日起，亦快要到一年。这数年的战争成果，我们用不着在这里枝枝节节的零零碎碎的作流水帐似的记列。一个总的概念，一个包括的说明，那是我们展开理论的分析所必要的。

日本自从对中国发动“不宣而战”的侵略行动以来，在中国战场上，固然是“狼奔豕突”的横冲直闯，蹂躏了中国广大的领土，并玩着奴役着千百万的人民，无疑地，它在人力物力上也有了不少的损耗，且也吃了一些虽不是致命的，却是丢脸的败仗，但暂时它毕竟是以胜利者的资格，“君临”着中国的沦陷区，并还在向着中国自由的区域，继续进行侵略。就在它对英美荷诸国正式宣战以后，它在整个的南洋，似乎取得了更加有决定性的战果。总括的说，直到现在，日本在东亚方面，不但占有战争的优势，且还像保持着战争的主动地位。

德国在欧洲方面的情形，虽然在对苏参战以后，有了不少的变动，但它对西欧大大小小的十几个自主的或半独立的国家，还在扩大并稳定它

的军事暴力的统治。它并且还进一步在加紧动员所有这些国家的人力物力,以便造成压倒的优越力量,向着苏联以及其他同盟国家,作最疯狂的最有破坏性的突袭。也如日本在东亚一样,德国迄今仍没有完全失去它在欧洲乃至非洲方面的优胜的和主动的地位。

我们要研究的,当然不是德日在当前战争中,占有如何的优势,而是它们的优势,是否一直能够保持,或者是在如何能使它们那种优势,逆转为劣势。但在进行这种研究之前,一定要先把它们为什么占优势,或形成它们那种优势的根本原因指证出来。

第一,我们知道,德日的社会经济组织,不但是以军事产业作为它的重心,并还带有极浓厚的军事化的性质。这种性质的经济基础,无疑是非常便于作战的,但尤其值得注意的,是它们无论在承平的时期,抑是在局势紧张的时期,都不曾忘记发挥它们的那种产业的特质,"处心积虑"的从事战备。大家都知道它们在战争的准备上先了一着,但却很少人留意:它们的社会经济组织,根本就适合战争的要求,它们的生活条件,是太与战斗条件一致了。

第二,建基在它们那种社会经济组织基础上的政治制度,特别是它们在战争前夜逐渐改装过来的政治制度,无论我们怎样咒诅它的专制野蛮,但作为一个战斗体的神经中枢来说,对于总动员,对于战争命令的贯澈,对于一切强制的法令的执行,较之那些民主国的政治机构来,是显得更为有效,更为有力的。有些政论家说英法诸国对德战争的失败,主要是因为它们的政治意志太不集中,政治行动太迂缓,政治组织太松弛,那不是全无理由的。最后,

第三,还有一个大不为一般人所留意的原因,就是,德日两国之社会的经济的政治的条件,固适合战争,就是它们对于战争目的的宣传,扩大占领,建设奴役它国人民的新秩序,亦大有助于它们那种形态的经济政治力量的发挥。它们平日的宣传,教育,军阀主义和英雄主义的精神,大和魂,大日耳曼主义,优等民族论,生存空间论,"有"的国家和"无"的国家再分割世界殖民地的斗争说,所有这些意识形态,诚然是反时代的,野蛮主义的,但当战争的性质,还留在争夺殖民地的阶段,争夺对落后民族之奴辱榨取的统治的场合,它们的教育与宣传,就显然能配合它们的侵略行动,使它们在战意上也收到了"言行一致"的效果。不过,它们这种有利的

条件,也是要它和同盟诸国作一比较的观察,才能更明确的表现出来。但关于这点,我想留在下面来附带述及。

(二)战争性质在战争过程中的变化

关于战争性质在战争过程中的变化问题,可以从两方面来考察,一是已有的变化,一是可能的变化。我们的着重点是在后者,但须把前者作为讨论的出发点。

此次世界大战与第一次世界大战后几个显然不同的特征。第一次世界大战,纯是帝国主义争夺殖民地的战争,而此次战争,则复杂得多:首先,在第一次世界大战中,中国虽也参加了,但只是一个附属性的陪角,对于实际战斗,也只表演了一个滑稽的场面。这次的战争,却是以中国全面的大规模的同日本对战开端的;为争取民族生存战的中国,一直在战争过程中,在交战国中,保有主角之一的地位。这,已够使战争的性质改观了。其次,苏联在此次战争中所占的重要地位,那对于战争的性质,至少,与中国以主角资格而战,有了同等或重大的影响,因为苏联的建国精神与基本国策,是要援助一切落后民族独立解放的;又其次,由于中国、苏联和英美诸同盟国比肩作战,英美对于战争的目的,也自不能和上次大战一样,事实上,前述战后殖民地同宗主国的关系,早已有所改变了,这对于它们,特别是对于英国的战争态度,也不能毫无影响。

总之,战争是在发展中,战争的性质,也不能无所变化。问题是在如何的变化才有利于我们,如何的变化,才于我们不利。

我们已在前面讲过,战争的性质如果是帝国主义的,如果单是为了争夺对于殖民地,对于落后民族的榨取和统治,对于国内一般劳动大众之不平不满的愤怨,有计划的使其转向国外,那就无论从哪方面讲,都会使我们感到目前战争前途的黯淡。但目前战争,还不曾使人真正感到失望,那与其说是系于同盟国的人口如何众多,土地如何广大,资源如何丰富,制造力如何强大,就宁不如说是系于战争的性质,渐在向着有利于同盟国方面转换。有了那种转换,众多的人口,广大的土地,丰富的资源,强大的制造力,始能发挥其最大可能的作用。这就是说,战争的性质,如渐渐向反帝国主义的,反殖民地榨取的,变成真正为公理,为自由,为伸张正义,为求解放,一切的局面便会倒转过来。在这种认识下,争取战争的胜利,就是意味着争取战争的有利的转换，德日一伙轴心国家为了更大可能的利用社会经费的战争体制与战争教育，愈需要战争成为帝国主义的战争，而在同盟国则以反帝国主义的号召与实践，为最能避开自己的缺点和发挥自己的长处，这里且进一步予以说明。

(三)战争性质的改变与战局的改观

我们说，把战争性质认真改变过来，那并不是，使现实的帝国主义战争，变为反帝国主义的战争；在中国同苏联，均以战争主角而从事战斗的限内，在英美两大民主国，为了种种理由，曾一再宣称此次战争为自由战争的限内，就民主集团方面立论，战争已经大体不是帝国主义的了。但由大体不是帝国主义的战争，变为完全反帝国主义的战争，其间还有一个距离。这正是我们当前应当下大决心，加紧努力的地方。

在这里，我们需要从帝国主义所由蛹化出来的资本主义的社会基本关系，来说明战争性质变化对于交战国两方面的利害关键。

战争如果名实相符的是反帝国主义的性质，那末，在民主集团方面，首先，它们与殖民地及保护国乃至一切落后地带的利害关系就能得到和谐的一致了。民主国为反对暴力，反对侵略，反对奴役弱小民族而战，那些弱小民族，当然更加振奋，拼全力争取战争的胜利。希特勒和日本的法西斯主义者，自然无法诱骗印度、埃及、中东各国、土耳其、南非、南美诸邦了；这些国度诚能以自由而独立的国家的资格站立起来，它们的人力物力，自能很有效的对同盟国服务。第二，一个资本主义国家如能把殖民地解放出来，即使那种步骤，不联带把国内社会的不平现象，加以矫正，也至少能使国内一般出钱出力的广大社会群，认知他们的牺牲生命财产，不是为了少数人在殖民地带的特殊利益，而是为了整个民族的生存与自由，这一来，同盟国方面表现得不够充分的战斗意志与牺牲精神，也许能得到一大纠正。第三，现在同盟国间的作战，一般都认定意志不够集中，力量不够集中，这缺憾，主要也许是它们对于战争的目的，还有某种程度的参差。罗斯福总统和丘吉尔首相一再关于作战目的的声明，虽大有助于同盟国中各主要国家之意志与力量的集中，但他们的声明，特别是丘吉尔首相的声明，如立即以行动来兑现，则不但中国与苏联对于英美的信任和团结，可以顿时增加到极高的极大的限度，就是英美彼此间对于太平洋，对于南北美，对于欧非及近东各地的军事部署，也许能在步骤上计划上收到更协和更周密的效果。

我在前面曾说，法西斯蒂的社会的政治的经济的组织，相当便于它们所从事的暴力的，征服式的，帝国主义性质的战争。这种说法，在相反的方面，是意味着：(1)同盟国的民主方式的社会政治形态，最不适于从事帝国主义战争；(2)同盟国在国内，对殖民地，以及彼此相互间，如民主得不够，或使自己的作战号召与作战行动，表示出极大的偏差，那也不适于非帝国主义的或反帝国主义的战争。

在这种种认识下，如果我们希望的战争性质的变化，能由我们同盟诸国的共同努力，克服几世纪以来的种族的自私自利的传统的偏见，而从事实上行动上表现出来，那末，在相形之下，就立即可以比照出轴心诸国的缺点，比如第一，就轴心日德诸国对殖民地的关系言，它们那种暴力的残酷的统治方式，一定要分散它们不少的作战力量。日德两国在一切占领区域为维持榨取统治所耗去的人力与财力，究竟和它们由那些区域所强征的所勒索的人力财力，能形成怎样有利的比例，那也许还是一个值得研究的问题。如其同盟国方面澈底的放弃了殖民地的传统要求，则在轴心统治下的一切地区，一定会表现出更可惊的反轴心的力量。第二，帝国主义式的战争，对国内说，就是把战争的大部分或全部的责任，都加担在一般劳动大众或中下级人民身上，而战时利得，以及随占领区扩大所获有的特殊权益，则由少数有经济政治实力者所垄断。所以，德日法西斯主义的统治者，尽管在运用一切可能横蛮的骗诈的方式，叫一般大众勒紧肚皮，牺牲生命，但他们一伙在国内的私有财富的增加，以及在占领地区所表现的“荒淫无度”的丑恶实相，终会或者已经使德日一般大众，感到战争愈向前发展，他们的苦难，他们及他们家族生存的前途，就愈加渺茫。在目前，德日法西主义者赖以支持其统治，可能继续行使欺骗与诈取的，就是不断的战争，不断的胜利，一旦情势有了逆转的征候（当前已经有了这种征候了），那些奸诈的有计划的用对外侵略来回避国内社会革命的战争策略，将证示对外侵略加紧进行，自然会引起国内社会矛盾之更尖锐的暴露。德国军阀主义者都公开承认：他们在前世界大战中，不是被敌人打败的，而是被自己打败的。由一历史的现实，不久将使德国及其伙伴再受到教训。第三，德日这两大帝国主义强盗，目前的侵略抢劫，还像能互相呼应，互相支援，至最在表面上，还能显出一致的协作步骤。但它们的合伙，愈有利得，便愈会达到可能继续的限界，帝国主义是以独占为理想的，帝国主义本身的，需要不绝扩大其占领的贪欲精神，根本就不容许第二个，特别是势均力敌的第二个帝国主义国家的存在。这就是说，同盟国间的矛盾，愈因彼此帝国主义性能的减退而化除，轴心国间的矛盾，就愈会因它们彼此帝国主义性能的发挥而增大。

我们依据资本主义的经济法则，把战争性质变化，对于同盟国与轴心国可能发生的影响，加以比论之后，一定会相信，当前战争的局势，即轴心国家方面所保有的优势，是不难转变过来，或倒转过来的。也许说，从今年南洋群岛沦陷之后起，从德国春季攻势表演得太无精彩的时候起，从丘吉尔首相飞美国，蒋委员长飞印度，特别是自莫洛托夫飞英美起，战局的逆势，已经渐渐有些改变了。我们当然希望那种改变很迅速，但却是不能很突兀的。在战局的改观，需要把战争性质的改变作为前提条件的限内，只有历史的奇迹，能爽快的满足我们的太观念的奢望。[①]

(四)中国把握着战局有利转换的枢纽

把战争转变为非帝国主义的或反帝国主义的性质，是一件具有历史意义的业作。在同盟国中的几个主要国家中，中国与苏联是始终在向这方面努力的，美国也能勉强做去，只有殖民地帝国的英国最为困难。在这场合，单靠谁的明断，谁的人望，是不够的。所谓人望与明断，乃至一切人格的因素，只有在客观强制的历史的条件已经形成了的时候，才能表现它的作用。比如英国在印度问题上的表现，尽管我们有理由，或者凭理性说话，觉得它过于迟缓，过于不肯“放下屠刀”，但英国的立国精神和传统政策，也许还觉得它起用克利浦斯，向印度作让步的谈判，已经是了不得的重大步骤了。照目前情势推测，似乎战争的发展，不演进到非让印度独立，就得把印度完全放弃的那个阶段，印度问题是不易有妥当解决的。印度问题是一个例，一个对战争性质有决定影响的试金石。我们当然不希望战争演进到那个严重的阶段来解决印度问题，因为那样的解决，于同盟

① 原书上述二段有较明显的排版错误，依首发于《新建设》1942 年第 3 卷第 7～8 期上的论文《世界战争与世界经济》订正。——编者注

国是太不利的。一切客观强制性的历史条件，在它当作一个结果而作用着的时候，它是对我们主观意志独立的，但在它的形成过程中，却不能忽视主观努力的效用。这就是说，我们一切同盟的国家，需要利用各别可能的有利条件，以便造成一种足以左右战争性质的客观情势。而在几个主要的同盟国家中，可以中国为最需要最能够向这一方面作更大努力的。

首先，中国无论就哪一方面讲，是都需要此次战争，变成完全反帝国主义性质的战争的，它迄今还在被不平等的条约束缚着。这次战争如果在大体上还保留着帝国主义的性质，如果还是先进的强国，为了保持其对于落后国家的统治，对于落后国家之特殊权益，或维持那些特殊的不平等条约而战斗，那作为其盟国的落后国家，就无法希望从这次战争的结果，得到何等好处。显言之，就是中国的作战目标，主要是想求得中国民族的澈底解放。我们的盟国，特别是英国，即使目前不是为了对日寇争取其在中国的特殊利益而战，但第一次大战已经教训过我们了，所以，我们必须用一切可能的方法，化除我们盟国使战争带有某种程度的帝国主义性质的一切企图。我相信，这不仅是为了我们自己，同时也是为了我们的盟国。

而且在国格上讲，社会主义的苏联，它与资本主义的英美，恰是立于对立的地位。当前急迫的要求，虽然强制它们结合起来，但要使那种结合更有保证，更加牢固，只有把它们的社会经济组织，更接近起来；把他们之间的基本矛盾，更减少一些。中国的社会经济形态，在作为一个社会发展阶段来看的限内，可以说是尚在形成或成长过程中，它的民生主义的经济理想，不但对于资本主义的英美，对于社会主义的苏联，不会引起何等绝不相容的对立，且至少在战争过程中，还可由其不走极端的中介性的示范作用，而使英美苏之间不容易解消的矛盾，渐次得到和缓。

要之，中国是最需要使战争成为真正的公理对强权的战争的，中国也是最可能最便利促使战争向着这种理想之途迈进的。第一次世界大战第二次世界大战，既都如前面所述，是产生于社会经济机构中，是资本主义——帝国主义的产物，那我们要希望人类不再重复这种历史的悲剧，就不能单靠和平主义人道主义来终结战争。惨痛的经验不止一次的告诉我们：和平主义人道主义真是不止一次做了准备战争的烟幕。我们已经读到了许多关于战后和平相处的“理想单方”，但我们如果不设法改变战争的性质，不设法在战争过程中，逐渐变革或改造产出战争的社会经济机构——资本主义的体制，一旦战争在“两败俱伤”的情形下暂时结束了，稍得生息的机会，又会依着资本主义的法则的作用，使战争更有规律性，更有破坏性的重演出来。

中国在民族主义上的坚决抗战，已经对于一切落后民族乃至受侵略的先进国家，尽了莫大的“立懦起顽”的振奋作用。中国如果在抗战过程中，为了能够更有效的支持抗战，和确立建国的基础，而不顾一切困难的将民生主义的革命步骤，努力的澈底的予以实施，那对于我们同盟国的社会经济组织，对于整个世界经济，相因而对于战争的性质，对于战局，一定能发生更大的有创革命意义的影响。

一九四二年七月十二日于湖南醴陵野马轩

政治经济学在中国*

一、当作舶来品输入的政治经济学

(一)中国没有产生政治经济学的环境

就一般社会科学而论,政治经济学算是一门最能反映现实,而又最须以现实为依据的科学,在这门科学是以现代资本主义经济为探究对象的限内,像在中国这样,一个经济落后的半封建国家,一个直到现在,还有不少的人,主张把欧美资本主义制度当作理想移植过来的国家,当然没有产生政治经济学的可能。我们现在所研究的经济学或政治经济学,是当作完成的舶来品,从先进的资本主义国家输入的,是紧随着那些先进资本主义国家的商品或机械品而输入的。

不过,这里须得指出:这种文化舶来品的输入,若溯其渊源,那大体还是一种首先通过日本,再输到中国来的转口货。而政治经济学这个译名,也还是沿用日本的。即如最先把西欧经济名著《原富》译述过来的严又陵氏,他对于政治经济学或经济学(Political Economy or Economics)原是译为计学啦。不过,随着中国社会经济发展情形的演变,和中国文化水准相应提高,以前完全或主要由日本转输的经济科学乃至其他一切近代社会科学自然科学,已渐能自行直接输入了。但无论经由日本输入,或是直

---

* 本文1941年10月首发于《新建设》杂志第2卷第10期,标题为《政治经济学在中国——当作中国经济学研究的发端》。作者在其按语中说:"'中国经济学'这个语辞的提出,是为了要在经济学的研究方面,作一个新的尝试,开辟一个新的门径,是希望中国经济学界,不再一味'消纳'所谓英美学派,德奥学派,乃至苏联学派的经济学税的'市场',而能自己加工制作一点适于国人消费且满足国家需求的国产货色。一年以来,这个语辞,虽在我脑中打了多少回旋,间或也向朋友谈及,但却终始因为自己学力浅陋,对这所谓,中国经济学确立起一个整然研究体系的担当,有些感到踌躇。所以就一直延宕下来。这篇文章是早写好了的,虽然缺乏积极性,却很可作为我们向这方面的引导。"该文收入《经济科学论丛》时,删去了副标题和按语。——编者注

接由欧美输入，直到现在，我们对于政治经济学还不曾脱却“述而不作”的阶段。就是幻想“一切古已有之”的国粹主义者[①]，恐怕也无法否认这种事实罢！

谈到这里，我们似乎不应“数典忘祖”地忘记提到以次这个“考据”。十余年前，日本有一位经济学者泷本诚一氏，著有一部《欧洲经济学史》，在这部书后面，他附有一篇题名为《重农学派之根本思想的探源》的附录，这篇附录的主旨，在反复说明重农派之思想的根源，完全出自我国古代的“四书”、“五经”。他最后总结这篇翻案文章的大意说：“要之，构成魁奈(Quesnay)——南按：重农学派的主导者——学说之基础的根本思想，完全吻合于“书经”及其他经典上所表现的中国太古的王制，及其学说的旨趣，不同的地方，丝毫没有，这种论断，我想不会不正当吧。但现在一般人，都认为近代的经济学，是发祥于法国或苏格兰，竟把其重要的母家中国完全置之于不顾，这实在是我们东洋人的一大憾事啊！”

我们看到这段话，当然非常高兴，经济学竟是“吾家宝物”了。但仔细加以考察，就知道这段传奇的说明，完全不合事实。魁奈这位医师，原来曾有过一部《中国专制政治》(Despotisme de La Chine)的论著以表述他对于开明的专制政治的憧憬。他鉴于法国农村凋敝情形，希望有这么一个理想的政治体制来救治当时农业上的危机。但因他是路易十五的侍医，不便明说法国腐败政治所给于农村的破灭影响，乃用中国古代学者“托古改制”的战术，把中国古代的君主专制体制，照其所理想的描摹出来，以讽喻规劝时君。而他希望在那种政治体制下实现的农业，都是大农形态，富农形态，或资本主义化的农业形态。他那种农业经济思想，与中国古代重农的言论，以及见诸实行的农业措施，根本没有相同之点，最多只能说是彼此都是重视农业罢了，所以，我们单从表面上，见到他称赞中国的专制政治，就说他的重农思想是导源于中国，那是太牵强附会了。我们原不否认近代经济学的发祥地是在法国，是在苏格兰；并且还可补充地说，苏格兰的亚当·斯密且曾在着手其大著《国富论》的著述以前，“问道”

---

① 在五四运动当时，记得某国粹杂志上，登载过一篇崇孔论的大文章，其中就力说论语“生之者众食之者寡，为之也疾，用之也舒，则财恒足矣”那几句话，是孔子的经济学原理，因而孔子是“大经济学家”。这高论，近已寂然了，但某经济学博士却在前几年的《上海杂志》上说王莽经济政策上的诸种措施，是近代统制经济的渊源，总算无独有偶了。

过重农学派诸子。但重农学派诸子所由取得“近代资本主义之最初的系统的发言人”的资格的经济理论，与中国古代重农思想无涉。

(二)以德国作为比证

其实，因经济落后，必然引起经济思想落后的事实，是一切经济发展比较落后国家都曾经历过来的。即如在十八世纪七十年代的德国，它在哲学及其他学术方面的造诣，尽管早有非常炫赫的成果，但对于政治经济学，它却因为经济发展受到了历史的社会的障碍，而不得不向当时先进的英法二国，低头来做学生，这是由德国一位大思想家非常坦率地承认过了的。

> “直到现在——按指一八七三年——编者——经济学在德意志还是一种外来的科学。……德国资本主义生产方法的发展，从而，近代资产阶级社会的树立，曾受到那几种历史事情的阻碍。经济学在德国发展的地盘，依然没有。这种科学，依然是当作完成品，从英法二国输进来。德国的经济学教授，都还是学生。”①

我们这里且不忙比较今日中国，是否处在七十年前德国所处的那种地位。但有一个值得关心的问题，就是我们的经济环境，不允许我们有自己的经济学。则我们的同一经济环境，也不允许我们正确了解从外国输入的经济学。处在前资本主义的客观情况之下，要对于我们感到十分生疏的资本主义经济问题，表示何等意见，或进一步新有所阐发，那除了我们在现实经济上力图改进迎头赶上之外，是非常困难的。这情形，在七十年前的德国，也同样经验过。前述那位德国大思想家，曾紧接上面引述的文句，表示了以下的意见：

> “……德国的经济学教授，都还是学生。外国现实之理论的表现，在他们手上，成了若干教义的集成。他们周围的世界，是小资产阶级的世界。从这个世界的情形来解释，这种种理论是被误解了。他们觉得在科学上自己没有大的力量。他们还感觉不安地知道，自己所讨究的问题，实际是自己所不熟习的问题。他们大都凭借学说

---

① 见郭大力、王亚南译《资本论》第一卷著者二版跋。

史之博学的美装,或杂凑些无关系的材料……来掩饰。”①

他后面这两句话,是针对着德国历史学派说的。我们往往不自觉错误地把德国历史学派与英国正统学派或古典学派对称起来,仿佛德国也产生了一种与英国经济学不同的新经济科学。其实,历史学派在经济学上的成就,顶多不过是在方法论上转了一个小弯,而他们其所以要转这一个小弯,无非为了德国当时在经济自由竞争上对敌不过先进的英国,才由李斯特(F. List)发端的几位经济学者,把德国原来当作其重商主义传统的所谓官房学(Kameralwissenschaft),加以改装增补,而成功为披起历史经济学说外衣的保护主义经济政策理论。站在资本主义经济学的立场上,那不独谈不上何等新的创见,甚且把那种科学支离歪曲了。

不过,我们还得把话讲回来,古典经济学到英国的李嘉图(David Ricardo)、法国的西斯孟底(Sismondi)已经登峰造极了,在同一资本主义的视野里,我们不能再苛求德国经济学者作何等新的贡献。而这种支离的历史经济学说的形成,那还是一八七一年普法战争前后德国资本主义经济迅速发展的结果。

再就我国来说罢。由目前远溯到中日战争前后,中国资本主义经济的成分,不能说没有相当程度的发展,但因历史的政治的诸种情形的阻碍,以致中国经济,始终踯躅在由封建主义到资本主义的过渡形态中。就资本主义世界的全经济序列来讲,这种落后的经济形态,不可避免地要以带有极大隶属性的次殖民地经济形态,而以买办商业金融,封建式的土地所有关系以及关税权工业权内河航行权的丧失这一列具体事实表现出来。而在这种经济环境下的中国经济学方面的研究者,很自然地会痛感到旧来封建传统对于民族资本主义发展所加的束缚与妨害。虽然后来随着国民革命运动的进展,一部分研究者也漠然知道反封建与反帝国主义有必然的联系,但他们却认定,中国要摆脱封建与帝国主义的迫害,只有自己也变成资本主义国家,即是,先进的资本主义国家可恶,资本主义却是可爱的,各先进资本主义国家之现实经济的理论上的表现,却是大可嘉纳的。于是,祝福资本主义,礼赞资本主义经济学教义,就大体形成了中国对于政治经济学研究的支配的事实。单就中国现经济形态立论,这种

① 见郭大力、王亚南译《资本论》第一卷著者二版跋。

意识上的反映，不但为必然的结果，且还是不应十分非议的，因为与过去封建的社会经济形态，封建的社会经济意识较量起来，礼赞资本主义的制度及其理论表现却宁可说是进步的表示。

不过，在中国经济过渡到资本主义的难产期内，资本主义对世界行使的统治，已日复一日地曝露了破绽，苏联经济形态的飞跃发展，更说明了资本主义经济黯淡的前途，于是在最近十年来，我们本来是囚在半封建社会经济形态上的意识，却为世界大经济环境的改变，却为世界整个经济意识的改变，而必然对于原来无条件接受的资本主义经济学的教义，逐渐引起了加以选择的重新评价的要求。这就是说，我们对此政治经济的研究，不但必须采取批判的态度，并也可能采取批判的态度了。

可是，正因为这种“可能”，不是中国社会经济本身改进的结果，而是世界大经济环境改变的结果，结局，在政治经济学研究的观点上，尽管有一部分人从世界整个经济动态上着眼，还有一部分甚至一大部分人，仍不免被中国前资本主义经济形态所拘困，觉得资本主义经济是我们必须经过的光明大道，从而，资本主义经济学或政治学是我们的福音。在目前的中国经济学界，显然还是以后一倾向为特别显著。中国的经济学者，强半是由先进资本主义国家的学府“闻道”归来，如果我们不妨僭越地说，学者是具有某种成见的别名，则当前的经济学界的后一倾向的显著，就无怪其然了。

因此，把多年以来的乃至时下的关于政治经济学的研究情形，加以比较详细的检讨，那也许是颇有益处的。

二、我们是在怎样研究政治经济学

提出我们是在怎样研究政治经济学这个问题，似乎着眼在看察研究的技术方面，例如如何译述，编著，组织研究会，发表论文等等，但我不想枝节地论到这些方面，我所注意的，毋宁在考究他们把政治经济学当作怎样一种性质的学问来研究。

大体上，中国研究政治经济学的人对于这门科学，有两种看法。设加以不十分妥切的区别，其一就是过于形而下学的看法，其他则过于形而上学的看法。且分别加以说明。

(一)形而下学的看法

在最初,在政治经济学开始介绍到中国来时,乃至在此后相当长的期间,大家对于这门学问,是很直观地或望文生义的把它看作是极形而下学的学问,是发财致富的学问,或者是使个人发财使国家致富的学问。那是毫不足怪的。过去许多经济学者,特别是资本主义初期的经济学者,为了当时经济基本观念的限制,且为了使其学说见信于当时的国君和国人,都把他们的经济著述,题称来与财富相关联。重农学者杜尔阁(Turgot)的大著题名为"Réflexions Sur La Formation et La Distribution Des Richesses"(《富之形成与分配之考察》),即如负有政治经济学创立者的声誉的亚当·斯密(Adam Smith),他那简题为《国富论》(Wealth of Nations)的大著,其全题名就是"An Inquiry into the Nature and Causes of the Wealth of Nations"(《诸国民之富的性质及其原因之研究》)。并且他在该书中,正爽切地表明"政治经济学的目的,在富其人民而又富其君主"[①]。不过,在斯密以后,经济学已完全当作一门科学,而不复是发财致富的宝典了。而且在这以后,经济学者不但关心致富原因的研究,同时还关心致贫原因研究了。随着资本主义经济的发展,从一方面看,社会是更富了;从另一方面看,社会却又似更贫了。一国最大多数的富人;一部人致富受了大部分人致穷的限制,富人也感觉不安了。致富与致贫都成了经济学的研究对象,结局,经济学就没有理由看作是发财致富的捷径书了。

不过,在享受资本主义的乐趣,但同时却在吃资本主义的苦头的先进国家,虽然十分明白这以资本主义经济为研究对象的经济学,并不能告人以发财致富的方术,但经济学开始输入到落后的国家,或者落后的国家,所以输入这门学问,却显然抱有这企图。即如严又陵氏之选译斯密的《国富论》,以及他在该书中所加的许多案语,就充分说明了此种事实。

但实际经济情况的推演,也逐渐教训了中国一般经济学研究者,抱着发财致富的企图去研究经济学,是完全没有用处的,说到这里,我倒要插话几句不全是滑稽也不全是题外的话,就是:有谁果真想从经济学的研究

---

① 见郭大力、王亚南译《国富论》第四篇首段。

来发财致富,却倒可以到一部反资本主义的经济学书中去找到捷径和榜样,《资本论》第一卷资本蓄积过程那一篇(第七篇)对于近代资本家所由形成的经过,举述无数有声有色的实例;而对于小资本家如何变成大资本家,(同书同第一卷第三四五六篇)都根据事实,提出了鲜明的例证。不过,令人感到不十分愉快的是,就在同一非资本家如何变成小资本家,小资本家如何变成大资本家的过程中,也分明从反面显出了独立生产者如何变成雇佣劳动者,变成了赤贫的事实。

总之,政治经济学,无论是站在辩护资本主义的立场的,抑是站在批判资本主义的立场的,我们都不能在它那里嗅到金钱的气味或听到其铿铿的响声。虽然仍有一小部分经济学研究者,还不肯放弃传统的成见,但大部分人却已从发财致富的幻想觉醒过来了。不过,这一觉醒,经济学马上在他们手上变了性质;它由一个极端,被投到另一个极端了,即是,他们对于经济学,原来是采取过于形而下学的看法,现在却又采取了过于形而上学的看法了。

(二)形而上学的看法

政治经济学不像初期经济学者所宣传的,“富其人民而又富其君主”,那末,它是怎样一种学问哩?就我们中国介绍这门学问过来的经济学者来说,我们是有什么必要,要把这门学问介绍过来哩?在经济学已早形成为一种科学,且早已当作一门科学来研究的事实,使他们有理由运用“为学问而学问”的这一公式了。不过,他们的认识,也不完全一致,或者说,把政治经济学“超然化”的程度,互有不齐,设勉强加以区分,就有以次三个类型。

(1)当作纯粹与现实无关的学问

这也许是一个比较极端的类型,但却并不是怎样稀罕的。政治经济学原本是作英国社会经济的产物而登场的。由英国经济学者定立的经济法则,在那些经济学者自己,乃至那些把他们的理论,当作教义来宣扬的其他各国经济学者,大体上,都看为是有无限妥当性的真理。亚当·斯密在他的大著《国富论》中,就惯于使用一切时间一切地方(all the times and all the places)的语辞。李嘉图的大著《经济学及赋税之原理》(The Principles of Poltical Economy and Taxation)就曾被当时的经济学者誉称为第一次立在永恒法则上的真正的科学。[①] 标本的庸俗经济学者西尼耳(Senior),立志要使经济学成为一种"抽象的演绎的科学"。单是这样,经济学上的说明,已经差不多同数学上的加减法则,一样用不着疑难了。而下述两种事实,更加强了这种认识的坚信:那第一是,在资本主义还继续行使统治的限内,关于资本主义经济运动定立的法则,自然还保持有相当的妥当性;第二,要对资本主义制度辩护,也不可避免地会从观念上思维上来确认经济学理论的妥当性。因此,当作完成品,——由引论到结论都安排得非常妥当的完成品——输入中国的经济学,就被中国经济学者们看为是推之百世而皆准的绝对主义的东西。而我们经济学者,对于这反映着与我们不大熟习的甚至完全隔膜的外国经济现实的理论,无力鉴别,无法鉴别,就更只好当作与现实无关的学问来接受了。不但此也,晚近奥地利派经济学之传扬于欧洲大陆乃至就大陆诸国的大学,也很快地影响到了中国的学术殿堂。这派经济学在方法论上是一般主义与绝对主义的鼓吹者。这里且引述几句充分表现这种教义的杰芬斯(Jevons)的说明,他说:"经济学的第一原理,——按指效用变动法则——南——是如此真确适用;所以我们可以说,这种原理,与人性相关而言,乃是一般的真理",他并说"这种科学的理论,乃如此单纯,如此深深根据人身组织及外部世界的普遍法则所构成。所以,在我们所讨究的一切时代内,那都是同一不变的"。[②] "一般的真理""在一切时代""同一不变的"真理,那就显然没有此时此地的特殊现实性了,那与二加二等于四的算式,没有时空的特殊现实性一样。然而,这样看成纯粹超现实的经济学。却正在为我国不少经济学者当作新创见新发现来宣扬。

(2)当作与资本主义各国经济变动无关的学问

不错,我们是还有许多经济学者,明了经济学是现实经济的产物,不能有超现实的存在。经济学上诸般原则,究因各资本主义国家的经济变动,或整个资本主义世界经济变动,作了何种修正;那些原理原则,对于新

---

① 德·金拉(De Quinery)在《一个吃鸦片烟者的自白》里第255页对李嘉图的经济学是这样赞扬的:"……李嘉图却先天的从悟性本身出发,演绎若干法则,那对于材料之黑暗的混沌,这是第一次放射透澈的光明,从而,在先不过是一种尝试的讨论集,现今却成了一种真正的科学,第一次立在永恒的法则之上。"

② 克赖士(Keynes)著王亚南译《经济学绪论》第九章注译。

发生的经济问题,如何不能应用,他们都是漠不关心。事实上,自由经济竞争,原是资本主义经济体系的基干,这种经济形态,已在各资本主义国内或全资本主义世界内,为统制经济布洛克经济所代替了,为加特尔托辣斯的经济形态所支解了,但原来以自由经济为核心为考究对象的经济理论体系,仍旧在中国经济学界当作教义来敷衍、铺陈,好像在各资本主义国家的经济,从而,它们的经济理论,没有变动那回事一样,这该是如何的"恬淡"啊!

不错,在我们的经济学界,在我们的经济出版物上,我们的经济学研究者,也不甘落后地讨论到上述那些较新的经济事业,但他们所发挥的所转述的关于这些问题的理论,究竟对于原有的经济学教义,有何等不相连续的地方,有何等根本矛盾的地方,他们也许不是全无感触,不过他们多半看作完全不同或完全无关的事情来处理。即是说讨论新经济变动时,和辩护旧经济形态时,他们是采取"分途应战"的办法。这是稍一检点时下的经济出版物,或经济学者的言论,就可以发现不少的实例。

不仅此也,资本主义经济的变动,在上述的限度内,毕竟是资本主义经济,由某一阶段,发展到另一阶段的变动,把这些变动看得与资本主义经济学教义没有十分了不得的关涉,站在资本主义立场上,也许不是情无可原的。但当前的资本主义世界,不是有六分之一的领域,已经"滑落"到另一个世界去了么?这件事对于旧来经济学理论所给予的"冲击"该是非同小可罢!该是不宜等闲视之罢!可是,我们的经济学者,仍表示得非常"镇静"。并表示经济学的大曙光,就在面前。且看某经济学者的高论罢:

> "经济学成为科学为时已久,其间因科学社会主义与历史学派之抨击,使正统学派所遗之硕果,几奄奄无生气。然经济学为解决人类生活问题之科学,某地位至崇,职责綦重,岂可因小挫而遽丧气耶……经济成为研究人类行为之科学,可计日而待也"。①

从这段话里面,我才知道经济学的"地位至崇,职责綦重"!它这种崇高地位,恐怕是经济学者替它提升的。姑且不管措词上待斟酌的地方。

① 朱通九著《战后经济学之趋势》第1页。

我指出的是，他这所谓经济学成为研究人类行为之科学，云云，虽大有所本[①]，但把"研究人类行为"这一命题，作为未来经济学的内容，已就拢统含糊得可观。而况他所指的这种"科学"即效用学派经济学(据他后面的说明)，已经在当作既成的教义宣扬着，并不要计日而待也！不过，他毕竟感觉到了正统派所遗之硕果(?)，几奄奄无生气了。把效用学派经济学，当作正统学派经济的复兴；认定经济学的"奄奄无生气"纯是由于"科学社会主义与历史学派的抨击"而不触及资本主义世界一大块版图的沦陷，这可见得他是怎样把经济学当作与各资本主义国家经济变动无关的学问！

(3)当作与中国社会经济问题无关的学问

政治经济学既是舶来品，是以外国资本主义经济为讨究对象的科学，那末，中国经济学者研究这门学问，把它看得与中国社会经济问题没有何等关系，就似乎是再自然不过的了。不过，政治经济学的研究，究竟与中国社会经济问题的理解与处理，有没有密切关系，我拟留在本讲最后一节来说明，这里只要指出这个事实，就是，一般经济学研究者，都不大留心这些问题，即我们中国这种经济形态，政治经济是把它归属在它归的全体系中的哪种经济范畴？我们对于经济学的探究与理解，那在中国社会经济问题的解决上，究有何等帮助；我们所拥护所推崇的经济学教义，在实际的应用上，是否于中国经济的改造，大有毒害？

事实上，提出中国经济改进问题的中国经济学者，但尽管极口诋骂帝国主义，昌言解脱民族资本发展束缚，但他们所提出的改造方案，只是依据同一套政治经济学教义，那套教义，却正好是叫中国民族资本"屈伏"在整个资本主义系列之下，而尽其殖民地经济形态的机能的。然而，这个非常明白的矛盾，他们并不曾意识到。这就是因为他们从没有把政治〔经济〕学这种科学当作与中国社会经济问题有关的学问来研究。

以上三种不同的研究经济学的方式，究其旨归，无非是把理论与现实隔离开，不过程度互有不同罢了。

---

① 据上著著者在该著底页声明："本书材料，大部从 W. C. Michell 所著 The Prospects of Economies 译出"，故知其"大有所本"。

三、我们一向在研究怎样的政治经济学

前一节关于我们研究政治经济学的方法或方式的说明，已可想见我们一向所研究的经济学，具有怎样的内容了。但为补充前面的说明，这里且就我们所研究的政治经济学本身，较具体地指出其根本的缺陷。

要就我们研究的经济学本身来考察，势不能不注意到我们时下流行的有关经济学的书，特别是有关经济学原理原则，或题称为经济学"原理""概论"一类的书。由大学讲堂到一般经济学的出版物，都应成为我们考察的对象。不过，为了集中论点，指出一般趋势起见，最好是就我们经济学研究者奉为教义，视为不可逾越的圭臬来演述的经济理论；或者就最通行的，每个经济学初学者，都须领教领教的经济学入门书，揭出其共通的千篇一律的论旨与法式，以为下面鉴别批论的张本。

自然，我这里所批论的经济学读物，不仅是我们经济学者的书，我们经济学者编著所据的，或直截了当用原本教授的，乃至指定初学者参考的外国经济学者的著述，都包括在内。因为事实上，现代经济学教义所显示的破绽，中国经济学者还负不了责，且也似乎毋庸代人受过。他们至多不过做了一点传述或转述工作。

所有这些经济学读物的最显著的共通点，由它们叙述的体裁，或叙述的程序，反映非常明白。经济学上所谓四分主义说、三位一体说，差不多是所有这类读物所依以构成其内容的法式。揭开无论哪一部这类的书，除了首先对经济学加以定义，并解述其本质任务及方法外，接着就是生产、分配、交换、消费这四大部门的分别演绎，而在这四大部门的每一部门中，也差不多全是就资本、劳动、土地，从而，就资本家、劳动者、地主，又从而就利润、工资、地租这几大要素、几大单元，整齐划一的排比出来，构成经济学的整然系列。这种形式上的整秩，正好象征资本主义社会表面的秩序，而资本主义社会生产的无政府状态和分配上的不合理，却也正好象征这种具有整秩外观的经济学的内部结构的凌乱，我觉得，把经济学上的这诸般法式或体裁加以论述，那就可想见我们所研究的政治经济学，究具有怎样的特质了。同时，一般政治经济学研究者，所以常在理论与现实之间掘起一条鸿沟，也不难由此得到理解。

现在且就上述的四分主义说和三位一体说，分别加以检讨。

(一)四分主义说的检讨

经济学上之有四分主义出现，那是经济学已经庸俗化了的结果。在以前古典学派的几位经济学大师的著述，都看不到此种体裁。亚当·斯密的大著《国富论》以分工论开始，李嘉图的《经济学及赋税之原理》，以价值论开始。都是随着理论的展开，把生产、分配交换消费的事实，不拘形式地，分别就其在全经济运动中扮演的机能，予以说明。但自一八二一年詹姆士·穆勒(James Mill)出版其《经济学要义》(Elements of Political Economy)，把全书分为四章，第一章生产(Production)，第二章分配(distribution)，第三章交易(Interchange)，第四章消费(Consumption)，于是经济学上，就有所谓四分主义。他这部书的写成，原是由于他与李嘉图颇有友谊，李嘉图那部大著《经济学及赋税之原理》的出版，这是出于他的怂恿。但因为他觉得那书艰深难解，不便初学，故特于携子约翰·穆勒(John Struart Mill)散步时，择讲其中精义，令其笔记，后将此笔记整理润色，以成此书。他为了把李嘉图的艰深理论，加以明易条理讲说，特采取此四分法。这种四分法体裁的采用，李嘉图的理论体系，虽然变得蒙糊不清了，但却非常适合此后经济学日益肤浅化普遍化与通俗化的要求。所以愈到后来，四分法就愈加成为经济学著述最通行的体裁了。

通观资本主义社会的经济现象，好像其经济运动的程序首先是，生产物由生产领域产生出来，再分在直接间接参加生产活动的各主体之间，比如，分配在资本家劳动者及土地所有者之间，他们各将其配得，行使交换，最后各各把交换的成果，拿来消费。一看，把这诸般经济现象作为研究对象的经济学，按照这种次第，分为四个部门，排比出来，仿佛是再明白再自然不过的了。但稍一检讨，就知道这是极不合理的分论法。这里简单指出以次两个错误：

1.理论体系的支离

一个有组织的理论体系，应当有一个重心，有一个统一全部脉络的中心枢纽。等于“四头政治”的四分法，不能把这个重心，这个中心枢纽告诉我们。一个社会的总生产物，以如何的方式，如何的比例，分配在各成员之间；他们以如何的方式行使交换，以及消费的一般条件及其比重如何，均是取决于当前的生产形态。有哪种社会生产，就有哪种与其相适应的分配形态，由一般流通显示出的交换关系，它是作为全生产过程中的一个机能而作用着的，至于消费，在作为生产手段的消费的限内，已经是生产中的要素形态；而此外在作为生活资料的消费的限内，那在经济学上，不过是当作附随事项，在必要场合提到罢了。自然，一般消费能力的大小，交换范围的广狭，乃至分配比例的变动，都会在生产规模，生产形态上发生反拨的作用，但其作用，仍不过是行于一定生产形态生产关系所允许的范围之内，生产在全经济活动中所占的这种统一全部脉络的中枢地位，单是把它位置在四分法的第一把交椅上，是表现不出来的。把陪角同主角"平等"起来，把群众和领袖看得一样没有差等，我们的经济学者们是很容易感到不成体统的。但经济学上的这平列式的无头无脑的无政府状态，他们却丝毫感觉不到，且反而认定这正是井井有条的理论体系。不过，我得顺便指出：经济学上四分法的这种"古典"作风，虽然为十九世纪中叶以后的经济学者著述所一般宗法，但比较有点理解有点特见的经济学者，却大抵知道这是一种阻碍理论展开的格式，这是可以从他们著述中看得出来的。

2.说明程序的凌乱

也许说，特别看重生产，把分配，特别是把交换，消费屈居在隶从地位，那是经济学上某一部分人或某派的主张，而非大家一致赞同的"公意"；还可说，经济学的理论体系，并不一定要特别对生产另眼相观，才能建立起来，像大经济学者李嘉图的名著《经济学及赋税之原理》，就是着重分配问题①，主张限界效用说的奥地利学派经济学者的，特别强调消费问题；此外，历史学派的几位名经济学者，还把交换作为社会经济发展阶段的枢纽，他们各别都完成了一定的经济理论体系。在这里，因为篇幅的关系我不能深入地解答这些问题，不过，我得指明，李嘉图把研究的重心，放在分配上面，那与这里成为问题的四分主义无关，他不过由此限定研究的范围，等于写部分配论的著述一样。历史学派经济学者奥地利派经济学者分别把交换或消费作为其理论的出发点，虽其理论的支离，我们往后还

① 李嘉图在该书序言说："……这种分配受支配于一定法则，确定这种法则，是经济学上的主要问题。"

有从长讨论的机会，但他们并不一定是四分主义的宗法者。即使退一万步说，经济理论的建立，并不一定要把社会生产形态作为重心，但整个经济理论由四分主义或四分法去说明，一定要是显得凌乱不堪的。首先，现实的经济活动，并不是显分畛域地生产了再分配，接着再交换，最后始归于消费。一把生产过程看作是再生产过程，它的生产手段，就是交换分配过来的结果。同时生产还是一直由消费支持着进行的。劳动手段的消费，劳动力的消费，乃至劳动者对于生活资料的消费，通是作为生产上的作用来说明的。在观念上把它们硬分出次第来，已经够支离了。而况，在依次的解说上，又须全般的重叠。消费主要是在生产领域进行的，结局，就大体要在生产项下来说明。往后又变一个花样，在消费项下来说明。分配的几个主体，首先就在生产方面，事实上，生产上还不绝在行使着分配。生产物当作生产要素加入生产领域，生产物又当作完成品从生产领域移到市场，它的来龙去脉，对交换发生了不可分离的关系。劳动者与资本家之间的劳动力的买卖是资本家生产日记上的一件基本事实。但这在生产项下必须处理的问题，又得在四分主义的交换项下去听候摆布。总之，在四分主义下勉强割裂开的诸般经济事实，是难免说了又说的。

现在且进而论到与四分主义“相得益彰”的经济三位一体说。

（二）三位一体说

经济学上的三位一体说，或经济三位一体说，是用这个公式表现出来：

土地——地租
资本——利润
劳动——工资

这个公式，自亚当·斯密以来，即为经济学者所崇尚。但对于这个公式的运用，则不尽相同。斯密大著《国富论》第一篇，标题为“论劳动生产力改良的原因，并论劳动生产物分配给各阶级人民的自然顺序”，对于标题后半截，他是这样说明的：

“不论是谁，只要自己的收入，出自他的源泉，他的收入，就一定出自这三个源泉：劳动，资本，或土地，出自劳动的收入，称为工资；出自资本的收入，称为利润；…… 专由土地生出的收入，通常称为地租。”①

“一个每年土地劳动生产物的全价格，自然分为劳动工资，资本利润，土地地租这三部分。对于三个不同阶级的人民——依地租为生，依利润为生及依工资为生的人民——构成各各不同的收入。”②

斯密提出这种分配观来的当时，困难的问题，尚在生产不得自由，所以对于分配，他认为只要听其自然相互竞争，各阶级间的利益，必跻于平。他是非常乐观的，但是到了半世纪后，英国经济学上的困难问题，渐渐移到分配上了，所以李嘉图那部应时产生的大著《经济学及赋税之原理》就把分配问题作为他研究的中心，他在同书序言上，加以这样的说明：

“劳动，机械，资本联合使用在土地上面，所生产的一切土地生产物，分归社会上三个阶级即地主资本家与劳动者……”

“全土地生产物，在地租，利润，工资的名义下，分归各阶级……”③

从李嘉图这几句简短的话里，我们看不出他与亚当·斯密前面那种说明的区别。不过，斯密的乐观主义的分配观，到了李嘉图手中变得非常黯淡了。他对于分配上的这三个形态——地租，利润，工资——各别性质，已会反映现实的情势，加以明确的区别。或者说，他正好是想要确定它们本质上的差别，确定它相互间的对立关系，才把它们相提并论的。李嘉图以后的经济学者，或者说，在李嘉图以后，处在分配问题日益严重化，愈加需要从经济意识上予以辩护的那种情势下的经济学者，他们就刚好利用这个公式的神秘性，企图由这个公式来掩饰这三者间的区别，来从观念上消除它们的对立性。

现在且分别就这个公式各组的个别方面及其综合的全体方面，来辨析其不合理的究竟。

1.从各别考察上看出的不合理

这里所谓各别考察，就是就组织这个公式的三分组，加以考察。首

① 郭大力、王亚南译《国富论》上卷第 61 页。

② 郭大力、王亚南译《国富论》上卷第 60 页。

③ 李嘉图著《经济学及赋税之原理》序言。

先，我们来看

土地——地租

把土地作为地租的来源，作为地租所由形成的原因；反过来，地租当作土地的结果，从常识上来判断，这个命题，并不是不可以成立，而在实际，这个命题，已在一般人观念中，看得非常自然，而且将其定式化了。但这个命题用这种公式表现出来，其用意并不全在指示地租是以土地为其来源，而主要是要表明，有了土地，自然而然地要求地租，地租是有了土地的自然结果。结局这个在一定的特殊的社会，以土地所有权，即以对地球一片段的私有为前提条件的土地——地租，就表现为超然历史的存在了，就表现为再自然再合理不过的真理了。但是这个当作“真理”存在的事实，一揭穿它在土地——地租这个公式中所含的秘密，就要曝露出不合理的“内情”，土地是一种自然物，它虽然在每个社会形态下，都拿来作为生产要素，但并不是一拿来作为生产要素，就自然的要造出地租，造出一种作为物来理解的社会关系。可知把自然物土地看作勒取地租的手段，是特定社会的产物，是由特定的人为法律所支持的。一般地讲，土地——地租这个公式，根本不能成立；就特定社会来说，那却也只能反映出不自然不合理的关系。次说

资本——利润

经济学者对于公式中的这个分组，有时还用这种表现方式，即资本——利息。这比资本——利润这个表现方式，还有神秘性。因为在资本——利息中，当中的媒介全消失了，生息资本回归到所有者手中，是与当作媒介的循环(即资本在现实运动中，先由货币资本转化为生产手段，再通过生产过程，转化为商品，由商品售卖后归到资本家手中的循环)分离的。它表现为会自行生产货币的货币。所以，这个表现方式：资本——利息，最无意义，但也许因为最无意义，就显得最有神秘性了。资本——利润这个表现无疑是比较接近现实，比较能显示现实的关系。但一般经济学者对于这个表现方式的看法，是表示资本自然要产生利润，正如土地自然要产生地租一样。利润是当作资本的结果而产生出来的。在这里，我们因篇幅的限制，不能深入地说明“资本是以物为媒介的人与人的社会关系”，故资本——利润这个表现方式根本不妥，但拥护这个表现方式的经济学者，有时也不自觉地把它否定了。就是当他们无论把资本当作价

值体(就货币表现来说)来考察,抑是当作物质体(就劳动的生产条件;机械、原料等等的使用价值方面来说)来考察,都难于安心地承认利润会直接从资本产生出来的时候,他们就借助于转一个弯的说明,说利润是对于资本所有者即资本家的劳务的报酬,或资本家“忍欲”不事浪费①的结果。无论就哪一个说法,都把资本——利润这个表现方式否定了。但经济学者尽管自己把这个表现方式否定了,但资本——利润在他们心目中,仍然是看作一种出于自然的安排。最后再看

劳动——工资

这是把工资作为劳动的价格来表现的。照前面的说明,在这里,劳动被看作是工资的来源,工资也自然是劳动的结果,不劳动,即无工资,劳动了,决不能不给予工资。这颇像是自然大公无私的法理。但首先我们须得明了,劳动就它本身说,它是不存在的,是一个抽象;就社会方面考察,它是指着人类和自然的物质代谢机能所赖以促成人类的生产活动,无论就哪一点解释我们显然不能说是对它支付代价。对一个抽象对一种活动机能支付代价,是怎么也说不通的,不错,在“劳动力”(Arbeitskraft)这个语辞,尚未被提出以前,经济学者是不觉含糊地把“劳动”来作为“劳动力”的代用语。但这也不能为他们的错误解脱。劳动——工资,是被当作一种超然历史的表现方式来解释的。好像工资劳动、劳动工资是一切社会通有的形态,我们当前的社会即资本主义社会,不过是把这种形态,当作一份历史的传统事实继承下来罢了。不但此也,在资本行使着统治的社会里,竟用这种表现方式来确定劳动对于工资的要求权,一如土地对于地租的要求权,资本对于利润的要求权一样,这样,“无私的”一视同仁的表示,倒宁可说是出于经济学者的“公正”与“慷慨”。但我们如其把这整个公式的各分组加以综合的考察,却又只能证示那种表现方式中所含蓄的“机诈”。

2.从综合考察上看出的不合理

这整个公式,即土地——地租、资本——利润、劳动——工资的公式,所以成功为三位一体的组合,似乎只有这一点共同的地方,那就是,各分组的表现方式,都是消除了任何例外,除了历史限制的一般的表现方式。

---

① 典型庸俗经济学者西尼耳(Senior)的大发现。

从这出发，又导出了另一个共通点，就是他们各别分组，都是看作自然安排的自然关系。但我们一考察实际，就知道这两个共同点，完全是存在于经济学者观念中的，或者说，经济学者是把这两者作为目的，来构成这个公式的。我们且来检点一下这三个分组的前项，即土地、资本、劳动，我们已经知道：土地是自然物，资本就它的价值关系来说也好，就它的物质体或使用价值的关系来说也好，通是以物为媒介的人与人的社会关系，而劳动，则是一个看作生产活动的社会机能，在其本身，且是一个抽象。这三者的性质，看不出一个共同点。而各别以它们这三个分组前项为来源的地租利润工资，极其限，可以说它们分别构成社会各阶级的所得或收入，是其共通点，但问题也从这里发生了。为什么有的收入，如劳动者的收入，要靠劳动者自身的生产活动才能得到；有的收入，如资本家的收入，不用自己操劳，或只行使监督职权就能得到；最后，有的收入，如地主的收入，他不但不用直接作生产活动，且无须操监督的烦劳，只要法律确认地球的一个片壳为他私有，他就大可游乐在千百里外，而消费他人在那块土上所生产的果实。这三个不同性质的收入，理应不能"一视同仁"。而且不幸的是，这三个收入的来源，虽然被经济学者分划得非常清楚，但溯其本源，却又都不外是出自一定劳动，推动一定资本，在一定土地上所生产的价值生产物。这价值生产物，先分划为工资与剩余价值，剩余价值再分划为利润地租，这同一价值生产物，或者说，一定是的价值生产物，区划为地租、利润、工资三者的来源，它们之间分配的比例，或益于此必损于彼的比例关系，就显然要表现为它们相互对立的关系，这无疑是这个三位一体公式的致命的矛盾。这种矛盾，前述李嘉图一流古典经济学者，尽管不稍隐讳地揭露出来，而此后的庸俗经济学者，却故意用这种公式，来掩饰，来涂抹现实的对立痕迹。并且，他们至少也意识到，劳动者卖了力，要获得够维持其生存，维持其继续劳动所必要的工资，那不独十分必要，且是非常合理的。由于公式中的这个分组取得了合理的存在（仍是他们想像中的），把其他两分组与它合组在一个公式中，自然都合理化了。不过，这样做，有意识地这样做，毕竟还是少数较有见地的经济学者，其他不过习为模仿，机械地奉为金科玉律罢了。

在大体上，这个三位一体公式的流行，还受了四分主义的不少影响，也可说，两者相互加大了不合理的程度。在四分主义的体裁下，地租、工资、利润是比例在分配项下(前述四分主义的创始者詹姆斯·穆勒,就曾在论分配那一章,把这三项分别为三节来说明),而将其来源土地劳动资本比例在生产项下,这样,这个公式就像更取得合理的外观了。因为参加生产的要素,各在分配上获得一份报酬,在另一方面,这个公式在形式上的配列,也给了采行四分主义的一种便利。

它们是无独有偶,相得益彰了。

这是晚近经济学一般内容的典型和标本。濡染在这种经济学传统下的中国经济学者,从而,在中国经济学界,也自然是依样画葫芦地千篇一律地反映出来,但偶然检点时下的经济学读物,似乎有了一点"改革"。就是因为奥地利派经济学家特别看重消费的原故,中国近来的经济学著述,有的硬把消费论"调升"到生产论前面,①使四分主义上的第一把交椅,由消费占据起来。此外,在生产项下,除了土地、劳动、资本,又添一个生产要素,是曰"组织",不过这一"改革",就使分配项下以组织为来源的收入,尚不易找到受主了。大概结局仍是划归担负生产的组织责任的资本家。但这对于三位一体公式,却就未免发生破坏的影响了。

总之,中国经济学界的政治经济学著述,大体是依四分主义法式和三位一体公式的模本仿造出来的。这种形式,这种体裁,这种性质的经济学,又无怪研究者们把它看成了与现实经济,与资本主义各国经济变动,特别是与中国社会经济改造问题,不生关系的学问了。

但是我们应不应该研究这样的政治经济学哩?

四、我们应以中国人的资格来研究政治经济学

对于中国经济学界,一向研究政治经济所采的方式,及其所视为政治经济学之典型模本的内容,已在前两节都批论过了。在那种批论中,我始终没有忘记一点,就是,与我们中国所处的现实社会经济地位相照应,中国经济学界不可避免、不可讳言地要表现一种落后的征候。因为政治经济学本是近代资本主义社会的产物,我们自己的经济环境无法产生一种特别的政治经济学,同时,现时经济环境又限定了我们对于政治经济学修

① 如李权时、吴世瑞等的著作。

养的程度，于是，我们对于舶来品的政治经济学所表现的模仿或“人云亦云”的现象，就可说是十分必然的一种趋势了。而且，因为资本主义经济在衰落过程中，更需要一种掩饰现实状况的经济学作为掩护，以致我们前面指出的那种无关现实或歪曲现实的经济学格外风行，这又足以加强我们经济学界的那种必然趋势。

但是，我们的现实社会经济状况，对于政治经济学上之理解的要求，却正好同这种趋势相反。这就显然要导出我们研究政治经济学的目的论了。从整个资本主义世界的系列上来看，中国经济在受着资本主义的两重的苦难，一是中国资本主义不易发达的苦难，一是环绕着中国的世界资本主义经济过于发达的苦难，这两者互为因果，就造成了我们中国今日这种次殖民地经济的地位。如其说，政治经济学的性质，不同于现实社会无关的道地的形而上学一类东西，它是现实经济的理论的表现，且应是现实经济的理论的表现，我们对于这门学问的研究，就不能采取一种“毫无所谓”的漠然的态度，因为这根本不是研究，而是在要观念上的把戏。还有，如其我们研究政治经济学，是为了要对中国社会经济改造有所贡献，我们尤须认清现代政治经济学的真面目。

总之一句话，我们研究政治经济学，应随时莫忘记：我们是以中国人的资格来研究。中国人从事这种研考的出发点和要求是与欧美大部分经济学者乃至日本经济学者不同的，他们依据各自社会实况与要求，所得出的结论，或者所矫造的结论，不但不能应用到我们的现实经济上，甚且是妨阻我们理解世界经济乃至中国经济之特质的障碍。而我们多年来的经济学界的表现，已把这关键如实地说明了。

（一）三个前提认识

我以为，我们的政治经济学研究者，在开始他的研究以前，应有以次几个前提认识。

第一，在所论政治经济学是以资本主义经济为研究对象的限内，我们一反省到中国经济在资本主义经济系列中，所占的隶属地位，就知道那种经济学是用怎样的眼光，怎样的动机来讨论次殖民地或准殖民地经济。也许我们还不肯自列于殖民地经济范畴，但资本主义经济学者在论殖民地经济时，特别在前次大战后论布洛克经济一类经济问题时，始终是未忘怀中国，至少，他们对于殖民地经济的一大部分理论，可以适用到中国经济上来，所以，我们把他们在政治经济学上的理论作为教义，那就无异承认自己是他们的代言人。比如，今日中国经济学论坛上出现的"以农立国论"就像不知觉地在作着东亚繁荣圈内的"农业中国"论的呼应。

第二，资本主义跨越到了帝国主义阶段，其危险性是加大了，但与这照应着，它的警觉性也加强了。它要动员一切可以动员的力量，来防卫资本主义世界的统治。虽然苏联的特殊经济形态，从它内在矛盾冲突的空隙中突然耸立起来了，但这却更要加强它的警觉性，使它需要从政治、经济、军事、文化各方面，来从事防卫和对抗。在文化方面，最有现实性的政治经济学，当然是被特别注意到了的。各国景气研究机关的设置，大学校中的特设政治经济学讲座，以及研究景气之类的经济刊物之风行一时，俨然是要在经济学上造出一种"景气"，一以缓和国内反资本主义制度的倾向，一以镇定那由实际经济恐慌所引起的悲观失望心理。当然，把这些议论传扬到诸落后民族间特别是传扬到大家"特别看重"的，而正好又在昂扬着反帝国主义气势的中国，一有机会，它们是不会放过的。结局，在以"买办"舶来经济学为能事的许多中国经济学者眼光中，果然闪射着经济学前途的"光明"。这一"人造的"回光，又终于发射出了我们不要害怕资本主义的结论。

第三，由于资本主义经济运动内在的矛盾和缺陷，尽管站在辩护立场的经济学者，在多方设法来掩饰弥缝，但早在资本主义极盛期的十九世纪中叶前后，就已经产生了许多站在批判立场的经济学说（经济学上历史学派奥地利学派以及所谓新正统学派①间"内讧"的理论，当然应属于批判经济学说的范畴，反之，那些恰好是辩护理论的"丛合"）。就中，仍以资本主义经济为分析对象，但却是当作研究英国经济状况及经济史之结果而产生的德国社会主义学派的批判理论，却因为资本主义经济愈来破绽愈大的趋势的印证，愈加在政治经济学领域内，形成了对抗传统经济思想的巨流；而以这种经济理论为出发点的苏联经济的出现，更加强了它在政治经济学领域的地位，所以各国经济学界虽然如我们前面讲过的，在多方重复旧的教义，并矫造新的光明，但在另一方面，却也不难见到反对学说的

---

① 指马夏尔（Marshall）所领导的一批经济学者。

发扬滋长。英国格列果利教授(Prof. Theodore Gregory)在一九三二年发表一篇《资本主义的前途》[①]的文章，开始他表示"现存制度继续存在的希望，目前算是最微弱了，在近代经济史发展上，向来不曾有过这种现象，两年来的不景气，使整个国际经济结构的基础发生动摇……"由于这种实况，就在各国引起对于资本主义制度的非难。他先就美国某某学校当局如何怀疑资本制，又接着说到各国大学的情形："至若大学的学术空气，情形也不见得较佳，在欧洲大陆上，大学就是反对现存制度的中心。"他的这种言论，不曾把那些想换一个方式来"堵住"资本主义"没落"的法西斯理论分别开，但总可概见现代资本主义及以它为依附的政治经济学，该达到了怎样一个破碎支离的阶段。

由以上三点，我们首先知道，传统的政治经济学说，原本就是不利于中国这种国家的社会经济的改造的；其次知道，这种政治经济学，还在当作一种文化侵略或文化麻醉的武器，以期防止我们的社会经济有所改革。再其次知道，政治经济学即使没有任何御用目的存乎其间，它本身已是遍体疮痍，我们如果不从批判的观点去研究，那就无论在实践上抑是在理论上，都不能给予我们何等帮助。

(二)三大研究鹄的

由上面分别论到的几个前提认识，已经显示出了我们研究政治经济学的鹄的何在。在大体上，那亦有三点可言：

第一，就是由政治经济学的研究，确定我们对于一切社会科学的基础知识，和作为我们从事社会活动的实际指导。我们知道，当作政治经济学研究对象的物质生活过程即经济过程，是现实社会的基础。所以，无论是从事一般社会科学研究，抑是从事任何实际社会活动，都有通过经济学，而了解此种现实社会基础之必要。波格达洛夫(Bogdanov)讲过这样的一段话："不论是就历史全般通体而论，或就社会意义的发展而论，不论是研究外交问题或宗教问题，都不能不顾及社会之经济的纽带(社会之基础的构造)，并不能不借用经济学的结论，所以经济学实可看为社会科学体系中的基础。经济学在社会科学中的使命，无异物理学和化学在一切有

---

① 《前途》起刊号。

机过程和无机过程中研究的使命，不知道物理学和化学的结论的植物学者，动物学者，天文学者和农业学者，等于除武装的兵士；同样，社会学者，历史家及法律家如果没有经济学的知识，就要同他们处在同一的境地。此外，想在社会斗争和社会事业方面活动的人，如果不知道经济学，也要和没有武装的兵士一样。”①在今日经济事业日趋复杂，人对自然，人对人的各种社会斗争方式，却直接间接介入经济的因果关联，而把我们每个人牵涉在里面，我们即不作社会科学研究，不从事何等社会事业，在日常平淡生活上，亦就无形要受着各种经济法则的支配。在这种意义上，经济学的研究，或对于经济知识的获得，就不限定是某一部分人的要求了。

第二，就是要由政治经济学的研究，澈底了解近代资本主义经济运动的法则，由是确定资本主义的必然归趋，并对它在此必然归趋的演变过程中，所表露的破绽、矛盾、冲突以及拼命挣扎的诸般现象，加以合理的解释或说明。这种要求，也许是各不同性质的国家(不论是社会主义的苏联抑是资本主义国家，乃至殖民地国家)的经济学研究者所共通的要求，但于中国特别紧要，中国还踯躅在由封建主义到资本主义的过渡阶段，中国还彷徨在向着资本主义前进，抑是向着民生主义为内容的社会主义前进的不定歧途。如果理论连带着现实，指示出了资本主义的祸害及其没落前途，我们即使不要害怕资本主义，却也没有理由要“亲近”资本主义。

第三，就是要由政治经济学的研究，扫除有碍于中国社会经济改造的一切观念上的尘雾，那种尘雾，不仅是关于政治经济学本身的，同样是关于经济学以外的一切社会科学乃至自然科学方面的。因为，政治经济学是一种最有实践性、最有现实性(把它看为与现实无关的学问，如前面所说，那不是因为政治经济学本身没有现实性，正是想回避它的现实性)的科学，能够在政治经济学方面把握正确的理论核心，则在政治学、社会学、哲学乃至自然科学方面所拖的诸种成见与幻想，都可廓清。事实上，在帝国主义势力影响下的中国，全般的社会意识，都渗透有帝国主义文化侵略的毒素，中国社会经济上每一种变革，都有那种毒素在其中发生阻碍作用。所以，中国不言改造则已，否则政治经济学便当成为中国反对落后封建意识，反对帝国主义文化侵略的“文化武器”，从而，如何运用这个武器，

---

① 参照周译《经济科学概论》第4页。

如何锻炼这个武器，就是中国政治经济学研究者的责任了。

此外，我还想特别提出下面这一点要求，以加大我们研究者的责任，那就是，我们要由政治经济学的研究，逐渐努力创建一种专为中国人攻读的政治经济学。也许有人疑问：第一，科学无国界，用不着每个国家都有它自己的特殊科学，第二，政治经济学是现实经济之理论上的表现，落后的中国经济，如我们前面第一节所说，是怎样也不能产生一种经济学的。但如果把我们以要求创立的政治经济学，解释为特别有利于中国人阅读，特别就引起中国人的兴趣，特别能指出中国社会经济改造途径的经济理论教程，那又当别论了，那种理论的全般体系，可以特别注意其论断或结论在中国社会经济上的应用；此外，其例解，其引证，尽可能把中国经济实况，作为材料。像这种一个体裁与内容的政治经济学，到目下为止，我们尚不曾发现。我们尽管已有不少进步的政治经济学读物可供参考，他有不少的外国的政治经济学者，在为中国社会经济理论努力，并已有相当的成果，但总不能十分适合我们的要求。自然，像我在这里所规定的供中国人攻究的政治经济的内容，实际无非就是一个比较更切实用的政治经济学读本，但我所要把这方面的努力，作为中国政治经济学研究者的一个鹄的，就是认为创立一种特别具有改造中国社会经济，解除中国思想束缚的性质与内容的政治经济学，是颇不同于依据现成材料来编述一个政治经济学读本的。那颇需要我们研究政治经济学人，在有关世界经济及中国经济之正确理论体系上，分别来一些阐发准备的工夫。

中国经济学界的奥地利学派经济学

一、题旨的说明

近三年来，我曾不大明显的，把“中国经济学”这个命题，作为我研究的重心。“中国经济学”这个语辞，是不只一次的被提出来了，但我却不曾对它加以限界的释明。因为在理论上，这样一个名称，是不大妥切的。而且很容易引起许多不必要的误解。当作一门科学的经济学，是不允许我们用这个名称来伤害它的一般妥当性和系统性的，经济学只有一个。

不错，读者也许从意大利经济学史家柯沙(Cossa)的著作中，从英国经济学史家英格拉姆(Ingram)的著作中，见到“英国经济学”、“德国经济学”、“法国经济学”……的字样。在学说史上的这种国别分类的研究法，其最大缺点，尚只是在各国经济思想领域，树立起国界的藩篱，破坏各个派别在各国间的关联性和派属性，把重要的经济学说和不重要的经济学说，等同的并列起来，使现代经济学整体，受到支离分解的弊害。但因为他们大抵是把各国已经过去了的经济思想或学说，分别汇积起来，当作史学看，虽然有了我们在上面所指的那些毛病，但当作史料看，却就没有什么了。事实上，像柯沙、英格拉姆辈的经济学说史，并不曾逸出史料的范畴。经济学在他们心目中，是不大发生一般性和科学的系统性的问题的。

反之，我是经济科学之一般性的确认者。我相信，在一定的社会生产关系之下，在一定的生产条件和交换条件之下，形成的经济法则，可以应用到一切具有同一社会生产关系或同一生产条件与交换条件的诸社会。当然哪，任何一个社会，它的自然条件，从而，它的历史条件，不能与其他社会恰好一致：在这种限度之内，任何一个社会的经济法则，就理应不能完全适应到其他社会。但在这里，我们有两种事实须分别清楚。其一是：一切经济法则，是就同一社会发展阶段的各别社会的经济事象，分别舍象其特异点，而抽出其一致点所得的结论；其二是：现代经济学，虽然主要是从英国经济的特殊环境而定立起来，但英国经济的一般趋势，大体内容，甚至其演变展拓程序,在法、美、德诸国同样表现得明显。英国的经济学或经济理论,不但由其他较迟发展的诸资本主义国家,得到了印证,事实上,当英国经济学者开始其科学研究之顷,其他国家,特别是法国经济学者,已半凭经验,半凭天才的预感,把现代经济的诸基本法则暗示或图示(如法国重农学派主导者 Quesnay 的《经济表》)出来,使英国经济学者在研究上得到不少的便利。

由上面这简括的说明,使我们对于经济学的产生及其应用,有了以次这几个基本概念。

第一,经济学的一般性同世界性,是以经济的一般性和世界性作为现实的基础。

第二,经济的一般性或世界性,从而,经济学的一般的世界的性格,不但不否认特定社会的特殊经济条件,甚且,就其积极面的意义上讲,是把各别特殊经济条件抽象化一般化的结果;就其消极一面的意义上讲,是把不能一般化共同化的特异点,舍象去了的结果。

第三,由上述研究过程产生的经济学,在应用上,即使是对于和产生那种经济学,立在同一社会发展阶段的经济现实,显言之,就是,如其我们现在所论究的经济学,是有关资本主义经济现实的科学,则这种科学,对于已经发达到资本主义阶段的经济,也可能因其发展的成熟程度的差异,可能因其发展时所具有的特殊条件,即不易一般化,而被特殊过程舍象去了的特殊条件的作用,而不能"按图索骥"似的套现成的公式。而它对于将要超越资本主义发展阶段的经济,或者是,对于尚未成就资本主义发展的经济,当然更是不能"削足适履"似的去应用了。

后面这一点关于经济学之应用的理解,是我在这里所特别着意的。在理论上,经济学在各国尽管只有一个,而在应用上,经济学对于任何国家,却都不是一样。我是在这个前提认识下,提出"中国经济学"这个名称的。而其所以要提出这个名称的最有力的动机,就是痛感到经济学在中国是太被误用了,而且一直还在被误用着。经济学当作一种完成的舶来品输入中国,已经有几十年了,我们对于经济学是怎样一门科学,需要怎样去应用始有助于中国经济变革的理解,还是格格不入。而且,这种所谓格格不入,并不是指着一般人,而是指着一般经济学研究者,就中,特别是数到那些经济学的输入者,那些以现实经济之立案者或指导者自居的经济学者们。

说经济学者不了解经济学是什么，设加以限界，说他们不知道他们所学的经济学是什么，也许有人会感到稀罕。但和尚不知道佛经是什么，不知道他每日所念的所宣扬的佛经是什么，却是一件极其寻常的事。如其我们经济学者所念的或所专攻的是形而上学的经济理论，他在理解上，就和一般和尚的距离更加接近了。

我这里所谓形而上学的经济理论，主要是指着奥地利学派的经济学。这个学派的经济学是讲的一些什么，是如何传到中国，是如何在中国特别猖獗起来，是如何抵触我们的经济国策并妨碍我们的经济改造，这是我要在下面展开的研究程序。

二、奥地利学派经济学的正体

属于奥地利学派的学者很多，他们之间的理论，也并不完全一致。但把门格（K. Menger）、威色（Wieser）及庞巴卫克（Böhm-Bawerk）作为他们主导者，把他们的理论，当作该派经济学的主体，却是为一般所公认的。

我们在这里不能有充分的篇幅来详述他们的理论体系，仅按照他们所着重的几个论点，“批隙导窾”的加以说明，他们是反对古典学派的，但在方法论上，却是从相反的观点，来抄袭古典学派所建立的逻辑程序。他们特别强调经济学方法论，强调价值论，强调分配论，把分配论的认识基础，建立在价值论上，把价值论的基本命题，安置在方法论上，这完全是从古典学派抄袭过来的，晚近各国特别是在美国之奥地利学派的传习者们，所宣扬的“经济学的改造”，“经济学的（文艺）复兴”（Renaissance of Economics），也许就是指着这种“抄袭”，虽然他们会特别着意于“抄袭”中所采取的不同观点。

首先，就他们的方法论略加注释罢。

在他们看来，国民经济现象，可以从历史的，理论的及实际的三个见地来考察。当作“存在的科学”的理论经济学，是应当同那种当作“当为的科学”的实际经济学，即财政学与经济政策分开的，但古典学派把它们混同起来了；统计的研究与历史的研究，原只对理论经济学提供实际的例证与材料，但历史学派却把它们拿来代替理论的认识。由于这两方面的关系，他们就以再造理论经济学的“十字军”的姿态而出现了。他们认为：理论经济学的研究，应该采取所谓“严密的方法”(Die Exakte Methode)，使现实的经济现象，成为最简单最严密的考察分析的类型要素。作为经济学考察对象的现象形态，如像绝对的只追求经济目的的那种人，和那种人在从事经济活动时的心理状态，始终是最普遍的最重要的。把他们的这种经济的心理状态，孤立起来加以研究，是经济学的起点(Menger)。惟其如此，他们就认定真的经济理论，必须先“探究人类活动的大动脉——快乐与痛苦的感情”(Jevons)。为满足欲望，而不绝忍受牺牲，以及“由此发生的快乐与痛苦之关系，便是经济学研究的范围”(Jevons)。在此种限度内，经济学就差不多是一种“享乐学”(Gossen)。基于人类本能需求(享乐主义)的这种自然性质，使经济法则与自然科学和心理学不发生冲突。因为“有关经济学的问题的讨论，是须得在自然科学与心理学的原则上去进行的”(Böhm-Bawerk)。

然则经济学上的全般理论，何以能从心理的研究去达成呢？他们像很系统的把价值论当作经济学的枢纽。价值论能在心理学的基础上建立起来，他们的整个学说，就算有了着落。限界效用价值论，可以说是他们全部经济学说的神经中枢。在他们看来，所谓价值，乃吾人在满足欲望上，对于财货所感到的一种重要程度的评价，即价值是由主观评价而发生的。此主观评价，虽然要通过财货的客观价值，如肉之滋养价值，煤之燃烧价值，然后始能评判其在何种程度满足吾人的欲望，但经济学的价值研究对象，却不是此客观价值，而宁是主观价值。

惟其如此，一切财货，即使都有客观价值，都有满足吾人欲望的效用，却并不是一切有效用的东西，都有价值(即主观评定的价值)。财货的价值，只是在吾人的欲望满足上，对它有了一定的需求关系，才能表现出来。所以，同一货财，可因供用的情形不同，或有价值，或无价值，水在一般情形下，仅有效用，在沙漠的旅行者，乃有价值。在这种认识下，价值的发生，遂必然要关联到财货的稀少性和它的效用性。效用性是价值的来源，而稀少性则是使财货在一定场合，具有价值的条件。从这点看来，一般人动辄称奥地利学派是效用学派，那是不妥的。他们虽认定效用是价值的来源，但却不主张财货价值的有无或其价值的大小，取决于效用的有无或效用的大小。因为，如其是这样，他们就是客观效用价值论者，而非主观价值论者了。

作为他们整个价值学说的核心部分，乃是限界效用(Marginal utility)的理论。然则什么是限界效用呢？要解答此一问题，须知道："财货效用的大小，系取决于它对吾人欲望满足要求之重要性如何。吾人的欲望有许多种类，同种类欲望又有各种不同程度，将欲望的种类与欲望的程度，联合参较，斯可确定效用的级次，而由是达出限界效用的说明。"即同一财货，可满足吾人不同重要性的诸种欲望和不同迫切程度的同一欲望。某一财货的现在贮存量，能满足吾人欲望，达到饱和之点，吾人对该财货，即不发生经济问题，一旦因某种情形，致丧失其一部分，致吾人在诸种欲望中，在同一欲望的诸种迫切程度中，至少有一项得不到满足，吾人的避苦就乐本能，必让那少了它，只受到最少的不便或痛苦的那一部分的最后的最低级的欲望，不予满足，此最后的最低级的欲望，即限界欲望，由此限界欲望所感到的效用，即限界效用。为求满足此限界欲望，而对于该财货所给予的评价，即限界效用价值。为满足吾人欲望，所感到的缺乏程度或迫切程度愈高，其限界效用愈高，其限界价值亦相应愈高。

在由价值移到价格的说明中，奥地利学派也很巧妙的抄袭了古典学派的作法，作价值看为其本质的形态，而价格则是现象的形象。他们认为，各个人在参加交换过程中，是把自利和自己对所需财货之主观的评价，作为交换能否成立的前提。对同一财货，各人由其各别限界效用所引起的主观评价不同，各人之利害关系的打算不同，所以，交换成立，各得其所，各受其利。

然则各人的评价不同，何以能形成一定的市场价格呢？竞争在这里发生了决定的作用。他们像很合逻辑的，由孤立交换场合，单方竞争场合(其中包括买者单方竞争及卖者单方竞争)，最后描述到双方竞争场合。最后这种场合，正是现代市场的情形。在那里，对同一商品的买主和卖主，都有许多人在从事竞争。买方出价愈高，竞争者愈多，卖方索价愈高，竞争者愈少，相互竞争结果，必达到买卖双方之数趋于平衡，此时市场决定范围必定是以最后买者和被排出的最有贩卖力的卖者的主观评价为高限，以最后卖者，和被排出的最有购买力的买者的主观评价为低限，此结局定价范围内之两买主两卖主，称为"限界对偶"(Marginal Pair)。由此"限界对偶"所决定之价格，称为限界价格(Marginal Price)。此限界价格，虽不一与各个人之限界效用价值相符，但毕竟可由限界对偶，而决定其大体的变动范围，使它与限界效用价值，或各人之主观评价，一直都保持相当的联系。

财货的价格，既与主观限界效用，具有上述的关联，那末，财货当作商品来买卖，就与其生产时所投下的费用，没有何等直接联系了。换言之，就是商品价值的大小，不是取决于生产费的大小，而是取决于消费者对该商品在满足其欲望时，所感到的重要性如何，迫切性如何。为了"自圆其说"，他们把财货区分为消费财货与生产财货，前者是直接满足吾人欲望的东西，如面包之类，后者能间接满足吾人欲望，如制成面包所用面粉烤具等，更如制成面粉之小麦磨坊，推而至于栽培小麦之土地劳动工具及农业劳动等等。他们把直接满足欲望的财货另称为第一级财货，其余则顺序称为第二级财货、第三级财货、第四级财货……

直接财货的价值，无疑是由直接消费者对该财货之限界效用决定。然则第二级及其以下的诸种财货的价值，将如何决定呢？即生产财货的价值将如何决定呢？他们认为生产财货与消费行为，有一连续过程。第一级财货，如面包的价值，系由消费在直接对该财货的限界效用决定，第二级财货如面粉烤具的价值，则系由第一级财货之限界效用去测量，而第三级财货如小麦磨坊等的价值则系由第二级财货的限界效用去测量……由是，无限的最后第任何级的财货的价值，都是以它的第一级财货具有限界效用去决定。所以，威色认定生产财货的价值，是取决于它所制成的生产物的价值。在这种限度内，生产费用就凭借种种迂回的"便桥"，和价值，从而，和价格发生了关系。

奥地利学派的这种"苦心孤诣"的价值论的"杰作"，无疑是为了要把它应用到分配论上。

作为分配论中最基本部分的利息学说，是他们的限界效用价值说的更"踌躇满志"的应用。但在奥地利派的一切经济学说中，惟有这一项的发明权，特别是属于庞巴卫克的"专利"。事实上，没有这项发明，整个奥地利学派经济学，便完全失去其现存在的意义了。

他把财货在时间的观念上，区分为现在财货与将来财货，这种区分的意义，就是说："现在财货因为技术上的原因，成为满足我们欲望之比较完全的手段，而且，它因此对于我们，比将来财货有更大的限界效用。"设对此加以进一步的说明，就是，由于技术的原因，早些把生产财货放在生产过程中，比之把它迟些放在周转中，会带给我们更多的东西。此外，我们现在如果有了充分的消费财货，我们就不会因为缺乏或欲望不能得到充分满足的缘故，在消费上，提高对于所需物品的限界效用，在生产上去从事那些比较少利益的生产用途。现在财货对将来财货，既有上述的优越性，借得现在财货，取得将来财货的贷金，自不能不在原本以外索取报酬。而借入现在财货偿还将来财货的借者，亦自愿意于原本以外，支付报酬。借贷两方都有这种财货的时间差观念，这就是所谓利息存在之心理学的基础。本此原则，如果资本家为了生产，丢开那些现在可以满足欲望的消费财货，而去购买原料、机器及劳力等等高级财货，即生产财货，那也类似用现在财货去购买将来财货，他自然有理由在这将来财货收回时，附上一个增加额，即所谓企业利润或资本的收入。而其来源，则是生产财货的总价值，每少于其生产物之价值，而由是形成的生产价值超过其生产费用之剩余。在这里，庞巴卫克很怕人误解了他的意思，以为把财货搁着不用，也可因时间的推演而生较大的价值。他指出："要使未来财货转变为现在财货，必须先把它投于生产过程中，然后始可使它转变为现成的消费品。"假如没有生产过程，资本便是死资本，生产工具的价值，就始终不会和成为现在财货的价值一律看待。利润和利息，也根本不会产生。资本家的可贵，就在他们节省当前的消费，把节省下来，当作资本来使用的财货，投入生产过程；他们节省的愈多，投入生产过程的愈多，转化为现成消费品的愈多，利润和利息也就愈多了。

这从心理上体验出来的时间差、价值差，不但可以解释利息利润，且可以解释工资。

庞巴卫克教授曾"很慷慨"的声言：劳动者有理由要求得到他的劳动生产物的全部价值，但他却认为那理由只是片面："各个人都可以要求，在现在，按照他所卖的现在财货之全部价值支给他。但没有人可以要求，在现在，支给他那在将来才能出售的财货的全部价值。劳动者出卖给资本家以他那只有在将来才能给予有价值的生产品之劳动，他由此让渡给资本家以将来的财货。然而报酬他，却比较生产过程完结要早一些，那就是在现在。所以，资本家是从劳动者得到将来的财货，而付给他以现在的财货。而且，因为将来的财货和现在的财货是不等价的，后者要比较高，故对于劳动者所提供的同一数量的财货，按照公理，资本家只应支给他们以少些的比较有价值的财货。就因此故，劳动者即使没有得到他的劳动的将来生产品的全部价值，但这并没有破坏公道。”还应该说：这正是“公道”。

上面已把奥地利派的基本理论“和盘托出”了。从全体的表象看出，很像是条理井然的学说体系了，但稍一检点，就知道它和它所体现的资本主义体制本身，有同多的或更多的缺点和漏洞。

我们且不忙讲，用时间观念来说明利润的来源，说明劳动者应当舍去他应得的报酬部分，该是如何滑稽，单就其整个学说的体系而论，那亦是不通的，分配论的基本命题，被安置在价值论上，现竟又在限界效用大小，决定价值大小的命题之外，提出时间观念，以财货实现的未来，对现在的时间距离远近，来测知它的价值的大小。从而，来测定资本家应取得的利润的多少，和劳动者应得工资的多少。不错，他们在这里，曾把将来财货对现在财货，只有较小限界效用，作为其间的桥梁，但满足欲望的限界效用的大小，和时间的长短，究有如何的联系呢？如其时间的长短，如一年一月之类，系以确实的时间经过为准，而非主观所实感出的时间距离，那又不啻在主观的评价上，参进了客观的因素。

其实，在现实商品市场上，不仅这里用时间观念区别出来的所谓现在财未来财，是一种多余(然在奥地利派学者当然是必要)，而其他如第一级财、第二级财的分类，也于实际毫无关系。而且在市场当作买者的供给者，和当作卖者的需要者[①]，如其他们是以资本家的资格出现，他们对于其所买所卖的对象物，并不易同他们的消费欲望发生直接联系。即使像一般奥地利派学者所诡辩的，任何买卖对象物，至少会“迂回的”间接的同买卖者的消费相关联，但交换的必需性，特别是“为卖而买”的交换的必需性，定会使一切主观的评价，都被消灭，都被压平到一定的客观据准。而况，每个人的主观评价，在开始，就已经是把一定的客观标准作为基础。

显然的，奥地利学派的这种支离的价值论，是在他们的方法论上注定了错误的根源的。在方法论上，他们把古典学派抽象化一般化了的经济人，更进一步予以超时代化自然化。古典学派把握个人自利的心理状态，始而强调生产，往后则强调分配，尚不难与时代的一般要求相配合。奥地

① 原文如此，疑为“当作买者的需要者，和当作卖者的供给者”之笔误。——编者注

利学派把握个人自利的心理状态，却强调消费，认定“生产是为了消费”。他们把这妇孺皆知的自明道理，当作“真理”来发现，以为由此建立的经济学，就立在不可动摇的坚固基础上。但问题的要键，不在当作研究出发点的命题，有怎样的真实性，而在由它引导出的结论，有怎样的妥当性，换言之，就是看他们研究，是否依据当前经济现实，是否能用以说明当前的经济现实。在资本主义的商品生产社会，不论是资本家，抑是为资本家雇用的劳动者，都不是为了自己消费而生产，他们都是在生产交换价值，而非生产使用价值。如其他们真是为了消费而生产，由生产过剩，消费不足所引起的恐慌事实，就无从得到理解了。

总之，奥地利学派在方法论上所研究的个人，是没有社会性的个人，是好像在一定社会生产关系以外活动的超人；像这种人的心理状态，当然与现实社会没有密切的联系。而一味把这种人的心理状态，特别是把他的消费欲望作为研究前提和对象的经济学，无疑是具有充分的形而上学的性质的。

三、奥地利学派经济学向世界各国的传播

经济学的形而上学化，可以说是对于经济学本身的否定。但二十世纪的经济学界，却竟像是很自然的把这种否定其自身存在的这种形而上的经济学看作是经济学一般。简言之，就是奥地利学派经济学及其变种或亚种，却满布于各国经济学界(除了晚近苏联以外)。这事实，在其德国的信奉者沈伯达(Schumpeter)曾这样傲慢的夸称着：“最近在各国唯一可以并应当得到一般承认的经济学，就是限界效用说，最近所有的理论经济的著作，有十分之九，是在心理学派的思想圈里绕着。”如其我们觉得它的拥护者的说法，难免失之夸张，再看它在美国方面的反对者，费伯伦(Veblen)的议论吧。费氏指奥地利派经济学及其诸变种说：“这类经济学诱人入形而上学，它将来无疑的还要繁盛，但对于实际问题的解释，它还不曾做，而且也不能做。”像这样不能说明经济现实问题的经济学，“为什么已经如此繁盛”？“将来还要繁盛”咧？我们需要在这里说明它的原由。

首先，我们应当指出：奥地利学派的整个经济学，是从自然的观点出发。凡属从自然观点出发的学说，很容易给人以不易颠仆的印象。比如马

尔萨斯(Marthus)的《人口论》,就是把人类最无可否认的两个要求:食欲与性欲,作为它的出发点。在当时〔及〕以后许久,《人口论》其所以那样被人称扬,那样淆惑人的视听,这是最重要原因之一。但科学的真理,并不是在解说自明的事实。愈是自明的事实,愈不需要科学。奥地利学派强调的消费欲望,尽管是谁都不能否认的事实,但经济科学实在用不着费篇幅来讲解它,并讲解人们在满足消费欲望时的心理状态。经济科学所需说明的,宁是满足消费欲望的物质条件,为什么有些人能够充分得到,有些人却不能够,和在它们之间的必然的因果关系。但奥地利学派极力回避这种说明,且借着强调无需解说的事体来作为回避应当解说的事体的手段。

奥地利学派经济学向各国传扬的第二个原由,就是它的全学说内容,原本就渗杂进了已经被古典学派安置在极坚固基础上的诸般经济原理。如自由竞争,需要与供给,以及利润等经济形态的运动法则,它都局部的迂回的甚至是机诈的,用不同的方式,收编进来,特别是作为它“全部学说之锁钥”的主观价值论的论理形式,直到今日,还不曾被人发现,那正好是对它反对最烈的古典学派之劳动价值学说之理论方式的变相抄袭,最显而易见的一点,是古典学派把价值与价格的区别,理解为本质与现象的区别,并认定后者的变动,是以前者为中心。奥地利学派所强调的限界效用价值与限界价值间的关系,正是以此为摹本,而由是取得科学的外观。此外,如古典学派把商品生产所费的劳动者为其价值的来源,把它的效用或使用价值看为它取得交换价值的条件,套这个公式,奥地利学派却把商品满足吾人欲望时的效用看为其价值的来源,而把它的稀少性,看为它取得交换价值的条件。还有,古典学派所阐述的商品价值中,包含有资本价值以上的剩余价值,奥地利派学者则强调生产财的价值,每小于其生产物的价值。这一切,已够表现奥地利派学者的“抄袭”技术。但经济科学的可贵,并不是它的逻辑程序,而是在应用逻辑程序所表现的正确事实。

如其说奥地利学派盛行的第二个原因,是它变相抄袭了科学的研究形式,则第三个原因,就是在另一方面,把许多可以直接诉之于常识的肤浅见解,都吸收来充实它那研究形式的内容。比如,作为其研究起点的消费欲望,特别是关于欲望种类及其满足程度的说明,简直是常识以下的东西。至于用观念上的时间差所引起的价值差,即以现在财货对将来财货有较大价值的“大发现”,来解释资本利息及利润的来源来解释劳动者之工资应少得的原因，那却不仅是依据常识，同时又“制造常识”。他如前面所说的第一级财、第二级财、第三级财，乃至无限级的价值，都是以它前一级财的限界效用决定，而逆推至第一级财的价值，则是由该第一级财对其消费者在满足欲望时所直感出的重要程度决定之云，那虽然在一般常识中也找不出来，却很显然要借常识去理解，稍有科学训练的人，就极容易把这些看成无从分析的呓语了。最后，如像我们前面还不曾提及但奥地利学派信奉者，已早目的极关重要之理论关节的代替财，补充财一类术语，殆莫不是从极一般常识中引导出来。

奥地利学派是强调纯粹经济理论的。为了补充这种常识化的缺点，他们有意无意的把他们的理论与数学结合起来，借数学的一般性与不可动摇的科学性，使自己七颠八倒的经济学说，得到有力的支持。这很可以说是这个学派向世界传扬或展开的第四个理由。事实上，被算作奥地利学派前驱的诸学者，如法国的库尔诺（Cournot）、瑞士的瓦拉斯（Walras）、英国的杰芬斯（Jevons）及德国的高森（Gossen）等等，原都是把数学的解析方式，作为其研究的最基本方法，而此后接受了奥地利学派诸基本命题的马夏尔（A. Marshall），其在德国的支持者里夫曼（R. Liefmann）及沈伯达（Schumpeter），特别是所谓在美国的奥地利派学者如克拉克（Clark）、卡斐（Carver）、斐雪尔（Fisher）之流，殆莫不是应用数学的解析方式，来说明经济事象。甚至在价值论上极力非难奥地利学派的卡塞尔（Cassel），他在研究方法上，却更有数理的倾向，这种经济学之数理研究的作风，一方面使奥地利经济学说更容易传播，同时，也因为奥地利学派的所谓纯理的而同时又是表象的研究，更适于采用数学的方法，数学方法，原是可以应用而且应当应用的。但它被用来解释经济现象，却有一个限度。对于已经由其他方法论证出的经济运动法则，再借数字或数理的解析，予以更明确的说明，那是被容许的。但如一开始就诉之于数学的诸般概念，并非把一切的经济命题，分别拘束在一些解析方程式中，其结局，便是以经济现象去迁就数学方式，而非以数学方式来解明经济现象。在这场合，数学方法排除它以外的其他一切研究方法的应用。

然而，所有上面所提出的四个促使奥地利派经济学向世界传播的理由，只有在我们现在所要提到的这最后一个理由存在的条件下，始能取得现实的意义，这个理由就是：资本主义经济的发展，到了十九世纪最后数十年乃至二十世纪初，已经把它的内在矛盾及其不可避免的命运，给批判经济理论，曝露得毫无躲闪余地了。为了对抗这经济意识上的“危机”，奥地利学派便以“卫道”的义侠武士的装束表演出来。由古典学派，至批判学派所一脉相承的客观主义，都在逼着人去正视现实，去抉发资本主义危机的根源。奥地利学派既是负有“特殊”的使命，自不能不从相反的立场，采取主观主义的研究方法，经济学之观念，形而上学化，不能解释实际经济问题，虽然站在资本家立场的人，间尝也发出不满的议论，但在大体上，资本家的世界，特别是完全脱离生产领域，而一味在从事享乐的金融资本家的世界，毋宁是特别欢迎之一种“消费经济学”。奥地利学派经济学向世界不胫而走的最基本原因就在此。

四、奥地利学派经济学传入中国的原委

奥地利学派经济学，也传播到中国了，并且已像生起根来。中国还不是一个资本主义国家。为什么我们也需要这种经济学呢？上述奥地利学派经济学传播到各资本主义国家的理由，是否也对中国适用呢？本文的论点，原在说明奥地利学派传到中国的实情，而在前节其所以要特别提论到奥地利学派经济学之向世界各国传播，其目的也就是想借此说明它传入中国的经过。

现代资本主义的各种意识，是伴随资本主义的商品陆续输入的。商品的输入，特别与商品意识（经济学）的输入，原有极密切的关联。一个国家，它对商品的输入，是由于自动，它对商品意识的输入，始能自主，反之，它对商品的输入，不是由于自动，而是由于输入者的强制，则商品意识的输入，就不是由于它自愿或自主，而是由于商品强制输入者，把商品意识的输入，当作商品输入的一个助成的手段。在这种情形下，商品对被输入国最可能是有害的，商品意识或经济学对被输入国亦最可能是有害的。

不错，二十世纪开始以来，我们对于商品意识的输入，正适应着我们对于商品输入，已经有自行选择的可能了，但这种可能，在商品意识上或在经济学上所受到的限制，比商品上所受到的限制还大得多。我们尽管每年派出了大批的国外留学者，其中有不少的政治经济学研究者，自动的去输入我们自己所需要的经济科学，但这种工作，首先，就受到了我们社

会一般知识水准的阻碍,在外国,许多经济理论,尽管已由实际的经验与应用,变成了一般人的常识,在我们,却需要大费气力去学习。

其次,我们由外国输入的经济学,是资本主义的经济学,在我们自己尚未造成资本主义的经济条件,对于那种经济学的研究,就不但会增加认识理解上的困难,同时其所研究的法则,是否正确,是否应验,亦无从对照现实,予以确定。

再其次,资本主义经济发展到二十世纪,帝国主义文化政策的执行,愈成为必要。在过去,各先进国家尚夸称它们对于落后地带的经济与文化负有开发传播的使命。一进入帝国主义阶段,它们对于落后地带的工业开发,已经一般的有所踌躇,已经分别采行了"保留"或"带住"落后地带之前资本主义社会经济体制的策略了,在配合这种策略的要求下,它们对于最有基本性的政治经济学的"输出",就不能不采行远较它们在自由放任主义时代为严格的限制了。其实,关于这点,与其说它们是在"输出"上用工夫,就宁不如说它们是在被输入地带的"输入"上用工夫,它们在诸落后地带,是确实拥有这种特权的。

然而,我们在上面所指出的,这是问题的一个侧面,还是奥地利学派经济学所以便于输入的理由。事实上,资本主义各国的经济学界,如我们前面所说都是充满了奥地利学派经济学的气氛的。由一般社会论坛到大学讲坛,乃至由政府及私人设置的各种经济研究机关,差不多直接间接都是由这所谓主观主义经济学说在发生领导作用。愈到晚近,这种倾向亦愈为明显。在这种情势下,资本主义各国向世界落后地带传扬介绍的经济学理,即使再没有帝国主义的打算,亦是会很自然的把它们正在宣扬,正在奉行的理论,和盘托出来。而它们这样做,倒反而会显出这正是它们的"无私"和"正直"。而在诸落后地带,特别如在我们中国,不论是自己派人到国外去研究,抑是由外国请人来帮同研究,自己既没有选择的权能,复没有证验的社会条件,当然一切只有出自"顺受"。而况,我们前面已经述过的奥地利学派经济学本身所具有的诸种传播性的特征,有许多是特别宜于向落后国家的研究者传授的,比如,常识化的现象因果论,就最容易为幼稚的和科学研究水准较低的头脑所接受。他们所强调的消费论欲望论、时差利息利润论,以及根据市场上诸般经济表象所"做作"的各种表式和数字的说明,尽管是似是而非的,但在经济学的初学者或经济科学根底不深的人看来,却最合口味的。经济学常识化的这种倾向,又导出了同派在传播中必然会形成的另一个特征,那就是把工商业上企业经营法,市情的报道,供需变动图解,以及在经济理论上,只占着辅助的、副次的和极边部分的经济技术知识,认为是经济学本体,这一点,也是对于经济学研究者极当警戒的,而我们的一部分经济学者,却显然犯了这个毛病。此外,在奥地利学派经济学中,还有一个与常识化、技术化、表面上相反但实际上却是相因的特征,一个最有基本性的特征。或者说是中国经济学研究者因此中毒最深而为害最烈的一点,就是把经济学看为玄学,看为形而上的纯理论之学。也许近因为是奥地利学派一方把经济学当作形而上学来处理,他们为了要在现实上取得存在的依据,乃不能不乞灵于技术和常识,也许还因为是他们把经济学直截了当的看为抽象的演绎的学问,一种没有历史性的学问,他们就更易于为经济的常识和技术所驱使;但不论如何,经济学的常识化、技术化同时又玄学化,对于中国从事经济学研究的人,尽管是多重的蒙混和翳障,但他们却像很不免矛盾的分类的方法,将其调和起来,以常识化技术化的部分,是实用经济学,而玄学化的部分则是纯理经济学,前者是容易理解的,一学即得,后者是根本不易理解的,只要模糊理解就行。总之,这三者,都是奥地利学派经济学本身容易在中国经济学界"繁殖"的重要原因。

五、中国经济学界充满着奥地利学派经济思想的实话及经济实践上反映出的奥地利学派的经济意识

在前面,我们已把奥地利学派经济学的正体,作了一个轮廓的描述,要说明中国经济学界为何充满了这个学派的思想的实际情形,似乎只要读者自己去做一点对照工夫就行,不用多所词费。比如,涉猎一下各大书局出版的关于经济学部分的大学教本,我可保证90%是依据美国各大学的经济学教本抄述过来的,就其"取法乎上者"而言,亦不过是把卡斐(Carver)、道希格(Taussig)、依里(Ely)及舍利格曼(Seligman)一流经济学者的教材作为蓝本,下焉者更不必说了。但我不想这样零碎枝节的分别指出哪些书哪些见解是奥地利学派经济学的传扬品,只须指明一个比

较有概括性的测验准则就行了。奥地利学派经济学的最基本命题，是建立在超历史的观点上，不论是学校教本，抑是普通出版物上有关经济的理论或见解，只要它们忽略了所研究对象的社会性质，如论商品，论货币，论资本，论价值及工资，乃至论生产消费诸经济形态，都不涉及其因以形成的特定社会基础，而一味抽象演绎下去，那一见就是奥地利学派经济学的产物。这一类的作品或高见，我们实在是厌见饫闻了。

我们论述到这里，很容易"感慨系之"的忆及一位德国经济学者的话，他在十九世纪中叶曾这样指责当时的德国经济学界："政治经济学的著作或教授，无不醉心于世界主义学派，而视一切保护税为'学理之疣'(Theoretical abomination)。彼辈有英国利益以助之，故无往而不胜利，尤可痛者，英内阁善利用金钱势力，钳制海外舆论。苟于其商业有济，则挥金如土，从未有所吝惜，大队通讯员，领袖著作家……漫游各地，专从事攻击德国工业家要求实施保护税之'无理的愿望'……时流学说与德国学者之意见，既皆倾向于彼辈，以故为英国利益辩护者之工作，尤易易也。"[①]这段话已历一个世纪，但我们今日讲读起来，似犹有新的意义。不过，李斯特所指责的，是英国当时利用以阻害德国经济改造的世界主义学派，即英国经济学派的理论，而我们在此不惮陈述的，则是一切资本主义国家利用以阻害中国经济改造的奥地利学派经济学，而且，在事实上，德国当时所受阻害，尚只限于保护减税的实施，而在中国，其毒害所及，并不只于保护关税一项，整个社会经济的变革，现代化的进程，皆由此直接间接遭受了妨阻。

自然，以中国所处的国际地位，我们已经讲到了，商品和商品意识(即经济学)的输入及其流布，是无法完全自主的，但同时也得承认我们在这些方面，我们仍有自主与自动的可能运用范围的存在。外国经济顾问外国经济专家，帮助中国经济"复兴"的计划或提案，不会把中国经济"复兴"的障碍，归因于帝国主义政策，这无疑是极其自然的。但许多强调"中国经济改造"的"权威"著作，也依照外国学者的浮面逻辑，不肯提论到帝国主义政策，即使近十余年来，指斥帝国主义政策的议论渐渐多了，但大半又只限于肤浅的感应，仍不肯继续探究到帝国主义政策作用下的中国经

① 见王译李斯特著《国家经济学》。

济,该是如何不宜于应用帝国主义者处理其经济问题所依据的经济学理,及其所定的单方。结局,自中国社会经济史研究问题被提论到学术论坛以来,中国经济学界为奥地利学派经济学独占的局面,在一般社会论坛上,虽然已经有了一些动摇,但几乎在全部的大学论坛上,在最有政治权势的经济研究机关里面,依旧满布着超历史的形而上学的经济理论,即使是对于摆在我们面前要我们去正视的经济问题,它们最一般的仍是用常识的技术的观点去处理。站在学术的立场上,奥地利学派的经济学说,无疑是我们应当研究的部门之一。但如其我们知道它是晚近资本主义各国为了稳定其金融统治或世界统治所促成或育成的辩护经济理论体系,我们对于这种学说的研究,就得采取批判的立场借以确知各国的整个经济动向,特别是认识它们对于落后地带所推行的经济政策。万不能“生于其心”“害于其政”的由那种经济学说的意识中,去定立中国经济的改建方案。

然而不幸的是:晚近以来,作为中国经济设施之立案者或发言者的中国经济学界,例皆不问中国社会已有的经济基础,不问所有的设计,应用起来,是否为中国社会已有的经济条件所要求或允许。他们很直观的,把构成中国总经济形态的商品价值、利润、工资、货币、资本诸基本范畴,与他们从经济学教本中,从奥地利学派经济学中,所习得的同名目的诸基本概念,看为同一的东西,追其所定立的方案在行上遇到障碍,他们再回过头来叹说中国社会的技术条件不够,而迄未反省到他们的计划或立案,根本就未顾及中国社会以及中国社会的技术水准。过去是如此,现在亦然。

六、奥地利学派经济学对于民生主义经济由理论到实践的背离

其实,当中国经济学界早陷在昏迷状态中的二十余年前,国父孙中山先生已很正确的提出了中国经济改造的必由之路。民生主义经济中所创议的土地政策与资本政策,确不仅只把握了中国社会的客观经济现实的症结和认清了资本主义的弊害,同时还很理论的断定中国不经过土地上变革,不由此扫除过去封建社会的残余的力量,决无法顺利进行任何现代

性的经济改造，这是任何一个现代国家所曾经历过来的铁一般的事实。同时也是古典学派乃至批判经济论者们从历史的经济法则所论证得昭然若揭的，只有奥地利学派最害怕历史的阶段论。他们为了辩护金融资本阶段的“永生”，遂不惜从观念上把一切不同社会的特殊经济性质或特殊经济条件，加以舍象，原始人使用的石器木棒和近代资本家所支配的生产手段，在他们看来，并没有什么本质的不同，所以原始人使用石器木棒所得，是为了消费，资本家使用生产手段所得，同样是为了消费。以此类推到其他经济形态，他们认定一切过去的同现代的，只有简单与复杂的区别。在这种认识下，经济学的基本概念，就被一视同仁的涵盖成为不着边际，不关一切历史现实的漠然的时间概念与空间概念，让数学去发挥其演绎的功能。资本主义经济的来龙与去脉，绝不能在这种经济学中找到线索。在经济大恐慌一再威胁着资本主义生存的当代，这种否定历史经济法则的经济学的风行，在资本主义各国，至少有其消极的意义。

然在现代化挫折中的中国，对于这种经济学无批判的吸收，就等于对中国社会经济性质的忽视，也就等于对民生主义经济理论的蒙蔽。所以，近二十余年来经济学的研究介绍，尽管愈来愈热闹，愈繁昌，对于国父中山先生所正确提论到的民生主义经济理论，即须根本从土地所有关系上，挖去封建势力寄托的地盘，然后始能谈到现代性的经济设施的经济理论，反而，其实是必然，被平淡的搁在一边了。在国民革命过程的二十余年中，民生主义中最基本的且是最初步的土地改革政策，其所以未曾见诸实行，当然有我们国情造成的诸种客观的障碍存在，但如说到主观上的努力不够，其罪戾有一大部分应该归到我们经济学界的奥地利学派的作风。一切在经济建设上有发言权的经济学者，殆没有一个肯触到中国社会所需要的本质的变革。不错，当他们看到经济建设上遇到了现实障碍的时候，间或也漠然提到中国经济的落后性，并以此来含混其立案对于现实的隔膜。但“经济落后”的社会意义是什么？他们在讲坛上在论坛上，从不曾给予我们以明确具体的指示。

一个以民生主义为现实经济指导原则的国家，其经济学界乃至经济界所奉行的，竟完全是与这个指导原则相背离的经济理论，这已够令人感到稀罕！但最稀罕的，却是这种事实由来已久的存在，直到今日，还不曾有人把它指明出来。

七、经济学者的责任

我现在可用下面这几点比较综括的意见，来结束我的题旨：

（一）我是绝对尊重学术自由研究精神的，对于任何一个学派的经济学说的研究，不但可借以扩大我们对于现代思想的理解，且可借以增进我们对于世界经济现实的理解。在这种意义上，奥地利学派经济学至少和古典学派、历史学派、马克思主义学派的经济学，同样值得我们研究和注意。

（二）正惟其如此，我们研究奥地利学派经济学，至少要明了它这种经济学，是适应资本主义衰落期的现实要求而产生的，在经济学史上，它并不像它的一般信奉者所誉称的“经济学的复兴”（Renaissance of Economics）或“再造”。因为，如其我们不否认经济学是现实经济的反映，那末，在资本主义临到了多灾多难的严重时期，决不能站在资本家的立场，还有什么“更新”的学理的“发现”。即或我们主观上感染太深，不容易去掉这种幻想，我们亦得承认：在现代经济思潮里，奥地利学派经济学究不过其中的一个支流。即令再强调它的重要性，亦不能竟把它当作是经济学全体。

（三）自然，我并不素朴的或表面的承认中国有什么奥地利学派。这应着中国经济形态的落后，中国的经济意识形态亦是非常落后的。自己不能制造商品，对于舶来商品不易辨认其真伪；自己无从创建经济学，对于舶来经济学亦自不易判别其是非。在这种认识下，我们即使不能否认中国经济学界，也受了中国买办商业金融资产者意识的影响，特别是受了帝国主义文化政策的影响，但我们仍不能据此就断定中国有什么奥地利学派经济学，实际上建立一种经济理论固然是谈何容易；就是信奉一种经济理论，也并不很简单，一般的讲，我们经济学界对于奥地利派经济学，与其说是自觉的自动的去理解和研究，毋宁说是被动的，人云亦云的。因此，我现在来批判中国经济界的奥地利学派的作风，实在是哀悯的心情多，而指责的意思少。但是，

（四）正如同我们的经济，受着历史的资本主义世界的束缚，仍必须拼命挣扎，以求得解放一样，我们的外铄的，不由自主的经济意识，亦当由我

们努力，由我们展开研究的视野，俾能配合并进一步指导我们的经济解放。况且我们经济解放的途径，已经国父孙中山先生指示了，世界经济发展的客观动态，又大足启迪我们，只要我们的经济学者，肯从他们一向被拘囚奥地利学派经济学的“象牙之塔”中开脱出来，中国经济学界定然会一新其面目。这至少是我们经济学者应当担负的自觉的责任。

社会科学论纲

社會科學論綱

王亞南著

東南出版社印行

原书封面

社會科學論綱

著者 王亞南

發行出版者 東南出版社 永安橋尾

印刷者 東南出版社印刷所 永安橋尾

發行所 東南出版社 永安羲和路卅八號

民國三十四年六月初版 一—一二三〇

原书版权页

序 言

说当前是一个科学的时代,只要稍微对时代有所认识的人,便十分赞同;但如说当前其所以被称为科学的时代,不只是由于自然科学发达,还更是由于社会科学发达,那就是一般自命为站在时代前面的人物,甚至是一个自命为社会科学研究者的人物,也还不能十分释然。

如其说,我们近数十年的科学教育是失败了,我敢说,在社会科学方面失败的程度,比之在自然科学方面的失败程度,也许还要厉害得多。

科学教育失败的基本原因,当然应求之科学教育展开所需的社会条件,所需的促进诱因,没有形成。但如就科学研究的本身来说,或在单就社会科学研究本身来说,其失败的症结,却不能不归之于学与用的脱节。大家只知道注意某门社会科学的入门知识或基础知识,而不肯注意学得那些知识的人,对于现实有关的问题,究作如何的理解。这也许是研究社会科学的人,连自己也不知道社会科学的重要性的许多原因之一。

近年以来,以注入的刻板的方式,叫学者去死死阅读什么 ABC 的倾向是有所改变了。于是通俗的、实用的社会科学读本又风靡一时,但这种补救的方式,也许不免会矫枉过正的发生科学流俗化、常识化的毛病。

为了使理论不避开实践,同时还为不使社会科学的研究,一直逗留在入门的阶段,我以《社会科学论纲》这本书向我们科学界贡献出来。

第一部包括三篇,都是关于社会科学本身的认识问题,故总称为社会科学认识论。

因为在认识论上,我已明确理解到一切社会科学,均是在应用过程中产生,更当在应用的过程中去理解,所以特就当前最显著的,且为一般论坛上谈论得最热闹的文化、战争及建设三种社会事象,分别应用社会科学的基本理论加以研究。第二部包括四篇,题称为社会科学的文化论。第三部包括四篇,题称为社会科学的战争论。第四部亦包括四篇,亦题称为社会科学的建设论。这一切社会事象社会问题，当然是依据社会科学来讨论的，加上“社会科学的”形容词，似乎是“画蛇添足”。但我的用意，却正是因为一般人讨论这些问题，不是凭着成见、玄学，就是凭着直观的或经验的常识。所以，这样的标题，乃寓有“批判的”意图。

四部所包括的十五篇，只有《政治经济学对于现代战争的说明》一篇，是从拙著《经济科学论丛》中移来，但删去了最后一长节；其余只有评梁漱溟先生及评顾翊群先生两文，是在到福建以前写的，即是说，这部书主要是在福建写成，且多半在报章杂志分别发表过，它的出版，希望能多少有助于一般社会人士特别是一般青年研究者，对于时代，对于科学的明确认识。但同时也希望大家对于书中不健全的地方，予以指正。

民国三十四年四月于永安野马轩

第一部　社会科学认识论

一、研究社会科学应有的几个基本认识

（一）中国科学的贫困

在今天提出这样的一个太富有启蒙性的课题来，一定有人觉得太过时了一点。但任何一个稍有社会科学修养的人，只要他随时随地留意一下我们国内论坛上，有关社会科学范畴内的政治、经济、文化、历史等等无论哪一方面表述的意见，他就会发现那有最大一部分完全没有依照社会科学所要求的轨则，而都仿佛是在乘驾无轨电车，“纵意所如”，沾沾自喜的高谈阔论着。他们开始是谈论起来，不依据科学，或根本不知道何谓科学，然后再回过头来，说社会科学根本就不成其为科学，仿佛这样才好完成他们“信口开河”的不科学的“科学”根据。不幸，这样一种非科学的或反科学的作风，并不限于一般幼稚的青年作者，那些社会诸学科方面的专家们，也都不知不觉的充满了这种情态。这样，就不但造成了国内社会科学界的全面的精神贫困，在自然科学在其发展过程中，必须有社会科学帮同作清道的启蒙的工作的限内，自然科学界的不振，亦自是意中事。因此，抗战过程中的国内出版界的定期刊物乃至各种中小型的丛书，尽管像是非常之多，但所有这些出版刊物上的意见，如被分类归纳起来，却是非常之少，大家“入乎耳，出乎口”的在相互传扬着少得可怜，同时却一点也经不起科学考验的常识。不管这种精神贫困的险象是如何造成，但这种险象的存在，却是铁一般的事实。我们时常听见国人诉说物质贫困，却似乎没有人注意到我们更严重的精神贫困。事实上，精神的贫困，是定然会

赍来或加重物质贫困的。物质的贫困虽再大，虽再剧烈，我们能由科学的研究，好好去理解它，并能好好去缓和它，克服它，否则我们不能理喻的物质困难，一定会比之我们能够好好理喻它，要给予我们更大的威胁和困惑。暴风雨所给予自然科学者的可怕程度，是远不如一般常人的。我们今日的经济危机，事实上，被我们对它没有明确认识的经济学者乃至政论家们的歪曲解释，和胡乱救治弄严重了许多。不重视科学或不知道如何重视科学，是随时随地会受到没有科学训练的恶果的。

因此，有关社会科学本身的认识，在今日还是有其必要的，我愿就下面几个论点来加以说明。

（二）科学的三种属性

首先，我得指出，社会科学一般的具有科学的性能。

所谓科学，原来是指着自然科学。自从社会科学于近代逐渐完成其科学体系以后，在科学的领域内，原来的所谓科学或科学一般，乃在对照的意义上，被称为自然科学。

科学在其发展的全历程上，大体是由自然科学发其端绪，先把自然作为研究的对象，后来始把社会本身作为研究的对象。因为我们人类在最初，或在较原始的状态下，根本就无法从较广阔的视野，体认到他们社会本身的变动轨则。他们当时的社会，被文化、交通，特别是生产条件等等，拘限在极狭的范围内。可是，那极狭的视野，却并不曾阻止他们直观的体察到自然界的秩序。最有规则的天体运动，最初被他们发现出轨则了。天体运动既有轨则可循，接着物体运动的轨则就被发现了；往后，由无生物间原质与力点显示出的因果关联，逐渐启发出生物界的运动秩序。最后，更进一步观察体验到人类社会本身的运动法则了。由天文学，到物理学，最后到社会诸学科的这种科学建立的顺序，大体由法儒孔德（Comte）将它指证出来了。不过，在这个科学建立的大体顺序中，我们不应忽略以次这种例外性的事实的存在，即任何一种科学，都不是一朝一夕完成的；最后完成或建立的社会科学，它的开始被研究，或者它的研究对象开始被考察到，是在近代以前许久，或者在远古时候的事；同时，许多自然科学的真理的发现，或者，那些真理的被允许发现，还有不少是得力于未完全成熟的社会科学的研究与宣扬的结果。可是,这种事实即使存在,却并不妨碍我们前面指述的科学建立的大体的一般的顺序。

不管先进的自然科学,抑是后起的社会科学,在它被呼为科学的限内,一定要具有科学的一般性能。然则所谓科学的性能,究何所指呢?那须得就科学的涵义予以说明。科学原可称为法则之学,或诸种法则之综合。我们试一揭开科学载籍,其中例皆举列着种种定律、公理、通则一类的语辞及其解释。换言之,即科学的书,大体可称为法则之书。科学的性能,是依着法则或通过法则表达出来的。我在其他场合曾经解述过[①]:

法则这个语辞,普通是用来表示诸事象在特定情形下所显现出的相互因果关联。一种事象对其他诸事象,或者其他诸事象对某一事象,在一定条件下发生某一作用,在它们之间表现出了一定的变动,表现出了有关数量的质量的一事态,则在同一条件、同一作用下,那同一变动或同一事态,一定会重复的被表现出来,这即是说,法则本身存在着一种规律性。

又,某一组或某一些事象,相互间在特定情形或特定条件下,表现出一定的因果规律;在不同的情形,不同的条件下,却会表现出不同的或非前一规律所能范围的变动现象。在纷然杂陈的诸事象,和纷然错综的诸作用、诸因果关联之间,或者在连续继起的诸事象作用之间,有一个总的法则,把它们综合联贯起来,使各别的法则,从矛盾上显出统一,从绝对上显出相对,从一般显出特殊,使它们各别的法则,各别的因果关联,在总的大法则之下,表现出一种条理秩序。相成的、相续的,固不必说,即使是相反的现象,若从其最高的境界,最高级的发展形态看去,它们亦是相统率的,或者,诸规律关系之间,还存在着一种系统性。

再者,上述的这种规律性和系统性,不只说明了法则这个概念的内涵,同时还意味着它的本质:法则尽管是抽象的表现,它所表现出的对象,尽管不一定能完全,不一定能无遗漏,但它本身,却与客观现实分离不得。它是现实在主观上最集中的、最有概括作用的、最真实的体现,这即是法则的实在性。

科学的性能,可通过法则的这三种属性而得到理解。被自然科学和社会科学研究着的任何法则,都须具备这三种属性:规律性、系统性、实在

---

① 见拙著《经济科学论丛》第37～38页。

性。不同种类，不同性质的科学，其法则所体现的这诸般属性，尽管在程度上不尽能一致，但缺乏了这任何一种属性，它就根本不能取得科学的资格。许多形而上学的观念论者，无疑曾在而且还时常在他们脑海中，僭制出一个像是“自圆其说”的思想体系，而他们那种思想体系也许更能表现出一个规律系统的外观，但因为缺乏实在性，它就根本不能成其为科学，只不过是观念构成的玄学罢了。

要之，社会科学之被称为科学，并不是对于它所包括诸学科，如经济学、社会学、政治学、法律学等等，从外面曲加上的装饰，而且所有这些学科的研究成果，在本质上显出它们分别在不同程度上具有上述的科学性能。从法则上体现的规律性、系统性与实在性，是一切科学的基本要求；就在这种限度内，我们发现了社会科学与自然科学的共同一致的地方。

（三）一切社会科学皆是历史科学

其次，我得指出，社会科学不仅是科学，不仅具有上述的科学性能，同时还是历史科学。在这种限度内，我们又发现了社会科学与自然科学不相一致的地方，或者社会科学对自然科学相差别的地方。

我可套一句中国史学家的“六经皆史也”的成语，说一切社会科学皆历史科学。

社会科学的历史性，与其说是由它研究的成果立论，毋宁更本质的说是由它研究的对象立论。社会科学中任一门科学的研究对象，都带有变动不居的历史的特征。在这种论点上，我们也许会要碰到以次的反驳，即自然科学所研究的对象，亦并不是永劫不变的。一花一草，任何一个有生命的生物，一方面固然在成长或凋亡过程中，而它们之成为此花、此草、此生物，正不知经历了如何曲折与积累的演变。我们任意从沙滩道左俯拾一片碎土，一个石丸，它们之成此形，成此质，其历史的悠久性，是颇费地质学家探索的。设我们放宽眼界，把天文学研究对象的天体运动，拿来加以历史的考验，尽管它一向被认为是最有定着性的，但自一七五五年康德的《一般自然史与天体论》问世以后，它的日月经天、万古永恒不变的旧认识，亦受到了莫大的修正。晚近相对论出，我们对于宇宙本体的观念，已经在不绝改变。所以，自然界，或者自然科学界所研究的对象之历史性格,应当是不容我们忽视的。

但从另一方面讲来,自然界的变动,比起社会现象来,毕竟是过于缓慢,以人类历史年代来尺度它,它的变化的缓慢程度,几乎近似于永恒不变,近似于千篇一律的定型化,正类于所谓"蟪蛄不识春秋,朝菌不知晦朔"一样,我们人类在古代在历史初期,直观体察的许多有关自然现象的定律,迄乎今日,还因那些自然现象的本身依旧维持着原来的状态,而有其科学的实在性。

可是,问题的焦点,并不在自然科学所研究的自然现象,和社会科学所研究的社会现象,是否变动不变动,或者变动是快是慢,而在它们各别的变动,是否通过人类的意识和行为,是否由人类社会关系所导来。大体上,自然界的变动或演化,都是起因于自然的原质或力素,离人类意识而独立的、盲目的,交互作用着、演变着。若人类社会现象的变动,或其历史的性质,则是通过一定社会关系,由此社会关系必然导来的有关个人及其阶层之利害意识,不绝施作用或反作用于其间的诸社会事象之连续表现的发生、成长、衰落以至其完结的全演变历程。这种经由人类利害意识,或离人类利害意识而独立的历史变迁,正是自然发展史与社会发展史的分水岭,是自然现象与社会现象的大异其趣的基本事实,同时,亦是社会科学对自然科学的根本差别所在。

从这里,我们已不难知道,要把握住所研究对象的法则,把握住那种法则的规律性、系统性,特别是实在性,那是研究社会科学与自然科学共有的困难。而除此以外,还得进一步把握那种法则之社会的历史,那却是研究社会科学独有的困难。许多人——其中并不仅是研究自然科学的人,更还有研究社会科学的人——以为研究社会科学,比较研究自然科学容易,那种错觉,可能是起于以次两种场合之一:或者是根本不曾跨进社会科学之门,或者是完全不曾跨进科学之门。生育的痛苦,是只有产妇才能深刻体验到的。

(四)社会科学的历史性并不妨碍它的一般的科学性能

又其次,我得指明,社会科学的特殊历史性,是不妨碍它的一般的科学性能的。

我前面所讲的，研究社会科学较之研究自然科学更为困难，正意味着：把握社会法则之规律性、系统性乃至实在性，常常不免受到它的特殊历史性的二重影响：一方面，社会现象比较太富于变动，它不易定型化，把它作为对象来研究，就似乎只能理解到它通过变动之流的某一瞬间的静态。诚如西哲所谓“濯足长流，插足再入，已非前水”了；在另一方面，我们对于那些现象的认识，不能像我们对于自然现象之认识那样，完全不牵涉及我们关于它的利害念头，即不容易在认识中，完全排摈去主观的要素。这无疑是非常明白而真实的事情。也许就因此故，一般人以为这正是社会科学难具有一般科学性能的理论上和事实上的根据。

在这里，我们且跟踪他们这种形式逻辑，来考察他们必然由此引出的似是而非的谬论：

第一，他们像抓住了社会科学之痛处一样的，以为以变动不居的社会现象作为对象来研究的社会科学，如其要把握它的实在性，即它所研究发现出的法则，如其要它不离开现实，则它那种法则在时间上的持久性，在空间上的延展性，就要受到极大的限制了；设由此更向前引论，社会现象所由形成的自然因素与历史因素，以及这些因素的社会的配列和结合，随时随地皆会因其内容的不同与变化，而妨碍着一般性的法则的建立。惟其如此，

第二，他们就像很有理由相信，有关社会现象解释，就不必有，且也像不能有一种定说。“彼亦一是非，此亦一是非”的诡辩哲学，遂很自然的被用来朦蔽社会科学的科学性格。而在现实上，同一社会事象或社会因果关系，确曾有极其不同的，甚至互相抵触矛盾的解说。比如，人类社会自来就像历劫常存着的，且存在得异常普遍的贫困现象，谁都会依他的高兴和肯用数字计量的习惯，列记出各种各样的说法，这事实，自然会成为非难社会科学者的有力佐证。不仅此也，

第三，他们依着上述第一点第二点的论据，即使自退一步，说社会科学的法则可以存在，那种法则的持久性和一致性，固然颇成问题，即其针对着现实的准确性实在性，亦定然会因众说纷纭，以致使其中任何一种说法，只见其偏，不及其全，而由是对现实狭减其确实程度。

以上这种似是而非的不健全的意见，是每个研究社会科学的人所应

当怀疑到的，但他不宜停止在这种怀疑上面，他必须进一步去做点释疑解惑的工夫。

对于社会科学上的法则，在时空方面都不免受到限制的说法，如其这种说法，不含有根本否定的意图，我们毋宁是表示赞同的。科学的历史方法论，根本就排斥学术或理论上的绝对主义与永恒主义。一种学说，或者一种社会法则的建立，即使是健全的，合于我们前述三种科学性能的，如其它的建立者乃至它的拥护者，把它的适用性，延伸到它的时空限界以外，如所谓“放之四海而皆准，百世以俟圣人而不惑”，那就根本忽视了社会科学的历史特征，忽视了社会现象的历史演变极则。

可是，我们在这里从正面指出的社会诸法则在时空上所受到的限制，并不像前面怀疑论者们对它曲加的狭隘短促到法则根本无法建立的，从而，由是否定法则的那种程度。社会现象在不同的自然条件与历史条件交互作用的情形下，无疑是极其多样和多变的。但科学的研究，并不是一种照着现象的原样加以分类记录的现象学，它必须透过或者不十分妥当的说，拨开有烟幕性的现象，去研讨它的本质，去究明隐在那些现象后面的社会基础，特定的社会经济基础之上，只能容许某种或某一些社会事象或社会制度存在，而在不同的社会经济基础之上，亦只能容许其他某种或某一些社会事象或社会制度存在。尽管人们有根据说在不同的社会经济基础之上，曾存在着同一名目的社会事象或社会制度，如家族、宗教、商业以及其他等等，但我们的研究，正好是要在它们这些同名的事象或制度当中，去区辨解析其在各别相异社会经济基础上的不同本质。商业或劳动或家族，差不多是在一切历史时代都有过的，但它们在各别历史时代，毕竟会分别呈现出不同的内容和姿态，扮演着极其不同的社会角色。如其说，一种社会经济基础，移转蜕变到另一种社会经济基础，并不是一蹴可几的事，或者依据历史科学所诏示，是曾分别经历过几千年几百年的事，那么，在某一社会经济基础上，作用着的诸般社会事象及其所表现的法则，其时间上的限制，就不会像幼稚的直观的怀疑论者所想像的那么短促，同时，一种社会制度，在当着一种社会规模的制度，而存在着，而作用着；而这样存在着、作用着的制度，又一定会当着一种社会的强制力，来扩大、来展拓其存在与作用的限度内，支配着其存在与作用的诸般法则，在空间上的限制，也不会像人们想像的那样狭隘。

至关于社会科学上的诸般思想体系或学说，显得过于分歧，过于没有一定的疑难，也无疑是非常值得我们考虑的。但这是关系认识之客观障碍与主观锢蔽的问题，我们不能怀疑到科学本身的建立。而且，这种事实，并不仅只发生于社会科学方面，也同样发生于自然科学方面。科学的研究，并不是突进的，而宁是累积的。其前一认识阶段的尘障不曾清除，就直接会影响到其次一认识阶段的发展。关于天体运动，在哥白尼以前，固有许多说法，即在他以后，对他的发现，亦不断有所增益和修改。在伽利略、牛顿前后的有关物理学上的法则，亦是如此。特别是生物学上关系生物演变，关系人类由猿类进化过来的基本法则，就有分歧到令人难于置信的那样多意见，其中最著名的权威说法就有拉马克的用进废退说，有达尔文的天择说，有窦富力的突变说，有新拉马克派的平行诱致说，有瓦格纳之地域隔绝说，有内格纳之演进定则等等，但虽然如此。今日并没有谁还会怀疑到生物学上的进化论的科学价值。准此推论，在社会科学的研究上，无论是关于财产制度，婚姻制度，或者关于其他任何一种社会制度，就其起源说也好，就其发展过程说也好，都不难找到许多相异的乃至相互抵触的解说，然而这并不能为社会科学的致命痛处，反之，在社会现象具有社会的历史性格，它因此必然会显出相对的多样性与多变性的限内，我们倒毋宁希望或者要求，对于它那种现象的本质，能从多方面，多个视野去考察它，揭发它，理解它，能把问题任何一方面所应考察到的地方，都分别提出各种解说，然后庶几可以比较，究竟何种解说，能更包括，更有系统，更对现实具有妥当性。把这一点弄清楚了，我们始可进一步去解释前面的第三个被怀疑的论点，那是说，因社会科学上的思想系统庞杂，学无定说，所以每种说法对现实的确实妥当性，是太有限了。

本来，这样一种疑难，是由前述第二个被怀疑的论点引导来出来的。我们已经就第二点结论出：社会科学也同自然科学一样，对于它的每种研究对象，或全体对象的许多纷歧的解释，尽管有的解释或说明，部分的或在某一场合，有其妥当性，有勉强可以讲得通的地方，但我们已经讲过，科学是不止要求对某特别场合或特定诸事象间的因果关联，能作牵强附会的说明，就算成功的，它同时还要求所有关于一切特定场合的说明，能在统一的总原则之下，分别找到它适合于全系统的关联的地位。此外，它更还要求这通过主观，或在人类意识中再生产的总原则及其全列系统，能确实反射着现实，而不是单从头脑中构成的架空的观念，没有科学修养的人，往往不是止步于对某特定场合的现象或问题，强作常识的解释，就是对那些现象或问题，单作无关现实的架空的说明，像这样一类性质的解释或说明，并不曾，也不能分有科学的实在性妥当性，那至多不过由它们这些糊说乱道的见解的杂然存在，更显得定于一宗的科学研究系统的重要，以及那种研究系统，必须具有上述一种科学的性能罢了。

在这里，我也许需要理论到社会科学研究上的主观性的问题，即社会科学研究的对象，都直接间接关涉到我们个人乃至个人所属阶层的利害关系，在那种对象须得我们通过主观去认识理解的限内，我们在认识理解的历程中，便难免不夹入利害攸关的情感，而由是影响到科学研究所要求的纯客观的精神。不仅如此，在社会科学所研究的对象，无论是哪一种社会行为，或哪一种社会制度，其本身就渗透着人类意志，人类利害关系的限内，对于它的研究，也似乎无法像离开人类意识而独立的自然现象那样，能保持其纯客观的研究对象性。这两点，其一即研究者主观上不易维持客观态度，其二即被研究的客观难免不渗入主观因素，都是我们在解述前面三个被怀疑的论点时，应当加以分释的。

试翻阅一部科学史，我们将会发现：对于被研究对象的认识，不免渗入个人利害成见，那在自然科学上和社会科学上，只不过有程度的差别。太远的过去不说，文艺复兴以后直至第十八世纪终末，当时许多自然科学家受迫害的情形，我们今日似难想像到。哥白尼、伽利略，乃至牛顿，尽管他们所研究的对象，并不直接关系人们的物质利害，但他们研究的结果，却显然要影响到人们对上帝创造万物的信心，影响到僧侣的社会权势，由此影响到他们什一税及大量赎罪金的收入。许多自然科学家之被烧死，被判殛刑，在当时固然罪有应得，甚至在二十世纪的三四十年代，我们还从最有自由精神的太平洋彼岸的美国最高学府（哈佛大学）中，传送来达尔文进化论被摈斥为异端邪说的微词。谁说自然科学研究对象不涉及人们的物质利害关系？不过，在大体上，与自然科学研究的对象，是更为直接关联到人们的利害的感情，通过一己的权与利的黑暗箱，在认识上所反映出的研究对象，是定然会失去它的真相。但是在考虑研究者与研究对象之利害关联时，我们不应忽略其中有一种饶有历史意味的事实在，那事实，将可能补救我们在研究上不免碰到的这个缺陷。且更具体的就社会科学上更有基本性的经济学来说罢。一位大经济学者曾这样提示我们:"自由的科学的研究,在经济学范围内所遇到的敌,不仅和它在其他范围内所遇到的敌相同;它的材料,含有一种特殊的性质,它会把人心中最激烈最卑鄙最恶劣感情唤起,把代表私人利害的仇神召到战场上来,成为自由研究之敌。"就因此故,当经济学研究对象的资本主义经济,已经发展到从它内部造成了威胁其生存的劳动者社会阶级,并且这阶级已明目张胆的对它本身,对它所保育滋养的阶级,即资本家阶级,采取了各种威吓姿态的时候,与它的利害密切关联的经济研究者,或在这时的经济学,其研究上成为问题的,已经"不是真理与非真理的问题,只是于资本有益抑有害,便利抑不便利,违背警章抑不违背警章的问题,超利害的研究没有了,代替的东西,是领津贴的论难攻击,真正的科学考察没有了,代替的东西,是辩护论者的歪曲的良心和邪恶的意图"。果真如此,经济学上的研究,不是变成了完全不能照应着现实的矫揉造作的东西么?我们很可以如此这般的理解十九世纪后期以至二十世纪的资本者的经济学说。然则现代经济学又何能科学的建立起来呢?历史在这里为我们提供了最有辩护性的保证,即现代资产者的经济学者,在资本主义经济已经取得支配地位,即资产者已经成功为压迫的社会阶级的场合,他们虽惧怕真理,但当资本主义经济还受到封建势力梏桎,资产者阶级还遭受到贵族僧侣掯制的场合,乃至资本及资本家已取得了历史的支配地位,而尚不曾明显的严重的遭受其内在对立物劳动者阶级势力之威胁的场合,他们是必须而且可能要求阐明经济法则,并由是建树起科学的经济学的,亚当·斯密是处在前一个场合,李嘉图及当时其他经济学者,是处在后一场合。在这种认识下,我们还有理由相信,当代替资本主义经济形态,代替资本家社会支配地位的社会经济组织及其主导者尚还处在资本及资本家处在近代初期那种被掯制的地位的场合,立在反资本制立场的人们,却显然需要逼近真理,很科学的客观的去暴露资本主义经济运动的法则。一切批判的经济学者,是处在这样一个场合。——把上面这几层曲折有致的关系分释清楚,我想社会科学研究者主观性的毛病,是可能而且已经成为事实的在受着客观要求的矫正。

至关于社会科学上被研究对象渗透有人类意志或主观因素,以致妨碍着客观的科学研究的问题,我不想在这里多加解释,我只须指明,一切通过了人类意识而形成的社会行为、社会习惯、社会制度，乃至社会风气，当它们一经成形为社会的规模，被当作一种社会的存在物，而成为种种社会科学考察的对象时，各别个人的意识，不论它"在主观方面怎样超出周围的种种事情，他在社会方面总归是周围种种事情的产物"。社会科学无疑要把人类的各种意识形态，甚至就他们的动机，他们的感情，他们的意志力加以分析，但所有这些，都是人类的、社会的、客观存在的，张三李四独特的胡思乱想，根本就不成其为社会科学考察的对象。然则人类的行为、风习、制度，一取得了社会的规模，不已离开个人意志而独立，从而，他不将失却其对这种方面的主宰，而变成被动的、宿命的么？许多人曾是而且还在这样担心着。但这是过虑了，人类如其能依据科学的研究，把每种成为社会存在的活动或制度，放在科学的考验上，由是认知其社会的因果关联，社会的存在基础，更由是判断其必然的发展演变动向，采行妨碍或加速促进的步骤，那正是科学研究所要求达到的成果。

不同科学接近的人，往往就会发生许多杞人忧天的幻想。我们社会科学研究的论坛上，正还普遍存在着这种幼稚的，但却不天真的常识大家。这是需要自我诊断，自我批判的。

（五）中国人研究社会科学的难易问题

更其次，我得指明，我们处在二十世纪的中国人来研究社会科学，一方面，有许多特别困难的地方，另一方面，也还有其特别容易的地方，把这种种关键指明出来，也许对于有志于社会科学研究的人，有不少的便利。

且先讲到特别困难的地方。

最先，我们应当明了，说二十世纪是一个科学昌明的时代，任谁当然无法否认，这是我们这时代的一个光明面；同时，它确实还有一个黑暗面在。我们被这时代的各种物质文明炫惑了眼，就很不容易体察出它当作暗流存在着的反科学的、浓密到使人感到窒息的黑暗阴影。这事实，请教历史是会得到理论根据的。

前面已经约略的提过，现代资本主义经济在其成育发展的前期阶段，它是需要自然科学，需要社会科学，来帮助它完成其成育和发展。社会生产力的增进，就是意味着物理学、化学、矿学、土壤学等等科学研究成果的扩大应用;而在社会生产力增进过程中,社会经济基础在不绝改变,在已往社会经济基础上生根的各种社会意识,一定会成为那种改变过程中的精神上的物质上的障碍。所以,就在各种自然科学被奖励的当时,由文艺复兴、宗教改革开其端绪的社会各学科的研究,也经启蒙运动的促进,相续在政治方面、经济方面、教育方面……树立起了现代的科学基础。

现代资本主义社会经济制度,是借着自然科学与社会科学的帮助而建树起来的。但当这种制度一经对其他过去的社会制度,取得了全面的支配地位,它本身就因其内部发展出的矛盾,而导出了不能像其在前期那样的奖进发扬科学的"苦衷"。事实是这样的:资本制的商品生产,不绝强制的要求大量化、大规模化、机械化,但它由奖进科学发明,更机械化,所制造出更多量的商品,却不曾,也不可能找到与其相适应的社会购买力或市场。商品生产过剩,一方面制造更强烈的竞争,更促进科学研究专业的发展,但另一方面却又会因此造出梏桎社会生产力,限制科学应用,相互暗中收买秘藏发明的场面。在一部题名为《资本主义的浪费》的书中,著者切色(Stuart Chase)曾这样告诉我们:"假使一切科学上的发明,能立即将其应用起来,则我们人类社会的进步,也许比现在要快好几百年。资本主义内在的矛盾,把科学可能的进步限制了。"我们知道,在我们所处的二十世纪,因为需要奖励科学,需要阻遏科学乃至破坏科学的各种社会经济形态在杂然并存着,从全般看去,自然科学虽尚在发展进步的途中,但就其速率言,就其可能发展的进度言,它显然已受到了资本制在末期的反动影响,它在跛行的坎坷状态中。

可是,与自然科学比较起来,社会科学就更加显然的临到了备受摧残的厄运。同样由资本制本身造出的反对物即劳动阶级势力,随着资本制发展,而日益增大,资本主义在它还是保持着社会支配地位的局面下,它这种社会制度无论哪方面的矛盾和破绽,都不允许各种社会科学来暴露它。就因此故,不仅社会科学,就是与社会科学接近的自然科学,也大触霉头了。政治地理学被转化为争取"生存空间",扩大侵略的说教;人种学变成了统治异族的种族优劣论的说教;也许有人说,这是法西主义国家的情形,但今日在英美等国家,不胫而走、风靡一时的奥地利学派的经济学,德国西南学派的文化社会学等等,不更显示着社会科学在怎样的被歪曲,被拑制么?

把社会科学与自然科学两方面被凌虐的情形，通盘加以考虑，说我们目前大体上是处在一个科学的反动时代，总不应说是过份的事。处在这个时代的中国科学研究者，无疑会受到这时代暗流的激荡，一开始就对科学失却信心，科学造出了战争哪，造出了物质上的罪恶哪，还是皈依我们东方精神文化哪，一切玄学鬼，观念论者从这一类表现上摭拾的常识和麻醉语，就够令无科学修养的研究者，"发愤"站在反科学的阵线上。而研究科学的困难，和任意反科学的容易，又定会加强这种趋势。——然而这还仅是中国人开始研究科学会逢到的第一个难关。

其次，现代的社会科学，本质上，都是以现代资本主义社会的各种社会现象为研究对象；经济学固不必说，即政治学、教育学、法学、艺术学等，殆莫不如是。研究各种自然科学，其法则，其定律，其构成形态，其运动轨迹，是否对，在何种程度对，有关自然科学研究的各种设备，如天文台，如实验室，如栽培场等等，可以提出实在的证明。若社会科学，它对于各种社会现象研究的成果，就无法经由这一类的人为设备加以应验，它必须就社会本身的各种现象的演变情形，分别用来证示其研究成果之是否健全，是否具有极大的妥当性。就因此故，如其我们的社会，已经发展到了资本主义阶段，那末，我们所研究的各种社会科学，就可以"现身说法"似的，从我们在社会的实际情形，得到印证，反之，如其我们社会还是处在前资本阶段，则社会科学上的经济学中，所讨论的商品货币形态，利润形态，利息形态，合股公司，托辣斯，辛迪克乃至较抽象的价值形态等等，均不能从我们所在社会得到照观的认识。即令那种经济学上所研究的最具体的问题，在我们都会变得极其抽象。在经济学上是如此，在政治学上是如此，在政治学上的所谓民主制度，在法学上的所谓民法、刑法，以及在教育学上的所谓民主主义、实验主义等等，都将对我们发生"隔靴搔痒"的感觉；它本体是什么既较费解释，较不易把握，而欲进一步分辨其是非曲直，并何者合于科学，何者反乎科学，就更加困难了。从这点上，又必然会在我们研究社会科学或者研究科学的过程中，导来第三种困难。

那即是说，我们不易由我们社会本身证验出何者为货真价实，何者接近或合乎真理，我们根本不易理解何者为有利我们社会的学说，何者为不利我们社会的思想系统，这种科学介绍上的浑噩昏迷状态，对于前进诸国向着我们的文化侵略，无异开了一个便门。

本来，在二十世纪的帝国主义时代，我们已把它反科学、歪曲科学、限制科学的各种事实指明过了。任何一个帝国主义国家的社会科学论坛，已经在为一些乌烟瘴气的思想和见解所笼罩。它们在大量输出其商品与资本的过程中，连带不打折扣，不加渲染的把这类似是而非的假科学，真玄学，向着落后国家不绝的倾注，那应当是很自然的事。但事实并不只如此，在第一次世界大战以后，由于许多落后民族的觉醒，由于苏联经济体系的出现，还由于各帝国主义国家间及各该国国内矛盾的加强，它们对于落后民族，已不仅只天真无邪的把它们现成的“文化制品”照原样输出，还须在这当中，加一番选炼泡制的工夫，通过教会及其所设立的学校，通过各种顾问，通过讲学的学者，传播有利于它们而不利于落后民族思想解放的学说。此外，它们还异想天开的就诸落后民族以往的传统教义，以“备加赞扬”的方式，叫它们更沉溺的陷在自家所设的迷宫中。英国赞成印度大修庙宇，讲究佛教；日本一贯的代中国昌明孔学，提倡读经，诸如这一类反科学的反时代的作为，只有从这里才能得到“科学”的解释。我们在差不多经历了一百年的现代化过程中，其所以到了今日，还不在科学的研究上，确立自己的立场，帝国主义的文化侵略，虽要负一部份责任，而我们自己太不知道时代，太没有看清那种文化侵略的性质，却要负一大部份责任。归结一句，我们在国内国外这样的氛围下研究社会科学，其困难自然是不难想见的。

然而，我们不用气馁，我们中国人在今日研究社会科学，实在有抵消这种种困难的特殊容易的地方在。

那首先可以指数到的，就是从中国开始现代化过程的十九世纪中叶起，或者就在这个时期以后不久，由最基本的经济学到其他各种社会科学，都大体进于完成。与尚在形成过程中，或尚未成熟的社会科学比较，这种进于完成或成熟之境的科学，在落后民族方面研究起来，能得到不少的便利。落后诸国民的社会经济条件，虽不允许他们对基本的各种社会科学，从本身社会找到“物证”，但作为这些成熟了的科学研究发展之基地的各国社会政治经济状况及其历史的记述，却很可帮助我们证示那种种研究成果，或其所定立的发现的法则，有了事实的根据。不仅此也，社会科学大体进于完成以后，它最先或最有力的给予我们的教训，就是指示人类的社会行为或社会制度，有一个历史的方向。这种历史的方向，在现代社会科学未建立以前，本来就客观的存在着的，不过，这种客观的存在，是直到了这种科学建立起来，才为主观所认识；换言之，是直到了社会科学建立起来，人类的社会行为，才可能成为自觉的社会行为，才可能理解体现那种行为的社会制度，是否向着它应当发展的方向发展。这一点的成就，或者这个开章明义的认识，大可提起研究者对于其所学社会科学部门之信心与兴趣。

其次，到了二十世纪，社会科学的研究，已发展到社会史学的研究。以现代资本主义社会为研究对象的狭义经济学、狭义政治学、狭义社会学等等，分别拓展到以那种包括有资本制社会在内的一切历史时期为研究对象的广义经济学、广义政治学、广义社会学等等。由一个历史时期的社会内部运动法则的发现，到各历史时期相连续的运动法则的发现，这种研究成果，本来不容易由一个社会或一个国家的发展情形得到确证。但在我们所处的二十世纪五十年代，不论全世界由交通的发达与文化的交流，很便利的约缩为一个大社会，而这个大社会还由一切历史时期的社会形态的相并存在，及其相续的必然趋势的存在，给那些广义的经济学、社会学等等的现实妥当性，提供了易如观火的佐证。这对于处在过渡时期的中国的社会科学研究者，格外能诱导他去认识科学的实践性，能这样，他就比较容易从前述的玄学或观念的氛雾中觉醒。

此外，我们还有一种特别便于研究社会科学的地方。真理往往是留在被压迫者一边的。我们前面已从反面说明了处在压迫他人的地位者，是如何害怕接近真理。我们民族是处在被压迫者的地位，不仅在经济方面、政治方面、文化方面，我们一直在受着其他民族的掯制，为了挣脱这些方面的束缚，我们需要，我们有极多理由，应当努力对一切障碍我们思想解放，从而，障碍我们政治、经济、文化各方面解放的玄学、堕落哲学、金利生活者的经济学，侵略主义的政治地理学、人种学、民族学、文化社会学等等，作无情的抨击。我们所处的地位，是必须而且应当这样作去的。

不管在现实上，我们对于社会科学的研究，是如何的仍在为前述几种困难情形所苦恼，但我们所指出的容易方面的事实，却不仅明显的存在着，并将在今后当作极有力的诱因启迪我们。

(六)我们的责任

最后,我还得简略的指明,社会科学的研究,并不只是在机械的死记一些社会科学上的定则同原理,实在是要利用或运用那些定则原理或其他研究的成果,来进一步研究理解我们所在的社会。在这种认识下,使我们知道,研究社会科学,并不仅是吸收已有研究成果的事,更重要的,乃在发挥并充实已有的研究成果。中国是一个大社会,一个历史相当悠久的国家,它的社会制度,它的文化特质,都在一般中显示了极大的特殊,不论是关于中国现代的,抑是过去的社会,我们都不允许套现成的一般公式,来理解它,解释它。活用一般的基本原则,把握它带有极大特殊性的基本社会经济基础,而由是究明其在政治上、家族制度上、文化体系上的特质与特征,那才是必由的途径。能这样,一方面就使我们明了中国社会不曾或不容易同世界其他先进国家以同一步调成就现代化历程的历史基因;同时又使我们明了中国社会历史的发展或今后社会经济运动的趋向,也并不能脱却一般世界史的轨迹。

如其我们不妨加重的说,中国社会之科学的研究,是现代社会科学科学性能的一大试金石,则不假手于对我们社会历史各方面都不免感到隔膜的外国学者,勇敢的担负"自我研究"的艰巨工作,就是我们中国社会科学研究者不应逃避的责任。

二、社会科学与自然科学

(一)时代的光明面与黑暗面

二十世纪是一个一面昌明科学,一面又残害科学的时代。科学在这同一个时代的不同遭遇,在某种限度内,也许可由科学自己各别部门对于社会利害关系的浅深程度,及其发展的差参情形来说明。但最基本的,还当由同一时代同时存在着的各种不同性质不同形式的社会体制来说明。一般把科学大别为自然科学与社会科学两个部门。它们的分野,大体是由它们所研究的对象立论,而非由它们研究所用的方法立论。晚近德国一部分经济学者如桑巴特(Sombart)等,及一部分文化社会学者如文德尔班(Windelband)等,虽然从研究的方法上来强调自然科学与社会科学的区别,以为自然科学是属于法则性的,它自身自有规律,把那些规律记述出来,就成为自然科学;社会科学是属于理解性的,它自身原无规律,它们的规律,须待我们依据一定"文化价值",去加以编造,去加以系统的理解,这系统理解的结果,就是社会科学。我没有在这里指摘这种错误见解的余裕,我只须说明,即使自然科学的研究方法与社会科学的研究方法不尽相同,那主要也是由于它们各别的研究对象不同。社会科学所研究的对象是社会,而自然科学所研究的对象则是自然。这样一种分类,我们有时虽然会遇到某种非难,如像数学一类工具性的科学,它所研究的对象,似既不归属社会,亦不归属自然;又如像生理学、心理学、人种学、地理学等科学,它们所研究的对象,似既属社会范畴,又属自然范畴。但诸如此类非难,科学分类学会给我们以明白的解答。我在这里,不是要广泛的论到自然科学与社会科学在本质上,在其各别科学性能上的相同相异关系,我所要说明的,只是这一点,即它们由研究对象的不同,由其研究成果对于社会直接间接的利害关系的不同,虽然会大有影响于其参差发展情形,但在它们发展全过程中，却显然会明示我们以下面几点基本事实：

第一，在把社会科学与自然科学一同当作科学来综合考察的限内，它们同是要在社会上生根的。一部科学发达史，殆与一部社会进化史，保有平行的密切的关联。社会的进化，不是一直线的经历着康庄坦途，科学的发达，亦正有它坎坷曲折的途径。设我们由这两者表象上的类似，去探索其内在的联系，殆可说，科学研究的向上，正显示一个社会在进步坦途中，反之，则表示它正在经历着黑暗的遭遇。

第二，在把社会科学与自然科学当作两个不同范畴来分别考察的限内，凡在自然科学上有所成就或有所发现，将会给予社会科学以有利的发展的影响，而在社会科学方面的研究成果，亦直接间接大有造于自然科学。同时，自然科学方面遭遇的社会的不幸，就应理解为社会科学的不幸甚或加大社会科学的不幸。反之亦然。不拘是幸遇抑是不幸，它们殆可以说是同其命运的。

本文将就这两种基本事实分别加以简括的说明，而由是导出一个极有实践意义的结论。

（二）惟进步的社会斯能尊重科学

先就上述第一点说。

中国经常有人哼着“国家之兴亡，系乎学术之盛衰”这句老话，似乎把学术的重要性看得太大了一点。但如其说，由科学的盛衰，可以征之一个社会是前进抑是后退，是在文化抑是野化，是在发达过程中抑是在衰落过程中，那却是十分确实的。自然，当我们如此立论时，仍仿佛会引起种种疑难：其一，学术并不仅发达于昌盛的国家，也还发达于没落的国家，甚至于在中国历史上，有些王朝在兴盛时于学术无所建树，在衰落时反倒把学术繁昌起来，周代的经历，似乎就能为我们提供这样的例证，春秋战国是周代式微的时期，而百家争鸣所造成的学术鼎盛局面，却正好是在这一个时期出现的；其二，在同一国家，同一个时期，往往竟能发现一面奖励学术，一面又破坏学术的矛盾事象，如像汉武帝多方面讲求崇尚儒术，同时却又罢黜周末“学术鼎盛”之成果的“百家”；罢黜百家，竟被视为是崇尚儒术的一个手段。此等事实上的疑难，我们需要从两方面予以分释：在一方面，我们应明了国家与社会虽是相涵的，但并不是同一的，在另一方面，学术与科学虽是相涵的，但亦并不是同一的。一个国家走到了没落的路上，可以理解为它这种没落国家形态或政治形态所依存的社会经济条件，已在开始一种新的前进的转变，而为这种转变所允许所促起的学术研究精神，表面上尽管是呈现在没落的国家，骨子里却正是象征着在更新改造中的社会局面。作为一个国家政治形态来看，是极度式微的，极度破碎支离的周朝春秋战国时代，从社会经济发展的观点来看，它那种式微破碎支离的场面之下，却正在孕育着中国社会史上最有生气的一幕转变，即由领主经济过渡到地主经济的转变，由离心封建体制过渡到向心封建体制的转变。这就是说，中国春秋战国时代的学术繁兴，不是朝代没落的体现物，而是社会解放的体现物。至于汉武之同时崇尚儒术，罢黜百家，那亦并不难解释。儒术并不意味着科学，正如同在焚书的秦始皇手上得免于难的医卜之学之不意味着科学，在文化一般衰落的晋魏六朝勃兴起来的另是一格的诗文，不意味着科学，甚且也很难说是意味着学术一样。反之汉武所罢黜的“百家”，其中至少有一部分是比儒术更多科学性的，更多学术性的。汉武以后的大大小小的汉武，以为儒家之言，更合自己的脾味而加以利用，而表示推崇，而将其定型化成自己所需要的意识形态，那就不但离开昌明学术很远，就是距离提倡儒术亦很远，当然更谈不到奖励科学。

为了避免需要多加解释的用语上的含混，这里且就近代科学产源地的欧西社会科学发展情形，来说明我们上面的论点。

近代的自然科学与社会科学，无疑缵承了古希腊不少的研究成果。一想到哥白尼(Kopernikus)在天文学上的发现，我们立即就会记起达雷士(Thales)、亚诺芝曼德(Anaximander)诸人在这一学科上的特殊研究及其对于宇宙之自然的说明；一想到现代物理学上的物质不灭，原子结合离散以及有关物体下落的诸种基本原则，我们立即就记起德谟克利特斯(Democritus)在这些方面的努力成果；达尔文(Darwin)在生物学上的自然淘汰，适者生存的见解，也许大有负于主张“惟合目的者斯能维持并发展其自身”的恩比多克斯(Empedokles)的定则。即在科学法则发现程序上比较后起的有关社会科学方面的诸种现代学说，要穷源追溯起来，殆都不难从古希腊哲学者找到一些虽然是素朴而直观的意见。不过，我们在这里所当注意的，是希腊那种自然而客观的科学研究传统，为何中隔千数百年乃至两千年，至近代始以“文艺复兴”以后的种种精神上的努力的事实再现出来，适应着整个中世纪及其他前后相当时期的奴隶的，特别是半奴的社会经济形态，基督教义逐渐变成了那种社会经济形态最必需的精神支配的东西。非人的统治，一定要使被统治者把现实的痛苦，归因于上帝的惩罚，上帝是一切，上帝安排一切的宇宙观和人生观，决不容许人们对社会自然，作客观的探索，即是，决不容许科学研究精神的发挥。但现实社会经济事象的演变，并不会一直按照着基督教会，僧侣贵族统治者所御定的途程。由多次十字军运动，赍来分解封建体制的诸多事变，不但不能制止新大陆的发现，和搅扰静态社会秩序的贵金属的流入；哥仑布在一四九二年打破了人们对于地球上的胡说，哥白尼在一五〇〇年就有胆量提出天文上的新意见。一五二一年，宗教改革的要求，居然从教会里面发生出来了。神圣不可侵犯的教义，随着这教义生根的社会制度，根本发生动摇了。从这方面讲，科学研究的可能，已渐形成了，但就在这科学研究渐有可能的当中，一种新的社会制度，即资本主义的社会制度，又因商品货币经济关系渐露端倪，而对科学研究提出了新的必要。在十六世纪，教会尚可能在旧社会未完全崩溃的情形下，对科学研究加以某种程度的迫害与妨压，但到十八世纪，由手工业、制造业移向大工业的机运，已经在若干国家成熟，于是作为大工业之商品生产前提条件的各种基本科学及其技术的应用，遂变成了迫切万分的要求，大约由十八世纪五十年代到十九世纪五十年代这一百年间，自然科学的研究和发明，达到了极其普遍，极其寻常的程度。而在这同一时期，各种基本的社会科学，如以商品经济为研究对象的经济〔学〕，以市民阶级参政为目的而以民主主义相号召的政治学，以新社会个人主义精神为旨归，并在形式上根据平等自由结成各种社会契约关系，而以此等关系为研究对象的社会学等等，都分别参差的，在各国较为有利的条件下，顺应着整个资本对社会经济的要求，而被建立起坚实的基础了。

上面所说明的，是从正面指出一个新兴社会，在它向上发展的阶段，它不但要求对自然作科学的研究，同时，也要求对社会作科学的研究，即为了它自身的存在和成长，那些为过去社会所要求的有关自然的认识和社会意识形态，是必需予以清算和批判，而代以它自己所要求的研究的。但从反面讲，当这一社会临到向下的阶段，临到它不能尽量利用科学研究的成果，不能让自身的破绽缺点尽量曝露出来的时候，它对自然科学就必然会采取一种限制或歪曲破坏的步骤，而对于社会科学的研究，是更会施行一些极端保守极不光明的妨害手术的。自然，各资本国家发展的步调，并非一致，因而它们各别对于科学研究的态度，并不一律。但就十九世纪末叶以后的整个资本主义世界倾向说来，在自然科学方面，不仅由各国工厂的局部停闭，或工厂农场经营规模之自动的缩小，可以反映出科学技术研究之正常发展在无形受着妨碍，并且各自由竞争体分别收买、隐匿、破坏科学研究发明成果，亦已成为大家公认的事实。诸如此类事实，如其由经济学、政治学、社会学各方面毫无隐讳的研究出其必然的原因，那将成为资本制本身一个影响恶劣的精神重压。

因此，把自然科学与社会科学统一来考察的限内，对于它们的研究，是受奖励，抑是遭受阻制，大体可以征知这一个社会在发展，抑在退化。

（三）两种科学是相依为命的

次就上述第二点说。

这一点，是就自然科学与社会科学相依为命、相互影响立论的。从某一方面讲，这是对于前一论点的补充，但它的注意重点，却是指出以次的症结，即社会科学与自然科学彼此不易各别独自发展，彼此也不会各别独受残害，并且一方的幸遇或不幸，都将相应的使对方受到利或不利的影响，近代自然科学与社会科学的历史遭遇，正可为我们说明这一切。

我曾在其他场合提论到，科学法则的发现，大体是先起于自然科学，然后始及于社会科学的。但这样一个命题，并无碍于我们前面的论点的确立。比如作为近代社会之开始界碑的文艺复兴运动，它对于古代自然哲学的世界观的复活，对于中世经院哲学的批判，已不仅是近代自然科学研究的开步要求，同时也是近代社会科学研究的最先要做的工作。次于这一运动而发生的宗教改革，它对于一向把宇宙和人类社会认识之锁钥，操在自己手中的加特力教会和僧侣阶级的攻击，对于以赎罪保证金为重心的政教合一制度的非难，已不啻揭开了加特力僧侣们，以私利与罪恶朦蔽着人们对于宇宙，对于自然与社会之认识的黑幕。从此以后，自然科学的研究，尽管依其性质及已有的研究成果，比较先于社会科学而为人所努力，但直到十七世纪的启蒙运动展开以前，一方面由于僧侣阶级的多方妨害，一方面由于现实经济对它的要求尚不十分迫切，以致这一个期间（由宗教改革运动到启蒙运动）的自然科学研究，还没有长足的进展。启蒙运动的展开，其在哲学上的自然主义与经验主义无疑给予了自然科学莫大的助力，但在那种运动中，反专制主义在政治上的成就，和反重商主义在经济上的成就，即以民主政治为鹄的的政治思想，及以自由主义为旨归的经济思想的宣扬，不但直接赋予了自然科学以自由研究的好机遇，同时还在间接方面，由政治经济客观条件的变革，新社会生产力培育环境的形成，大大加强了自然科学的需要。但反过来，自然科学每有一门新的发现，立即就在社会科学研究上，发生莫大的促进的影响。比如，达尔文在一八五八年发表的物种原始论，它对于自然及人类原来就是如此的一成不变说，给予了破灭的打击，而发展的社会观、宇宙观，给予了社会科学研究以最有效力的科学根据和启示。

然而，就根据万物、人、社会，都是在发展过程中，都有它的生起、成长、衰落、灭亡的必然遭遇，自然科学与社会科学相互提携以抵于完成的顺境，也伴随着它们所生根的社会的历史转变，而竟从这原来在旧的迫害下解放培植它们的同一社会，经验着新的迫害。这迫害，是从十九世纪下半期逐渐开始的，那时，在有些国家，由商品生产过剩招来的接二连三的经济恐慌，由伴随商品生产规模扩大集中所招来的劳动阶级势力的抬头，已经使这种社会的支配者资产阶级，感到他们原来对科学所取的开明态度，需要修正。毕竟因为社会科学所研究的对象，正好是他们需要掩饰，需要不揭穿内幕，公诸大众的那些政治、经济、法律等等因素，于是受到迫害的，首先就是以这等因素或事象为研究对象的诸科学。除了在最必要的若干场合之外，用过去僧侣阶级对付科学家的野蛮屠杀方法，当然不是现代资产者阶级所认为最有效的方法，他们已经在社会科学的领域内，多方设法打击批判原来的研究成果，并还用各种研究组织，豢养一批御用学者另起炉灶，烹制出合他们口味的学说，而这些学说的主要目的，就是使一般人把正视社会现象的目光转移到玄之又玄的迷宫里。充溢泛滥于十九世纪末叶以至目前的形而上的经济学、法律学、社会学、伦理学等等，殆莫不是这一大手法的结果。然而，就在社会科学开始遭逢这种历史的厄运后不久，被人们视为最基本科学的自然科学，被人们视为与现实社会利害关系比较无大关联的自然科学，也开始经验到了新的迫害。在十九世纪末叶，就因为在社会科学方面的乌烟瘴气观念论气息笼罩之下，许多大科学家如赫胥黎(Huxeley)、苏汉诺夫(Seohenov)、马赫(Mach)等，尽管他们分别在生物学上、生理学上、物理学上有了光辉的研究成果，但他们却似不约而同的认定他们所研究的对象，不是“物自体”，“物自体”是不能认识的，这一来，他们的“不可知论”，就不啻把他们的研究成果，从根本予以否定。特别是同世纪最后几年电子论问世以后，一向把原子作为分析基本原素的科学，就被怀疑反对者视为失却了立脚的根据：他们认为一向科学研究的对象里面，原本就渗入了假想臆断的精神元素，于是纯客观的科学论成为不可能了[马哈主义者雷伊(Abel Rey)作了这样爽快的结论]。自然科学这样被主观论者诬陷之后，虽然等到爱因斯坦(Einstein)的相对论出，又相当得到了支持，但自然科学在这时期中所受的委曲，无疑进一步增加了社会科学研究上的不利影响。

可是，“否极泰来”的素朴辩证论，在这里似乎又可应用到科学的研究上了。封建制末期所孕育的新社会既需要科学，资本制末期孕育的新社会亦需要科学。也许就因此故，依据社会科学从事社会改造的苏联，就因为它改造，它对于生产力的解放，能遵循着合理的途径，它就更需要利用自然科学研究的成果了。

(四)“理性与自由是社会进步的原动力”

由前面的研究，我们有理由得出以次这几个有教训意义的结论：

第一，无论哪种科学，属于社会范畴的也好，属于自然范畴的也好，它的遭遇，正好象征或直接体现着一个社会的遭遇。科学不受到尊重的社会，研究科学的自由，也横遭限制与剥夺的社会，乃表示它在衰落式微中，在向后发展中。

第二，一个社会如其真的提倡社会科学，它就没有理由妨碍自然科学，反之，如其它认真提倡自然科学，也同样没有理由限制社会科学。在科学是一体，科学有其休戚相关、相互影响的关联的限内，即使我们垂泣而道之的，大声疾呼的嚷着自然科学的重要，并用各种方式或有效方法来奖助自然科学，但同时对社会科学，对社会认识，却尽量用非科学的、玄诞的、神权的、教条主义的作风和态度，来加以蒙饰和障害，结局，在学校中，在一般社会中，随在只有窒息和令人不朝大处深处想的浅薄主义与功利主义的氛围气，单在这种空气下，自然科学的研究，已经不能令人提起神来，而间接由那种作风与态度造成的社会经济政治各方面的后果，定然不会给予自然科学研究以何等有益的刺激与要求。这一来，对于自然科学研究的鼓励，也就会变成空洞的形式主义的东西了。自然，一个社会如其片面的奖励社会科学，它也一样会得出如此的恶果。

这是非常值得我们痛切深省的教训。在这个科学的时代，我们不仅要理解科学是关系国运的东西，丝毫大意不得；我们同时还要理解科学中的自然科学与社会科学，原是一体的东西，丝毫歧视不得。德国一位大哲学家告诉我们："理性与自由，是社会进步的原动力"。我服膺斯言，我并愿在科学的研究上以斯言勖勉国人！

三、论社会科学的应用

（一）自然科学、社会科学、新兴社会科学在应用上的比较观察

无论哪一门科学的研究，大体上似乎都可分别出理解的或“知”的研究阶段，和应用的或“用”的研究阶段来。就研究的程序上讲，对一门科学本身是什么，其范围，其性质，其中包含有哪些基本法则，自然有最先理解之必要；但就研究的目的上讲，则更须理解，更关重要的，毋宁是我们如何把那门科学的诸基本法则，应用来帮助我们更深一层或更广一些的认识，或者是应用来达成我们某种实践上的任务。

然而，这样说明的便利，往往会因此引起“知”与“用”间机械的割裂，引起理论与实践的无条件的分离。在实际，研究在任何一个阶段，或者在开始的入门阶段，如通过应用的方式，即随时不忘记把所学科目，与现实相证验，那定然大有助于研究者对于所学科目的确实理解。中国科学界的幼稚状态的继续存在，在许多原因之中，我们不应当忽略了研究方法的重要关键。与应用脱了节的研究，只能造就出两种人：一种人是把科学引到玄学的迷宫里，他们的口号，是“为学问而学问”；另一种人是把科学常识化，他们的作风，是“肤受浅尝”，“浅尝辄止”。这两种形态的人，所在皆是。

我近年在经济科学的研究上，特别强调经济学的应用，并进而主张“中国经济学”。我的用意，当然不是看轻理论，而是认定，非在应用上体验其真实性的理论，或者不能拿到现实上去应用的理论，根本就是与我们生活无关的，甚且是妨害我们精神生活的东西。我并还有一个感想，觉得在科学研究的领域内，我们对于社会科学的研究，仿佛比之对于自然科学的研究，还要显得不能应用；而对于新兴社会科学的研究，比之对于一般

社会科学的研究，又还要显得不能应用，我想顺便在这里讲出其中的症结来。

自然科学不拘是哪一个门类，是天文学、物理学、生物学、地质学，或其他等等，一开始，或者说，特别是在入门的研究阶段，其所研究的对象，便是多少与我们实际生活有关联的一些事物。而这些事物的研究，又多少借助于各种方式的实验。那显然能在某种程度，防止"知"与"用"脱节的危险，我们前面所论及的，我们自然科学研究上的超脱现实或超脱应用的现象，也许主要是由于以次诸原因：

第一，我们还没有造出允许或敦促自然科学者作踏实研究的社会环境。自然科学是把产业的有利发展，作为其被重视，被急迫要求的前提条件。如非起于实践上的紧迫需要，自然科学上的格物致知，就和文艺上的抒情感兴，没有怎样本质的区别。自然科学研究者，也无非是一个文人，而在实际，他们大多数也无非是在做一般文人，一般教学者的工作。而况

第二，我们又实在没有培养自然科学者的教育环境。一个产业不发达的国家，国民经济照例是贫弱的，各种供研究的科学设备，照例是缺乏的。除了在各级学校，多少备置了一点主要备观览的实验点缀而外，社会上几乎没有什么可资以启发科学研究，或协助科学研究的工具。假使一个人在这种环境下想对科学有所深造，那就只好乱逞思辨，使科学化为玄学了。

然而，这一切足以惹起自然科学之学理与应用脱节的原因，似乎不致影响到社会科学的研究。社会科学在它研究过程中，原本就不依靠什么科学实验的设备；而且，一个贫弱而动乱的社会，仿佛还更能刺激我们去从事社会科学真理的探求。可是，我们从这里看出的自然科学与社会科学在应用上显出的差别关系，一把它们放在同一科学范畴内统一来观察，就知道那种差别不但是相对的，而且是互有出入的。在自然科学不被尊重的社会，学术界就不免还是由神学观念和玄学观念所支配，那对于社会科学研究的不利影响，也许较之对于自然科学研究，还要厉害得多。社会科学在研究上，诚然无须借助于解剖室、化验室，以及其他费用浩繁的科学设备，但社会科学者显然不能凭空直观的去考察，图书资料的设置，调查工作的进行，以及其他种种便利研究的学术事业的举办，亦是无法期之

于一个贫乏而又一般缺乏求知要求的社会的。

而且，我们如其把考察的视野，移到国外，移到外国学术思想向中国社会注入的过程上，我们立刻就会发现：社会科学其所以在中国比自然科学还要不易拿来应用，拿来与实践密切联系的道理。现代学术思想向中国的输入，和现代商品的输入，是平行的。即使我们把国际资本的文化侵略意图抛开不讲，我们从国外输入的社会意识形态，也显然只能是流行于各资本主义国家思想界学术界那一些属于末期的，一味掩饰现实或歪曲现实的东西。举其著者，如奥地利学派经济学，所谓西南学派的社会学、形式主义的法律学、实验主义的教育学等，它们本来就是在“引人入迷”的意图上产生的。把社会的问题自然化，把本质的问题现象化，把基本的大问题零碎支离化，这是一切晚近资产者社会科学的共同趋势。我们把如此这般的学问，作为研究对象，显然无从收到应用的效果的。但我在其他场合一再指明过，晚近科学的危机，决不仅是就社会科学立论，自然科学的观念化、玄学化，已经是有目共睹的。不过，把自然科学与社会科学比较起来，前者毕竟只能发现自然界的真理，而后者则能曝露社会的实相；这是在近代初期，在玄学基督教义支配的时期，自然科学能率先被研究到的基本原因之一。而且，自然科学的歪曲，自然科学的“掺假”，也毕竟没有社会科学那样容易；惟其有这些事实，先进资本主义国家的科学思想之向落后国输入，对于自然科学，就显然没有对于社会科学那样需要检点，需要警戒；结局，我们的自然科学界虽显得贫乏，我们的社会科学界，却就显得极其混乱和浮夸了。

所以，说到寓研究于“应用”中，它们就显出了相当大的差别。

但是，在“混乱”和“浮夸”的我们社会科学界，不还包含有所谓新兴社会科学的研究么？这正是我们打算讨论到的。我在前面已经揭明出来：“我们对于新兴社会科学的研究，仿佛比之对于一般资产者的社会科学的研究，还要显得不能‘应用’。”在这个命题下，我们可以毫不客气的把一般人非难新兴社会科学研究者的几种意见指出来，引起大家的反省：

其一是说，研究新兴社会科学的人，只知道背诵或抄录公式，离开了公式，就不能讲话。

其二是说，研究新兴社会科学的人，对于我们日常的社会问题，都不能作科学的说明。

其三是说，研究新兴社会科学的人，是一味在浮夸的讲些不负责任的话。

这三种非难，尽管“不尽是事实”，但却也并不“全非事实”。我们需要简括解说其原因所在。

第一，新兴社会科学，比之一般传统的社会科学，是需要更高一层的理解的。它的发生，是由批判一般变为陈旧、流为庸俗的社会科学而来。在这种意义上，即使我们把它是表识较高级社会的较高级社会意识形态的事实置诸不论，它一开始，就要求我们对于一般的传统的社会科学理论，有某种程度的修养；或者对于被批判的社会科学理论所表识的资本主义社会制度本身，有某种程度的认识。这两点，在一个社会经济未发达起来的社会，从而，在一般科学研究异常贫乏的社会，显然是一个非常困难的业作。新兴社会科学研究之流于公式主义，从此可以得到一点说明。因为任何科学的研究，不难于背诵公式，而难于把公式拿来活用，拿来系统的说明现实。说“财产是赃物”的普鲁东的断案，和说“地球是绕日而动”的哥白尼的断案，是一样简单，一样容易背诵，但如请作系统的科学的说明，则后者固难，前者尤为不易。不把各种社会形态的财产，从其整个经济制度中理解其实质，那末，“财产是赃物”的这个断案或公式，就显然不易说明日常的社会财产问题，而我们强调这个公式，就显然变成了“不负责任”的“浮夸”。

第二，直至目前为止，许多新兴社会科学，还是在形成的阶段，即如最基本的社会史学，依旧还只有一些粗枝大叶的轮廓的提示。这在我们研究起来，就难免要发生许多的不便和困难。

第三，在一切社会，新兴的学说的研究，总难免不受到传统的或已经定型化的原有学说的妨阻。在两种不同性质的学说，必然会分别同实践相联系的限内，新兴学说除了遭受反对者的妨阻以外，这种学说的研究者自己，往往又不免把自己封锁在“自以为是”的樊笼中，不肯对他所反对的理论或科学，作踏实的客观的研究。而在我们所理解的新兴社会科学，必然是批判的社会科学的限内，这种研究作风，就最不利于自己研究了——在近年，新兴社会科学研究的论坛上，这作风似已显然有所改变。

最后第四，新兴社会科学研究除了由上述几方面妨阻其科学的应用外，并还直接由一般流俗社会科学逐渐化为社会常识，转化为实用术学知识，而相对的显得不能应用了。晚近流行于资本主义各国，从而，流行于中国社会科学论坛上的各门社会科学、经济学、政治学、法学、社会学、教育学等等，为了避开现实，或者为了隐罩现实社会的阴暗面，一方面日益形而上学化，另一方面则日益常识化。常识的特点，是零碎枝节的讲个别社会现象。说价值是由需供关系决定，是由效用决定，这同一般人经济常识可以调和；说自然科学与社会科学的研究对象不同，因而前者偏于客观，后者偏于主观，这同一般人的科学常识也可以调和；说社会科学的研究，须通过以血统、性别、智能等等关系构成的社会形式，这与一般的社会常识也可以调和。在这种意识上，流俗的或至晚近始逐渐流俗化的社会科学，仿佛就能即学即用，而从反面证示新兴社会科学更不能应用了。

但在这里，我需要指明：(1)流俗社会科学与常识结合的这种应用，与我将在后面具体说明的应用，大有分别；(2)新兴社会科学研究者不能好好运用科学理论，那与这种科学本身宜不宜于应用，完全是两件事，我们甚且可以说，新兴社会科学之所以胜过流俗社会科学的地方，就在它更能本质的解明一切现实。

(二)从基本的经济学的应用讲起

在一切社会科学中，经济学算是最基本的一门科学了。它是最基本的社会科学的唯一原因，乃是由于它所研究的对象，是一切社会事象中最基本事象。就因此故，我们讲社会科学的应用，只好从经济学的应用讲起，并还得就经济学的应用，多讲几句，然后由此类推到其他各门社会科学。

在拙著《经济科学论丛》中[①]，我曾在“政治经济学及其应用”这个题目下，详细对此有所阐述，现在打算用更简洁明确的表现方式，节论其大要如次。

在实践的应用的观点上考察经济学，经济学大体是带着两重或两个历史使命而显现出来。那两个使命，就是作为民族生存斗争的理论武器，和作为社会生存斗争之理论武器。社会的生存斗争，有时必须或矫揉的

---

① 王亚南：《经济科学论丛》，中华正气出版社 1943 年版。——编者注

转化为民族的生存斗争，如当前各法西斯国家，为了解决国内的社会经济矛盾，而向外发动战争是；同样的，民族的生存斗争，也可能或必然转化为社会的生存斗争，如上次世界大战中的要角之一的俄国，竟在战争过程中，把整个社会变质了。这种眩惑人的变化，当其演化重心在经济领域内，对于经济学理的研究和应用，就成为民族生存社会生存攸关的问题了。现在且分别说明经济学在这两方面的应用上，究竟表现了哪些值得注意的征候。

先就经济理论表现为社会生存斗争武器方面说。

这里所说的社会，是指着现代社会中相互对立的各种利害休戚相关的社会集团。一国经济发展，在特定的社会关系下，当然会促使各社会阶层间的利害，互不相同，于是从各别社会阶层利害关系所反映出的经济思想，不能不相应表现出不同的分野。

在近代初期，各国的重商主义理论，从社会的立场去看，那是所谓第二阶级(君主)对第一阶级(封建贵族僧侣)行使经济斗争的思想表现，国王或君主联合第三阶级(商工市民)在财富上及其他有关经济方面的措施，均在限制或剥削僧侣贵族的特权。作为重商主义在德国之变种的所谓官房学(Kameralwissenschaft)的学者们，直截了当的将其经济论著题名为《德意志王侯国》(Seckendorf 著)或《君主义务论》(J. D. Assmuth 著)。这些论者，当然可以包括在罗雪尔(Roscher)所讽刺的“威廉王经济学”的意识形态中。昂肯(Oncken)把重商主义称呼为“王侯致富政策体系”，斯班(Spann)则称之为“有利于资产阶级及活动资本但不利于贵族领主的政治专制主义体系”，姑无论其妥当性如何，但无疑显示了当时经济理论之社会阶级利害关系的“内情”。

当亚当·斯密(Adam Smith)用他的理论，道出英国资产阶级的要求，得到满意的成果以后，英国经济就“一帆风顺”的成就了极大的发展。产业革命成功了，与产业革命配合的农业革命(即是使农业生产者由其生产手段分离，而由是造出产业预备军的“圈地运动”)也成功了。僧侣、贵族，乃至王侯的权益，都相继遭受剥削与限制，第三阶级或资产阶级变成天之骄子了。经济学在它是直接体现着资产者经济意识的限内，资产者既取得了社会支配的权势，它不是到此止步了么？但就在这当中，经济学者要为他们的实践要求烦心了。随着资本主义经济的发展，以前原不足为资本阶级利益发展阻害的劳动阶级、地主阶级，现在都抬起头来。特别是新兴的地主阶级，它凭借传统的（与贵族领主有深厚渊源，或即贵族领主之化身）政治势力，凭借阻遏国外谷物输入的所谓谷物保护条例，作了商工资产阶级的死对头。它们以谷物保护条例为中心而展开的白热论战，倒使劳动阶级从意识上实利上得到了不少的便益。“在一方面，论证谷物条例对现实生产者没有何等保护效用，那是资产阶级煽动者的利益；在另一方面，土地贵族对工厂状态所加的非难，以及他们对工厂立法所表示的‘外交的热忱’，都为工业方面的资产阶级所深恶痛嫉。英谚有云：‘两贼相争，善良者从中获利。在实际，支配阶层的这两派，都在极无耻的榨取劳动者。他们彼此由于榨取问题的喧哗争论，双方都成为真理的产婆。”[①]当时论争的两方主帅，是马尔萨斯（Malthus）和李嘉图（Ricardo）。代表地主利益的马尔萨斯，虽然用激越的辞句，说明地租的增涨，显示为国富增进的表征，但李嘉图却科学的证明：“除了地主，一切阶级皆不利于谷物腾贵……地主与社会各阶级的关系，是一方面全然损失，一方面全然利得”[②]。他由种种深密的研究，达出地租是“掠自消费者而给予地主的东西”。马尔萨斯被驳倒了，与贵族有密切渊源的地主阶级的利益，到了一八四六年的谷物条例的撤废，就失却保障了。但李嘉图的学说，虽然被人非难“只是货币资产阶级憎恶地主阶级的简单的记忆”；可是马尔萨斯在拥护地租利益的场合，尽管和李嘉图相对立，当他反对劳动阶级的场合，却又是李嘉图一伙的战友。他的大著《人口论》，不是当作反对拥护劳动阶级利益的高德文（Godwin）和康多塞（Condorcet）而发表出来的么？

但在李嘉图和马尔萨斯的当时，劳动阶级的力量，还不能够威胁资产阶级的生存，故他们对于这些问题的讨论，还能保持科学的冷静，他们的研究成果，还能说是经济学上的古典。李嘉图公然认定“阶级利害的对立关系，是社会的自然法则，并还意识的以这种对立为研究的出发点”。但资产经济学者到此已达到了难于再向前进的限界。“从此以往，无论从实际方面说，抑从理论方面说，阶级斗争都要采取公开的威胁的形态，……从此以往，成为问题的，不是真理与非真理的问题，只是于资本有益抑有

① 见郭王合译《资本论》第一卷第571页。

② 见郭王合译《经济学及赋税之原理》第二章。

害,便利抑不便利,违背警章抑不违背警章的问题。超利害的研究没有了,……真正的科学考察没有了……”①

在以资本主义经济为研究对象的限内,从相反的立场,来继续英国古典学派经济学或说明的经济学体系的,是所谓批判的经济学体系的研究,是从古典学派终止了的地方开始的。但他们的研究,他们的经济理论,同样或更显然以特定社会阶级的生存斗争武器而表现出来,他们毫不讳饰的表示:“这种批判如果可以代表一个阶级,那末,它只能代表无产者阶级。”②

然而以上是现代经济学,由社会的观点去考察的一面,但它还有由民族的观点去考察的一面。

次就经济理论表现为民族生存斗争武器方面讲。

这里所谓民族,差不多具有国家同一涵义。现代经济虽然以个人的利己观出发,而演成世界的规模,但却始终在把国家作为其活动的政治的限界,而这“国家”,为要团结内部,加强对外斗争力量,又被混同的代以“民族”这个名称。

经济理论在民族生存斗争上的应用,是采取两个形态,其一是侵略的意识形态,其一是求解放的意识形态。大体上,当一个国家或一个民族对外处于劣势的时候,求解放的经济理论便被强调着。反之,当它处于优势的时候,又必然要采取另一套理论,且以英国德国作为例证来说罢。

英国根据许多理由,对内对外要求实施自由主义经济政策。它先进,它要求一切比它落后的国家,都为它的制品洞开门户。因此自由主义经济思想,便被理解为英国民族生存斗争的有利而有力的武器。在英国的自由主义思想,配合其各种制品,向德国大量注入的十九世纪初期,德国经济学者李士特(List),就大声急呼的叫德国注意英国的文化侵略——理论侵略经济的阴谋。他说:“政治经济学之著作或教授,无不醉心于世界主义学派,而视一切保护税为‘学理上之疵’(Theoretical abomination)。彼辈有英国之利益以助之,有德国各埠及各城市之英货贩卖者的利益以助之,故无往而不胜利。尤可痛者,英国内阁善利用金钱

---

① 见郭王合译《资本论》第一卷,原著者第二版跋。

② 见郭王合译《资本论》第一卷,原著者第二版跋。

势力，抯制海外舆论，苟于其商业有济，则挥金如土，从未有所吝惜。大队通讯员、领袖著作家……漫游各地，专从事于攻击德国工业家要求实施保护税之'无理愿望'。……时流学说与德国学者之意见，既皆倾向于彼辈，以故为英国利益辩护之工作，尤易易也。"①这段话深刻的表明，英德两国学者及政府，在怎样把经济理论作为其经济利益保护的武器。李士特及其后继者的保护主义学说，在科学的评价上，尽管远不如自由主义经济学说之系统而深入，但在作为战斗武器的实践意义上，则显然是自由主义经济思想之致命的死对头。

自然，英国自由思想在形成过程上，作为对内争取生存与利益的作用，或比较作为对外争取生存利益的作用为大，这是英国经济较先发展的情势使然。但德国经济发展的不利条件，即使它的经济理论，一方面表露出求解放的自卫的意识，另一方面又配合其后进资本主义的打破现状的冒险急进要求，而表露出极其浓厚的侵略意识。德国哲学家兼经济思想家斐希特(Fichte)曾在其所著《封锁的商业国》书中表示：凡是一个国家，自必有其出产的"自然境界"，没有依赖外国来供给其国民生活上所必需的一切生产品之必要。国家必须具有生产上及消费上的独立性；此种手段，可以依着和平的或战斗的手段而获得之。政府在夺取自然的国境后，必须从快发出宣言，声明此种战斗的目的，并非是什么合并。这一段议论出自爱国主义哲学家之口，对于此后德国乃至其他帝国主义国家之侵略理论，提供了一种非常有力的源泉。晚近为德国学者"专利发明"的"生存空间"(Lebensraum)的理论，不外是斐希特扩大"自然境界"的"再版"。而在帝国主义侵略过程中被宣扬着的"世界再分割论"、布洛克经济论，在德、日等国，把它们资本社会特有的相对人口过剩，解释为绝对人口过剩的人口理论，世界工农业分工论，乃至敌人特制的东亚共存共荣论，中国社会经济循环演变论等等，都是作为侵略的经济理论而产生出来。拆穿西洋景，许多新奇好听的学说，均会显出其狰狞的原形。然而，这些看起来，是完全为了对外推行经济侵略政策的论理，一旦用到国境以内，又很可作为维护特定社会集团之权益的法宝。

由上面所说，我们知道一切经济理论，大体是通过社会的民族的两种

① 见王开化译李士特著《国家经济学》。

实践要求，而逐渐形成、逐渐展开的。我们把这些经济理论作为研究对象，就不宜专对着这些理论本身作“格物致知”的工夫，而必得把现实社会经济演变发展的次第，拿来证验那些理论的正确性的程度；并须就我们自己社会我们自己民族所处的地位，及其实践要求，来判定哪些理论有益于我们社会经济的改造，哪些理论有害于我们社会经济的改造。

因此，我之所谓经济学的“应用”，便含有加以证验、批判、选择，最后并将其活用到我们经济实践中的意思。我个人之所以一面批判流行于中国经济论坛的奥地利经济学，一面又提倡中国经济学，都无非是为了实现经济学之应用的目的。所以关于这所谓“应用”之详细说明，必须参照我有关那些方面的文字。

（三）关于社会学、政治学、法律学、教育学的应用

经济学以外的其他社会科学，原不止于社会学、政治学、法律学、教育学，但我们无法在这里历述到一切包含在社会科学中的科学，只好提出这几门来代表。

如其我们有理由认定经济在其他一切社会事象中，最有基本性和决定性，则以经济为研究对象的经济学，就比之它以外的，以其他一切社会事象为研究对象的各种社会科学，更能反映现实，更与实践有密切的联系，或者就我们的题旨来说，更不能不重视它的应用。在这种理解上，我们似乎从反面默认了：其他各种社会科学与经济学比较起来，都不是那样能反映现实，不是那样与实践有密切的联系，从而，也就不是那样要重视它的应用。

但事实并非如此。

在一般社会意识中，原以宗教哲学思想为最高级形态，政治法律等方面的思想次之，惟经济思想最显得直接具体，即这种思想的形成，对于作为其研究对象的现实，始终保有极密切的联系。因此，这种思想或经济学的形而上学化，还不是那样容易，还有一个限度，而在其他社会意识，或法律、政治、教育等方面的思想，因为它们所体现的对象，虽然最后是依存于经济事象，但显然没有经济事象那样直接具体，因此，它们的形而上学化的可能性，就比较经济学为大。在这种范围内，对于它们这种思想的研

究，仿佛更须注重其应用。而实际上，表现在中国学术思想界的贫乏与昏迷状态，一般经济学研究者所应负责任，也许不比其他各门社会科学研究者更大。

下面且分别就社会学、政治学、法律学、教育学诸方面的研究情形分别说明。

先就社会学来讲。

到今日为止，在一切社会科学中，殆以社会学这一门科学，最难给人以明确的概念。美国社会学者华德（Ward）曾言："社会学尚在无政府时代"，实可视为资产者社会学界的坦率自白。

为了在社会学研究的无政府或混乱的状态中，刻划出一个理解的轮廓，先须看看由十九世纪中叶以来的这一世纪间的社会学的研究，究竟经过了怎样一些曲折。

被称为现代社会学之始祖的孔德（A. Comte），其有关社会学建立之理论，载在其由一八三〇——一八四二年出版的《实证哲学》中；此后数十年，与孔德同被目为旧社会学派巨擘的斯宾塞（Herbert Spencer），系于其一八七六——一八九七年刊行的综合哲学体系中，专以《社会学原理》一书，研究这门学问。"社会学"这个名辞，是由孔德提出的，至斯宾塞始予以确定。孔德与斯宾塞的意见，当然互有出入，但他们同被包括在旧社会学派中的大体一致点，似乎不难发现有以次诸端：

（1）他们同把社会学当作社会哲学或实证哲学的一个部门，因而

（2）他们同是采取综合的方法，把社会学看为是以一般社会现象为研究对象的学问，即所谓一般社会学的研究法。

（3）他们还有一个同点，就是彼此均系采用动的进步的观点；孔德提出"动的社会学"这个名词，就认定社会学是研究人类社会的进化法则。斯宾塞是一位社会有机论者，同时又是一位社会进化论者。他以进化的理论，来说明社会一切有机现象的根本原理。

法英两国这两位古典社会学者的关系，使我们联想起经济学上法国重农学派与英国古典学派的关系。而法英古典经济学说之遭受历史学派与奥地利经济学派的非难，更使我们联想起十九世纪末叶德奥社会学派对于孔德与斯宾塞的攻击。

所谓德奥社会学派，就是晚近风行一时的形式社会学派，这派发端于

唐尼斯(Tönnies)所著《共同社会与利益社会》一书(刊行于一八八九年),而发展于希麦尔(Georg Simmel)所著《社会学》(一九〇八年刊行)中。前者以本质的与选择的两种不同意志,来说明共同社会与利益社会不同的究竟,虽然是唯心的、主观的,但还能运用批判的眼光,来考察由共同社会到利益社会的进化推移。即是,他的研究对象,尽管已由一般移到了特殊,却并未根本否定进化的原则。到希麦尔不同了,他以为社会学研究的对象,是社会的本质;这种本质,非实体,而为事像,为诸实体相互作用之机能的实在。各种社会实体社会内容,分别为其他各种社会科学之研究对象,惟此诸实体间的相互作用的形式,斯为社会学的研究对象,故社会学为相互作用形式的科学,是特殊的非一般的。又因形式与实体,原不可分,但我们得于理论上分之,脱离内容的形式,为相互作用的纯形式,是主观的而非客观的。

论到这里,我们知道德奥的主观的社会学,殆与奥国主观经济学(即奥地利学派经济学),是采行相类似的步调,以期完成同一的资产者掩饰现实的历史使命。但这个学派的理论的风行,并不能阻止他们同一阵营资产者内的反对论的出现。反对形式社会学的约有三个流派:

(1)外力学派——以法国的涂尔淦(Durkheim)为首脑,形成一个涂尔淦学派。因为他们反对形式主义者的主观学说,以为社会学研究的对象,是"社会实在",此种"社会实在",存在我们外部,对我们个人的行为及思想,发生一种有强制性的拘束力,社会学就是研究存在于外部的"社会实在"所显示的必然演变法则。

(2)巴登学派——与前述外力学派相反,而同时又在方法上与形式社会学表示区别的,是所谓巴登学派(The Baden School),即西南德意志学派;这一派的人物有文德尔班(Windelband),有利克特(Rickert),还可把马克斯·韦伯(Max Weber)及桑巴特(Sombart)包括在里面。他们一致认为社会学的研究对象,与自然科学的对象不同,社会过程本身,在客观上并无何等规律可言;社会的过程的规律,是我们依据某种先验"文化价值"来予以调整,予以编定的,所以他们又称为文化社会学派。

(3)全体主义学派——这个学派的创导者,是斯班(Othmar Spann),他反对以前一切学派,特别反对古典的孔德与斯宾塞。他认为他们最大的错误,皆在把个人看做实在的原子,而由此假定出发,而不知道,个人其所以成为个人，个人人格得以完成，乃因先有社会在。此社会是什么！此社会如从其种种个别现象分离，此社会及其个别化现象（如经济、法律等）如何演变，皆为社会学所当研究的问题。与一切个别化现象相区别的社会概念，乃是社会科学中的总概念，最高中枢概念，而其他以个别现象为对象而构成的各种社会科学，则皆被系统于这个总概念或全体概念之下。

除以上各派外，还有以动力学派见称的美国学派，华德（Laster Frank Ward）的《动的社会学》（一八八三年出版）及声名大噪于美国社会学界之素罗金（Sorokin）的《社会与文化动力学》（一九二七——一九四一年），皆强调社会进步，不能徒任其作消极的被动的适应，而必须积极的能动的促成之。

凡此表现于社会学界的"无政府"情形，使与现实上的实践连同观察，殆可视为必然的混乱。社会学原是诸种社会科学中之一特殊部门，它的特殊，乃因作为其研究对象的社会，系具有一定水准生产力与一定生产关系，及与此相适应而产生的政治法律诸制度及其意识形态的社会。社会生产关系，如何随生产力水准的提高而变动；一切属于上层的政治法律家族制度及其意识形态，又如何随社会经济结构变革而改变：这一切变动改变所显示的规律和法则，乃是社会学的内容，故社会学成为社会发展之方法论的科学。这种性质的科学，在资本主义初期及极盛期，资产学者尚不妨去接近它、研究它。但其中有一个限界，就是这种关系社会基本结构的学问，势须在现代资本主义社会经济结构弄明白了之后；即须在经济学经过古典学派及批判学派予以完成之后，始能进行。也许就因此故，社会学的研究，比之经济学的研究，差不多迟了一个世纪，经济学在十八世纪中叶前后开始建基工作，社会学在十九世纪中叶前后才开始建基工作，而事实上十九世纪中叶的资本主义经济情形，已不许资产学者作科学的研究。资本主义生产力的发展，使它的社会生产关系感受到动摇的威胁。因此，他们在这时开始社会学的研究，除了在经济情况较好的英法美等国，尚有进化论的、动力论的、外力论的一类不大明确的理论外，而在落后的观念泥潭中的德奥诸国，就只好由主观主义的形式主义的说教，大逞锋芒。特别是所谓文化社会学及全体主义社会学，那在实际已是作为第三帝国之社会文化的鼓吹手的杰作而表现着。桑巴特的《德意志社会主义》和斯班的《全体主义经济学说》，已经说明了他们在法西经济理论中表演了怎样的角色。

然而，在中国的社会学界，却显然只看到形式社会学派与文化社会学派的种种色色的理论，而比较客观一点的研究，亦并不曾脱出进化社会学派的樊笼。这趋势，当然应与中国客观现实对照来看，但其有害于中国社会的变革，是非常明显的。我们对于社会学的研究，如只是零碎的枝节的困扰在一些个别社会问题上，或者拘囚于形式主义主观主义各派矫揉造作的社会类型的观念框架中，我们所见到的中国社会，就被割裂成为彼此孤立或隔离的家族、人口、婚姻、宗教、风俗、传统、文化传播一类具体社会表象，而无法把那些作用在这一切表象背后的共同社会根源发现出来。这至少是我们迄今尚对中国社会本身没有理解的基本原因之一。

其次，为了节省篇幅，我把密切关联着的政治学与法律学连同考察。

在社会科学中，如其说，经济学是最基本的，最能体现出社会各阶层之利害关系的科学，社会学是作为认识那种社会关系之演变，即认识社会发展法则之方法论的科学，则把上述两种科学及其应用的情形弄明了，对于其他一切社会科学的应用，就比较容易理解。特别是政治学及法律学，由于以次诸种事实，仿佛更能给予我们以认识上的便利：

(1)自原始社会分解以后，人类历史上最惹人注意的事象，仿佛就是政治的及作为政治实施依据的法律的事象，因而政治的历史，差不多成了历史一般。

(2)政治上的频繁变动，以及那种频繁变动上或明或暗的显出的因果关系，使人们很早就能素朴的不大明确的理解到政治法律制度与统治阶层物质利害相结托的关系。所以，

(3)在社会科学中，政治学法律学比较出现最早，柏拉图(Plato)的《共和国》，亚里斯多德(Aristotle)的《政治学》，就是一个明证——他们强调哲人政治，他们主张统治者应实行所谓贵族社会主义或土地公有，就是预知到了当时统治者如何因为拥有社会财富，致流于荒淫，而丧失其统治。

但在中世纪时代，一切社会意识，都受到了神权思想与王权思想的支配。即如前此由直观由预感所构成的初期素朴的政治法律学说，亦横被歪曲。十六世纪是神与人，是神权与人权，是贵族僧侣与商工市民开始激烈斗争的时代。拿神，拿上帝作为政治权力屏障的英国杰姆斯第一

(James Ⅰ)的著作(《自由君主制的真正法律》一五九八年出版),虽还昌言:"国王可以正正当当叫做神,因为他所行使的神权和上帝一样,上帝有生杀予夺的权力,不对任何人负责;国王也是这样,要怎样做便怎样做,除了对上帝负责而外,不对任何人民负责。"然而这不仅是神权政治说教的尾声,并还是对于大陆方面反神权的法理政治思想盛行的一个最后的反击。真正能看做现代政治法律思想之最初系统著作,理应数到法国布丹(Bodin)的《国家论》(一五七六年出版)。在这部书中,他提出了有关政治法律的三个有古典性的论点:

(1)实践的——他公开宣言,他是"想用这个著作来巩固因为内乱而动摇的法国王权的基础,来实现关于国家的理想,并想发现适合事实的法则,决定普通政治学的法则"①。

(2)历史的——他认定社会制度和政治制度,不是什么神或上帝的安排,而是由人类历史演进的结果。

(3)唯物的——他认定每一个国家或每一个人民,都有一种特别的性质;一切制度,都要适应这种性质。造成国家或人民特别性质的势力,便是物质的环境。②

布丹对于政治法律思想的这种历史的唯物的观点,无疑的没有脱却初期的素朴的性质,但我们在此后作为现代法律学经典的孟德斯鸠(Montesquieu)的大著《法意》中,随处可以看到他的影响。但法国在现代经济发展上,毕竟较之英国落后一些,因此,法国学者尽管可以在触到政治法律的本质的时候,只是含糊的指述物质的环境的重要性,而在英国学者却不能不露骨的揭示出来。在陆克(John Locke)于一六九〇年出版的《政府论》中,他道出资产阶层,在法律政治上的真正期待:

"人类的自然的自由,是脱掉世界上一切优胜权力的支配。不屈服在别人的意志或立法权之下,管理他的唯一法律,就是自然法。"

"绝对专制的权力和无法律的统治,都不能与社会和政府的目的相合……最高的权力不得人类自己同意,不得征收他的所有权。因

① 见高一涵著《欧洲政治思想史》中卷第85页。

② 见高一涵著《欧洲政治思想史》中卷第103页。

为保护所有权是政府的目的和人类所以加入社会的原因……。”①

这简单几句话，把现代政治及其整个法律的精神和盘托出了。自由主义、个人主义、私有财产制度是资产阶级一致向贵族僧侣封建制提起的反抗要求。因为封建形态的政治和法律，是不适于资产者的经济生活的。由此，我们不难联想到空想社会主义者圣西门(Saimt－Simon)所说的话："规定所有权的法律，是一切事物中最重要的东西，是社会的建筑物的基础。"这理论更作科学的引伸，就是卡尔以次的几点意见：

“政治的……及市民的……立法，都不过是把经济关系之意欲，记录出来，布告出来。”

“每种生产形态，创制出其独有的各种法律关系，各种政治形态……”

“当市民社会发展时，司法权与行政权，会益益与土地所有权(在封建时代，司法权与行政权都不过是土地所有权的属性)相分离”。

因此，作为现代政治学法律学上反覆阐扬着的民主政治与平等法律的真谛，在资产者阶级以被压迫者求解放者的资格，向贵族僧侣从事斗争时，虽还不失为科学的说明；但一到市民的社会优势已经树立起来，即是到了资产者阶级已经变成为保守的压迫者的时候，对于逐渐在资本主义经济关系中伸张起来的劳动者阶级的要求，立即就要显出他们所强调的民主政治与平等法律的局限性来，也就是说，立即要显出，他们那种政治学法律学的历史性来。

可是，我们研究政治学、研究法律学，尽管明确知道那是属于资产者的东西，对于它们所提倡的“民主”、“平等”，尽管明确知道那是作为有利于资产者取得政权，确保财产权的东西，但我们如其“极端公式的”把这种理解应用到实践上，那就不免要在我们对现实的认识上，从而对实践努力上，变成“新顽固者”。所以，我们关于这两门科学的应用问题，必得提出以次的补充意见：

第一，现代政治学法律学上强调的民主精神与平等精神，尽管有其局限性或历史性，但它对于落后的国民，却毋宁还存在有进步的意识与作用。

---

① 陆克《政府论》第 234 页。

第二，在现代资产者市民争取“自由”、“民主”、“平等”的过程中，一般差不多都取得了劳动者阶层的助力，同时，像英、法、德诸国的劳动者社会政治势力的增长，有不少竟是由他们与资产者从事这种“合作”的当中得来的。

第三，资产者阶级的政治法律，虽然基本的是以他们自己的利益为旨归，但我在其他场合①讲过：“当某种法案，于全社会有利，而于他们无损，他们是乐得通过的；某种法案，于全社会有利，于他们更有利，他们亦是乐得通过的；某种法案，于他们目前似有小损，于将来却没大利，他们亦是可以放大眼光通过的；某种法案，即使于他们现在将来都不利，但如其他们预知不予通过，会马上引起更不利的后果，他们亦是会勉强通过的。”

因此，一部现代的政治史法律史，是大可以帮助我们怎样去理解政治学及法律学的应用问题的。

最后，我得讲到教育学方面。

与教育学接近的社会科学有伦理学、艺术学等，但把教育学的应用关系弄明白了，其余是可以举一反三的。

关于教育学的应用，我得改变一个说明方式，或把说明的程序变更一下。

对于现代型的教育，我们的教育界，或者扩大一点说，我们的学术界，似乎迄今还同时存在着两种相反的见解：其一是期望在教育上多多努力，想借此把中国社会一切不好的风气，不好的现象，从根本改变过来；又其一是认为新教育在中国已经施行了数十年，即使我们不忍说，当前社会上的诸种不好现象和风气，是以这种教育为媒介而引起的，至少，教育对于这种种，已表示毫无力量，甚至教育界自身，还待用外力来予以澄清。

这两种树立的意见的存在，是一方面太看重了教育的功能，同时，另一方面又太小视了教育的功能。归根结底，可以说是由于根本来理解现代教育的本质。

也如同其他社会科学一样，教育学之成功为一种科学，几乎通过了若干世纪的实践历程。我且把现代教育思想演进的迹象，区分为三阶段：

(1)神与人的教育思想阶段——在文艺复兴与宗教改革当时，由

① 见拙作《民主问题与经济问题》。

基督教义支配的欧洲死静世界，已经在被交通货币一类经济活动所冲激，使其无法维持平衡。以前被视为造就神的侍者的教育，至马丁路德(Martin Luther)，亦在其箴言中，认为教育一方面固在造就宗教的人物，同时亦得顾及其生活上的需要。夸美纽斯(Comenius)于其一六三二年著述的《大教授法》中，首先揭橥教育不仅为信仰，为道德，还为知识。

(2)人的教育思想阶段——随着社会经济的不断演变，即随着商工市民社会的发达，前此半神半人的教育，早已不合实际需要，于是在反神的教育要求上，强调"人"的教育了。由十七世纪末至十九世纪初，我们见到许多有名的教育学家、教育哲学家，都以"人"为其论著的中心话题。比如在十七世纪末，有陆克(John Locke)的《人类悟性论》；在十八世纪有柏克莱(Bakerley)的《人知论》，有休谟(Hume)的《人性论》，还有斐斯泰洛齐(Pestalozzi)的《人类精神发展之路》，卢梭(Rousseau)的教育名著《爱弥尔》，就是强调发展"人"由自然所禀赋的个性的。在十九世纪初，福禄柏(Fröbel)的《人的教育》问世，更把教育目的明确标举出来。

(3)市民的教育思想阶段——我已讲过，前一阶段的教育思想家其所以特别强调"人"，无非是期望把"人"由神完全解放出来，事实上，他们所理想的"人"，无非是一个好好的市民。这个市民的培养，注重三种教育：一是科学教育，一是职业教育，一是公民教育。前两者是为了达成市民社会的经济任务，最后第三者是为了达成市民社会的政治任务。而作为教育理论集大成的美国杜威(John Dewey)的民主与教育，其所以注重生活，注重经验，注重劳动，更注重自由与民主，无非是认定这一切，都是一个良善市民所当全备的品质。

显然的，资产者社会的教育，愈到后来，愈加有意的把一切形式上的不平等规定都给取消了，好像教育之门，真是为一切人民大众而开放的，但在教育制度本身，是作为一定的社会经济结构的上部派生物而产生的限内，教育上的不平等现象，并不存在于教育本身，而是系于教育因以存立的社会，显言之，教育上的不平等，是由经济上的不平等所规制了的。

论到这里，我们可以回头来说明前面对于教育的两种不健全的理解了：

在一方面，依据现代教育学说教育思想演进的历程，我们知道：我们近数十年来所努力推行的现代型教育，显然不曾与我们社会化采取适应的或齐一的步骤。我们在仿行市民教育，而需要科学家职业技术人材的社会条件却尚不曾造出，结局，教育不但无法配合社会的需要，且还由其造出的“多余”或“过剩”人材，增大了社会的不调和现象，这一来，我们对于现代型教育，仿佛真的不能有所期待了。最近我们朝野都有抑制文法科教育，强调理工科教育的趋势，大概是感觉到文法科人材有些“多余”了，但社会事业真的展开，文法科人材的需要，定然会一同增大。如其我们社会经济，还是滞留在资本前期阶段，则我们以资本式教育作育出的人材，感到多余的，恐怕不限定是文法科方面的人材。事实上，假使我们有了可靠的人材就业统计，一定会知道：我们理工科人材在从事其“用非所学”的文法科的业作，确占有颇不可忽视的比例。——总之，关于教育上的这一类问题，如其能从社会经济上着眼去看，定然会明了其症结所在，否则，今天直感到文法科人材过剩，因而忽视文法科教育，等到明天发觉理工科人材也有些过剩，岂不是对全部教育都要感到失望么？

在另一方面，许多人又因为同样不明白教育的功能，以为靠教育上的努力，就可把全般社会改革过来。一般书呆子气的教育家如此想法，倒无妨看为是他们特别重视自己事业的表示，但负有社会政治革新使命的人亦把问题看得如此单纯，那就会引起坐待教育发展了之后，再来从事社会经济变革的幻觉。中国有不少的教育哲学研究者，居然在傻头傻脑的相信；现代德国的勃兴，完全是得力于斐希特（Fichte）的那一部《告德意志国民书》。果其如此，那又似乎无须一般国民教育的发达，只要有一两个有爱国热情的教育家就行了。

对于教育的如此过分的重视或低估，只是由于我们平素研究教育或讨论教育问题，都是在几本习用的教育学原理的书上，看到一些极零碎极细微末节的教学方法教学技术的说明，而根本不理解教育的社会关系，其社会本质及其作用。每种社会形态，都有与其相配合相适应的教育体制。教育体制或教育思想，可能落在社会经济变革的后面，而为其障碍，如中国传统的教育思想之多方障碍我们社会经济变革是；那亦可能走在社会经济变革的前面，而为其向导，如中国输入现代各种社会意识之促进我们社会经济变革是。可是教育在它本身终归是作为一定社会经济体制的副产物而存在的，它对于社会经济变革的妨碍或促进，都有一个限界。我们如其展开了社会经济的基本变革，一切传统的教育思想，都将变为无力的挣扎；我们如其不允许社会经济的基本变革，舶来的崭新的教育思想，亦只能表示一些不易在社会上生根的空想。这就是说：教育是要在它发生作用的社会条件或社会倾向，至少已在某种程度形成了的场合，它才能发挥极大的社会功能，明了了这种症结，我们才不致高兴起来把它看作"万能"，扫兴起来又觉得它并无何等效能。

第二部　社会科学的文化论

四、论文化与经济

(一)就文化与自然的关系说起

人类的文化,是根据自然的条件,在自然的基础上创造起来的。把人类征服自然的过程,理解为文化发展的过程,本是站在各种不同立场的学者,所大体一致首肯的。但他们对于自然乃至征服自然的解释,却颇有出入。

显然的,把一切与人类相对峙的外界自然现象,看作自然,那是谁都没有异议的。一般所谓征服自然,也大体是指着这一自然范畴。

然而为人类所征服的自然,如其单限定在这一方面,那就不但看作征服自然之成果的文化,不能有我们今日的成就,且也无法说明人类在征服改造自然过程中,同时在不绝为自然所改造的基本事实。人类在把他本身对象化为一种特殊自然的限内,那会从人种与人性两方面显示出自然性能来。人性的善恶问题,和人种的优劣问题,曾在历史上引起过无限的论争,并由是导来不知多少错误。人类在开始其人类生活的瞬间,还不过是一个纯粹的自然体,与构成大自然的其他部分不能表现出何等物质形态以上的精神意义的区别。但当作历史的、文化的产物的人类,又被观念化为宗教的、伦理的乃至政治的思想范畴,使他的自然属性,无法"自然的"在各种不同的社会形式或社会规制下显露出来。比如就所谓人类天性立论,大哲学家黑格尔就曾表示过这种意见:"人们相信,如说人性善就好像说了很伟大的事一样,但他们忘记了,如说人性恶,是说了更伟大的事。”在黑格尔看来，恶是历史的发展的推动力所显现的形式，而且那有两层意思，即一方面，每个新的进步，必然都是对于神圣的东西的罪过，对于正在死灭的因习俗而神圣化了的旧的状态的叛逆。他方面，自阶级对立关系出现以来，历史发展的杠杆，正是所有欲及支配欲这样的坏的情欲①。把维护这种所有欲支配欲，解作是维护自然，而为满足“人类生来就有的要求幸福的欲求”（费尔巴哈语），对那所谓所有欲支配欲施行的反抗或破坏，似更可解作是维护自然。作为道德评价之自然基础的性善性恶认识，就这样捺印上了社会的钤记，使我们对于人类天性的自然实体，几乎不易从它所由表现的社会关系中辨识出来。就人种的自然性能说亦是如此。由不同的自然条件乃至历史条件所造成的某一特定民族对其他民族之社会的优越地位，很容易，而且往往被理解被强调为该民族之自然种族或血统上的优越，而肤色、形像、体魄上表现的差异，更给予这种错误理论以像是无可置疑的佐证。事实上，对异民族强调种族优劣论的人，往往又必须强调同民族不同社会阶层间的人性善恶论，有时，他们甚而把生而具有各种美德的领袖，和生而具有各种劣根性的被统治者间的差别，夸大到所谓优等民族对所谓劣等民族的差别以上，而丝毫不觉得矛盾。在另一方面，许多对外不肯以劣等民族自居的人，对内却又像行所无事的在治人者和治于人者之间，设立起不可逾越的自然的鸿沟。所有这些在人种人性上，依特定社会要求看出的自然，都会妨碍我们对于它的正确理解。所以对于前面所说的物界的自然的认识较易，而对于人类本身的自然的认识较难。

但在这里，我们还得指出第三种自然来，那是从社会从历史发展上表现出的自然。舍去人类对于自然所不断施行的创化作用，则自然的发展，是由毫无意识的盲目的诸力素在交互作用中，表现出其支配的发展法则来。人类社会的发展，在本质上是与自然的发展不同的。社会上每一事象，殆莫不是人类意识的结果，是人类为了满足某种要求或实现某种目的的结果。但同时却又是各别个人不克使其要求得到满足，使其欲望得到实现的结果。由是，依无数各别个人之有意识的行为及其结果所形成的社会事象，特别是历史的社会事象，就在其过程中，表现为与我们人类意

---

① 参见彭译 Engels 著《费尔巴哈论》第 76 页。

志独立的自然状态，表现为非由人类力量所能控制的历史的自然发展阶段。在现实上，人类是要完全理解了这种形态的自然，他始能对于自身由人种偏见，由人性偏见所形成的拘束，所形成的不正确的认识，得到解脱，并进而增大其对于物界自然的控制力量。我曾在其他场合讲过："人类是要到了真能控制自然，并合理运用自然的时候，才真能理解自然，在所谓'自由的王国'里面，自然是人类的奴隶；在客观存在还从外部强调着人类去迁就它的所谓'必然的王国'里面，自然实际是做着人类的主人。"①

由上面的说明，我们知道，自然的范围和涵义，既与一般所理解的不同，而当作文化形成过程的征服自然，也就有比一般所意识到的，所理解到的，有更深得多，更广得多的意义。

我们且从人类征服自然的过程中所经历到了的诸般反常现象，加以简略说明罢。

首先，把文化发展的过程，看作人类征服自然的过程，那是就其征服自然获得胜利获有成果方面说的，但如其我们知道，人类在有关基本生存的衣食住行的进化史上所遗留下的任何一种成就或业绩，都可看作是前此无数次尝试失败的最后成果。则我们就有理由相信，人类征服自然的过程，同时也就是不绝为自然所征服的过程。而且人类文化愈向前发展，他们原初直接抗拒乃至征服外界自然压力所表现的力量似乎在逐渐不断的减弱。一个受过高度文化保育的人，一旦被流放到需要借本身力量去控制自然的境地，他立即就会感到野蛮人对于他的优越。不仅此也，人类在征服自然过程中，同时又还表现了许多破坏或削弱他们自己对于控制自然的社会生产力的活动；不绝发生的相互残杀的战争，阻碍社会进步的各种制度习俗的顽固的保留，都可理解为使原有文化受到挫折和摧残的反文化现象。

然而，从全般看去，不管我们在征服自然过程中，在怎样为自然所征服所阻碍，不管我们人类在怎样随着社会的进步，而使其本身对于自然直接适应和控制的力量逐渐退化，也不管我们怎样在为自己所设定的制度习俗，和所表现的像是愚蠢的自杀行为，不绝摧残着浪费着自己已有的征服自然的成果，我们人类社会文化，毕竟在这一面创建一面破坏，一面前

---

①　见拙著《经济科学论丛》第 34 页。

进一面后退的过程中建立起来了,并且还在向前发展着。这原因,是需要我们从文化本质中,从文化演进的内在关联中,去得到解释的。自然对人类的障害,或者人类在征服自然过程中所经验的失败,正是文化向前推进的反击动力,由失败的教训中,由失败所要求的进一步努力中,一切新的发明,新的有创造的设施始能不断的表现出来。至于人类在文化培育中所引起的直接对于自然的适应力和控制力的退化现象,那是就人类在个别使用其体力的观点而言的,事实上,人类因为他个别的用天赋的体力去适应自然的能力的减退,就强制的迫使他进一步去讲求团结的群力,去讲求利用工具的智力;换言之,那种退化现象正好是人类各种社会制度所由形成,各种科学研究所由发达的必要条件。最后,一切表现极大破坏性的战争,那须同具有极大惰性或执拗性的社会制度社会习俗连同考察。在大多数的场合,战争是由人类不能理解社会之自然发展阶段,从而,不能把阻碍社会进步之社会制度,加以合理的清算,致由客观必然造成的不得已的结果。惟其如此,战争除了它本身的紧迫需要,逼着促进科学的发明,促进社会生产力的进步外,还往往因其成为颠覆不合理的社会制度的强有力手段,而变成推进文化的一个特殊动力。自然,我们并不拢统的认定一切战争,都是具有这种进步意义的,但由一种旧形态社会过渡到新形态社会,常是借着战争来催生的。并且由新形态社会解放社会生产力所造成的文化成果,也往往比之依战争或革命方式否定旧形态社会所耗费的文化成果,是大得多的。

在以往,人类的文化是在这种不自觉的乃至半自觉的状态下,一面像自动的征服自然,事实上却是为客观自然不绝强制着从事那种活动的过程向前演进。

(二)就经济的视野来说明文化

由上面的说明,我们已不难理解,所谓文化,是人类在结成一定社会关系之下,从事精神劳动与物质劳动所逐渐累积的成果。晚近德国西南学派诸子,如文德尔班(Windelband)、利克尔特(Rickert)等,认为以文化为研究对象的学问,得称为文化科学(Kulturwissenschaft)。文化科学所研究的是社会现象,因而是历史现象,故作为社会学来理解的文化之学或文化科学，它同时是历史之学或历史科学。在这种表象说明的限内，还不能看出他们对于文化的理解，同我上面结论的文化定义，有何等根本不同的地方。把文化现象看作社会现象，看作历史现象，宁是我们所极端赞成的。不过，德国西南学派诸子却对于社会的历史的文化现象，有了奇特的解释。照他们的意见，一切历史的现象，是按照人们之自由意志而活动着、发展着的。人类的自由意志迁流不定，变动无常，因而历史现象即社会现象，就不能像自然现象那样，可以作千百无限次的有恒常性的重复；因而，以历史现象为研究对象的历史科学，就不像自然科学那样，从其有恒常性的不绝重复的研究对象中，得出一般的法则。惟其如此，文化科学或历史科学，不是探究一般定律或法则，而只是记述每个有特殊性的事实。它所研究的对象或历史过程本身，既没有可资根据的规律性，我们对它将如何说明呢，即我们将如何把那些各别具有特性的事实，构成一个整体概念呢？据他们说，那需要依据超历史的先验的准则，即所谓“文化价值”规范，把诸般历史的文化的个别现象，分别放进它所设定的范畴或框架中。在这里，我们没有详细批评这种文化学说的余裕。如须用一句话来概括他们的高见，就是：文化现象是主观的东西，它本身没有显示何等发展规律，所以不能不就一种超经验的文化价值来说明它。

当作德国西南学派之领导者利克尔特的这种高论，载在其一八九九年出版之《文化科学与自然科学》中。此后不到十年，即一九〇八年，同国有名社会学者米勒·里尔博士（Dr. Müller－Lyer）发表其《文化变象论》[①]，却提出了正相反对的意见。他在该书序言中说：“人类从渺茫的起源经过非常长久的时期，才进步到现在的地位。……今日世界上所有的人民，差不多都借着贸易相结合成为一个大的工作团体。他们一步一步的趋于组织更高的团体，前一代总是做后一代的先导。文化的成绩，竟积成为大产业。他们创造语言，为文化最重要的媒介，发明工具、举火，以后又发明耕种与畜牧，采取金属。人类又发展了宗教、艺术、科学，造出各种巧妙的机械。到这里，人类文化的发展，始进到自觉的境界，发生了抽象的文化学，就是社会学。人觉得他正在进化的运动的中心。现在人的理

① Phasen der Kultur——陶、沈等合译之《社会进化史》。

性，初达到自我意识。”“今后文化进步的性质，一定要改变；本能的努力，一定要变为意识的行动，人类向来以为文化运动是一种不可思议的势力，用不可见的线索支配人类的命运。从此以后，他的进步的知识，希望益加能够支配这个文化运动。”“人要支配文化的运动，必须了解它。……文化的全范围必须分为最重要的各种成分，如人种的繁殖、社会组织、语言、科学、信仰、伦理、艺术。各种文化现象，在各别分类上所经行的途径，自古迄今，可以排列为多少变象或层级。我们比较这不同的变象，就可发现这些变象，都是遵循一定的路线。这些路线，我们称为‘进化的趋向’。这些路线，使我们清清楚楚的看出人类发展是一个进步的运动，不是偶然进行的，而是按着规则的定律，有一定的方向的。”①

从这段话里，我们可以辨认出几个重要的意见：

第一，把人类过去文化的进步，认为是本能的即由客观自然强制努力的成果，从现代起，本能的努力才逐渐变为意识的行动。

第二，要使本能努力变为意识的行动，就须借着日益进步的知识，把握着支配文化运动的线索。

第三，抽象的一般的文化学或社会学，可以作为把握文化运动线索或进化趋向的科学手段。

第四，那种文化科学之所以能够成立，不是由于我们能借着一些先验的思想范畴，把各别文化现象分类编组起来的结果，而是由于文化运动本身显出了有一定方向的规则的定律的结果。

除此以外，米勒·里尔还在他所提出的各种重要的文化因素中，特别强调经济的基础性质。他讲文化的变象或发展过程，就从经济的发展过程起。他明确指出：一般“文化发展的高度，常可用经济发展的标准测量”②。此外，他对所谓：“限定我们生活的势力的，不是我们宗教家哲学家的高尚思想，乃是日常物质的平庸事业”的见解，力言那是“真实科学的表征”，以为“食物根源的扩张（如由农业），生产方法的进步（如因资本主义的制度），工艺上的发明（如铁路，省劳动的机器等等），对于文化发达所

① 陶、沈等合译之《社会进化史》。

② 陶、沈等合译之《社会进化史》原序第 4 页。

发生的影响远胜于道德的教训，宣讲书籍、艺术品，哲学系统"①。

到这里为止，这位作者的说明，是十分妥当的。就是他继续对这理论加以限界的见解，亦不失为允当。那是表示："这个理论也不可极端的应用，以为经济为文化唯一的原动力。因为进步非出自一端，在文化任何一方面的新成就，均足以引起其他方面的进步。"一把他所举例说明的倒转过来，即把以次的命题"如宗教革命表面虽为纯粹精神的变故，但我们可以解释它，说它是由农业国变为商业国的过渡变化"这个命题倒转过来，就是说，宗教革命了，那就大有助于由农业过渡到商业的变化，那亦是谁都不能否认的真理。

不过，再往前推理，他的理论就露出破绽了。他说："假使文化进步的极主要原动力是经济生活的发达，那么，那个驱策经济往前发达的原因又是什么呢？"②他是这样答覆的："文化进步的根本条件，当然是在人的身体与精神的性质，他的社会本能，他的言语，他的知识，他的游戏本能等等。但是文化进步的主动力，既不在个人，也不在各团体，而在团体间的接触与团体间的混合。用生存竞争的淘汰各团体，所以使进步可以传播可以普遍。"③

经济发达的原因，是不妨进一步去探问的。我们用经济状态来解释一般文化变象，自有理由要求根据什么来解释经济现象经济发展。但这里第一要设法不使问题的研究，流于"鸡生蛋，蛋生鸡"的诡辩。把人的身体与精神的性质等等，看作"文化进步的根本条件是可以的，但它们这些条件本身的表现，已经是里尔指明了的文化现象。其发展演变，正好是经济发达的结果。而所谓"团体间的接触与团体间的混合"，既都有"生存竞争"的作用存乎其间，则把这种事象当作促进经济发达的究极原因，似乎把因果颠倒过来了。事实上，经济事象在其发展演变过程中，本就存在着自行强制自行敦促的作用。即如一般看着促进经济发展之人类满足欲望的要求，那也是一步一步的依据已有经济基础与经济条件而展开的。不但原始人或古代社会的人，乃至一世纪以前的人，不能有当代的经济欲

① 陶、沈等合译之《社会进化史》第 278～279 页。

② 陶、沈等合译之《社会进化史》第 279 页。

③ 陶、沈等合译之《社会进化史》第 343～344 页。

望，就是同一时期的较落后国度的人，也无法想像物质文明发达国家的人的经济欲望。

然则经济发达水准，为什么较能说明一般文化的进步或变象呢？其原因是需要释明的。

经济可以说是文化的出发点，亦可以说是文化的归结点。

把文化的过程，理解为克服自然的过程，人类首先就是在满足经济生活的要求上，去同自然奋斗。人类最初与自然与其他人类发生关联的历史行为，即在这场合的文化行为，无非是生产那些为了维持其生存所必需的现实生活条件，其中包括有饮食、衣服、居住以及其他事项，在这些方面的进化史或进化历程，事实上，就是文化水准所由测度的阶梯。

不错，人类文化的全内容，并不仅只包括经济生活，文化的高度发达，往往会给人以精神意义重于物质意义的印象或外观。在这里，我们也用不着搬弄出"仓廪实而后知礼义，衣食足而后知荣辱"，或者"富而后教"的一类先哲格言，来予以否定的诠释。先且讲讲与物质生活保有密切联系的社会组织或社会制度罢。如其说各种社会制度的发展，一方面是当作文化的具体表现，同时又是当作推进文化的动力，我们应探本溯源的想到，人类最初最迫切要求的社会组织是什么；即在文化最发达的今日，我们的一切社会文物制度，究竟是建立在怎样的社会组织的基础上。现在暂就前一点来说明：我们在上面讲过，人类最先与自然与人类发生联系的历史的文化的行为，就是为了维持其生存及种族的生产行为，当生产的时候，人类不但施工于自然上面，且系彼此通力合作。他们用一种特定的方法，共同劳动，且须互相交换他们的劳动，方才能够生产。他们为着生产，加入于一定的社会关联及关系里，而且必须在这些社会的关联及关系里面，他们的劳力，才能施于自然之上，才能够生产。这就是说，人类最基本的社会组织是生产组织，最基本的社会关系是生产关系。生产组织因劳动工具的进步而益形发达，而益加增大其社会生产力量，而适应着这种生产力量的生产关系本身，也逐渐繁复起来，而被我们当作文化现象来研究的风习制度典章文物等等，也相应复杂、充实和多型多样了。但当我们在进步的社会里面，看到这诸般文化现象，特别是看到被人们强调为精神文明的那些因素那些事象的时候，就仿佛被这所谓精神文明眩惑了眼，或著了魔似的，根本把它们是在一定的物质基础之上，是通过一定物质利害关系而表现出来的事实，丢在一边了。这一来，文化便被幻化成纯精神的产物，是完全借助于大思想家和大英雄们的"造化"。各种主观主义的形式主义的文化学说，特别是强调中国文化是精神的，西欧文化是物质的这一类似是而非的谬见，殆莫不是发因于它们对文化与经济的关系，太缺乏理解。

五、论东西文化与东西经济

——评梁漱溟先生的东西文化观

（一）中国文化的化身在讲话

最近从桂林《大公报》上读到几篇有关东西文化的论文。一篇是林语堂先生的《东西文化与心理建设》，一篇是梁漱溟先生的《中国以什么贡献给世界》。梁先生那篇大文的写作，也许多少因为是对于林先生那篇大作抱有反感而引起。虽然他的中心论点，并不曾对林作表示出何等根本的差别。

可是林、梁两先生的主张，即使其同点多于异点，我个人却特别重视梁先生的议论，这与其说是由于梁先生是东西文化研究的专家，毋宁说是由于我认定：梁先生写这篇文章，不是向着谁的面孔讲话，而是向着他内心的实感和自信讲话；不是为了动听，为了叫人喝采讲出来的，而是以"孤臣孽子"的心情，希望大家像他一样具有民族好胜心自负心而讲出来的，惟其如此，我阅读梁先生的大作，就有些感到是中国文化的化身在讲话，是中国文化中一部份结晶为优良的士大夫传统精神在讲话。

作者的光辉人格，是大有助于其言论之被人重视的，但其言论亦就因此更不容易满足人们的期待。许多人读过梁先生的大作，在体谅到他的苦衷与诚挚意境之余，接着就觉得他实际只给了我们一些漠然的、不易联贯的、空泛的概念。"人生向上伦理情谊"这八个字，也许比"仁爱忠孝信义和平"那八个字还要抽象，事实上，拿"人生向上伦理情谊"这八个字所包涵的哲理及其行为表现，作为向世界贡献的一部份隆重礼物，那在理论逻辑上，至少会发生以次三个问题：

第一，我们向世界贡献的，是否只能有这种伦理的文化精神？如其说，我们过去向世界贡献的是它，目前或将来向世界贡献的，是否还能是它，或者还只能是它？

第二，就东西文化相对待的意义上讲，我们吸收西方的物质文明，而以这种精神文化贡献出来，作为一种“报偿”，但西方是否愿意吸收或接受我们这种精神文化，或者，是否会具有接受我们这种精神文化的条件或资格，却大是疑问。

第三，我们即使以“野人献曝”的愚忱，认为这是我们可能向世界贡献的固有或特有的“国宝”，而我们以外的世界，是否就毫无异议的承认我们有资格擅有这种伦理文化，从而，允许我们把这种伦理文化，当作“吾家特制品”贡献出来？

把这三个问题的顺序倒转过来，就是(1)我们能否擅有伦理文化，即使大体上，依着我们社会组织的特点，我们在这方面有独特的高度的发挥；(2)人家是否有容受这种伦理文化的社会条件，抑或我们这种伦理文化，任何社会都有吸收可能；如其这点极有把握，(3)我们是否承认我们始终或永远只能以此为向世界贡献的唯一礼物。

就这三个问题来商讨，都会使我们联想到社会性质问题。梁先生的全理论逻辑，亦是设想到了此点的。不过，他对于社会问题的提起，是从横的观点出发，所以有中国文化、印度文化、西洋文化的不同解释。而我之提论到这个问题，却是从纵的观点出发，认定那些特定文化，是特定社会发展阶段的不同的结果。特讲到社会性质，不能不涉及形成各别社会性质的经济条件。关于这点，我是赞同梁先生作为其立论张本的以次见解的，他说：“在今天，……人类行为不单出于经济的动机，既成定论”，而据我的浅学，不仅在今天，不仅在一般人，据近代一些渊博学者如亚当·斯密等的论证，中世欧洲因为对外关系断绝，各领邦间又相互封锁，于是，领主贵族们的消费欲望，被限制在极窄狭范围，他们由是在某种场合，对农奴表现温情主义的慷慨与宽大，而农奴则因被束缚在领地上，对领主亦表现了极驯善的恭顺，而建立在此基本社会关系之上的其他一切人与人的关系，亦多少相应保留有素朴的‘人情美’，而成为近代浪漫主义诗人哲人们所憧憬叹美的素材。这就是说，“人生向上伦理情谊”在欧洲中世社会，亦是表现过的。我们似不能在这方面独擅其美！

但我们同时也得承认：我们的重精神而轻物质的“向上”表现，和伦理精神的发挥，确实远较欧洲为普遍而澈底。这原因，东西文化研究专家们曾提出了种种的解释:如谓欧洲封建文化延续时期比中国为短促,因之,作为封建文化之结晶部分的伦理精神,在欧洲就决不能像在中国的纯化和高度化;又如谓欧洲中世的精神生活,主要是以宗教为主导形态,因之,人对神的关系,就在人对人的关系中,加进了一些隔膜;又如谓中国封建制所采取的向心形态,比之欧洲封建制所表现的离心形态,确较便于伦理观念和伦理精神的发挥。所有这些以及其他关于中国人"伦理情谊"特别发达的说明,都不妨碍我们提出经济方面的解释。事实上,东西文化差别的关键,就东西封建经济体制来释明,或者更有依据。

自然,即使是强调经济史观的人,亦从不曾妄作"经济是决定人类行为之唯一社会因素"的硬化命题。不过,到了今天,人类社会行为,大体或主要出于经济动机,亦似已成定论,如其梁先生对此认识还有距离,至少总应该承认经济是决定人类社会行为的诸要因之一,我愿意从经济这一视野,来看看东西文化不同的症结,借以解答我前面关于梁先生立论会引起的三个疑问。

(二)东西经济体制的差别观

首先关于伦理的精神文化,被认为中国"固有"的,似无问题,设自诩为中国"特有"的,却就需要加一些解释。梁先生似亦不否认以往的伦理文化,是宗法社会封建社会的产物,但欧洲亦曾经历过相当长期的封建社会阶段,为什么它就没有那种文化产生,而肯让中国独擅其美?事实上,远在欧洲封建制形成的五世纪以前,希腊罗马的哲学家们,实在讲过和我们古圣贤一样能表现"人生向上"的话。道德哲学的说教者如苏格拉底师弟们,固不必说,就是以反斯图亚派之禁欲主义著称的伊璧鸠鲁,他甚且强调"我有水与面包,我的幸福就不亚于神"。这论调,对我先哲"食无求饱,居无求安,就有道而正焉"的精神,似无逊色,即使是到了"失道而后德,失德而后仁义",更失仁义而讲礼法的罗马时代,其代表的哲学者如西赛禄、色奈加等,更曾昌言"唯贤者斯为富有",昌言"物质上最富有者,精神上最贫困"。这应该说是"人生向上"的明显告白。野蛮的日耳曼人,在罗马建立封建帝国以后,欧洲人的整个精神生活,差不多都被浸透了基督教的禁欲思想。我们自然有理由理解这种禁欲思想的普及,是以当时欧洲经济状态，因战乱及其他政治理由，陷于极度衰颓贫困的反映。

中国的封建制，大体是以地主经济形态为它的基础。周初肇封诸侯，大体虽系采取所谓“分土而食之”的领主经济形态，但建基未久，即在春秋战国之世予以破毁。秦商鞅将当时正在分解中的领主经济形态。正式以法令废止，使土地得自由转移买卖，于是地主经济形态开始。秦既统一中国，遂将此变革通行于宇内，结局，以土地为要键的封建社会关系，乃确实由不完全的领主经济形态，转化为地主经济形态。在前一经济基础上，分封系分土而治，分土而食，其经济权在地方，各受封领变成了经济自给单位，故有离心倾向；在后一经济基础上，分封或设置疆吏，系由中央将各地方土地收入，以赋税方式，输归中央，然后再由中央以俸给方式，支付地方，在此场合，其经济权操在中央，各地方不易形成为经济自给单位，故有向心倾向。亦就因此之故，中国封建制与欧洲封建制比较起来，就不但更能显得集中，并还确实显得进步（比如土地得自由买卖，农民得自由转动，以及伴随土地劳动得自由移动而引起的较合理关系等等）。由于这种实质上的差别，中国的封建意识与封建文化，就比较可能排除宗教的成分，相应着，更需加强加深伦理的色调。作为中国伦理化育规范的儒家思想，无疑是大成于孔子，但却系发端于孔子以前的“古之圣贤”，而孔子及其一派的思想，在春秋战国之世，还不过杂存于九流百家之间，秦代首先完成统一局面，迄未发现儒家思想，特别能配合其大一统政治要求，致演出一幕焚书坑儒悲剧。汉以秦为殷鉴，决定罢黜百家，崇尚儒术，于是大一统之义，三纲五常之教，始在中国社会思想生活中，确立其绝对优势地位。伦理是政治的目的，同时又是政治的手段，相互推演，对于中国封建体制的较长期延续，固曾尽过莫大的助成作用。同时，在此长期延续而逐渐发展的封建体制下，伦理思想不但因历代儒家的研究发挥，而益进于淳化，益由半宗教性的天人之辨，演变为哲学性的形而上学的理欲道器之争，同时又因此种思想长期在实践过程中作用着，故不期而采取了中国民族信念的外观，更表现为中国人像是生来就是非宗教的而为伦理的特质。

依据以上的说明，被梁先生看作表识我民族特性的“人生向上伦理情谊”八字真传，就似乎可以当作我民族的“特有”美德，“特有”造诣，而把它向世界贡献出来。但问题要看我们以外的世界，是否能或愿接受它。

(三)各种社会都有它自己的道德生活规准

讲到这里,我们需要对伦理文化本身,作一些认识前提的推论。

伦理更具象的表现,就是道德规范,而有关伦理之认识论上的说明,就是道德哲学。道德如不被理解为“玄之又玄”的东西,而把它看作范围特定社会人与人之日常生活关系的行为准则,则任何一种社会关系的建立,就一定会产生适应那种社会关系,从而维系那种社会关系的道德生活的惯习和准则。生活的方式、生活的条件不同,那种道德的伦理的范畴,也相应而异其性质和内容。这就是说:任何一个社会,都有它自己的道德生活规准存在着。中世欧洲的封建文化,虽然全披上了宗教的外衣,我们依旧不难在它全般社会政治生活中,看出与我们相异的,也许大体不如我们那样淳化,那样有贯透性的道德准则和“伦理情谊”。即如在脱却了中世温情主义“伦理情谊”,而被认为急功好利,专以计较物质利害关系为其他文化生活特征的资本主义社会,似乎物质的进步,功利主义的发挥,在另一方面,并不曾妨阻“父慈子孝”、“兄友弟恭”、“夫妇敬爱”以及一般社会同情心的增进,反而把那些原本在前一社会阶段,用神秘的宗教的色调所翳障着的伦理关系,安置在更合理的社会基础之上了。要之,以往的欧洲,无论在封建社会,抑在资本主义社会,都有适于它们自己要求的伦理情谊,而适于我们社会需要,为我们社会所崇尚的“伦理情谊”,似显然不易在它们社会移花接木的生起根来。这一点,梁先生似乎也不否认。因为他明白表示,中国的伦理精神,是要在西方资本主义终结以后,才有发扬光大之可能的;即是如他所说,要在“政治上实现了民主主义,经济上实现了社会主义”之后,才能大行其道的。

但根据我们前面的分析,伦理的道德规准,并不是超历史的,超社会的。即使我们在主观上,不妨把我们的伦理基准,作较高的较大的评价,但将来真正民主主义实现,社会主义实现,是否会在实现过程中,造出容纳或接受我们过去那种伦理精神的社会条件呢?任何形态的“伦理情谊”,都不是而且不能是架空的抽象,而是要表现在一定的社会形式中,表现在一定社会关系中的,比如就梁先生具体提出的“父慈子孝”的“伦理情谊”而论,在将来的社会,是否会觉得那有流于狭隘自私的弊病呢?又如梁先生所说，在将来的社会，人对物的关系，将被还原为人对人的关系，于是，一切剥削关系不存在了，一切根源于剥削关系而造成有害无益的社会浪费不存在了，人得尽所能，取所需，在此场合，是否还须用“食无求饱，居无求安”的方式以表示“人生向上”，而“吃得饱，长得胖”，就不能表示“人生向上”呢？

要之，我们如打算把我们的伦理精神，对将来社会去贡献；我们如不能希望将来社会，大体具备我们过去的产生那种伦理哲学伦理规范的客观条件，我们就得使我们传统的伦理文化，改造到或变革到具有将来理想社会所要求所能接纳的实质与内容。

于是，我们又须更向问题的深处发掘了。

（四）我们对世界已有的贡献和将有的贡献

梁先生由民族好胜心，认定我们有所负于世界，而不得不对世界有所报称，于是苦心搜索出我们这个伦理文化的强点，如其这个强点的用途竟被怀疑了，或者，我们的伦理教义竟被视为难有益助于将来社会了，那一定会损及他的自尊心，从而损及他的民族自负心。但这是过虑了。

我们的民族，对世界早有所贡献了；在将来，可能有更大更多的贡献。中国是世界的一部分——一个相当大的部分——一切在中国本土表现的文物、思想、制度，不论其对于中国以外的世界有无影响，在它本身的发展与前进，均当理解为贡献世界的成果。我们无妨自诩的借外人对我们贡献于世界的以次赞词，来加强我们的自负与自信。

“三千年前，世界上有两个民族，以理性之光，照耀于四周的蛮族。在西洋的是希腊，在东洋的便是中国。这两个民族的合理主义，便是将来指导全世界的两大文化支流。但是这种支流各有特色。希腊所产生的合理主义，是属于知的方面，造成了近代西洋文明之哲学科学的基础，反之，中国产生的合理主义，是属于意的方面，发扬正义公正的观念，使远东横溢着德化之光。前者是思辨的合理主义，后者是实践的合理主义，前者以数学与理论为中心，后者是以道德政治为主眼，前者包含着近代精神文明的酵母，后者传播了特殊的远东文明的种子。"①

不过,我们在欣然接受这赞词之余,应明了我们"德化之光",是在过去光被于"四周的蛮族",要使这光明继续永远照耀于世界,我们如其无法希望,或不应希望我们四周永远为蛮族,就得发扬自己的传统的伦理文化,使它不固定化或硬化为徒供人欣赏或凭吊的埃及金字塔似的文物。但这里须得辨识一件基本事实,即我们的文化,过去其所以能在四周蛮族中发出德化之光,根本是由于我们的社会经济体制,在历史的发展阶段上,跑到了那些蛮族前面,即那些蛮族当时是营着渔猎游牧、浅耕的民族社会生活,我们的祖先已借着自然的历史的有利条件,建立起了高度化农业的封建国家。就是远在我们四周以外的欧洲,它差不多是中国封建制已建立了一千多年,已达到了相当高度发展的晋代,才开始其封建的社会组织端绪;而在实质上,它的那种封建体制,已在前面证示其远较中国封建体制为不进步、不合理。反过来说,中国以往的较进步的、较合理的社会经济组织,才容许并要求配合较合理的较进步的人生哲学及其伦理的实践形态。我们这种推理如不太远于事实,则我们今后如其仍希望以"向上的伦理情谊"去光被四表,一定要我们社会本身,已造成了一种在进步性上在合理性上,都较优于其他社会的社会经济组织;那种社会经济组织,可能是在某种限度依据了或发扬了中国文化中优良的传统伦理精神的结果,但在那种经济组织中所体现的"人生向上伦理情谊",一定不是固着在我们过去的形态上。比如说,我们今日当作国策来要求实现的民生主义经济体制,尽管国父孙中山先生在提出此种理想的时候,参证了或体验到了中国传统的"爱民""亲民""惠民"的民本主义精神,但理想上有资本主义之利而无其弊的民生主义经济体制如能建立起来,则表现在它这种体制中,并作为其秩序所由纲维的"伦理情谊",一定是与过去不同种类的东西,它一定更有积极性,更有进步合理的内容。

论到这里,我可就以次三点意见,对本文作一结束:

(1)"国于天地,必有与立。"我们民族能延续数千年以至今日,决非偶然幸致。其悠久历史赖以维系的"固有"或"特有"文化,应理解为其过去对世界贡献的成果,且亦无妨认定为其将来对世界可能贡献的因子,但在

① 见刘译日人五来欣造著《儒教对于德国政治思想的影响》。

世界日渐变动与进步的情势下,我们断不能也不应以固定在一定形态上的伦理观念及其表象,作为“推之百世而皆准”的将来人类社会行为之圭臬。

(2)伦理文化固然有一定伦理哲学作为其指导原则,但伦理哲学是最有实践性的,或者是最少形而上学性的。一国想将他的伦理文化,或综合体现着伦理哲学,在它以外的世界生根、开花、结果,一定要想到它以外的世界,甚至它自身,将来究会在何种限度具备有体现其原有伦理哲学或伦理的精神文化的实践条件。

(3)如其我们随时体察世变,警惕着世界日新月异的进步,因而想发挥自己的特长,从阐扬伦理文化入手,则须明了,伦理文化的培养,并不能期之于“讲道德说仁义”,谈理欲论道器的空泛冗谈,而要期之于一种可能使较高伦理文化因以体现着的较合理的社会关系,较合理的社会经济体制,果其如此,则在消极意义上,我们不能在合理的社会经济上努力,也就无法单独的孤立的向世界贡献什么精神文化;在积极意义上,我们能认真的创建出一种合理的社会经济关系,则我们可能贡献世界的,就不是固有的“人生向上伦理情谊”,不只是适于那种合理社会经济关系的新型的伦理精神文化,同时必然伴有在那种合理社会经济关系下,在新的道德教化中可能创造出的一切精神的物质的文明。

六、再论东西文化与东西经济

——评钱穆先生的东西文化观

(一)"爱之必以其道"

在去年,我曾就梁漱溟先生的《中国以什么贡献给世界》的大文,进而就梁先生的《东西文化及其哲学》,写过一篇《论东西文化与东西经济》,披露在《新建设》杂志上。梁先生是主张中国人应拿"人生向上伦理情谊"这八个字所包涵的哲理及其行为表现,作为向世界贡献的一份隆重礼物。我认为,在这个"杀伐用张"的世界,梁先生的用心虽好,立论却就大欠斟酌。我的结论大意是:

(1)中华民族数千年历史借以维系的传统伦理文化,经过阐扬洗炼,也许无妨认定为其将来对世界可能作某种贡献的因子,但在世界日渐进步与变动的情形下,我们断不能也不应以固定在一定形态上的伦理观念及表象,作为"百世以俟圣人而不惑"的将来人类社会之圭臬。

(2)伦理文化固然有一定的伦理哲学作为其指导原则,但伦理哲学特别要与实践相联系。一国想将它的综合体现着伦理文化的伦理哲学,在它以外的世界生根、开花、结实,一定要想到它以外的世界,甚至它自身,将来究会在何种限度具备有体现其原有伦理哲学或伦理的精神文化的实践条件。

(3)如其我们随时体察世变,警惕着世界日新月异的进步,因而想发挥自己的特长,从阐扬伦理文化入手,则须明了:伦理文化的培养,并不能期之于讲道德,说仁义,谈理欲,论道器的空洞冗谈,而要期之一种可能使较高伦理文化因以体现的较合理的社会关系,较合理的社会经济体制。果其如此,则在消极的意义上,我们不能在合理的社会经济上努力,也就无法单独的孤立的向世界贡献什么精神文化;在积极意义上,我们能认真的创造出一种合理的社会经济关系,则我们可能贡献世界的,就不是固有的过去的定型的"人生向上伦理情谊",也不只是适于那种合理社会经济关系的新型的伦理精神文化,同时必然伴有在那种合理社会经济关系下,在新的道德教化中,可能创造出的一切精神的物质的文明。

那篇文章发表以后,我就计划:对于中国传统的一切文化现象,都应就中国传统的社会经济形态,予以系统的科学的说明,但因研究环境变更,除了在国立中山大学研究院就此问题作过一次讲演外,一直到现在还不曾着笔。

最近在第十卷第二期《中国青年》月刊上,读到钱穆先生的《中国文化传统之演进》的大文。钱先生爱护中国文化的热忱,当不下于梁漱溟先生,但他对于中国文化的认识,却不像梁先生那样拘囚于伦理的窄狭天地里;他对于东西文化的异同的说明,也比较拓开了另一个境界。惟其如此,这就引起了我向原来研究计划前进一步的兴趣。

(二)亦新亦旧的方法论

钱先生的那篇大作的内容,牵涉颇广。为了讨论的便利,是须得抉发出他的立脚点或出发点的。钱先生自己不曾把他的观点明确指明出来,但就全篇字里行间的暗示,似乎他的一切论点,至少是想接近或者环绕着以次两个中心命题的:

(1)历史的文化观

(2)经济的文化观

钱先生是一位史学家,且是一位正统的历史学家,他的文化理论采取历史的观点毋宁是当然的。而在实际,他这篇文字中显示的一些特色,也就是存于他的历史的观察方面。至于他同时还采取经济的文化观察方法,在我们看来,仿佛有些意外,因为这不是一个正统史学家所应有的研究法,甚至我们也很难期望正统史学家所能有的研究法。但说也奇怪,不知道是时代太刺激了他们,抑是他们并不甘太落在时代的后面,另一个比钱先生还正统些的大国史学家陈寅恪先生,当他去年四五月间在国立中山大学研究院讲晋魏六朝学术思想的时候,他的许多讲法,使我在当场听着,联想起胡汉民先生的《唯物史观之伦理的研究》来,他居然从当时社会各阶层间的物质利害关系，来释明所谓竹林七贤一干人所以采取清谈作风的“内情”。这是题外的话。我说钱先生从经济的观点来看文化，并不单是因为他这篇文章后面，有了“经济和文化确实是相互为命的”话，事实上，这句话原本就极其含浑，而且，他还是在讲过农业文化与农业社会的关系之后，作了“这并不是唯物史观”的郑重声明才说出来的。但虽如此，他全篇论及东西文化的异同，及中国文化的发达、衰落及将来展望的时候，总喜欢或者总想从社会经济演变情形上去找到证据。可是，毕竟因为他的正统思想习染太深，或者对于社会经济史学方面的修养太嫌不够，他不但不能把文化史经济史的内在关联贯通起来，使他的说明，具有科学的系统性，反而依着他那不成熟的，未消化的，或太素朴的经济观的理解，把他从历史观研究上显示出的一些特点，都弄得混淆不清了。

在下面，我想分别他的历史文化观和经济文化观，予以解述。

（三）“可大可久”的新注释

先讲他的历史的文化观。

在他设想，“所谓文化，必定有一段时间上的意义在内，换言之，即文化有他的历史意义在内”，“所以讲到文化，应当用历史的情况来讲”。

“什么叫做中国文化呢？要解答这个问题，不单要用哲学的眼光，而且要使用历史的眼光”，“中国文化是一个传统，是一线而下的，已经有了五千年的历史”。中国由五千年历史情况显出的文化，孤立起来，是不能看出它的好处或特点的。必须拿它来同世界上其他任何一种文化来比。同谁比呢？他以为“最好同欧洲的文化比”。因为在世界史上，“能够长期奋斗前进的，只有两个：一个是中国，一个是欧洲”。它们显然是东西文化的代表者。可是把它们相互作一比较，立刻就显得有许多不同。照钱先生的提示：

第一，就时间上说：中国文化和欧洲文化不同之点，“好像两种赛跑，中国文化乃是一个人作长时间长距离的跑，从尧舜禹汤文武周公孔子……这一路下来都是中国人，秦汉唐各代也是中国人，宋元明清还是中国人。西方欧洲文化则像接力跑，一面旗，从一个人一个人手里依次传递接续去跑，由希腊人传给罗马人，由罗马人传给北方蛮族，现在传到拉丁条顿民族手里，拉丁条顿民族跑完以后，说不定将来会由斯拉夫民族接着来跑”。

第二，就空间上说，两者也不相同：“中国文化是整个发生的。自始就满布大地”，“一摆就摆在一个大地方”，“而欧洲文化则系由一点传一点的，像希腊文化中心到罗马文化中心，再到东罗马文化中心”；“到近代欧洲列强并立的时候，文化中心也就分在巴黎、伦敦、柏林等等地方，再由这几个中心向四周发散”，“西方文化可以有几个中心，中国的文化，则很难说有中心”。

总括的讲，就是“西方文化可以分做几段，中国文化却不能分；西方的文化可分为地域性，中国文化则没有地域性”。

钱先生自认为是“很粗浅的，很简单的比较”，也许就因此故，就前一点讲，他忽略了，他是拿中国文化与欧洲文化比，不是与欧洲某一国，或者意大利，或者法国，或者德国比，同时，也不是拿欧洲文化同包括中国文化的整个亚洲文化比，于是，就有独跑长距离和接力跑的区别；就后一点讲，他也没有考虑到，中国文化并不是“一摆就摆在一个大地方”，或“自始就布满大地”，也不是“没有地域性”，我们稍一留意中国文化，由黄河流域，而长江流域，而珠江流域的展拓情形，就可对钱先生的讲法，作相当程度的修正。即使退一步，相对的承认中国文化在时间延续上，在空间展拓上，都对欧洲文化显示了上述的特点，但问题并不在提出事实，而在对它加以科学的合理的说明。钱先生对于这一点，仿佛从中国方面作了一些解说。

关于中国文化在时间空间两方面表现的特点，钱先生从我们的古文献中找到了依据，那就是《易经》上所说的：

“可大可久。”

究竟是先发现了这个文句，然后再确定中国文化的悠久性和昌大性？抑是先发现中国文化“自始就满布大地”和“一直延续五千年”，然后再以这个文句来印证，我们用不着推敲，我们所注意的，宁是我们的“可大可久”的文化，究是如何一种情形。

钱先生把一部中国文化史，分作四个时期。秦以前是第一期，汉至唐为第二期，宋以下至晚清为第三期，现在则临到第四期。对于前三期的文化史实，他是用这几句话来包括：

"中国学术思想最灿烂的是在秦朝以前,政治社会最理想的莫过于汉唐,而文学艺术的发达,则在唐朝以后"。

每个时期都有它的特点。然则汉唐以后,为什么没有把秦朝以前的学术思想继续发挥呢?钱先生是这样答复我们的:

"我们总觉得到现在为止,学术思想方面还超不出先秦,政治社会方面还超不出汉唐。"

"……我们并不能说,汉唐的学术思想,超不出先秦的境界,便说汉唐没有长进。因为中国在先秦时候,孔子他们这一班圣贤,已经将那些人生理想讲得很高深,以后实在很难超出。"

然则秦以前的学术思想,为什么有这样难于超越的地方呢?钱先生在这里把我们"可大可久"的文化特质道出了。

"……到秦朝为止,一般学术思想,都是抱着一种天下的观念。……修身齐家治国,最后就是平天下。"

"世界大同,天下太平,都是中国人理想中的一种人类社会,所谓'凡有血气,莫不尊亲',就是中国文化的理想。中国文化是人类主义的,是世界主义的。他并不只想求得一国的发展,也不妄想一步一步的向外扩张势力,像罗马,像现在一般压迫主义,侵略主义者的西方国家一样。"

中国的这个平天下的理想,"到了秦始皇的时候,已经实现成一个天下了,所以中国文化开始就摆在大地上"。

这就是说,秦是中国文化第一期与第二期的分水岭,秦以前,是天下一家的文化理想的产出时期,秦以后,则是那种文化理想的实现时期。所以说,"孔子他们的学术思想虽然很高,可是只存空言,而秦以后汉唐诸代却是实干,使孔子诸人的理想渐渐实现"。

结晶在中国文化思想上的世界主义、人类主义,在规模气象上是"可大",在理想展望上是"可久"。惟其"可大",故"放之四海而皆准";惟其"可久",故"百世以俟圣人而不惑",钱先生从这里来看中国文化对欧洲文化所显示的特点,自是"独具只眼"。但也许是太浸沉于这种文化理想中的缘故,他在立论上就不觉留下了一些漏洞:

其一,钱先生认为先秦人其所以有如此高远的理想乃因"当时的人认为整个版图以内的一切地方,就是天下,就是世界"。这样说来,这种"跨境内以为天下”的世界主义，实不过“中国主义”，因而他们那种“凡有血气，莫不尊亲”的人类主义，实不过“中国人主义”，钱先生立意要证示我们的“大”，结果却适见其“小”了。

其二，如说中国人的“天下”，至秦始实现，中国文化至秦“始普遍的摆在一个大地上”，足见秦以前，还不曾“摆在一个大地上”。这一来，他前面所谓“中国文化乃是整个发生的，自始就满布大地”云云，就仿佛第一期以学术思想为特征的文化，划到中国文化圈外了，这是一个大矛盾。

我们极同意钱先生的文化是有生命的话。中国文化第一期是文化理想产出时期，第二期是文化理想实现时期。汉唐这个时期，究竟对于第一期的理想，实现了一些什么呢？

“秦以后，两汉与隋唐，最有成就的事业，是政治与社会，一统的政治和平等的社会。”

“汉唐的政治，算得每一个人都安居乐业，过着幸福的生活。”

“这个时候，真是政治社会理想的境界。人人安居乐业，家庭境况优裕，国家富强，政治清明，社会公道。”

从这几点说明上，足见“秦以后汉唐诸代是实干，使孔子诸人的理想渐渐实现”。汉唐领域之大，政治上统一了“天下”，是“中国的”世界主义之实现；社会的平等或平等的社会，是“中国的”人类主义的实现。但不幸得很，当他强调下一文化时期的文学艺术带有平民精神的时候，却又不自觉矛盾的把他歌颂汉唐理想平等社会的论调，作了一个九十度的转角：

“……唐朝以前，经济不很活泼，到了宋代以后，就逐渐活泼了。但是唐朝以前，社会贫富悬殊，而宋代的社会经济，倒反而平均了。”

由“平等的社会”，一变而为社会“贫富悬殊”。在另一个地方，他并自问：“汉朝当时的政治社会既然这么合理，为什么后来弄得那么糟？”他自答，“这个问题：我在下面倒要说明”。然而直到他那篇大作最后一句，仍不曾提出说明。因为“一治”用实行圣贤的高尚理想来说明，“一乱”就似乎不能单依未实行圣贤的高尚理想来说明，所以只好不说了。

说到第三文化期的文学艺术的发达，他并不忽视由宋到晚清在社会政治上的成就，即也是“统一”，也是“平等”的成就，不过，他认为，“大概宋代以下的社会与政治，都逃不出汉唐的成规。因此，我们普通都说，宋代以下的政治好像没有什么长进”。姑且假定是如此，然则宋代以前，为什么文学艺术不发达，而到此以后才发达呢？他是从以次几点来解释：

其一，文学艺术上的成就，是要“天下太平”，大家把“精神用到生活的享受生活的体味上去”。然则钱先生不是讲过：“汉唐的政治，算得每个人都安居乐业，过着幸福的生活”么？照此逻辑，应当汉唐的文学艺术，特别发达起来。但我们可以代钱先生答复一句，单只这个天下太平的条件不够。

其二，“西汉的时代，大家都注重建设社会，对于文学和艺术没有怎样留意。到了东汉，中国人经过了这四百年的时间，便开始讲文学艺术了，但是后来碰着魏晋南北朝之乱，局面未能安定，到唐朝天下太平，于是文学艺术复渐有发达”。这一来，唐朝又应划到第三文化期了，但这是小疵，且有其条件限制，即

其三，文学艺术的发达，是大家的事，不是少数特殊者的事。据钱先生讲，中国“宋代以后，已有平民教育”，也因是，至宋代以后，中国人“才用艺术文学代替宗教的作用”。即他总括说：“在宋朝以后，一般人都走上了生活享受的路子，在生活上求安慰，中国的文学艺术，在唐朝以前，是贵族的宗教的文学艺术，到唐以后，才流入大众民间。”

到这里，钱先生已开始引用社会经济的关系，来说明文学艺术的发达原因了。

> “唐朝以前，社会贫富悬殊，而宋代的社会经济倒反平均了。”
>
> “宋代以后，就根本没有贵族了。”
>
> “宋代以后的社会情形，许多达官显贵，不过三四代，家境便即中落。”
>
> “宋元明清各代，中国始终没有贵族，没有特殊阶级。”

于是，以这种无贵族、无特殊阶级的“平等”“平均”社会为背景，“到了唐朝以后，中国的文学和艺术，才逐渐由贵族的宗教的而解放为平民的了”。

这算是有典有则的“经济的”文化观了。然而在全文中，这最合逻辑的片断一旦被放在整个系列中，立刻就发生毛病了。

且在下面来补述。

(四)“中国文化的最大缺点”云云

钱先生关于中国文化的叙述，愈到后面，愈加染上经济的色调。所以，对于他的经济的中国文化观，我就依照他提述的第四文化期来说。

第一文化期以学术思想为特征，第二文化期以政治社会事业为特征，第三文化期以文学艺术为特征，均如上述。第四文化期，该以什么为特征呢？钱先生没有标明出来，也许是因为我们正处在这一期，其特征尚未形成，或者形成了，比较不容易发现。无论如何，他根本没有触及这个时期的特征，却提出了我们在这个时期应当努力于文化的几个方针：

其一，“要恢复固有的道德，这也就是修身齐家治国平天下，忠孝仁爱信义和平……的观念”。

其二，“中国的社会没有力量，如今既不能恢复封建制度，又不能进入资本主义，那么究竟应该怎样团结力量呢？我们必须使它们两者相配，找出一条路来”。

其三，“中国文化最大的缺点，是农业文化，只有在农业社会里才有办法。……中国应当走进一步，那就是走上工业之路”。

关于中国今后文化努力方针的第一点，大家在嚷，“着无庸议”。第二点须使封建制度与资本主义，两者相配，大概是指着采取封建社会的精神，即他后面所谓“尽人之性”的那一类观念，同时又采取资本社会的物质，即他后面所谓“尽物之性”的工业或科学。这就是物质与精神“两者相配”，这样代他解析，第二点也可“明白”了，同时第三点要走工业之路，也连带“明白”了。只是“中国文化的最大缺点，是农业文化，只有在农业社会里才有办法”这个命题，实在“太”经济观了一点，这一讲，就使第一第二两个文化努力方针发生动摇了，因为

第一，文化是由物质到精神的总合。钱先生把学术思想、政治社会事业及文学艺术都包括在文化范畴里面，当然赞同此一解释。果其如此，钱先生认为有“最大缺点”的中国“农业文化”，不也把“齐家、治国、平天下”的那一套“观念”放进去么？

第二，“农业文化只有在农业社会里面才有办法”，既决定“进一步走上工业之路”，变成工业社会，如何又能保持作为农业文化之精神体现的

诸般观念与意识。

钱先生在这里是意识到这种矛盾的，他依旧拿出了“经济观”的折衷论来。他说：“如何能在中国固有的理想之下，采用西方的科学，这个问题，颇难解决；中国的社会，科学来了就会改变的，但是要不变他的固有传统，而变他的外形。”

“中国的社会，科学来了就会改变的”，这在钱先生，和他所说的“农业文化只有在农业社会才有办法”，都算是特别健全的见解，可是把这见解展开应用，就不知所云了。

（五）请再进一步

总括上面所述：

第一，如其我们不妨像在《论东西文化与东西经济》中那样，把梁漱溟先生看作中国伦理文化的化身，则在这里，我们就更有理由，把钱先生看为是“中学为体西学为用”的文化说教者。梁先生是一位哲学者，虽更观念，也更质朴，更能舍去一切障碍其伦理观念发展的社会事象，而更像能自圆其说；但钱先生是一位历史学者，中外繁复的种种史实，虽帮助他展开视线，向文化的一切方面去探索支持他的论点的例证，可是，如像郑板桥所说：“读书何必读五车，充塞胸中乱如麻。”没有一个正确的方法去贯串去系统那些史实，必然是治丝益棼，矛盾百出。比如，当他要说明汉唐的社会如何理想，如何平等，就力言：“秦朝以后，封建社会没有了”；“中国自从汉朝以后，固然还有皇帝，但是并没有封建贵族”。但当他要说明宋以后始有平民文学艺术，语调又变了：“宋元明清各代，中国始终没有贵族，没有特殊阶级”，“唐朝以前，社会贫富悬殊”。——从这里，我们显然见到：他用以说明后一事实的例证，把他用以说明前一事实的证例取消了。在宋代以前，社会并不“平等”，可是一转手间，他又回过头来，说“中国社会，一般说来都是平等社会”，这或许还有“一般”二字缓冲，但他还说“中国维持农业经济，社会平等”。如此这般的矛盾充满全文。

第二，像钱先生这样的大文，为什么要费笔墨来讲许多话呢？因为我是把钱先生看作“中学为体西学为用”的文化说教的一个代表者，事实上，他的这篇大作，也当得起是这一类人的代表作。他们这类人有几个根本的见解：

（1）他们只承认中国农业社会，有农业文化，而不肯相信欧洲那些工业国家，当它们还是农业社会的时候，亦有其农业文化，亦有体现其农业社会关系的伦理意识。

（2）他们不仅相信只有中国的农业社会，才有农业文化，才有高尚的伦理文化，并还认定工业社会，并没有什么维持那种社会秩序的伦理文化。

（3）他们还认定，中国只是物质方面不如人，精神方面则如钱先生所说，“中国文化走过了头，和世界不能接笋”，其结论，当然是如梁漱溟先生所说。我们将以“人生向上伦理情谊”向工业世界作重大的贡献。

对于他们这些高见，我不愿作任何批评，而且，

第三，我还得诚挚的原谅这些人的心情。人类的观念的进步，一般是落在物质的进步之后的。况且如钱先生所说：“中国人的道德观念向来很大，他要讲修身齐家治国平天下，要讲忠孝仁爱信义和平，又要讲礼义廉耻……这一条一条的道德的绳子，好像将每个中国人缚得紧紧。”受着这样束缚的我们的士大夫学者，还不忘以“西学为用”，还不忘主张进一步走上工业之路，而不像印度甘地先生那样，认定反对英国这只吃人的老虎的最有效方法，就是要反对它的吃人性格，反对它的机械、铁路、医院、律师制度等的物质文明，因为这些东西不存在，英国就如鱼失水，印度如跟着它学习这些文明就等于反对老虎，而不反对老虎的性格，结果定会为虎附翼。[①] ——与这一套议论比较起来，我们的国粹主义者宁是进步多了，但虽如此，

第四，为了他们在学术思想界所处的地位的重要，和其立言可能给予一般社会的不良影响，我们不能不希望他们对于中西文化所抱的成见，有进一步的廓清。本文的篇幅，不允许我在这里从长讨论，但除了前面引述批评梁漱溟先生的东西文化观的三个结论，可以帮助我们关于这种问题的理解外，更不妨就钱先生的基本论点，提供以次的评正意见：

（1）一切文化，都不是浮在空中，也并不是观念的停滞在我们脑中，它必须在社会上生根，它必须是特定社会由物质到精神的文物制度的具体

① 参见甘地著谭云山译《印度自治》。

表现。比如钱先生所说的中国文化是农业文化，是农业社会的文化云云，应该算是接触到了问题的边缘。

(2)一个社会的观念形态或伦理哲学，不但是适应这个社会的物质条件和其社会关系而产出的，同时还是作为纲维这个社会关系的秩序而作用着的。一旦物质条件改变，比如由农业社会移到工业社会，一旦适应那种物质条件的社会关系改变，比于主要由领主或地主对农民的关系，改换为资本主对劳动者的关系，则以前在前一社会发生，并用以纲维前一社会关系秩序的诸种哲学思想伦理观念，即使名辞还保留着，概念的内容却会大变的。比如“忠”字尽管保留，以前基本是对君主的，现在却扩大到对国家；又如“孝”字尽管保留，以前基本是对父母，现在却扩大到对民族。而且，这还是在中国社会尚未工业化说的。

(3)有了上述认识，我们就不难明白钱先生所提出的各文化时期的特征表现，不过是中国农业社会或封建社会，或比较开明的封建社会，其各发展阶段的社会关系的变迁上，显示的诸特殊表象而已。周末或先秦是处在领主封建经济过渡到地主封建经济的转形时期，思想比较解放，各家就争鸣起来；迨地主经济作了统一政权的物质基础，这统一国家的专制君主，就开始抉择他们所需要的，有利于其社会政治秩序纲维的孔家学说，孔子的大一统主义和宗法思想，正合他们这种需求。罢黜百家，崇尚儒术，并不是说儒家学说更好更精深，而宁是因为这种学说更有益于其社会政治秩序的保持，以后历代都是一个政治社会形态，所以中国就“二千年无思想，以孔子之思想为思想，二千年无是非，以孔子之是非为是非”(明李卓吾语)。因此，这并非孔子及其一派伦理思想的“可大可久”，而是因为中国在统一的封建形态上，允许其在大地面上作用，成就其“大”，在朝代变来变去，政治一直保持原来形态，一直需要这种学说，才成就其“久”。孔子及其学说之幸，正是中国社会之不幸。而钱先生及他们这一流人物，却反过来，丢开中国社会，单单把孔子及其一派学术思想，当作中国文化的代表；不问中国社会的长期停滞，更以为那种代表文化的“可大可久”。

当作一个中国学术思想的科学研究者和公平评价者，我对于钱先生这一类人的这一类文化考察方法，觉得有提出来纠正的义务。

七、三论东西文化与东西经济

——评朱谦之先生的东西文化观

(一)由哲学家历史学家到百科全书派

梁漱溟先生以哲学家的资格,谈东西文化,钱穆先生以历史学家的资格,谈东西文化;我已分别把他们的不妥当的见解,分别评论过了,现在我想谈到朱谦之先生的东西文化观。朱先生是什么家呢?他是哲学家、历史学家,也是文学家、美术学家;谈国学,他也来;谈经济学,他也来;他还有社会学的著述。最近更还在聚精会神的研究他"本店自造"的《军火资本主义论》。因此,我们很可以称他是一位百科全书家。百科全书家有几个特点:

第一是,他的时代感非常强烈。而同时,因为百科全书的学者,多半是产生在过渡时代,过渡时代各种惹人注意的社会事象,都会成为他"探奇览胜"的研究目标,因此

第二是,他的涉猎非常广泛,仿佛对于一切社会事象,一切社会的及有关历史的问题,他不但想从各别社会历史科学方面,去求得解答,并且还想有他自己的一套解答。惟其如此,

第三是,他的态度非常开明。试想,一个研究与兴趣是多方面的,而自己又多所主张的人,他要向他人取得发表自己意见的自由,他就不能不让他人也有表白其意见的自由。

这三点,应该是每个百科全书学者,在不同程度上所必备的特点。朱先生就为我们如实的证示了这种情形。他对于时代的敏感,他搜积之富,钻研之勤,涉猎的广泛,读其书,知其生平者,均交口称道不置。至若就研究的态度讲,我们在几年同事当中,每次见面必争论,每次争论必达到面赤耳热的程度,结局,他总不吝给你满意的说:"你所讲的很对";但当他这

样讲的时候,言外决不忘记也给他自己满意的表示:“我所讲的也很对”。这就是说:绝对尊重他人的意见,同时也绝对坚持自己的意见。

可是,当作一个百科全书的学者,自然不可避免的有他的缺点。

其一,因为注意的研究的范围太广,对象太多,他对于每科的造诣,就不一定能够深入;“肤受浅尝”的毛病,是难得避免的。

其二,因为研究上难免“肤受浅尝”,又因为这种“肤受浅尝”,主要是由于涉猎太广,于是在运思立论当中,就往往会不知不觉的把许多类同的表象,或把许多不易调和的概念,貌为比附的从观念上关联起来,使自己陷在自己强行设定的形式主义与观念主义的迷团里。

正如同朱先生为我们证示了百科全书学者的特点一样,他同时也在相当的程度上,为我们证示了百科全书学者的缺点。

(二)三基型与四基型

在第九卷第一期的《时代中国》杂志上,朱先生发表了《经济文化之三基型》的文章,据说,这是他在印刷中的《文化社会学》那部大著中的一篇,这篇文章劈头表示了这样“有创制性”的论旨:

> “我们若从知识和文化类型的关系,更进而注意到经济文化之地理的分布,我们便很容易发现东西经济文化体系的不同。经济文化体系由于财力组织的不同,实可分为三种经济类型,而这三种经济类型,实即分布于东西三个特殊的文化区域,形成三种特殊的经济形态。这经济三类型即是:
>
> (1)宗教的经济型——以印度为代表;
>
> (2)哲学的经济型——以中国为代表;
>
> (3)科学的经济型——以西洋为代表。”

在这三个所谓“体系”的名目之下,朱先生为我们展示了“有条有理的”,“天造地设”般的系统,即“以主要的生产形态言:印度为农业社会,中国为农工业社会,西洋为工业社会;以生产力的标准言之,印度为自然力(土地生产力)。中国为人力(劳动生产力)西洋为物力(机械生产力);以重要生产要素言之,印度为自然,中国为劳力,西洋为资本;以经济体之大小言之,印度为农村经济,中国为都市农村对立经济,西洋为大都市经济;

以经济之心理状态言之，印度为绝欲论，中国为节欲论，西洋为唯欲论”。

经过了这一“总提”之后，接着是分别加以解释，最后更殿以更“有创制性”的结论：

“由上述经济之三种基本形态，印度代表宗教的经济型，以饱食无事为社会福利，为消费社会型；中国代表哲学的社会型，以有无相通为社会福利，为交换社会型；西洋代表科学的经济型，以增加生产为社会福利，为生产社会型。但这三种基型之外，更应综合生产、交换、消费各社会型之艺术社会型，成为经济之四基本形态，此种艺术的经济型，实为印度、西洋、中国三方公共经济之理想型。印度由宗教的经济型到艺术的经济型，中国由哲学的经济型到艺术的经济型，西洋由科学的经济型到艺术的经济型，但无论中国印度在其经济发展的路途中，都必须经过现阶段的科学的经济型式的。所谓艺术的经济型，是分配的经济，世界大同的经济，综合形态的经济，以生命与艺术生产力为本位的经济，这时候，合作代替了商人企业家，世界的生产者和消费者提高美感的标准，那时一切制品受美的评价的支配，自格外精良，格外美丽，机械运转的音声，一变而为和平婉脆的音乐的节奏，并且这时科学应用最高的生产法，‘用化学可以从土壤空气水诸原素中，造出综合的食品’，那么还怕人们享受有穷尽的时候么？这真不是从前的经济型所能梦想得到的。”

（三）“你讲的很对，我讲的也很对”

朱先生的全部理论，总算“和盘托出”了。他的大文给予我们的第一印象，就是“整齐划一”，三个不同的经济文化型，由许多作为它们各别不同类型之条件或内容的项目体现出来，而这些项目，又是彼此分别都要纵横关联的，牵涉之广，排对之工，仿佛不仅显示思想之“造化”，同时还应归功于中国文字的“造化”。但我读过后，不能完全释然的，有下列各点，且按照由表面的，逐渐引述到基本的层次，一一写下来：

第一，以“印度为农业社会，中国为农工业社会，西洋为工业社会”，这原是历史学派发端者李斯特五阶段论，最后三阶段的简括表现；李斯特所主张的最后三阶段是农业阶段、农工业阶段、农工商业阶段；朱先生将农工商阶段改作工业阶段，也许有他的用意。现在我不想多费笔墨来评论这种分法的妥不妥当，事实上朱先生已经在本文中"自我批评了"，他后面讲："中国代表哲学的经济型，以有无相通为社会福利，为交换社会型；西洋代表科学的经济型，以增加生产为社会福利，为生产社会型。"中国这个农工业社会，一变为交换社会了，而西洋以商品生产为目标的交换经济发达社会，反而把它的交换特征舍去了。此外如中国为节欲论，印度为绝欲论，西洋为唯欲论云云，无疑是梁漱溟先生的高见的"再版"，但

第二，即使这种"削足适履"的分类法，至少总可勉强指出那三种经济文化型的某一侧面，可是这里须有一个前提的认识，应当弄明白，即印度、中国、西洋这三种经济文化型，是这三个地域一直存在着的，还是分别有时间的限制。如其说，西洋的科学经济文化型，是指着现代，中国印度的经济文化型，一定要同是指着现代，才好相比，否则西洋过去何曾没有宗教的玄学的文化阶段，中世基督教的节欲禁欲，限制利息，限制商业，也许比印度还来得澈底！那将如何解答？为了理论上的逻辑"便利"，朱先生想必对于他提出的经济文化三基型同是指着现代，但可惜全文中引用来支持他的论点的"典据"，又多半是就印度及中国在现代以前的社会经济立论的，他引证的马克斯·韦伯的《社会经济史》，和马克思的《印度论》及《资本论》上的文句，都不能拿来作为现代中国经济和现代印度经济的"比附"。

第三，把时间或历史的观念丢开，就假定通体看去：印度是宗教的，中国是哲学的，西洋是科学的，正如朱先生所肯定的"经济文化之地理的分布"。可是无奈他又是一个笃信孔德的社会进化论的人，这里所谓经济文化三基型，显然是承袭孔德神学的、玄学的、科学的三阶段论的经过剪裁的表现方式；而且他还更"进化些"，在科学的阶段之后，复增加一项艺术的阶段。并还断言：宗教的、哲学的、科学的任一经济文化型，还都得通过科学的经济文化型，都得共同达到最后的艺术的阶段。不仅如此，宗教的同哲学的经济文化型。于是他一开头就强调的世界三大经济文化型之各别地理的分布，即地理文化论，就在不知不觉之间，被他的进化文化论所否定了。

最后第四，上面这些矛盾形成的症结，也许就在他努力想用社会意识的现象，去说明经济文化，以为这各别经济文化基型的形成，系由于这各

别社会存在着宗教的、哲学的、科学的不同形态的意识。我们原不忽视特定社会意识形成后，对于经济发展演变上的反作用或影响，如中国传统儒家学说对于中国经济现代化所生的阻碍，但更基本的却要看允许那种学说发生阻碍作用的社会经济关系，允许那种学说或意识存在的社会经济基础。以往的社会不谈了，"死无对证"，我们如说是它们的社会经济，形成它们各别的社会意识，朱先生会反过来说是由于宗教的、哲学的、科学的社会意识，造成它们各别的经济类型。但"往者不可谏，来者犹可追"，且请朱先生加紧努力去用艺术的社会意识，来创造他理想的大同经济类型吧！事实上，朱先生引来支持他论点的《马克思扎记》中的那段话，已经明白表示："印度那种停滞和植物式的生活，那种生存的消极形式，在另一方面引起和它自己的野蛮相并的盲目的和放荡不羁的破坏力量，造成印度宗教仪式的自杀"；不仅如此，朱先生关于哲学的中国经济文化型，并不曾就"哲学的"涵义作何等正面的解释，只说是："中国农业也是以自然法为基础，印度村社以神意法为基础者不同……中国交通经济所标榜的是自然法观念。有自然法，人们才有更大的自由，享受更大的自然权利，这种在中国的'内在的'哲学的经济概念……"，这段话可以说是全文中最"不知所云"的部分。自然法的概念，原是近代初期各国政治经济法律学者所共同强调，用以反对神定秩序的东西，由重农学派到亚当·斯密，由布丹、霍布士到孟德斯鸠、陆克等等，殆莫不把这当作反基督教义反封建社会组织的理论武器。但单纯把这作为中国经济文化之所以形成为"哲学的"类型的理由，不独不伦不类，且根本把中国传统伦理哲学对于经济发展实在的影响，丢在一边了。

由以上的说明，使我们对于朱先生这篇大文，或者对于他那以这篇文章为骨干的文化社会学大著，不由得不发生以次的几种评价：

首先，一切在表象上，在文语上讲条理、讲对仗的论著，往往会在内容上、在本质上发生无可救药的矛盾。所提的项目愈多，那种矛盾也愈为错杂。这无疑是任何形式主义者难得避免的通病，朱先生这篇大文却为我们提供了极其像样的标本。

其次，一切流于形式主义的理论，无论其所标举的论题，如何具体；其所典据的文献，如何权威；其用以说明问题的资料，如何确凿，其支持论旨的征引，如何博洽，但结局总无法挽救他的玄学的或形而上学的归宿。因为离开内容的形式，根本就是观念的产物。一切形式主义者，定然是某种程度的观念主义者。其典据征引的资料，一定可以想见是“望文生义”或“断章取义”的结果。所以，朱先生这篇大文的字里行间，都在若隐若显的呈现着观念主义的色调。

最后，我还得指明：在今日中国的文化论坛上，把东西文化的基本意义弄得极其朦糊、极其歪曲的，大体有三种说法，一是“纯国粹主义”的，一是“中学为体，西学为用”的，一是晚近新康德主义流派的。第一种说法，已逐渐不大能引起人的注意，这是梁漱溟先生近年很少谈这方面的理论的客观原因之一；第二种说法，也许还有一个相当时期的挣扎，然而，如我在前文批评过的钱穆先生的高论，就是作者自己已经明白说到“农业文化，只有在农业社会才有办法”；第三种说法就不同了，他们不是典据中国传统的什么经典立论，而是揉合着晚近流行于各国学术思想界的一些似是而非的哲学的社会的学说的结果。当作一个百科全书的学者朱先生，在经济学上，是德国讲坛社会主义的或即所谓浪漫主义经济学说的“信士”，在社会学上，是德国西南学派或文化社会学派的流亚（尽管朱先生把文化社会学创建者文德尔班及利克特的方法论，作过一些不关痛痒的批评）①，而更本质的在哲学上，他可以说是极有代表性的新康德主义者。新康德主义者的最大特征，就在极力否认康德所提的“物自体”的客观可认性，而强调一切客观的存在，必须通过纯主观的认识方式与范畴，始有可能。客观的存在，本来是一无条理秩序可言的，它们的条理秩序，是依据超经验的那种认识方式与范畴，去序整出来的。朱先生是这样理解出经济文化的三基型与四基型，他亦是这样的作出那些组别的形式和项目。——然而，依这种“思维术”作出的东西，文化的思想“尘雾”，就比之前面两位学者的研究或主张，还要使一般青年研究者，摸不着边际。就因此故，我觉得我必须在写过前面两文后，继续写这篇文章。我相信朱先生定然是欢迎我的批评的，但却希望他不再说：

“你讲的很对，但是我讲的也很对。”

---

① 见朱先生（指朱谦之。——编者注）所著《历史学派经济学》。

第三部　社会科学的战争论

八、政治经济学对于现代战争的说明

编者注：本篇内容与本卷收录的《经济科学论丛》的第八篇《政治经济学对于现代战争的说明》一至五节的内容重复(第六节“经济运动法则与战争性质的可能转化”删去)，故此处不再收录(可参阅本卷第320～348页)。

九、论战争与社会进步

(一)从两方面来看

把“战争与社会进步”作为讨论的题目,它似乎会表现出两方面的意思:如就社会进步方面说,社会愈进步,是战争会愈加多,抑是会愈减少?如就战争方面说,战争会促成社会的进步,抑会妨碍社会的进步?这两方面的问题,都值得我们研究,但我觉得,处在当前战争状况下,把后一方面的问题拿来研究,似比较更有现实的意义。可是,为了说明上的便利,在讨论战争究会促成社会进步抑会阻碍社会进步之前,需要把“社会愈进步,是愈会加多战争抑减少战争”的命题,作一简单的交代。

中国历史学者称我们的“二十四史”是一部相砍史,其实一部世界史亦可作如是观。在最先是部落与部落战,往后是种族与种族战,同一种族中的某政治地区与其他政治地区战,而到近代,则是一群国家与其他一群国家战。社会由部落,而种族,而国家,一直在向前进步,战争的内容变了,方式进步了,但战争的规模越来越大,战争的可怕程度却越来越凶,仿佛战争要与人类社会相始终似的。据历史家统计,现代最先进的英国,它在过去八百年中,就打了四百一十九年的仗。而在欧洲大陆,处在战争漩涡中的法德诸国,当然在同一时期,有超过英国以上的战争频繁的记录。可是,我们如把统计的时期,缩短到现代这一百年,情形就很不相同了。英国由十九世纪中叶到现在,只从事过屈指可数的十数次战争;法德亦大略相同。而且他们由十九世纪八十年代到第一次世界大战,就几乎完全是过的太平日子。最重要的是它们这些国家(日本、意大利、帝俄亦在内),自经采取现代的形态以后,就一直不曾发生过内战。从上面这种简单的分析,我们知道:就世界全般讲,愈到近代,战争的次数是愈少了;就各别国家讲,一个国家愈采取较合理的进步的社会经济形态,战争也愈要减少的。一国可能由进步的社会经济形态的采取，化除内部各种族间各政治地区间的战争，则全世界亦可能由进步的社会经济形态的采取，化除各民族间各国家间的战争。因此，我有理由断定：社会愈进步，战争愈会减少。在最进步的大同社会里面，战争是可能消灭的。

由上面的说明，我们会认知：

第一，各时代，各历史时期，尽管战争一直连续不断的发生，而社会依然在不绝向前进步着，可见战争并不足以妨碍社会进步。

第二，在比较进步的社会，可以相应减少战争，在最进步的社会，可以使战争发生的根源不存在，从而，可以使战争根本消灭，可见社会的进步，并无须战争来促进。

可是这两个认识，虽然可作为战争是阻碍社会进步，抑是促成社会进步这个命题的引论，但却不能遽视为这个命题的结论。因为，战争不足以妨碍社会进步为一事，战争是否妨碍社会进步为又一事；社会进步需不需要战争来促进为一事，战争是否促成社会进步为又一事。

因此，把"战争是妨碍社会进步，抑是促成社会进步"，作为问题来研究，它并不能由"社会进步究竟会增多战争抑会减少战争"的上述结论，得到说明。我们需要就战争妨碍社会进步，和战争促成社会进步两方面的理论与事实，分别指明出来，然后再看在何种情形或何种社会条件下，战争始能真算是有碍于社会进步或有助于社会进步。

（二）说战争阻碍社会进步的一面

首先，我们且来解述战争有碍于社会进步的见解与史实。

一个社会的进步程度，总括的讲，虽是由它的社会生产力加以测量，但也大体可就社会生产力、一般文化水准及人口质量性能三个方面加以测验。战争对于这三方面的损害是非常明白的。每次战争的结果，照例会依战争规模的大小，使大量社会健壮的优秀的人员遭受杀害；使社会构成员中，老弱伤病残废者的比重，突然增大起来；此外，由于战争过程中，一方面文化事业归于停滞，同时，杀伐尚武的精神，又多方受到鼓励，那对于人类的品质和性能，多少要发生一些有害的影响。若就文化方面讲，已有的文化成果的保持和一般文化事业的推进，似乎都有赖于和平。战争会无情的损害过去文物，并使科学技术的研究，暂时中止或停滞起来，至关于物质进步的最基本的社会生产力，它原本就包括有劳动的熟练程度，和科学技术的应用范围在里面，上述两方面蒙受战争损害的情形，当然直接会损害到社会生产力，但可作为生产手段的社会物资或社会蓄积的大量损耗，使原有的社会生产规模，不能继续扩大，乃至不能维持，那就更会给予社会生产力以决定的影响的。

上面这些意见，原已由事实证示得非常明白，我们很可以诉之于常识而得到理解，但为了认识上的“鞭僻近里”起见，最好看看许多社会的实际情形。中国社会，一向被认为是停滞得久的。它那种停滞，至少在某种范围内，受到了战乱的极大影响。每个历史朝代的末期，殆莫不伴随有大规模的战乱。周末演成的春秋战国局面，汉末以黄巾开端的大动乱，晋代开国未久，即有由八王之乱所导出的五胡十六国的纷乱情形，他如隋、唐、宋、元、明诸朝，殆莫不以遍及全国的农民战争，而交代其历史命运。这些有自发性或必然性的历史战乱，几乎都一度一度的把社会的物质蓄积、文化遗产，给予了毁灭性的破坏；而由“争地以战，杀人盈野，争城以战，杀人盈城”，及“老弱转乎沟壑，壮者散之四方”所描状出的战争对于社会人口质量上的残害影响，无异说，叫每一个新的历史朝代的开始，都得在社会进步的诸因素方面，重新自建基础，自行设法培养社会的生机和元气。然而这种情形，并不限于中国。欧洲在它的中世纪封建社会阶段，它的离心的封建形态，比起中国向心的封建形态来，自然更多战祸，以时间来形容的所谓“七年战争”、“三十年战争”、“百年战争”等等，不管其战争发动的因由，是为了王位继承，为了宗教权益，还是为了其他的什么，但战争结果之破坏社会生产力，阻害文化发展，而由是妨阻社会进步，却是千真万确的。即如在晚近发生的第一次世界大战的成果，有名的国际问题专家，曾为我们统计出了这样血腥的动人的数字，即“在世界大战中，死亡者至少有一千万人，伤者多于二千万人，人民之死于贫困、疠疫和炮火者，也不下数千万人”。财富的“直接损耗，大约超过了一千八百六十亿金元，间接损耗，大约有一千五百〔一〕十亿金元，两共三千三百七十亿金元”；财富及人口的大量损耗，以致战后许多国家的人民陷入饥饿困境，许多国家的财政，都有极巨大的赤字。此外，“战争并松懈了道德的束缚。当人们学会了自相残杀，互相怀恨的时候，回家以后，有些人还是毫不犹豫的作残暴行为”。至各国在战时采行的宣传方法，在战时施行的言论压迫，战争一旦结束，就“比较容易设立专制政府，为真正和平的阻碍”[①]。

战争阻碍社会进步的情形，我们已有一个轮廓的理解了，但主张战争促成社会进步的人，却也有他们的根据。

（三）说战争促成社会进步的一面

持主张战争妨碍社会进步，好像只凭常识就够了，若主张战争促成社会进步，仿佛单凭常识是不行的。所以强调战争的军国主义者们，就比之反对战争的人道主义者和平主义者们，更需要一套理论。

他们最讲得起劲的，是说：战争在社会进步所需的人的因素、物的因素，以及文化的因素上，都有极大推进功能。以人的因素而论，战争是去弱存强、去劣存优的社会淘汰手段。战争能使一国国民的松懈、弛缓和散漫精神振奋起来；使他们不统一的意志、不团结的力量集中起来；使柔者能刚，弱者能强；使那些为一己利害打算者，能发挥出“公尔忘私”、“国尔忘家”的道德意识。而备战及实际从事战斗的紧迫需要，一定会促成各种科学技术上的发现和发明，而由是增进劳动效力，使社会一般劳动生产力，得到极大的扩充和改进。自然，在战争紧迫要求下，所引起的社会劳动生产力的增进，无疑是局限在有关军需工业的生产部门，但他们可以很明确的告诉你，一切在战时军用品制造上扩增的社会生产力，以及在这上面进步了的科学技术，战争甫一结束，是马上会被利用到一切产业部门上去的。

所有他们这些像是能自圆其说的战争理论，还都像可以任意指出史实来作为证明。现代以军国主义教育和战争万能论之产源地著称的德国和日本，它们的国力的增进，它们社会一般情形的向上，一般人民的富于爱国心和勤奋努力，确实得了战争不少的庇荫，落后的德国和日本，在世界殖民地差不多全被瓜分的时候，才开始踏上现代竞争的舞台，它们的商品经济的每一步进展，都会感觉到英法等先进国家对它们发展前途所设定的障碍。因此，它们要突破那种障碍，只有两个可能的方式：一是和平

---

① 参见叶曾合译 R. L. Buell 所著《国际关系论》下卷第 25 页。

的尽量设法改进生产组织，加强劳动效力，压低在劳动方面的生产成本费用，以期在世界市场上竞胜他国商品；又其一则是诉之于战争，但要诉之于战争，就须把和平的努力方式，作为备战的条件，就要把平时当作战时看，就要借助于军国民教育，把全国国民的爱国、勤奋、团结精神发挥出来。在这种意义上，如其说，这些精神有助于社会进步，似乎那不是战争本身的结果，而是备战的结果。又如，德国在普丹、普奥、普法诸战役胜利以后，日本在中日、日俄诸战役胜利以后，社会各方面无疑都受到了昂奋与向上的刺激。但严格讲来，这又似乎不是战争本身的结果，而是战争结果的结果。我们如果不把论点分析得过于严密，含混的承认德日两国的现代发展，或其社会进步，在相当限度内，是受了战争之赐，那是没有什么说不通的。而且，它们在战争收到了美满成果之后，必然会使它们的产业，益益带有军事的性质，益益走向进一步备战的道路，而为了使全国人心或民意能配合上这种"国情"，这种侵略动向，爱国主义和优等民族的宣传，就成为必要的衬托了。在这层层因果关系之下，它们的社会各方面，确实达成了可惊的进步。它们军需产业上的劳动效率和生产技术的改进，确实被应用到一切产业部门，并又反过来使一般产业上最有效率最新式进步的科学技术成果，率先利用到特殊工业生产部门了。由是战争除了由它的成果——扩地，获得大宗赔款和掠夺敌国物资外，还会由这种生产力反复促进的程序，使一个社会富裕，并使一个社会智慧。在这种认识下，战争被讴歌为社会进步之原动力了。

（四）在两种对立意见之间的科学评判

这两方面互相对立的意见，都像是根据事实，叫我们"兼听则明"的人，不知究应作如何的断定。我们说战争也阻碍社会进步，也促成社会进步吧，大家一定觉得这是一个太没有意义的结论。到这里，我们需要脱开现象论的圈套，从战争与社会进步之本质的关系上，来确定战争对于社会进步之究极的影响。

我们且由问题的现象方面，慢慢追踪到它的本质上去。

首先，大家定然同意以次这一个断案，即战争是否有助于社会进步，就看战争是胜是败，胜利了就可促进社会进步，失败了就会阻碍社会进步。上述德日诸国以胜利"起家"，以胜利"暴发"的情形，正符合此种逻辑。但这样一个断案本身，是经不起科学分析的。因为第一，照此说明，战争是有助于社会进步，抑有碍于社会进步的问题，就变成了战争结果对于社会之影响的问题。我们即使退一步不明显区分战争与战争结果是两件事，但第二，一个国家战胜了，使它的社会得到进步的固然不少，但它即使战胜了，它的社会各方面，因胜利而招致腐败退步的，也所在而有；而且，有些国家的失败，竟还变成了它的社会起衰振敝的一大关键。如其说，上述德日诸国社会进步，是战争起家，或战争胜利起家的结果，但如像以前的罗马帝国、拿破仑帝国，尽管战争一帆风顺，领土在不绝扩张，但罗马的社会，法国的社会，却并不曾在它们胜利的过程中，有了何等进步的成果，反之，胜利却在不绝提供它们以促其腐败、颓废，和纵欲浪费的材料；反之在大革命以后，中经拿破仑第一世和第三世摧残，弄得政治上扰攘不宁的法国，它却是在对意战争、对普战争失败以后，才开始安定下来。俄国的情形，更值得供我们参考，顽固的束缚着俄国社会进步的农奴制度，是在一八六一年克里米亚战争失败，才开始作出温和的改革程序，在一九〇五年对日战争失败，才又进一步提出较根本的改革程序，在由一九一四年到一九一七年参加世界大战的失利，才导出根本推翻的新场面。综合上面这种种实例，至少可给予一个总概念，即战争的结果是胜是败，并不足以说明战争是促成社会进步，抑是阻碍社会进步。

其次，我们显然需要把问题引到战争的性质上了。战争的性质，需要就对外对内两方面来予以确定：就对外方面讲，要看战争是侵略的，抑是求解放的；就对内方面讲，要看战争是维护既成的腐败社会组织的，抑是催生新社会秩序的。但归结起来，要由这当中看战争是有助于社会进步，抑是有碍于社会进步，则战争的对内性质，较之其对外性质，有更大的决定性。比如，一个国家在对外求解放的战争中，即使胜利了，即使对外得到解放了，如其它原来被侵略被压制的社会生产力，仍不能由旧的社会经济躯壳中解脱出来，则那种解放，并不就意味着社会的进步，反之，设在国内障碍着社会生产力发展的腐朽社会生产关系，反而由对外战争的成果，得到了加强巩固的实效，则那种战争，倒宁可说是会给予社会进步以不良影响的。所以，把战争对于社会进步的利与不利的关系作为课题，一定要把它的社会的性质指明出来。假如战争有解放一个社会的生产力的效果，不拘是胜，如解放美国社会生产力的南北美战争；抑是败，如解放俄国社会生产力的第一次大战，即使它们各别在战争过程中，在物质、人口、文化上蒙到了多大的损害，而这损害，比起它们社会生产力解放所能作出的成果和进步来，是颇不足道的，在这种理解上，战争是大可促成社会进步的。反之，如一国的社会生产关系，早已不允许其社会生产力有何等发展，甚且早已成了它的社会生产力发展的束缚，在从事战争以后(不管战争对它是胜利，如像第一次大战中的英国，抑是失败，如像德国)，它的社会生产关系，依然还是继续阻害着社会生产力，则在战争过程中的人口物资及文化成果的大量耗费，就已经是社会的纯损失，而社会生产力与社会生产关系的尖锐矛盾，反由社会生产力的破坏，得到弛缓，并由是便利了原有的社会关系，在这种理解上，战争就是大大妨碍社会进步的。

因此，我可用下面这几点意见来结束我的讨论：

第一，战争本身就是一种社会现象，是一定社会制度下的社会矛盾的暴露。

第二，这本身就被理解为社会矛盾暴露的战争，当其暴露出来，它可以作用为那种社会矛盾的解消手段，它还可以作用为一种新社会诞生的催生手段。

第三，战争对于一个社会，是演着促成进步的作用，抑是演着阻碍进步的作用，不是由战争赍来的损害程度决定，不是由战争的胜负决定，甚至也不是由它对外是侵略性质抑是求解放性质决定，而最基本的是由它究竟作出了解放社会生产力的结果，抑是作出了束缚社会生产力的结果来决定。

十、再论战争与社会进步

（一）结论与导论

在前论《战争与社会进步》一文中，我曾就战争对于社会进步的关系，得出以次这种结论，即：

> “第一，战争本身就是一种社会现象，是一定社会制度下的社会矛盾的暴露。
>
> 第二，这本身被理解为社会矛盾暴露的战争，当其暴露出来，它可以作用为那种社会矛盾的解消手段，它还可以作用为一个新社会诞生的催生手段。
>
> 第三，战争对于一个社会，是演着促成进步的作用，抑是演着阻碍进步的作用，不是由战争赍来的损害程度决定，不是由战争的胜负决定，甚至也不是对外是侵略性质抑是求解放性质决定，而最基本的是由它究竟作出了解放社会生产力的结果，抑是作出了束缚社会生产力的结果来决定。”

我把这个结论重写出来，一方面因为在战争过程中，这是值得我们反覆吟味，多方警省的大命题，同时也因为在导出这个结论的说明当中，或者就在结论列述的三论点本身，还有需要补充，需要进一步予以诠释的地方。

比如就第一点而论，战争本身是一种社会现象，自极显然，但如说战争是一定社会制度下的社会矛盾的暴露，似乎就容易引起这样一个疑难：战争是发生于若干政治主体之间的，一国发生战争，它可能是由于它现行社会制度发生破绽，或在运行上表现出某种困难和障碍，可是，它的对手国或被侵略国之应战，就不一定是由于其现行社会制度的矛盾；反之，一被侵略，即使是由于它的社会制度，已经显出了某些被侵略者视为有隙可乘的破绽,而在侵略国家,也许是由于其社会制度正在发挥优点,显示国力伸张,需要借战争来耀武扬威。就这两方面的任何一方面来说,战争似乎不一定是,或者不完全是社会矛盾的暴露。

又如就第二第三两点说,战争"可以作为社会矛盾的解消手段",那么,它即使不"作用为社会诞生的催生手段",仍旧不难发生"解放社会生产力的结果",换言之,仍旧可能促成社会的进步。例如,德日诸国之发动此次战争,无论是由于它们自身经济体制发生矛盾,抑是同时窥知其对手诸国社会内矛盾的尖锐化,如其战争的结果,它们胜利了,或者它们的交手国战败了,它们的社会生产力,可能由原来促使其诉诸战争的社会制度或社会诸生产关系的改变,或其束缚性的松懈,而尚有发展的余地;显言之,德日诸国一旦胜利,它们各别社会的生产关系,尽管不用改变,其社会生产力,却可因其囊括有更大市场,更多原料供应地,和更广阔的科学技术应用范围,而有所扩张。这一来,岂不是战争即不"作用为一种新社会诞生的催生手段",也能促进社会生产力,因而促成社会进步么?

对于上面这两个疑问,我们需要作一综合的解释,战争对于社会进步之关系的问题,原可从两个立场来考察:一是站在交战国各别国家的立场上,一是站在统合一切国家的社会或世界立场上。在交通不发达,经济交往不密切的过去社会,一个国家或一个部落,不发生何等经济上的直接利害冲突,单为了好大喜功,为了耀武扬威,四征弗庭,或者为了行使劫掠,而发生战争。那种战争,也可能只显示出交战国或交战部落某一方面社会的矛盾;那种战争的结果,也可能因为它们彼此原来没有何等密切的经济交往关系,无从显示出一个足以范围彼此发展途径的共同前程。到了近代,情形丕变了,战争的发生,不仅是交战国任何一方面社会经济制度上矛盾的暴露,同时,还是它们之间的,即它们各别共同所属的整个社会经济制度上的矛盾,或者它们各别社会矛盾之综合错杂的暴露。在这种情势下,战争对于社会进步的关系,尽管在一方面,可以就某一个交战国社会的个别立场来判定它,但在同时,却尤当就一切交战国社会的共同立场来判定它。因为这一个时代的战争,如其我们不能否认它是资本主义社会制度的产物,资本社会矛盾的总暴露,则至少在资本主义诸交战国之间,不管是谁为侵略者,谁为被侵略者,也不管是谁胜谁败,这战争如其不能大有助于新社会体制的产生,而只是作用为旧社会方面的暂时解消,其结果,就不但侵略者胜利了无法扩展其社会生产力,就是被侵略的方面胜利了,也无法根本解消那种社会矛盾。根本解放社会生产力,在这种限界的意义下,或者,只有在这种限界的意义下,我才敢断言:战争对于一个社会是演着促成进步的作用,抑是演着阻碍进步的作用,不是由战争的胜负决定,也不是由战争的性质决定,而是由战争在结局是否作出了解放社会生产力的条件决定。自然,在我们提出这个命题的时候,并不曾丝毫减低我们对于战争势利希望,我们至少还相信,在任何情形下,被侵略者方面的胜利,总比之侵略者方面的胜利,有更大和更接近解放社会生产力的可能。

为了明确具体解述上面的论点起见,我愿就当前参加战斗的主要资本主义国家,如英、美、德、日诸国的胜负关系,来说明此次战争对于社会进步,或对于社会生产力解放的可能前途。

(二)就德日两国来说明其中的关键

首先,我们就德日两国的情形来说,德日两国无疑是此次大战的发端者,它们其所以敢于冒世界之大不韪,而甘于做戎首的原因,当然是由于它们各别社会经济的基础,比较脆弱,以致其社会生产力发展受到的局限,比较紧张。它们发动战争,乃企图借战争的成果,使其陷在紧张状态中的生产力的束缚,得到解除,在战争的初期,德日两国曾经利用其“美满的”战争成果,分别着手建立欧洲新经济秩序和东亚新经济秩序,在这种新秩序建设过程中,它们得尽量利用其占领地区的人力物力财力智力,使它们原来局促在国内及国际社会经济关系下的生产力,突然得到解脱的机会。假使它们那种胜利的局面,能继续维持,并且达到最后的成功,则依这种方式获得解脱的它们的社会生产力,似可比照它们胜利的成果,比照其占领地域的广阔程度,比照其可资利用的人力物力的增多程度,而更加发展起来。果其如此,我们如依照社会生产力发展的程度,来衡量战争对于社会进步的影响,那末,德日胜利了,新社会诞生的可能性尽管更少了,社会的进步不仍旧受到了促进么?

对于这个问题,我们可就两方面提出否定的答案:

先就社会全般来讲。此次战争对于社会的影响，显然不能单从德日两国的社会生产力的变动，得到说明：在战争过程中，依暴力摧毁其交战国之社会生产机构，奴役其征服地域的人力物力，所增进的社会生产力，不仅是暂时的，并且在社会全体的观点上，把这所增进的生产力，与所破坏、摧残、妨阻的社会生产力比较起来，一定是得不偿失的。不错，如其胜利的德日的社会生产力能尽量的发展，则将来由此所益助的社会进步，说不定可以补偿它们今日在各征服国家所造成的破坏与混乱而有余。我们毋宁赞同这种计算式的推测的，但其前提要看德日两国即使胜利到底，其社会生产力究能有何种限度的增加。

次就德日两国个别社会来讲罢。我们有不少的理由，假定德日两国即使最后胜利了，它们各别社会的生产力，也决不能有何等扩展的前途：

第一，平分世界春色的“欧洲新经济秩序”与“东亚新经济秩序”的幻想，假使真的实现了，它们分赃不得其平的火并，是立即会发生的。它们火并的结果不论如何，社会生产力进一步的大破坏，是不难想见的。而况

第二，所谓社会生产力，包括有劳动者之平均熟练程度，科学及技术学科实用性的发展阶段，生产过程之社会组织，生产手段之范围、作用、能力，以及种种自然的关系等项目。一二国家要奴役世界，压制其他民族国家，使其他国家的经济，陷在荒废退步状态下，它们的社会生产力，决不能得到滋养。

第三，武力征服的直接后果，往往使征服国家的国民，陷于骄奢堕落的氛围气中，他们可以不事生产，可以坐享被征服国民的劳动成果。过去罗马帝国、拿破仑帝国，都曾给予我们这种教训。德日征服者所宣布的“新秩序”，已经显明告诉我们，那种秩序的最大目标，就在如何使它们“优越种族”，从一切被征服者得到丰厚的贡奉。

第四，德日以社会矛盾或社会危机的威胁而发动战争，战争如暂时解消了它们的社会矛盾和危机，决不能使它们再梦想到社会的变革，而且，对世界自私的国家，在国内必然会更顽固的维持阶级的分野，从而，必然使它们已经达到了发展极限的资本体制，更加退化堕落。

所以，世界许多有识人士早经预言过：世界如其不幸竟陷溺在德国或日本的统治中，将使人类社会倒退或还原到极悲惨的野蛮状态，这一类的预言，当然不曾忽略到我们这里所提述到的几点意见。

（三）英美在这次大战中获得胜利的进步意义

然而，我们上面假设的论到德日两国即使胜利，对于全世界，对于它们自己本国，都不会发展生产力，从而都不会促成社会进步：其主要目的，在说明战争不能作用为新社会诞生的催生手段，即无法促成社会进步的一个面，即当前战争的阴暗面。幸而这种假定，在目前已经成了一个不合时宜的假定，我们已经面对战争的光明面了，在资本主义视野来说，英美快获得最后胜利了，我们此刻最关心的是，英美的胜利，会不会使这次战争"作用为解放社会生产力的手段"，即"作用为新社会诞生的催生手段"。以当前英美的一般政治经济动态而论，似乎这次战争的作用，大体还不免停滞在作为"社会矛盾之解消手段"的阶段。因为我们可以毋庸讳饰的指出：

第一，战争的胜利，显然是大有助于原有社会生产关系的保持的，战争既然暂时由大规模的耗损与破坏，把原有社会的矛盾解消了，人们的惰性，特别经胜利鼓舞了的惰性，是定然会减弱"改弦更张"的念头的。

第二，伴随胜利而来的世界商品资本市场的再调整，再分割，或者由于以往强力竞争者一部分的被打倒，使它们都像有理由相信；战后世界还大有促使其社会生产力尽量发展的余地。

然而第一次大战的血的经验告诉我们：在战争过程中，由军需品紧急需要而特别受到鼓励的科学技术的发明与改进，和产业机构的特别扩张，一到战争结束，一到军需品的生产，被转化作一般商品的生产，就很可能使它们重又感到市场窄狭的苦痛。而那种苦痛的被感到，由于此次复员准备工作的提前进行，由于战争破坏的更形普遍，也许比第一次大战后各胜利国家所感到者，在时间上还要迫促，在程度上还要厉害，尽管历史是不会重复的，但同一社会生产关系阻制其社会生产力发展的事实，都显然会再现出来。在这种限度内，这次战争究竟有助于社会进步，抑是有碍于社会进步，就仿佛颇费我们揣度。但同是资本主义国家，英美的胜利，其所以和德日的胜利，会表示出极其不同的社会意义或进步意义的，那与其说是由于公理正义的立场，毋宁说是由于以次这种事实：

首先，英美虽然同是资本主义国家，但因为它们的资本主义经济基础,比较雄厚,比较没有德日诸国那样在国内表现出尖锐的矛盾和社会危机,它们的对外政策,就比较能采取和平的民主的立场,比较能顾及弱小国家的利益。所以,在战争过程中,英美已经在外交活动上,表现了一些相当进步的纲领和步骤。所谓《大西洋宪章》的宣布,正可显示此种精神。

其次,惟其它们能以比较和平的和民主的立场,来从事战争,那就不但大有助于战后国际政治经济关系的改善,还可能借助于和平民主精神,多方设法调整国内及国际经济之防患未然的合理措施。在目前,它们不已在复员准备工作当中,企图使国内私有经济在某种限度社会化么?不已在各种有关战后经济复兴的会议中,企图使国际私有经济在某种限度计划化么?它们努力的成果,自然还有待于将来事实的证明,但它们确实已表现了向这些方面努力的倾向,而且,在实际,更还有加强它们这种倾向的若干事实在。那就是,

又其次,我们要说及的它们在同又一种社会经济体制的国家,即苏联,在作着比肩作战的盟友。苏联在这次战争中,是发生了重要的领导作用的。它的参战,一开始就使这次战争,对第一次世界大战或帝国主义战争具有大不相同的性质。老惫无能的帝俄一经改变社会体制,就在人力物力上发挥出举世震惊的战斗成果,这对于英美的国民或社会,不期然而然的要给予莫大的刺激和值得反省的影响,上述英美在战争过程中所采行的种种开明而寓有变革意义的政治经济步骤,我们是无法忽略苏联在其中发生的促进与示范的作用的。而且

最后,由于中国自始至终在这次大战中扮演的重要角色,对于这种战争的性质,对于这次战争结束的可能方式,也会直接间接改变英美人士传统的态度和观念,中国原是一个被压迫,被国际资本束缚得近似麻木的脆弱国家,它在这次战争中站立起来,它因此由英美诸国在战争过程中,即已取得了的国际地位平等的待遇,那不但在战后会根本改变它们对中国的关系,还必然会联带影响到它们对其他世界弱小国家,乃至殖民地带的关系,在目前,我们已有理由预知东欧诸后进国家,英荷法美殖民地带以及一向受德日奴役压迫的诸民族,不久都可能改善它们的不平等的地位。

上述这四种事实,如其能配合起来,尽量发挥其促成推进的作用,这次的战争,也许可能不只成为旧社会矛盾解消的手段,且进一步成为新社会诞生促成的手段。然而,直到目前为止,我们还只能看到这种可能,要

使其实现,却还有待于我们的努力。如其说这种努力,在当前世界上负有领导使命的国家,和已往处在被压迫地位的民族,同样负有重责,则我们中国就仿佛负有双重的责任。如其说,促使这次战争变成进步战争的关键,在于参加战争的一切盟国,力图自己社会的进步,则我们原本落后的中国,就仿佛更须加倍的努力。我们是需要检点一下:我们在战争过程中,究竟进步了一些什么,并进步到了何种限界的。

十一、三论战争与社会进步

——就中国来说明战争是促进社会进步抑是妨阻社会进步

(一)我们是立在左右世界战争性质的地位

我已在《再论战争与社会进步》一文中,预约定:“我们需要检点一下:在此次战争过程中,我们自己的社会,究竟进步了一些什么?究竟进步到了何种限界?”如其不妨补充一点的话,究竟根本迫切需要进步的在什么地方?

在求人类社会共同福利的大前提下,我们有理由期待我们的盟国,在某些问题上,比如,期望英国在印度、希腊的问题上,采行一种更开明更合时代潮流的方策。同时,我们也许更有理由,期望我们的盟国,印度和希腊,在同一问题上,由自己能站立起来,团结起来,健全起来,而由是使自己的要求和愿望显得更其有力与合理。反过来,在我们的盟国,英国、希腊、印度,乃至美国、苏联,它们该会怎样鼓励我们,期望我们呢?不论我们是以四强之一的资格,准备领导世界,向进步的路上走;抑是以被压迫国家之一的资格,准备领导诸落后民族,向平等的路上走,我们在战争过程中,确实是立于左右战争性质,乃至左右战争成果的地位,问题是看我们自身够不够力量,或者够不够进步以发挥那种力量。

我们现在来分途解答上面提述到的几个问题吧!

(二)从外国观察者看出的中国社会在战时的进步

首先,我们得检点一下,我们在战争过程中,究竟进步了一些什么?正如同我们的缺点,无论我们采取怎样的驼鸟主义,也无法掩饰一样，只要我们实际表现了一点进步，即使再谦虚，也无法制止外人不为我们传扬。在抗战已越三年的一九四〇年十月，美国名记者斯诺（Edgar Snow）在《亚细亚杂志》上发表了一篇题名为《中国的进步狂潮》的文章[①]，其中他指出了这次抗战所给予中国社会的进步影响，有以次诸大端：

第一，他认为，这次抗战动摇了中国根深蒂固的家族制度，"成千成万的儿童，都因此和父母分离开，有些是被军队征去的，有些是狼狈逃出死亡深渊的，然而更有许多是自动脱离家庭为国家服务的。中国人在抗战中发现了国家。中国青年不再把"对家庭"的责任，放在第一位了。孝顺已不再如过去之为人视作光荣。孩子们不愿意在沦陷区侍奉父母，而相率冒危险到大后方的所在皆是，他并指出：第二号汉奸王克敏就因为他背叛了国家，以致被唾弃于其儿女。

第二，他认为，抗战打破了中国人的迷信观念。在中国，宗教或至少说是迷信，已在无希望的衰颓期中。凝固的社会秩序一经为抗战的浪潮所震撼，神灵是只在当作讥嘲的对象时，才为人所提到。许多庙宇变成了医院或兵营；有的神像，且被利用来支撑纺织机具，工人们漫不经心的在神像上划火。以前乡村很繁昌的香纸店，也逐渐式微了。

第三，是地域界限的破除，"从东部各省的人民，像潮水似的流向西部各省。甚至每个小村落里，都有外来人"。"各省人民与各地方言，正在进行着大混合过程。"穷乡僻壤的村民，一向不曾看过世面，现在每天都可观感到一些新的地方和新的事物。

第四，是社会财富的新分配。"许多中产阶级的家庭，几乎都把他们的全部财产丧失掉。更有许多人现在都完全无产阶级化了。许多地方，由于贫乏的物质状况，致使学者、士兵、公务人员、商人、工人，都完全归入一个生活环境里，更列入同一的入款人群中。中产阶级的人民，都在开始学习穷人的处身涉世哲学。保守观念与阶级划分的经济基础，都在若干点上毁灭了。"

第五，是人民教育的开展。"由于战争的原故，在扫除文盲上确实迈进了一大步。军队里发现识字的人能作更好的战士，没受过教育的人不

① 译文见《时与潮》。

容易训练他使用现代武器……成年人补习教育在许多乡村中进行着。游击队都在使用新方法教育民众。”与这相关联的是：对于文化的旧日态度也发生了变化。“在人民大众中间，现代医学与科学已得到广大的信任。”

此外，他还认为中国的确已发生了一种自助与自信的精神，“这种精神的由来，是鉴于中国业已抵抗住日本这架有力的战争机器达三年之久”。“在政治实施中，虽没有多大的民主成分，但在热烈讨论中，却有惊人程度的民主。”

中国在换取这些进步因素的战斗过程中，人力物力无疑受到了难于计量的损害。但即使是这些损害，他亦认为可以从另一方面看出它进步的后果。比如说：“假使日本不把重庆最丑恶的区域毁坏掉，而强迫着街道的加宽和卫生设备的改良，则多少年以后的重庆，恐怕仍然不会变成现代都市。至若进步地方的人民移居到落后的西部来，以及使落后的西部成为抗战的根据地，因此种种所发生的社会影响，实在太大，太复杂……这许许多多的进步，时时成为新行动的焦点，这些新行动实在是对全部地域的生活加一番革命。”

所有这位外国观察者指出来的诸种事实，都是千真万确的，中国是在大破坏中进步了，并且在以后连续抗战的几年中，这许多方面的进步，虽然显得迂缓曲折些，但仍是会进步的。

（三）进步的实质与限界

现在，我们需要把讨论折回到我们原来的出发点，即需要考验到：所有上面举述的诸般进步事实，是否可以允许我们遽作这样的断语，说这次战争，无论引起了多大的破坏，仍旧促成了中国社会的进步。要解说这个断语是否健全，首先要看上面这些进步的事实，够不够使中国社会的生产力，得到解放。如其我们社会的生产力，能由此解放出来，则今后生产建设的大扩张，自然很容易把战时大量耗损的人力物力，很快的补偿过来，我们才很容易明白这次战争，确有助于我们社会的进步。反之，如其上述的诸般进步事实，有的是关于观念方面的，有的是关于比较非基本的制度方面的，且又全都是关于战争紧迫期中十分勉强促成的，那末，一临到战争结束，甚至一临到战争松懈，那些进步事实，就难免不再后退回来。即使说，进步的影响是存在的，但进步的基础未固，利用进步作用的社会条件不曾创建出来，那些未生根的表面进步现象，恐终不够补偿战争的实在损害。

事实不已明白告诉我们了么？尽管在战争过程中，上述诸方面进步现象是一直存在着，并且有的还一直在增大其影响，但我们社会的生产力，不论就农业领域方面讲，抑就工业领域方面讲，却不但无所增益，有的且还大大缩减了。如其照我们前面所说，一个社会的真正进步或退步，是以它的社会生产力的增减来衡量的，则这次战争对于我们的社会，似乎连“作用为旧社会矛盾的解消手段”还不够，更自谈不到“作用为新社会诞生的催生手段”了。

自然，我们绝不忽视战时敌人直接加诸我们社会生产力上的破坏影响，我们并还不低估那些利用战时机会对社会生产力作着无情损害的非法经济活动，但即使如此，我们仍是不能指望战争一旦成为过去，那些破坏影响与非法经济活动一旦失其存在依据，我们的社会生产力就可突然发展起来。在目前，存着这些幻想的中外人士一定是很多的，从他们的眼光看来，中国原本是由传统社会制度礼俗锢蔽得非常厉害的国家。这些，他们亦承认是中国现代化的障碍，是中国社会生产力发展的障碍，但他们认为，经过这次抗战，经过上所举述的诸般进步事实，那种障碍是除去了。

然而，这都是过于皮相的看法。一切属于观念上的，属于上层机构上的进步现象，无疑大有助于社会生产力的发展，但那对于解放社会生产力的基本社会经济结构的改进，实在还有极大极大的距离，而且，后者即基本社会经济结构改造的程度，往往必然要成为前述诸进步现象的进步的限界。

（四）进步之路

由一九三七年七月七日揭幕的此次世界大战，就其发生的经济背景讲，在日寇方面当然是由于它在前次战后的世界复兴期内，利用前次战争机会尽量扩展起来的社会生产力，已经感到国际市场过于狭窄，国内社会生产关系过于使它没有展拓余地，以致接二连三的不景气与大恐慌所体现出的社会政治危机，使它依据压力向弱处发展的原则，找着中国来做它的牺牲。而恰好在中国方面，又长期在为旧社会制度的矛盾所困扰着。伴随着国际资本的捉弄，传统的封建社会组织，始终不让它的力图解脱的社会生产力，得到一点轻快的发展机会。这一点，在日寇是看得非常清楚的。它认为，中国的社会生产力能一直为现存的传统社会生产关系所束缚，则它自己的社会矛盾，它自己的社会生产力的束缚，就可相当的得到缓和，战前它高唱“工业日本，农业中国”的经济提携，是从这点出发；战时他在中国沦陷区，肆行摧毁中国的新式产业基础，竭力扶植或保育中国的封建传统社会关系，亦是从这点出发。

可是日寇尽管这样盘算我们，而我们自己，仿佛一直还不大理解这种症结。在抗战初期，抗战建国纲领的提出，多少是意识到了这种根本问题的表现；以为我们其所以不能抵御日寇的侵略，根本是由我们国家不曾现代化，不曾把现代的产业建立起来。如此的认识，大体是正确的，但其缺点，就在于大家的认识，一直都停顿在这里，以为现代产业不曾建立起来，只要努力设法去建立就行，而终未认清；现代的产业，需要有配合它的社会条件和社会基础，它被当作一种生产组织，表现出一定的生产力，并不是，也不能在任何社会生产关系下，都行得通的。尽管我们往往昌言，或者不讳饰我们的社会是落后的，是带有浓厚封建性质的，但临到实践，临到采行现代化程序，就多半不曾设想到；那种性质的社会或社会生产关系，究竟容不容许现代产业的成长呢？更不曾设想到：我们的产业现代化遭遇挫折，是不是由于我们的社会生产关系，或作为那种社会生产关系之机键的土地所有关系，在从中作梗呢？以土地为重心的经济制度，和以资本为重心的经济制度，该有如何大的距离呵！由前一种制度过渡到后一种制度，该须经过多少社会的变革啰！

然而我们将近一百年来的产业上的努力，仿佛总是“凿孔栽须”似的硬要在前一种经济制度上，建立起后一种制度来。我们遭遇了反科学的失败！

在抗战过程中一切原本是潜存着的现代阻力，都由战时紧迫的需求和无情的搅扰，给充分暴露出来了。商业破坏产业，高利贷歪曲银行业，以及其他官业商业化等现象，尽管最后是把最基本的传统土地所有关系，作为其演出的基地，但我们的注意，却依旧完全被吸到商业、物价、货币等表象上面，以为这都是战时的现象，并以为一到战争结束，这些现象中止，就大可顺利从事产业建设。仿佛战争已把我们原来阻碍社会生产力发展的落后社会生产关系都清除了似的，更仿佛落后的社会生产关系，在此次战争以前，就不曾存在似的。我们原有理由强调的说：我们过去产业其所以不发达，乃由于国际资本或不平等条约的阻碍，但不能认清帝国主义所加于我们产业的压力，是我们在国民革命以前的错误，过于强调那种压力，是我们在抗战前后所犯的错误。

我们还在战争过程中，我们有许多紧迫的应急工作要做。但即使是如此，却并不能因此就疏忽或竟拒绝承认我们传统社会关系及其根深蒂固的封建土地所有形态，对于战后建设，乃至对于战时生产的致命的妨碍；也并不能因此就说我们完全无法利用战时的诸般有利条件（如政府权力加强，社会舆论支持及反动势力不敢公然反对等等），使那些落后的社会生产关系，逐渐予以废除，我们必须采取这种革新步骤，这次战争，才对我们能作用为解放社会生产力的手段，能作用为新社会诞生的催生手段。亦只有我们在采行这种革新步骤中，我们对于所参加的这次世界战争，才能发生左右其性质，从而左右其最后结果的作用。

第四部　社会科学的建设论

十二、建设上的两种科学

(一)常识与科学

人们很常识的知道,建设是不能缺少科学的,但他们也同样很常识的知道,建设上所不能缺少的科学,是与剖解室、化验室、机械室等等相关联,或通过这种种研究机构而得到证验的科学知识;不但如此,他们并还进一步很常识的知道,建设其所以需要科学,乃因被建设的对象,不论是工业、农业、矿业、水利、交通,或其他方面,都非分别利用那种种科学知识和技术不能有所成就,他们有关建设与科学的关联的全部认识,也许到此为止了。对于增进社会的财富,不相信点金术,而相信科学的建设,无疑是一大进步;但以为有了上面所说的那些科学知识,或以为利用了那些科学知识,建设事业即可树立起来,那却又未免把科学看成点金术了。

在事实上,建设事业是随在要在社会上生根的,是随在要看一般社会条件,对它在何种程度发生适应和助成作用的。一般社会条件对于建设事业,不能发生积极的助成作用,有时甚或发生妨碍作用,那就等于或类似于某种土壤、气候,及其他自然条件,不适于特定的农产物;我们需要通过有关自然条件研究的科学,以判定哪种农产物的栽培是否适宜,至少也同样需要通过有关社会条件的科学,以判定哪种建设事业,究竟能否得遂其发展。

然而人们在建设的问题上,仿佛仍只知道自然科学的重要,却不知道社会科学同样或更加重要;只知道建设要利用自然科学,而不知道建设要收到利用自然科学的效果，首先必须依据社会科学。

（二）社会科学在建设实践上的功能

为了了解社会科学在建设上，不但和自然科学同样重要，甚或更加重要的实情，且不妨就科学其所以被重视的根本道理予以说明。

一般所谓科学，都被理解为自然科学。而一般对于科学在实用或应用上的功能，很容易指数出的，是它的确实性，它的节约性，它的效率性。

就建设上来讲它的确实性的功能，是说无论哪种建设事业，在着手建设时，就须凭科学的精密计算，对于建设上预期达到的目标或限度，有最大可能的把握。而此科学的精密计算的前提依据，又是建立在建设过程中一切纵横相关程序之科学的安排和部署上。自然，在各种不同的建设事业之间，那种科学的正确性的表现程度，并不能完全一样。比如，更依靠自然的农业和矿业，比之较不受自然拘束的工业和交通业，其预期达到的努力成果，就似乎不能不照应其所受自然的影响，而有所增减。可是这种事实，我们与其据以怀疑科学的正确性，宁不如说是我们对于影响农矿业之自然条件，如土壤、气候，以及地质构成等等的研究，还不曾达到理想的程度。

再就建设上来讲科学的节约性的功能罢，那显然与它的前一性能保有密切的联系。任何建设的程序，都要求适度的准确，能准确斯能避免许多不必要的物力人力与时间的浪费。如从事生产，其总生产过程中之生产程序与流通程序，如发生不衔接的毛病，立即就会影响再生产的进程；如从事交通及水利建设活动，其中任何一个步骤或环节，安排部署得不确实，立即就会引起全部运转的混乱，或者使全部工程不能按照一定的时期达成，而在工程本身，或工程迫切要求如限完成的事实上，造出莫大的损害。但科学的节约性，表现在时间的空间的经济利用上，表现在以前认为无用物或废物之有用利用上，是更为显明的。

最后更就建设上来讲科学的效率性的功能罢，科学的节约，尽管是非常重要的，但毕竟只表现出它的消极的功能，而几与科学成为同义语的效率，则为其积极的功能。在建设上，应用现代的科学的技术，以同多的劳力和资本，比之以前应用旧式的技术，是会产生出更大得多的报酬的。而且，科学的建设活动，推行得愈广，若其所进行的规模愈大，它那种以较少劳费而获有较大报酬的效率性，也表现得愈加显著。

我上面关于科学在这三方面显示其性能的叙述，是极其概括的，因为我的目的，只是要借此说明一点，即所有这些为人们所特别重视的科学的功能，都是偏就自然科学说的，但在建设上，要把自然科学的诸般功能，变为实际效用，势非在着手建设的时候，根据社会科学指述的有利途径不可。

比如就第一点说，建设各方面的部署，无论达到了如何理想的准确程度，即生产无论能如何确实的在一定期内，一定劳费内完成；交通无论能如何维持预定的速率和周转的程序，以及其他水利工程一类工作，无论能如何安排部署得合乎理想，但如其这种生产事业、交通事业或水利事业所由建立的社会配适条件，没有具备产生，则它们本身借科学作出的准确性，就显然没有社会的意义。生产也好，交通也好，水利也好，都是为了满足社会需求的，如其一个社会没有造出利用那些生产品、交通工具或水利事业的条件，那些建设事业本身，就显然没有依照着社会的准确原则。

而且也许就因此故，就因建设没有依照社会科学所要求的原则而进行的原故，我们无论在建设过程上，在工厂里，在农场里，在交通机构里，怎样依据科学，讲求节约，讲求时间经济，讲求废物利用；并进一步，如何讲求利用最新发明，以大量或大规模进行那些建设，以期减低成本，增进效率，但结局，如其利用大规模水利工程，所转运的工厂，所排水或灌溉的农田，所产出的大量工农业品，并非社会所需，或非需者所能购买，以致像在各资本主义国家惯常做的，把那些相对过剩的产品，堆着听其霉烂，或竟予以毁坏，又或为等待经济情形好转，暂时把原已成为多余的事业，不惜赔本将其支持，在那种场合，那就不但科学的节约性效率性无法显示出来，而节约与效率，反而会由其造出了更多余的产品，使再生产感到更大的负累。在此次大战以前，像英国一类国家，其所以不肯轻易利用更新或更科学的设备，其所以最新式的科学发明常被人收买来秘藏或毁坏去，就为我们明白解说了此种事实。

由是我们知道，在建设上利用自然科学，如其是为了想收得前述科学的确实性、节约性、效率性上显示的效果，则在自然科学被利用以前，首先应当问清楚，或者应当研究明白，那种建设是否“确实”为社会所必需，或者已经存在着的社会条件，是否允许那种建设对科学作节约的有效率的利用。这就是说，正如同自然科学一样，作为科学范畴来看的社会科学，它在社会建设的应用上，亦有其确实性、节约性、效率性。能按照社会性质从事建设，那种建设，就会恰好适其所需，就会地尽其利，人尽其力，货畅其流。在这种理解下，我们就有理由相信，在建设上讲求科学，就不应当只讲自然科学，不讲社会科学；如其我们不能否认建设是为了社会的效果，我们更有理由相信，社会科学的重要，实在是超过了自然科学。

（三）建设当利用自然科学，更当依据社会科学

自然，在科学的研究上，我们是用不着在自然科学与社会科学之间，表示孰轻孰重的轩轾的。这在建设上，特别是在人们对于建设，已知道自然科学的重要，并特别重视自然科学，以为社会科学无关轻重的场合，提出社会科学更重要的命题来，那不是矫枉过正，那宁是忧虑着：片面的强调自然科学，一定无法达到预期的效果。上面我已泛泛的就这两种科学对于建设的关系作了一个比较抽象的说明。但为了“鞭辟近里”起见，为了从理论移到实践起见，这里且把论点折转到我们的建设大业上来。

如从这一个视角出发，将近一百年的中国现代化历史，差不多是讲求如何从事现代建设的历史，亦差不多是现代建设的惨败史。直到今日，我们的建设宣传，还差不多是在重复半世纪以前李鸿章、张之洞一流人物的建设八股。派遣学习自然科学的留学生，输入外国机械，输入外国资本，输入外国技术人才，都无疑是从事建设所不可缺少的“古典的”节目，无可置辩。但半世纪以上，尽管在这些节目上作了极大的努力，而建设的大业，仿佛仍要由我们来从头做起，仍要由我们来重复背诵这些节目，其中的症结所在，就是由于我们很少反省到这历史性的失败的教训。只知道建设要利用自然科学，而不知道建设更需要依据社会科学。

我在其他场合[①]曾讲过：建设在中国并不单是经济上的积极创造的问题，同时还是消极破坏的问题；不单是造出我们所期望的经济体制的问题，同时还是我们所期待的经济体制如何始能使其实现，如何始能造出的

① 见拙著《中国经济论丛》第九篇《中国工业建设论》。

问题。换言之，我们的经济建设，实际包括有变革整个社会体制的产业革命的涵义。新的产业，不能在旧的社会基础上建立起来，那是稍有经济科学知识的人所能喻知的。新的产业的重心，是放在体现着一定货币资本价值量的生产工具上，而旧的产业的重心，则是放在体现着一定特权关系的土地上。如其一个社会的权势，尚是把握在土地所有者或与土地所有者有密切关系的那一干人，如高利贷者和商人手中，而希望他们自觉自动的担负起新产业建设的任务，那是反乎科学常识的，并也是反乎历史经验的。不错，在现代世界各国产业革命史上，我们是非常容易列举出许多国家的贵族领主、高利贷业商业者，都像不约而同的，有一部分在各别社会变革中，变成了产业资本家。但当我们承认这种事实的时候，同时得承认，那一部分旧社会的权势者，其所以肯变为或能变为新社会的催生人，并不是出于他们主观的自觉自动，而是由于客观的，原来支持他们社会权势的有利社会条件，已经被变革了，或尚在积极变革中，致令他们痛感到，非改弦更张，非另寻出路，就只有跟着旧社会一同死灭。

这是铁一般的事实。现代社会科学就是把这一类铁一般的事实作为它研究的对象，而探究出它的本质及其内在必然关联，而建立起来。当现代社会尚未出现，尚未脱却初期的形成阶段的时候，社会科学自然相应逗留在极素朴的状态下，所以一个最先进国家这时要从事产业革命，就不能不摸一些瞎路，不能不转弯抹角的在尝试错误的当中，把变革的时期特别拉长。一个次先进的国家，就比较可以参照他国的经验；愈到后来，这种产业变革可资依据的经验更多了，社会科学的指导作用也更大了。一个从事经济建设或产业改造，能依照社会科学所明确指示的途径，它在建设技术条件的诸般努力，就不致于有所浪费。自己训练的乃至由外国招雇的技术人材，由外国借入的资金，由外国输入的机械，乃不致中途丧失其效用。试想想，我们开始这几项建设因素的招致与造成的努力，该有多长的岁月？而我们实际上收得的建设成果，是否能同那种努力相适应？显然的，由李鸿章、张之洞以来的建设失败教训，就是我们只是很常识的知道，建设要资金，要技术，要机械，而不知道要使这些建设所需的要素，联同发生作用，还要对于促使它们联同作用的社会基础，或一般社会条件，先来一个从根本的变革。事物是非常执拗的。一种社会生产方式（或者我们在这里不妨别称作生产建设方式），只能在为它所要求配适的一定社会生产关系之下，方可树立起来。要在非现代的社会生产关系之下，树立起现代的生产方式，那显然是枘凿不入的。这种明如观火的事实，我们愈到晚近，似乎更像不能反省到的原因，也许有以次几点：

(1)一个长期受外力阻制压迫的社会，特别是外力为了达成其压制目的，不惜在某些场合，尽力扶植其恶势力的社会，无疑很容易使它把以往现代化或建设事业失败的责任，完全放在外力方面，以为我们培植技术人才，输入机械，奖励自然科学，其所以未收到效果，全是帝国主义政策的作祟。我们丝毫也不看轻帝国主义政策加担于我们产业革命前途的阻碍。但过于强调这一点，就很易引起我们忽视对内改革的努力。

(2)尽管我们已理解到现代各资本主义国家的产业革命，同时曾伴有，或先行有一个社会革命，但当我们还在为前述事实，混淆我们的这种革命认识的时候，那种产业革命方式，已经成了一种过时的旧式的变革方式了。苏联的经济体制，或者苏联的建设计划，是在另一种社会革命之后进行的。我们已不安于走旧式的产业革命的路，觉得太迂回了；我们又似不自信能走新式产业革命的路，觉得那太躁急了。我们仿佛有了时代的徘徊与踌躇，但这踌躇，与其是说为了抉择产业革命的方式，宁不如说是为了抉择产业革命或生产建设所要求的社会革命的方式。“一次革命论”在这种踌躇状态下产生了，那显然会进一步增加我们在建设意识上与实践上的困惑，而且，

(3)我曾一再指述过，中国传统封建经济的进步性，即由土地得相对自由买卖，劳动力得相对自由移转所显示的进步性，把封建经济的本质掩蔽了，即把它这从封建体制里，或依封建特质所规定的“自由”，与现代资本制所要求的自由，混为一谈了。这错觉，由前述两种事实，及我们对于社会变革的惰性和顾虑加强了。

由是，我们知道：直到现在为止，我们对于建设大业的推行，首先仍得把上述几点蒙糊认识的事实，予以辨析清楚：对外求解放，是建设所必需的，但对内求改革，更为建设所必需；旧式的产业革命，固要求有一种先行的社会革命，作为其生产建设展开的前提条件，而目前崭新的产业革命，尽管要求另一种先行的社会革命，但如其革封建制的社会革命，未经达成，则革资本制的社会革命，事实上就根本无从谈到，历史发展的必然阶段可以缩短，却不能超越；同一封建制，它在不同的国度可以显出不同的

特质，正如同一资本制，可以在不同的国度，显出不同的特质一样；我们有理由说中国封建制最有进步性，正如同说英国资本制最有进步性一样，但如说最进步的中国封建制，便可理解为资本制，那就无异说最进步的英国资本制，便可理解为社会主义制，那显然是非常可笑的。

凡属这些有关社会认识的问题，都需要我们根据社会科学的结论和提示，予以详细的辨解。把这些关键弄明白，从实践上将各种传统的社会障碍解消了，我们在建设上多利用一分自然科学的研究成果，就可多收得一分实效。否则我们在自然科学上的任何努力，就难免成为徒劳。

中国数十年来的建设经验，是可以充分利用来支持我这个论点的。我丝毫没有看轻自然科学的重要性。我不过表明：自然科学所由显示其重要性的社会功能，是必须在我们为它作出了发挥其作用的社会条件下，始有可能的，真正重视自然科学，对于社会科学的研究，尤其不可忽略。如其我们以常识，以成见来代替社会科学，那同时就表示我们对于自然科学的社会功能，仍缺欠理解。

这是今日从事建设，关心建设的朝野人士，应当深切反省的。

十三、论中国战后农村工业化

——评顾翊群先生及其他工业化形式主义论者

(一)谈工业化的四组论点

关于战后工业化问题的讨论,目前似乎达到了空前热闹的程度。大家乐于讨论这个问题,也许不仅只因为它过于迫切,急需各人贡献所见,以便得出一个工业建设可资依据的实施张本;同时还因为它本身具有极大的阔度,具有不能单从表象上得到理解的深度,颇需要我们从各别的视野,各种深浅不同的角度,去加以探索和论究。事实上,许多专家学者正好是如此这般的在论究着。设把有关这一方面的议论,汇集起来,在互有出入的意见中,也许不难发现以次几个类同点:

第一,各方讨论工业化的内容,都或多或少的在把民生的还是国防的,放任的还是统制的,重工业的还是轻工业的,民营的还是公营的,这几个论点,作为其各别议论构成的经纬。换言之,他们一般都注意到了这些基本的工业化原则,只不过彼此对于这些原则的认识与着重程度,互有参差罢了。

第二,大家在上列四组论点上表示的参差意见,同时却全无例外的,在原则中之原则的民生主义上面得到统一了。无论是主张工业化应以民主为前提,还是应以国防为前提;是主张采行放任政策,还是采行统制政策;是主张运用国营方式,还是运用民营方式;是主张从重工业入手,还是从轻工业入手;又或者是在这诸方面采取折衷的办法,或采取畸重而不偏废的办法,都像"条条道路可以通北京"似的,在把民生主义作为其理论展开的最高原则。而民生主义本身的包容性,更给予了大家讨论上许多便利。

第三,上述两个类同点的说明,是作为这里所特别注意的第三个类同点的引论，即是：国内专家学者根据民生主义原则所提起的上述诸工业化的主张，仿佛一致的忽略了民生主义之理论与实践的统一性，和民生主义整体性；作为民生主义具体内容的平均地权、节制资本，及国营事业，是最高政策，同时也是最高原则；惟其如此，根据此原则而施行的任何经济建设，都必须顾到此诸原则在应用上的内在关联或不可分性。因为此诸原则所由产生之客观的社会经济条件，在如此要求着。迩来国内论坛，在论及土地问题的场合，往往只拿出平均地权的原则，以为节制资本和国营事业，与土地问题无大关联；而在论及工业建设的场合，更像非常自然的，只引据节制资本和国营事业的原则，以为平均地权，与工业化没有直接的联系——这一点，大体可以看为时下尚论工业化的共同作风。我当心这在朝在野，会引起“生于其心”，“害于其政”的后果，早想打破一向不愿谈战后经济问题的沉默，对此有所论难。

在一九四一年暑假前，我从桂林《大公报》上读到顾翊群先生发表的《中国战后农村工业化问题》。这篇文章别致的地方，就在他把问题的研究内容，引出了上述四组论点之外；工业化应当仍旧惯的集中在都市，抑当分散在农村，又成为一组新论点了。可是这种别致地方，并不曾影响到上述第二第三两个类同点；即一方面依据民生主义，一方面又不曾依据整体观的民生主义。

在读过那篇文章之后，我当即决定借此表述有关于这方面的意见，因为(1)顾先生不仅是实行家，且对经济理论颇有素养，对于问题的讨论，有许多方便；(2)农村工业化的主张，发自一位对全国农业金融行政负专责的人，那不只是“坐而言”，还极有可能“起而行”，理应特别值得重视；(3)那篇文章关于战后农村工业化，除了解述其意义、重要性、明确内容外，且把实施的步骤、办法，乃至推行那种工业化工作的机构，也指明出来，那对一般单述及原则的论文，有更大的切实性；(4)除以上各点外，因为它提论到的问题，有关工业与农业之间的联系，那对于我所要提出来商榷的工业化与土地问题之间的关联，较为接近，较便于理论的展开。

但因为课务及其他写作计划的牵累，已经有近半年的延宕了，我满以为在此延宕过程中，可能有使我这种意见成为不必要的议论出现。无如近半年来论坛上接二连三发表的有关工业建设的专号特辑，其一般内容，仍似不曾脱却前面指述到的三大类同点。所以，直至此刻，我依旧觉得需要借着顾先生那篇大作，来表述我关于这方面的意见。在这种意义上，我下面准备展开的说明，就不限定是以顾先生的见解为对象，一切在其他论点上与顾先生相异或相反，而在这一论点上与顾先生表现了相同倾向的议论；或者，一切在其他论点上与作者较能采取相同立场，但在这一论点上和作者表现了差异认识的论调，都将在作者论难到顾先生的见解的场合被接触到，被批论到，这是须得在这里分释清楚的。

（二）对顾先生的评判

顾先生那篇论文，共分四节，当作绪论的第一节，首先说明工业化的重要，认定“今日所谓现代国家，非赖工业之发展，无以图存而当强”；其次说明发展工业，采取欧美诸国集中于大都市的方式，甚多流弊，如“（1）影响农村衰落，（2）都市地价高昂，不合经济原则，（3）发生贫民窟，引起社会问题”；又其次说明农村工业化之意义：（1）“在促进农民自己从事副业生产，以恢复农村手工业，并谋充实农家收益，以改善其生活”，（2）“在使都市工业分散建立于农村，使农民劳作不仅恃用手艺，且有机会学习使用工具，由使用工具而得高度技艺，以节省劳力，增加生产，而充实其生活”；此外还把农村工业化的重要性，从减少农村人口过剩压迫，利用农村剩余劳动力，减轻工业上劳动不足困难，就近取给原料，附带促进农业生产发展及附带收得节制资本效果诸方面表达出来。

第二节把反对农村工业化诸理论，一一加以驳斥，并由是论证各国工业逐渐由都市转入农村，以求平衡发展之趋势。

第三节再从正面解说农村工业化应如何实施，在这里详细分述到了维持农村工业恒久繁荣所应达成的诸目标，即改进乡村工业现状启发广大农村生产者之自觉，使其认识工业技术进步之重要；训练并奖励管理与经营人才。又详细分述到了农村工业之类别，即粮食类，园艺农产类，茶、糖、油、丝、棉、麻、纸、染料等特种农产类，畜产品类及工具类。推进的机关，也指出由中央工业实验所，中国工业合作社，经济部工矿调整处，振济委员会，各省建设厅，合作事业管理处与中国农民银行等机关协助办理了。

最后第四节，再结论到“农村工业化，为改善我国农民生活，促进国民资本平衡积聚之要图，且可避免工业急激集中，对国家社会之不良影响”。因此，顾先生自认“理论正确，倘能适时适地推行，不难成功”。

上面是顾先生那篇大作的大概内容。

为了避免零碎枝节的不必要的较量和讨论，首先且为顾先生在那篇大作中表现得不够明确，但却已够给我们以暗示的中心经济意识，理出一个顾先生自己看了，也会十分首肯的头绪来：

(1)反对大资本——顾先生在这一点上的表现，尽管会给我们以这样的印象：仿佛大资本所有的罪过，都是由于其集中在都市方面，才产生出来；但不管集中经营是怎样本质的附着在资本主义制上的一个特点，而在晚近，资本家阶层利用农村破产现象，所造出的低廉劳动，以及为了便于竞获市场，为了分散劳动者集体势力，而在可能范围内，在不妨碍技术应用的条件下，使广大的农村，分别变为其厂外部分，这原是现代型家内工业不同于过去家内工业的重大分野。顾先生所谓美日诸国工业向农村分散的事实，一定可以从这里找到论据，同时，它们那种形式或那种要求上的分散，不但不会阻止资本集中，阻止工业向都市集中，且宁可看为是在整个资本主义生产的其他方面或其他部门，加强资本集中，加强工业向都市集中的一个变相手法。这就是说，现代各资本主义国家所表现的诸种社会病态，是一定会随伴资本主义制度而存在的，即使把它的经营方式作某种程度的改变，也不过把那些病态改装一下表现出来。关于这些，顾先生定然是知道清楚的。所以，他为了强调农村工业化，虽然像把资本主义集中都市的弊害，掩蔽了资本主义弊害一般，他骨子里不但是反对大资本，并且至少在展望上，是反对中国工业化，走向资本主义老路的。这可由下面的主张得到证实。

(2)强调小商品生产——顾先生在这一点的表现上，也无疑会给我们以这样的印象：仿佛是因为小商品生产形态的工业，不但便于分散在农村，且还必须分散在农村。他对“农村工业化的意义”，明白表示在“促进农民自己从事于副业生产，以恢复农村手工业，并谋充实农家收益，改善其生活”。就他列举的农产品加工装成之种类，及主要农产工业区域划分的说明，农民从事那些副业生产，似不可能自制，自享，而是在分工分业要求下，提供于市场，成为小商品生产。但在经济发展之历史的必然程序上，小生产，是资本主义商品生产的前奏。小商品生产得到了保育，得到了顾先生在“奖励与保护”项下，提到的“原料供应之优待，捐税之减免，运输之便利，保护关税，及非常时期或不利时期之津贴补助”，更加以技术管理诸方面的助成，显然很快就会踏上资本主义商品生产的覆辙，就会因其内在的必然要求，使工业集中到都市方面，或者使那些原来为了迁就水利原料或其他社会条件，设立在农村的工业，逐渐把农村化为都市。这种后果，顾先生也定然是很清楚的，否则他不会提出以次这种理论前提来。

(3)主张以合作方式，或通过合作方式，以补强小商品生产在技术及其他方面的弱点，同时并由是限制资本集中，限制工业集中到都市方面，或限制工业由集中而使其所在地的农村，形成新的都市。关于这一点的表现，比较其关于上述两点的表现，似较明白。他以为“建立今后乡村工业，不限于技术的改良，且须变革组织，以促进农民自营，自有，自享为原则，故私营方式应逐渐取缔，而以合作组织方式为中心”。在文字表现上，这种见解，虽然同顾先生强调小商品生产的主张，有某种限度的抵触，但过细体会其中心意识，似仍不难发现其把合作，把小商品生产，当作是与资本主义正相对立的经济形态而理解。

在上述这几个理论前提下，顾先生在他这篇大作中的说明，至少会引起我们以次这几种疑团：

第一，主张“恢复农村手工业”，“使都市工业分散建立于农村”，以此作为农村工业化的命题，似在表示今后工业应全部分散于农村方面，但就其后面所区分的农村工业的分类与分区而言，又似其所着意者，仅在可以对农产品加工装成的那一部分工业，仅在可以改良“充实农民生活”的那一部分工业，其余特别需要采行大规模集中经营的重工业、矿业，或国营企业，却像被舍弃去，作为不在讨论之列。果其如此，如其经济愈向前发展，那些被集中在都市，甚至分别集中在农村的工业，即使是采取国营形态，亦似不免要发生顾先生所顾虑到的“弊害”。如其把那些在其内部组织及本质要求上，需要集中的大工业，不管是国营抑是私营，竟为了避免那些集中所引起的弊害，设法将它们分散开，那是否合乎技术要求，是否合乎经济原则，似颇有斟酌余地。事实上，我们的大工业如能国营，我们散在农村的工业，如能“逐渐取缔其私营”，恐怕顾先生所担心的集中的弊害，大体上会得到缓和或纠正也未可知。

第二，农村工业化如不限定在“恢复农村手工业”（这在全文中是表现得最有毛病的语辞），而最主要是要在“改进乡村工业现状”的要求下，“促进其组织，使由各个的经营成为集体的广大的单位，以便实施技术上之改进”，“统一分散式的供销业务”，“在使农民劳作不仅恃用手艺，且有机会学习使用工具，由使用工具而得到高度技艺，以节省劳力，增加生产”。则由工具或机具结合起来的集体的广大的生产单位，及与其相配合的“统一分散的供销业务”，很快就会使这种工业所在地的乡村，变成大大小小的新都市。事实上，我们今日的许多大都市，在不到一百年前，还不过是一些荒野、沼泽或小市集。据此，我们似乎不应在固定的概念上，来理解农村与都市的相对关系。在前述农村变为都市的过程中，同时，也还有不少都市慢慢的演变为破落的市集或村野。

第三，以合作方式，作为农村工业化的基本形式，这一点，顾先生也许是根据近年工合及农贷上的体验，以为“在目前，农民合作组织一时不易普遍发展，不妨暂时采用公营制度，作为合作组织之桥梁”。似此，在“农村工业化应如何实施”的项目下，认定不妨“暂时采用”的“公营制度”，就是一个比较重要的节目，但顾先生对于这个节目，完全没有解释。如其他在该论文中其他项目下表示的“今后改进之途，应由中央政府指定或设立强有力的专门机构，负责计划与推行”，“于适当地区，设立各种农村工业示范工厂”，不能算作是负起农村工业化过渡期全责的“公营制度”的注脚，则从讨论项目上看去，像是异常具体切实的主张，就留下了一个极需弥缝的漏洞。而且，公营制度究应实行到若何程度，为何要实行到若何程度，始可达到免除它作为走向“合作组织之桥梁”的任务，亦不曾明白指示出来。设把问题引进一步，把顾先生理想为农村工业化之基本形式的合作经济组织加以论究，那将使我们明了：农村工业化的障碍，究竟在什么地方。现在的合作组织，是在反对大资本独占垄断的要求下产生出来。我们在大资本没有发生之前，就来进行这种组织，以免重蹈各资本主义国家的覆辙，原是非常机智，非常理想的。但问题并不能这样简单。我们防患于未然的合作组织，固然不会受大资本的压制与阻碍，但也无法享有大资本为我们扫除诸般社会障碍的便利。顾先生似乎也触觉到了这个问题的隐处，所以他很机敏的暂时用公营制度来代替合作组织，同时又不把公营制度的内容揭露出来。

上面的几个疑团，大体是就顾先生那篇论文的逻辑意义上引出的。在作者个人对于今后工业建设，在不妨碍技术发展限度内，在顾及其他有利条件下向内地或农村分散；对于以公营代替私营，以合作代替独占；甚至连对于维护小生产者利益，宁都表示极大的同情，认定这都是有心人的"有深意存焉"的设想。但当作一种号召，一种坐言起行的实际主张，却须明了它的可能实行的限界。

在现代资本主义大踏步发展的前一世纪初期，反对大资本，主张保护小生产者利益的所谓经济学说，就由有名的浪漫主义经济学者西斯孟底(Sismondi)正式公表出来[①]，此后蒲鲁东(Proudhon)虽曾在不同的立场上强调过同一主张，但直至合作主义确实表现其效果以前，反对大资本、主张小商品生产的理论，始终不曾找到一个实现其理论的有效方式。到了二十世纪，合作主义形态在对抗大资本的情形下，逐渐普遍发展起来，于是新的浪漫主义经济学者，便把合作与大资本在资本主义经济组织内部的对立，理解为可用合作组织来代资本主义经济组织的对立。把资本主义制度的副产物，看作资本主义制度的代替者。

由于合作组织，在资本主义发达的先进国家被夸大了社会功能的结果，同一组织在资本主义不发达的国度，遂很自然的被视为有代替资本主义或抵制大资本发生的社会功能。我们即使站在反大资本，甚或反资本主义的立场上，亦当不能忽略：合作是在大资本及其所关联的一列社会条件下产生，那一列社会条件如其还不存在，合作如非在真实或抽象中轻快的存在着，它就必然要受到另一列社会条件的拘束。那另一列社会条件究是一些什么呢？中国社会的现实，将在这方面给我们以明确的答覆。

(三)对其他一切工业化论者的总评判

论到这里，我们很可把论点折回到出发的地方，即折回到国内学者专家们关于中国工业化议论类同的地方。在这以下，作者的讨论对象，将不复是专对顾先生那篇论文发言，而是对一切表示了前述那些类同点的意见发言。虽然仍打算把顾先生的见解，作为立论起点。

---

① 其大著《新经济学原理》，于1819年出版。

顾先生那篇论文中，有关前述第一个类同点，即不关那四组论点上的表示，他显然是比较倾重民生的，倾重统制的，倾重公营的，最后，至少在他立论范围内，他又是倾重于轻工业的。他表现得特异一点的地方，就是因为他主张农村工业化，他就没有〔像〕其他学者专家，认定工业化仍是在都市进行，可以不要理会农村状况那样自由方便而轻脱。这就是说，他不能不提及农村一般的经济状况，特别是与土地关联的社会经济状况。然而意外得很，他关于这方面的意见，只是从侧面像是不着边际的讲了这几句话："当前中国最大问题，如人口、土地与文化三者的失调，因而发生了种种社会经济问题。其调整之道，根据一般学者专家的意见，不外一、应发展文化，由农业生产闭关经济转向农工业平衡发展与国际贸易；二、改良土地利用，提高农业生产的量与度；三、厉行优生政策，改良人口品质，维持适度人口，以求三者发达之平衡。"这之后，他就不再以这个问题与农村工业化有关了。他只加强表示："我国人口百分之八十以上是农民，我们的问题，主要是解决农村问题，使每个农村，皆能丰衣足食，则中国其他问题，皆可迎刃而解。故农村生计问题，急需解决。"然则如何解决农民生计问题呢？不用说，是农村工业化。

如其他这篇论文，不是详细把理论实行到理论的步骤与办法都论到了，也许这样轻便的处理问题，不算是怎样简略。我这里不想深入的论到当前中国最大的问题，是如学者专家所说，是人口、土地、文化三者配合失调的问题；只想对顾先生认定解决农民生计问题的农村工业化，究竟能否在今日中国农村现状下行得通。

首先，作为工业化基地的农村，是如顾先生所说，系为占全国人口百分之八十以上的农民所定居的地方。这些农民，如其不在看为是抽象概念，看为是可以适度一切新制度的所谓"盆圆则水圆，盆方则水方"的水样的东西，而在为一些历史的社会的例解条件所规制着；而这规制着他们的社会经济条件，又是使他们不得"丰衣足食"的社会经济条件，则我们企图用一种新制度、新办法，使他们能"丰衣足食"，则伴随这新制度、新办法而形成的社会经济条件，就显然不能与已有者相同，也不能与已有者并立，这是很容易明白的道理。

我们且把问题展开来看。

工业化无论是在都市开始，抑是农村开始，那只是关系分布技术的问题，不会改变它的本质。我们在今日谈工业化，和洋务运动时代谈工业化，当然，在内容上在涵义上都有许多不同。但如其认定我们今日还谈工业化，是由于近一百年来工业不曾成功的结果，或竟是完全失败的结果，则我们工业与工业建设的口号，就显然还没有失去"产业革命"的意义。又，我们近百年来的"产业革命"的流产或失败如其不能一味向外看，说那是帝国主义不平等条件束缚的结果，同时还得向里看，认定那是我们不曾把传统的封建的社会生产关系改革过来的结果（事实上，许多人只看到帝国主义政策加强了我们落后社会关系的保留的一面，而不曾或不肯承认我们自己允许落后关系的保留，以致加强帝国主义政策活动的另一面），则我们今日为朝野上下强调的工业化或工业建设，就更加具有浓厚的"产业革命"的意义，也就是说，产业革命展开所要求廓清的传统社会经济关系，即主要廓清或变革规制着全国人口百分之八十以上的农民的社会经济条件，依旧是，或更应是我们今日工业化运动，所第一要担当起的任务。我们工业化运动，无论倾重哪个方向或强调哪个重点，最根本的最必须的都要自成就这个任务的途径做起。我们根据近代各国的一部农业革命史，应当体认此点，我们就根据中国现代化的惨痛教训，亦应体认此点。

为了说明较为鞭辟近里起见，就假定工业建设在农村进行罢。我们农村社会的广大农民层，究将以如何的条件、地位或身分，来参加那种建设呢？要问到这一点，一定要看他们大家相互间，已经是处在为怎样的社会经济条件所规定的地位，和各别具有如何不同的身分。他们是大地主、中小地主、富农、小自耕农、佃农、雇农。如照顾先生所说，叫他们各别抛弃其农村社会地位的畛域，"平等的"以合作方式，形成集体的广大的工业生产单位，我担心的并不是地主富农不肯干，贫农雇农还更不肯干。目前的事实，正像反乎我们的常识在这样存在着。因为照目前的状况，无论在如何民主的平等的方式下，不但他们参加合作的经济条件，会影响他们的地位，从而影响到他们的利益；假使他们是兼营合作工业，他们在农业生产领域内的已有的社会地位，还必然会影响他们在工业生产领域将要形成的社会地位。在这种认识下，占绝大多数的贫农佃农雇农为了回避他们在农业领域内已有的不明确的"农奴"身分之外，又附上"工奴"的身分，他们是不能怎样热心的。也许合作太理想了。就采行资本制的商品生产罢！但在这种方式下，仍不免要碰到反乎我们常识的事象发生，即在这场合不能热心参加的，倒反而不是贫农雇农或佃农，他们在随时预备并期待工业发展起来，贡献他们的劳动力；可是，有资格、有资力变为工业经营者的地主，以及兼地主的商业家高利贷业者，他们却就怕要因了广大的贫农、雇农、佃农的存在，觉得如其他们感到生疏，感到对劳力提供者没有羁绊把握的工业领场，来利用劳动者的劳力，就宁不如在他们习惯了的环境下，认定土地是最有效束缚劳动者的手段的农业领域，来利用劳动者的劳力了。如其他们这种成见，受到了高率地租，及与高率地租有密切关联的高率商业利润和高利息率的牵涉和鼓舞，那种不易对工业感到兴趣的倾向，就会更加表现得明白的。事实上，农村的这种抗拒工业化或产生革命的社会生产关系，并还不仅只从农村社会势力者不肯或不愿参加工业建设的这一单纯事实上表现出来。依托在那种社会关系上的一切落后的政治的伦理的乃至其他社会意识上的因素，都将从四方八面来限制工业化运动的展开。

这种明如观火的事实，这种随时随地可以得到印证的事实，为什么专家学者们竟是如此的加以忽视呢？

在这个问题的解答上，如其说我们的专家学者，没有注意到现代各国产业革命的史实，那也许是冤枉了，但至少他们没有明确把握住那种史实的机键。

每个现代化了的国家的产业革命的进行，都曾伴以破除其原社会封建关系的土地革命。中国在鸦片战争结束后开其端绪的产业革命，或工业建设，也许因为当时外铄的原因，大过内发的原因，始终就不曾触到产业革命所要求的农村社会经济关系的变革。这瞎路，一直摸了近半世纪，到了国父中山先生把平均地权与节制资本同时提出来，大家始渐恍然悟到我们现代化工业化不易达到目的的症结。

现在，洋务运动被进步化为工业建设运动了，大家尽管都昌言依据民生主义原则，而对于构成民生主义之基本部分的土地改革要求，总以为无大关重要，或者以为可借工业化所造成的进步现象，逐渐设法改进。土地改革运动，至少已在大家观念上，安置在工业化运动后面了，这种颠倒因果程序的想法，一方面固然由于我们社会在近数十年来一直在内忧外患的动乱中，只要可能避免引起社会风波，大家就以为无妨迂回一点，在可能不破坏旧有的社会关系之下，去建设起新的社会关系来；但同时，还得从我们旧有社会经济的特殊性上得到说明。西欧各国土地改革的主要内容，是解放农奴，确定土地的自由买卖关系，确定合理的土地租佃关系。大体上建立在地主经济基础上的中国封建制，较之大体建立在领主经济基础上的西欧封建制，对于土地买卖上，对于农奴拑制上，一向就表现了较大的自由与宽容。这可以傲然的说是我们封建制下的土地关系的进步性，但正因了这种进步性，把它资本主义经济的正面冲突冲淡了，缓和了；也因了这种进步性，把它对农民的剥削关系文饰了，从而也把农民改革要求钝减了，还因了这些事实，使我们专家学者把它给予工业化运动的阻碍小视了。然而，它的进步，并不曾超越出封建社会关系的范畴，也自然不曾达到产业革命或工业化所要求的变革程度。中国工业上的坎坷状况的形成，不仅因为我们在吃不进步的亏，我们同时还在吃进步的亏；也不仅因为我们在吃西欧各国资本主义进步的亏，我们同时又还在吃中国封建经济进步的亏。那种进步性，在农民及土地移动上表现的自由，便掩蔽了由土地所有关系和土地使用关系、农业雇佣关系以及与其密切关联的借贷关系买卖关系等等所构成的整个不自由不进步不合理的农村社会生产关系的实质。这种种，曾经阻挠着我们的产业革命，现仍在阻挠我们的工业化。

因此，我认为，依据民生主义来实施任何方式、任何内容的工业化，首先不能不实行民生主义所具体指示的土地改革方案。这才是工业化的真正起点。

十四、关于一个有建设性的“稳定战时经济方案”

（一）由介绍到批评

中国农民经济研究会刊行的《中国农民月刊》，在该刊第三卷第十一期合刊中，载有该会第四届年会议定的“稳定战时经济方案”，作者是这个研究会列名的会员，虽然我不曾参加这个方案的“议定”，但即使有机会正式参加了，我也是大体同意这个方案的。至少，在大家一致赞同的场合，我是不致坚决提出异议的。这就是说，在我所见到的千百战时经济方案中，这还大体算是一个“差强人意”的，比较健全的，比较触到中国战时经济之特质的建议。但即使如此，并不是说，那个方案完全没有漏洞，完全没有可訾议的地方，也许就因此故，我乐意把这个方案介绍出来，一方面指出它的特点，同时并附述到我认为应斟酌的意见。

这个方案共包括实施办法三条，每条附有若干诠释的细目：

第一条根据《土地政策战时实施纲要》第五条，发行土地债券，征收私有土地，创立国有民营农场与乡镇公田，以增加国有事业之收入，并以掌握更多之粮食。

这一条实施的要点，是征购土地目标，限于余粮地区之大地主及不在地主之田地：征购资金则以所购田地之收入担保；而债券偿还条件，系在抗战期中，其本金以复利计算，代为积下，至战后翌年清还，寓有冻结大地主资金，防止其任意投机或浪费之意；至征购价格标准，可依“报价”或“估值”手续办理，征购亩数，乃以征购田地所得粮食之法币价值，足以弥补国家财政预算不足额为准，约需五千万亩（每亩收谷三担，可得一亿担，原有征实征借仍旧）。除中央直接征购田地外，更推行地方造产运动，征购田地，以为乡镇公田，借以解决地方财政困难，与澈底扫除按户摊派之秕政，他如中央国有农场与乡镇公田，均交原佃耕种，给予使用权、永租权，并以原租百分之五或百分之十，作为保管经费，给予佃户，等于减租。战后即依法减租。土地公债本息还清后，除应征之地租外，其余全部土地所出，均归国佃享用，国佃得受农贷上种种便利，参加消费合作，取得粮食以外之生活必需品，使生产成本受到保障。此办法，并可推及收复区。凡敌伪土地，一律没收：凡业权纠纷之地，暂归当地政府保管，交原佃耕种，以维生产，证实原主系力能自耕者，可发还其力能自耕之部分，其原主不能自耕者，一律征购，给予土地公债及一部分现金。面积大者归中央直辖，小者作乡镇公田。

第二条，贯澈专买专卖与统购统销政策，划定专买区与统购区，以公平价格，全部收购。掌握大量之盐、煤、布、糖四种物资。

这一条的实施要点，为划定专买区：法定全归政府掌握之商品，即盐、火柴、烟、茶、酒、糖六种，均全部收购归仓，力避当前之特许及征税方式；划定〔统〕购区，凡政府需要掌握其大部分以控制市场之商品，如粮食（米、麦）、布（棉、纱）、煤等，划定其大宗产地为统购区。区内所产，一律收购。至于收购所需资本，定为三个来源：(1)由于国家管制金融力量之推动，规定私人资本的投资方向；(2)由掌握物资机关本身之商业活动金融活动；(3)利用征购土地所得之大量粮食，以与粮食以外之生产品相交换。但以上所得资金，主要系充流动资本，若用在仓库等方面之固定资本则尽量缩小。至于收购物资之购价，必须定在足以促进再生产的界线以上。其售价则必采行“实费主义”，以供应为目的，以打破囤积居奇为目的，不能以财政收入为目的。

第三条，以政府所掌握之粮、盐、布、糖为基础，对于国有农场，对于专买区统购区的生产者，通过消费合作，实行定量分配，以求他们生活的稳定。

这一条只有两项实施要点，其一是调剂供需，规定各实物之交换比率。以各产民之产品数量为标准，采用“点制”，核定其应受分配之总量，并调查各户人数，以为核定分配量之参考；其一是统筹运输，各专买区与统购区间之主要运输路线，及其货运数量与先后缓急，亦须统筹，并求交运员工生活之稳定。

上面三条正文，一字未改的抄下“其实施要点，亦只是在不违原意下，于字句略有更动。在方案后面，还附有一个总结，说是，本案只以征购土地与掌握物资，为平衡收支与稳定物价的两主要根本手段……‘初步解决土地问题’与‘扩大专买统购’两事，不但足以救济战时经济之困难，如在战后扩大推行，则因土地收入与专买统购收入之巨大，可资以确立中央与地方财政的巩固基础，以充实百般建设所必需之条件，一也；因合作运动推行，可资以组织专买统购区之农民（亦即将来之工人），以充实党的民众基础，二也；因土地问题之逐渐解决，与摊派秕政之逐渐扫除，可资以根绝不平不均之根源，消除社会国家之隐忧，三也；因地方财政问题与人事问题（指地主转变为资本家，但同时失其地方根据言）均有解决的实际途径，可资以奠定民治的基础，四也；因国有财产之大量增加，与国营经济领域之扩大，国家成为最大地主与最大资本家，不但实现平均地权，而且实现节制资本，五也。综上五端，已包括财政、经济、政治、社会诸主要问题的初步解决。……实现之方，极为平易……端在奉行者是否认真与干净而已……”

我不厌其烦的把方案的要点、企图，以及立案者对于其方案之实效的认识，原原本本的写出，不但是我认为要如此才算尽了介绍的责任，同时也因为要如此，才能作为下面展开“平议”的张本。

（二）全案特点

这样一个稳定战时经济的方案，与其他同名称同目的，而在它前前后后发表的，许多方案或计划比照起来，立刻就能显出它的特点。

首先，一般这类性质的方案，都以为战时经济中，最成为问题的，是商业越出常轨，是物价波动得厉害，是法币发行得太多，而这三方面，都是属于流通过程中的事。于是，它们就都把注意集中在流通上面，而它们在那上面作出的方案，就不能成其为战时经济方案，至多，只算是稳定流通经济方案。而我们这里所介绍的方案，它却注意到了流通与生产的联系，多少意识到了流通上的问题，须得透过生产过程才能得到较根本的解决。其中，关于“征收私有土地，创立国有民营农场与乡镇公田”、“优待国佃”、“促进再生产”等等方面的表示，都可说明这方案已能把流通问题与生产问题关联起来考察。

其次，一般的战时经济方案，除了注意流通方面的问题外，如其说它们也留意到了生产问题，它们就是不约而同的着眼在工业生产上，仿佛以为农业生产上是不发生问题的，或者以为即使有问题，也是无关轻重的。不但一般计划者立案者，就是普通论坛上也只把注意力集中表现在都市方面，且有工业者嚷叫呼吁的工业上的资金等问题，看为是我们战时生产问题一般。这不但忽视了工业与农业的密切联系，还忽视了我们这个农业国家的工业问题，一定要通过或关联到农业上方得解决的机键。我们现在介绍的这个方案，是注意农民问题的研究机关提出的，当然能把这个缺憾纠正过来。

又其次，一般的战时经济方案，都不曾脱却头痛医头的毛病。这个方案却于稳定战时经济的意图下，强调着社会经济的变革，寓改革于救急之中。虽其改革案大有斟酌余地，至少，立案者主观上是意识了中国社会需要根本改革，并且意识了那个根本改革需要从农村土地关系开始的，我们把一般架空的，不理解战时经济问题都渗透了历史的传统的因素在其中的那些方案，与它加以比较，就知道，它的最大特点，就毋宁是存在于这种认识方面。

最后，这个方案的立案者，还在它的三条纲领的实施要点中，注意到这个准备在后方实施的方案，如何推行到敌后，在战时实施的方案，如何推行到战后。比如，在收复区，确定没收敌伪田地的原则，确定处理业权纠纷田地的原则，都相当健全，这里毋庸详加说明了。

（三）革命难改良亦不易

可是，对于一个比较差强人意的经济方案，指出其特点，固然重要，指出其缺点，也许尤其重要。

现在且把全方案中，遗脱或失检了的小节指明出来，然后再看它根本不够健全的在哪些地方。关于小节的需要斟酌处，如在第一条的实施要点下，提出了征购田地的资金筹集问题，但却未提到征购田地是部分搭发现金，抑是全部使用土地债券，如属于后者则似无须筹集征购资金；如属前者则须说明现金与债券的兼发，及其成数，此其一。征购目标，限于余粮地区之大地主及不在地主，征购亩数，以征购田地所得余粮之货币价值，足以填补财政赤字为标准，均欠斟酌；把征购地区，限在余粮地区，纯从收入上着眼，已失其平，若更进一层，不加上立案者所强调的“改革”意义，则尤无依据，因在事实上，非余粮地区，或缺粮地区，也许更加是土地问题需要改造的地区，缺粮或可视为是土地被集中的结果，或可视为是土地购买集中活动者所注意的所在。至于征购田地的亩数，完全以财政赤字为标准，在物价变动中，在征购程序不太简单，而财政赤字无法确定的情形下，以此为准，殊无可取。如征购不成问题，为何不推行到此种标准以上，而况完全靠征购田地之粮食货币价值来填赤字，岁有荒歉，那不是会引起更大漏洞么？此其二。而与此相连的，在原案第二条项下，政府专买统购物品之发售价格，均采“实费主义”，只以调节供应为目的，不以财政收入为目的；则是政府整个财政基础，都是建立在土地上，在征购土地的收入及原有征实征借上，这一来似乎一切战争负担都加担在农村方面，且不论实际是否可以做到，即做到了，也似不很公平，此其三。此外，如物品的配给，采用“点制”，这与一般管制物价者所设计的方案，不约而同，中国社会实在太缺乏实施这种方法的前提条件。

然而上面这几点意见，是限于小节上的，该案果能推行，当然不是不可随时补救修正。而我觉得立案者最需要就此案加以全般斟酌的，倒毋宁是在以次诸方面：

第一，一个方案是否健全，不仅因它本身是否系统、合理，而且合乎逻辑，而宁在它是否能在实行过程中，克服困难，是否有最大的实践可能性，这个方案的重心，立案者已明确表示是掌握物资、平定价格、征购土地、平衡预算，前者大体是关系技术的问题（虽然它在每一实行步骤上，都会碰到社会的问题），后者则显然不仅是关系技术的问题。但我们的立案者，却明明白白在把这不仅关系技术的问题，完全当作技术问题来处理，以为征购土地，是非常简单容易的事，用政府的法令就行了。普通对土地施行改革之方式有三：一为所谓踢去地主，即没收土地；一为税去地主，即在加重土地负担，使不劳而获的地主不易存在；一为买去地主，即这个方案中采行的发行土地债券，向地主购买。第一个方法太激烈了，第二第三个方法，许多现代国家都行过，而且现还在行。变革当然应当拣最安妥的路走。不过，买去税去地主这种安妥而简便的方针，为什么有些国家竟不肯采行，而必定要做得过分呢？这有两个原因，其一要看待变革的土地所有关系的性质如何，其二要看一般社会条件对于那种土地所有关系是有利抑是不利。如其一个社会的土地所有关系，已经经历过现代性的变革，即是说那种土地所有关系，已经是整个资本制的社会生产关系的一部分，则在资本性的改革的限内税去它买去它也好，都没有大的困难；又如一个社会的一般社会条件，已经现代化了，仅在土地生产关系方面尚有过去的残余传统存在，在这种限度内，在一般社会条件，都对那种土地所有关系不利的情形下，要对土地所有行资本性的变革，采行税去或买去的方式，亦比较无严重困难。但如其一个社会的土地所有关系，还成为它一切所有关系的基干，而一般社会的条件，还有利于或正期待着这种土地所有关系的维持，则我们要在革命的立场上，完全用“买去”的方式，使这种土地所有关系根本改变过来，恐怕就不是我们想像的那样容易了，即恐怕这个方案一开始，就要遭遇到阻碍了。否则这样简单而易行的改革，决不会要延到现在始由中国农民研究会的诸君子提出来。事实上，买去地主，是同踢去地主一样麻烦的事。经验已经如此告诉我们了，还一定会继续如此告诉我们。

第二，如其说这一方案前述欠斟酌的地方，是忽视了一切变革的障碍，根本就是存在于社会生产关系方面，则其第二个欠斟酌的地方，就在它把经济上的变革或措施，与其所需配合的社会政治方面的条件孤立起来，比如区划专买专卖区，区划统购统销区，那原不是一件难事，而所难的，却是如何始能“不停滞于特许商及征购的阶段”，如何始能“从把握生产上着手”。然则“把握生产”是什么意思呢？是不是就被管制的各种生产机构，加以有组织的把握呢？对于它们有组织的把握，如何利用原有组织，是否要在“把握”过程中，将其组织呢？否则将盐、火柴、烟、茶、糖、酒等商品予以专买专卖，将粮食（米、麦）、布（棉、纱）、煤等商品，划区予以统购统销，在这场合下，政府就差不多是全国的最大商人了，以我们这样忙于抗战的政府，要利用现有的保甲组织，单靠着所谓“认真”与“干净”的精神打气，来担当起这样繁重，这样在买进卖出当中，大可任意揩油弄弊的经商事业，能够不发生更大弊窦么？我们且不说如此的统制生产到流通全过程的事，在一个有组织的近代国家，一个生产流通都相当集中了、便于统制的国家，也难于做好；单讲我们这敷衍惯了、贪污已成风习了的各社会政治基层机构，一下子凭空的依据一个方案，依据几纸法令，就叫它们“认真”、“干净”起来，叫它们灵活严密起来，那真是“浪子回头筋骨换”！能够做到么？不错，方案中曾在最后提到“因合作运动的推行，可资以组织专卖区与统制区之农民（亦即将来之工人）”，是希望在统制过程中，建立起帮同统制的民众组织，这似乎也意识到了，已有的保甲组织不行，需要广大的民众耳目与力量来监视推行，但其全案中，只提到了“通过消费合作，实行定量分配，以维持他们的生活”，此外，并没有一个字提到合作与组织。大概是疏忽了。合作能不能组织民众，改变社会机构，已大是疑问，单靠在“定量分配”上“通过”一下的“消费合作”，以为那样可以组织农民，那是太想得单纯了。

上面两点意见，是针对着方案两大要求说，靠“征购土地”来“平衡预算”，恐怕一开始就是此路不易通，因为我们整个社会生产关系，还有利于现行土地所有关系的维持：靠“掌握物资”来“稳定物价”，也许“物资”“一部分可能掌握”，但它有不有助于“物价稳定”，却是疑问，因为大量的全面的控制物资，如其不易有做得成功的条件，说不定还会造出生产乃至流通上的混乱。

使国家在进步的意义上，成为“最大的地主最大的资本家”，那不是一件平常的事啊！

十五、经济上建设在工业化、政治上建设在民主化

——民主问题与经济问题

(一)民主化与工业化是现代化的两个面

民主或民主制度,原是政治或政治学上的用语。但不论讲这种制度的发生抑是讲它的演变,它却始终同经济或经济制度密切关联着。我们甚且可以说,现代的民主制度,是从现代的经济制度取得其存在基础的。在民主政治上发生的一切问题,都可直接间接的在现代经济领域内发生的诸般经济发展的障碍或变动上得到解释。我们如其不否认现代社会是资本主义支配的社会,则在这个社会的政治范围内产生的民主问题,就显然可以正本清源的说是它的经济问题在政治上的感应。把民主问题与经济问题关联起来研究,那是这种问题本身性质要求我们这样做的。离开了经济问题来谈民主问题,尽管它在今日世界论坛上,乃至在中国论坛上,大家像是不约而同的采取的一致作风,但撇开了最基本的,或者种种不同性质的民主问题所由发生的经济问题,民主问题将会像悬空断线的风筝,最后是不知演到伊于胡底的。

读者如其怀疑我的意见有些不易摸着头脑,我是会用事实给他解说明白的。

(二)历史是如此告诉我们的

首先,我们试想想,民主问题究竟是怎样发生,怎样会变为社会问题的呢?这个问题,需要分别来答复,分别来说明。因为我们如先把中国目前的现象撇开不讲,只一般的谈到现代世界。则民主问题之成为问题,大

约在现代初期的阶段，和在当前的阶段，具有极其不同的性质和内容，该问题采取的姿态，及其发生的经过，尽管大不相同，其由经济问题上派生或演化出来，而成为经济上的政治问题，则大率一致。

且先略述民主问题在现代初期发生的经过。

这里所谓现代初期，无疑是把欧洲作为它地域上的限界。欧洲在这一个时期，工商业者市民，对于封建领主贵族的权势，在作着强烈的斗争。当时封建体制的经济基础，虽因十字军兴以来的商业资本活动，新大陆的发现，贵金属大量的输入，而使它那种利于静止的、定型的规制，受到剧烈变动的不利影响，而逐渐趋于颓溃，但这种颓势，并不能阻止贵族领主对于新兴商工业者势力的防压；他们利用其经历了多少世纪的社会上政治上的支配地位，使当时处在有利发展情势下的商工业者的经济权益，多方受到损害和束缚。像这样一方面在经济上力图发展，另一方面在政治上力图阻遏的政治与经济脱节背离的不和谐现象，延续到了十八世纪中叶前后，就因为处在被支配地位的商工业者的社会经济力量的日益增进，而由是感到政治解放要求日益迫切，于是在较先进的英法两国，乃伴随着以自由主义为中心的经济思想运动，而展开了以民主主义为中心的政治思想运动。从社会意义或其发动的影响上讲，这两大思想潮流，以及由其激荡而生的实践上的运动，无疑互有作用，但从其归结的要求上讲，政治上的民主主义，却根本是为了要达成经济上的自由主义。其中的原委，我们最好以最先进的英国社会斗争的内情，作为具体的例解。

我们知道，英国的封建势力，是不像法国那样，由大革命一次澈底清除的，而是依温和的方法，逐渐去变质，去解消的。在十八世纪中叶以前不久，英国商人和制造家，无论多聪明，多富足，总不及大土地所有者那样高贵，那样有社会地位。若其被人知道是一个商人或一个工匠，或者这种人的嫡派子孙，都是在社会上的玷辱。直到十九世纪初，富足的工厂铁矿主人，犹不能在政治上占到势力。延至一八三二年《国会改革条例》施行之后，下议院议员五分之四，仍属于大半由过去领主贵族化装的地主阶级。这些领主们既在社会上特别是在政治上占有这样大的势力，所以在新兴商工业者与他们利害相关的立法上，他们就不免大占便宜，而使前者的利益蒙到损害了。单就《谷物条例》这一个法案来说，大地主或领主们，自然乐意谷物的涨价，反之，市民阶级却乐意谷物的跌价。谷物跌价，劳动者的消费品低廉，工资降低，生产成本减少，市场销路扩大，在这利害恰好相反的场合，在政治上占有议会绝对优势的领主阶级，遂利用其政治地位，为了抬高谷价或维持高的谷价，通过了限制或禁止国外谷物输入的法令。商工业者的新兴资产阶级受到了这种委曲或压制，遂强烈要求在政治上争取自由和民主。为了向在政治上压制他们的势力作广泛的斗争，他们利用劳动者因谷价腾贵所受到的不利，诱使劳动者阶级加入他们的阵营。一八三一年，英国劳动阶级在奥文及其信奉者领导下，组织"全国劳动者阶级同盟"，而宣言"为全国国民计，务必促成英国下院有效的改革，议会每年须开会一次，一切成年男子皆得有选举权，秘密投票方法必须撤废，议员财产上的资格限制必须取消"。他们抱着这种目标，参加资产者阶级的选举法改革的政治运动。在翌年即一八三二年，选举法的改革，照着商工业资产者的志望实现了，领主贵族化装的地主们，不再在选举上占有特权，议员被选的权利，开始扩张到了工商业都市。但工商业都市虽在此后获得了议员的被选举权，他们在下院的议席，并不能马上增加到压倒贵族领主们的多数的程度。所以，贵族领主阶级利用以压制资产者，而增加自己不劳而获的收入的谷物条例，还经过了有名的反谷物条例同盟在民间在社会各方面普遍的运动，到了一八四六年，始根本取消。贵族地主阶级为了报复资产阶级，乃于翌年通过所谓"十时法案"，使资产者的超榨取所得的丰富利润，亦受到相当打击。

由此一例，我们就知道，所谓民主政治，离开了经济，便无法取得存在基础。民主政治之逐渐伸展，逐渐在各方面造成制度的根基，都是在经济要求中，或者，都是通过经济利害关系而演变出来的。事实上，现代的民主政治，一般是被具体的理解为议会政治。议会政治之经济涵义，就是一切有关工商利益的经济法案，通是由议会通过。如其议会的议席，绝大多数为工商业者市民阶级或资产阶级所占据，不利于他们的经济利害关系的法案，或不利于他们的经济政策，是无法通过的。

不过，论到这里，我需要为大家解除四点疑难，否则我的论点就不易受到一般的支持：

其一是：现代社会的民主，并不单是在经济上表现出来。各种社会生活方面，都不难找到它的踪迹，比如在教育上、在宗教上、在家族关系上等等。在民主政治形成为一种社会制度的界限内，它在社会各方面发生影响，那毋宁是必然的事。如其我们不否认经济生活是最有决定性的社会生活，则由经济要求造成的民主政治制度，即使变成了现代一切生活形态的一个特征，那并无碍于我们所提出的主张。

其二是：民主政治的浅近解释，是说，在同一政治领域，隶属于同一政治组织下的人民，都有权过问政治，参与政治。如其这点是确实的，议会政治就不会是由某一特定社会阶层所把持，如其竟是由某一特定社会阶层所把持，那就根本不成其为民主。关于这点，需要触及现代民主政治在其经济性的本质以外的另一本质，那就是由经济性派生的阶层利害的局限性。但关于这一点，下面还有说及的机会，这里从略了。

其三是：如其说由工商业者市民阶层所支配的政治，就完完全全是以他们这一阶层的利益为前提，事实上恐怕会遇到不少的反乎这种论据的现象。但是当我提出这种论据时，如其同时附加上以次的补充说明，那就不会使大家疑虑了。那是说，商工业者政权尽管以他们自己利益为前提，但当某种法案，于全社会有利而于他们无损，他们是乐得通过的；某种法案，于全社会有利，于他们更有利，他们亦是乐得通过的；某种法案，于他们目前似有小损，于将来却有大利，他们亦是可以放大眼光通过的；某种法案，即使于他们现在将来都不利，但如其他们预知不予通过，会马上引起更不利的后果，他们亦是会勉强通过的。这样在铁算盘计量上表现出民主，把它的局限性完全暴露无遗了。

其四是：现代为工商业者市民阶级所期待所争取的民主政治，为什么竟还是由同一阶级支配的许多国家，如像在德、意等国，又把维护他们利益的这个制度，给它摧毁了呢？关于这一点，需要从长说明的，那正好是现代资本制临到末期重又发生民主问题的关键。

（三）现代民主政治是怎样形成又是怎样没落的

工商业者市民阶级即资产者阶级在初期所以争取民主政治，我们已在上面解述过，是从维护他们的经济利益出发的。这种政治制度在实际上，确也达成了满足他们期待的任务。资产者经济或资本主义经济其所以有此成就，当然受了那种政治制度的保育。我们甚且可以说，现代型的国家或政治制度，尽管是在经济要求上，经济基础上逐渐形成的，但如其没有这种形态的所谓民主政治，现代型的经济制度，也许根本就无法建立起来。照形式逻辑推论起来，民主政治既是为资本主义经济尽了莫大的保育责任，在资本主义经济还维持其社会优势的限内，这种政治制度是应当继续被尊重的。

然而事实总在执拗的反对形式逻辑。资本制在它成育发展过程中，一直在以几乎相同或更大的速度，使它胎内孕育着的反对力量，即资本制生产所必须依存的劳动者阶级的力量，向前发展。我们曾讲过，资本家阶级在它对贵族地主阶级争取政治民主化时，曾利用过劳动者阶层的力量，他们不能一味欺骗，而不能不在其得到胜利时，给劳动者阶层以某些方便的；贵族地主们为了报复资产者阶级，亦是不择手段的给予了劳动者阶级以某些利益的。但这种种，还只算是劳动者阶级力量伸张的一些较副次的原因。现代的各种企业形态，不断赓续制造出了大量的劳动者群，还为他们造出了共同生活的共同意识，造出了便于集中的团结的机会。像这样一些因素，在资本制顺适发展历程中，即它借着劳动力机械力所制造出的商品，能顺利找到销路，那也不会变为怎样不利于资本家利益的诱因；然而资本制本身就“先天的”存在着不能一直“顺适”活动下去的病根，由无政府的生产状态(就社会而言，非指着个人——每个生产者是都有他自己的计划的)所必然要造成的商品过剩，所必然要为了减低成本而以机械驱逐劳动，因而造成大量产业预备军的事实，就把上面指出的那些因素，一一变成了劳动者阶级声势逐渐浩大起来的媒介。他们在英国，因为商工业者市民层，要利用他们向贵族地主争取政治民主，而帮助他们于一八二四年获得的集会结社的自由，就使他们以在英国乃至在其他国家，以组织政党的姿态，向资产者阶级的民主政治，争取“民主”了。在先进诸资产国家的议会中，逐渐有他们的议席了。要求增加资本税，要求增加失业救济金，要求增加社会教育费，以及一切其他利于劳动者，但不利于资本家的提案，公然在资本神圣的议会殿堂中，近似“亵渎的”提出了。而且，他们还不仅在议会中呼吁，并还在社会每个角落发出吼声；他们不仅有实际的直接的行动，并还有激动和支援那种行动的理论及学说体系。像这种对资本主义制本身生存，采行了威胁压力的社会运动，在那或有广大殖民领地，可资以转嫁祸害，缓和危机的英国；在那或有广大国内市场，以新国土关系，迅速累积有巨量财富，可资以减轻压力，缓和危机的美国；甚至在那有着广大金利生活者的社会层，有相当的殖民地，同时又有传统的小农经济制，可资以增大资本伸缩弹性，缓和危机的法国，虽然还不曾严重化到不可收拾的地步，即是，虽然还允许这些国家表帜着民主政治的议会制度，相当的维持一个“过得去”的场面，但在发展落后，海外市场无法展开，而社会财富蓄积又处处遭受先天后天限制的德日意诸国的情形就两样了。这里且单就德国来说明此中的内情罢：

当德国资本主义开始大踏步发展的十九世纪后期，世界的殖民地市场，已近于分割殆尽了。它虽在普法战争的胜利当中，陆续获得了现代资本制不可缺少的煤铁产地，并还获得了大宗赔款，以补充其原始蓄积虚弱的缺点。但它不幸的是，一开始就获得了先进英法诸国经营企业过程中，走弯路，尝试错误的教训，以致它的各种经营，自始就能发挥出最大的效率，从而，自始就因其知道如何培育对外贸易的产业部门，而很快的尝到商品生产过剩的危机。然而更不幸的是，它的劳动者阶级，也如同它的商工业者资产阶级一样，一开始踏进资本家的厂门，就已把他们从英国劳动者阶级那里学习得到的斗争经验，正式应用起来了。此外，他们还有“本店自制”的理论武器，还有极有名望的像拉塞尔一班的领导者，因此，德国资本主义在它成育的过程中，差不多一直就有社会主义运动伴行着。铁血宰相的社会主义镇压法的宣布，却并不曾阻止住劳动者阶级在德国国会中议席的迅速增加。自然，劳动保险制的创出，无疑在劳资对立关系中，发生了莫大的缓和作用。威廉第二很知道从正面来阻止劳动运动的威胁，就宁不如设法叫劳动者阶级知道，使他们痛苦的，并不是国内资本家，而是阻碍德国发展的大英帝国，这样把劳动者阶级的对敌情绪，由国内转到国外的高妙手法，一方面是第一次世界大战所由产生的一个机键，同时，也是德国原本就不十分健全的议会政治得以苟延到那次战后的一个有力原因。以英国为首的协约诸国，是以德国军国主义控制议会，发动战争，而群相责咎德国之不民主，迨德国战败，它们就很“正义感”似的支持德国的民主政权。然而所谓民主政权，并不是浮在社会上好看的东西！它的存在，一定要有相当坚实的基础。战后德国的经济环境，自然比战前还要艰辛。大宗赔款虽由道斯扬格计划分别予以缓和，但它在复兴期所有的成就，全敌不住世界恐慌爆发后的经济灾难。由失业洪水所造成的社会危机，致使劳动者阶级的政治力量，迅速膨胀到全世界资产阶级群相骇怪的程度。在一九三一年的最后一次选举运动中，社会民主党的选民，虽仍占在第一位，但共产党的选民，竟一跃而升在第三位。这现象，是火烧国会阴谋的由来，是希特勒所以受到国内国外支持而上台的由来，亦是民主政治在德国寿终正寝的由来。

就在希特勒登台以后不久，燎原在法国的社会劳动运动，已经引出了火十字团的“卫道”英雄；而英国失业洪水造出的社会危机，亦由莫斯莱勋爵导演的黑衫党出面来高呼“希特勒万岁”（作者曾于一九三四年在英国海德公园亲聆这种怪叫）。火十字团不曾在法国做出打倒议会政治的成绩来，莫斯莱勋爵还不免在此次战争开始时一度作阶下囚，那并不是他们的反动运动不力，而是英法社会对于经济危机，及由是导来的政治危机，还没有达到无法或无力应付的余地。从另一个视野来看，日本直到现在还保持着议会政治，可是它早已没有政党存在了，这自然是希特勒的一党国会的“复制品”。事实上，日本在发动“九一八”事变前后，社会劳动诸党派的议席，已由九十万有组织的劳动党团支持，而递有扩增。这个资本主义患有先天脆弱病的小国家，根本就经不起这种政治重压。日本当时亦有主张对外发动战争，以缓和国内危机，使抱有现代民主意识的国务大臣，及朝野著有社会威望的人士，不再横遭暗杀，由是使它那半身不遂的议会政治，得苟延残喘的。但是对外战争一经发动，一向在宪法上取得有特权的军阀，就更跋扈猖獗起来，结局，日本自明治维新以来，经过多少斗争，从旧来封建势力争取到的一点民主场面，就被军人狄克推多破坏得比德国还要澈底了。

（四）经济上改革的努力是政治民主化的保证和测验

由上面的说明，我想大家应当能够对现代民主问题之经济的涵义，有了一个明确的概念。在初期，商工业市民阶级其所以要争取民主政治，因为没有这种形态的政治，他们的经济利益，就不能得到保育；在末期，即在较近这个阶段，他们其所以暗地里以大量金钱支持那些推翻民主政治制度的独裁专制魔王，就因为要保留住这种形态的政治场面，在这种政治场面下潜滋暗长的反对方面的势力，就将使他们的经济利益，无法继续保持。从这里，我们就知道，现代所谓民主就不是全民性的民主，而是市民性的民主，是商工业资产者阶级以他们的经济利益为转移的，有利则拼命争取它，不利则无情破坏它的民主。利益是可以在某些场合叫人智慧的。资产者们对于所谓民主政治的想法，是比一般民主政治的理论家们，特别是比中国拥护乃至抗拒民主制度的政论家们，是活泼得多的。现在，像英美这类国家的资产者，他们对于这一形态的民主政治，似还在很热烈的支持着，他们及他们的政论家们，且还把这次大战的发动，理解为维护世界民主制度的十字军的奋起。但这一种事实，丝毫不会妨阻我们上述的推理。我们在前面已把英美社会经济的较为有利的条件指出了，即它们暂时还不妨这样昌言维护民主制度的道理了。在此次战争结束以后，我们如略以“杞人忧天”的情绪，把战争过程中，社会劳动生产力拼命扩增，社会购买力一般压迫的事实，加以比较，并把这比较的结果，看为是战后世界最恼人的课题，则这种形态的民主政治，会不会迟早也在胜利国家发生问题，那就是我们难以预想的事了。

论到这里，我们似乎需要概括上面的说明，而将其以次的诸结论点，用作我们今日中国喧论着“民主问题”的借镜：

第一，把民主问题与经济问题关联起来立论，那比文字上所显示的相互关系，要有更深远得多的涵义。我自始就认定：现代的民主问题，是经济问题在政治方面的表现。

第二，民主问题在它发生之始，就是把社会经济的根本变动作为它的实质的条件。工商业者如尚在封建制的基尔特市集中工作，他们根本不能想到过问政治有何意义。而自由主义、个人主义、天赋人权……这一类在本质上就是意味着民主政治的思想，是商工业者已部分的从封建制得到了解放，并其社会经济力量，已可能向封建领主贵族提出此类要求的客观情势下，才被接续提出来号召的。

第三，现代民主政治虽是在社会经济允许的情形下形成的。但并不能说，现代资本制经济已经完成了，才开始实现民主政治。资本制的经济制度同资本制的政治制度，都是一步一步的向前开展；每逢经济上有一大成就，那在一方面固可视为是它进一步向政治要求的动力，同时也可说是从政治上得到了某一方面的解放的结果。因此：

第四，对于民主政治的争取，自然要在政治上努力，但最基本的还得注意到经济上的演变趋势，还得注意政治上的任何成就，虽有助于经济的展开，但经济上的措施如其没有利用到那种成就，那种成就将因其失去存在基础，而逐渐趋于落空的。

以上这四种结论性的命题，大体应可作为我们今日讨论民主问题的参考，但我在这里想指出我们向民主政治上努力需要特别注意的地方：

其一，中国今日需要实现的民主政治，从我们社会经济的基础上看来，理应是初期性的，即是说，传统的封建的势力，还在从经济上，从而，从政治上，成为现代民主制度的梗阻。虽然我们经济上乃至政治上的诸般措施，应利用人家经历过来的经验，不要亦步亦趋的重复他们的路，但由历史向导的便利，并不能超越历史设定的界限。

其二，民主政治在今日中国，虽已很别致的成为朝野上下共同努力的目标，但其成就的有效测验，与其说是在政治上的形式集会，却毋宁说是在经济上的努力，是否向着根本改造的，向着允许并要求那种政治形态存立的鹄的作去。自然，在这种关键上，我们是相信，多有一些人参加改造建设的意见，也许是会使改造建设较合乎实际要求的。

其三，在我们的这种政治努力上，还有一个颇得注意的事实须得指明，就是我们的商工业者近年虽也断续发出修明政治，解救经济危机的呼声，但在实际上，我们较大的商业者乃至一部分工业者，他们本身就都在各别找寻政治因缘，使其商工业特殊化、特权化，而成为修明政治的障碍，成为经济正常发展的障碍。他们这种不明朗的意图和性格，是要从长由中国社会经济的特殊性去说明的。等待有机会再来分释罢！

附录一

《社会科学新论》目录

附录二

《社会科学新论》新版序

这个增订版，原来的打算，是对于原书第一版第一部“社会科学认识论”，暂不更动；第二部“社会科学的文化论”后面，增加一篇《四论东西文化与东西经济——评余精一先生的东西文化观》；第三部“社会科学的战争论”后面，添一篇《四论战争与社会进步——第一次大战后的世界社会经济变动与第二次大战后的世界社会经济变动》。但当我找到执笔的机会的时候，经济科学出版社的负责人告诉我，该书再版已排印到第四部“社会科学的建设论”方面了，结局，就只有这最后一部分来得及增订。

在第四部的原有诸论文中《关于一个有建设性的稳定战时经济方案》那一篇，是被抽去了，因为它比较有时间性。此外，增加进去了以次三篇，即《混合经济制度论批判》、《技术在生产建设上的地位》及《中国工业建设论》。经过这次增订，建设方面的诸基本论点是大体触到了。时人谈经济建设，常常有意无意的犯着这样的毛病，即

（一）以为建设需要科学，但他们理解的科学，是止于自然科学。

（二）以为建设需要技术，遂认定技术条件就是生产建设的唯一条件。

（三）以为建设是关于经济的事，觉得任何形态的政治或政权，都不妨从事建设。

（四）以为私人经营的发展是建设，国家经营的扩张亦是建设，不妨任意混同的作去。

（五）以为建设是关于积极方面的建树，至关消极方面的破坏或改造，是不值得怎样注意了。

关于这些方面的不正确见解，这里算是有一个补充纠正的说明。

至原来准备在前述第一部第二部后面增加进去的论文，只好留到第三版再说，好在余精一先生的“创作”，还只完成那部导论性的东西，“好戏”也许在后面；而第二次世界大战后的社会经济变动，更还有一个相当

长的期间使人们覃思和揣测。

一部有关社会基本原则之应用的活的社会科学书籍，它是应当随时增订新版的。

一九四六年九月于湖南醴陵野马轩

附录三

《社会科学新论》新版跋

——附答沈立人先生

最近看到上海《文汇报》“图书”栏沈立人先生有关《社会科学论纲》这部书的评介，对于他所说的：这个书名与书的内容有些不相符合，我亦有同感。顾名思义，似乎题称为《社会科学新论》，要比较妥切些。

沈先生关于全书各部份，都有一详细介绍和说明；他认定贯澈全书有三个重点，即“实践的、批判的、中国的”，这确是我企图实现的目标。关于社会科学的书，国人翻译过来的，或依据外国教本专著编述的，不能不说已有相当的数量，但从各种论坛上反映出的国人消化那些读物中的原理法则的成绩，似乎并不很好。这使我间尝想到：要刻板记住社会科学中的各种原理法则，要刻板讲述或编述那些原理法则，并不是一件很困难的事；只要一个人勤奋一点，有了一点普通的社会科学知识，孜孜的编著下去，他就很有希望做一个大家礼赞的社会科学著述家。在知识落后的中国，就是这样的编述工作，我觉得还是值得鼓励的。然而，老是这样作下去，对于提高知识水准，特别是对于理论与现实的联系，就有问题。本书所以在内容上采取这种布局的方式，确实是希望旧的，特别是新的社会科学研究者，理解到社会科学的论述，是不必要那样死板，那样“按图索骥”的。

至于论社会科学，单单拘泥于文化、战争、建设三个方面。而文化又只及于东西文化之异同，战争又只及于战争与社会进步，建设又只及于农村工业化问题云云。我的解答是这样的：一方面，因为这许多语文，原是分别参差发表后，再汇集起来的。同时又因为这三个方面，是特别突出，特别为大家注意集中的社会事象。而且对于文化部门，虽然是就东西文化立论，但在该部门第一篇《文化与经济》中，已算一般的指明了文化诸特质。在战争部门的第一篇，亦对于战争全般作了一个本质的说明。最后建设部门所论及者，并非只及于农村工业化，就是批评顾翊群先生的那篇文字，其后半部，还是一般批评今日论坛上的工业化理论。不过虽然如此，我是深深觉得当作一本涵盖社会科学领域的书，它仍是不免挂一漏万的。

在这一个新版中，对于最后建设部门，已把它的论点推广了一些；我希望今后每重一版，分别把书中各部门，扩增其研究范围。使这部书，随着中国社会现实与社会科学研究的向前开展而不绝增益变革其内容。

我还希望沈先生及其他社会科学研究者，不断给我以指示与鞭挞。

王亚南

一九四六年十一月

人名译名对照表

（按译名姓氏的汉字拼音字母顺序编排）

A

阿奎那，汤玛士：Aquinas，Thomas（1225—1274）

阿勒贝：d'Alembert，Jean le Rond（1717—1783）

爱因斯坦：Einstein，Albert（1879—1955）

安东尼努斯：Antoninus（86—161）

昂肯：Oncken，August（1844—1911）

奥格：Ogg，Frederic Austin（1878—1951）

奥文：Owen，Robert（1771—1858，亦译为"欧文"、"涡文"）

B

巴尔敦：（全名不详、生卒不详）

巴克尔：Buckle，Henry Thomas（1821—1862）

巴克尔公爵：Duke of Buccleuch（1746—1812，原名 Henry Scott，通常称"第三代巴克尔公爵"[the Third Duke of Buccleuch]）

巴斯夏：Bastiat，Frédéric（1801—1850）

巴腾：Patten，Karl Frederich von（1728—1811）

柏赫尔：Becher，Johann Joachim（1635—1682）

柏克莱：Berkeley，George（1685—1753）

柏拉图：Plato（公元前 427—公元前 347）

包卢斯：Paulus，Julius（？—222）

保维尔：Bauer，Stephan（生卒不详）

倍第：Petty，William（1623—1687，亦译为"配第"、"培第"）

倍根：Bacon，Francis（1561—1626，亦译为"培根"）

比尔：Biel，Gabriel（1420—1495）

毕尔德:Beard,Charles Austin(1874—1948)

边沁:Bentham,Jeremy(1748—1832)

波多僧正:Abbé Baudeau(1730—1794,“僧正”即神父或教士)

波格达洛夫: Bogdanov,Anatoly(1873—1928)

勃朗:Blanc,Jean Joseph Louis(1811—1882)

勃洛大哥拉斯:Protagoras(公元前 490 或 480 年—公元前 420 或 410 年,现常译为“普罗泰戈拉”)

波拿:Bonar,James(1852—1941,亦译为“波纳尔”、“波纳尔德”)

波纳尔:Bonar,James(1852—1941,亦译为“波拿”、“波纳尔德”)

波纳尔德:Bonar,James(1852—1941,亦译为“波拿”、“波纳尔”)

布丹:Bodin,Jean(1529—1596)

布哈林:Bukharin(1888—1938)

布卡南:Buchanan,David(1779—1848)

布兰基:Branqui,Jérôme Adolphe(1798—1854)

布利登,约翰:Buridan,Jean(1300—1358)

布哇斯基伯:Boisguilebert(1646—1714,现常译为“布阿吉尔贝尔”)

C

柴尔德:Child,Josiah(1630—1699)

D

达尔文:Darwin,Charles Robert(1809—1882)

达雷士:Thales(? —公元前 547 或 546 年,现常译为“泰勒斯”或“米利都的泰勒斯”)

道希格:Taussig,Frank W.(1859—1940)

德·金萨:De Quincey,Thomas(1785—1859)

德谟克利特士:Democritus(约公元前 460—公元前 370)

迪德罗:Diderot,Denis(1713—1784,现常译为“狄德罗”)

窦富力:De Vries(1848—1935)

杜尔阁:Turgot,Anne Robert Jacques(1727—1781)

杜林:Dühring,Karl Eugen(1833—1921)

杜蒙:Dumont,Étienne(生卒不详)

杜伦斯:Torrens,Robert(1780—1864,亦译为“佗伦斯”)

多摩教授:(姓名不详,生卒不详)

杜威:Dewey,John(1859—1952)

E

恩比多克斯:Enpedokles(约公元前 490—约公元前 430)

恩格斯:Engels,Friedrich(1820—1895,原书原译为“昂格斯”)

F

费伯伦:Veblen,Thorstein(1857—1929,现常译为“凡勃伦”)

斐罗:Varro,Marcus Terentius(公元前 116—公元前 27)

费希特:Fichte,Johann Gottlieb(1762—1814)

斐雪尔:Fisher,Irving(1867—1947)

芬谢尔:Von Schell(全名不详、生卒不详)

佛班,马雪尔·德:Vauban,Marshal de(1633—1707)

佛兰克林:Franklin,Benjamin(1706—1790)

富利叶:Fourier,Charles(1772—1837,亦译为“傅立叶”)

傅立叶:Fourier,Charles(1772—1837,亦译为“富利叶”)

福禄柏:Fröbel,Friedrich Wilhelm August(1782—1852)

福禄贝尔(全名不详、生卒不详)

福禄特尔:Voltaire(1694—1778,本名 François-Marie Arouet,现常译为“伏尔泰”)

G

高德文:Godwin,William(1756—1836,亦译为“高特温”)

高尔贝:(全名不详、生卒不详)

高特温:Godwin,William(1756—1836,亦译为“高德文”)

高森:Gössen,Hermann Heinrich(1810—1858,现常译为“戈森”)

哥白尼:Copernicus,Nicolaus(1473—1543)

格列果利:(全名不详、生卒不详)

格洛秀士:Grotius,Hugo(1583—1645)

哥仑布:Columbus,Christopher(1452—1506)

顾尔奈:Gournay(1712—1759,原名 Jaques Claude Marie Vincent,通常称为“顾尔奈侯爵”[Marquis de Gournay])

H

哈格利夫,杰姆斯:Hagreaves,James(1721—1778)

哈密尔顿:Hamilton,Alexander(1755—1804)

哈其生:Hutcheson,Francis(1694—1746)

汉纳:Haney,Lewis H.(1882—1969)

浩斯金:Hodgskin,Thomas(1783—1869)

赫拉克里特士:Heraclitus(公元前 544—公元前 480,亦译为“赫拉克里图”)

赫拉克里图:Heraclitus(公元前 544—公元前 480,亦译为“赫拉克里特士”)

赫胥黎:Huxley,Thomas Henry(1825—1895)

黑格尔:Hegel,Georg Wilhelm Friedrich(1770—1831)

华德:Ward(全名不详、生卒不详)

霍布士:Hobbes,Thomas(1588—1679)

霍尔林赤:Hornick,Philipp von(1640—1714)

J

基得:Gide,Charles(1847—1932)

加雷:Carey,Henry Charles(1793—1879)

伽利略:Galileo Galilei(1564—1642)

加尼尔:Garnier,Germain(1754—1821)

加塔里拿二世:Catherine II(1729—1796,即俄国沙皇叶卡婕琳娜二世的英语译名,1762—1796 年在位)

嘉特莱特:Cartwright,Edmund(1743—1823)

加托:Cato,Marcus Porcius(公元前 234—公元前 149)

简系:Janssen,Johannes(1829—1891)

杰芬斯:Jevons,William Stanley(1835—1882,现常译为“杰文斯”)

杰姆斯第一:James I(1566—1625,现常译为“詹姆斯一世”,英格兰及爱尔兰国王,1603—1625 年在位)

鸠斯提:Justinius(482—565,现常译为“查士丁尼一世”,罗马帝国皇帝,527—565 年在位)

K

卡兰:Cannan,Edwin(1861—1935,亦译为“卡南”)

卡南:Cannan,Edwin(1861—1935,亦译为“卡兰”)

卡斐:Carver,Thomas Nixon(1865—1961)

卡塞尔:Cassel,Gustav(1866—1945)

凯恩斯:Keynes,John Meynard(1883—1946)

阚梯龙:Cantillon,Richard(1680—1734)

康德:Kant,Immanuel(1724—1804)

康多塞:Condorcet(1743—1794,原名 Marie Jean Antoine Nicolas de Caritat,通常称为“康多塞侯爵”[Marquis de Condorcet])

侃宁汉:Cuningham,William(1849—1919)

柯柏登:Cobden,Richard(1804—1865)

柯尔柏:Colbert,Jean Baptiste(1619—1683)

克拉克:Clark,John Bates(1847—1938)

克赖士,约翰·勒维尔:Keynes,John Neville(1852—1949,John Meynard Keynes 的父亲)

克朗登:Crompton,Samuel(1753—1827)

克利浦斯:(全名不详、生卒不详)

克林威尔:Cromwell,Oliver(1599—1658)

克鲁泡特金:Kropotkin,Pyotr Alexeyevich(1842—1921)

克尼斯:Knies,Karl Gustav Adolf(1821—1898,亦译为克尼士)

克尼士:Knies,Karl Gustav Adolf(1821—1898,亦译为克尼斯)

柯沙,路易:Cossa,Luigi(1831—1896)

柯於麦拿:Columello(全名不详、生卒不详,亦译为“科於麦拿”)

科於麦拿:Columello(全名不详、生卒不详,亦译为“柯於麦拿”)

孔德:Comte,Auguste(1798—1857)

孔斯特兰:Consderant,V.(1802—1893)

库尔诺:Cournot,Antoine Augustin(1801—1877)

夸美纽斯:Comenius,Johann Amos(1592—1670)

魁奈:Quesnay,Francois(1694—1774)

L

拉马克:Lamarck,Jean-Baptiste(1744—1829)

拉萨尔:Lassalle,Ferdinand(1825—1864,亦译为“拉塞尔”)

拉塞尔:Lassalle,Ferdinand(1825—1864,亦译为“拉萨尔”)

兰格:Lange,Friedrich Albert(1828—1875)

勒鲁:Leronx,Pierre(1797—1871)

勒斯里:Leslie,Cliffe(1827—1882)

雷孟德:Raymond,Daniel(1786—1849)

雷伊:Rey,Abel(1873—1940)

米勒一里尔:Müller一Lyer(1857—1916)

里夫曼,诺巴:Liefmann,Robert(1874—1941)

李嘉图:Ricardo,David(1772—1823,原书原译为“里嘉图”)

李嘉图:Ricardo,Abraham Israel(1733? —1812,David Ricardo 的父亲)

利克特: Rickert,Heinrich(1863—1936)

李斯特:List,Friedrich(1789—1846,亦译为“李士特”、“里斯特”)

李士特:List,Friedrich(1789—1846,亦译为“李斯特”、“里斯特”)

里斯特:List,Friedrich(1789—1846,亦译为“李斯特”、“李士特”)

利斯特:Rist,Charles(1874—1955)

利味拉:Riviere,Mercier de la(1720—1767)

列温斯基:Levinski,Jan(生卒不详,“The Founders of Political Economy”一书作者)

留康门:Thomas Newcomen(1664—1729)

鲁滨:Rubin,Isaak Illich(1886—1937)

鲁滨生:Robinson,James Harvey(1863—1936)

陆克:Locke,John(1632—1704,亦译为“洛克”)

卢森堡,罗沙:Luxemburg,Rosa(1871—1919,亦译为“罗撒·卢森堡”)

卢骚:Rousseau,Jean Jacques(1712—1778,亦译为“卢梭”)

卢梭:Rousseau,Jean Jacques(1712—1778,亦译为“卢骚”)

路易十四:Louis XIV of France(1638—1715)

路易十五:Louis XV of France(1710—1774)

伦奇额尔:(全名不详、生卒不详)

罗贝尔图:Rodbertus,Johann Karl(1805—1875,亦译为“洛贝尔图”)

洛贝尔图:Rodbertus,Johann Karl(1805—1875,亦译为“罗贝尔图”)

洛斐特:Lovett,William(1800—1877)

洛克:Locke,John(1632—1704,亦译为“陆克”)

罗斯:Rose,J. H.(全名不详、生卒不详)

罗夏:Roscher,Wilhelm Georg Friedrich(1817—1894,亦译为“罗雪”、“罗雪尔”)

罗雪:Roscher,Wilhelm Georg Friedrich(1817—1894,亦译为“罗夏”、“罗雪尔”)

罗雪尔:Roscher,Wilhelm Georg Friedrich(1817—1894,亦译为“罗夏”、“罗雪”)

M

马丁路德:Luther,Martin(1483—1546)

马尔萨斯,达尼尔:Malthus,Daniel(1730—1800,Thomas Robert Malthus 的父亲)

马尔萨斯:Malthus,Thomas Robert(1766—1834)

马格努斯,阿尔柏塔斯:Magnus,Albertus(1200—1280)

马赫:Mach,Ernst(1838—1916)

马克思:Marx,Karl Heinrich(1818—1883,原书原译为“马克斯”、“嘉尔·马克斯”)

马克洛克：McCulloch，John Ramsay（1789—1864，亦译为“麦克洛克”，现常译为“麦克库洛赫”）

马夏尔：Marshall，Alfred（1842—1924，亦译为“玛夏尔”、“玛先尔”，现常译为“马歇尔”）

玛夏尔：Marshall，Alfred（1842—1924，亦译为“马夏尔”、“玛先尔”，现常译为“马歇尔”）

玛先尔：Marshall，Alfred（1842—1924，亦译为“马夏尔”、“玛夏尔”，现常译为“马歇尔”）

麦克洛克：McCulloch，John Ramsay（1789—1864，亦译为“马克洛克”，现常译为“麦克库洛赫”）

曼，汤玛士：Mun，Thomas（1571—1641）

曼德维：Mandeville，Bernard（1670—1733，亦译为“曼德维尔”）

曼德维尔：Mandeville，Bernard（1670—1733，亦译为“曼德维”）

梅尔本：Melbourne〔1779—1848，原名 William Lamb，通常称“梅尔本第二子爵”（the 2nd Viscount Melbourne）〕

孟德斯鸠：Montesquieu〔1689—1755，原名 Charles de Secondat，通常称孟德斯鸠男爵（Baron de Montesquieu）〕

门格：Menger，Karl（1840—1921）

门果提：Mengotti（全名不详、生卒不详）

米拉波：Mirabeau（1715—1789，原名 Victor de Riquetti，通常称“米拉波侯爵”[Marquis de Mirabeau]）

缪拉：（全名不详、生卒不详）

缪勒：Müller，Adam Heinrich（1779—1829）

莫尔甘：Morgan，Lewis Henry（1818—1881）

莫洛托夫：Molotov，Vyacheslav Mikhaylovich（1890—1986）

莫斯莱勋爵：（全名不详、生卒不详）

摩维伦：Manvillon，Jokob（1743—1794）

穆勒，杰姆斯：Mill，James（1773—1836，John Stuart Mill 的父亲）

穆勒，约翰：Mill，John Stuart（1806—1873）

N

拿本尼乌斯:Nebenius,Carl Friedrich(1785—1857)

拿破仑:Napoléon Bonaparte(1769—1821)

奈穆尔:Nemours,Du Pont de(1739—1817)

内格里:Nageli,Carl von(生卒不详)

牛顿:Newton,Issac(1643—1727)

诺司:North,Dudley(1641—1692)

O

欧克雪尔,赫里特:Eckershall,Harriet(生卒不详,Thomas Robert Malthus 之妻)

欧文:Owen,Robert(1771—1858,亦译为“奥文”、“涡文”)

P

庞巴维克:Böhm－Bawerk,Eugen(1851—1914,亦译为“庞巴卫克”)

庞巴卫克:Böhm－Bawerk,Eugen(1851—1914,亦译为“庞巴维克”)

配第:Petty,William(1623—1687,亦译为“倍第”、“培第”)

培第:Petty,William(1623—1687,亦译为“倍第”、“配第”)

培根:Bacon,Francis(1561—1626,亦译为“倍根”)

裴斯泰洛齐:Pestalozzi,Johann Heinrich(1746—1827)

皮底阿斯:Pedius,Sextus(50—120)

皮尔:Peer,Sir Robert(1788—1850)

坡姆巴特尔侯爵:Marquise de Pompadour(生卒不详,现常译为“蓬巴杜侯爵”)

普尔忒奈:Pulteney(1729—1805)

大小普林尼:Gaius Plinius Secundus(老普林尼,生卒为公元 23—79 年);Gaius Plinius Caecilius Secundus(小普林尼,生卒为公元 61—113 年)

蒲鲁东:Proudhon,Pierre Joseph(1809—1865,亦译为“普鲁东”)

普鲁东:Proudhon,Pierre Joseph(1809—1865,亦译为“蒲鲁东”)

Q

乔治，亨利：George，Henry(1839—1897)

切色：Chase，Stuart(1888—1985)

丘吉尔：Churchill，Winston Leonard Spencer(1874—1965)

S

萨伊：Say，Jean-Baptiste(1767—1832)

桑巴特：Sombart，Werner(1863—1941)

舍拉，安东尼阿：Serra，Antonio(生卒不详，仅知其学术活跃期为1613年)

舍利格曼：Seligman(全名不详、生卒不详)

色奈加：Seneca，Lucius Annaeus(公元前4年—公元65年)

色诺芬：Xenophon(公元前431—公元前354)

沈伯达：Schumpeter，Joseph Alois(1883—1950，亦译为“熊彼特”)

圣伯讷尔德伊诺：Bernardinus(生卒不详)

圣喜厄诺尼玛斯：Hieronymus，Eusebius(342或347—420)

圣西门：Saint-Simon〔1760—1825，原名Claude-Henri de Rouvroy，通常称“圣西门伯爵”(Comte de Saint-Simon)〕

石铿多夫：Seckendorf，Vertludwig von(1626—1692)

施莱格尔：Schlegel，August Wilhelm von(1767—1845)

斯班：Spann，Othmar(1878—1950，亦译为“斯盘”)

斯宾塞：Spencer，Herbert(1820—1903)

斯卡尔贞斯基：Skarżyński，Witold von(1850—1910)

斯克洛蒲：Scrope，George Poulett(1797—1876)

斯诺：Snow，Edgar(1905—1972)

斯密，亚当：Smith，Adam(1723—1790，原书原译为“亚当·斯密”)

斯太因：Stein，Heinrich Friedrich Karl von(1757—1831)

施穆勒：Schmoller，Gustav von(1838—1917)

斯盘：Spann，Othmar(1878—1950，亦译为“斯班”)

斯图亚特：Steuart，James(1712—1780)

斯托利平:Stolypin,Pyotr(1862—1911)

松勒福尔斯:Sonnefels,Joseph Freiherr von(1717—1817)

苏格拉底:Socrates(公元前 469—公元前 399)

苏汉诺夫:Seohenov(全名不详、生卒不详)

素罗金:Sorokin,Pitirim A.(1889—1968)

索特柏尔:Saetbeer,Adolph(生卒不详)

T

塔克尔:Tucker,George(1775—1861)

台尔:Thaer,Albrecht Daniel(1752—1828)

泰勒尔夫人:Taylor, Harriet (1807—1858,其称呼有时也写成 Harriet Taylor Mill,因她系先嫁 Taylor 氏,后为约翰·穆勒之妻)

汤姆生:Thompson,William(1785—1833)

汤姆斯,克利马斯:Thomas,Crymas(生卒不详)

唐尼斯:Tönnies(1855—1936)

特利则米阿斯:Trithemius,Johannes(1462—1516)

提奥佛刺斯塔:Theophrastos(公元前 371—约公元前 288)

涂尔淦:Durkheim,Émile(1858—1917)

屠能:Thünen,Johann Heinrich von(1783—1850)

佗伦斯:Torrens,Robert(1780—1864,亦译为“杜伦斯”)

W

瓦格纳:Wagner,M.(生卒不详)

瓦拉斯:Walras,Léon(1834—1910)

瓦特:Watt,James(1736—1819)

韦伯:Weber,Max(1864—1920)

威廉第二:Kaiser Wilhelm II(1859—1941,原名 Friedrich Wilhelm Viktor Albert von Hohenzollern,德国皇帝和普鲁士国王,1888—1918 年在位,现常译为“威廉二世”)

威沙:Wieser,Friederich von(1851—1926,亦译为“威色”)

威色:Wieser,Friederich von(1851—1926,亦译为“威沙”)

威斯特:West,Edward(1782—1828)

文德尔班:Windelband,Wilhelm(1848—1915)

涡文:Owen,Robert(1771—1858,亦译为“奥文”、“欧文”)

乌尔:Ure,Andrew(1778—1857)

伍尔顿勋爵:Lord Woolton(全名不详、生卒不详)

X

希尔德布兰德:Hildebrand,Bruno(1812—1878)

希勒特外因:Schlettwein,Johann August(1731—1809)

希麦尔:Simmel,Georg(1858—1918)

希莫勒:Schmoller,Gustav von(1838—1917)

西尼尔:Senior,Nassau William(1790—1864)

西赛禄:Cicero,Marcus Tullius(公元前 106—公元前 43)

西斯曼底:Sismondi(1773—1842,全名为 Jean Charles Leonard Simonde de Sismondi,亦译为“西斯孟底”)

西斯孟底:Sismondi(1773—1842,全名为 Jean Charles Leonard Simonde de Sismondi,亦译为“西斯曼底”)

希特拉:Hitler,Adolf(1889—1945,亦译为“希特勒”)

希特勒:Hitler,Adolf(1889—1945,亦译为“希特拉”)

熊彼特:Schumpeter,Joseph Alois(1883—1950,亦译为“沈伯达”)

休谟:Hume,David(1711—1776)

雪佛特伯尔:Shaftesbury(1671—1713,作为学者被提及时应指“雪佛特伯尔第三伯爵”[the third Earl of Shaftesbury])

雪勒:Schelle,Gustav(1839—1908)

Y

亚克莱特:Arkwright,Richard(1732—1792)

亚里士多德:Aristotle(公元前 384—公元前 322)

亚诺芝曼德:Anaximander(约公元前 610—约公元前 545)

亚孟:Amon,A.(全名不详,生卒不详)

伊壁鸠鲁:Epicurus(公元前 341—公元前 270)

亚希勒:Ashley,William James(1860—1927)

依里:Ely,Richarcl(1854—1943)

伊利沙伯:Queen Elizabeth I(1533—1603,英国女王,1559—1603年在位)

以色林:Jselin,Isaak(1728—1782)

因格拉姆:Ingram,John Kells(1823—1907)

约斯起:Justi,Johann Heinrich Gottlob von(1741—1791)

Z

佐维特:Jowett,Benjamin(1817—1893)